计算机基础与实训教材系列

中文版 Project 2010 实用教程

耿松涛 编著

清华大学出版社
北京

内 容 简 介

本书由浅入深、循序渐进地介绍了 Microsoft 公司最新推出的项目规划与管理软件——中文版 Microsoft Project 2010 的操作方法和使用技巧。全书共分 15 章，分别介绍 Project 2010 与项目管理概述、Project 2010 快速入门、创建与管理项目、管理项目任务、管理项目资源、项目成本管理、管理项目进度、美化项目文档、优化项目、项目报表管理、多重项目管理、安装 Project Server 2010、管理 Project Server 2010 和项目沟通协作管理等内容。最后一章还安排了综合实例，用于提高和拓宽读者对 Project 2010 操作的掌握与应用。

本书内容丰富、结构清晰、语言简练、图文并茂，具有很强的实用性和可操作性，是一本适合于大中专院校、职业学校及各类社会培训学校的优秀教材，也是广大初、中级电脑用户的自学参考书。

本书对应的电子教案、实例源文件和习题答案可以到 http://www.tupwk.com.cn/edu 网站下载。

图书在版编目(CIP)数据

中文版 Project 2010 实用教程/耿松涛 编著. —北京：清华大学出版社，2014 (2024.1重印)
(计算机基础与实训教材系列)

ISBN 978-7-302-34811-5

Ⅰ. ①中… Ⅱ. ①耿… Ⅲ. ①企业管理－项目管理－应用软件－教材 Ⅳ. ①F270②TP317

中国版本图书馆 CIP 数据核字(2013)第 301273 号

责任编辑： 胡辰浩　袁建华
装帧设计： 牛艳敏
责任校对： 成凤进
责任印制： 杨　艳

出版发行： 清华大学出版社
　　网　　址： https://www.tup.com.cn, https://www.wqxuetang.com
　　地　　址： 北京清华大学学研大厦 A 座　　**邮　　编：** 100084
　　社 总 机： 010-83470000　　**邮　　购：** 010-62786544
　　投稿与读者服务： 010-62776969，c-service@tup.tsinghua.edu.cn
　　质量反馈： 010-62772015，zhiliang@tup.tsinghua.edu.cn
　　课件下载： https://www.tup.com.cn，010-62796045
印 装 者： 三河市人民印务有限公司
经　　销： 全国新华书店
开　　本： 190mm×260mm　　**印　　张：** 19.25　　**字　　数：** 505 千字
版　　次： 2014 年 1 月第 1 版　　**印　　次：** 2024 年 1 月第12次印刷
定　　价： 69.00 元

产品编号：041274-03

编审委员会

计算机基础与实训教材系列

丛书序

计算机已经广泛应用于现代社会的各个领域，熟练使用计算机已经成为人们必备的技能之一。因此，如何快速地掌握计算机知识和使用技术，并应用于现实生活和实际工作中，已成为新世纪人才迫切需要解决的问题。

为适应这种需求，各类高等院校、高职高专、中职中专、培训学校都开设了计算机专业的课程，同时也将非计算机专业学生的计算机知识和技能教育纳入教学计划，并陆续出台了相应的教学大纲。基于以上因素，清华大学出版社组织一线教学精英编写了这套“计算机基础与实训教材系列”丛书，以满足大中专院校、职业院校及各类社会培训学校的教学需要。

一、丛书书目

本套教材涵盖了计算机各个应用领域，包括计算机硬件知识、操作系统、数据库、编程语言、文字录入和排版、办公软件、计算机网络、图形图像、三维动画、网页制作以及多媒体制作等。众多的图书品种可以满足各类院校相关课程设置的需要。

⊙　已出版的图书书目

《计算机基础实用教程(第二版)》	《中文版 Photoshop CS4 图像处理实用教程》
《电脑入门实用教程(第二版)》	《中文版 Flash CS4 动画制作实用教程》
《电脑办公自动化实用教程（第二版）》	《中文版 Dreamweaver CS4 网页制作实用教程》
《计算机组装与维护实用教程（第二版）》	《中文版 Illustrator CS4 平面设计实用教程》
《计算机基础实用教程(Windows 7+Office 2010 版)》	《中文版 InDesign CS4 实用教程》
《Windows 7 实用教程》	《中文版 CorelDRAW X4 平面设计实用教程》
《中文版 Word 2003 文档处理实用教程》	《中文版 3ds Max 2012 三维动画创作实用教程》
《中文版 PowerPoint 2003 幻灯片制作实用教程》	《中文版 Office 2007 实用教程》
《中文版 Excel 2003 电子表格实用教程》	《中文版 Word 2007 文档处理实用教程》
《中文版 Access 2003 数据库应用实用教程》	《中文版 Excel 2007 电子表格实用教程》
《中文版 Project 2003 实用教程》	《Excel 财务会计实战应用（第二版）》
《中文版 Office 2003 实用教程》	《中文版 PowerPoint 2007 幻灯片制作实用教程》
《Access 2010 数据库应用基础教程》	《中文版 Access 2007 数据库应用实例教程》
《多媒体技术及应用》	《中文版 Project 2007 实用教程》
《中文版 Premiere Pro CS4 多媒体制作实用教程》	《Office 2010 基础与实战》
《中文版 Premiere Pro CS5 多媒体制作实用教程 》	《Director 11 多媒体开发实用教程》

(续表)

《ASP.NET 3.5 动态网站开发实用教程》	《中文版 AutoCAD 2010 实用教程》
《ASP.NET 4.0 动态网站开发实用教程》	《中文版 AutoCAD 2012 实用教程》
《ASP.NET 4.0(C#)实用教程》	《AutoCAD 建筑制图实用教程（2010 版）》
《Java 程序设计实用教程》	《AutoCAD 机械制图实用教程（2012 版）》
《JSP 动态网站开发实用教程》	《Mastercam X4 实用教程》
《C#程序设计实用教程》	《Mastercam X5 实用教程》
《Visual C# 2010 程序设计实用教程》	《中文版 Photoshop CS5 图像处理实用教程》
《Access 2010 数据库应用基础教程》	《中文版 Dreamweaver CS5 网页制作实用教程》
《SQL Server 2008 数据库应用实用教程》	《中文版 Flash CS5 动画制作实用教程》
《网络组建与管理实用教程》	《中文版 Illustrator CS5 平面设计实用教程》
《计算机网络技术实用教程》	《中文版 InDesign CS5 实用教程》
《局域网组建与管理实训教程》	《中文版 CorelDRAW X5 平面设计实用教程》
《电脑入门实用教程(Windows 7+Office 2010)》	《中文版 AutoCAD 2013 实用教程》
《Word+Excel+PowerPoint 2010 实用教程》	《中文版 Photoshop CS6 图像处理实用教程》
《中文版 Office 2010 实用教程》	《中文版 Access 2010 数据库应用实用教程》
《网页设计与制作(Dreamweaver+Flash+Photoshop)》	《中文版 Excel 2010 电子表格实用教程》
《中文版 Project 2010 实用教程》	《中文版 Word 2010 文档处理实用教程》

二、丛书特色

1. 选题新颖，策划周全——为计算机教学量身打造

本套丛书注重理论知识与实践操作的紧密结合，同时突出上机操作环节。丛书作者均为各大院校的教学专家和业界精英，他们熟悉教学内容的编排，深谙学生的需求和接受能力，并将这种教学理念充分融入本套教材的编写中。

本套丛书全面贯彻“理论→实例→上机→习题”4 阶段教学模式，在内容选择、结构安排上更加符合读者的认知习惯，从而达到老师易教、学生易学的目的。

2. 教学结构科学合理，循序渐进——完全掌握“教学”与“自学”两种模式

本套丛书完全以大中专院校、职业院校及各类社会培训学校的教学需要为出发点，紧密结合学科的教学特点，由浅入深地安排章节内容，循序渐进地完成各种复杂知识的讲解，使学生

能够一学就会、即学即用。

对教师而言，本套丛书根据实际教学情况安排好课时，提前组织好课前备课内容，使课堂教学过程更加条理化，同时方便学生学习，让学生在学习完后有例可学、有题可练；对自学者而言，可以按照本书的章节安排逐步学习。

3. 内容丰富、学习目标明确——全面提升“知识”与“能力”

本套丛书内容丰富，信息量大，章节结构完全按照教学大纲的要求来安排，并细化了每一章内容，符合教学需要和计算机用户的学习习惯。在每章的开始，列出了学习目标和本章重点，便于教师和学生提纲挈领地掌握本章知识点，每章的最后还附带有上机练习和习题两部分内容，教师可以参照上机练习，实时指导学生进行上机操作，使学生及时巩固所学的知识。自学者也可以按照上机练习内容进行自我训练，快速掌握相关知识。

4. 实例精彩实用，讲解细致透彻——全方位解决实际遇到的问题

本套丛书精心安排了大量实例讲解，每个实例解决一个问题或是介绍一项技巧，以便读者在最短的时间内掌握计算机应用的操作方法，从而能够顺利解决实践工作中的问题。

范例讲解语言通俗易懂，通过添加大量的“提示”和“知识点”的方式突出重要知识点，以便加深读者对关键技术和理论知识的印象，使读者轻松领悟每一个范例的精髓所在，提高读者的思考能力和分析能力，同时也加强了读者的综合应用能力。

5. 版式简洁大方，排版紧凑，标注清晰明确——打造一个轻松阅读的环境

本套丛书的版式简洁、大方，合理安排图与文字的占用空间，对于标题、正文、提示和知识点等都设计了醒目的字体符号，读者阅读起来会感到轻松愉快。

三、读者定位

本丛书为所有从事计算机教学的老师和自学人员而编写，是一套适合于大中专院校、职业院校及各类社会培训学校的优秀教材，也可作为计算机初、中级用户和计算机爱好者学习计算机知识的自学参考书。

四、周到体贴的售后服务

为了方便教学，本套丛书提供精心制作的 PowerPoint 教学课件(即电子教案)、素材、源文件、习题答案等相关内容，可在网站上免费下载，也可发送电子邮件至 wkservice@vip.163.com 索取。

此外，如果读者在使用本系列图书的过程中遇到疑惑或困难，可以在丛书支持网站(http://www.tupwk.com.cn/edu)的互动论坛上留言，本丛书的作者或技术编辑会及时提供相应的技术支持。咨询电话：010-62796045。

前言

Microsoft Project 2010 是 Microsoft 公司发布的集使用性、功能性和灵活性于一身的强大的项目管理工具。对于任何行业的项目管理人员来说，依靠 Microsoft Project 2010 来计划和管理项目，可以有效地组织和跟踪任务与资源，使项目符合工期和预算，缩短投入生产的周期，降低成本，提高项目产品的竞争力。

本书从教学实际需求出发，合理安排知识结构，从零开始、由浅入深、循序渐进地讲解 Project 2010 的基本知识和使用方法，本书共分为 15 章，主要内容如下。

第 1 章和第 2 章介绍了项目管理的基本概念，Microsoft Project 2010 的工作界面以及基本操作等基础知识。

第 3 章~第 7 章介绍了项目、项目任务、项目资源、项目成本和项目进度的创建和管理操作。

第 8 章介绍了美化项目文档的方法，包括设置项目组件格式和整体格式等操作。

第 9 章介绍了项目在实施过程中的优化操作方法和技巧。

第 10 章介绍了项目报表的管理方法，包括生成项目报表、生成可视报表、打印报表和视图操作。

第 11 章介绍了多重项目的管理方法，包括合并项目文档、建立项目间相关性、共享资源等操作。

第 12~14 章介绍了 Project Server 2010 的安装和管理方法，以及项目的沟通协作管理技巧。

第 15 章介绍了使用 Project Server 2010 管理项目实例的操作步骤。

本书图文并茂，条理清晰，通俗易懂，内容丰富，在讲解每个知识点时都配有相应的实例，方便读者上机实践。同时在难于理解和掌握的部分内容上给出相关提示，让读者能够快速地提高操作技能。此外，本书配有大量综合实例和练习，让读者在不断的实际操作中更加牢固地掌握书中讲解的内容。

除封面署名的作者外，参加本书编写和制作的人员还有陈笑、曹小震、高娟妮、李亮辉、洪妍、孔祥亮、陈跃华、杜思明、熊晓磊、曹汉鸣、陶晓云、王通、方峻、李小凤、曹晓松、蒋晓冬、邱培强等人。由于作者水平所限，本书难免有不足之处，欢迎广大读者批评指正。我们的邮箱是 huchenhao@263.net，电话是 010-62796045。

作　者

2013 年 10 月

推荐课时安排

章 名	重点掌握内容	教学课时
第 1 章 Project 2010 与项目管理概述	1. 理解项目和项目管理 2. Project 2010 在项目管理中的角色 3. 安装和卸载 Project 2010	1 学时
第 2 章 Project 2010 快速入门	1. Project 2010 的启动和退出 2. 初识 Project 2010 3. 在 Project 2010 中选择数据域	1 学时
第 3 章 创建与管理项目	1. 新建项目文档 2. 制定项目计划 3. 管理项目文档	2 学时
第 4 章 管理项目任务	1. 创建任务 2. 编辑任务 3. 组织任务 4. 设置任务工期	2 学时
第 5 章 管理项目资源	1. 项目资源概述 2. 创建资源 3. 设置资源信息 4. 分配资源和管理资源库	2 学时
第 6 章 项目成本管理	1. 项目成本管理概述 2. 创建项目成本 3. 查看项目成本 4. 分析与调整项目成本 5. 查看分析表	2 学时
第 7 章 管理项目进度	1. 项目进度管理概述 2. 设置跟踪 3. 跟踪项目进度 4. 查看项目进度	2 学时
第 8 章 美化项目文档	1. 设置组件格式 2. 设置整体格式 3. 插入绘图 4. 插入对象	2 学时

(续表)

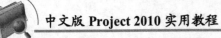

章 名	重点掌握内容	教学课时
第 9 章 优化项目	1. 优化任务 2. 优化日程 3. 调配资源	2 学时
第 10 章 项目报表管理	1. 报表概述 2. 生成项目报表 3. 生成可视报表 4. 打印报表和视图	2 学时
第 11 章 多重项目管理	1. 合并项目 2. 建立项目间的相关性 3. 在项目间共享资源 4. 管理多项目	2 学时
第 12 章 安装 Project Server 2010	1. 安装前的准备工作 2. 安装和配置 SQL Server 2008 3. 安装和配置 Project Server 2010	2 学时
第 13 章 管理 Project Server 2010	1. 设置安全性 2. 设置外观 3. 设置企业数据 4. 数据库管理 5. 设置时间和任务 6. 设置操作策略与队列 7. 设置工作流与项目信息	3 学时
第 14 章 项目沟通协作管理	1. 发布项目 2. 管理任务 3. 管理项目	2 学时
第 15 章 房地产开发项目管理实例	1. 设置任务和资源 2. 工作分配 3. 合并项目 4. 跟踪进度 5. 项目报表	2 学时

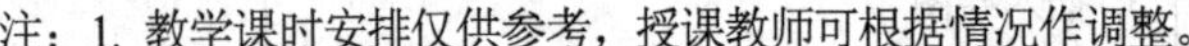

注：1. 教学课时安排仅供参考，授课教师可根据情况作调整。

2. 建议每章安排与教学课时相同时间的上机练习。

目录

CONTENTS

计算机 基础与实训教材系列

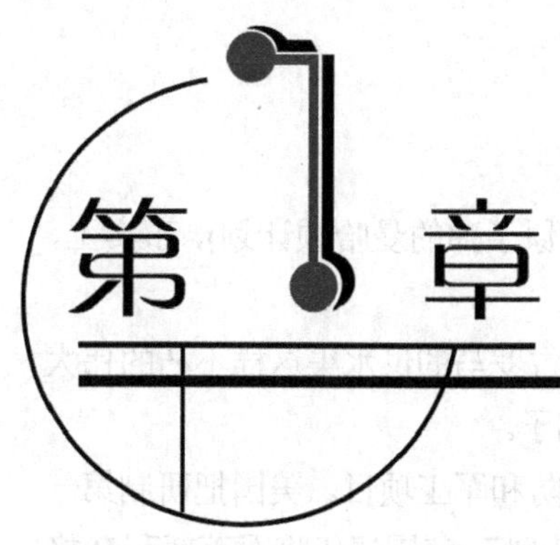

第1章 Project 2010与项目管理概述

学习目标

近年来，项目管理思想得到了空前的应用，项目管理已成为全球管理的新热点。越来越多的企业引入了项目管理，一些跨国企业也把项目管理作为自己主要的运作模式和提高企业运作效率的解决方案。由此可见，项目管理在当今经济社会中起着重要作用。本章将主要介绍项目管理与Project 2010的基础知识。

本章重点

- 项目和项目管理
- Project 2010在项目管理中的角色
- 安装和卸载Project 2010

1.1 项目和项目管理

项目是指具有相同的开始和结束的一系列事件，项目的目的是要达到一个明确的目标。项目是一个狭窄的概念，它比传统的管理目标更为狭窄。项目管理是指一系列的管理活动，这些活动的最终结果是项目的最后成功。

1.1.1 项目管理的发展概述

项目管理(Project Management)是基于管理原则的一套计算方法，主要用于计划、评估、控制工作活动，保证按时、按预算、依据规范达到理想的最终效果。换言之，项目管理就是应用管理知识与技能，完成项目的目标与需求。

项目管理作为一门新兴学科，得到了迅猛的发展和不断的完善。下面将详细介绍项目管理

的发展阶段和发展趋势。

1. 项目管理的发展阶段

项目管理通常被认为是第二次世界大战的产物(如美国研制原子弹的曼哈顿计划)，事实上，项目管理历史源远流长，其发展大致经历了以下阶段。

- 两千多年前：其代表作如我国的长城、埃及的金字塔、古罗马的供水渠这样不朽的伟大工程。我国汴梁古城的复建也可称为项目管理的成功例子。
- 20 世纪 40 年代(近代项目管理的萌芽)：主要应用于国防和军工项目。美国把研制第一颗原子弹的任务作为一个项目来管理，命名为“曼哈顿计划”。美国退伍将军莱斯利·R·格罗夫斯（L.R.GROVES）后来写了一本会议录《现在可以说了》(Now it can be told: The story of the Manhattan Project)，详细记载了这个项目的经过。
- 20 世纪 50 年代后期(近代项目管理的成熟)：美国出现了关键路线法(CPM)和计划评审技术(PERT)。项目管理的突破性成就出现在 20 世纪 50 年代。就在这一方法发明一年后，美国海军开始研制北极星导弹。这是一个军用项目，技术新且项目巨大，据说当时美国有三分之一的科学家都参与了这项工作。60 年代，这类方法在由 42 万人参加，耗资 400 亿美元的“阿波罗”载人登月计划中应用，并取得巨大成功。此时，项目管理有了科学的系统方法。当时主要运用在军事工业和建筑业，项目管理的任务主要是项目的执行。现在，CPM 和 PERT 常被称为项目管理的常规“武器”和经典手段。
- 20 世纪 70－80 年代(项目管理的传播和推广)：1969 年，美国成立了一个国际性组织 PMI (Project Management Institute)，即美国项目管理学会，它是一个有着近 5 万名会员的国际性学会，是项目管理专业领域中由研究人员、学者、顾问和经理组成的最大的全球性专业组织。这个组织的出现极大地推动了项目管理的发展。之后，PMI 一直致力于项目管理领域的研究工作，1976 年，PMI 提出了制定项目管理标准的设想。经过近十年的努力，于 1987 年推出了项目管理知识体系指南(Project Management Body of Knowledge)，简称 PMBOK，这是项目管理领域的又一个里程碑。因此，项目管理专家把 20 世纪 80 年代以前称为“传统的项目管理”阶段，把 20 世纪 80 年代以后称为“新的项目管理”阶段。这个知识体系把项目管理归纳为范围管理、时间管理、费用管理、质量管理、人力资源管理、风险管理、采购管理、沟通管理和整合管理九大知识领域。PMBOK 又分别在 1996 年和 2000 年进行了两次修订，使该体系更加成熟和完整。20 世纪 70—80 年代，项目管理迅速传遍世界其他各国，当时，我国 CPM 为统筹法(这是华罗庚教授首先将其介绍到国内时，根据其核心思想为它取的名称)。项目管理从美国最初的军事项目和宇航项目很快扩展到各种类型的民用项目。其特点是面向市场迎接竞争，项目管理除了计划和协调外，对采购、合同、进度、费用、质量、风险等给予了更多重视，初步形成了现代项目管理的框架。
- 20 世纪 90 年代至今(现代项目管理的新发展)：进入 20 世纪 90 年代，又跨越了世纪之交，项目管理有了新的进展。为了在迅猛变化、竞争激烈的市场中迎接经济全球化、一

体化的挑战，项目管理更加注重人的因素、注重顾客、注重柔性管理，力求在变革中生存和发展。在这个阶段，应用领域进一步扩大，尤其在新兴产业中得到了迅速的发展，比如通信、软件、信息、金融、医药等现代项目管理的任务已不仅仅是执行任务，而且还要开发项目、经营项目，以及为经营项目完成后形成的设施、产品和其他成果提供必要的服务。

通过上述项目管理经历的 5 个阶段，通常项目管理专家把项目管理划分为以下两个阶段：

- 20 世纪 80 年代之前为传统的项目管理阶段。
- 20 世纪 80 年代之后为现代项目管理阶段。

2. 项目管理的发展趋势

随着经济全球化、区域一体化的发展，项目管理已成为经济发展的重要构成因素。它对项目的发展与成功起到至关重要的作用，它的灵活性也适应了企业产品多变的要求。因此，深入而广泛地开展项目管理实践活动，提高项目管理水平，是时代发展的需要，是经济发展的客观要求。从总体上看，当代项目管理的发展呈现出以下趋势。

- 项目管理的应用范围扩大：20 世纪 90 年代以来，项目管理的应用迅速扩展到所有的工业领域以及更多的行业，如 IT、通信、交通、能源、环保、航空航天、国防、建筑、制造、金融投资、医学和行政管理等行业，应用范围从单一项目环境扩展到整个组织环境，有些项目管理从单一的项目管理转变为多个项目管理，或者一种项目的组合管理。
- 从偏重技术管理到注重人员的管理：项目管理重点开始转移，从偏重技术管理转移到注重人的管理，从简单的考虑工期和成本控制到全面综合的管理控制，包括项目质量、项目范围、风险、团队建设等各方面的综合管理。过去，项目管理片面强调技术。例如，过去有技术方面的经验就可以胜任项目经理的工作，现在要求项目管理者和项目成员不再仅仅是项目的执行者，而是需要他们能胜任更广泛的工作，掌握更加广泛的专业技术、经营管理知识和技能。
- 信息技术平台为项目管理解决更复杂的现实问题提供了可能：目前，越来越多的项目管理人员使用 Internet 等现代化的通信技术，对项目全过程中产生的信息进行收集、储存、检索、分析和分发，以改善项目生命周期内的决策和信息的沟通。各种类型的项目管理软件功能也在不断地改善和加强。

1.1.2 项目的特征

项目是指在一定约束条件下(主要是限定资金、限定时间等)，为完成某一独特的产品或服务具有特定目标的一次性任务。如三峡工程、北京申办 2008 年奥运会、建造一座大水坝、研制一种新药等都是项目。各种不同的项目，其内容是千差万别的，但它们都具有相似的特性。

1. 目标性

任何项目都必须具有特定、明确的目标，这是项目的一个重要特征。项目目标往往取决于项目法人所要达到的最终目的。例如，工业建设项目的最终目标是要增加或提供一定的生产能力，形成具有一定使用价值的固定资产，而科学研究项目则以突破原有理论、取得研究成果为其特定目标。

每个项目所追求的目标必须服从总体运作体系的要求，项目完成的结果应该是可以依据目标说明书进行判断的，实现了项目的目标，也就意味着项目的结束。

2. 独特的性质

每个项目都是唯一的。一个项目所涉及的人员、资源、地点、时间等均是不可能完全相同的，项目的执行过程也是独一无二的。

3. 一次性和单件性

项目的活动过程具有明显的一次性，其活动的结果(或成果)具有单件性。这是项目区别于非项目活动的重要特性。项目的活动过程既不同于一般工业生产的大批量、重复性的生产过程，也不同于企事业单位或政府机关的周而复始的行政管理过程。它不仅不可逆，而且不重复。因此项目一般都具有特定的开头、展开和结尾的过程，其结果(或成果)也只有一个，即单件性。

一次性是项目与其他重复性运行或操作工作最大的区别。项目有明确的起点和终点，不能完全照搬，也不会完全相同，它不能重复，当项目的目标已经实现，或已清楚地预测到项目的目标无法实现则放弃，或项目的必要性不存在并已终止时，该项目就到达到了它的终点。

4. 可限制性

项目的开始日期和结束日期必须符合时间要求，总的时间和单个任务的时间应该与项目的目标说明相符合。项目还受到资源和成本的限制，例如完成项目的人员和资金都是有限的。

5. 不确定性

在项目的实施过程中，外部和内部因素总是会发生一些变化，因此项目也会出现不确定性。项目持续的时间短则几天或几小时，长则可达十几年甚至更长。项目所处的环境总是不断变化的，因此，项目管理人员应该做出及时反应，根据变化对项目做出调整，否则将不能实现预期的目标。

6. 不可挽回性

项目活动过程的一次性和活动成果的单件性，决定了项目实施的风险性和项目管理的特殊性，一旦失败就失去了重新进行原项目的机会。为了降低项目实施的风险，尽可能好地实现项目目标，就要求项目成员去研究和掌握项目的实质和规律，用科学的管理方法保证项目一次成功。

1.1.3 项目的三要素

项目的要素是指影响项目成败或发展方向的根本原因或条件。影响项目管理的因素比较多，而时间、范围和费用是项目管理必不可少的三要素(有时也称项目三角形)，并且当其中任何一个发生变化时，就会影响其他两个，如图 1-1 所示。

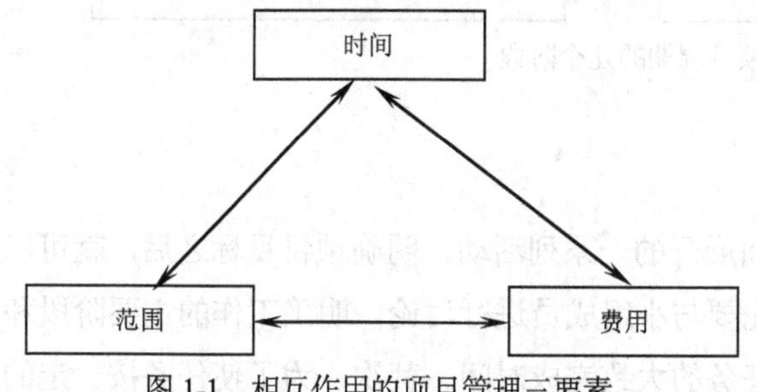

图 1-1 相互作用的项目管理三要素

> **知识点**
>
> 项目的三要素是相互影响的，在项目开始时需要明确项目范围，防止不确定性以免造成成本或时间的增加。同时当项目发生变化时，需要根据实际情况平衡三者之间的关系。

项目管理三要素的定义如下所示：

- 范围：也称工作范围，指项目的目标和任务，以及完成这些目标和任务所需的工作。通常通过定义交付物和交付物标准来定义工作范围。
- 时间：反映在项目日程中的完成项目所需的时间。在项目中表现为任务的进度和工期。
- 费用：即项目的预算，它取决于资源的成本。这些资源包括完成任务所需的人员、设备、空间和材料。

虽然这 3 个要素都很重要，但通常会有一个要素对项目起决定性的影响。这 3 个要素之间的关系根据每个项目而异，它们决定了会遇到的问题种类，以及可以实现的解决方案。了解项目中的限制及可灵活掌握的部分，将有助于计划和管理项目。

例如，建造一幢房子，范围就是按要求交付房子，若需要交付的内容增加，则有如下两种情况：第一种，交付时间变长，这样务必产生资源等成本的开支；第二种，增加资源的投入，这样同样增加了成本的开支。

1.1.4 项目周期

除了项目的三要素外，项目周期(也称项目生命周期)也是项目的重要过程。项目周期是指定义项目目标、制定项目计划直到最终完成整个项目的过程，如图 1-2 所示。

1. 定义项目目标

在制定项目计划前，必须明确该项目要完成什么或提交什么，不但要对完成的工作了如指掌，还要明确能够使项目委托人满意的质量标准。

此外，还必须清楚该项目是否有最后完成期限，工作应在什么时候开始，什么时候结束，以及是否需要考虑项目的成本要求等。

因此，定义项目目标是关键一环，要防止目标的不确定。

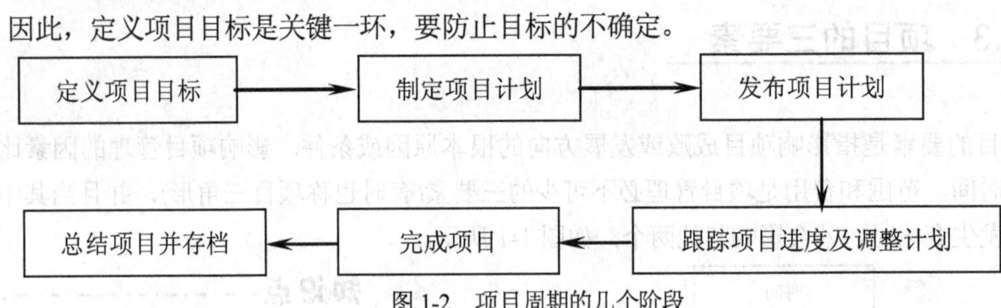

图 1-2　项目周期的几个阶段

2. 制定项目计划

制定项目计划，就是计划为了完成目标而展开的一系列活动。明确项目目标之后，就可以着手制定项目计划了。在制定计划之前，首先要与小组成员进行讨论，明确工作的主要阶段和每个主要阶段的具体任务，然后估计出每项任务的大致完成时间。其次，为了使任务按一定的先后顺序进行，还需要对任务进行链接。此外，要为任务分配资源和工时，输入资源的标准费率和加班费率，以及固定的任务成本等。

制定好项目计划后，需要对所做的计划进行检查，对项目执行过程中可能出现的问题准备相关解决方案。

3. 发布项目计划

项目计划完成后，如果需要使计划得到上级的批准，或者将任务分配给下属，或者需要与他人(比如项目风险承担者)交流项目信息，就需要发布项目计划。有多种方式可以进行发布，比如把计划打印出来、通过 E-mail 邮件或者利用 Web 页面等。

4. 跟踪项目进度及调整计划

项目开始实施后，需要不停地记录各项任务开始和完成的实际时间，即对项目计划的实施进行跟踪。由于用户需要知道项目的实施过程与所创建的计划有什么出入，因此需要创建一个基准，便于与实际情况进行比较。在某一任务的实际完成日期与原始计划有偏差时，应重新确定下一个任务的开始日期和完成日期。如果在预定的期限内有完不成计划的危险，则需要提前在日程中对资源进行必要的调整，尽可能地使项目保持在日程内并且不超出预算，以保证任务顺利实施，防止出现问题影响整体项目。

5. 完成项目

完成项目目标，是展开活动的最终目标，任何项目都不可能无期限延续。

6. 总结项目并存档

完成项目后，需要提交一份总结报告来描述项目的成功完成或其存在的错误之处，并对该项目进行详尽的描述与分析，以便将来为其他项目计划提供有价值的参考信息、经验或教训。

1.1.5 项目管理的知识领域

项目管理是项目管理者在有限的资源约束下，运用系统的观点、方法和理论，对项目涉及的全部工作进行有效的管理，即对项目的投资决策开始到项目结束的全过程进行计划、组织、指挥、协调、控制和评价，以达到项目的目标。项目管理所涉及的领域主要包括以下九大领域。

提示

项目管理的知识领域是指作为项目经理必须具备与掌握的重要知识与能力，这些知识领域涉及很多的管理工具和技术，用来帮助项目经理与项目组成员完成项目的管理。

1. 项目范围管理

项目范围管理是为了实现项目的目标，对项目的工作内容进行控制的管理过程。这个过程用于确保项目组和项目成员对作为项目结果的项目产品以及生产这些产品所用到的过程有一个共同的理解。它包括确定项目的需求、定义规划项目的范围、范围管理的实施、范围的变更控制管理以及范围核实等。

2. 项目时间管理

项目时间管理是为了确保项目最终按时完成所实施的一系列管理过程。它包括具体活动界定、活动排序、时间估计、进度安排及时间控制等工作。

“按时、保质地完成项目”大概是每一位项目经理最希望做到的。但工期拖延的情况却时常发生。因而合理地安排项目时间是项目管理中的一项关键内容，它的目的是保证按时完成项目、合理分配资源、发挥最佳工作效率。

3. 项目成本管理

项目成本管理是为了保证完成项目的实际成本，使费用不超过预算成本所实施的管理过程。它包括资源的配置、成本和费用的预算和费用的控制等工作。项目成本管理是在整个项目的实施过程中，为确保项目在已批准的成本预算内尽可能好地完成而对所需的各个过程进行管理的过程。

4. 项目质量管理

项目质量管理是为了确保项目达到客户所规定的质量要求所实施的一系列管理过程。它包括质量规划、控制和保证等工作。

5. 项目人力资源管理

项目人力资源管理是为了保证所有项目关系人的能力和积极性都得到最有效地发挥和利用所实施的一系列管理措施。它包括组织的规划、团队的建设、人员的选聘和项目的团队建设等工作。项目人力资源管理包括项目团队组建和管理的各个过程。项目团队包括为完成项目而

分派有角色和职责的人员。项目管理团队是项目团队的子集，负责项目管理活动。

6. 项目沟通管理

在项目管理中，专门将沟通管理作为一个知识领域。PMBOK 中也建议项目经理要花 75%以上时间去沟通，可见沟通在项目中的重要性。多数人理解的沟通，就是善于表达，能说、会说，项目管理中的沟通，并不等同于人际交往的沟通技巧，更多是对沟通的管理。

沟通管理是为了确保项目信息的合理收集和传输所实施的一系列措施，它包括沟通规划、信息传输和进度报告等工作。

7. 项目风险管理

项目风险管理是指对项目风险从识别到分析乃至采取应对措施等一系列过程，它包括将积极因素所产生的项目风险管理流程影响最大化和使消极因素产生的影响最小化两方面内容。

风险管理涉及项目可能遇到的各种不确定因素，包括风险的识别、量化、控制和制定对策等工作。

8. 项目采购管理

项目采购管理是为了从项目实施组织之外获得所需资源或服务所实施的一系列管理措施。它包括采购计划、采购与征购、资源的选择和合同的管理等工作。

9. 项目综合管理

项目综合管理是指为确保项目的各项工作能够有机地协调和配合所展开的综合性和全局性的项目管理工作和过程。它包括项目集成计划的制定、项目集成计划的实施和项目变动的总体控制等工作。

在项目管理过程中，首先要严格控制项目的进度，保证项目在规定的时间内完成；其次要合理利用资源，并将项目的费用尽量控制在计划的预算之内；同时，要跟踪项目执行的情况，保证项目按照规定的质量标准执行。

知识点

在项目管理的九大知识领域中，核心领域是范围管理、时间管理、成本管理与质量管理。

1.1.6 现代项目管理的特点

随着知识经济的飞速发展，项目管理模式在企业竞争及经济发展中显得日益重要。现代项目管理作为一套科学的管理方法体系、一种已被公认的管理模式，是在长期实践和研究的基础上总结而成的，有其独特之处。概括起来，现代项目管理具有如下几方面的特点：

- 项目管理的对象是项目或被当作项目来处理的事务。
- 项目管理的全过程都贯穿着系统工程的思想。依据“整体—分解—综合”的原理，把项目分解成多个责任单元。
- 项目管理的组织具有特殊性，其管理的组织是临时性、开放性的，组织结构为矩阵结构。
- 项目管理的方式为目标管理，是一种多层次的目标管理方式。项目管理者以综合协调者的身份向各方面的专家讲明应承担的责任，协商确定时间、经费、工作标准的限定条件。
- 项目管理的体制是一种基于团队管理的个人负责制，项目经理对项目结果全面负责。
- 项目管理的要点为创造和保持使项目顺利进行的环境。项目管理师管理过程不是技术过程。
- 项目管理的方法、工具和手段具有先进性和开放性。

1.2 Project 2010 在项目管理中的角色

项目管理离不开管理工具的支持，这是所有项目管理工作者的共识。Project 2010 是微软公司最新推出的一款专用于项目规划与管理的软件。Project 2010 是 Microsoft Office 系统中不可缺少的一部分，它可以灵活地满足管理工作和人员的需要，不论在独立的管理项目中，还是小组、部门或组织内以项目组合的方式来管理项目。

1.2.1 Project 2010 产品介绍

Project 2010 以其强大的功能、友好的界面吸引了众多的用户，成为目前各领域最受欢迎的项目管理软件之一。它可以适用于不同企业规模和不同管理目标的需求，既可以选择满足个别需要的单用户版本，也可以选择满足大型项目管理需求的服务器版本，允许多个用户使用普通数据协同工作。

Project 2010 系列产品包括 Microsoft Project Standard 2010、Microsoft Project Professional 2010 和 Microsoft Project Server 2010。

提示

Project 2010 的版本数由之前的 4 个版本精简为 Microsoft Project Standard 2010、Microsoft Project Professional 2010 和 Microsoft Project Server 2010 这 3 个版本。

- Microsoft Project Standard 2010(标准版)：基于 Windows 的一个客户端程序，此版本只能进行单一的项目管理，无法与 EPM(企业项目管理) Project 进行交互。
- Microsoft Project Professional 2010(专业版)：基于 Windows 的一个客户端程序，此版本不仅包括 Standard 的完整特性集，还可以与 EPM(企业项目管理) Project 进行交互。

- Microsoft Project Server 2010(服务器版)：基于内联网解决方案的一个服务器程序，通过该服务器进行工作分配、日程、成本等项目信息的交流，另外，Project Portfolio Server 中的相关项目组合功能已合并到 Project Server 2010 中。

1.2.2 Project 2010 的功能

在对项目进行管理时，常常需要制定项目范围，确保项目时间，节省项目成本，应对项目风险，与项目干系人及工作组成员沟通，对人力资源进行管理合理利用，确定项目质量，管理项目采购招标以及为了确保各项工作有机协调配合进行综合管理等。Project 2010 作为一个功能强大、使用灵活的项目管理软件，可以帮助用户完成如下工作：

- 共享项目信息：Project 向需要了解项目信息的人员提供了传递项目信息的多种方法，如打印视图和报表，在 Internet 上传递项目信息等。
- 编制和组织信息：将项目所需的各种参数、信息和条件输入 Project 的工作表后，Project 可以将这些信息按照一定的规则进一步地条理化和组织化，使用户更加方便地查看项目的详细信息和全局状态。
- 跟踪项目：在项目执行过程中，用户可将已得到的实际数据提供给 Project，Project 会根据这些数据计算其他信息，然后将这些变动对项目的其他任务及整个项目产生的影响反馈给用户。
- 方案的优化度分析：Project 可将不同的项目计划方案进行比较，选出最优的计划方案提供给用户。
- 信息计算：Project 使用所提供的各种信息，为项目计算和规划日程，为每一个任务的执行设置一个可行的时间框架，并设置何时将特定的资源指派给特定的任务。
- 检测和维护：Project 能够随时对计划进行检测，并给出对所查到的问题的解决方法，如资源过度分配、成本超出预算等。

1.3 安装和卸载 Project 2010

使用 Project 2010 进行项目管理，需要安装 Project 2010 到本地计算机上。安装 Project 2010 就是指将程序文件添加到操作系统中，添加过程由 Project 2010 安装向导完成。

1.3.1 配置要求

不管哪个版本的 Project，在计算机上进行安装时需要达到一定的软硬件要求。如果要安装 Project Professional 2010，需要满足如表 1-1 所示的软硬件条件。

表 1-1　Project Professional 2010 的配置要求

组　　件	要　　求
计算机和处理器	Pentium 1GHz 或更快的处理器
内存	512MB 或更大的 RAM
硬盘空间	1.5GB 的可用空间
驱动器	DVD 驱动器
显示	最低分辨率为 800×600；推荐使用 1024×768 或更高分辨率的监视器
操作系统	Windows XP Service Pack1-2；Windows 2000 Service Pack3-4；Windows 2003 Service Pack1-2；Vista Home、Vista Professional；Windows 7

提示

安装 Project Standard 2010 的配置要求与安装 Project Professional 2010 配置要求类似；有关 Project Server 2010 的配置要求和安装过程可参考本书第 12 章所介绍的方法。

1.3.2　安装 Project 2010

检查当前操作系统满足安装 Project 2010 条件后，将 Project 2010 软件光盘放入光驱，或者从官方网站下载 Project 2010 软件后，在安装文件所在的目录下都有一个名为 Setup.exe 的可执行文件，运行该可执行文件，然后按照屏幕上的提示逐步操作，即可完成软件的安装。

【例 1-1】在 Windows XP 操作系统中第一次安装 Project 2010 软件。

(1) 将 Project 2010 的安装光盘放入光驱中，找到光盘的安装文件 setup.exe，双击该安装图标，系统将自动运行安装配置向导并复制安装文件，如图 1-3 所示。

(2) 打开【阅读 Microsoft 软件许可证条款】对话框，阅读许可协议和条款，选中【我接受此协议的条款】复选框，单击【继续】按钮，如图 1-4 所示。

图 1-3　运行安装配置向导

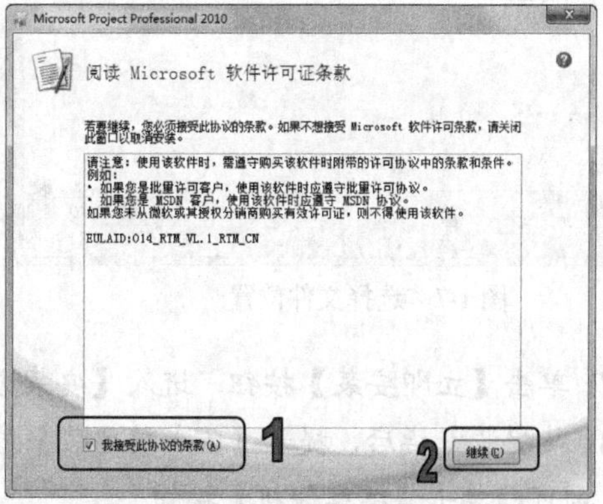

图 1-4　接受协议条款

(3) 打开【选择所需的安装】对话框，单击【自定义】按钮，如图 1-5 所示。

(4) 打开【安装选项】选项卡，选择需要安装的组件，如图 1-6 所示。

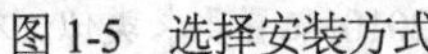

图 1-5 选择安装方式

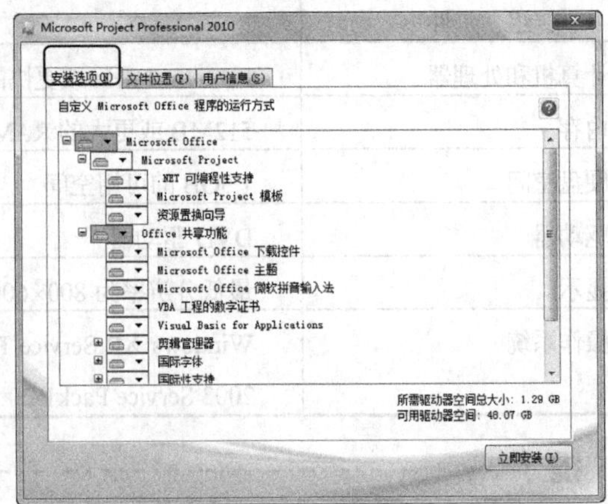

图 1-6 安装选项

知识点

在【选择所需的安装】对话框中单击【立即安装】按钮，默认将 Project 2010 和常用相关组件，安装到系统盘 Program Files\Microsoft Office 下适合多数用户使用。

(5) 打开【文件位置】选项卡，单击【浏览】按钮，选择软件的安装位置，如图 1-7 所示。

(6) 打开【用户信息】选项卡，输入当前用户信息，如图 1-8 所示。

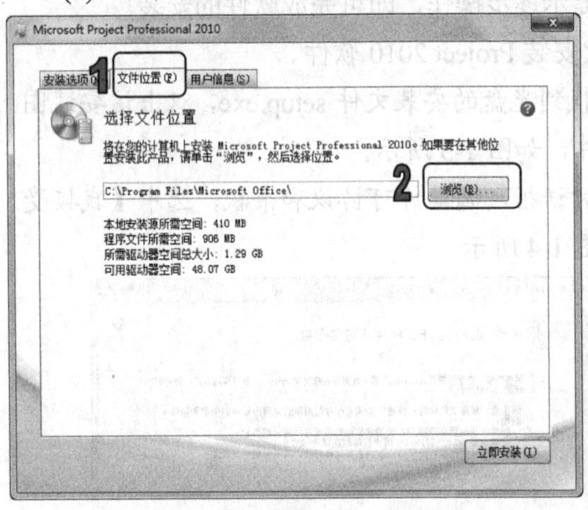

图 1-7 选择文件位置

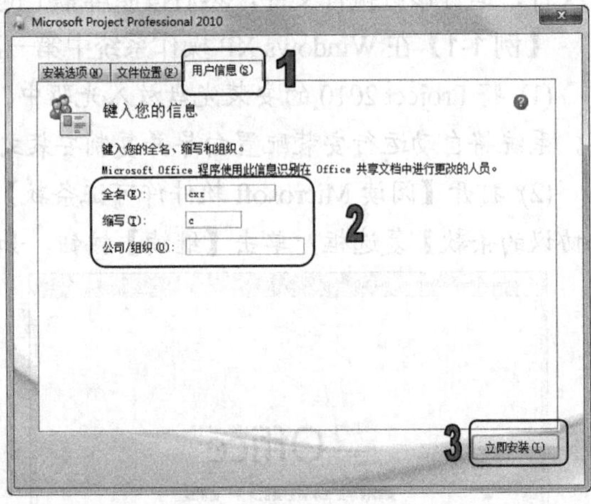

图 1-8 输入用户信息

(7) 单击【立即安装】按钮，进入【安装进度】界面，并显示安装进度，如图 1-9 所示。

(8) 待安装完毕后，提示【已成功安装】信息，如图 1-10 所示。如果需要查阅升级和帮助信息，则可以单击【继续联机】按钮。

(9) 单击【关闭】按钮，关闭安装向导，同时完成软件安装操作。

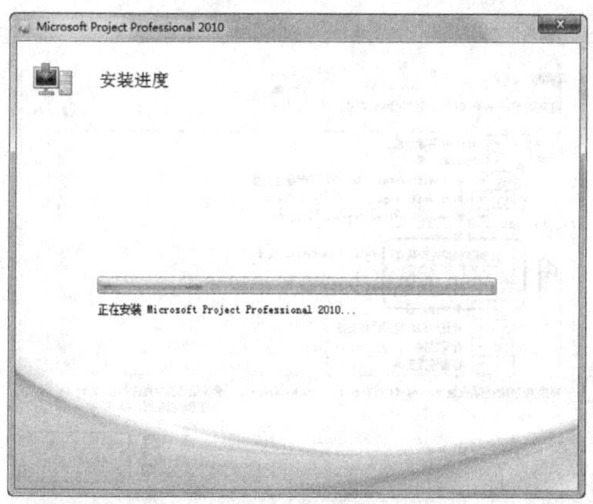

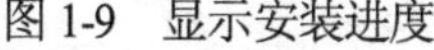

图 1-9　显示安装进度

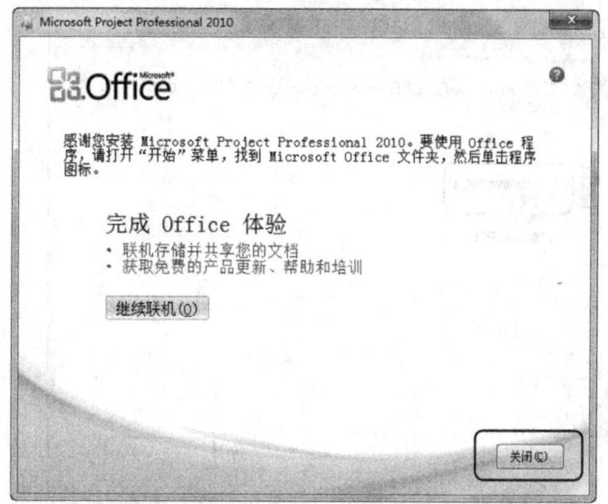

图 1-10　已完成安装

1.3.3　卸载 Project 2010

如果要卸载 Project 2010，可以单击【开始】按钮，在弹出的菜单中选择【控制面板】命令，打开【控制面板】窗口，单击【卸载程序】链接，打开【程序和功能】窗口，如图 1-11 所示。选择 Microsoft Project Professional 2010 选项，单击【卸载】按钮，启动卸载向导，并打开信息提示框，提示是否删除 Microsoft Project Professional 2010，如图 1-12 所示，单击【是】按钮，即可自动执行删除操作。卸载完毕后，在【卸载或更改程序】列表框中就看不到该程序了。

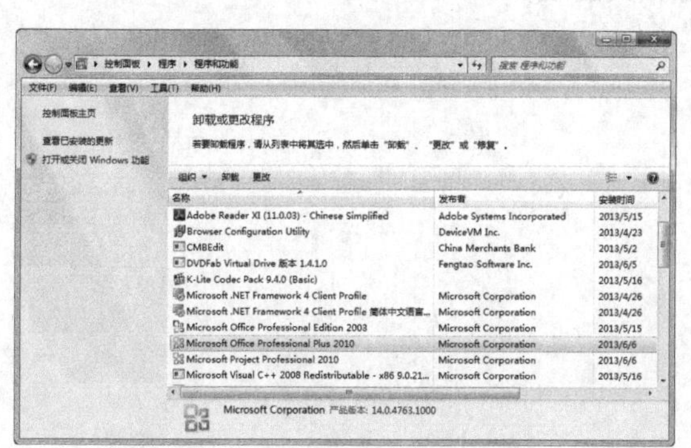

图 1-11　【程序和功能】窗口

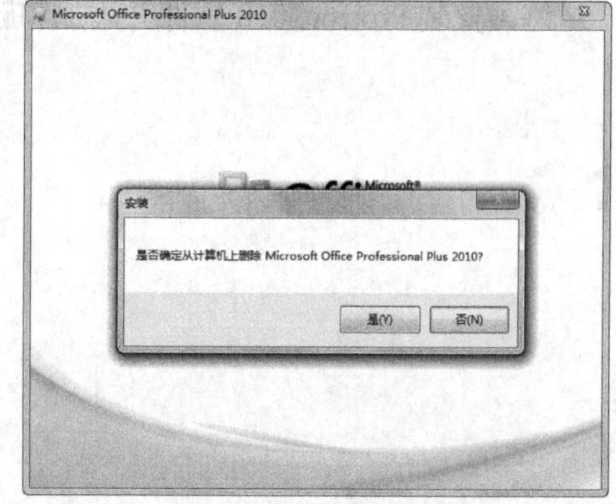

图 1-12　卸载 Project 2010

知识点

要删除 Project 2010 中的组件，打开【程序和功能】窗口，在【卸载或更改程序】列表框中选择 Microsoft Office Project Professional 2010 选项，单击【更改】按钮，打开 Project 安装程序向导对话框，选中【添加或删除功能】单选按钮，单击【继续】按钮，打开【安装选项】选项卡，单击"+"号，展开组件列表，单击【组件】下的三角按钮，在弹出的下拉菜单中选择【不可用】命令，此时显示红色打叉标记，单击【继续】按钮，即可执行操作，如图 1-13 所示。

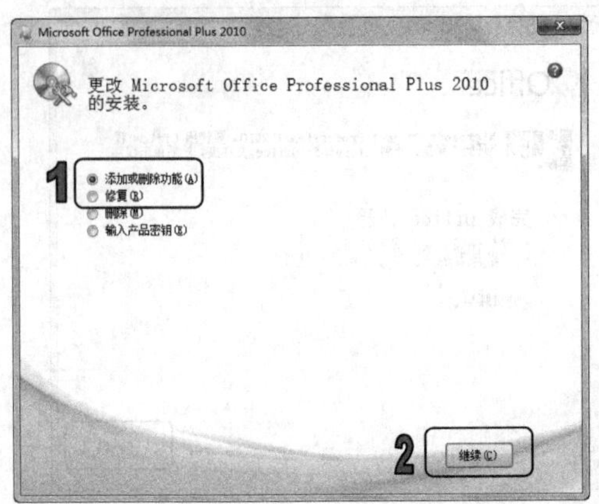

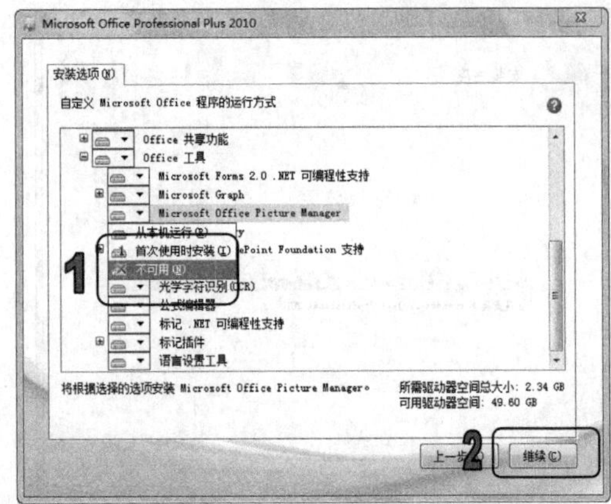

图 1-13　删除 Project 2010 组件

1.4　习题

1. 什么是项目？如果公司很小，是不是就没有项目可以管理？
2. 项目周期包括哪几个阶段？
3. 什么是项目管理？任何一个项目都将受到哪些方面的约束？
4. 现代项目管理具有哪几个特点？
5. Project 2010 包括哪几个版本？每个版本的作用如何？
6. 练习安装 Project 2010 软件并添加和删除相关的组件。

第2章 Project 2010 快速入门

学习目标

Project 2010 是美国 Microsoft 公司推出的项目规划和管理软件，是 Microsoft Office 系统产品中的一员。项目管理人员、业务管理人员和计划人员可以使用它独立地管理和规划项目。只有充分掌握 Microsoft Project 的工作界面、常用视图和选择数据域等基本知识后，才能更好地学习 Project 的应用。

本章重点

- Project 2010 的启动和退出
- 初识 Project 2010
- 在 Project 2010 中选择数据域
- 获取 Project 2010 中的帮助

2.1 Project 2010 的启动和退出

软件的启动和退出是学习使用软件的最基本操作。当安装完 Microsoft Office Project Professional 2010 之后，就可以正常启动和退出 Project 2010 了。

2.1.1 启动 Project 2010

要使用 Project 2010 管理项目时，首先要在操作系统中启动 Project 2010。可以通过以下方法来启动 Project 2010。

- 启动 Windows 7 操作系统后，单击【开始】按钮，在弹出的菜单中选择【所有程序】| Microsoft Office | Microsoft Project 2010 命令，启动 Project 2010，如图 2-1 所示。

- 单击【开始】按钮，从弹出的【开始】菜单中的高频栏中选择 Microsoft Project 2010 命令，即可启动 Project 2010。
- 双击桌面上创建 Project 2010 快捷图标来启动 Project 2010，如图 2-2 所示。
- 在桌面或者文件夹内的空白区域右击，从弹出的快捷菜单中选择【新建】|【Microsoft Project 文档】命令，创建一个名为“新建 Microsoft Project 文档”的文件。双击该文件图标，即可启动 Project 2010，并打开创建的新文档。

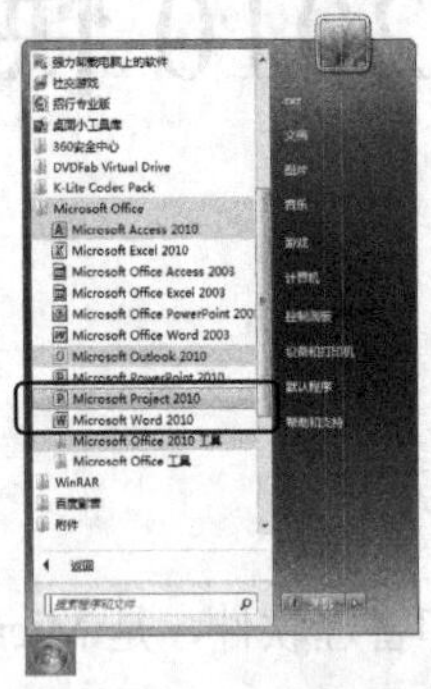

图 2-1　常规方式启动

图 2-2　桌面快捷图标

2.1.2　退出 Project 2010

当不需要使用 Project 2010 时，即可退出 Project 2010。退出 Project 2010 的常用方法有以下几种：

- 单击 Project 2010 窗口右上角的【关闭】按钮。
- 右击标题栏，在弹出的快捷菜单中选择【关闭】命令，或者按 Alt+F4 组合键。
- 双击标题栏上的 Project 程序图标。
- 右击 Project 程序图标，从弹出的快捷菜单中选择【关闭】命令。
- 单击【文件】按钮，从弹出的【文件】菜单中选择【退出】命令。

2.2　认识 Project 2010 操作环境

Project 2010 提供了一个新颖、独特且简单的操作环境，其工作界面与其他 Office 2010 组件的工作界面大致相同。本节将详细介绍 Project 2010 的工作界面、常用视图和表。

2.2.1　Project 2010 工作界面

启动 Project 2010，其工作界面如图 2-3 所示，由标题栏、快速访问工具栏、功能区、工作

区及状态栏等组成。

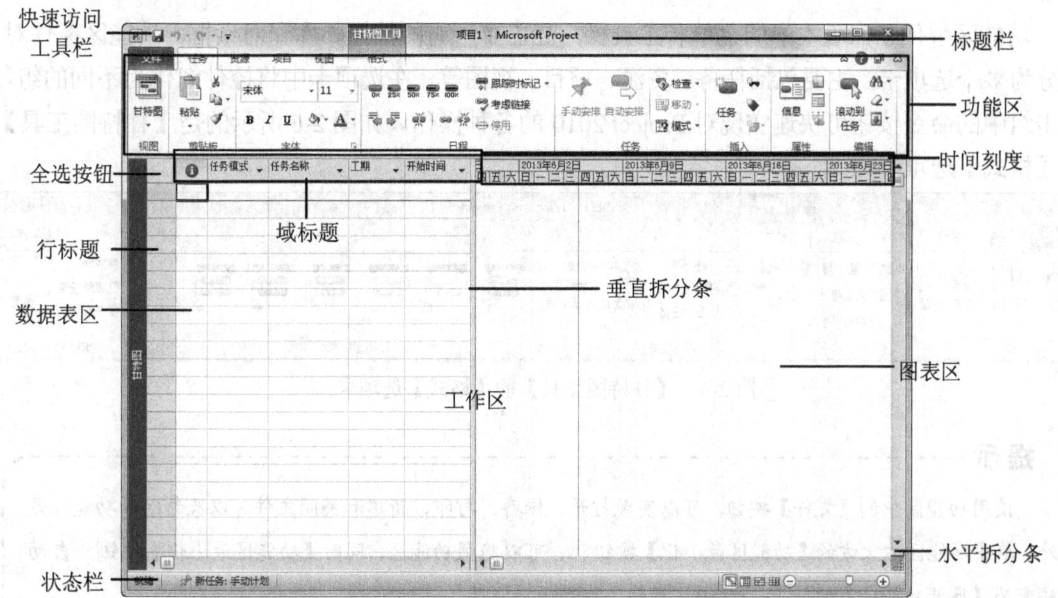

图 2-3 Project 2010 的工作界面

1. 快速访问工具栏

快速访问工具栏位于标题栏的左侧，用于存放一些常用命令，如保存、撤销、恢复等，如图 2-4 所示。单击右边的【自定义快速访问工具栏】按钮，从弹出的如图 2-5 所示的菜单中可以选择快捷访问工具栏中显示的工具按钮。

图 2-4 快速访问工具栏

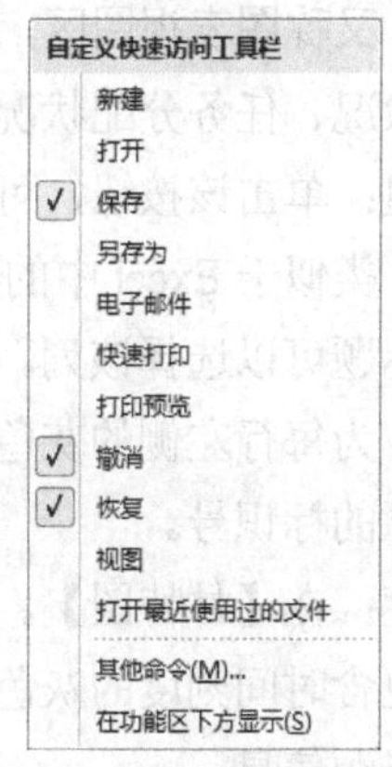

图 2-5 快速菜单

2. 标题栏

标题栏位于窗口的最上方，用于显示程序与当前打开的文件名称，还提供了 3 个窗口控制按钮，分别为【最小化】按钮、【最大化】按钮 (或【还原】按钮)和【关闭】按钮。

3. 功能区

功能区替代了旧版本中的菜单和工具栏，涵盖了所有的按钮、库和对话框。功能区控件对象分为多个选项卡，主要包括任务、资源、项目、视图等，在选项卡中将控件细化为不同的组，单击组中的命令按钮可快速实现对 Project 2010 的各种操作。如图 2-6 所示的是【甘特图工具】的【格式】选项卡。

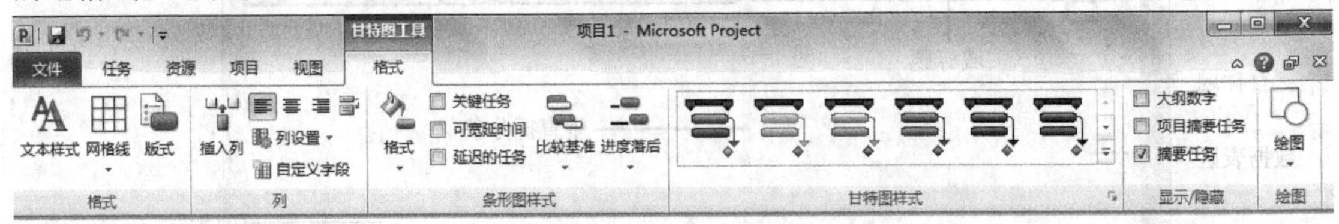

图 2-6 【甘特图工具】的【格式】选项卡

提示

使用功能区中的【文件】按钮，可以实现打开、保存、打印、新建和关闭文件，以及帮助等功能。另外，单击功能区右上方的【功能区最小化】按钮，可以隐藏功能区，同时【功能区最小化】按钮自动转变为【展开功能区】按钮，单击该按钮，将显示功能区。

4. 工作区

工作区由数据表区和图表区组合而成，各组成部分介绍如下。

- 数据表区：又称数据视图区，位于界面中央左侧，主要用来编辑项目任务名称、工期、开始时间等信息。
- 图表区：又称图表视图区，位于界面中央右侧，主要用来显示甘特图、资源图表、资源使用状况、任务分配状况视图中的以图形显示的任务或资源信息。
- 全选按钮：单击该按钮，可以选中 Project 2010 中的整个数据表区。
- 域标题：类似于 Excel 中的列标题，位于 Project 2010 数据表区每列顶部的灰色区域，单击域标题可以选择该列。
- 行标题：为每行左侧的灰色区域，任务工作表和资源工作表的行标题通常包括每项任务或资源的标识号。
- 时间刻度：在【甘特图】、【资源图表】、【资源使用状况】、【任务分配状况】视图顶部包含时间刻度的灰色分隔宽线，时间刻度下方的区域显示了以图表方式表示的任务或资源信息。
- 垂直拆分条：用于分隔【甘特图】、【资源图表】、【资源使用状况】、【任务分配状况】视图中的表与图表部分，或图例与图表部分。
- 水平拆分条：双击或拖动该按钮，可以将工作区水平拆分成两部分，当拆分任务视图时，将在底部显示【任务窗体】视图，而拆分资源视图时，将在底部显示【资源窗体】视图。

5. 状态栏

状态栏位于界面的底部，主要显示当前的操作或模式的状态。状态栏提供有当前编辑状态与新任务的当前模式、视图方式和缩放滑块等辅助功能。其中，视图方式用来切换工作表的视图模式，包括【甘特图】、【任务分配状况】、【工作组规划器】和【资源工作表】4 种模式；缩放滑块主要用来显示【甘特图】、【资源图表】、【资源使用状况】、【任务分配状况】视图中以图形显示的任务或资源信息。

知识点

在 Project 2010 工作界面中还包含垂直滚动条、数据区水平滚动条和图表区水平滚动条，主要用来调节工作区中的显示内容。

2.2.2 Project 2010 中的视图

视图以特定的格式显示 Project 2010 中输入信息的子集，该信息子集存储在 Project 中，并且能够在任何调用该信息子集的视图中显示，通过视图可以展现项目信息的各个维度。

视图主要分为任务类视图和资源类视图两大类。常用的任务类视图有【甘特图】视图、【网络图】视图、【日历】视图、【任务分配状况】视图等；常用的资源类视图有【资源工作表】视图、【资源图表】视图、【资源使用状况】视图等。

1. 【甘特图】视图

【甘特图】视图是 Project 2010 的默认视图，用于显示项目的信息。视图的左侧用工作表显示任务的详细数据，例如任务的工期，任务的开始时间和结束时间，以及分配任务的资源等。视图的右侧用条形图显示任务的信息，每一个条形图代表一项任务，通过条形图可以清楚地表示出任务的开始和结束时间，各条形图之间的位置则表明任务是一个接一个进行的，还是相互重叠的。如图 2-7 所示为一个典型的【甘特图】视图。

使用【甘特图】视图可以完成以下工作：

- 通过输入任务和完成每项任务所用的时间来创建一个项目。
- 通过链接任务，在任务之间建立顺序的相关性。在链接任务时，可以看到任务工期的更改是如何影响其他任务的开始日期和完成日期，以及整个项目的完成周期的。
- 将人员和其他资源分配给任务。
- 查看任务进度。可以对计划的和实际的开始日期、完成日期进行比较，检查每项任务完成的百分比，从而跟踪任务的进度。
- 在图形化任务的同时仍然可以访问任务的详细信息。
- 拆分任务以中断任务，以后再恢复该任务拆分。

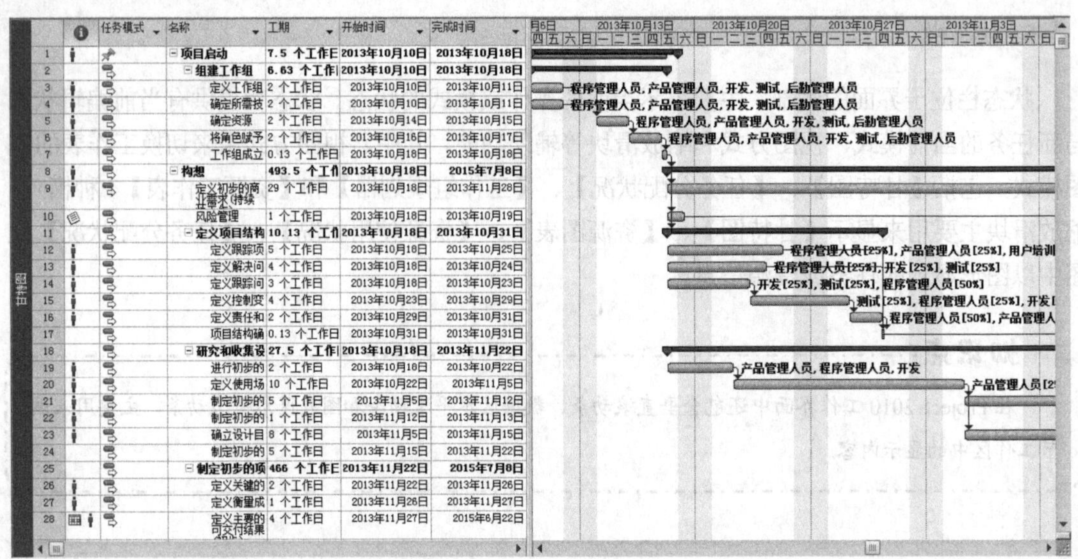

图 2-7 【甘特图】视图

2. 【跟踪甘特图】视图

对于每项任务，【跟踪甘特图】视图显示两种任务条形图，一个条形图形在另一个条形图形的上方。下方的条形图显示任务的比较基准，另一个条形图形显示任务的当前计划。当计划发生变化时，就可以通过比较基准任务与实际任务来分析项目偏移原始估计的程度，如图 2-8 所示。

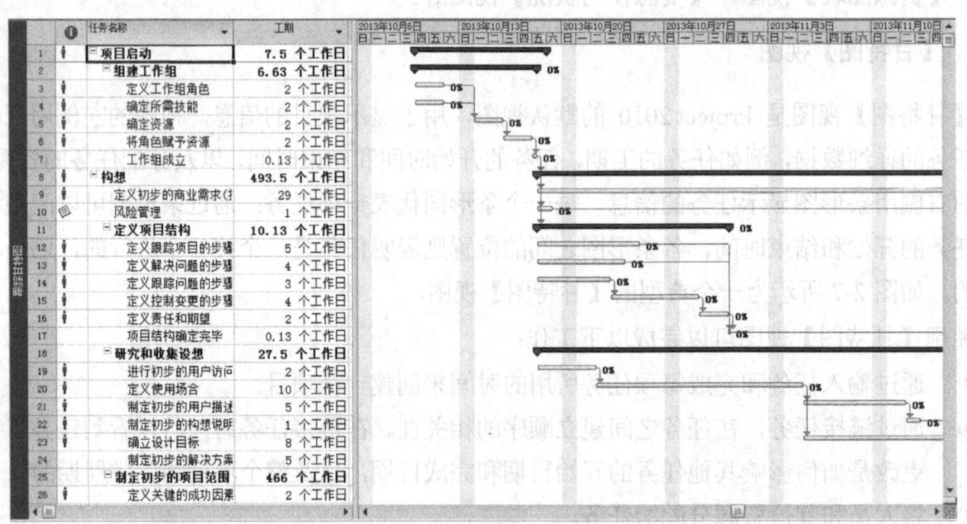

图 2-8 【跟踪甘特图】视图

3. 【任务分配状况】视图

【任务分配状况】视图给出了每项任务所分配的资源以及每项资源在各个时间段内(每天、每周、每月或其他时间间隔)所需要的工时、成本等信息，从而可以更合理地调整资源在任务上

的分配。如图 2-9 所示为一个典型的【任务分配状况】视图。

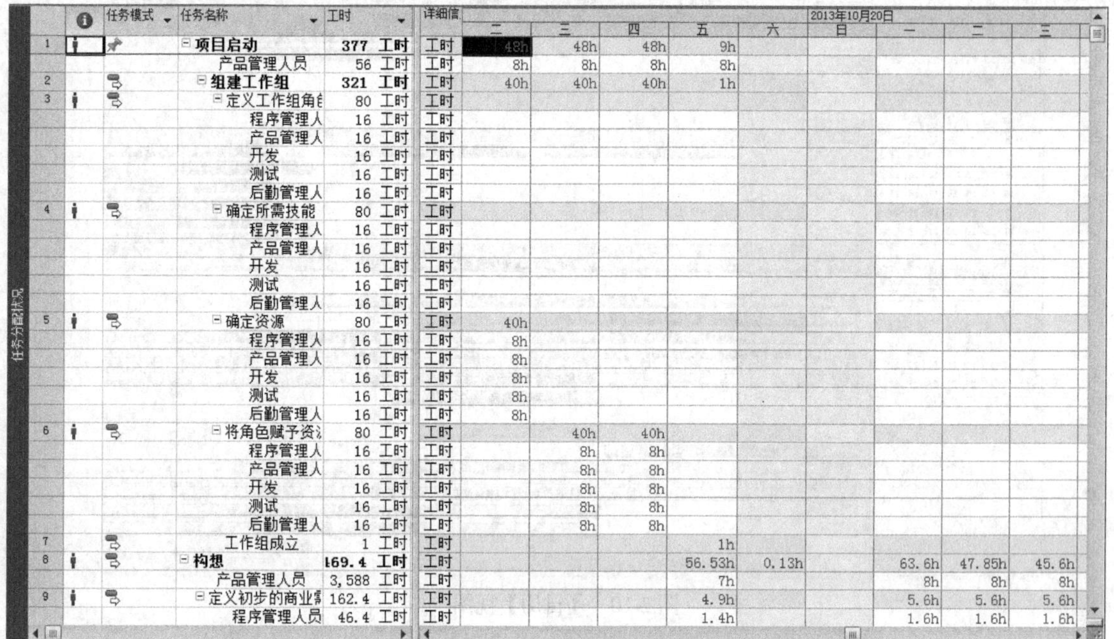

图 2-9 【任务分配状况】视图

使用【任务分配状况】视图可完成以下工作：

- 根据任务组织资源。
- 估算每项任务的工作量。
- 估算每项任务的成本。
- 对计划的时间和实际的工时进行比较。
- 对计划的成本和实际的成本进行比较。

4. 【日历】视图

【日历】视图是以月为时间刻度单位来按日历格式显示项目信息的。任务条形图将跨越任务日程排定的天或星期。其中，单个任务以细长蓝色轮廓的条形显示，里程碑任务以灰色条形显示。使用这种视图格式，可以快速查看项目的日程安排。如图 2-10 所示为一个典型的【日历】视图。

使用【日历】视图可以完成以下工作：

- 显示其日程排定在某个或某几个星期中的任务。
- 检查其日程排定在特定的某天、某星期或某月的任务。
- 通过输入任务和完成每项任务所用的时间来创建一个项目。
- 通过链接任务，在任务之间建立顺序的相关性。
- 将人员和其他资源分配给任务。

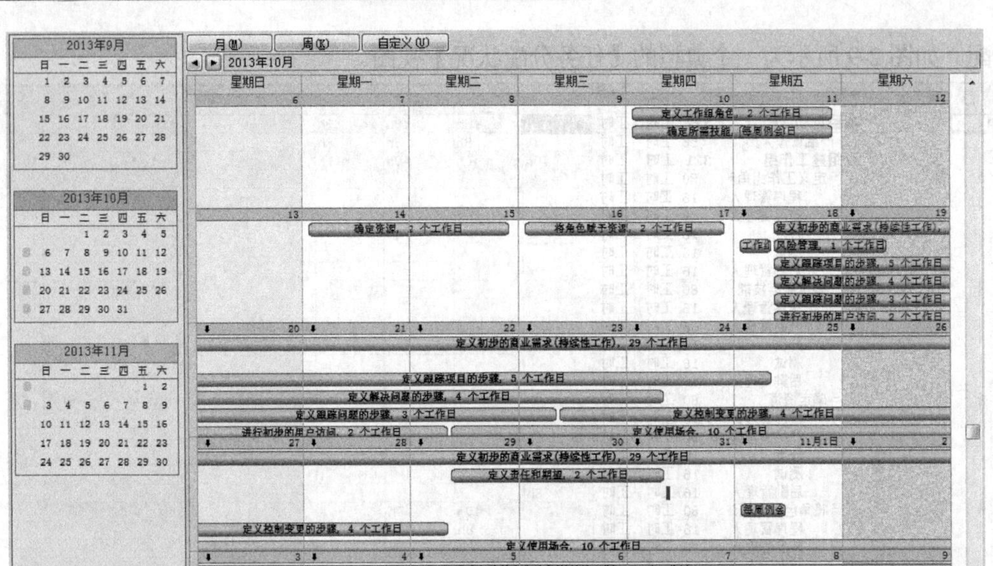

图 2-10 【日历】视图

5. 【网络图】视图

【网络图】视图以流程图的方式来显示任务及其相关性。一个框代表一个任务，框与框之间的连线代表任务间的相关性。默认情况下，进行中的任务显示为一条斜线，已完成的任务框中显示为两条交叉斜线。如图 2-11 所示为一个典型的【网络图】视图。

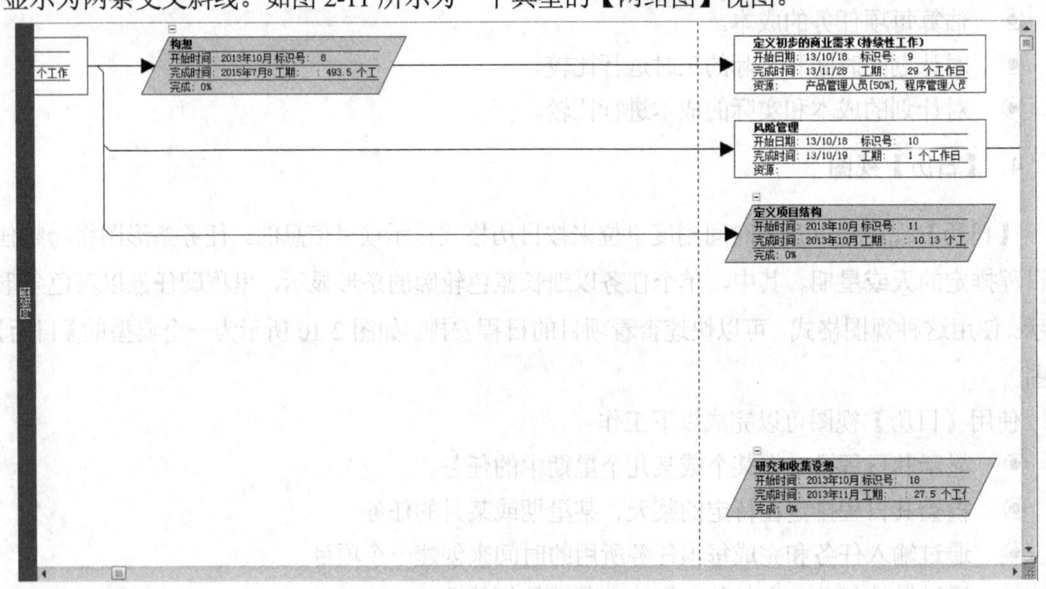

图 2-11 【网络图】视图

使用【网络图】视图可完成以下工作：

◉ 创建及调整日程。

◉ 链接任务以指定任务的执行顺序，并确定任务的开始日期和完成日期。

◉ 以图形化的方式显示已完成、进行中以及未开始的任务。

◉ 给指定任务分配人员或其他资源。

6. 【资源工作表】视图

【资源工作表】视图以电子表格的形式显示每种资源的相关信息，比如任务资源名称、资源成本、加班费率与最大单位等。如图 2-12 所示为一个典型的【资源工作表】视图。

	ℹ	资源名称	类型	材料标签	缩写	组	最大单位	标准费率	加班费率
1	◈	程序管理人员	工时		程		100%	¥0.00/工时	¥0.00/工时
2	◈	产品管理人员	工时		产		100%	¥0.00/工时	¥0.00/工时
3	◈	开发	工时		开		100%	¥0.00/工时	¥0.00/工时
4	◈	测试	工时		测		100%	¥0.00/工时	¥0.00/工时
5	◈	后勤管理人员	工时		后		100%	¥0.00/工时	¥0.00/工时
6	◈	用户培训	工时		用		100%	¥0.00/工时	¥0.00/工时
7		支持组织	工时		支		100%	¥0.00/工时	¥0.00/工时
8		用户	工时		用		100%	¥0.00/工时	¥0.00/工时

资源工作表

图 2-12 【资源工作表】视图

使用【资源工作表】视图可完成以下工作：

◉ 输入和编辑资源信息。

◉ 审查每种资源的分配工作小时数。

◉ 审查资源成本。

7. 【资源使用状况】视图

【资源使用状况】视图用于显示项目资源的使用状况，分配给这些资源的任务组合在资源的下方。如图 2-13 所示为一个典型的【资源使用状况】视图。

使用【资源使用状况】视图可完成以下工作：

◉ 输入和编辑资源的任务分配，如成本、工时分配和工时可用性。

◉ 查看过度分配资源及过度分配量。

◉ 在资源之间更均衡地进行工作分配。

◉ 计算出每种资源的预算工作小时数。

◉ 查看每种资源的预算工时容量百分比。

◉ 确定每种资源可用于附加工作分配的时间。

◉ 计算出每种资源在特定任务上的预算工作小时数。

◉ 审查特定任务的资源成本。

◉ 通过设置工作分布，改变资源投入到某项任务上的工时量。

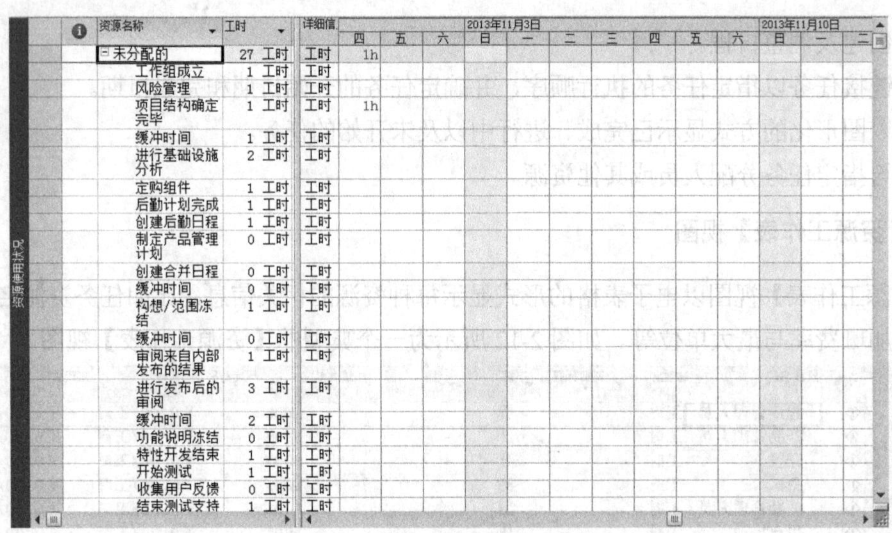

图 2-13 【资源使用状况】视图

8. 【资源图表】视图

【资源图表】视图以图表方式按时间显示分配、工时或资源成本的有关信息，其中，蓝色条形图代表工时，而红色条形图代表过度分配。每次可以审阅一个资源的有关信息，或选定资源的有关信息，也可以同时审阅单个资源和选定资源的有关信息。如果同时显示会出现两幅图表：一幅显示单个资源，一幅显示选定资源，以便对二者进行比较。如图 2-14 所示为一个典型的【资源图表】视图。

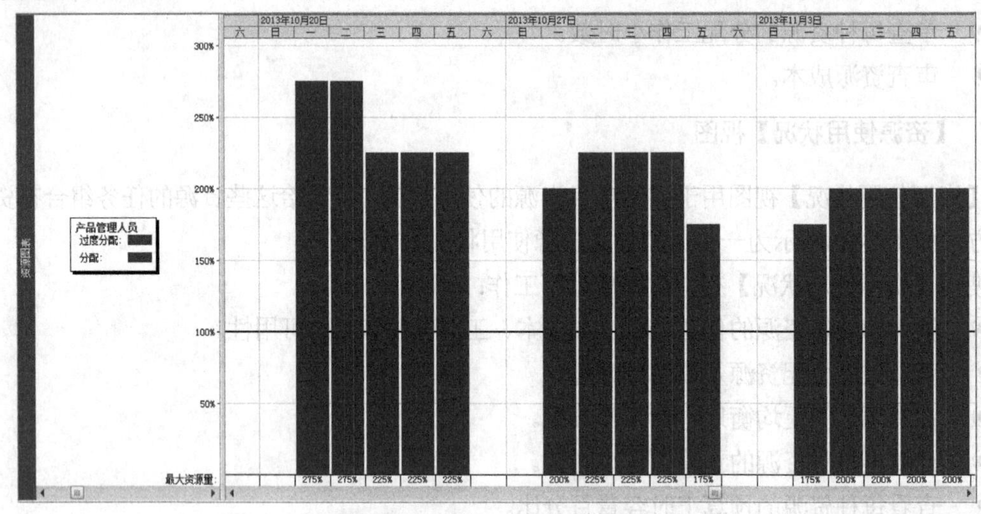

图 2-14 【资源图表】视图

使用【资源图表】视图可完成以下工作：

- ◉ 查看过度分配资源和过度分配量。
- ◉ 计算出每种资源的预算工作小时数。

- 查看每种资源预算工时量百分比。
- 确定每种资源可用于附加工作的时间。
- 审阅资源成本。

2.2.3 Project 2010 中的表

Project 2010 提供了若干个表，用于查看、比较及分析项目信息。表也可以分为任务和资源两大类，下面将介绍最常用的几种表。

知识点

在 Project 2010 中，显示表的方法很简单，右击工作区左上角的全选按钮，从弹出的快捷菜单中选择对应的表类型命令即可。

1. 【差异】表

【差异】表是一种用于查看任务的开始、完成时间差异情况的表格，属于任务类表格，主要显示任务的开始时间、完成时间、比较基准开始时间、比较基准完成时间、开始时间差异及完成时间差异数据，如图 2-15 所示。

2. 【成本】表

【成本】表是一种用于查看任务的具体成本及成本的差异情况的表格，属于任务类表格，主要显示任务的固定成本、固定成本累算、总成本、比较基准、差异、实际与剩余数据，如图 2-16 所示。

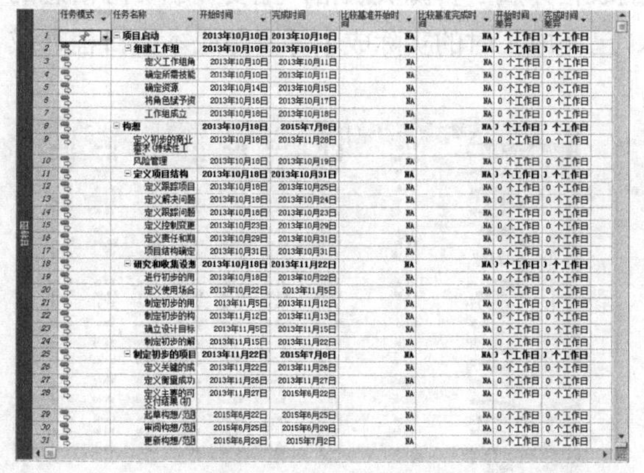

图 2-15 【差异】表

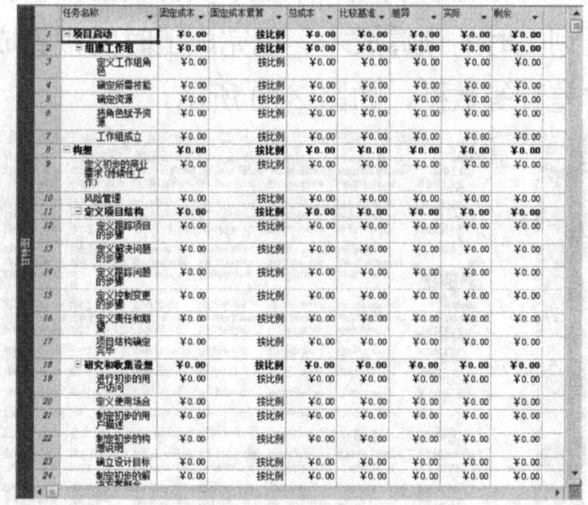

图 2-16 【成本】表

3. 【跟踪】表

【跟踪】表是一种用来显示任务实际工期、工时成本完成情况的表格，属于任务类表格，主要显示任务的实际开始时间、实际完成时间、完成百分比、时间完成百分比、实际工期、剩余工期、实际成本及实际工时数据，如图 2-17 所示。

4. 【工时】表

【工时】表是用来查看任务的计划工时与实际工时之间差异情况的表格，属于资源类表格，主要显示任务的工时、比较基准、差异、实际、剩余及工时完成百分比数据，如图 2-18 所示。

图 2-17 【跟踪】表

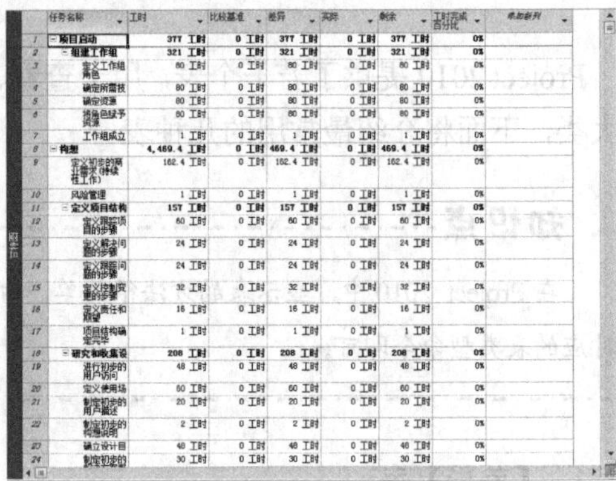

图 2-18 【工时】表

5. 【日程】表

【日程】表是用来查看任务的最晚开始、完成时间及任务的可拖延情况的一种表格，属于任务类表格，主要显示任务的开始时间、完成时间、最晚开始时间、最晚完成时间、可用可宽延时间及可宽延的总时间，如图 2-19 所示。【日程】表只能在任务类视图中才可以显示。

6. 【净值】表

【净值】表是用来显示资源信息分析情况的表格，属于资源类表格，主要显示资源信息的计划工时的预算成本、已完成工时的预算成本、已完成工时的实际成本等资源成本、日程、成本差异等数据，如图 2-20 所示。

图 2-19 【日程】表

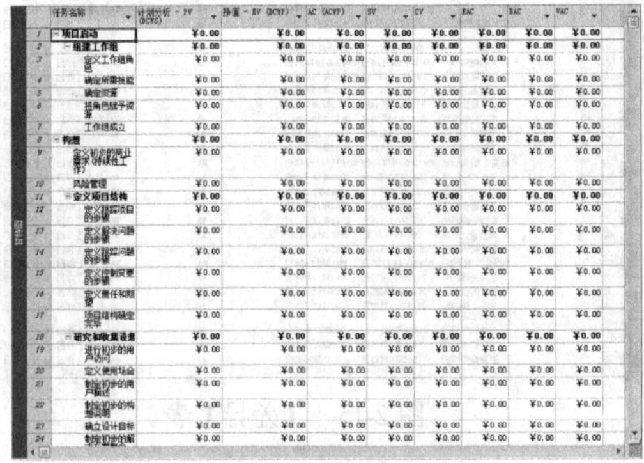

图 2-20 【净值】表

7. 【摘要】表

【摘要】表是用来显示任务的成本、工时、工期、完成时间、完成百分比等任务信息的表格，属于任务类表格。通过该表格，可以快速查看各项任务的完成情况，如图 2-21 所示。

8. 【延迟】表

【延迟】表是用来显示资源调配延迟情况的一种表格，属于任务类表格，主要显示任务名称、资源调配延迟、工期、开始时间、完成时间、后续任务、资源名称等项目信息，如图 2-22 所示。

图 2-21　【摘要】表

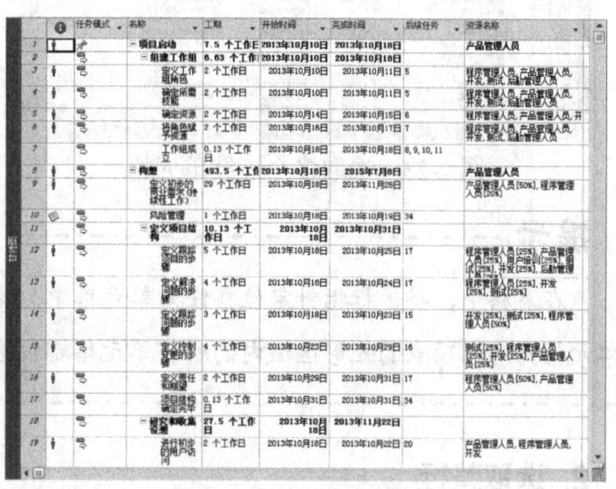

图 2-22　【延迟】表

2.3　在 Project 2010 中选择数据域

在 Project 2010 中进行操作，首先要选择操作对象，通过不同的方法可以选择不同的位置。本节将介绍选择数据域的具体方法。

2.3.1　选择表中的数据

在对表格进行格式化设置之前，都必须选取编辑对象。

1. 选取单元格

选取单元格的方法可分为 3 种，即选取一个单元格、选取多个连续的单元格和选取多个不连续的单元格。

- 选取一个单元格：单元格是表中的最小单位，要选中单元格，通常是把光标置于单元格内，单击鼠标，单元格被一个黑框所包围时即被选中。
- 选取多个连续单元格：在需要选取的第 1 个单元格内按下鼠标左键不放，拖动鼠标到最后一个单元格，如图 2-23 所示。

◉ 选取多个不连续的单元格：选取第 1 个单元格后，按住 Ctrl 键不放，再分别选取其他单元格，如图 2-24 所示。

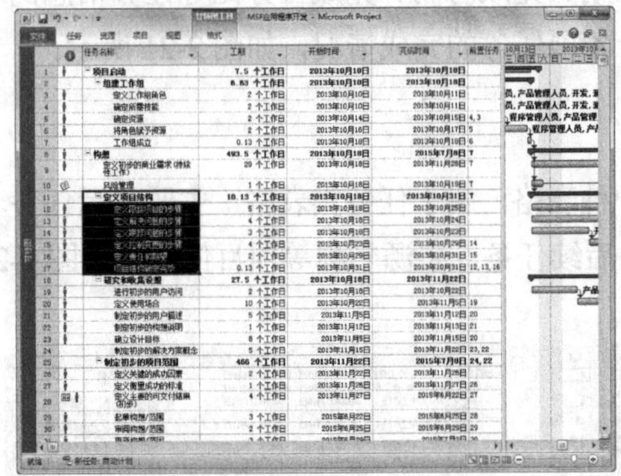

图 2-23 选取多个连续单元格

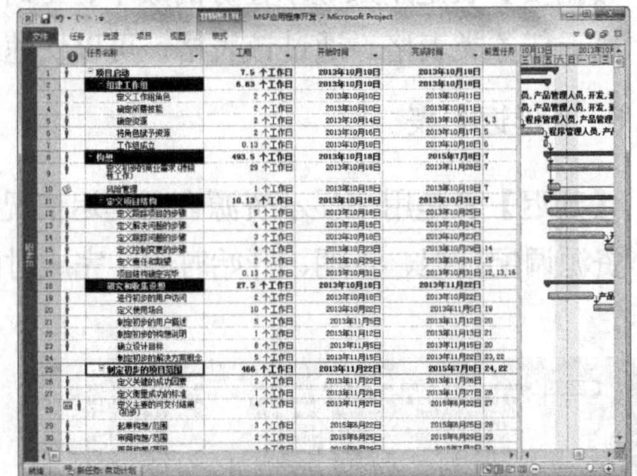

图 2-24 选取多个不连续的单元格

提示

在表格中，将鼠标指针定位在任意单元格中，然后按下 Shift 键，在另一个单元格内单击，则以两个单元格为对角顶点的矩形区域内的所有单元格都被选中。

2. 选取整行

有时需要对整行进行操作，例如，需要复制一个任务的信息到其他位置，就可以先选中一个整行再进行复制操作。选中整行的方法是在标识号单元格中单击，如图 2-25 所示。

3. 选取整列

有时需要对整列进行操作，例如，需要改变某列的排序方式等，就需要选中一个整行再进行操作。选中整列的方法是单击域标题，如图 2-26 所示。

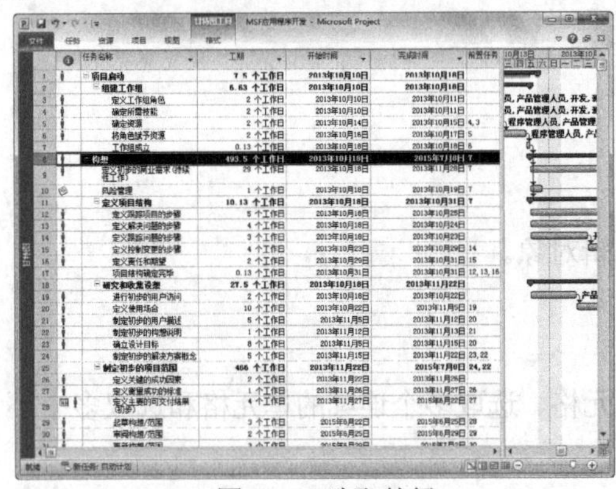

图 2-25 选取整行

图 2-26 选取整列

4. 选取全部

有时需要对全部任务或资源进行操作，例如，需要计算所有任务的成本，只要选中全部任

务，然后右击，从弹出的快捷菜单中选择【成本】命令，就可以显示全部任务的成本。选中全部的方法是单击工作区左上角的全选按钮即可。

2.3.2 选择图中的数据

选择图中的元素不像在表中操作那么明显，在视图中操作时鼠标指针的指向就是要进行操作的部分。例如，在【甘特图】视图的图表区，光标指在不同的位置显示不同的选项。

1. 光标指向任务信息

当光标指在任务信息的条形图上，此时只针对该任务与当前类别有关的操作。双击鼠标，打开【设置条形图格式】对话框，可以修改任务条形图的形状、图案、颜色以及条形图文本的相关信息，如图 2-27 所示。

2. 光标指向任务链接

当光标指向任务链接线条时，此时进行与此链接相关的操作。双击鼠标，打开【任务相关性】对话框，可以对任务间的任务相关类型和延隔时间进行修改，如图 2-28 所示。

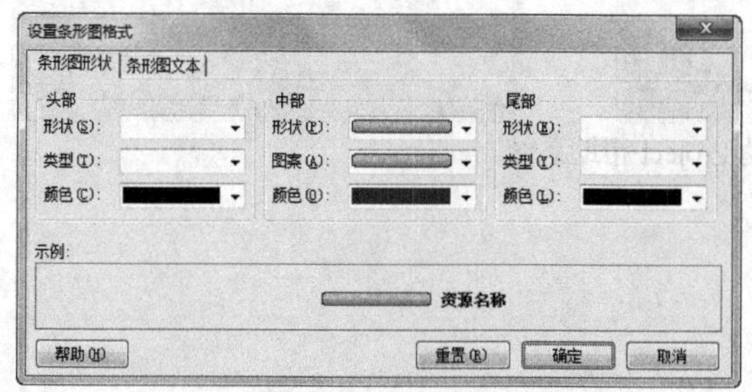

图 2-27 【设置条形图格式】对话框

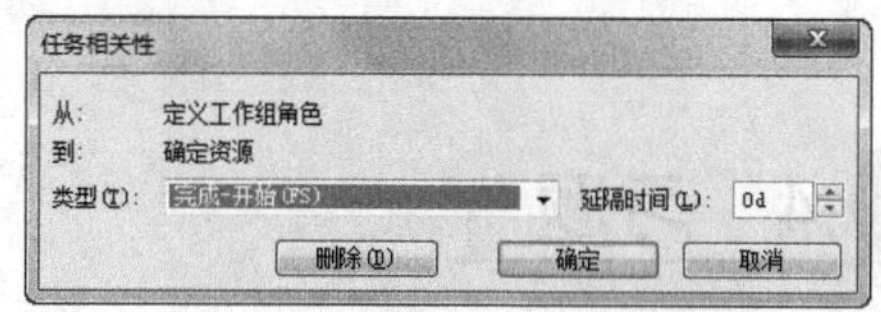

图 2-28 【任务相关性】对话框

3. 光标指向空白区域

双击【甘特图】视图的空白区域，打开【条形图样式】对话框，可以修改各类任务的条形图外观、种类等，如图 2-29 所示。

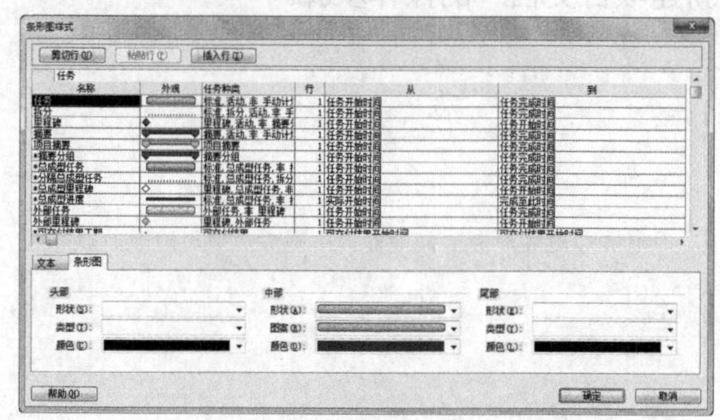

图 2-29 【条形图样式】对话框

知识点

在【甘特图】视图中，按【→键】，在左侧的数据区的表格中可以左移一列，按 Alt+【→】组合键，在右侧图表区的图形中可以左移一个单位。

提示

在 Project 2010 中，单击【开始】按钮，从弹出的【文件】菜单中选择【帮助】命令，在展开的【支持】窗格中选择【Microsoft Office 帮助】选项，同样可以打开【Project 帮助】窗口，如图 2-30 所示。在当前 Project 2010 文件中，按 F1 键，或单击功能区右侧的【帮助】按钮，同样可以打开【Project 帮助】窗口。

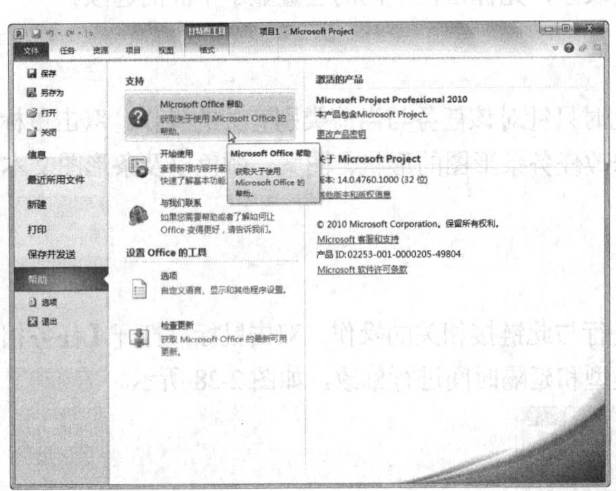

图 2-30　启动 Project 帮助系统

2.4　习题

1. 简述启动和退出 Project 2010 的方法。
2. 在 Project 2010 中，各个视图有什么特点？
3. 在 Project 2010 中，如何选取表中的元素？
4. 认识 Project 2010 中常用的几种表，并简述各自的特点。
5. 在 Project 2010 中，使用帮助系统查找“新建项目文档”的操作步骤。

第3章 创建与管理项目

学习目标

使用 Project 2010 管理项目的第一步就是要创建项目文档。可以通过多种方法来创建项目，并对其进行日常的管理操作，为迅速迈入项目管理的专业殿堂打下基础。

本章重点

- ◉ 新建项目文档
- ◉ 制定项目计划
- ◉ 管理项目文档

3.1 新建项目文档

新建项目文档有 3 种方法：新建空白项目文档、新建基于模板的项目文档和新建基于现有项目的项目文档。

3.1.1 新建空白项目文档

空白文档是最常使用的传统文档。启动 Project 2010 后，系统将自动创建一个名为“项目 1”的文档。如果需要创建另外的新文档，可以通过快速访问工具栏和【文件】菜单中的命令这两种方法来创建。

1. 快速访问工具栏创建

在快速访问工具栏中单击【自定义快速访问工具栏】按钮，从弹出的快捷菜单中选择【新建】命令，将该命令按钮添加到快速访问工具栏中，如图 3-1 所示。然后单击快速访问工具栏中的【新建】按钮，即可快速创建一个空白项目文档。

图 3-1 添加【新建】按钮至快速访问工具栏中

2. 【文件】菜单中的命令创建

单击【文件】按钮，从弹出的【文件】菜单中选择【新建】命令，打开 Microsoft Office Backstage 视图，在【可用模板】选项区域中选择【空白项目】选项，单击【创建】按钮即可，如图 3-2 所示。

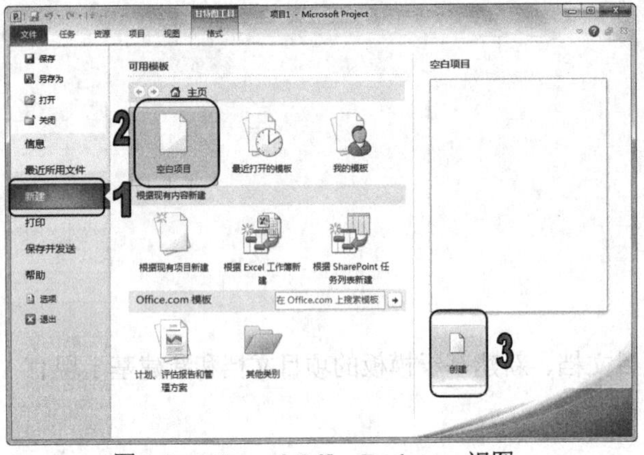

图 3-2 Microsoft Office Backstage 视图

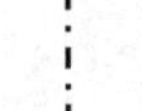

知识点

按 Ctrt+N 组合键，同样也可以新建空白项目文档。

提示

启动 Project 2010 后，系统将自动新建一个名为“项目 1”的文档，如果还需要新的空白文档，可以继续新建，并且自动以“项目 2”、“项目 3”等名称命名。

3.1.2 使用模板创建

模板是一种特殊的项目文档，是 Project 2010 预先设置好任务、资源及样式的特殊文档。使用模板可以创建具有统一规格和框架的项目文档。

11. 通过【我的模板】创建

【我的模板】属于保存在计算机上的一种自定义模板，一般存储在 Templates 文件夹中。单击【文件】按钮，从弹出的【文件】菜单中选择【新建】命令，在展开的【可用模板】列表框中选择【我的模板】选项，打开【新建】对话框的【个人模板】选项卡，在其中选择自定义的模板，单击【确定】按钮即可，如图 3-3 所示。

提示

要将自定义的项目文档创建为模板，可以单击【文件】按钮，从弹出的【文件】菜单中选择【另存为】命令，打开【另存为】对话框，在【保存类型】下拉列表中选择【项目模板】选项，单击【保存】按钮即可，如图 3-4 所示。

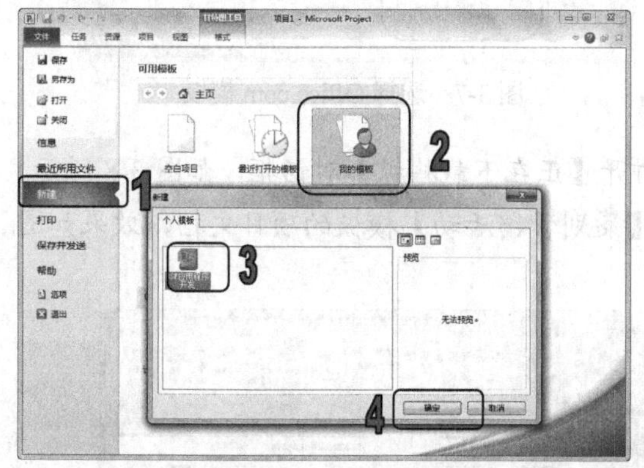

图 3-3　打开【个人模板】选项卡

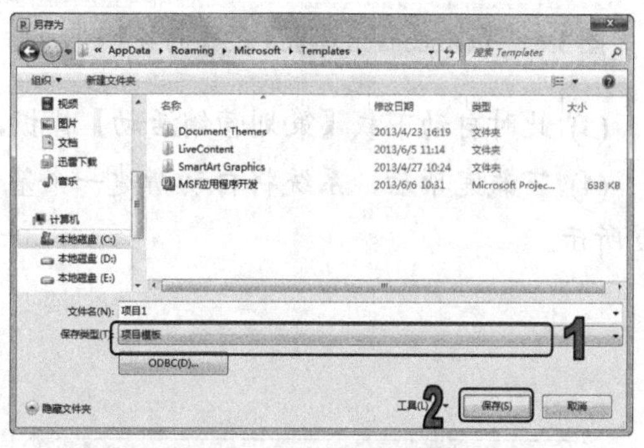

图 3-4　保存为项目模板

2. 通过【Office.com 模板】创建

【Office.com 模板】是从 Microsoft Office Online 中下载的模板。要创建基于 Office.com 模板的项目文档，可以单击【文件】按钮，从弹出的【文件】菜单中选择【新建】命令，在展开的【Office.com 模板】列表框中选择需要的模板即可，如图 3-5 所示。

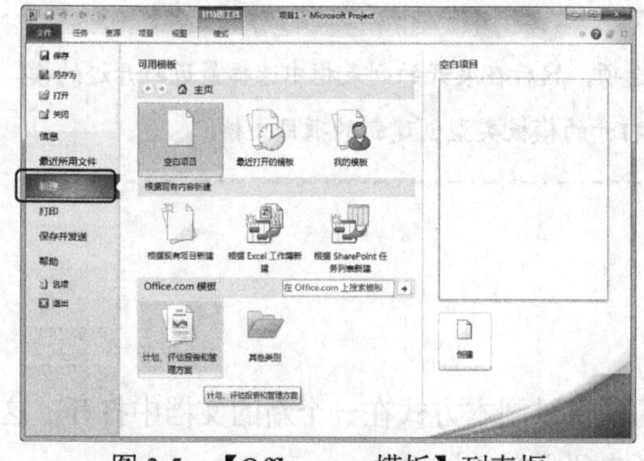

图 3-5　【Office.com 模板】列表框

提示

在 Project 2010 中，模板文件的扩展名为.mpt，项目文档的扩展名为.mpp。

【例 3-1】新建一个基于【策划营销活动】模板的项目文档。

(1) 启动 Project 2010 应用程序，打开一个空白项目文档。单击【文件】按钮，从弹出的【文

件】菜单中选择【新建】命令，在展开的【Office.com 模板】列表框中选择【计划、评估报告和管理方案】选项，打开相应的模板文件夹，选择【商务】选项，如图 3-6 所示。

(2) 展开【商务】列表框，在其中选择【策划营销活动】模板，单击【下载】按钮，如图 3-7 所示。

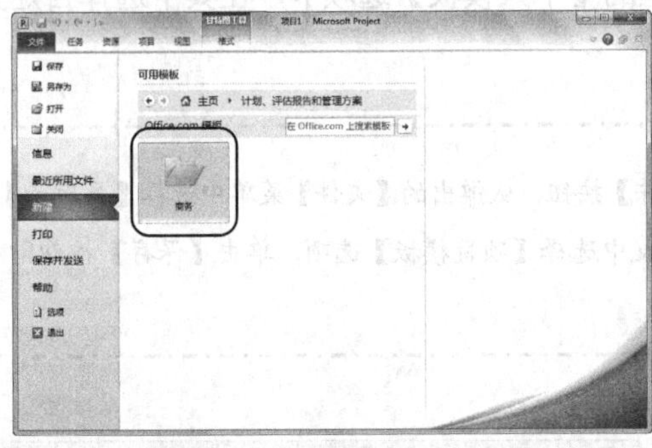

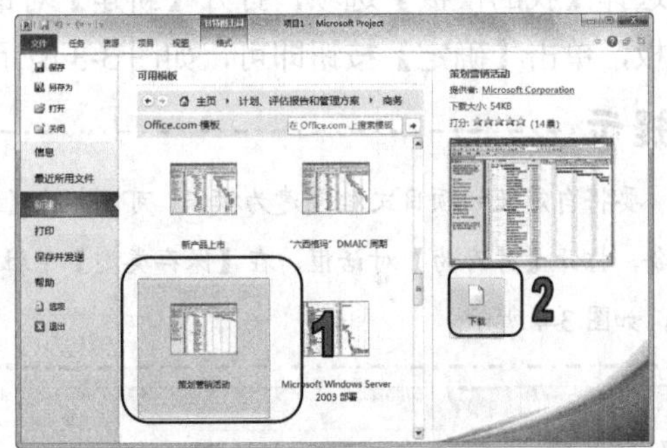

图 3-6 【Office.com 模板】的【商务】列表框　　图 3-7 选择 Office.com 模板

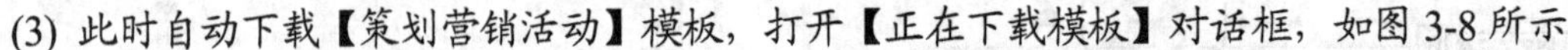

(3) 此时自动下载【策划营销活动】模板，打开【正在下载模板】对话框，如图 3-8 所示。

(4) 下载完毕后，系统将自动新建一个基于【策划营销活动】模板的项目文档，效果如图 3-9 所示。

图 3-8 正在下载模板

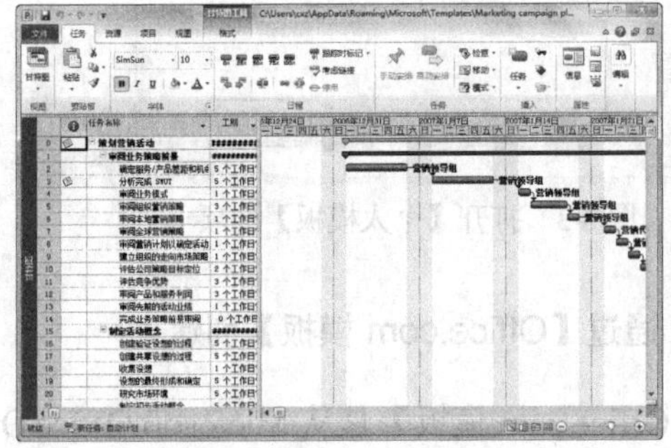

图 3-9 创建基于【策划营销活动】模板的项目文档

知识点

在【可用模板】列表框中选择【最近打开的模板】选项，然后在展开的列表框中选择最近打开过的模板文件，单击【下载】按钮，可以根据最近一段时间内打开的模板类型创建新的项目文档。

3.1.3 根据现有项目创建

根据现有项目创建新的项目文档，可将选择的项目以副本方式在一个新的文档中打开，这时就可以在新的文档中编辑文档的副本，而不会影响到原有文档。

【例 3-2】新建一个基于现有的“MSF 应用程序开发”项目的项目文档。

(1) 启动 Project 2010 应用程序，单击【文件】按钮，从弹出的【文件】菜单中选择【新建】

命令，在展开的【根据现有内容新建】列表中选择【根据现有项目新建】选项，如图 3-10 所示。

(2) 打开【根据现有项目新建】对话框，在【查找范围】下拉列表框中选择目标位置，在文件列表中选择【MSF 应用程序开发】项目文档，如图 3-11 所示。

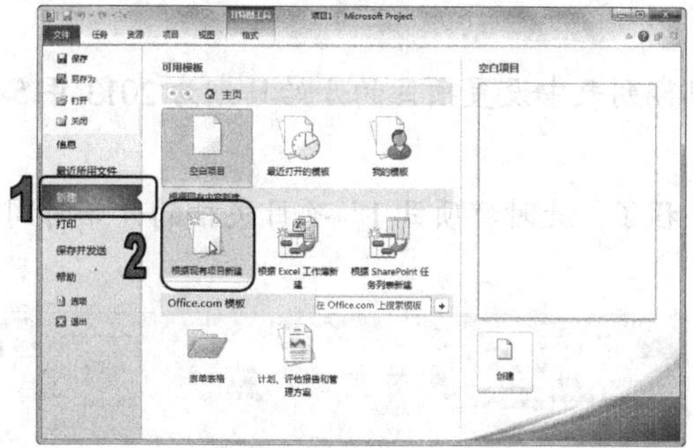

图 3-10　选择【根据现有项目创建】选项

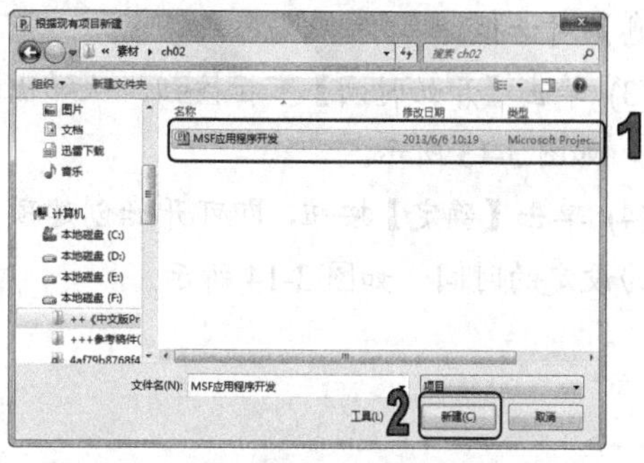

图 3-11　【根据现有项目新建】对话框

(3) 单击【新建】按钮，就可以新建一个基于现有项目的项目文档了。

3.2　制定项目计划

新建项目文档后，还需要设置项目有关的多项活动的链接，包括设置项目的开始时间、工作时间及其属性等。

3.2.1　设置项目信息

制定项目计划最重要的一步就是设置项目的开始时间。如果未设置项目开始的时间，Project 自动使用现在的时间为开始时间。

要设置项目信息，可以打开【项目】选项卡，在【属性】组中单击【项目信息】按钮，打开【“项目 1”的项目信息】对话框，如图 3-12 所示。在其中可以设置项目的开始时间、完成时间、当前日期、状态日期、日程排定方法、日历、优先级和企业自定义域等信息。

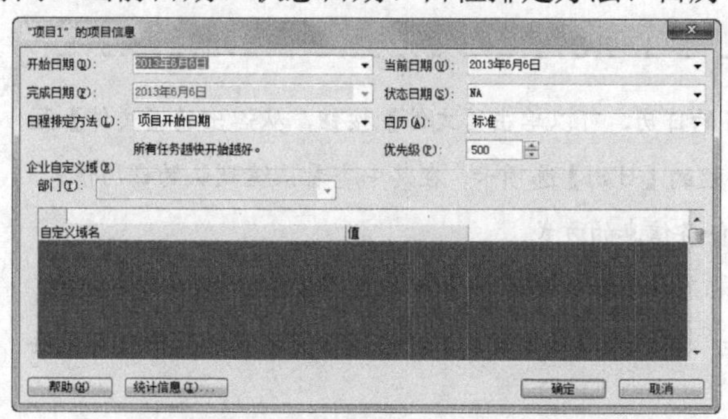

图 3-12　设置项目信息

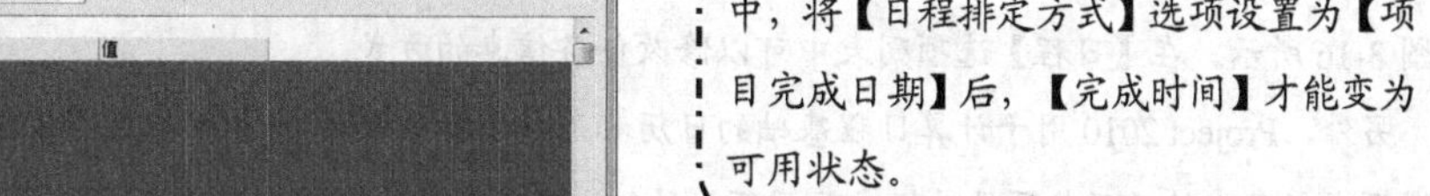

提示

在【“项目 1”的项目信息】对话框中，将【日程排定方式】选项设置为【项目完成日期】后，【完成时间】才能变为可用状态。

【例 3-3】新建一个空白项目文档，在其中创建新日程安排，将项目开始时间设置为 2013

年 5 月 21 日。

(1) 启动 Project 2010 应用程序，自动创建一个空白项目文档。

(2) 打开【项目】选项卡，在【属性】组中单击【项目信息】按钮，打开【“项目 1”的项目信息】对话框。

(3) 单击【开始时间】下拉按钮，从弹出的日期列表中设置项目的开始日期为 2013 年 5 月 21 日，如图 3-13 所示。

(4) 单击【确定】按钮，即可开始创建项目日程了，此时“项目 1”项目文档的开始时间已更改为设定的时间，如图 3-14 所示。

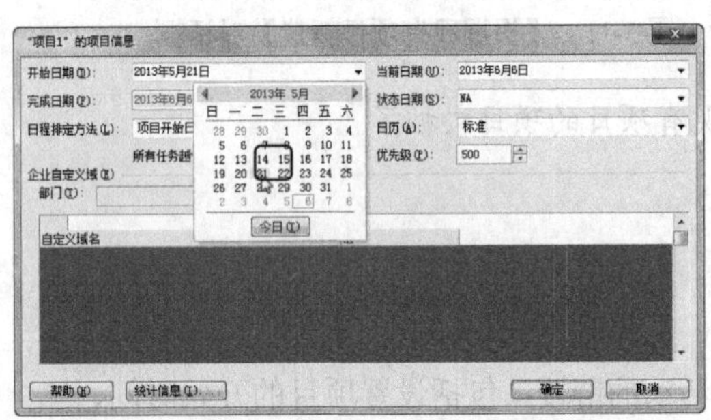

图 3-13　设置项目开始的时间

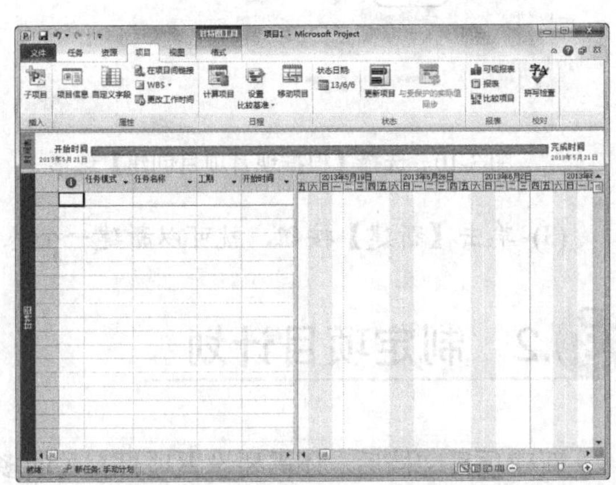

图 3-14　显示设置的开始时间

3.2.2　定义项目工作时间

创建项目后，就需要定义项目工作时间。对于一个项目，每个单位根据实际情况，工作时间的安排是不同的。

要设置项目日历，可在【项目】选项卡的【属性】组中，单击【更改工作时间】按钮，打开【更改工作时间】对话框，如图 3-15 所示，在其中定义每日工时，以及每周和每月的工作日。

知识点

Project 2010 通常以一些默认选项来显示项目的日历，可以单击【文件】按钮，从弹出的【文件】菜单中选择【选项】命令，打开【Project 选项】对话框的【日历】选项卡，在其中查看系统默认的日历信息，如图 3-16 所示。在【日程】选项列表中可以修改任务信息的方式。

另外，Project 2010 用于计算日程基础的日历都是以“标准日历”(也可称为“基准日历”)为基础的，当资源或任务中的日历与项目的标准日历不一致时，可以在【项目信息】对话框中为项目的具体任务或每组资源设置标准日历。

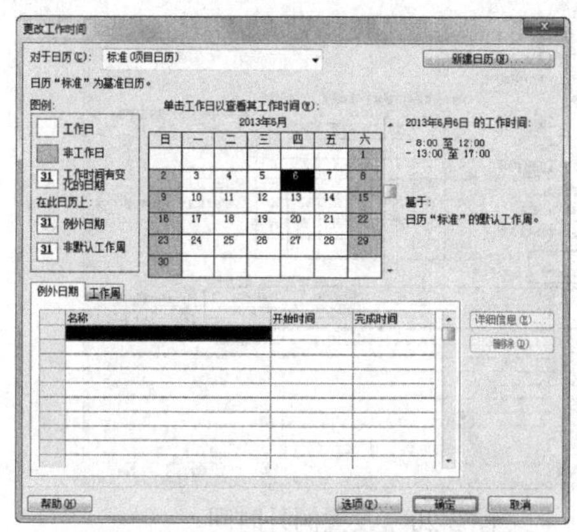

图 3-15　【更改工作时间】对话框

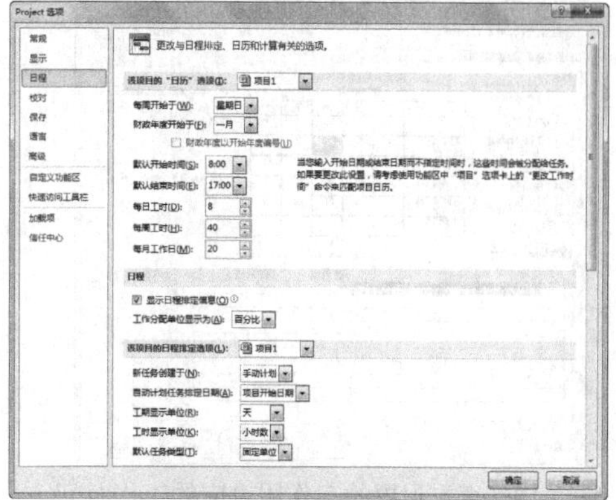

图 3-16　【选项】对话框

【例 3-4】在【例 3-3】创建的项目文档“项目 1”中，设置项目工作时间为每周一至周六，每天的工作时间为 9:00～11:30 和 14:00～17:30，2013 年 6 月 12 日为假期。

(1) 打开【例 3-3】创建的项目文档“项目 1”，打开【项目】选项卡，在【属性】组中单击【更改工作时间】按钮，打开【更改工作时间】对话框。

(2) 打开【工作周】选项卡，单击【详细信息】按钮，如图 3-17 所示。

(3) 打开【“[默认]”的详细信息】对话框，选择【星期一】至【星期六】选项，选中【对所列日期设置以下特定工作时间】单选按钮，在【开始时间】和【结束时间】文本框中设置工作时间为 9:00～11:30 和 14:00～17:30，如图 3-18 所示。

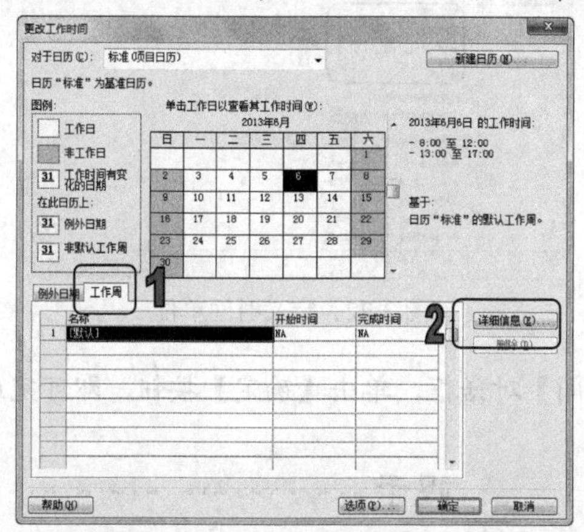

图 3-17　【更改工作时间】对话框的【工作周】选项卡

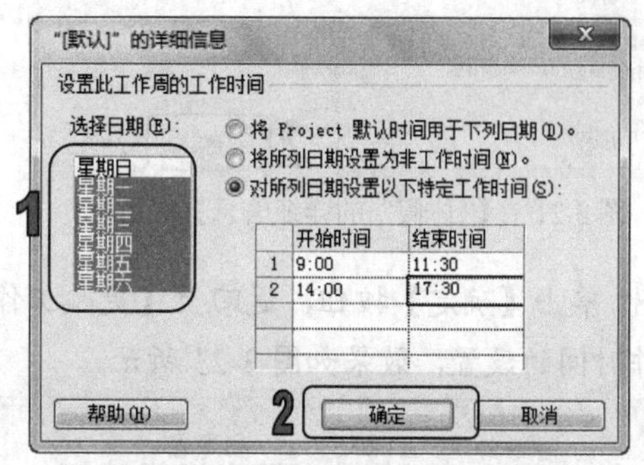

图 3-18　定义工作周的工作时间

(4) 单击【确定】按钮，完成时间设置，返回至【更改工作时间】对话框，如图 3-19 所示。

(5) 打开【例外日期】对话框，在日历列表中选择 2013 年 6 月 12 日，在【名称】列的第一行中输入“休假”，在【开始时间】和【完成时间】列中选择日期 2013-6-12，如图 3-20 所示。

提示

在【更改工作时间】对话框的【例外日期】选项卡中，选择某行例外日期，单击【删除】按钮，就可以删除所选行的例外日期。

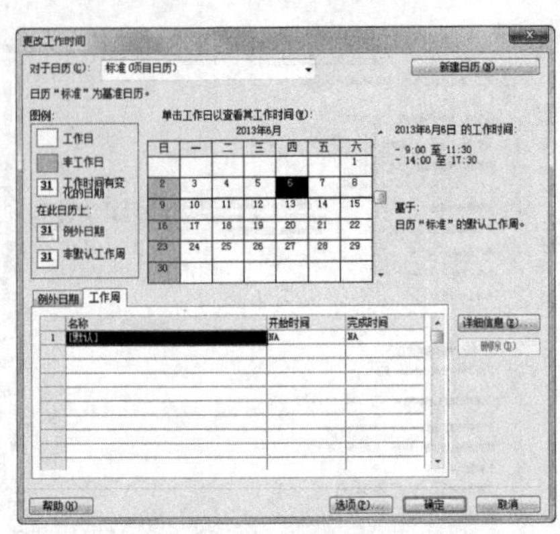
图 3-19　查看设置的工作周对应的工作时间

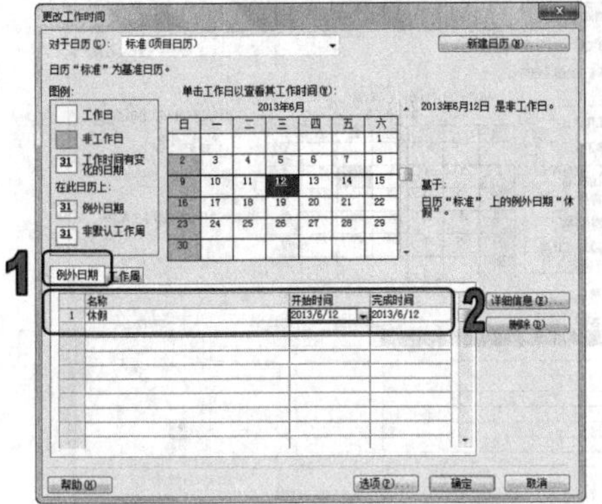
图 3-20　设置例外时间

(6) 单击【详细信息】按钮，打开【“休假”的详细信息】对话框，选中【非工作日】单选按钮，如图 3-21 所示。

(7) 单击【确定】按钮，返回至【更改工作时间】对话框，单击【选项】按钮，打开【Project 选项】对话框的【日历】选项卡，分别在【每日工时】、【每周工时】和【每月工作日】文本框中输入时间，如图 3-22 所示。

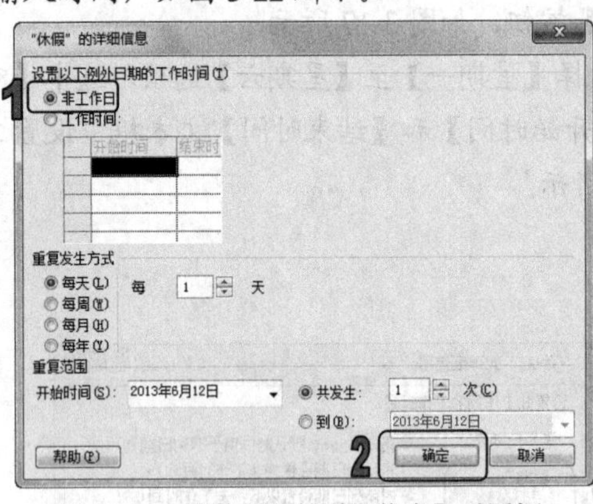
图 3-21　【“休假”的详细信息】对话框

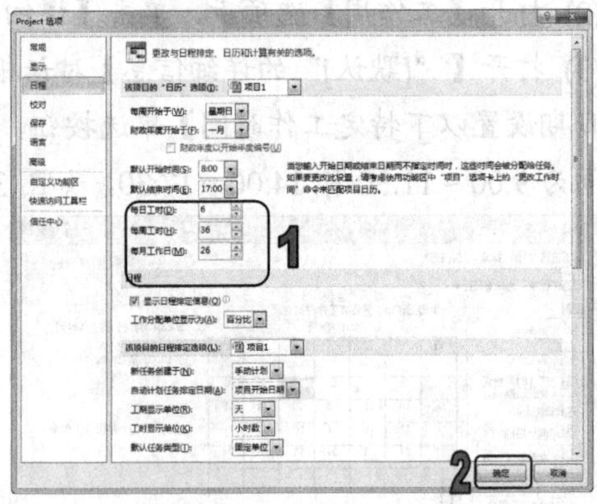
图 3-22　定义时间单位

(8) 单击【确定】按钮，返回至【更改工作时间】对话框，单击【确定】按钮，即可完成项目工作时间的设置，效果如图 3-23 所示。

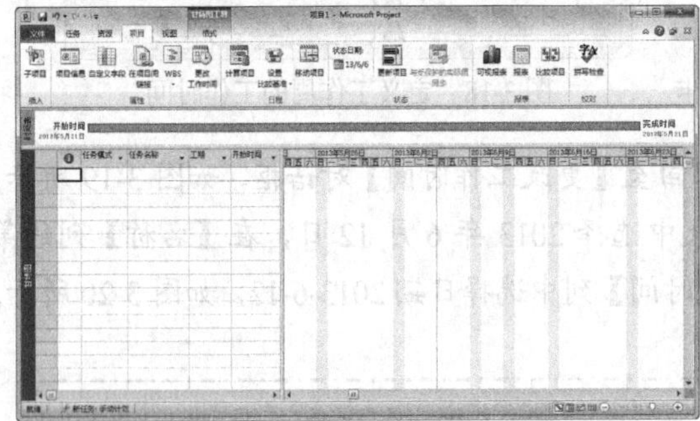
图 3-23　定义项目时间后的项目文档

提示

虽然 Project 2010 提供了标准日历，但并不是所有的项目都适用于标准日历，这时在【更改工作时间】对话框中单击【新建日历】按钮，即可创建一个新的日历。创建新日历时，最好是以【复制】方式创建，这样方便用户随时使用默认的基准日历。

3.3　管理项目文档

创建项目文档后，还可以对其进行日常的管理操作，主要包括保存、打开和关闭项目文档。

3.3.1　保存项目文档

对于新建的 Project 文档或正在编辑某个文档时，如果出现了计算机突然死机、停电等非正常关闭的情况，文档中的信息就会丢失，因此保存文档是十分重要的。

1. 保存新创建的文档

如果要对新创建的文档进行保存，可以直接单击快速访问工具栏上的【保存】按钮，或者单击【文件】按钮，从弹出的【文件】菜单中选择【保存】命令，打开【另存为】对话框，在其中设置保存路径、名称及保存格式，然后单击【保存】按钮即可。

2. 保存已保存过的文档

要对已保存过的文档进行保存时，可以直接单击快速访问工具栏上的【保存】按钮，或者单击【文件】按钮，从弹出的【文件】菜单中选择【保存】命令，就可以按照原有的路径、名称和格式进行保存。

3. 另存为其他文档

如果文档已保存过，但在进行了一些编辑操作后，需要将其保存下来，并且希望仍能保存以前的文档，这时就需要对文档进行另存为操作。单击【文件】按钮，从弹出的【文件】菜单中选择【另存为】命令，在打开的【另存为】对话框中，设置保存路径、名称及保存格式，然后单击【保存】按钮即可。

【例 3-5】将文档“项目 1”以文件名“房屋保险理赔处理”保存在本地计算机中。

(1) 在打开的文档“项目 1”中，单击【文件】按钮，从弹出的【文件】菜单中选择【保存】命令，打开【另存为】对话框。

(2) 在【保存位置】下拉列表框中设置项目文档的保存路径，在【文件名】下拉列表框中输入“房屋保险理赔处理”，在【保存类型】下拉列表框中选择【项目】选项，如图 3-24 所示。

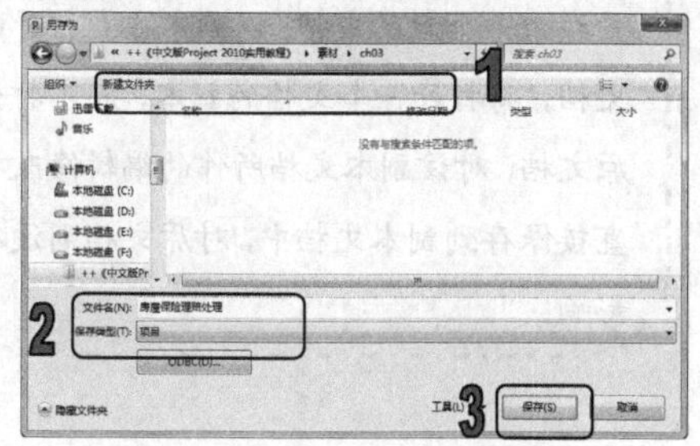

图 3-24　【另存为】对话框

提示

Project 2010 提供了 13 种保存格式，最为常用的格式为 Microsoft Project 2007、PDF 文件、XPS 文件、Excel 工作簿、Excel 97~2003 工作簿、文本等。

(3) 单击【保存】按钮，此时文档将以文件名“房屋保险理赔处理”保存到相应位置。

3.3.2 打开项目文档

打开文档是 Project 的一项最基本的操作，对于任何文档来说都需要先将其打开，然后才能进行编辑。

【例 3-6】以只读方式打开“房屋保险理赔处理”项目文档。

(1) 启动 Project 2010 应用程序，自动创建一个空白项目文档。单击【文件】按钮，从弹出的【文件】菜单中选择【打开】命令，如图 3-25 所示。

(2) 打开【打开】对话框，选中“房屋保险理赔处理”项目文档，单击【打开】下拉按钮，从弹出的下拉菜单中选择【以只读方式打开】命令，如图 3-26 所示。

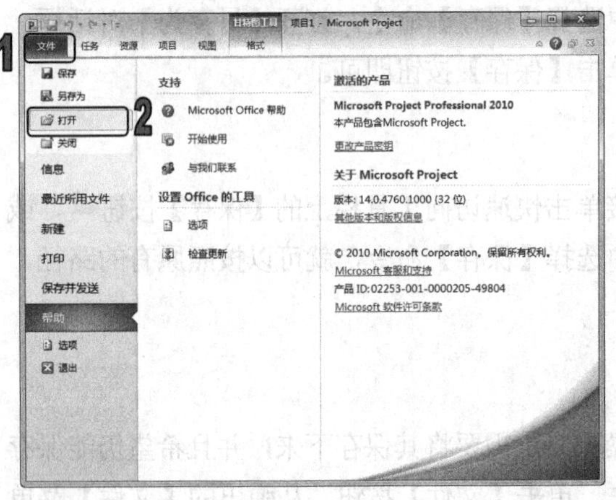

图 3-25　选择【打开】命令

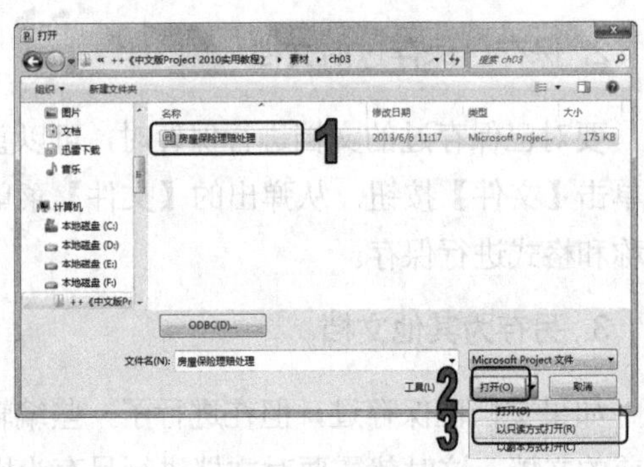

图 3-26　【打开】对话框

(3) 此时即可以只读方式打开项目文档，并在标题栏中显示只读文本，效果如图 3-27 所示。

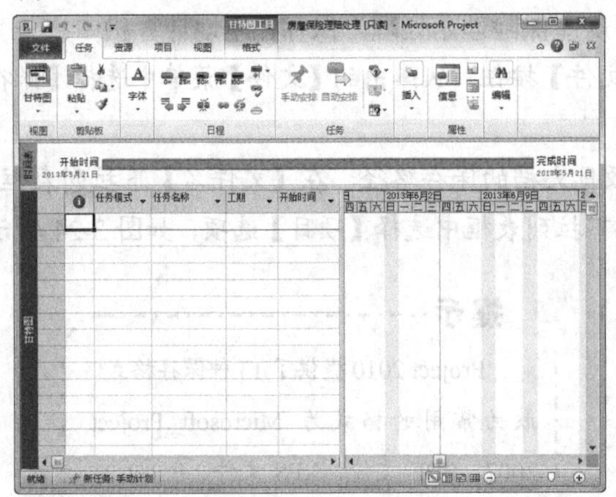

图 3-27　以只读方式显示项目文档

知识点

以只读方式打开的文档，对文档的编辑修改将无法直接保存到原文档上，而是另存为一个新的文档；以副本方式打开的文档，将打开一个文档的副本，而不打开原文档，对该副本文档所作的编辑修改将直接保存到副本文档中，对原文档则没有影响。

计算机 基础与实训教材系列

3.3.3　关闭项目文档

对项目文档完成所有的操作后，可以单击【文件】按钮，从弹出的【文件】菜单中选择【关闭】命令，或者单击窗口右上角的【关闭】按钮 来关闭项目文档。在关闭项目文档时，如果没有对文档进行编辑、修改，可直接关闭；如果对文档做了修改，但还没有保存，系统将会打开一个如图 3-28 所示的提示框，询问是否保存对文档所做的修改。单击【是】按钮即可保存并关闭该文档。

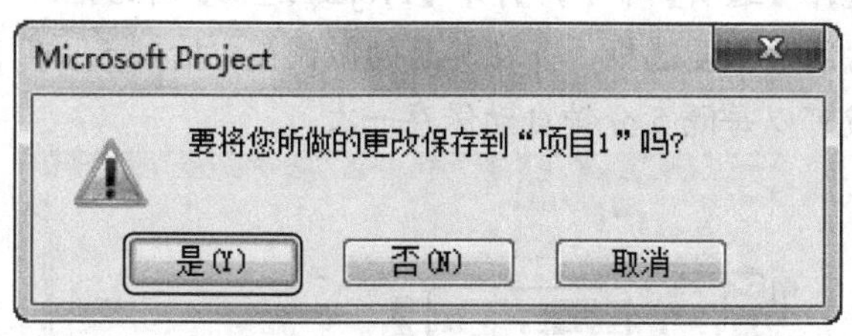

图 3-28　提示对话框

提示

Project 2010 允许同时打开多个 Project 文档进行编辑操作，因此关闭文档并不等于退出 Project 2010，这里的关闭只是关闭当前文档。

3.4　上机练习

本章的上机练习主要通过加密保护项目文档来练习项目文档的属性设置等操作。

(1) 启动 Project 2010，打开要设置密码的项目文档，然后单击【文件】按钮，从弹出的【文件】菜单中选择【另存为】命令，打开【另存为】对话框。

(2) 单击【工具】按钮，在弹出的下拉菜单中选择【常规选项】命令，如图 3-29 所示。

(3) 打开【保存选项】对话框，在【保护密码】和【修改密码】文本框中输入密码 123456，然后单击【确定】按钮，如图 3-30 所示。此后其他用户想要打开或修改该项目文档时就需要输入密码，这项操作提高了文件的安全性。

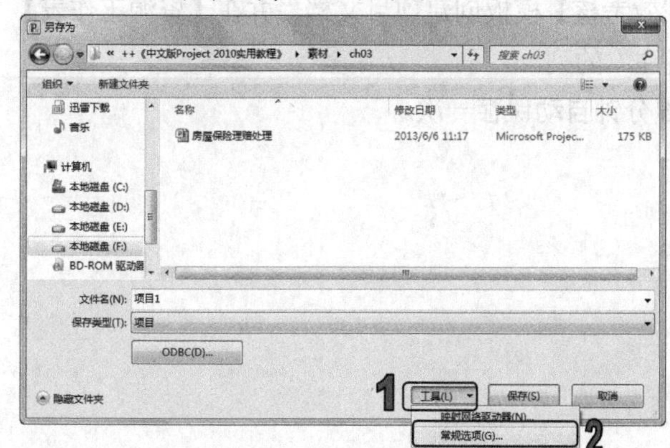

图 3-29　选择【常规选项】命令

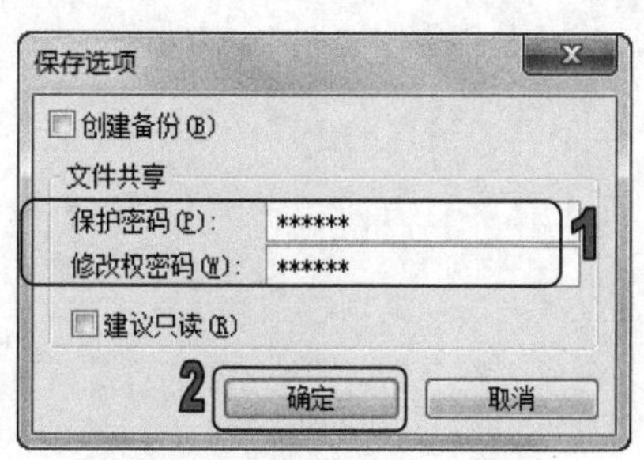

图 3-30　【保存选项】对话框

(4) 打开【确认密码】对话框，再次输入密码，单击【确定】按钮，如图 3-31 所示。

(5) 打开【确认密码】对话框，再次输入修改权密码，单击【确定】按钮，如图 3-32 所示。

(6) 在【文件名】列表框中输入文件名，单击【保存】按钮即可，如图 3-33 所示。

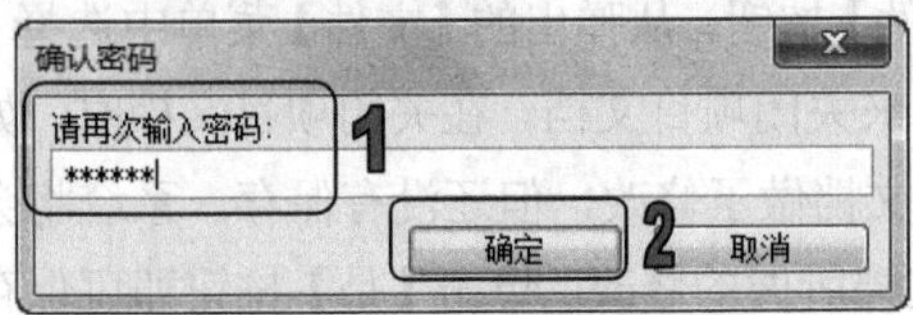

图 3-31　输入密码

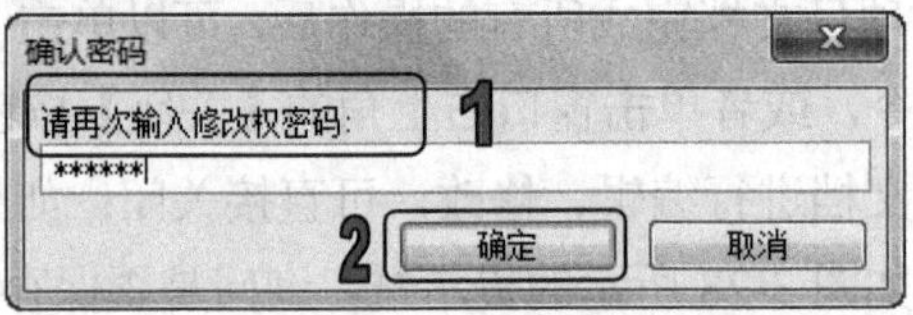

图 3-32　输入修改权密码

(7) 单击【文件】按钮，从弹出的菜单中选择【选项】命令，打开【Project 选项】对话框。

(8) 打开【保存】选项卡，选中【自动保存间隔】复选框，并在其后的微调框中输入 5，单击【确定】按钮，如图 3-34 所示。此时文档就可以每隔 5 分钟自动保存一次。

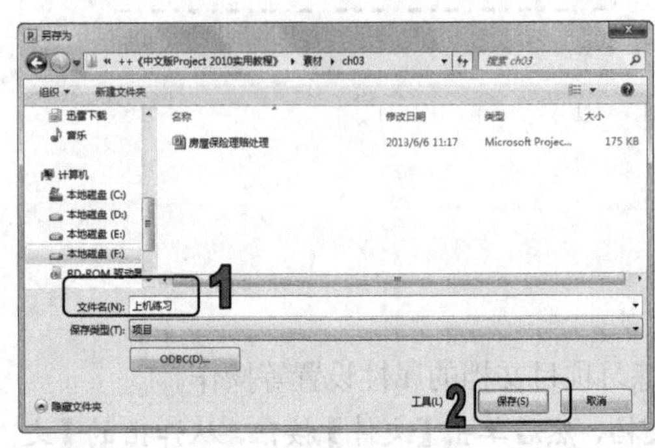

图 3-33　输入文件名

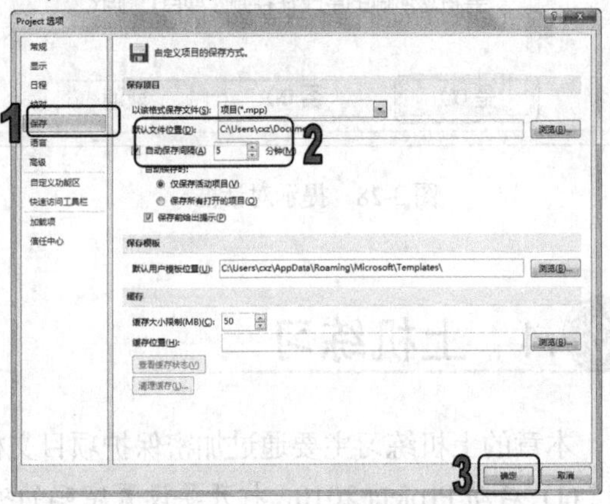

图 3-34　设置自动保存时间

3.5　习题

1. 在 Microsoft Project 2010 中使用【绩效考核】模板创建项目文档，并在【资源工作表】视图的【类型】列左侧插入一个域名为“备注”的列。

2. 为项目文档设置密码，并设置每隔 6 分钟自动保存一次。

第4章 管理项目任务

学习目标

项目计划是为完成项目目标而进行的系统任务安排。在创建项目的具体任务时，如何合理安排项目中的每一项子任务是非常重要的。本章主要介绍创建任务和管理项目任务等知识。

本章重点

- 创建任务
- 编辑任务
- 组织任务
- 设置任务工期
- 设置任务链接和任务信息

4.1 创建任务

每个项目都是由众多任务组成的，而任务由任务名称、开始日期、结束日期、优先级以及执行任务的资源等组成。创建一个新项目计划后，就需要为项目创建任务。任务是项目中最基础的元素，任何项目的实施都是通过完成一系列的任务来实现的。

4.1.1 输入任务

在 Project 2010 的多种视图中都可以输入任务，其操作方式大致相同。

如果要在【甘特图】视图中输入任务，只需要选中工作区的【任务名称】栏下的单元格，然后输入任务名称，按 Enter 键或单击其他单元格输入即可。

【例 4-1】为项目文档“房屋保险理赔处理”输入任务。

(1) 启动 Project 2010 应用程序，打开项目文档“房屋保险理赔处理”，选择【任务名称】栏下的第一个单元格，输入文本“房屋保险理赔处理”，如图 4-1 所示。

(2) 按 Enter 键，系统自动选中下一行的【任务名称】栏下的单元格，并自动在行标题处显示行号，此时系统自动将【任务模式】设置为【手动计划】，效果如图 4-2 所示。

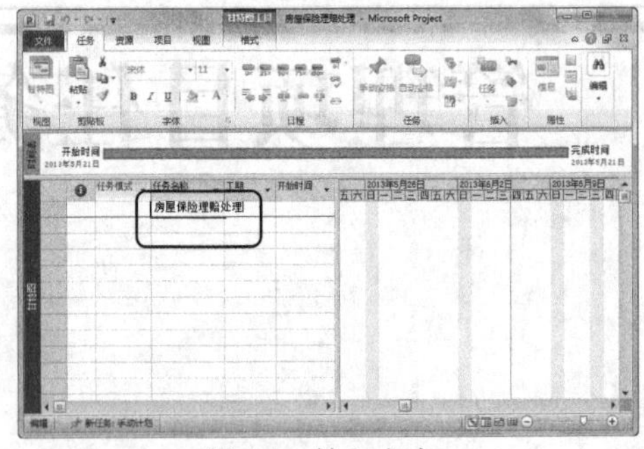

图 4-1 输入文本

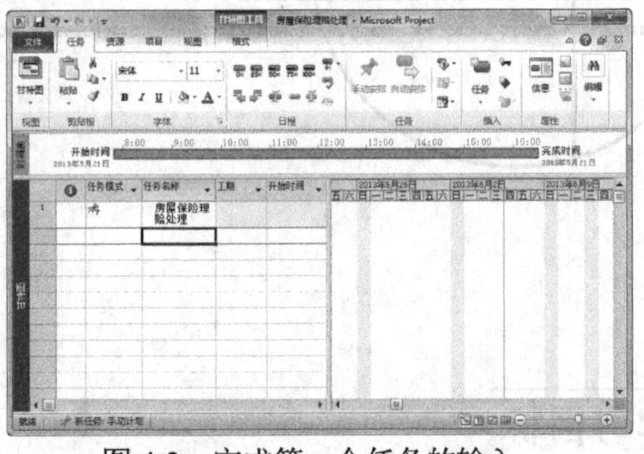

图 4-2 完成第一个任务的输入

知识点

虽然手动输入任务是比较快捷的方法，但是却无法设置更多的任务信息。打开【任务】选项卡，在【属性】组中单击【信息】按钮，打开【任务信息】对话框，如图 4-3 所示，在其中可以设置相应的任务信息，如设置任务的名称、工期值、计划模式、开始时间和完成时间等。

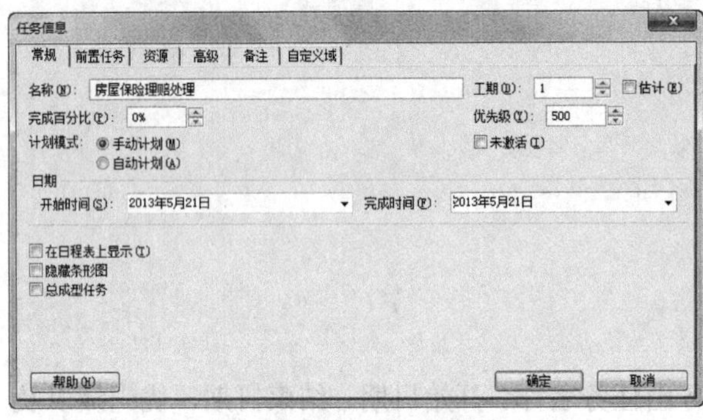

图 4-3 【任务信息】对话框

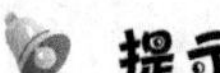

提示

要设置任务模式，可以在【任务】选项卡的【任务】组中单击【手动安排】或【自动安排】按钮，或者单击【模式】按钮，从弹出的菜单中选择一种模式即可。

(3) 选中【任务模式】栏的第一个单元格，单击其左侧的下拉按钮，从弹出的下拉菜单中选择【自动计划】命令，此时将自动显示任务的开始时间和结束时间，如图 4-4 所示。

(4) 使用同样的方法，完成所有任务的输入，效果如图 4-5 所示。

提示

当任务变为【自动计划】模式后，只需设置该任务的工期，此时完成日期便会自动进行调整。

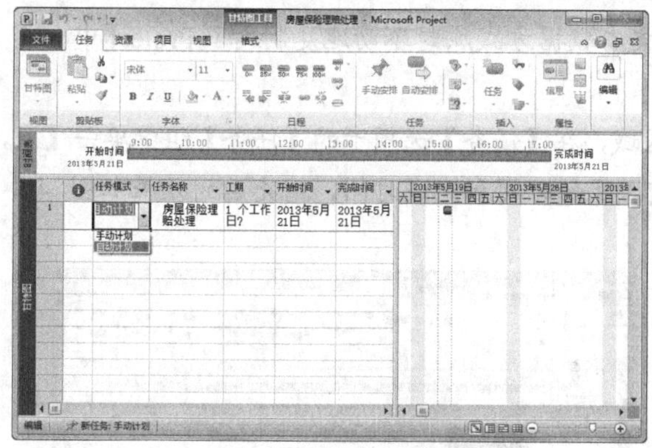

图 4-4 设置任务模式

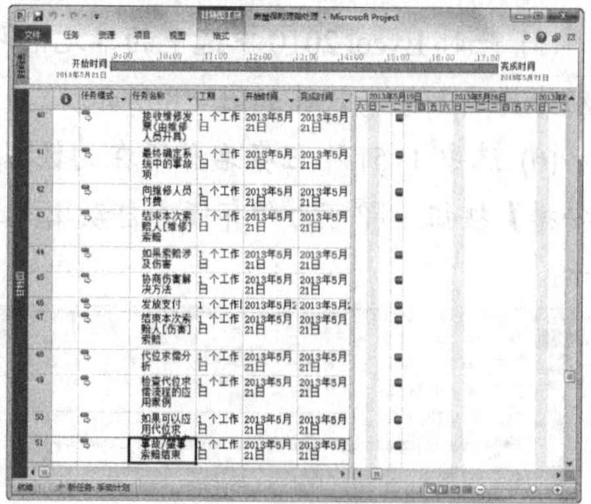

图 4-5 输入其他任务

4.1.2 从其他程序获取任务

手动输入任务的过程比较繁琐，若已有使用 Excel 制作的任务表格，可将其直接转换到 Project 2010 中。

【例 4-2】以复制方式将 Excel 2010 中制作好的任务表格粘贴到项目文档“房屋保险理赔处理”中。

(1) 启动 Project 2010 应用程序，打开项目文档“房屋保险理赔处理”，然后启动 Excel 2010 应用程序，打开“房屋保险理赔处理”工作簿的 Sheet1 工作表。

(2) 在 Sheet1 工作表中选取 B2:B52 单元格区域并右击，从弹出的快捷菜单中选择【复制】命令，如图 4-6 所示。

(3) 切换至 Project 文档，将插入点定位到【任务名称】栏的第一个单元格中，在【任务】选项卡的【剪贴板】组中单击【粘贴】下拉按钮，从弹出的下拉菜单中选择【选择性粘贴】命令，打开【选择性粘贴】对话框。

(4) 选中【粘贴】单选按钮。在【作为】列表框中选择【文本数据】选项，单击【确定】按钮，如图 4-7 所示。

图 4-6 复制 Excel 中的数据

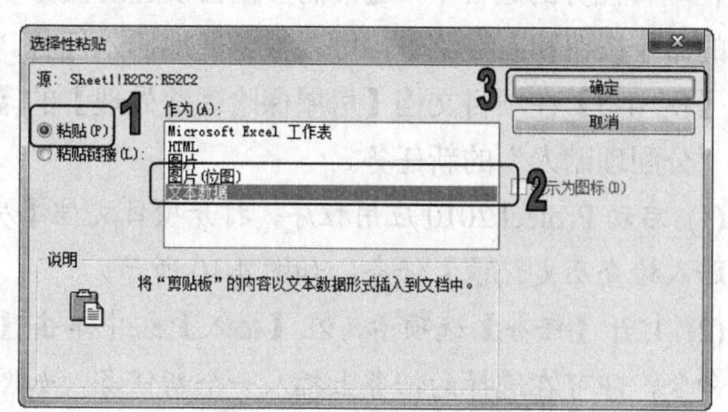

图 4-7 【选择性粘贴】对话框

(5) 此时 Excel 2010 中选中的单元格即以文本数据方式原封不动地复制到了 Project 中，并自动为其编上号，效果如图 4-8 所示。

(6) 选中 1~51 个任务名称所在的数据表区域，在【任务】选项卡的【任务】组中单击【自动安排】按钮，即可为所有任务自动填充工期、开始时间和完成时间，填充后的效果如图 4-9 所示。

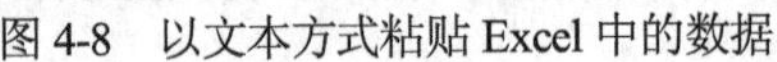

图 4-8　以文本方式粘贴 Excel 中的数据

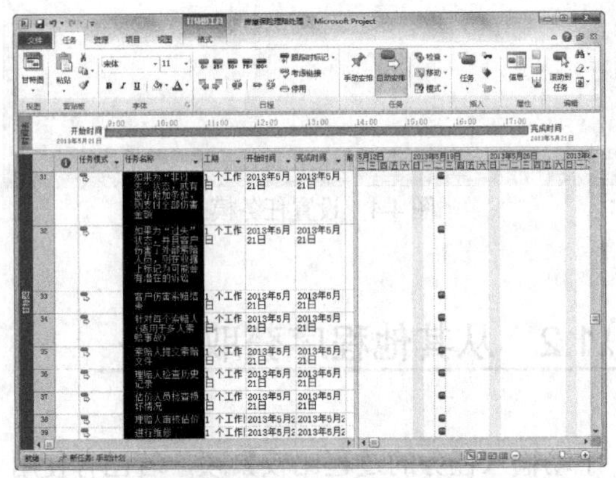

图 4-9　自动安排任务的开始时间和完成时间

(7) 在快速访问工具栏中单击【保存】按钮，将创建的项目文档“房屋保险理赔处理”保存。

4.2　编辑任务

在实际工作中，创建任务后，还需要对其进行编辑操作，如插入新的任务、删除多余的任务、复制项目任务、调整次序混乱的任务等。

4.2.1　插入任务

在编辑任务的过程中，通常需要在已设置的任务项目中添加新的任务。这时，使用【插入】组中的命令按钮和右键菜单，可以很方便地插入任务。

【例 4-3】在项目文档【房屋保险理赔处理】的【理赔人检查历史记录】任务上插入一个名为“分配理赔人”的新任务。

(1) 启动 Project 2010 应用程序，打开项目文档【房屋保险理赔处理】，选中标识号为 7 的【理赔人检查历史记录】任务，如图 4-10 所示。

(2) 打开【任务】选项卡，在【插入】组中单击【任务】按钮，从弹出的菜单中选择【任务】命令，即可在选择的任务上插入一个新任务，如图 4-11 所示。

(3) 在插入的【<新任务>】单元格中输入文本“分配理赔人”，并按 Enter 键，完成任务名称的输入，如图 4-12 所示。

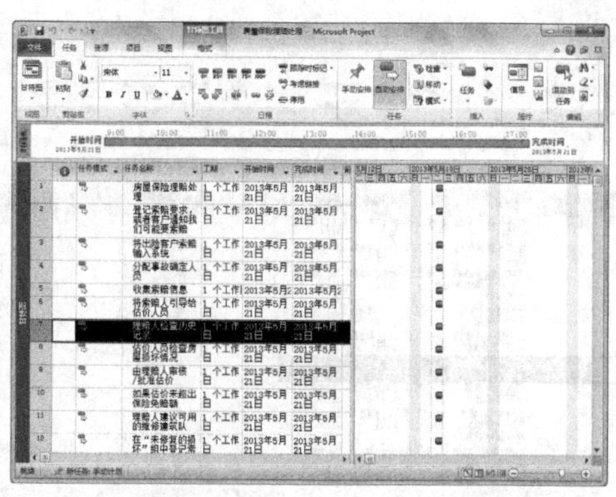

图 4-10 选中【理赔人检查历史记录】任务

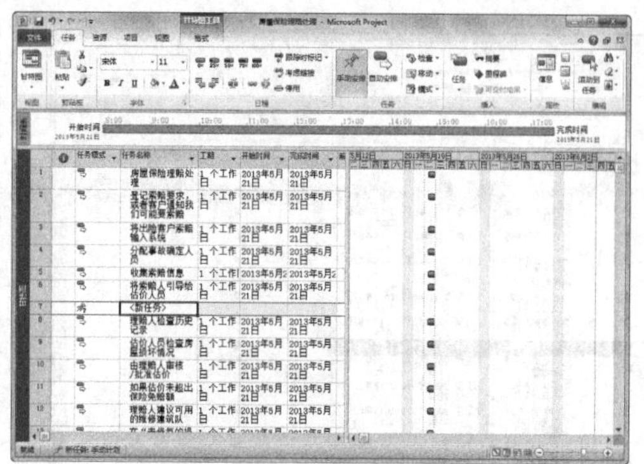

图 4-11 插入一个新任务

(4) 选中插入的新任务，在【任务】选项卡的【任务】组中单击【自动安排】按钮，此时将自动显示任务的开始时间和结束时间，如图 4-13 所示。

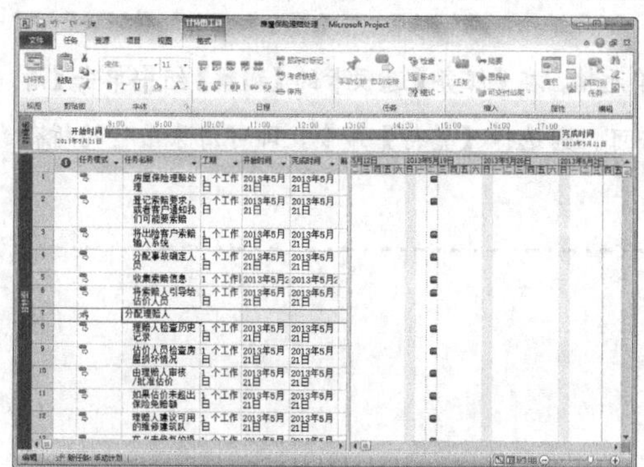

图 4-12 输入新任务的名称

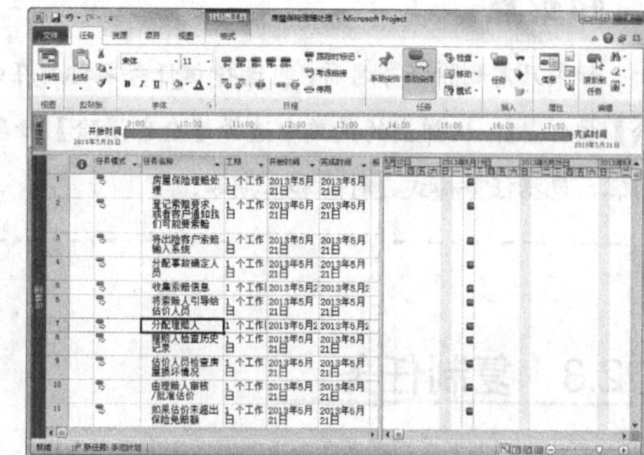

图 4-13 自动显示任务信息

知识点

选中要插入任务位置下方的任务并右击，在弹出的右键菜单中选择【插入新任务】命令，同样也可以在选中的任务上添加一个新任务。

4.2.2 删除任务

在 Project 2010 的项目文档中，还可以很方便地删除多余或重复的任务。

【例 4-4】在项目文档【房屋保险理赔处理】中，删除【客户[维修]完成】任务。

(1) 启动 Project 2010 应用程序，打开项目文档【房屋保险理赔处理】，选中标识号为 19 的【客户[维修]完成】任务，如图 4-14 所示。

(2) 右击，在弹出的右键菜单中选择【删除任务】命令，即可将选中的任务删除，并选中下一个任务，如图 4-15 所示。

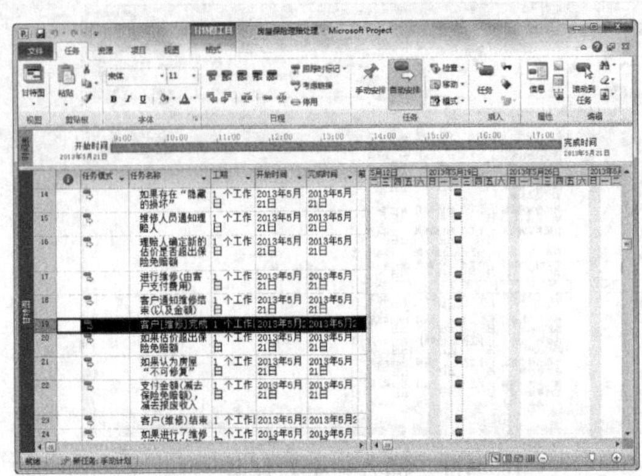
图 4-14　选择“客户[维修]完成”任务

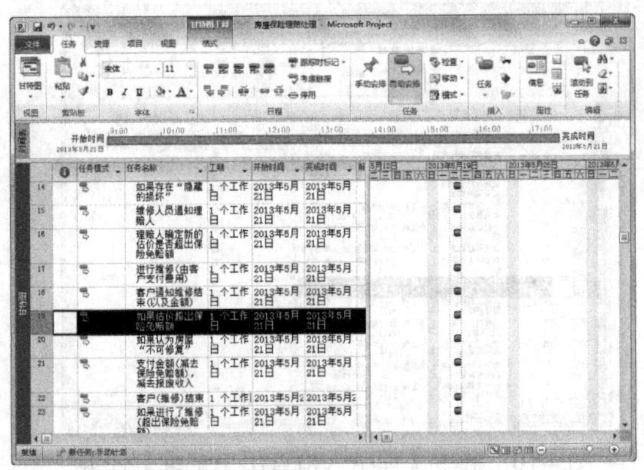
图 4-15　删除任务

知识点

如果只需删除任务名称，可选择该任务名称所在的单元格，在【任务】选项卡的【编辑】组中单击【清除】按钮，从弹出的菜单中选择【全部清除】命令即可。若选择【整行】命令，即可清除该行的所有内容，包括任务模式、时间和工期等。

4.2.3　复制任务

在编辑任务时，对于需要多次重复出现的任务可以使用复制操作来节省时间，加快输入和编辑的速度。

一般情况下，可以通过以下方法来复制任务。

- 使用功能区中的命令按钮：选取需要复制的任务，在【任务】选项卡的【剪贴板】组中单击【复制】按钮，将鼠标定位到目标位置，在【任务】选项卡的【剪贴板】组中单击【粘贴】按钮。
- 使用快捷键：选取需要复制的任务，按 Ctrl+C 快捷键，将鼠标定位到目标位置，按 Ctrl+V 快捷键。
- 使用右键菜单：选取需要复制的任务并右击，在弹出的快捷菜单中选择【复制】命令，将鼠标定位到目标位置并右击，在弹出的快捷菜单中选择【粘贴】命令。

4.2.4　移动任务

移动任务的操作与复制任务类似，唯一的区别在于，移动任务后，原位置的任务消失，而复制任务后，原位置的任务仍在。

- 使用功能区中的命令按钮：选取需要复制的任务，在【任务】选项卡的【剪贴板】组中单击【剪切】按钮，将鼠标定位到目标位置，在【任务】选项卡的【剪贴板】组中单击【粘贴】按钮。
- 使用快捷键：选取需要复制的任务，按 Ctrl+X 快捷键，将鼠标定位到目标位置，按 Ctrl+V 快捷键。
- 使用右键菜单：选取需要复制的任务，右击，在弹出的快捷菜单中选择【剪切】命令，将鼠标定位到目标位置，右击，在弹出的快捷菜单中选择【粘贴】命令。

【例 4-5】在项目文档【房屋保险理赔处理】中，将【向维修人员付费】任务从标识号为 42 处移至标识号为 41 处。

(1) 启动 Project 2010 应用程序，打开项目文档“房屋保险理赔处理”。

(2) 选择标识号为 42 处的【向维修人员付费】任务，按住鼠标左键不放，向上拖动至标识号为 41 处。

(3) 释放鼠标，即可将任务移至标识号为 41 处，如图 4-16 所示。

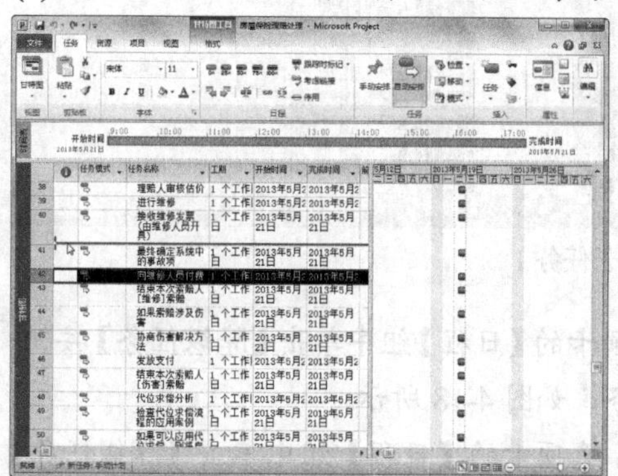
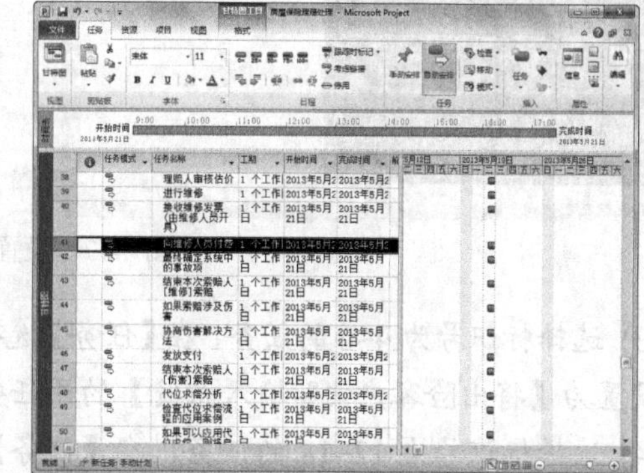

图 4-16　移动任务

(4) 在快速访问工具栏中单击【保存】按钮，将编辑好的项目文档“房屋保险理赔处理”保存。

4.3　任务分级

创建任务后，默认状态下所有的任务都处于同一级别，没有差异。当项目任务的数量较多时，项目计划的结构越来越不明显，为了方便查询和管理项目任务，可以对其进行分级。其作用可以精确反映任务的层次结构即大纲结构。

4.3.1　大纲结构的建立

大纲结构指项目的分层结构。大纲结构的建立，可以有效组织项目任务结构，并易于阅读分析。

在 Project 2010 中，可以通过降级和升级项目任务的方法来创建摘要任务(由多个子任务组成，并对这些子任务进行汇总的任务)和子任务的大纲，从而细分任务列表。

【例 4-6】在项目文档【房屋保险理赔处理】中，为各个项目阶段建立大纲结构。

(1) 启动 Project 2010 应用程序，打开项目文档【房屋保险理赔处理】。

(2) 选择标识号为 2~51 的任务，打开【任务】选项卡，在【日程】组中单击【降级任务】按钮，将其设置为“房屋保险理赔处理”的子任务，如图 4-17 所示。其中，“房屋保险理赔处理”任务为摘要任务，以粗体显示并已升级。

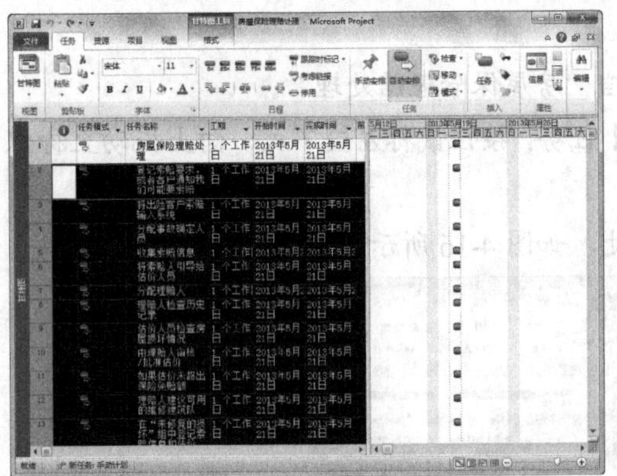
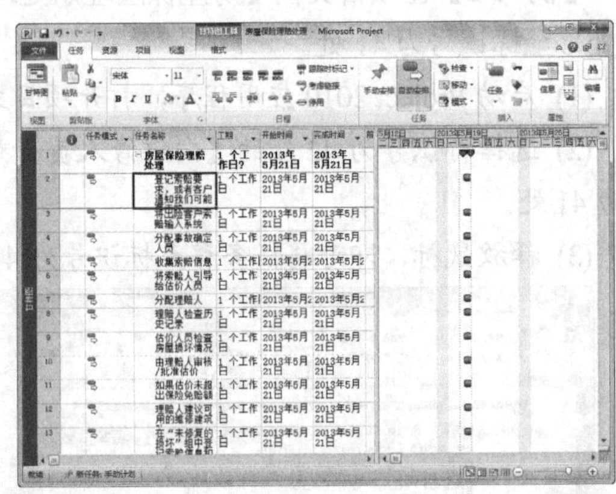

图 4-17　设置子任务 1

(3) 选择标识号为 4~6 的任务，在【任务】选项卡的【日程】组中单击【降级任务】按钮，将其设置为【将出险客户索赔输入系统】的子任务，如图 4-18 所示。

(4) 选择标识号为 12~18 的任务，在【任务】选项卡的【日程】组中单击【降级任务】按钮，将其设置为【如果估价未超出保险免赔额】的子任务，如图 4-19 所示。

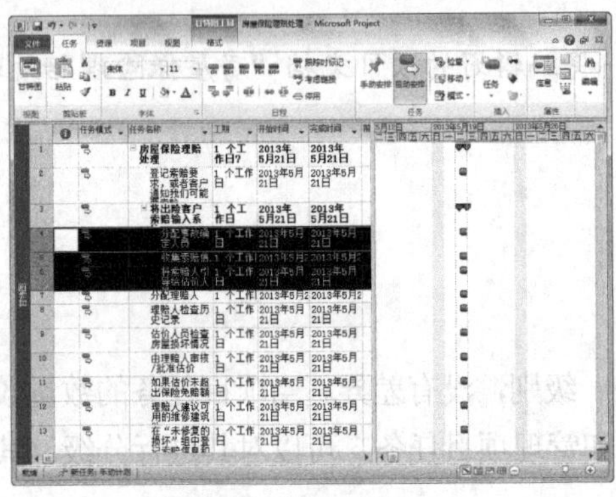

图 4-18　设置子任务 2

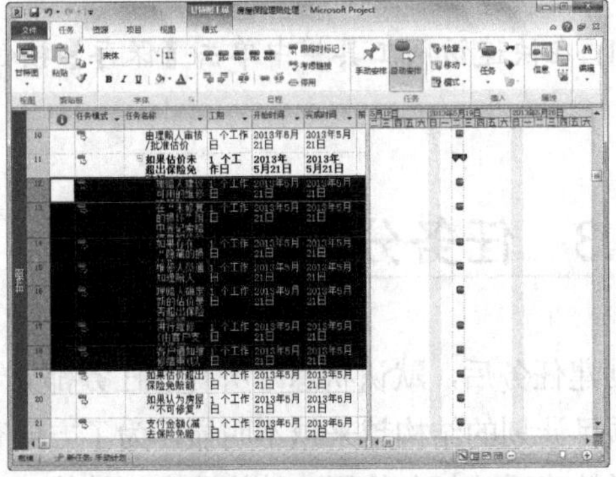

图 4-19　设置子任务 3

知识点

使用鼠标也可以快速升级或降级任务。将鼠标指针定位在任务名称的第一个字符上，待鼠标指针变为双向箭头时，向左拖动鼠标以升级任务，向右拖动鼠标以降级任务。另外，使用 Alt+Shift+←和 Alt+Shift+→组合键对任务进行升级和降级操作。

(5) 选择标识号为 15~16 的任务，在【任务】选项卡的【日程】组中单击【降级任务】按钮，将其设置为【如果存在“隐藏的损坏”】的子任务，如图 4-20 所示

(6) 使用相同的方法，设置其他任务的子任务，效果如图 4-21 所示。

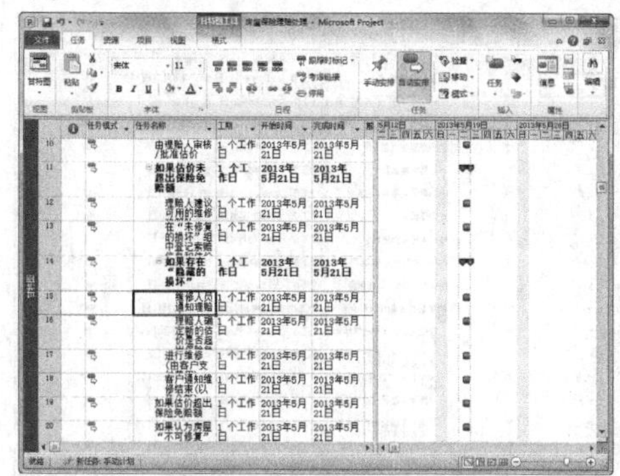

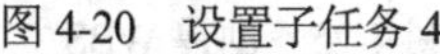
图 4-20　设置子任务 4

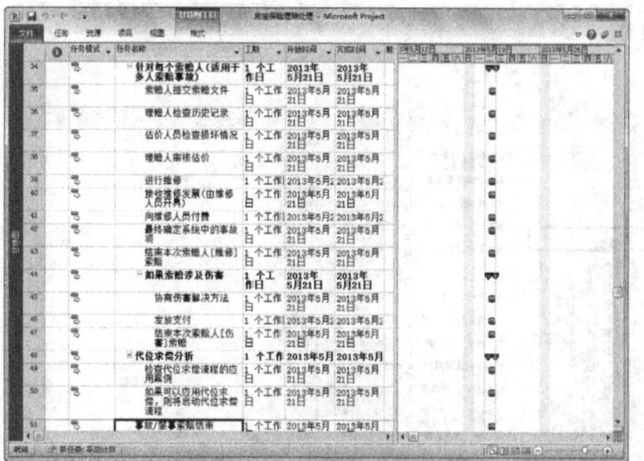

图 4-21　设置其他子任务

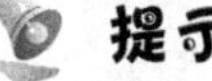

提示

设置标识号 20~29 的任务为 19 任务的子任务，并设置标识号 21~22 的任务为 20 任务的子任务、标识号 24~29 的任务为 23 任务的子任务；设置标识号 31~33 的任务为 30 任务的子任务；设置标识号 35~47 的任务为 34 任务的子任务、标识号 45~47 的任务为 44 的子任务；设置标识号 49~50 的任务为 48 任务的子任务。

4.3.2 工作分解结构的建立

工作分解结构(WBS)是一种用于组织任务以便报告日程和跟踪成本的分层结构。在 Project 中，可以根据任务在项目大纲中的层次将相应的 WBS 代码分配给任务。

【例 4-7】在项目文档【房屋保险理赔处理】中，创建 WBS，并设置其标题为 WBS。

(1) 启动 Project 2010 应用程序，打开项目文档【房屋保险理赔处理】。

(2) 打开【项目】选项卡，在【属性】组中单击 WBS 下拉按钮，从弹出的下拉菜单中选择【定义代码】命令，如图 4-22 所示。

(3) 打开 WBS 代码定义对话框，在【序列】列中选择【数字(序数)】选项，在【长度】列中选择 1 选项，在【分隔符】列中选择【.】，然后单击【确定】按钮，如图 4-23 所示。

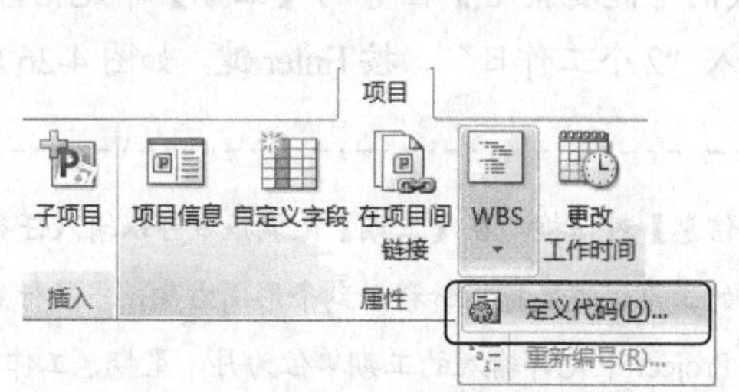

图 4-22　执行【定义代码】命令

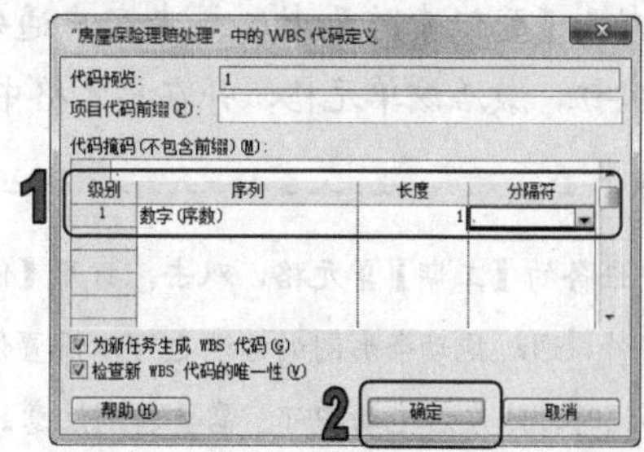

图 4-23　WBS 代码定义对话框

(4) 完成 WBS 代码定义，选择数据表区第一列，右击，在弹出的快捷菜单中选择【插入列】

命令，自动弹出定义新列的列表框，如图 4-24 所示。

(5) 选择 WBS 选项，此时系统将为项目文档建立了工作分解结构 WBS，效果如图 4-25 所示。

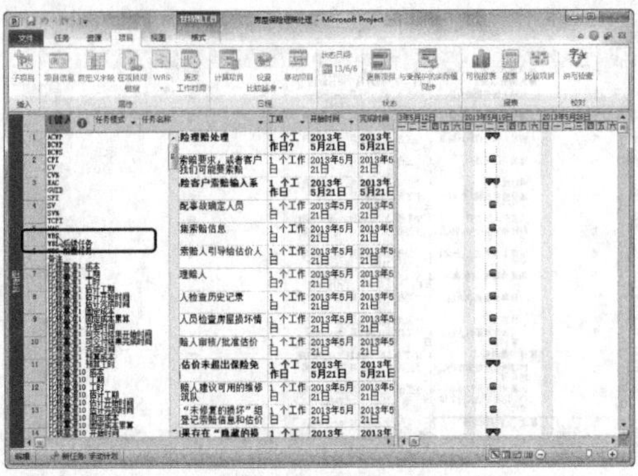

图 4-24　插入列

图 4-25　创建 WBS

4.4　设置任务工期

创建和编辑完任务后，还需要对任务的工期进行设置。工期是指计划每一个任务需要花费的时间，以及整个项目花费的时间。合理安排和利用时间可以有效提高工作效率。

4.4.1　输入任务的工期

在输入任务名称后，Project 会对该任务自动设置一个默认的工期：1 个工作日。用户可根据实际情况估计并具体设定任务的工期，在估计工期时，无需为摘要任务估计工期。在输入任务工期时，只能为子任务设置任务时间，每个子任务的累计时间便是摘要任务的工时；若不能准确确定该任务的工期，可在工期后加一个【？】号。

【例 4-8】在项目文档【房屋保险理赔处理】中，为任务设置任务时间。

(1) 启动 Project 2010 应用程序，打开【例 4-7】编辑好的项目文档【房屋保险理赔处理】。

(2) 选择【登记索赔要求，或者客户通知我们可能要索赔】任务的【工期】单元格，单击微调框的按钮，激活该单元格，并在单元格中输入“2 个工作日”，按 Enter 键，如图 4-26 所示。

提示

选中任务的【工期】单元格，双击，打开【任务信息】对话框，在【工期】微调框中可以输入任务的工期。另外，通过拖动条形图的方法也可以设置任务的工期，将鼠标指针移动到条形图右侧，当鼠标变为【⇥】形状时，线左右拖动即可。需要特别注意的是 Project 中允许输入的工期单位为月、星期、工作日、小时或分钟，不包括非工作时间。

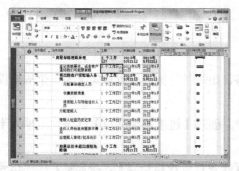

图 4-26　输入工期

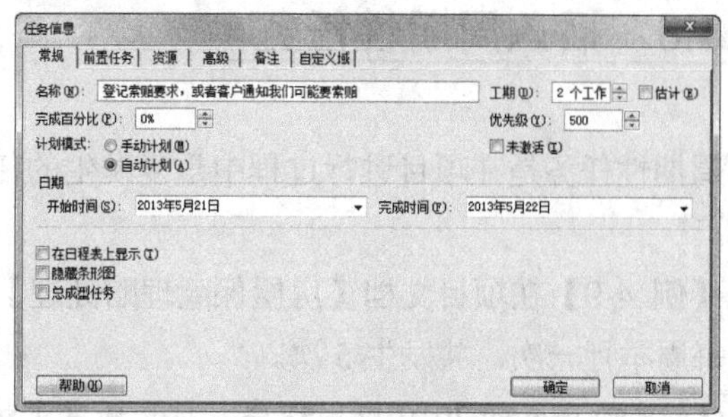

图 4-27　通过对话框输入工期

(3) 使用同样的方法，依次为其他任务安排时间，效果如图 4-28 所示。

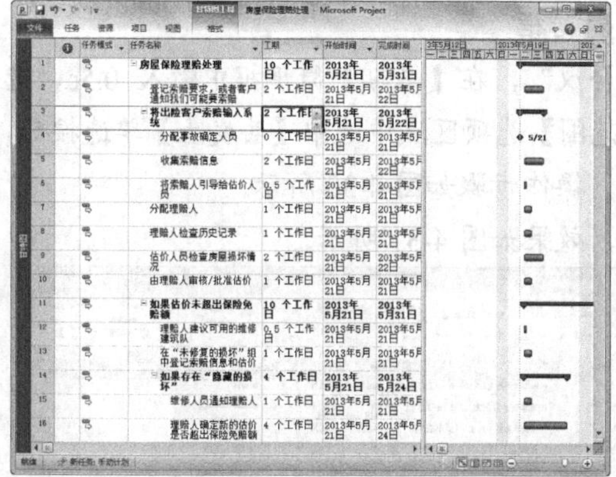

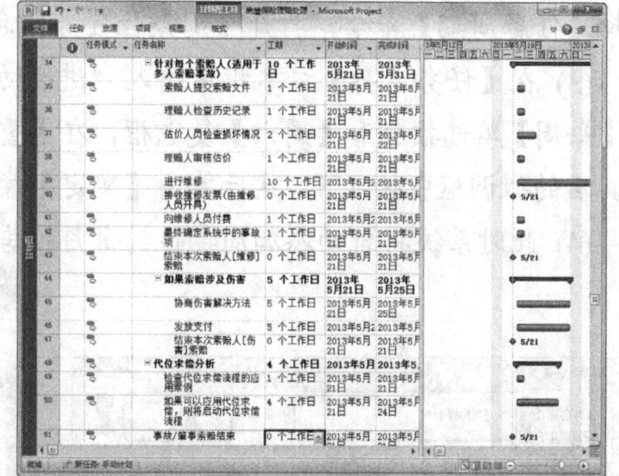

图 4-28　输入其他任务的工期

4.4.2　建立里程碑

里程碑用于标识日程中的重要事项，其工期为零。可以将里程碑作为一个参考点，以监视项目的进度。要将某任务设置为里程碑，只需将该任务的工期设置为 0 即可。此时，在【甘特图】视图中该任务的开始日期处将显示“菱形”的里程碑符号，如图 4-29 所示。

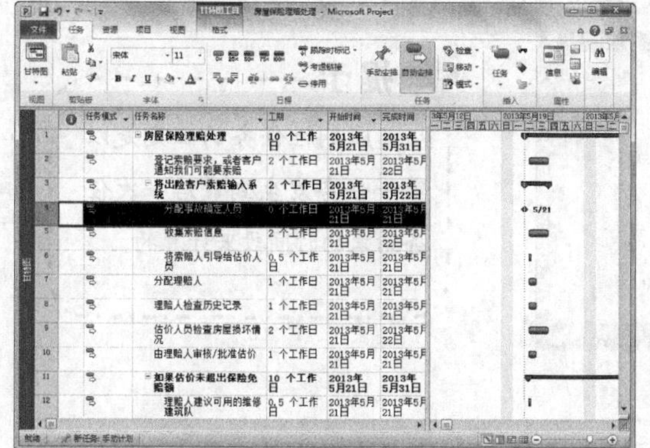

图 4-29　设置里程碑

知识点

当在已输入任务之间设置里程碑任务时，需要选择插入里程碑任务之下的任务名称，打开【任务】选项卡，在【插入】组中单击【里程碑】按钮，系统自动插入一个新任务，并自动将新任务的工期设置为 0，此时只需在插入的新任务重输入任务名称即可。

4.4.3 插入周期性任务

周期性任务是在项目进行过程中重复发生的任务，如每月的例会就可以定义为一个周期性任务。

【例 4-9】在项目文档【房屋保险理赔处理】中，创建【进度协调会议】任务，工期为半天，每周举行一次，共发生 5 次。

(1) 启动 Project 2010 应用程序，打开项目文档【房屋保险理赔处理】，将鼠标定位标识号为 51 的任务下一行的任意单元格。

(2) 打开【任务】选项卡，在【插入】组中单击【任务】下拉按钮，从弹出的下拉菜单中选择【任务周期】命令，打开【周期性任务信息】对话框。

(3) 在【任务名称】文本框中输入“进度协调会议”，在【工期】微调框中输入 0.5d，选择【每周】单选按钮和【周六】复选框，在【重复范围】选项区域中选中【共发生】单选按钮，在其后的微调框中输入 5，然后单击【确定】按钮，操作步骤如图 4-30 所示。

(4) 此时系统将自动添加周期性的每月报告会，效果如图 4-31 所示。

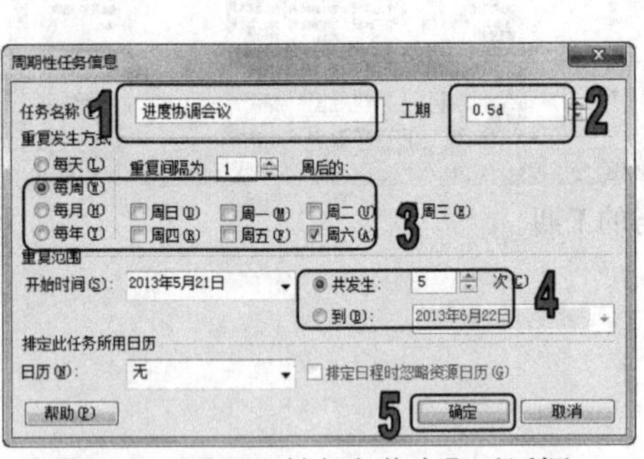

图 4-30 【周期性任务信息】对话框

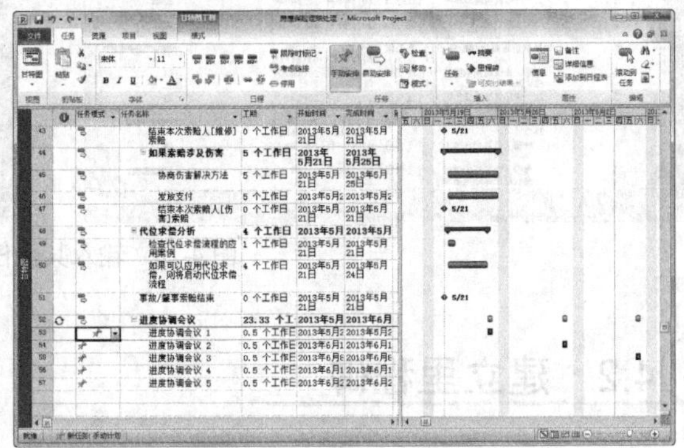

图 4-31 创建周期性任务

(5) 选中标识号为 53~57 的任务的【任务模式】设置为【自动计划】，效果如图 4-32 所示。

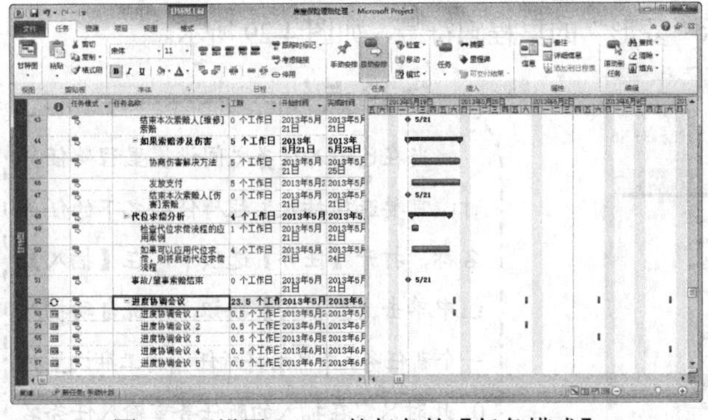

图 4-32 设置 53~57 的任务的【任务模式】

提示

周期性任务的工期是以第一任务发生到最后一次任务结束的时间段来计算的。

(6) 在快速访问工具栏中单击【保存】按钮，保存项目文档【房屋保险理赔处理】。

4.5 设置任务链接和任务信息

在默认情况下，任务工期的开始时间是同一天，但事实上，有些任务需要在某些任务完成之后才能进行，为了表示任务之间时间先后的关系，需要用任务链接将任务串起来。当然为了能更好地说明任务的状况，还可以为任务添加备注信息或超级链接等其他信息。

4.5.1 建立任务的链接

链接任务可以节省管理项目的时间，在定义了项目的任务，并估计了各任务所需的时间之后，即可开始建立任务的链接。

1. 任务间相关性

在项目管理实践中，任务必须以特定的顺序完成。例如只有登录 QQ，才能使用 QQ 聊天。这两个任务的关系就是完成－开始的关系。任务相关性就是指两个任务之间的关系，也称为任务间的链接或依赖性，即一个任务的开始或完成时间依赖于另一个任务的开始或完成时间。如果任务 B 的日程安排要依赖任务 A，则任务 A 称之为任务 B 的前置任务，而任务 B 称之为任务 A 的后续任务。在 Project 2010 中，对于两个任务间的相关性提供了 4 种不同的链接类型，如表 4-1 所示。

表 4-1　链接类型的说明

链接类型	说明	示例
完成－开始(FS)	是默认的相关性类型，任务 B 必须在任务 A 完成后才能开始	A B
开始－开始(SS)	任务 B 必须在任务 A 开始后才能开始	A B
开始－完成(SF)	任务 B 必须在任务 A 开始后才能完成	A B
完成－完成(FF)	任务 B 必须在任务 A 完成后才能完成	A B

2. 链接任务

确定了任务的执行顺序后，就可以为任务建立相关性链接。在 Project 中可以很灵活地表示任务间的链接。

提示

任务之间的相关性是经过链接功能来建立的，而链接是显示在条形图直接的连接线，连接线的一端指示后续任务，另一端指示前置任务。

【例 4-10】在项目文档【房屋保险理赔处理】中建立相关性链接。

(1) 启动 Project 2010 应用程序，打开项目文档【房屋保险理赔处理】。选择标识号为 2 和 4 的任务，打开【任务】选项卡，在【日程】组中单击【链接任务】按钮，建立 FS 关系，如图 4-33 所示。

(2) 选择标识号为 4~10 的任务，在【任务】选项卡【日程】组中单击【链接任务】按钮，建立多个任务之间的 FS 关系，如图 4-34 所示。

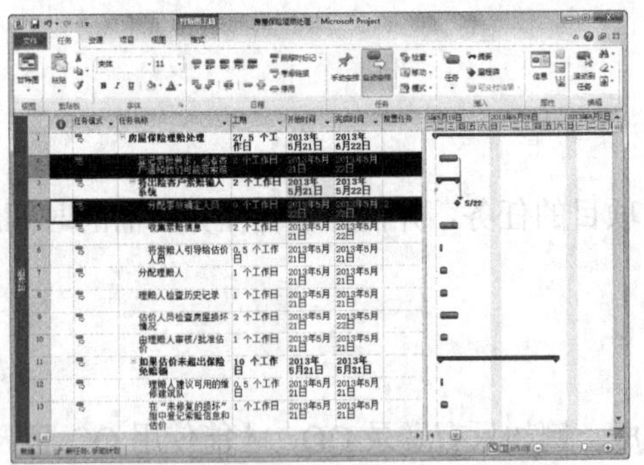

图 4-33　建立两个任务之间的 FS 关系

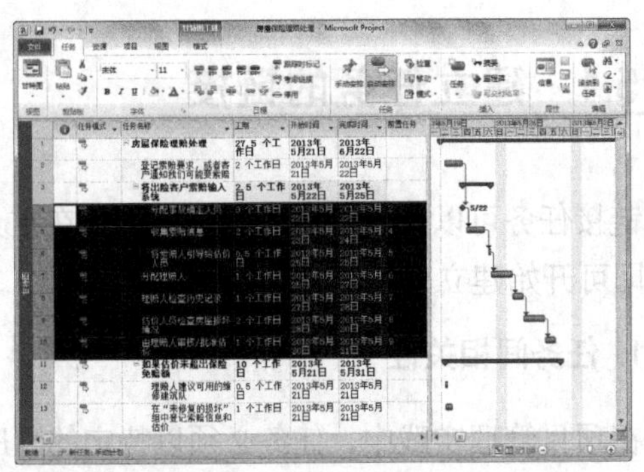

图 4-34　建立多个任务之间的 FS 关系

(3) 将鼠标移至标识号为 13 的任务的条形图附近，当鼠标指针变为【✥】形状时，按住鼠标左键不放，向后续标识号为 15 的任务移动，此时光标变为链接形状，且出现一条链接线，当移到标识号为 15 的任务的条形图上后释放鼠标，建立 FS 关系，如图 4-35 所示。

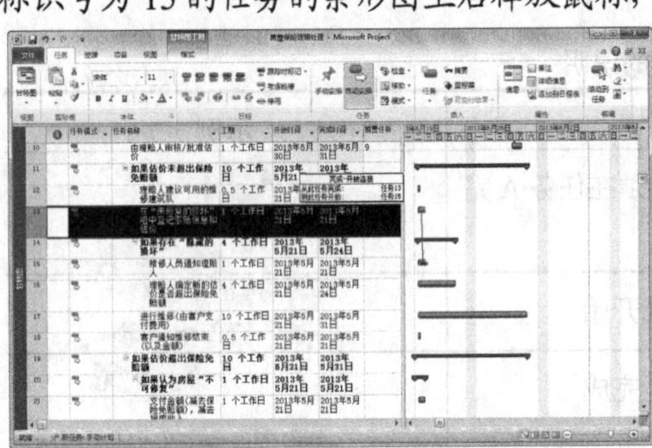

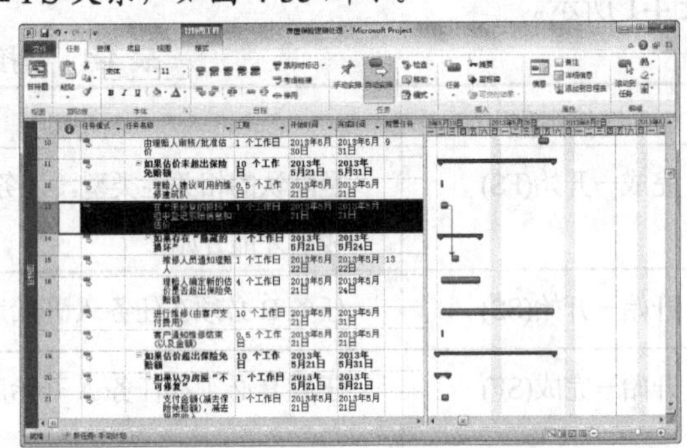

图 4-35　使用鼠标建立 FS 关系

(4) 使用同样的方法，建立其他任务之间的链接关系，注意将标识号为 12 和标识号为 13 的任务之间的关系设置为【开始-开始】，最终效果如图 4-36 所示。

知识点

使用【任务信息】对话框可以为特定的任务设置其他链接类型的相关性。选中特定的任务，打开【任务】选项卡，在【属性】组中单击【信息】按钮，打开【任务信息】对话框的【前置任务】选项卡，在【前置任务】列表框中输入链接任务的相关信息，只需在【标识号】单元格中输入链接任务的标识号，系统会自动显示任务的名称和默认类型等信息，单击类型右侧的按钮，从弹出的下拉菜单中选择一种类型，如图 4-37 所示，单击【确定】按钮，同样可以建立任务的链接。

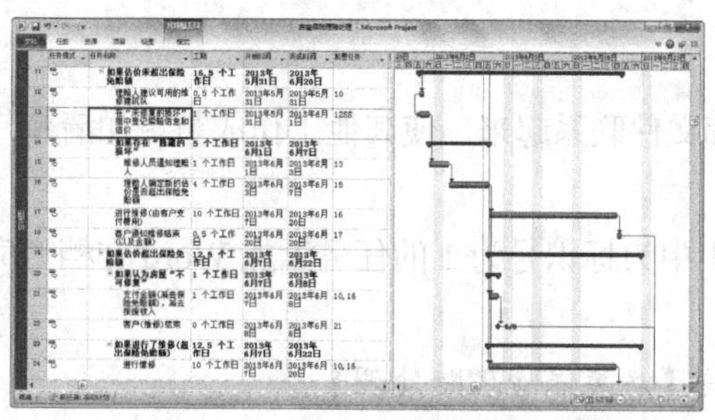

图 4-36 使用鼠标建立 FS 关系

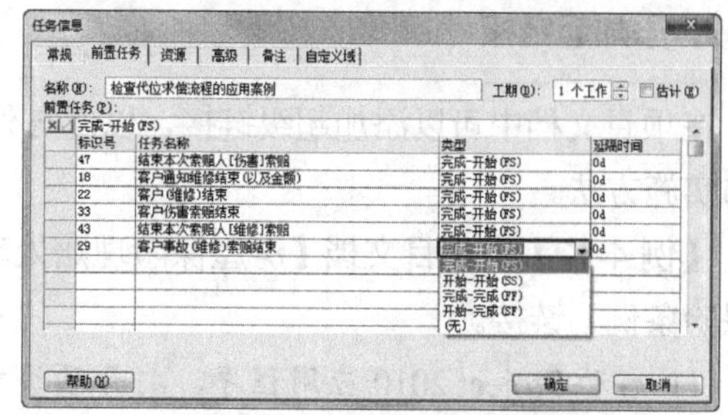

图 4-37 【前置任务】选项卡

4.5.2 添加任务的其他信息

在创建任务时，为了能更详细地将该任务的信息表达出来，可以为任务添加备注、超级链接等信息。

1. 添加备注

任务备注信息用来说明任务情况。添加备注信息后，在该任务栏的标记栏中出现一个标记，当光标移到该处时，将显示备注信息。

【例 4-11】在项目文档【房屋保险理赔处理】中为【向维修人员付费】任务添加备注信息。

(1) 启动 Project 2010 应用程序，打开项目文档【房屋保险理赔处理】。

(2) 选中标记号为 41 的任务【向维修人员付费】所在标记栏，打开【任务】选项卡，在【属性】组中单击【备注】按钮，打开【任务信息】的【备注】选项卡，在【备注】列表框中输入"支付时间因各个保险公司业务操作而各异"，操作顺序如图 4-38 所示。

(3) 单击【确定】按钮，在项目文档中出现一个标记，将光标移到该处，显示备注信息，如图 4-39 所示。

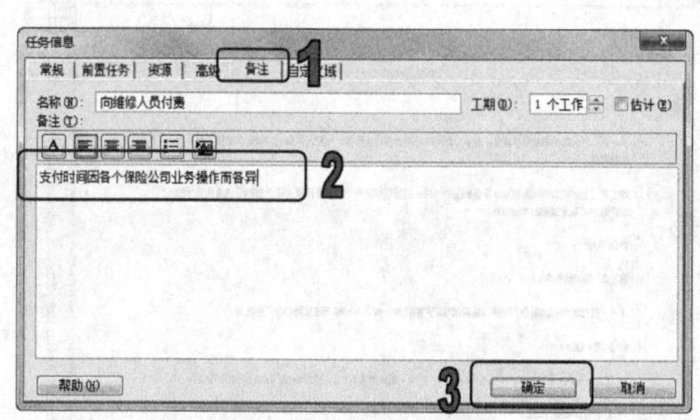

图 4-38 【备注】选项卡

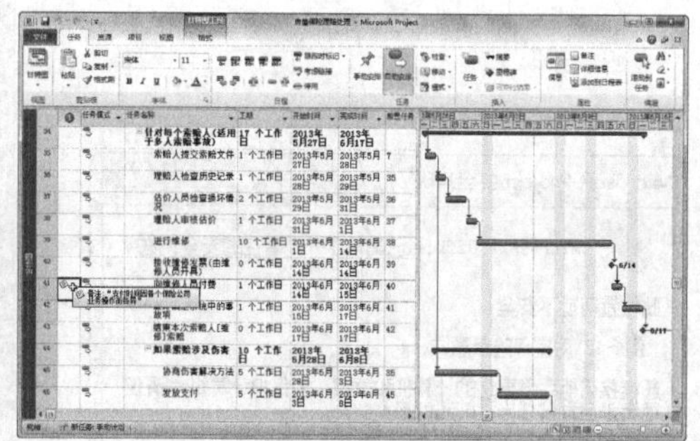

图 4-39 添加备注信息

知识点

在 Project 中，删除任务链接的操作比较简单，在【任务】选项卡的【日程】组中单击【取消链接任务】按钮即可。另外，在【甘特图】视图中，在数据表区的【前置任务】列中删除任务相对应的 ID 号，同样可以解除任务的相关性。

2. 添加超链接

在项目文档中可以添加超级链接，以便与外部文件联系起来，使其他工作成员更加清楚任务的实施方法。

【例 4-12】在项目文档【房屋保险理赔处理】中为标识号为 1 的任务添加 Word 文档“房屋保险条例”链接。

(1) 启动 Project 2010 应用程序，打开项目文档【房屋保险理赔处理】。

(2) 选中标识号为 1 的任务所在标记栏 并右击，从弹出的快捷菜单中选择【超链接】命令，打开【插入超链接】对话框，在【查找范围】下拉列表框中选择目标文件所在的位置，如图 4-40 所示。

(3) 单击【确定】按钮，此时在单元格中出现 标识，如图 4-41 所示。

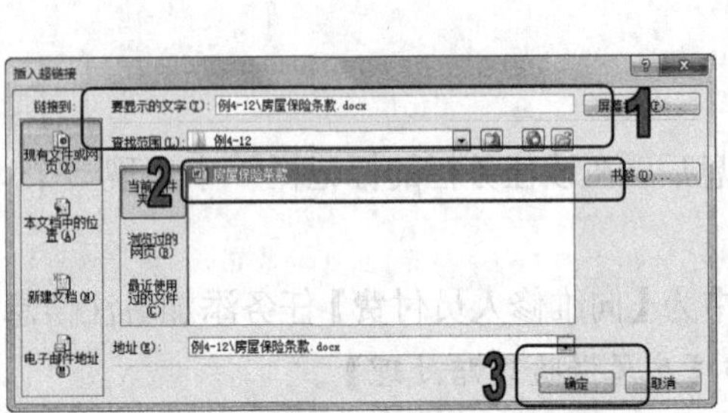

图 4-40 【插入超链接】对话框

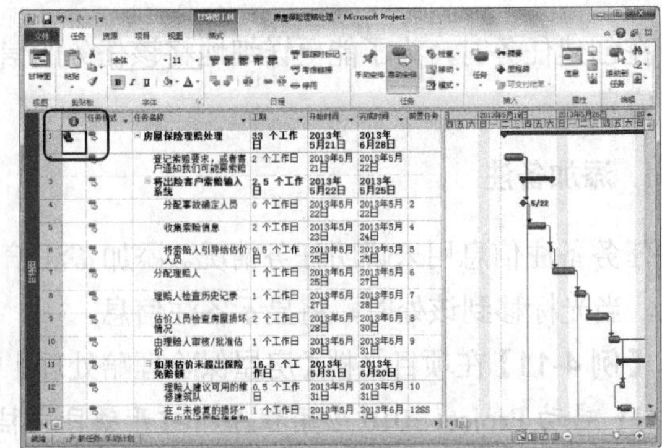

图 4-41 插入超链接

(4) 选中超链接所在的单元格，右击，从弹出的菜单中选择【超链接】|【打开超链接】命令，打开如图 4-42 所示的信息提示框。

(5) 单击【是】按钮，稍后就可以打开如图 4-43 所示的文件。

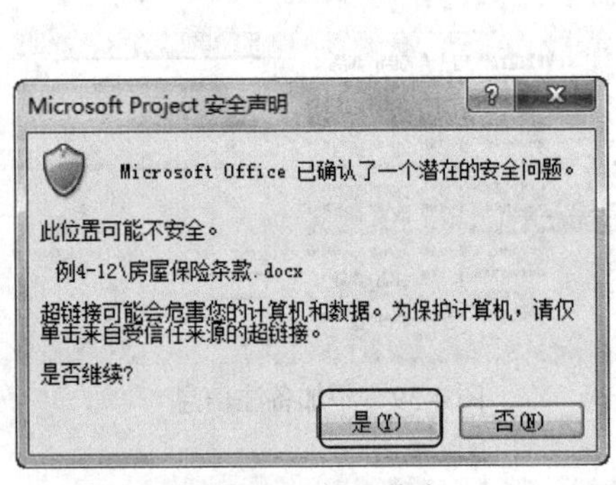

图 4-42 提示信息

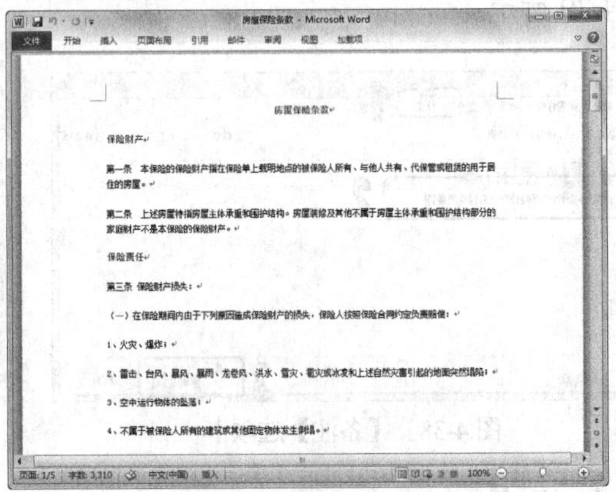

图 4-43 打开超链接文件

3. 添加任务限制

任务限制是指对任务的开始日期或完成日期进行限制。例如，指定任务必须在某一特定日

期开始，或不得晚于某一特定日期完成。默认情况下，在以开始日期排定的项目中添加任务时，Project 将自动指定一个【越早越好】限制。相反，在以完成日期排定的项目中添加任务时，Project 将自动指定一个【越晚越好】限制。

Project 中的任务限制可以是弹性的(未指定特定日期)，也可以是非弹性的(指定了特定日期)。总的来说，Project 中的任务限制有以下几种。

- 越早越好：该任务尽可能早地开始实施。从项目开始日期建立日程时，大多数任务都使用该限制类型。它是按开始日期进行日程排定的默认限制类型。
- 越晚越好：该任务尽可能晚地开始任务。按项目完成日期建立日程时，大多数任务都使用该限制类型。它是按完成日期进行日程排定的默认限制类型。
- 不得早于… …完成：该任务不能早于某个固定时间完成。
- 不得晚于… …完成：该任务不能晚于某个固定时间完成。
- 不得早于… …开始：该任务不能早于某个固定时间开始实施。
- 不得晚于… …开始：该任务不能晚于某个固定时间开始实施。
- 必须完成于：任务必须在特定日期完成。
- 必须开始于：任务必须在特定日期开始。

【例 4-13】在项目文档【房屋保险理赔处理】中，将标识号为 49 的任务限为不得晚于 2013 年 6 月 24 日开始。

(1) 启动 Project 2010 应用程序，打开项目文档【房屋保险理赔处理】。

(2) 双击标识号为 49 的任务中的【任务名称】所在的单元格，打开【任务信息】对话框。

(3) 打开【高级】选项卡，在【期限类型】下拉列表框中选择【不得晚于… …开始】选项，设置【限制日期】为【2013 年 6 月 24 日】，单击【确定】按钮，如图 4-44 所示。

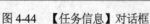

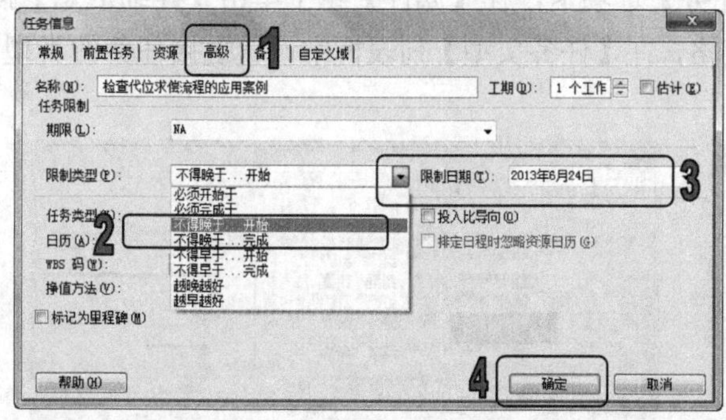

图 4-44 【任务信息】对话框

知识点

在【任务信息】对话框的【工期】微调框中，m 表示分钟，h 表示小时，d 表示天，w 表示星期。

(4) 打开【规划向导】对话框，单击【继续，设定不得晚于…开始限制。】单选按钮，再单击【确定】按钮即完成任务限制的设置，如图 4-45 所示。

(5) 此时在该任务的标记栏处将出现一个任务限制标记，将光标移动到该处还可以查看任务限制的内容，如图 4-46 所示。在快速访问工具栏中单击【保存】按钮，保存项目文档【房屋保险理赔处理】。

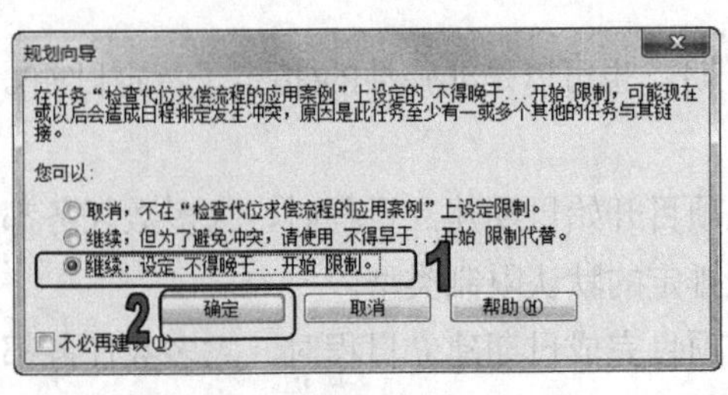

图 4-45 【规划向导】对话框

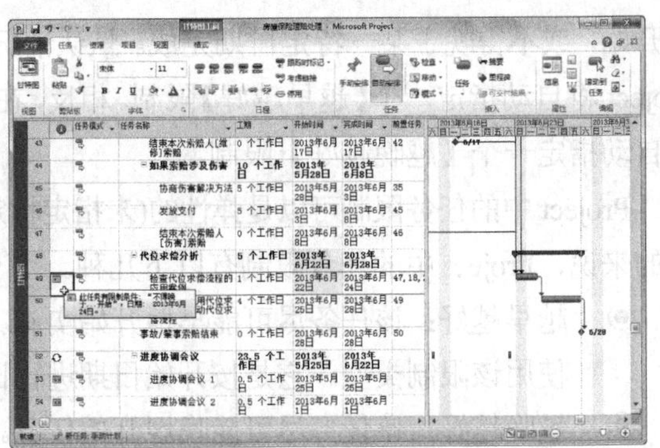

图 4-46 添加任务限制

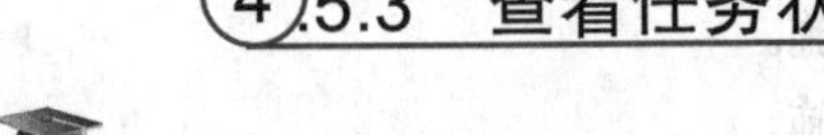

4.5.3 查看任务状态

创建并链接任务之后，还需要根据任务的实施状态调整任务关系、拆分任务，以及查找与替换任务。

1. 调整任务关系

在项目任务之间创建相关性后，为适应项目调整的需求，可以通过以下方法调整任务之间的链接类型。

- 通过连接线：双击条形图之间的链接线，打开【任务相关性】对话框，在其中设置链接任务的类型，如图 4-47 所示。
- 通过任务详细信息窗体：打开【任务】选项卡，在【属性】组中单击【详细信息】按钮，打开【任务详细信息窗体】窗格，在【任务类型】列表框中设置链接任务的类型，如图 4-48 所示。

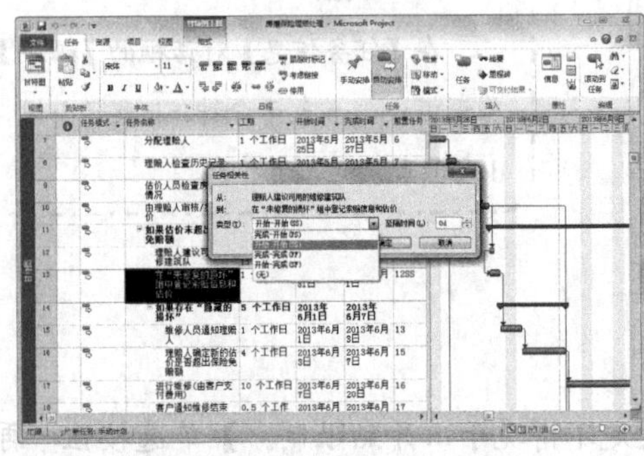

图 4-47 设置链接任务的类型

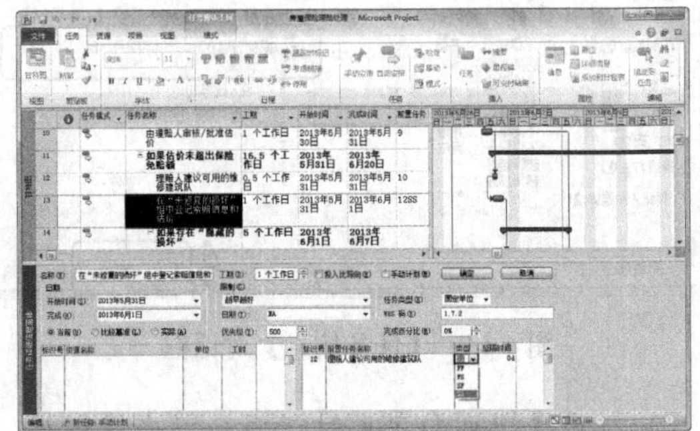

图 4-48 添加任务限制

2. 拆分任务

拆分任务是将一个任务拆分为两个单独的任务，主要用于中断任务上的工作。在【甘特图】视图中，打开【任务】选项卡，在【日程】组中单击【拆分任务】按钮，然后将鼠标指针移

动到条形图中开始工作的中，当鼠标变成⊪形状时，单击条形图即可，如图 4-49 所示。

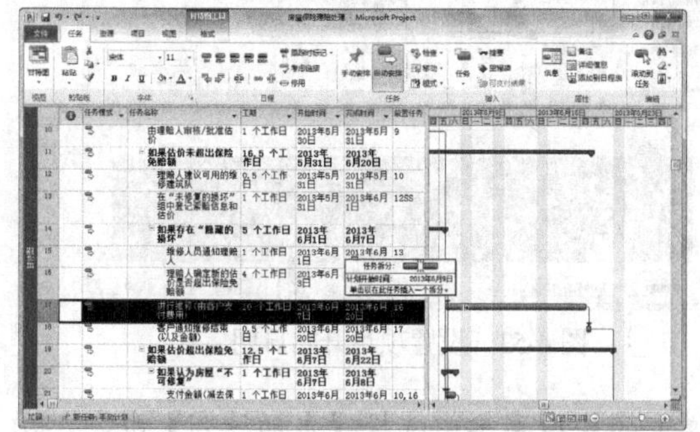

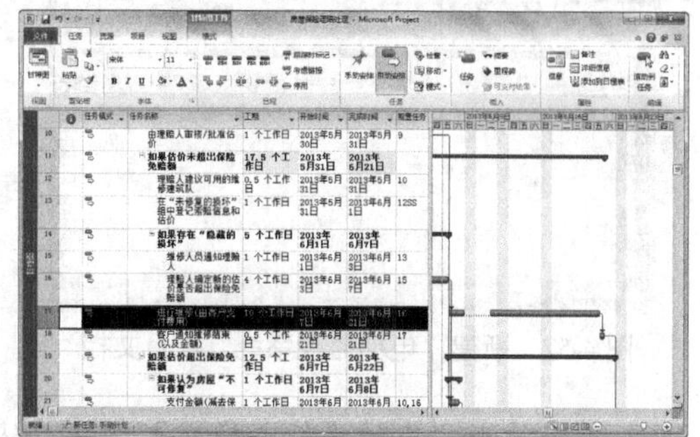

图 4-49　拆分标识号为 17 的任务

3. 查找与替换任务

Project 2010 中还提供了查找与替换任务的功能，以帮助项目管理者在众多复杂的任务列表中查找并修改具体任务的名称、工期、开始时间、完成时间等任务信息。

打开【任务】选项卡，在【编辑】组中单击【查找】按钮，从弹出的快捷菜单中选择【查找】命令，打开【查找】对话框，如图 4-50 所示，在其中设置查找指定条件与内容的任务信息；若选择【替换】命令，则打开【替换】对话框，如图 4-51 所示，在其中可以设置根据查找结果，以新的任务信息替换现有任务信息。

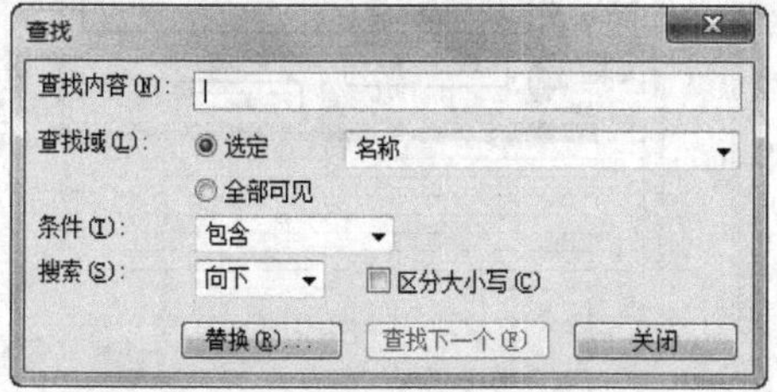

图 4-50　【查找】对话框

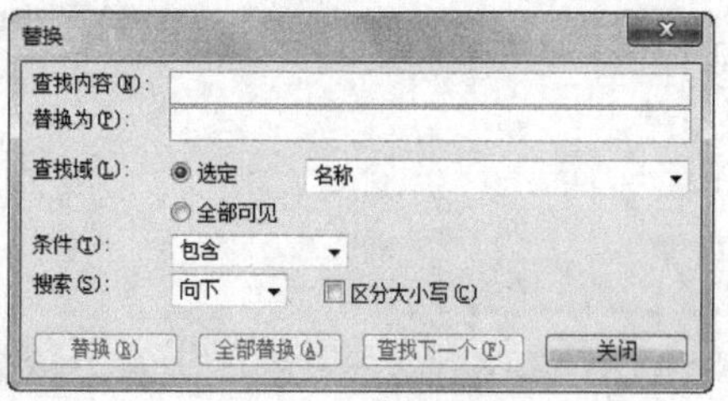

图 4-51　【替换】对话框

4.6　上机练习

本章的上机练习主要通过创建“电梯监视系统”项目文档，来练习输入任务、创建大纲结构、安排任务工期和建立任务链接等操作。

(1) 启动 Project 2010 应用程序，新建一个空白项目文档，并以“电梯监视系统”为名进行保存，如图 4-52 所示。

(2) 打开【项目】选项卡，在【属性】组中单击【项目信息】按钮，打开【“电梯监视系统”的项目信息】对话框。

(3) 在【开始日期】列表框中设置时间为【2014 年 1 月 1 日】，单击【确定】按钮，完成开始时间的设置，如图 4-53 所示。

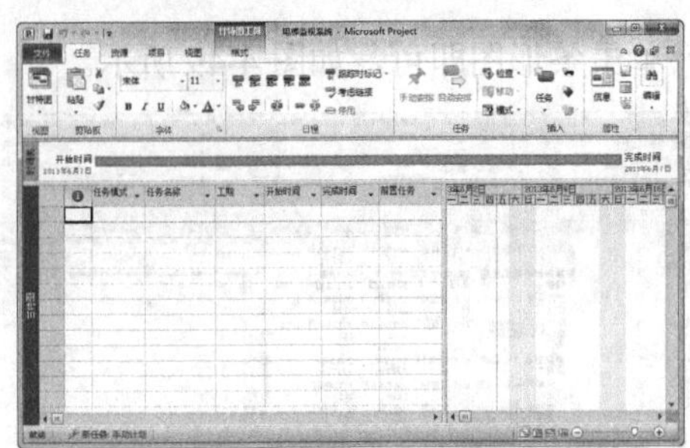

图 4-52　新建“电梯监视系统”项目文档

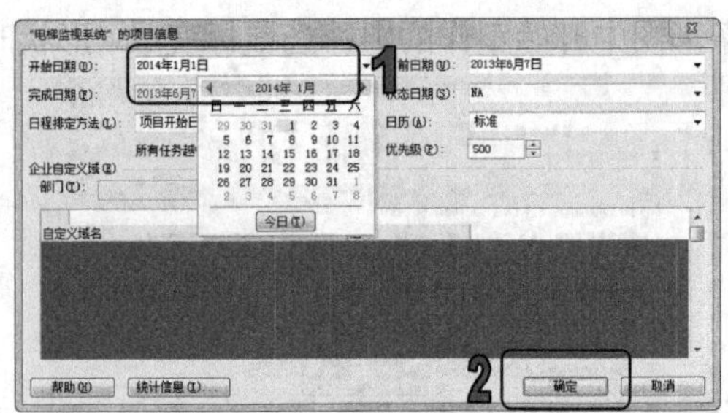

图 4-53　设置项目开始日期

(4) 单击状态栏中的【任务模式】按钮，从弹出的快捷菜单中选择【自动计划】命令，切换至自动计划任务模式，如图 4-54 所示。

(5) 打开【项目】选项卡，在【属性】组中单击【更改工作时间】按钮，打开【更改工作时间】对话框。

(6) 单击【新建日历】按钮，打开【新建基准日历】对话框，在【名称】文本框中输入“电梯监视系统”，选中【复制】复选框，并在其下拉列表中选择【标准】选项，操作步骤如图 4-55 所示。

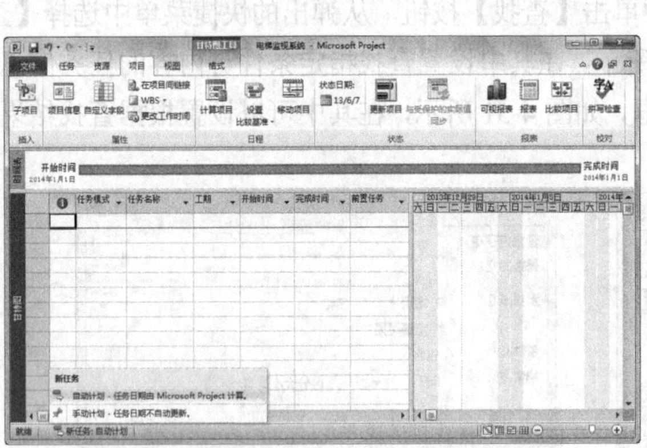

图 4-54　设置项目的任务模式

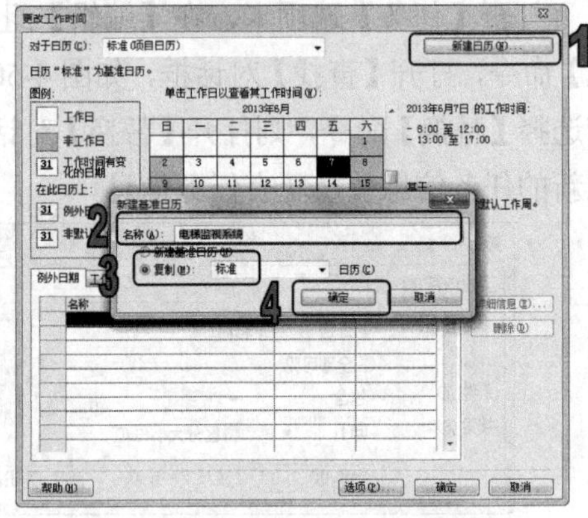

图 4-55　【新建基准日历】对话框

(7) 单击【确定】按钮，返回至【更改工作时间】对话框，保存默认设置，单击【确定】按钮，如图 4-56 所示(在该项目中使用默认的项目工作时间，如果需要修改时间，可以通过【更改工作时间】对话框来进行修改)。

(8) 在【甘特图】视图中的【任务名称】栏的第一个单元格中输入“电梯监视系统”，然后按 Enter 键，系统自动选中下一行的【任务名称】栏下的单元格，并为第一个任务添加信息，如图 4-57 所示。

(9) 使用同样的方法，输入其他任务，如图 4-58 所示。

(10) 选中标识号为 2~17 的任务，打开【任务】选项卡，在【日程】组中单击【降级任务】按钮，将它们都设置为【电梯监视系统】任务的子任务，如图 4-59 所示

(11) 使用同样的方法，设置任务更详细的大纲结构，如图 4-60 所示。

(12) 选择【实地勘测】任务的【工期】单元格，单击微调框的按钮，激活该单元格，并在单元格中输入“1 个工作日”，如图 4-61 所示。

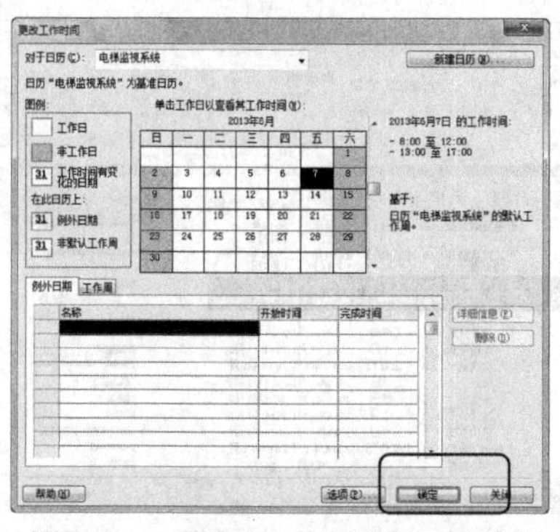

图 4-56　【更改工作时间】对话框

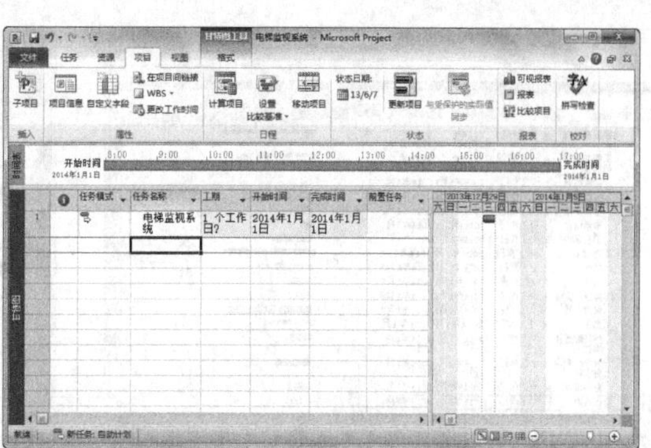

图 4-57　输入第一个任务

图 4-58　输入其他任务

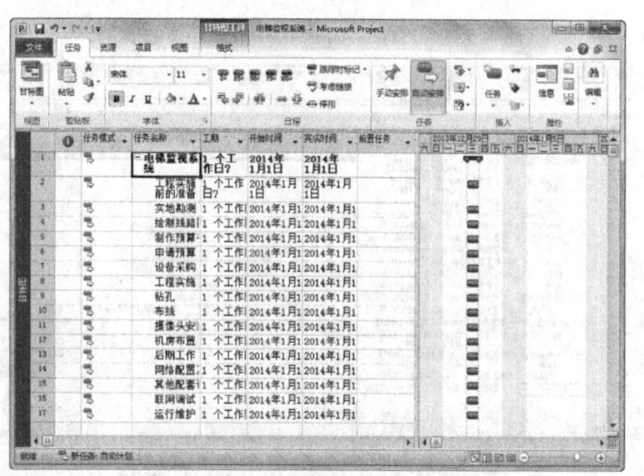

图 4-59　设置任务的大纲结构

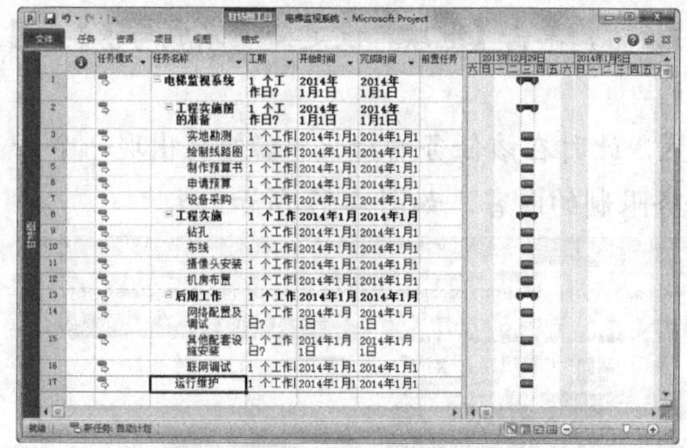

图 4-60　设置任务详细的大纲结构

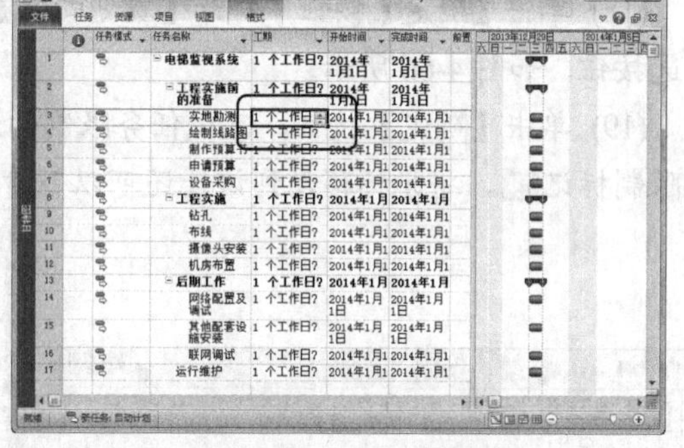

图 4-61　输入工期

(13) 使用同样的方法设置其他任务的工期，并且将【运行维护】任务设置为里程碑，如图 4-62 所示。

(14) 选择标识号为 3 和 4 的任务，打开【任务】选项卡，在【日程】组中单击【链接任务】按钮，建立 FS 关系，如图 4-63 所示。

(15) 使用同样的方法，为其他任务建立链接关系，如图 4-64 所示。

(16) 双击【机房布置】任务中的【任务名称】所在的单元格，打开【任务信息】对话框。

(17) 打开【高级】选项卡，在【期限类型】下拉列表框中选择【必须完成于】选项，在【限制日期】下拉列表框中输入“2014 年 1 月 26 日”，如图 4-65 所示。

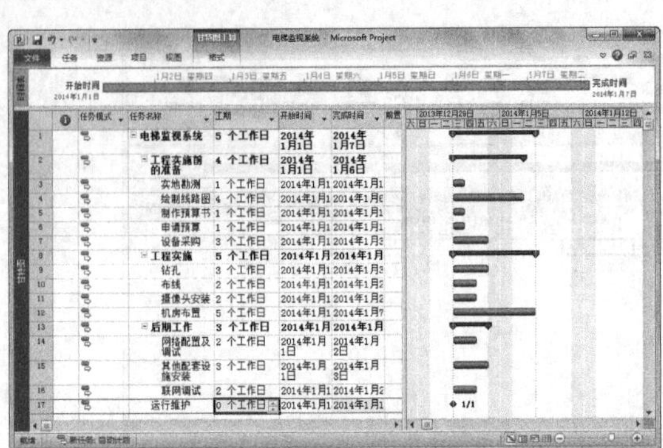

图 4-62　输入其他任务的工期

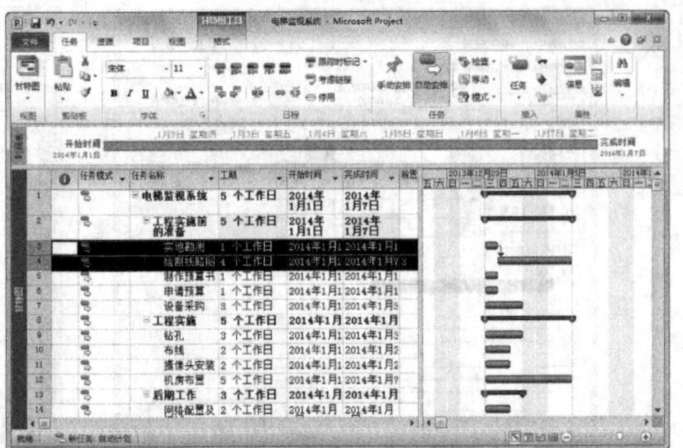

图 4-63　建立任务之间的 FS 关系

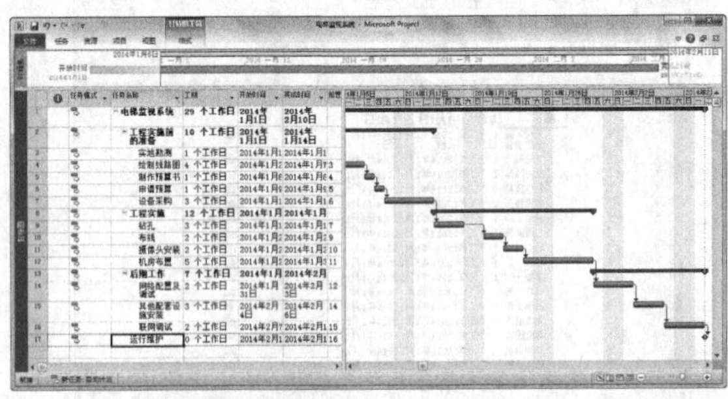

图 4-64　建立其他任务之间的关系

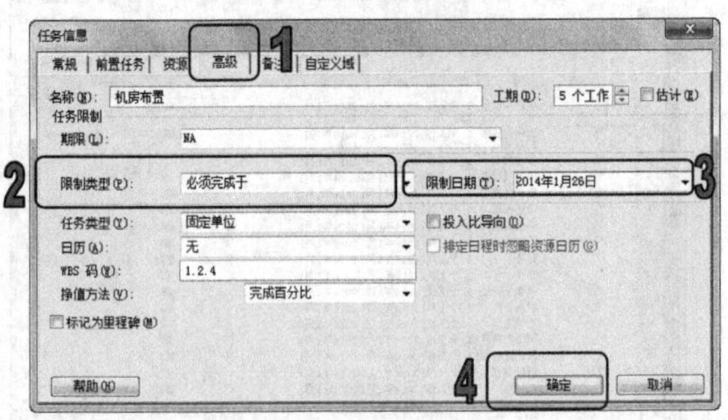

图 4-65　【高级】选项卡

(18) 单击【确定】按钮，打开【规划向导】对话框，单击【继续，设定必须完成与限制。】单选按钮，如图 4-66 所示。

(19) 单击【确定】按钮，完成任务限制的设置，此时在该任务的标记栏处将出现一个任务限制标记，将光标移动到该处还可以查看任务限制的内容，如图 4-67 所示。

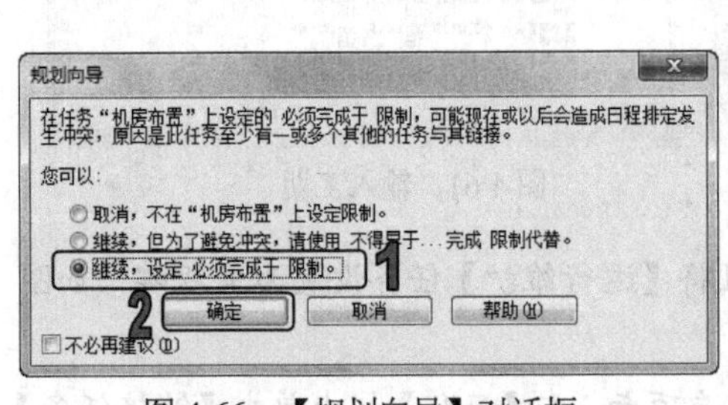

图 4-66　【规划向导】对话框

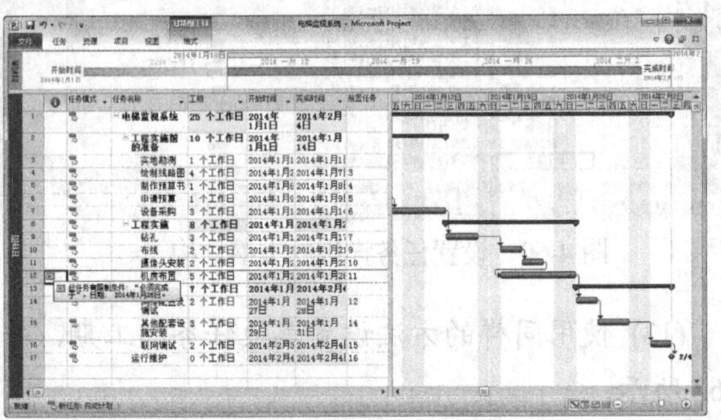

图 4-67　显示任务限制

4.7　习题

1. 创建【学校食堂改造招标】项目文档，输入项目任务和工期，并设置里程碑。

2. 在习题 1 创建的项目文档中创建任务的大纲结构，并建立任务之间的相关性。

第5章 管理项目资源

学习目标

资源是项目管理中的重要组成部分之一，它关系到项目能否顺利开展。为了有效地管理资源，首先必须创建一个可供调用的资源库，将所有资源的基本信息输入到资源库中，然后为每个任务分配资源。在整个项目的实施过程中，还要统计和调整资源信息的利用率、工时和成本等。

本章重点

- 项目资源的概述
- 创建资源
- 设置资源信息
- 分配资源
- 管理资源库

5.1 项目资源的概述

项目资源是指项目计划中包含的人员，以及用于完成项目的设备或其他材料等任何事物。一个好的项目负责人不仅要将项目中的任务规划得十分详细周到，而且还要善于分配工作并掌握小组成员的工作进度。在进行项目规划时，规划资源也是一项非常重要的工作。在使用项目资源监督与控制项目之前，首先需要了解资源的基础知识。

5.1.1 资源的规划

资源就是完成项目所需要的人力、物资、设备、资金等，它是推动项目的原动力。没有资源，一切有关的项目活动都无法进行。因此在规划项目之前，首先要考虑如何获得资源，并且要善于规划，有效运用，充分发挥资源的效能。在进行资源规划时，应该考虑如下一些因素。

- 项目所需的资源种类：为了执行项目中的各项任务，实现既定目标，需要的资源种类包括人类、技术、支持或行政管理人员，设备以及原材料和经费等。
- 资源来源：项目所需的资源可以从机构内部或外部采购，也可以从其他单位借调，还可以从其他机构中获得。
- 资源测量单位：资源-时间。资源指人、机器或设备等，时间指小时、天、周、月或年等，例如“人-天”是一个人做一天的工，或做这些工作所需要的成本。
- 资源效率和影响因素：资源效率是用来估量每项资源在单位时间内所完成工作的质和量的。例如影响人工作效率的要主要因素有教育程度、个人特性、工作经验和年龄等。
- 分析项目工作内容：分析项目的工作组、工作小组和各项工作等各级所需的资源种类，并估计各类资源的使用时间，作为估算项目总资源需求的依据。

5.1.2 资源分配的步骤和意义

项目中的任务都必须在一定的条件下人为地操纵并完成，因此给任务分配资源是项目取得成功的一个重要部分。

1. 资源分配的步骤

规划好资源后，就需要进行资源的分配工作，具体步骤如下：

- 估计资源需求。现在已经确定了项目范围，包括设置任务列表与评估项目工期，接下来就可以使用此信息来执行初步的估计，识别需求并开始部署人员，以及取得所需资源的程序。
- 成立项目组。所有资源均已被识别、核准并取得。这时，就可以添加资源信息到项目规划中，建立项目团队。
- 在项目间共享资源。利用 Project 在多个项目之间共享同一组人员、材料或设备的资源变得更为容易。
- 给任务分配资源。资源信息已经输入到项目中，此时可以将资源分配给设置为工作项目的特定任务。

2. 资源分配的意义

资源分配的合理与否是项目能否成功的一个重要因素。因此，资源分配会给项目带来如下影响：

- 任务工期的长短。若一个任务在一个资源的条件下需要 5 天，如果增加资源分配，任务工期就会缩短。
- 项目的成本。资源的分配可能会对项目的成本产生影响，因为使用了更多的资源，完成项目所需的时间就会减少，也腾出了时间完成更多其他的工作，同时还可以节省资金。

通过定义资源及分配资源，可以实现以下几个目标：

- 跟踪资源的去向，即查看资源究竟分配给了哪些任务。
- 识别出潜在的资源短缺，防止因为资源短缺而延长项目周期。
- 找出未充分利用的资源，避免资源浪费。
- 明确责任划分，减少因为失误造成的风险。

5.1.3　资源的种类

在 Project 中，资源分为两类，一类是工时资源，指的是执行工时以完成任务的人员和设备资源，工时资源要消耗时间(工时或工作日)来完成任务，通常需要按照工作时间来支付报酬；一类是材料资源，指可消耗的材料或供应品等物质，如水泥、钢管、沙子或木材等。

在使用时，材料资源与工时资源有很多不同之处：

- 材料资源不能使用资源日历和加班费率。
- 材料资源不具有电子邮件、工作组等属性。
- 材料资源要给出度量单位。
- 材料资源无法指定最大可用数量和调配资源。
- 材料资源每次使用成本的计入方式与工时资源不同。

5.2　创建资源

任何一个项目都会涉及到资源，项目中有些资源是现成的，有些需要临时调用，有些资源是全职或专用的，有些资源是兼职或与别的项目共用的。资源的可用性和规划将会影响整个项目的工期，因此，在对进行资源管理之前，首先应创建一个可供使用的资源库，把所需资源的基本信息输入进去，然后再分配给每个任务。

5.2.1　输入资源

在 Project 2010 中，通常在【资源工作表】视图中输入资源。输入的方法与输入任务的方法相似，只需在【资源名称】栏对应的单元格输入资源的名称，按 Tab 键，在【类型】栏对应的下拉列表框中选择资源的类型，然后按照字段域依次输入其他信息即可。

提示

启动 Project 2010 后，系统默认为【甘特图】视图中的【项】表，打开【视图】选项卡，在【资源视图】组中单击【资源工作表】按钮，切换到【资源工作表】视图中的【项】表中。

【资源工作表】视图中各字段域的说明如表 5-1 所示。

表 5-1　字段域说明

字　段	用　途
资源编号	用于表示某个资源相对于其他资源的位置。Project 自动对输入的资源进行编号，用户不能对该编号进行设置
标记	通过图形符号来表示资源的备注信息或存在过度分配问题
资源名称	用于输入资源的名称。资源名称可以是一个个体，也可以是一个资源组。资源名称不能包含括号 ([ ])、逗号 (,) 或分号 (;)
类型	用于指定资源类型，包括工时、材料和成本 3 种类型
材料标签	材料类资源的度量单位，例如将吨用于水泥，将米用于电线等
缩写	资源名称的第一个汉字或英文字母。在甘特图和网络图中，可以使用资源名称的缩写代替合名
组	用于设置资源所隶属的群体名称，可用来筛选或排序资源
最大单位	用百分数或十进制数表示的资源可用总量，如 40%或 0.4
标准费率	用于显示或设置资源完成的正常非加倍工时的付费费率，Project 2010 以小时为单位计算默认费率
加班费率	用于输入资源加班时的费率。当资源加班后，用实际加工班工时乘以加费率来计算资源加班的费用
每次使用成本	用于输入每次资源的固定费用。对于工时资源来说，每次使用成本在每次使用资源时都进行累算；对于材料资源来说，无论单位是多少，都只是在分配时对每次使用成本累算一次
成本累算	用于确定资源标准工资率和加班工资率计入或累算到任务成本的方式和时间。不同的成本累算方式决定实际成本何时累算到项目中去。可以在任务开始时累算成本，也可以在任务结束时累算成本，还可以在任务工作中按任务完成的比例来累算成本
基准日历	为资源指定基准日历，该资源按照日历中的作息安排进行工作
代码	由用户定义，给资源指定代码，以便显示、筛选或排序这些带有特殊代码的资源
添加新列	单击该字段域可以快速添加一个指定类型的新列

【例 5-1】在【房屋保险理赔处理】项目文档中输入资源信息。

(1) 启动 Project 2010 应用程序，打开项目文档【房屋保险理赔处理】，其【甘特图】视图如图 5-1 所示。

(2) 打开【视图】选项卡，在【资源视图】组中单击【资源工作表】按钮，切换到【资源工作表】视图，如图 5-2 所示。

(3) 选择【资源名称】列所在的第一个单元格，输入“代理”，然后按方向键→，在【类型】栏下的单元格默认显示【工时】选项，如图 5-3 所示。这里单击【工时】下拉按钮，可以

选择其他类型选项。

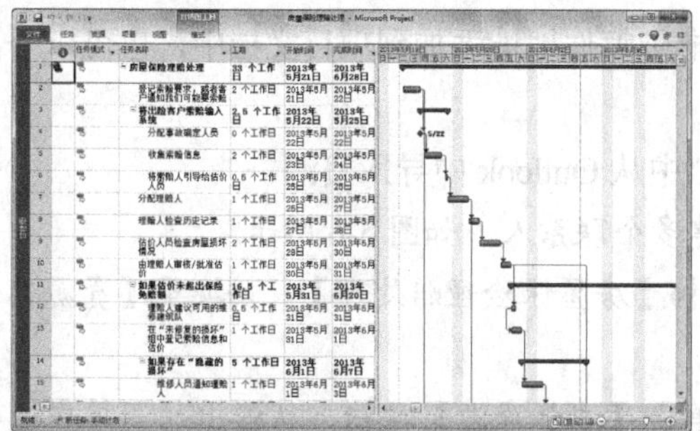

图 5-1 "房屋保险理赔处理"项目文档

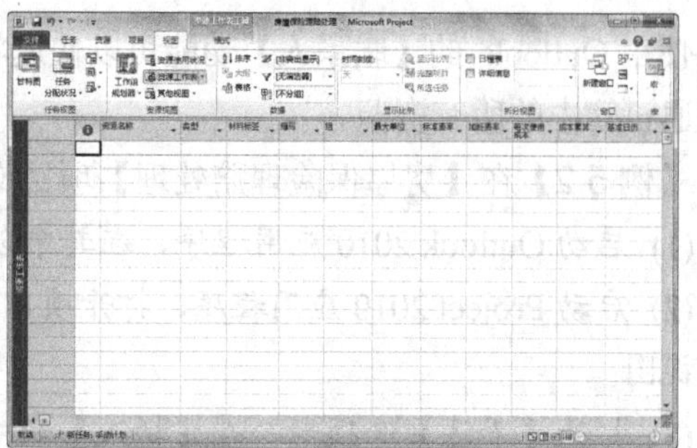

图 5-2 切换到【资源工作表】视图

(4) 使用同样的方法，输入其他资源，如图 5-4 所示。

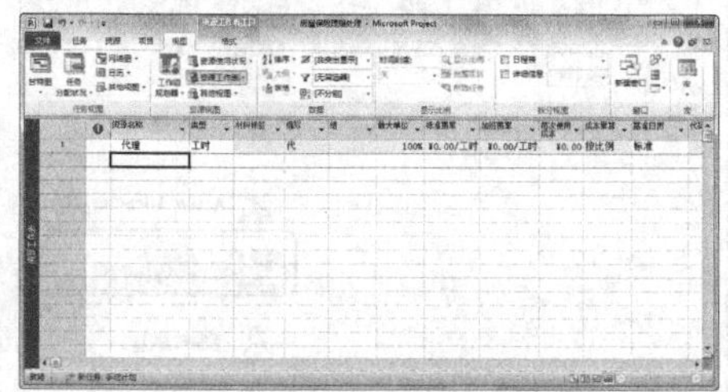

图 5-3 输入工时资源

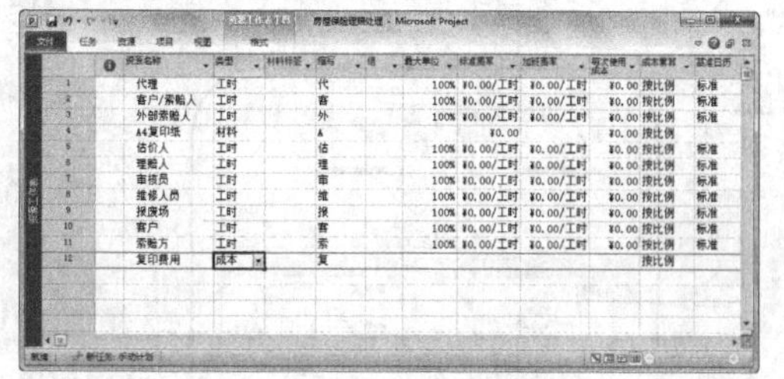

图 5-4 输入其他资源

知识点

在 Project 2010 中，除了可以使用【资源工作表】视图创建项目资源外，还可以利用【资源信息】对话框来创建资源。其方法为切换至【资源工作表】视图，打开【资源】选项卡，在【属性】组中单击【信息】按钮，打开【资源信息】对话框，在其中输入资源名称以及相应的资源信息即可，如图 5-5 所示。

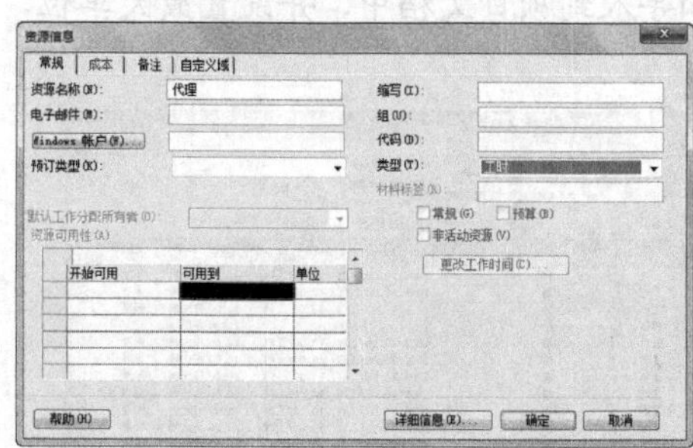

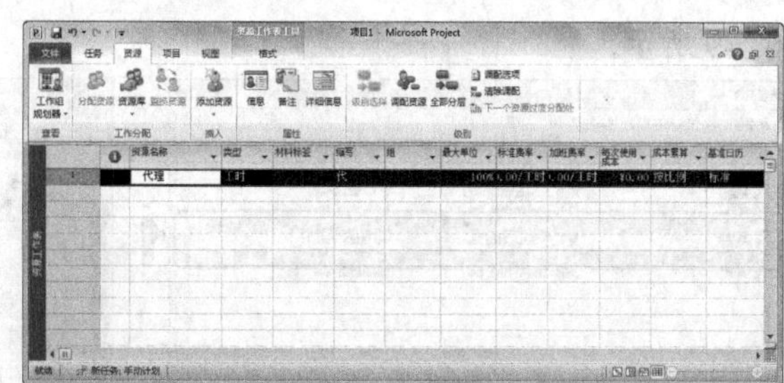

图 5-5 利用【资源信息】对话框来创建资源

5.2.2 从外部程序中导入资源

在 Project 2010 中不仅可以创建资源，而且还可以从 Office 2010 中的 Outlook 和 Excel 组件中直接导入资源信息。

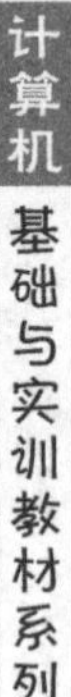

1. 从 Outlook 中导入资源

使用 Outlook 的【联系人】功能可以快速将电子邮件地址添加到项目文档中，也可以一次添加通讯簿中的所有资源。

【例 5-2】在【房屋保险理赔处理】项目文档中从 Outlook 中导入资源。

(1) 启动 Outlook 2010 应用程序，在其中创建多个联系人，如图 5-6 所示。

(2) 启动 Project 2010 应用程序，打开项目文档【房屋保险理赔处理】，切换至【资源工作表】视图。

(3) 打开【资源】选项卡，在【插入】组中单击【添加资源】按钮，从弹出的菜单中选择【通讯簿】命令，如图 5-7 所示。

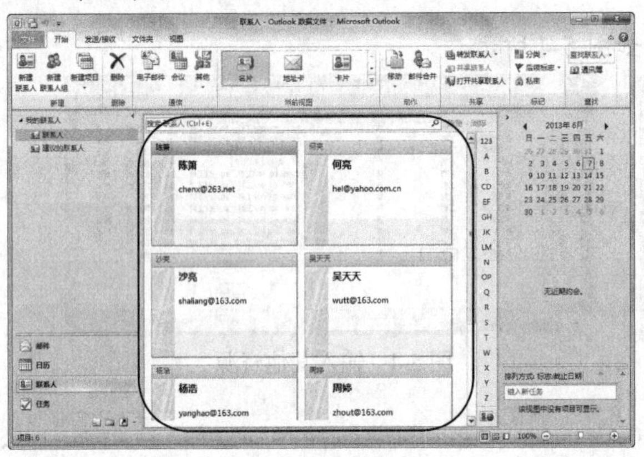

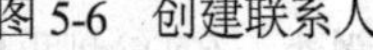
图 5-6　创建联系人

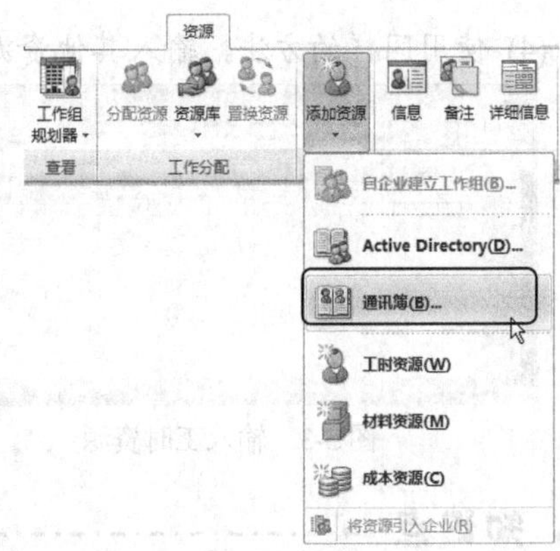

图 5-7　执行添加资源操作

(4) 打开【指定资源】对话框，在列表框中选择所要添加的资源，然后单击【添加】按钮，添加所选择的资源，如图 5-8 所示。

(5) 单击【确定】按钮，即可将联系人中的资源添加导入到项目文档中，并设置最大单位，如图 5-9 所示。

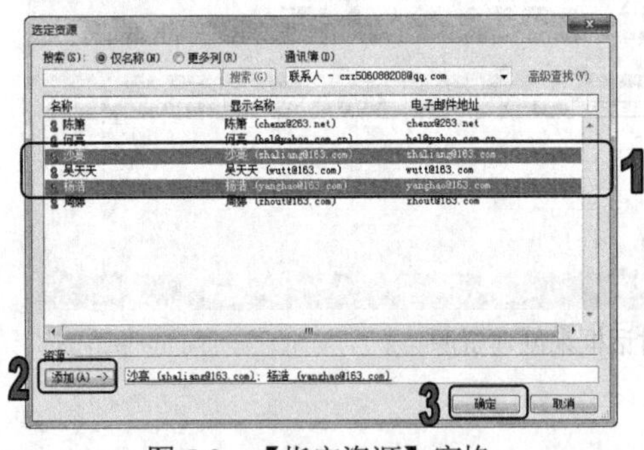

图 5-8　【指定资源】窗格

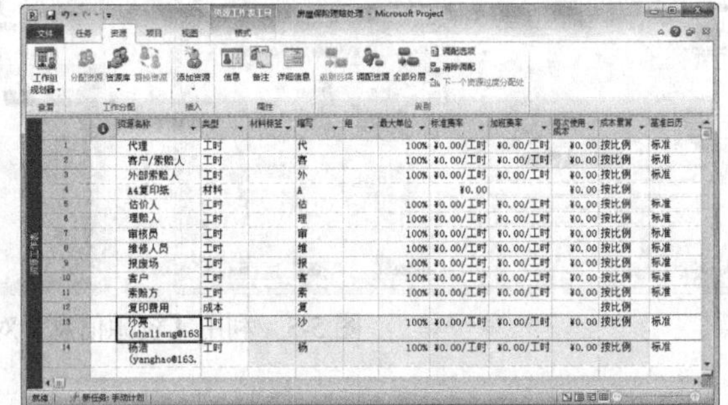

图 5-9　导入联系人

2. 从 Excel 中导入资源

在项目实施的过程中，常常会使用 Excel 来编辑团队的通讯录。在 Project 2010 中可以使用项目计划导入向导来导入资源。

【例 5-3】在【房屋保险理赔处理】项目文档中从 Excel 中导入资源。

(1) 启动 Excel 2010 应用程序，单击【文件】按钮，从弹出的【文件】菜单中选择【新建】命令，在【可用模板】列表框中选择【样本模板】选项，然后在其后的【样本模板】列表框中选择【Microsoft Project 计划导入导出模板】选项，如图 5-10 所示。

(2) 单击【创建】按钮，将自动创建一个工作簿，打开【资源_表】工作表，可以根据标识的名称填充资源列表，效果如图 5-11 所示。

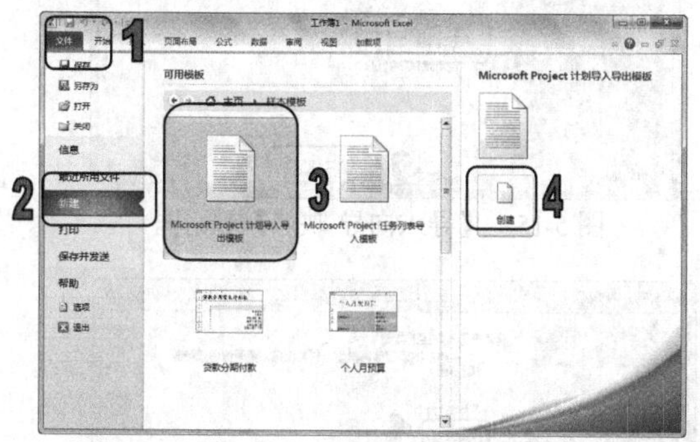

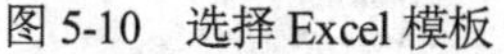

图 5-10 选择 Excel 模板

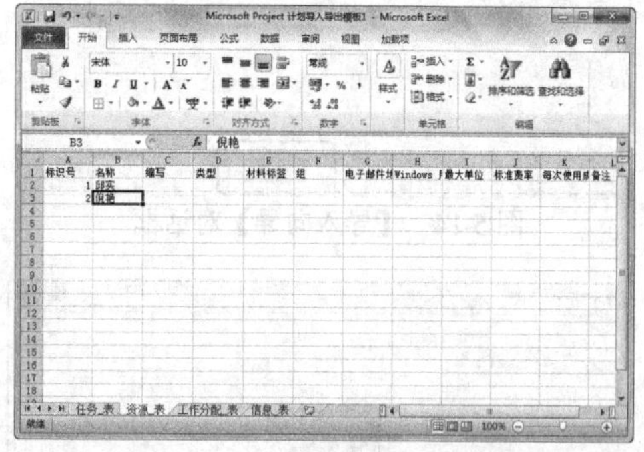

图 5-11 【资源_表】工作表

(3) 单击【文件】按钮，从弹出的【文件】菜单中选择【保存】命令，打开【另存为】对话框，设置文件名称和类型，单击【保存】按钮，保存 Excel 文件，如图 5-12 所示。

(4) 启动 Project 2010 应用程序，打开项目文档【房屋保险理赔处理】，切换至【资源工作表】视图。

(5) 单击【文件】按钮，从弹出的【文件】菜单中选择【打开】命令，打开【打开】对话框，在【查找范围】下拉列表框中选择目标文件位置，在【文件类型】下拉列表框中选择【Excel 工作簿】选项，选择 Excel 文件，单击【打开】按钮，如图 5-13 所示。

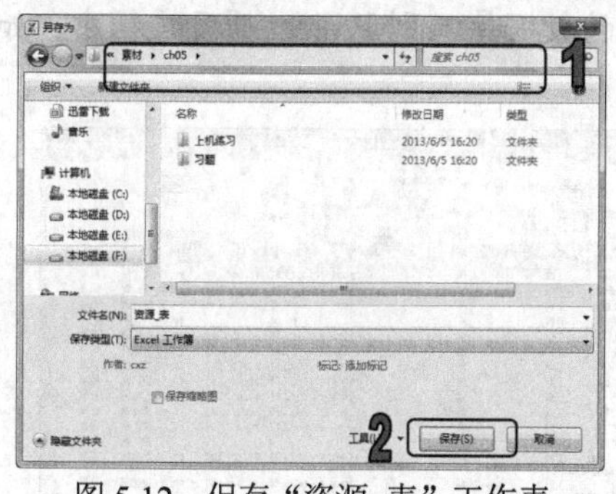

图 5-12 保存“资源_表”工作表

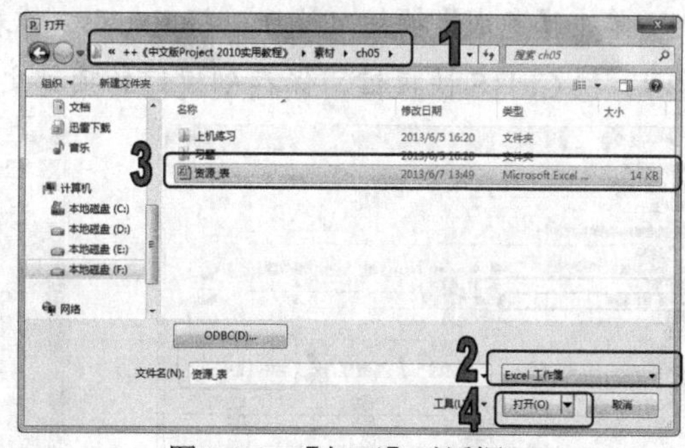

图 5-13 【打开】对话框

(6) 打开如图 5-14 所示的【导入向导】对话框，单击【下一步】按钮。

(7) 打开【导入向导-映射】对话框，选中【新建映射】单选按钮，单击【下一步】按钮，如图 5-15 所示。

(8) 打开【导入向导-导入模式】对话框，选中【将数据并入活动项目】单选按钮，单击【下一步】按钮，如图 5-16 所示。

(9) 打开【导入向导-映射选项】对话框，选中【资源】复选框，单击【下一步】按钮，如图 5-17 所示。

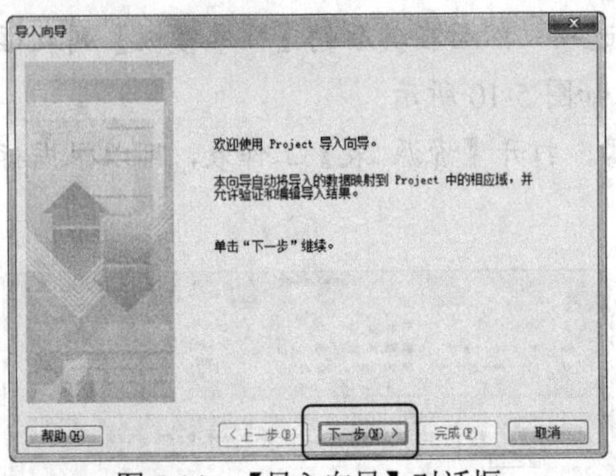

图 5-14 【导入向导】对话框

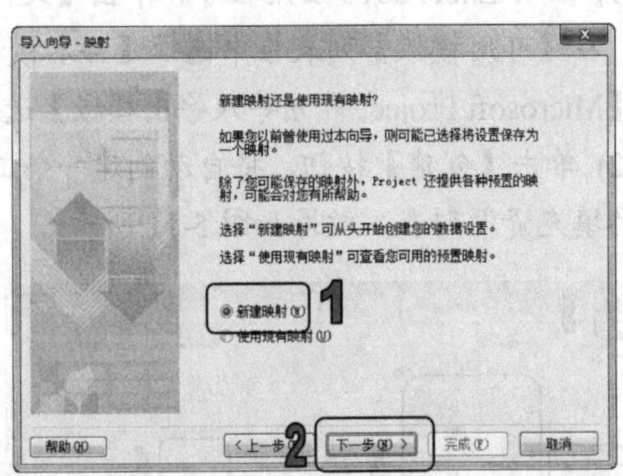

图 5-15 【导入向导-映射】对话框

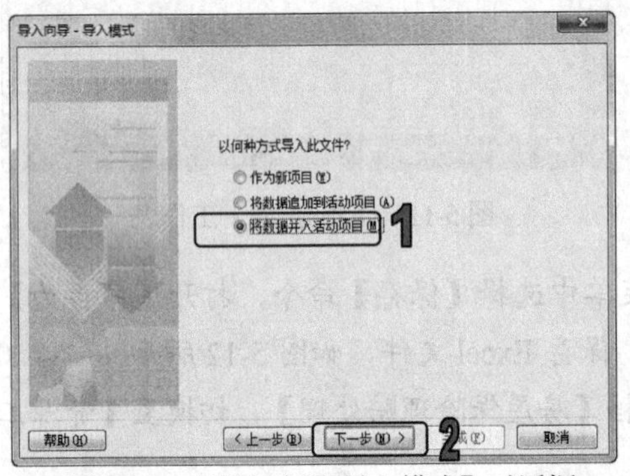

图 5-16 【导入向导-导入模式】对话框

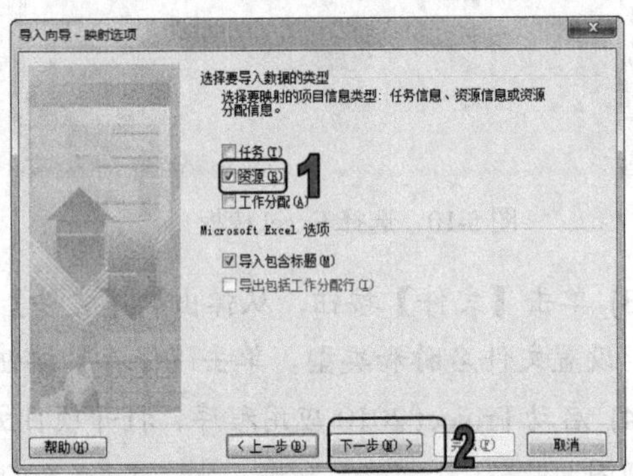

图 5-17 【导入向导-映射选项】对话框

(10) 打开【导入向导-资源映射】对话框，在中间的列表框中选择【名称】单元格，单击【设定合并关键字】按钮，如图 5-18 所示。

(11) 单击【完成】按钮，就可以将 Excel 工作表中的数据导入到 Project 项目文档中，如图 5-19 所示。按 Ctrl+S 快捷键，保存创建好的项目文档。

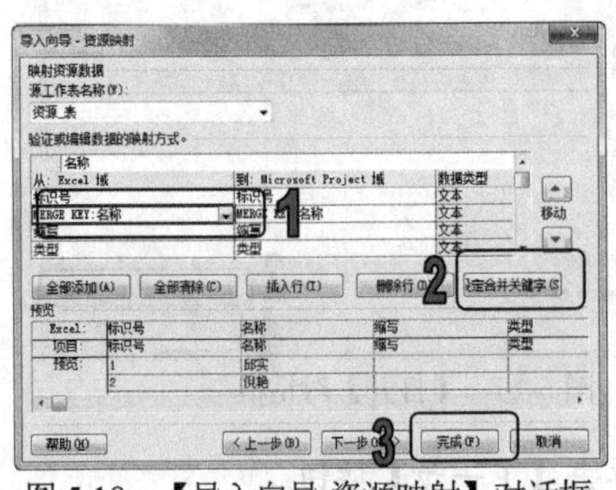

图 5-18 【导入向导-资源映射】对话框

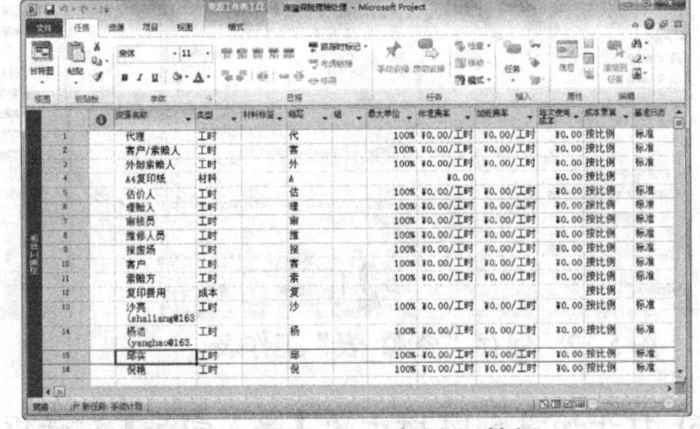

图 5-19 从 Excel 中导入数据

提示

打开 Excel 工作表，使用【复制】和【粘贴】操作同样可以将资源信息导入到 Project 项目文档中。

5.3　设置资源信息

创建资源列表之后，为充分发挥资源的作用，还需要设置资源的可用性、资源的日历，以及添加备注信息和超链接等，从而更详细地将该资源的信息表达出来。

5.3.1　设置资源的可用性

在 Project 中资源可用性表示资源何时以及有多少时间可安排给所分配的工作。可用性由下列因素决定：项目日历和资源日历、资源的开始日期和完成日期，或资源可用于工作的程度。在 Project 2010 中使用资源的最大单位来标识资源的可用性。最大单位是指一个资源可用于任何任务的最大百分比或单位数量。它表示资源可用于工作的最大能力，默认值是 100%。根据资源的投入情况，可将资源的最大值设置为 100%、75%、50%等，在给任务分配资源时，Project 将根据资源的可用性自动计算任务的进度。

如果项目中有 4 名程序员，在命名资源时可用【程序员】，而无须使用每个人的姓名，并且可以将最大值设置为 400%。如果项目中有两个全职的程序员，两个最大单位为 50%的程序员，就可以将最大值设置为 300%。

在 Project 2010 中，要设置资源的最大单位，只需要在【资源工作表】视图的【最大单位】栏直接输入即可。

【例 5-4】在【房屋保险理赔处理】项目文档中输入资源信息。

(1) 启动 Project 2010 应用程序，打开项目文档【房屋保险理赔处理】，切换到【资源工作表】视图。

(2) 在【资源名称】栏中选中【维修人员】单元格，在【资源】选项卡的【属性】组中单击【信息】按钮，打开【资源信息】对话框。

(3) 打开【常规】选项卡，在【资源可用性】选项区域的【单位】微调框中设置 300%，单击【确定】按钮，完成设置，如图 5-20 所示。

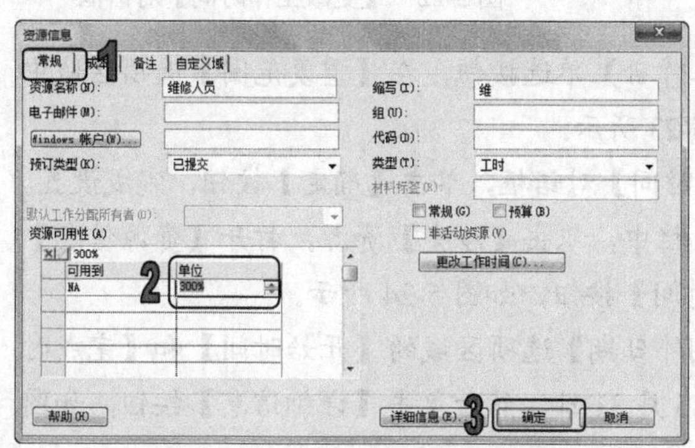

图 5-20　【资源信息】对话框

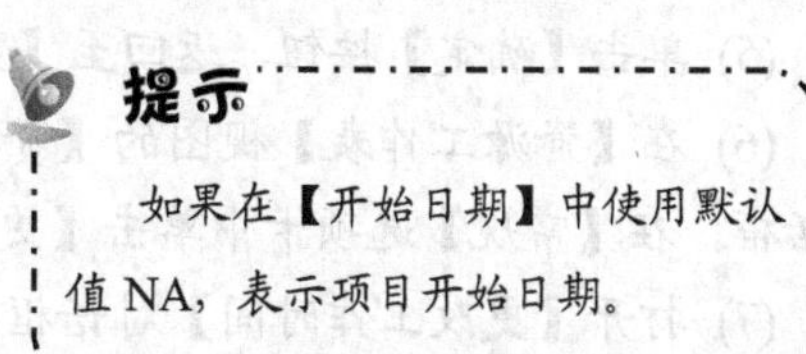

提示

如果在【开始日期】中使用默认值 NA，表示项目开始日期。

5.3.2 设置资源日历

为项目设置资源后，在项目日历中定义的工作时间和休息日是每个资源的默认工作时间和休息日。当个别的资源需要按完全不同的日程工作时，或者需要说明假期或设备停工期时，可以修改个别的资源日历。此外，如果几个资源具有相同的工作时间和非工作时间，可为它们创建一个共同的日历以提高工作效率。

【例 5-5】在【房屋保险理赔处理】项目文档中设置理赔人 2013 年 5 月 29 日~5 月 31 日请假，安排沙亮在这段时间工作时间从 9：00~21：00，12：00~13：00 休息一个小时。

(1) 启动 Project 2010 应用程序，打开项目文档【房屋保险理赔处理】，切换到【资源工作表】视图。

(2) 在【资源名称】栏中选中【理赔人】单元格，在【资源】选项卡的【属性】组中单击【信息】按钮，打开【资源信息】对话框的【常规】选项卡，单击【更改工作时间】按钮，如图 5-21 所示。

(3) 打开【更改工作时间】对话框，在【例外日期】选项区域的【开始时间】和【完成时间】列中分别选择 2013 年 5 月 29 日和 2013 年 5 月 31 日，然后单击【详细信息】按钮，如图 5-22 所示。

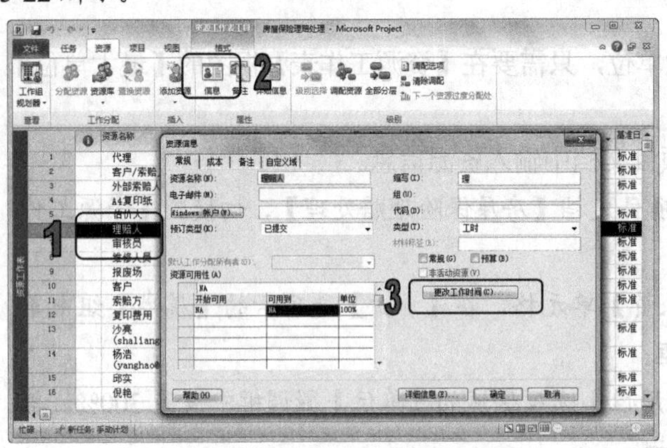

图 5-21 【常规】选项卡

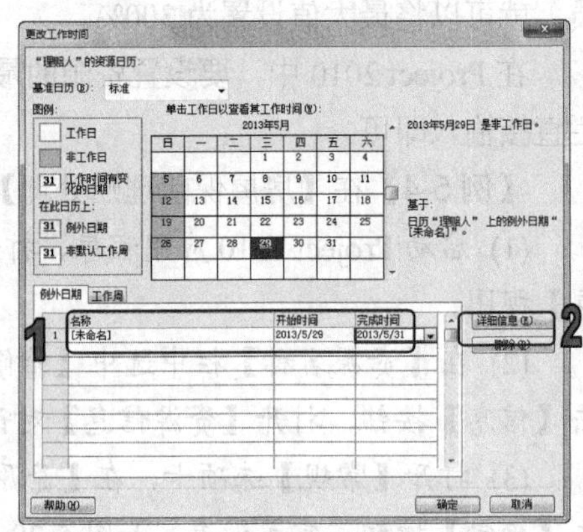

图 5-22 【更改工作时间】对话框

(4) 打开【详细信息】对话框，选中【非工作日】单选按钮，在【重复范围】选项区域中选中【到】单选按钮，并设置完成时间，如图 5-23 所示。

(5) 单击【确定】按钮，返回至【更改工作时间】对话框，单击【确定】按钮，完成设置。

(6) 在【资源工作表】视图的【资源名称】栏中，双击【沙亮】资源，打开【资源信息】对话框。在【常规】选项卡中单击【更改工作时间】按钮，如图 5-24 所示。

(7) 打开【更改工作时间】对话框。在【例外日期】选项区域的【开始时间】和【完成时间】列中分别选择 2013 年 5 月 29 日和 2013 年 5 月 31 日，然后单击【详细信息】按钮，如图 5-25 所示。

(8) 打开【详细信息】对话框，选中【工作日】单选按钮，在【开始时间】和【结束时间】列中

输入时间，然后在【重复范围】选项区域中选中【到】单选按钮，输入完成时间，如图 5-26 所示。

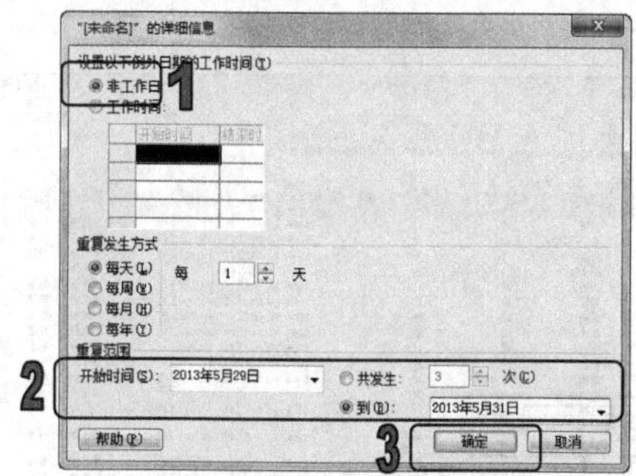

图 5-23　设置请假日期

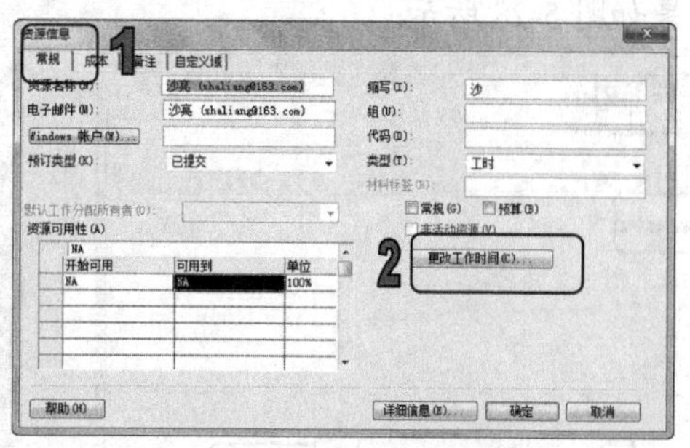

图 5-24　沙亮资源信息

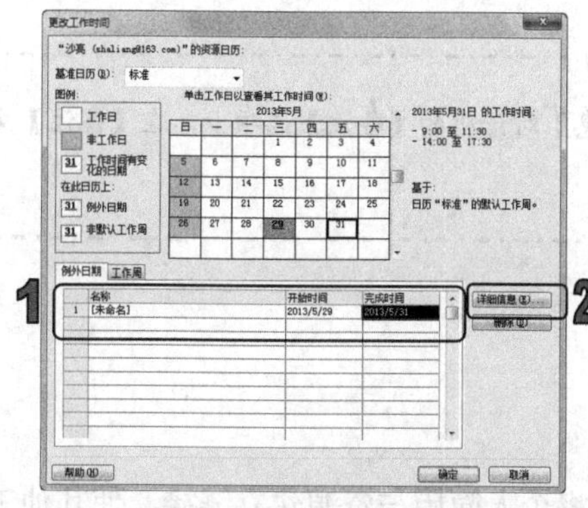

图 5-25　设置工作日期

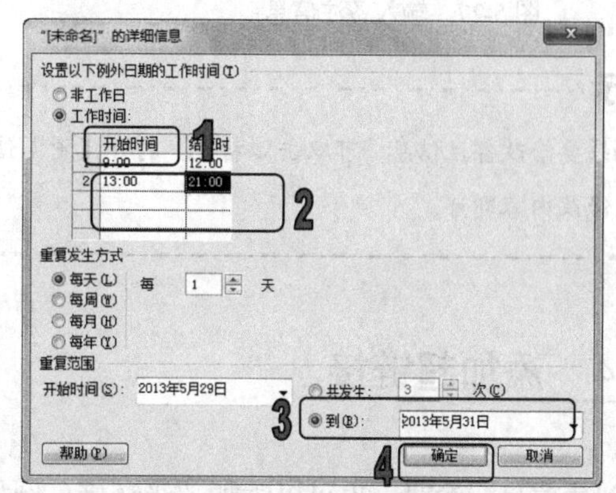

图 5-26　设置工作时间

(9) 单击【确定】按钮，完成所有设置。在快速访问工具栏中单击【保存】按钮，保存设置后的项目文档【房屋保险理赔处理】。

5.3.3 添加备注信息

资源备注信息用来说明资源情况。添加备注信息后，在该资源栏的标记栏中会出现一个标记，当鼠标指针移到该处时，将显示备注信息。

【例 5-6】在【房屋保险理赔处理】项目文档中为【沙亮】资源添加备注消息。

(1) 启动 Project 2010 应用程序，打开项目文档【房屋保险理赔处理】，切换到【资源工作表】视图。

(2) 选中【沙亮】资源，打开【资源】选项卡，在【属性】组中单击【备注】按钮，打开【资源信息】对话框的【备注】选项卡，在【备注】文本框中输入备注信息，如图 5-27 所示。

知识点

在【备注】选项卡中，使用文本框上方的工具按钮可以快速为备注信息设置文本的格式，如字体格式、对齐方式、项目符号等。

(3) 单击【确定】按钮，在项目文档中出现一个▤标记，将鼠标指针移到该处，显示备注信息，效果如图 5-28 所示。

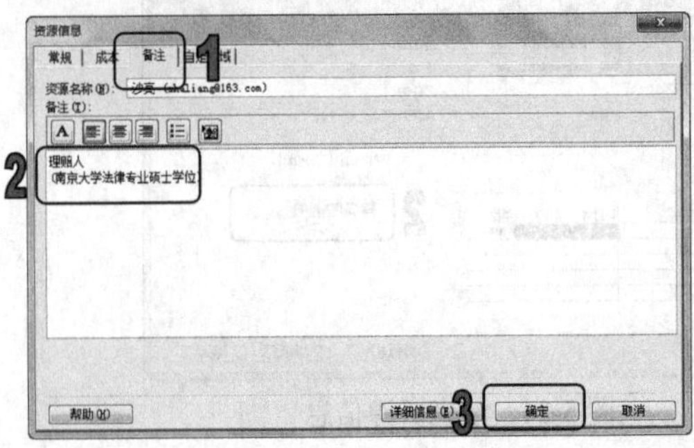

图 5-27 输入备注信息

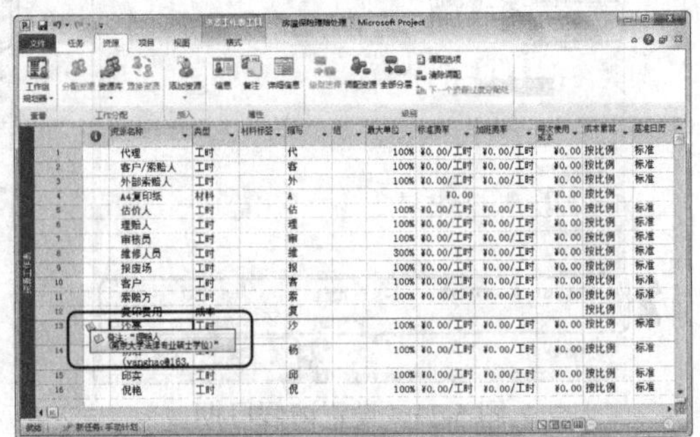

图 5-28 显示添加的备注信息

提示

如果要修改备注信息，可双击▤标记，打开【资源信息】对话框的【备注】选项卡，在【备注】文本框中修改内容即可。

5.3.4 添加超链接

在创建项目资源时，也可以添加超级链接，例如将个人简历与资源建立链接，使其他工作成员更加清楚明了资源的相关信息。

【例 5-7】在【房屋保险理赔处理】项目文档中为【杨浩】资源添加超级链接。

(1) 启动 Project 2010 应用程序，打开项目文档【房屋保险理赔处理】，切换到【资源工作表】视图。

(2) 选择【杨浩】资源，右击该资源栏的标记栏❶，从弹出的快捷菜单中选择【超链接】命令，打开【插入超链接】对话框，在【查找范围】下拉列表框中选择目标文件所在的位置，并选中链接文件，如图 5-29 所示。

(3) 单击【确定】按钮，此时在单元格中出现【🔗】标志，如图 5-30 所示。

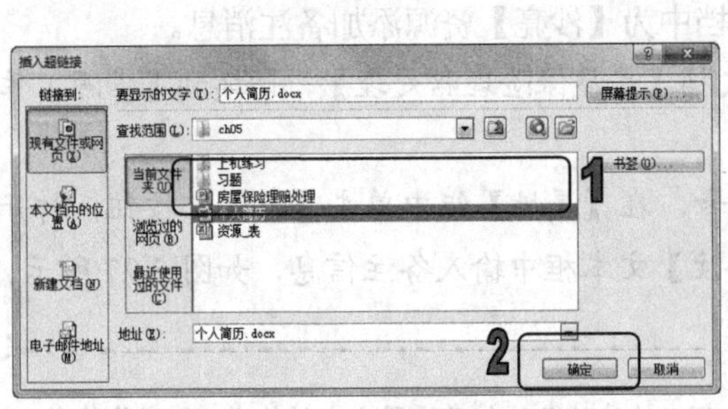

图 5-29 设置超链接

图 5-30 插入超链接

(4) 右击【杨浩】资源的标记栏🔗，从弹出的快捷菜单中选择【超链接】|【打开超链接】

命令，自动打开如图 5-31 所示的信息提示框。

(5) 单击【是】按钮，稍后就可以打开如图 5-32 所示的文件。

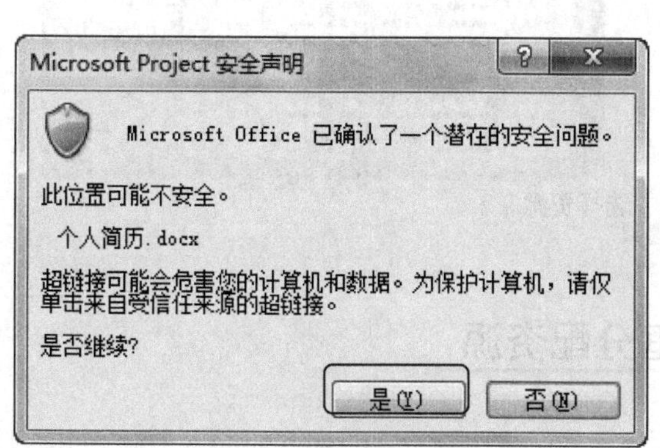

图 5-31 信息提示框

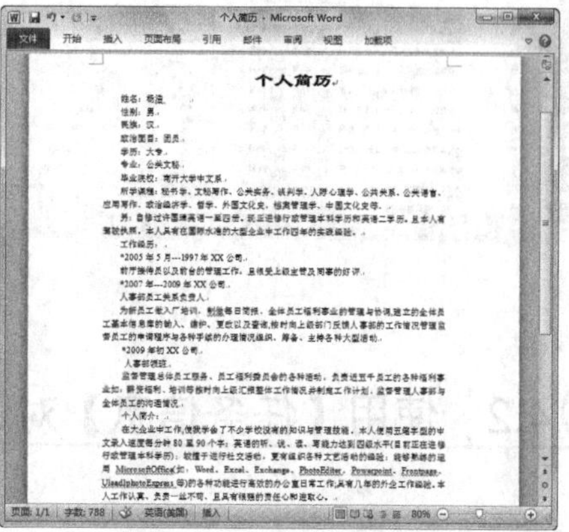

图 5-32 打开超链接文件

(6) 在快速访问工具栏中单击【保存】按钮，保存现在的项目文档【房屋保险理赔处理】。

5.4 分配资源

定义资源信息后，就可以为项目中的任务分配资源了。合理地分配资源是顺利完成任务必不可少的。一种资源可以同时在多个任务上工作，而一个任务也可以由多种资源共同完成。

5.4.1 使用【甘特图】视图分配资源

如果项目中使用到的资源较少，可使用【甘特图】视图来分配资源。打开项目文档，在【甘特图】视图的【资源名称】栏中选中对应的单元格，使其变为下拉列表框，在该下拉列表框中选择相应的选项即可。若需要对该任务分配多个资源，可选择一个资源后并输入，再选择下一个资源。

【例 5-8】在【房屋保险理赔处理】项目文档中将标识号为 2 的任务分配给代理和客户。

(1) 启动 Project 2010 应用程序，打开项目文档【房屋保险理赔处理】，切换至【甘特图】视图，将手动计划模式转变为自动计划。

(2) 单击标识号为 2 的任务对应的【资源名称】单元格，使其变为下拉列表框，在其中选中【代理】和【客户】复选项，然后单击任意单元格，即可快速分配资源，如图 5-33 所示。

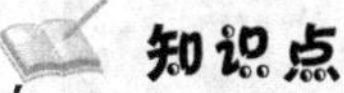

知识点

在【甘特图】视图中分配资源置换，可以选择包含资源的单元格，按 Delete 键即可删除已分配给该单元格的资源。

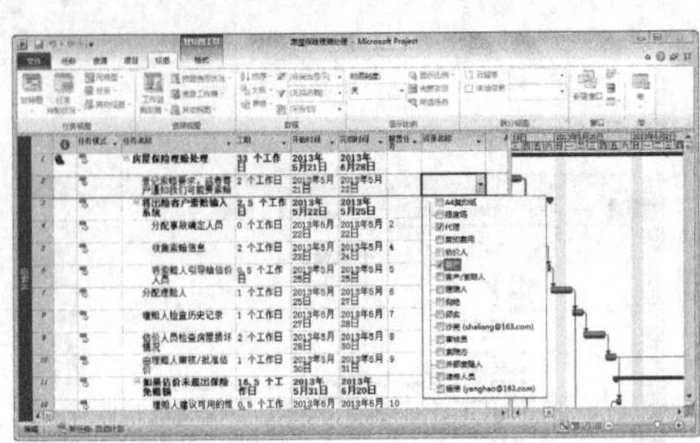
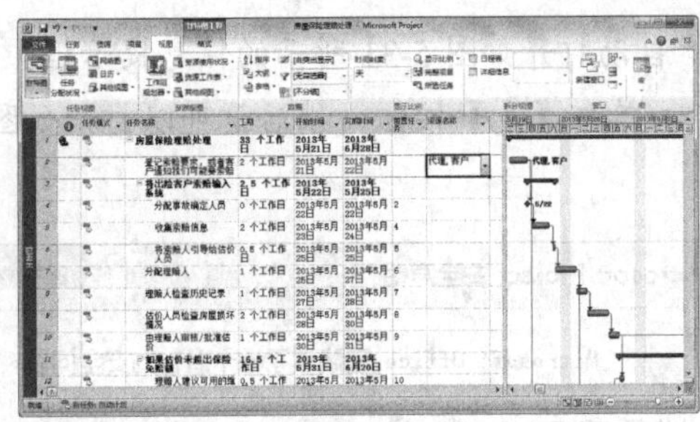

图 5-33 选择资源

5.4.2 使用【任务信息】对话框分配资源

如果项目中的使用资源较多，可以使用【任务信息】对话框来分配资源。双击需要分配资源的任务所在行的任意单元格，打开【任务信息】对话框【资源】选项卡(如图 5-34 所示)，单击【资源名称】列表框中的空白单元格，使其变为下拉列表框，从中选择所需的资源即可。

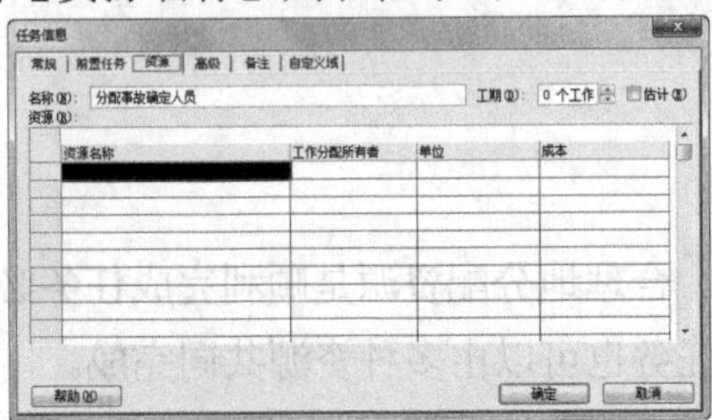

图 5-34 【资源】选项卡

提示

在【资源】选项卡的【资源名称】列表框中选择空白单元格，在其文本框中输入资源名称，可将【资源工作表】视图中没有的资源添加到资源库中。

【例 5-9】在【房屋保险理赔处理】项目文档中将标识号为 45 的【协商伤害解决方案】任务分配给理赔人、索赔方和沙亮。

(1) 启动 Project 2010 应用程序，打开项目文档【房屋保险理赔处理】。双击标识号为 45 的【协商伤害解决方案】任务所在行的任意单元格，打开【任务信息】对话框。

(2) 打开【资源】选项卡，选择【资源名称】列表框中的第一行空白单元格，使其变为下拉列表框，从中选择【理赔人】选项；继续选择下一行空白单元格，选择其他的选项，单击【确定】按钮，如图 5-35 所示。

(3) 系统将把分配的资源显示在【资源名称】对应的单元格中，效果如图 5-36 所示。

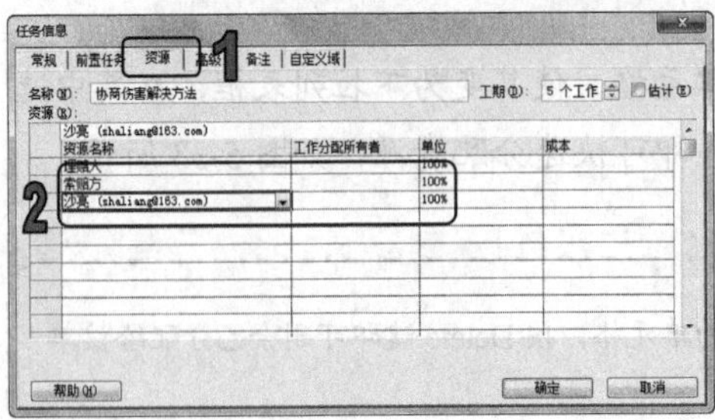

图 5-35 选择多个资源

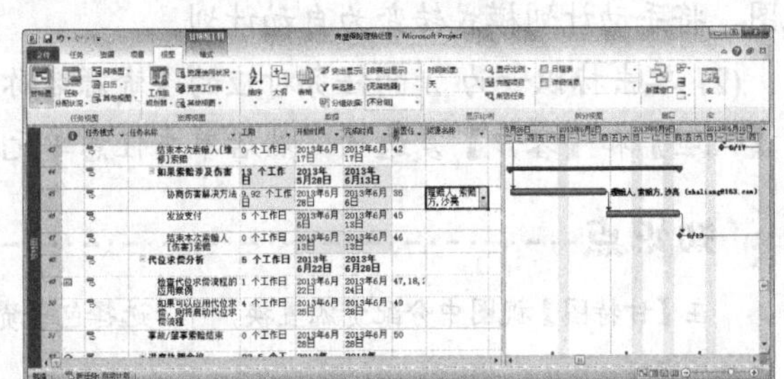

图 5-36 分配资源

5.4.3 使用【分配资源】对话框分配资源

如果在资源库中列出了所有的资源，可以使用【分配资源】对话框同时对若干任务进行多个资源的分配。选择某个任务，打开【资源】选项卡，在【工作分配】组中单击【分配资源】按钮，打开【分配资源】对话框，在【资源名称】列表框中选择需要分配的资源即可，如图 5-37 所示。

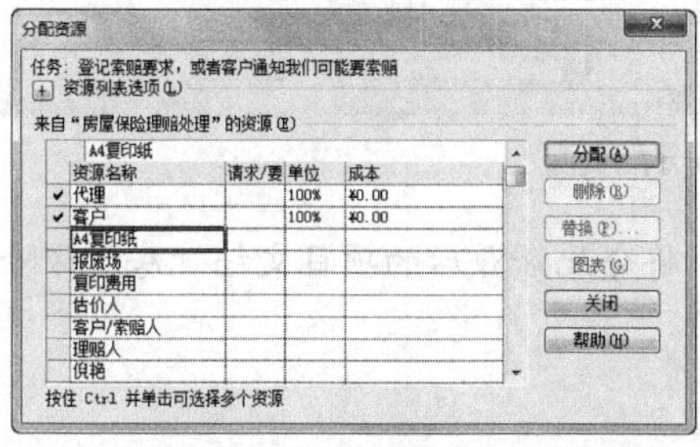

图 5-37 【分配资源】对话框

知识点

资源的【最大单位】和资源分配中的【单位】是不同的。新建一个资源时，指定的资源最大单位，是指该资源在整个项目中的可用性；而将资源分配给任务时，单位指定了资源在某项任务中的可用性。

【例 5-10】在【房屋保险理赔处理】项目文档中将标识号为 17 的【进行维修(由客户支付费用)】任务分配给理赔人和杨浩，然后为其他任务分配资源。

(1) 启动 Project 2010 应用程序，打开项目文档【房屋保险理赔处理】。

(2) 选中标识号为 17 的【进行维修(由客户支付费用)】任务，打开【资源】选项卡，在【工作分配】组中单击【分配资源】按钮，打开【分配资源】对话框。

(3) 按住 Ctrl 键，同时选择【理赔人】和【杨浩】两个资源，单击【分配】按钮，如图 5-38 所示。

(4) 将所选择的资源分配给标识号为 17 的任务。然后单击【关闭】按钮，系统将把分配的资源显示在【资源名称】对应的单元格中，如图 5-39 所示。

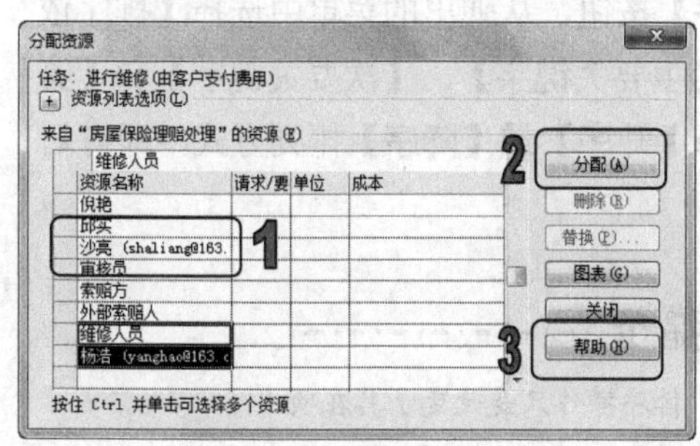

图 5-38 分配多个资源

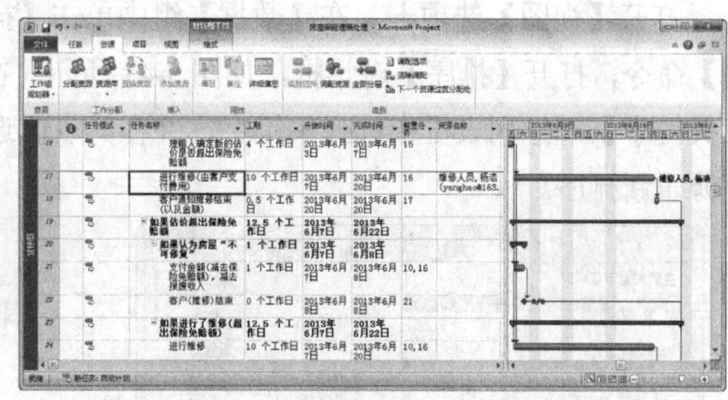

图 5-39 显示分配给标识号为 17 的任务的资源

知识点

在【分配资源】对话框的【资源名称】列表框中选择已分配的资源，单击【删除】按钮，可以取消为任务分配该资源；单击【替换】按钮，可以进行置换资源操作，打开【置换资源】对话框，在其中选择新的资源名称(成本数值为 0 的资源表示未分配的资源)，单击【确定】按钮即可。

(5) 使用同样的方法，为其他任务分配资源，最终效果如图 5-40 所示。

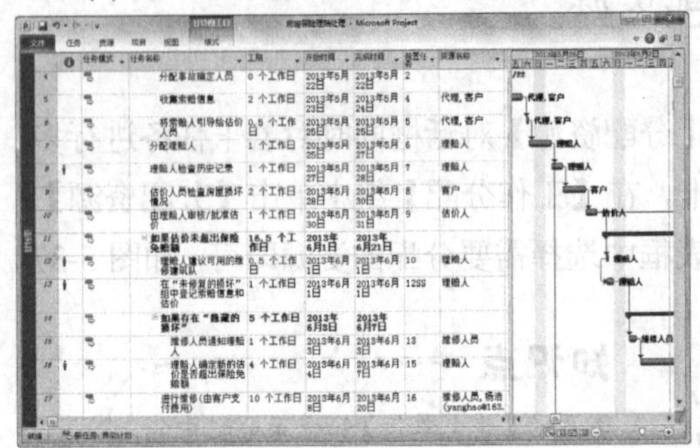
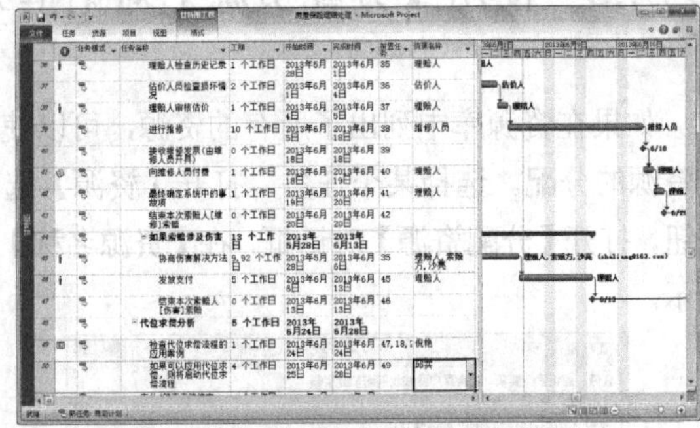

图 5-40　为其他任务分配资源

(6) 在快速访问工具栏中单击【保存】按钮，将分配资源后的项目文档“房屋保险理赔处理”进行保存。

5.5　管理资源库

项目的规模越大，任务越多，资源也就会越多，为了能方便有效地对资源信息进行查询，需要对资源进行管理。

5.5.1　对资源进行排序

在默认情况下，Project 是按第一个字的拼音字母顺序对资源进行排序的，工时资源与材料资源混在一起，为了更方便地调用资源，可对其进行排序。

打开【视图】选项卡，在【数据】组中单击【排序】按钮，从弹出的菜单中选择【排序依据】命令，打开【排序】对话框，如图 5-41 所示。在【主要关键字】、【次要关键字】和【第三关键字】下拉列表框中选择关键字，并在其右侧选择【升序】或【降序】排列方式，即可对资源重新排序。

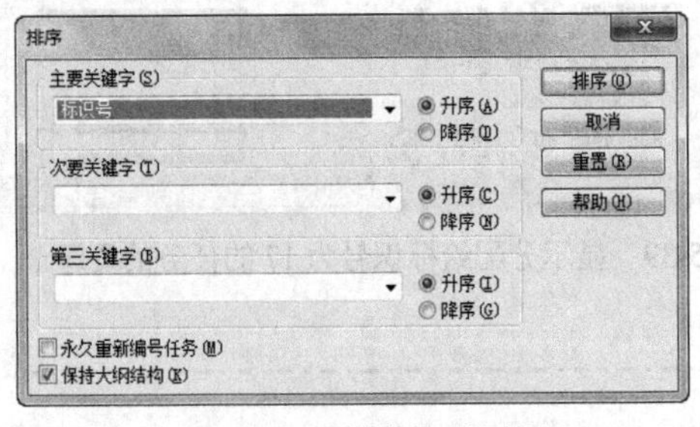

图 5-41　【排序】对话框

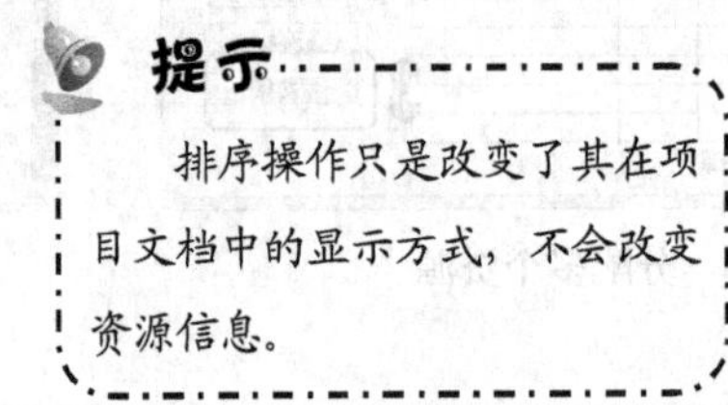

提示

排序操作只是改变了其在项目文档中的显示方式，不会改变资源信息。

【例 5-11】在【房屋保险理赔处理】项目文档中，将资源按主要关键字为【类型】、次要关键字为【拼音】的降序排序方式进行排序。

(1) 启动 Project 2010 应用程序，打开项目文档【房屋保险理赔处理】，切换到【资源工作表】视图。

(2) 打开【视图】选项卡，在【数据】组中单击【排序】按钮，从弹出的菜单中选择【排序依据】命令，打开【排序】对话框。

(3) 在【主要关键字】下拉列表框中选择【类型】选项，选中其后的【降序】单选按钮，在【次要关键字】下拉列表框中选择【拼音】选项，选中其后的【降序】单选按钮，如图 5-42 所示。

(4) 单击【排序】按钮，对资源进行重新排序，效果如图 5-43 所示。

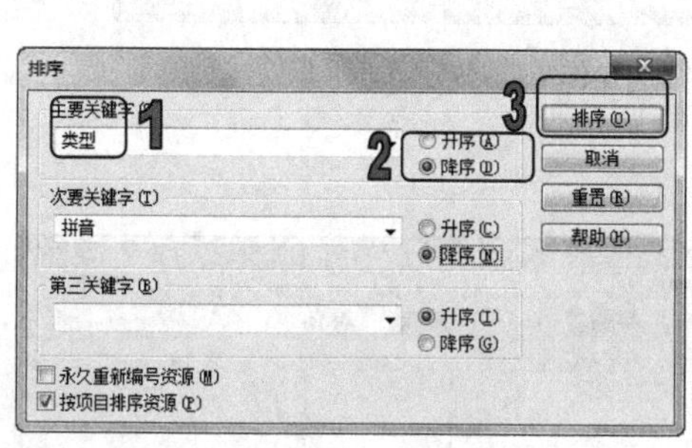

图 5-42　排序设置

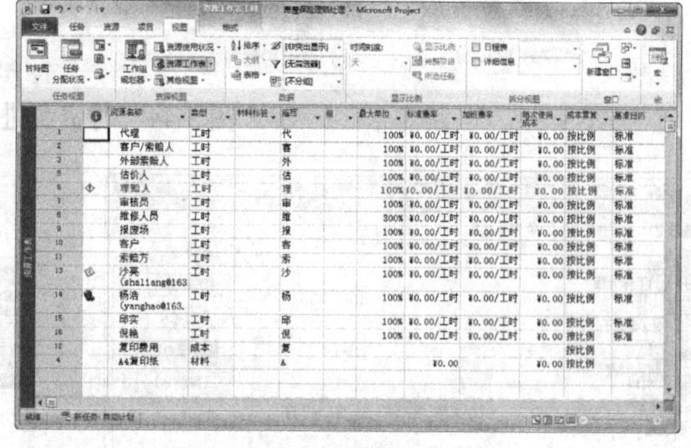

图 5-43　对资源进行排序

知识点

在【甘特图】视图中打开【视图】选项卡，在【数据】组中单击【排序】按钮，从弹出的菜单中选择【排序依据】命令，打开【排序】对话框。在其中进行排序操作，是对当前项目文件中的任务进行排序的。

5.5.2　对资源进行筛选

如果显示的资源过多，在操作时不方便，可以使用筛选操作显示一部分资源。在【资源工作表】视图中，打开【视图】选项卡，在【数据】组中单击【无筛选器】下拉按钮，从弹出的菜单中筛选的子命令，就可以按需要进行筛选。

【例 5-12】在【房屋保险理赔处理】项目文档中，只显示工时资源。

(1) 启动 Project 2010 应用程序，打开项目文档【房屋保险理赔处理】，切换到【资源工作表】视图。

(2) 打开【视图】选项卡，在【数据】组中单击【无筛选器】下拉按钮，从弹出的菜单中选择【资源-工时】命令，系统将自动对已有的资源进行筛选，只显示工时资源，如图 5-44 所示。

知识点

在【无筛选器】下拉菜单中选择【其他筛选器】命令，打开【其他筛选器】对话框，如图 5-45 所示，选择其他筛选方式；选择【新建筛选】命令，打开自定义对话框，如图 5-46 所示，可以自定义筛选条件；选择【清除筛选】命令，快速删除所有的筛选。

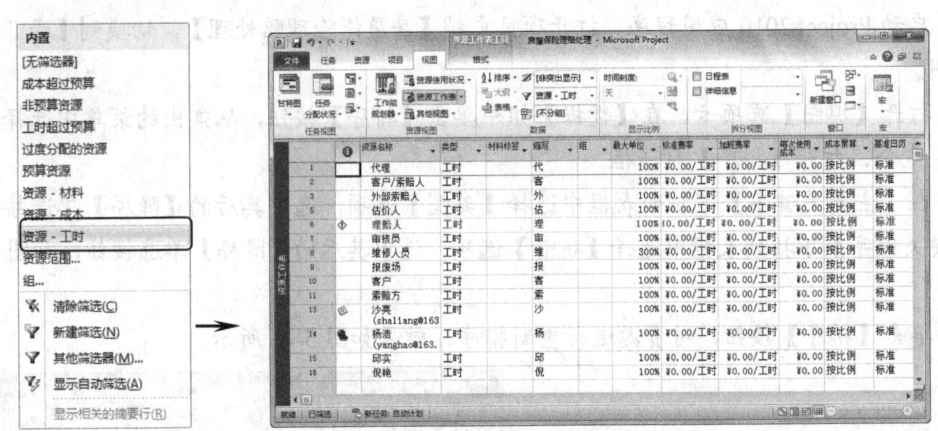

图 5-44　对资源进行筛选操作

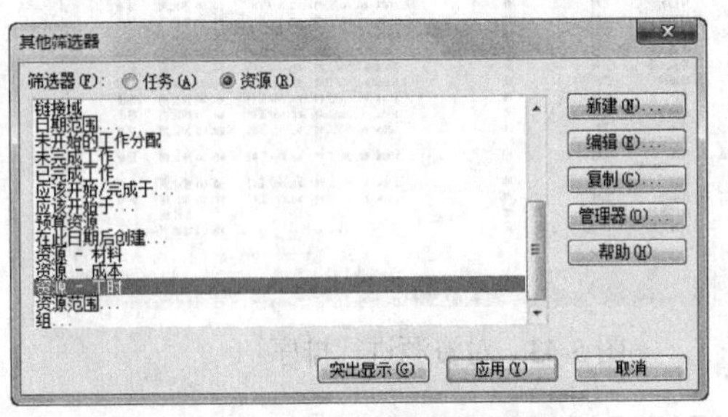

图 5-45　【其他筛选器】对话框

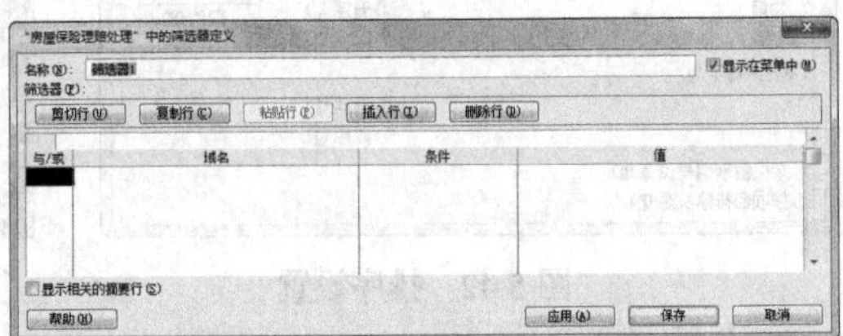

图 5-46　自定义筛选条件

5.5.3　查看项目资源分配

在 Project 2010 中，使用【分配资源】对话框可以随时查阅资源的状态，以便更加合理有效地使用资源，对人员进行更合理的工作分配。

【例 5-13】在【房屋保险理赔处理】项目文档中，查看【理赔人】资源的工作分配情况。

(1) 启动 Project 2010 应用程序，打开项目文档【房屋保险理赔处理】，切换到【甘特图】视图。

(2) 打开【资源】选项卡，在【工作分配】组中单击【分配资源】按钮，打开【分配资源】对话框，在列表框中选择【理赔人】，如图 5-47 所示。

(3) 单击【图表】按钮，打开【资源图表】任务窗格，在其中可以查看资源的分配等情况，效果如图 5-48 所示。

提示

如果要一次性查看多个资源的可用性图表，可以在【分配资源】对话框中选择这些资源，Project 将逐一将多个资源的可用性显示在图表中。

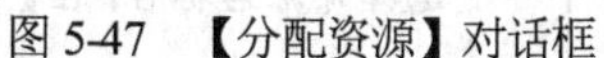

图 5-47　【分配资源】对话框

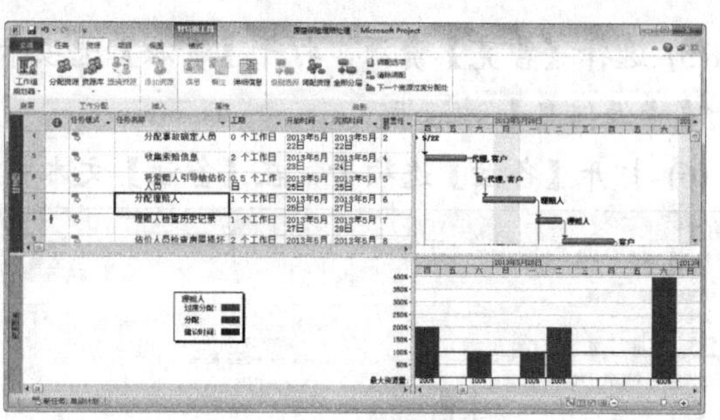

图 5-48　资源图表

5.6　上机练习

本章的上机练习主要通过在【电梯监视系统】项目文档中进行资源管理，练习创建资源、分配资源及查看资源分配等操作。

(1) 启动 Project 2010 应用程序，打开第 4 章上机练习所创建的【电梯监视系统】项目文档，如图 5-49 所示。

(2) 打开【视图】选项卡，在【资源任务】组中单击【资源工作表】按钮，切换至【资源工作表】视图，如图 5-50 所示。

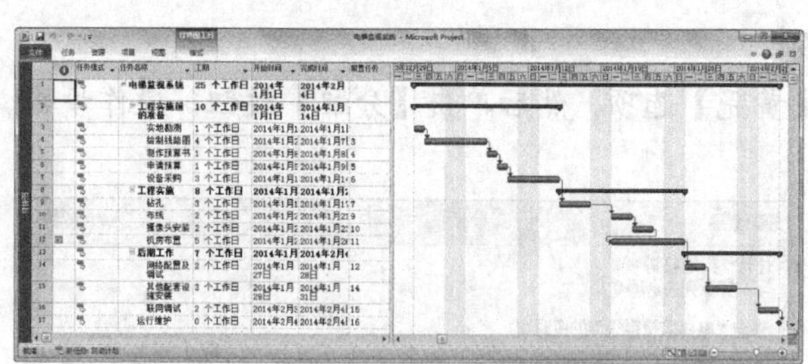

图 5-49　“电梯监视系统”项目文档

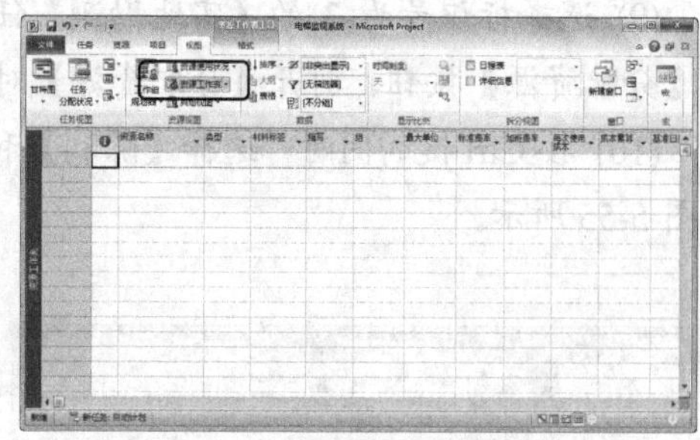

图 5-50　【资源工作表】视图

(3) 选择【资源名称】域所在的第一个单元格，输入“陈利”，然后按方向键→，选择【类型】域所在的单元格，选择【工时】选项，如图 5-51 所示

(4) 使用同样的方法，输入其他资源信息，如图 5-52 所示。

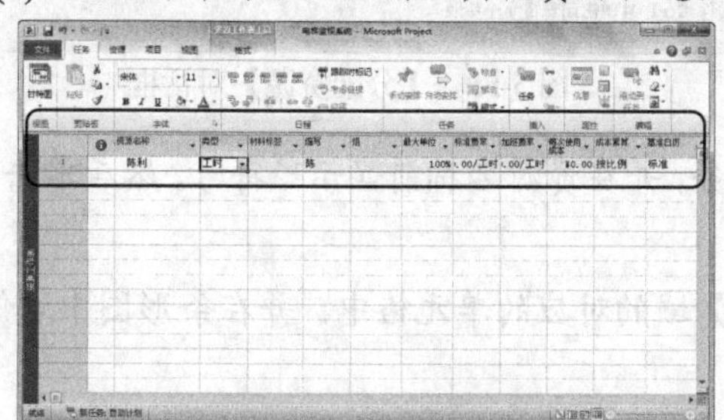

图 5-51　输入资源信息

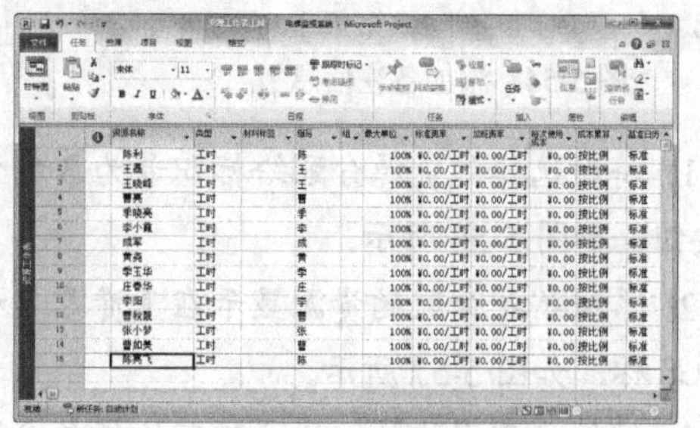

图 5-52　输入其他资源信息

(5) 选择【曹亮】资源，打开【资源】选项卡，在【属性】组中单击【资源信息】按钮，打开【资源信息】对话框。

(6) 打开【备注】选项卡，在【备注】文本框中输入备注信息，如图 5-53 所示。

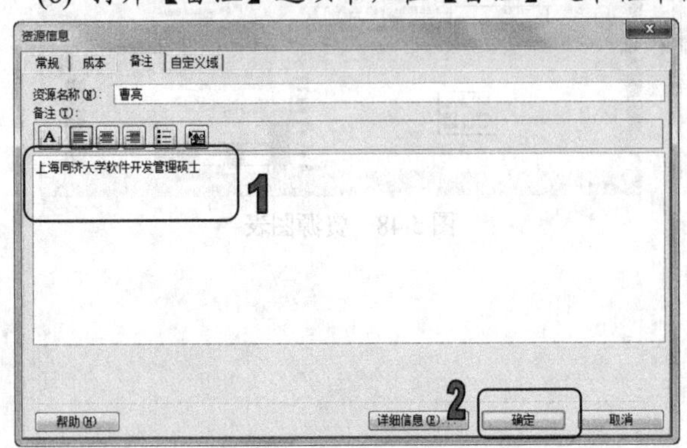

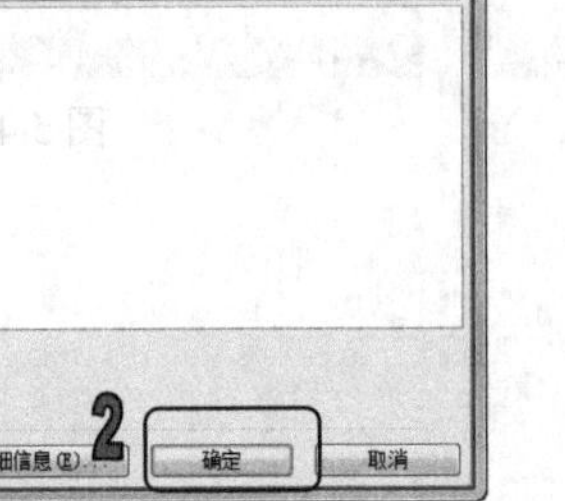

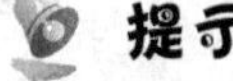

图 5-53　输入备注信息

提示

选择资源名称后，在【资源】选项卡的【属性】组中单击【备注】按钮，同样可以打开【资源信息】对话框的【备注】选项卡。

(7) 单击【确定】按钮，在项目文档中出现一个标记，将光标移到该处，显示备注信息，如图 5-54 所示。

(8) 打开【视图】选项卡，在【任务视图】组中单击【甘特图】按钮，切换至【甘特图】视图。

(9) 选择标识号为 3 的【实地勘测】任务，打开【资源】选项卡，在【工作分配】组中单击【分配资源】按钮，打开【分配资源】对话框。

(10) 按 Ctrl 键的同时，选择【陈利】和【黄尧】选项，然后单击【分配】按钮，操作步骤如图 5-55 所示。

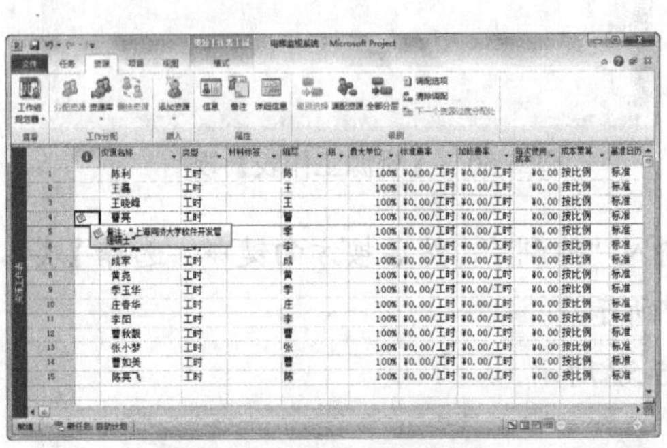

图 5-54　添加备注信息

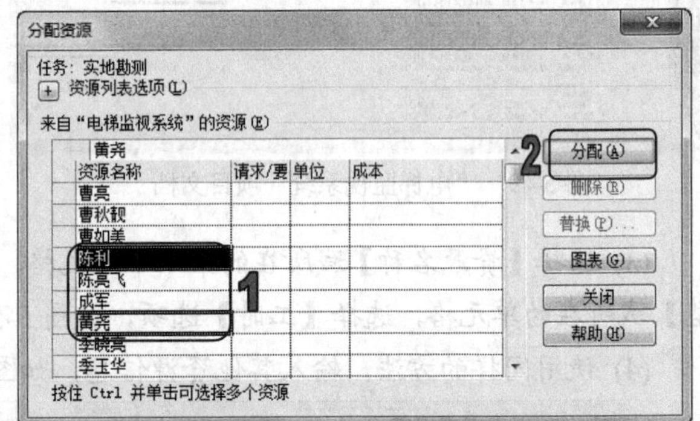

图 5-55　【分配资源】对话框

(11) 将所选择的资源分配给标识号为 3 的任务，并在资源名称前显示✔符号，然后单击【关闭】按钮，如图 5-56 所示。

(12) 系统将把分配的资源显示在【资源名称】域的对应的单元格中，并在条形图中右侧显示资源名称，如图 5-57 所示。

(13) 继续使用同样的方法，为其他任务分配资源，效果如图 5-58 所示。

(14) 资源分配完成后，切换至【资源工作表】视图，查看过度分配的资源，如图 5-59 所示。

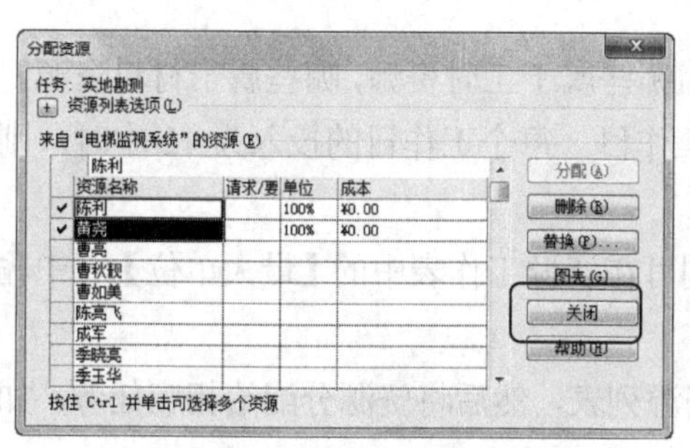

图 5-56　给任务分配资源 1

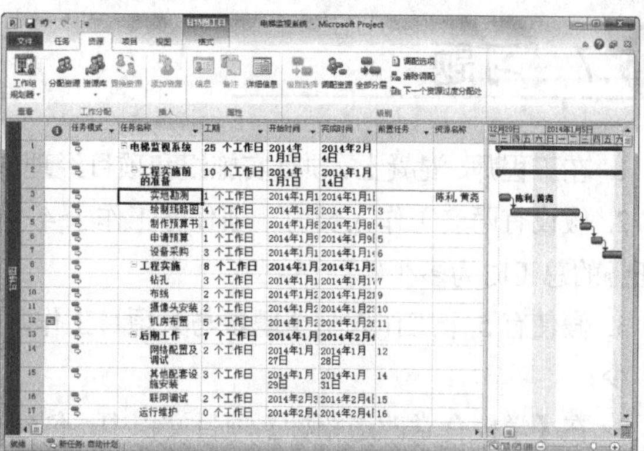

图 5-57　给任务分配资源 2

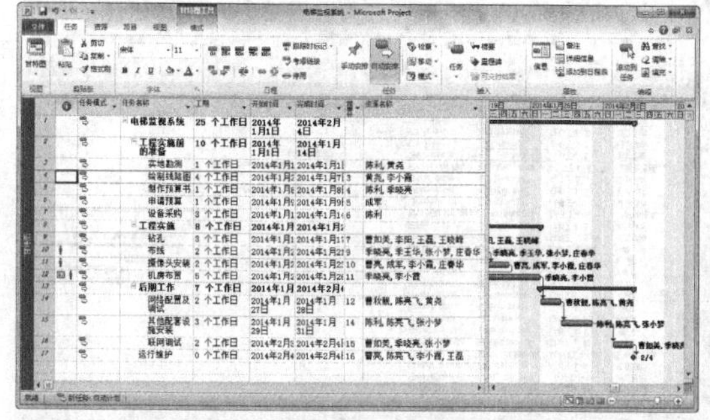

图 5-58　给其他任务分配资源

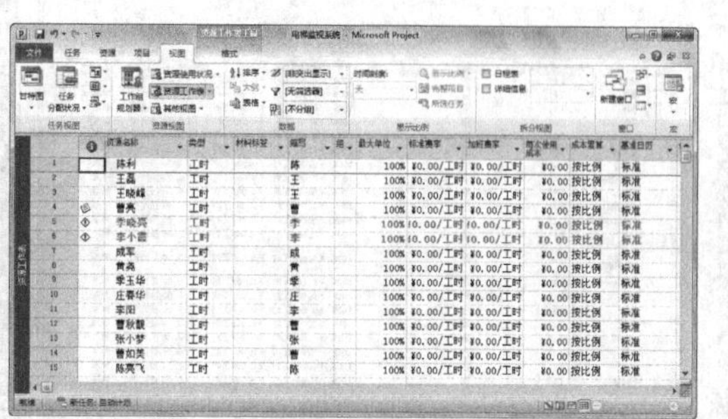

图 5-59　查看资源分配后的资源情况

(15) 切换至【甘特图】视图，打开【资源】选项卡，在【工作分配】组中单击【分配资源】按钮，打开【分配资源】对话框，在列表框中选择【王磊】资源，如图 5-60 所示。

(16) 单击【图表】按钮，打开【资源图表】任务窗格，在其中可以查看资源的分配等情况，效果如图 5-61 所示。

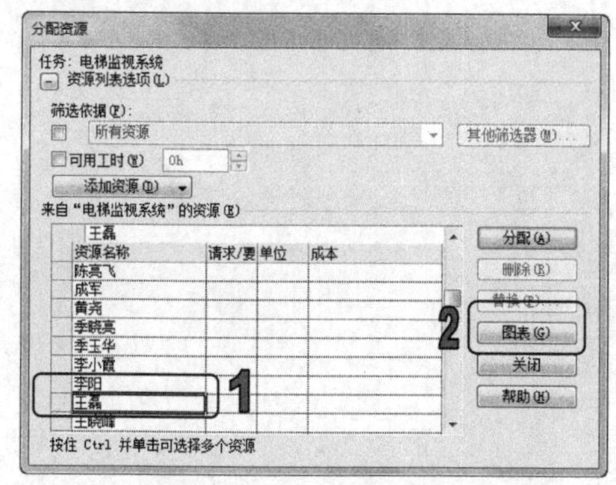

图 5-60　【分配资源】对话框

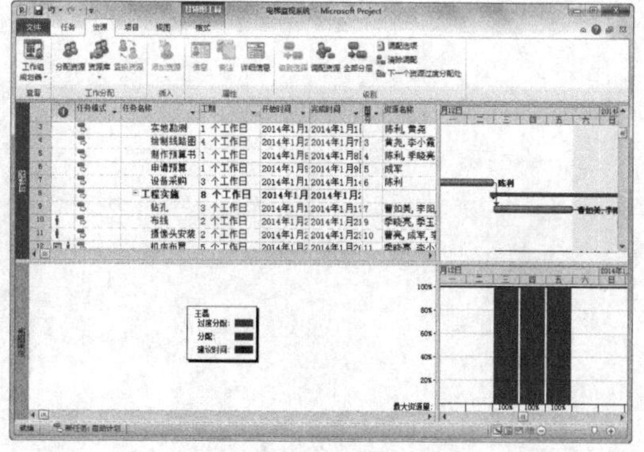

图 5-61　查看资源分配情况

知识点

在【分配资源】对话框中，选中已分配的资源，单击【删除】按钮即可删除资源分配。同样，在【甘特图】视图中，选中【资源名称】域中的相应的单元格，按 Delete 键也可以删除资源分配。

5.7 习题

1. 在工程师、混凝土、项目实施组和项目经理中，哪些属于工时资源，哪些属于材料资源？

2. 假设有两名工作人员为一项任务工作了 4 个工作日，每个工作日的投入为 12 小时，则此任务的总工时为多少？

3. 假使有 5 个工作人员全职参与某项目工作，则可在资源工作表中的【最大单位】域中输入多少？

4. 在【学校食堂改造招标】项目文档中，创建资源列表，然后将资源分配给相应任务，如图 5-62 所示。

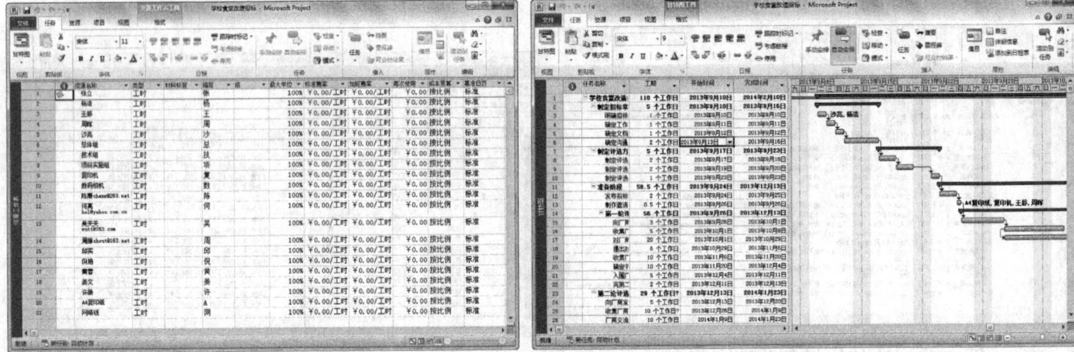

图 5-62　学校食堂改造招标

5. 在【学校食堂改造招标】项目文档中，查看项目资源分配情况。

第6章 项目成本管理

学习目标

成本管理是项目实施过程中一个极其重要的环节。它不仅在排定项目日程上决定着完成任务所需要的时间，而且在控制方式上掌握着资源使用的方法。对于许多项目管理者来说，一个项目的成功与否就在于完成项目的最终成本是否和预算或相比较的基准计划成本相符。

本章重点

- 项目成本管理概述
- 创建项目成本
- 查看项目成本
- 分析与调整项目成本
- 查看分析表

6.1 项目成本管理概述

项目成本管理是在整个项目的实施过程中，为确保项目在批准的预算内尽可能地完成而对所需的各个进程进行管理。在使用 Project 2010 进行项目成本管理之前，还需要事先了解一下项目成本的构成、成本管理的过程与技术。

6.1.1 项目成本的构成

一个项目的成本包括了资源、任务或任务分配输入的所有基于资源费率的资源成本、每次使用的资源成本和固定成本。它分为两大类：各摘要任务成本和固定成本，二者相加为总成本，项目成本体系结构如图 6-1 所示。

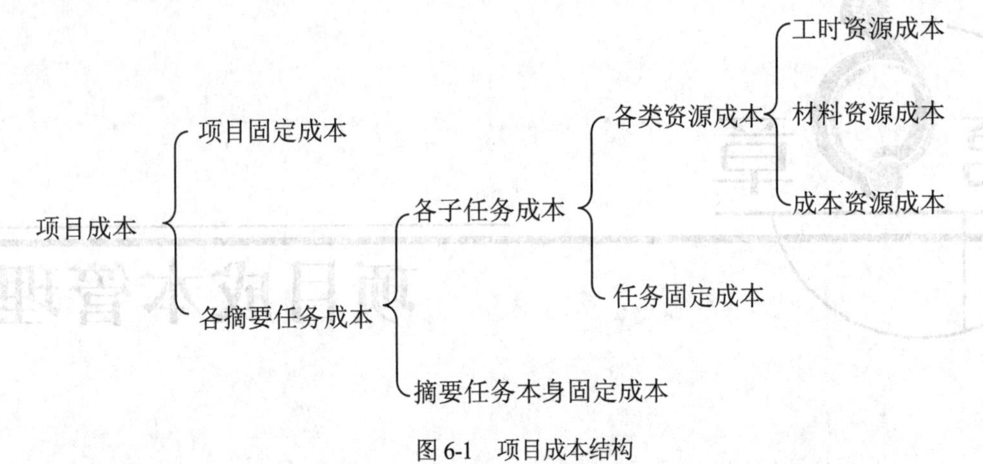

图 6-1　项目成本结构

各摘要任务成本由摘要任务本身固定成本和各子任务成本构成。各子任务成本由子任务的固定成本和各类资源成本构成。各类资源成本又由工时资源成本、材料资源成本和成本资源成本构成。而项目固定成本、摘要任务成本和子任务成本都可以归结为任务的固定成本。项目成本的公式如下所示：

项目总成本=项目固定成本+摘要任务本身固定成本+任务固定成本+资源成本

=实际成本+剩余成本

在上述公式中各项含义如下所示。

- 固定成本：是一种不因任务工期或资源完成工时的变化而变化的成本。它是始终保持为常量的一组任务成本。例如，公司职员的每月固定工资、必须一次付清的设备购进及安装费等，这些都与各活动的工期或完成情况无关，是已经固定的成本。
- 资源成本：不是资源类型的成本资源，这里是指使用资源所要的总花费。
- 实际成本：是项目资源关于任务的已完成工时的成本，以及任何其他与任务相关的已记录成本。实际成本有资源实际成本、任务实际成本和工作分配实际成本等多种。
- 剩余成本：是任务、资源或工作分配将要发生的估计成本。

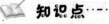

知识点

估计成本是估计完成项目所需的资源和任务成本。例如估算项目的一次性投资额，人工费用中包括直接人员和管理人员的费用，管理费中包括办公设施的折旧和消耗，财务费中包括贷款的利息等。

6.1.2　成本管理过程

项目成本管理主要包括资源规划、成本估算、成本预算与成本控制 4 个过程，每个过程的

作用如下所述。

1. 资源规划

资源规划是根据项目范围规划与工作分解结构来确定项目所需资源的种类、数量、规格及时间的过程，其内容主要包括招聘实施组织人员、项目实施所需要的材料与设备，以及采购方法与计划等。

2. 成本估算

成本估算用来估算完成项目所需要的经费，所需输入的数据包括工作分解结构、资源要求、资源耗用率、商业数据、历史数据等，其评估计算主要包括类比估算、参数模型、自上而下估算法。在进行成本估算时，需要考虑经济环境的影响，以及项目所需要的资源与成本支出情况。

3. 成本预算

成本预算又称成本规划，是将估算的成本分配到各个任务中的一种过程。在进行成本预算时，应该以各任务的成本估算与进度计划为依据，采用便于控制项目成本的方法。另外，基准成本计划(批准的成本计划)是测定与衡量成本执行情况的依据。

4. 成本控制

成本控制是在保证各项工作在各自的预算范围内进行的一种方法。成本控制的方法是在项目实施的过程中，首先规定各部门定期上报各自的费用情况，然后由控制部门对各部门的费用进行审核，用以保证各种支出的合法性，最后将已经发生的费用与预算进行比较，分析费用的超支情况，并根据超支情况采取相应的措施加以弥补。在项目结束时，还需要经过财务决算、审核与分析来确定项目成本目标的达标程度及成本管理系统的成效。

成本控制的内容包括如下几个方面：

- 监控成本情况与计划的偏差，做好成本分析与评估，并对偏差做出响应；
- 确保所有费用发生都被记录到成本线上；
- 防止不正确的、不合适的或无效的变更反应到成本线上；
- 需要将审核的变更通知项目管理人；
- 需要监控影响成本的内外部因素。

6.1.3 成本管理技术

如今，最常用的成本管理技术包括净值分析法、类比估算法、参数模型法、自下而上估算法与软件估算法等。

- 净值分析法：又称赢得值法或偏差分析法，是对项目进度和费用进行综合控制的一种有效方法，也是在项目实施中使用较多的一种方法。净值分析法可以作为预测、衡量与控制成本的依据。

- 类比估算法：又称自上而下估算法，是一种专家评定法，利用已完成的类似项目的实际成本来估算当前项目成本。该方法的估算精度相对较低，只有依靠具有专门知识的团队或个人，依据以前相似的项目进行估算才能提高估算的精确度。
- 参数模型法：是将项目的特征参数用于预测项目费用的数字模型中来预测项目成本。当模型是依赖于历史信息，且模型参数被数量化时，模型可根据项目范围的大小进行比例调整，其预测结果通常是可靠与精确的。
- 自下而上估算法：是先估计各个任务的成本，然后按工作分解结构的层次从下往上估计出整个项目的总费用。在使用该估算方法时，只有在比较准确地估算各个任务的成本，并合理制作出工作分解结果的情况下，才能更精确地编制出成本计划。但该方法的估算工作量比较大，适用于小项目的成本估算。
- 软件估算法：随着计算机技术的不断发展，项目管理软件及办公自动化软件辅助项目费用的估计已被广大管理者所接受。使用项目软件或办公自动化辅助软件不仅可以加速成本估算与成本的编制速度，而且还可以提供多种方案的成本比较和选择。

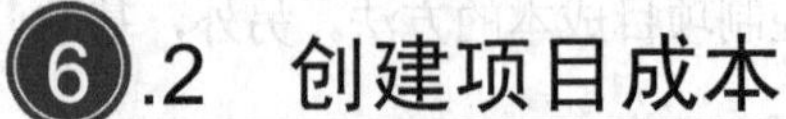

6.2 创建项目成本

在项目计划提出之前，常常需要对项目成本进行估算，以确保产业利益。在项目实施过程中，还需要对项目成本进行管理，以确保项目的实际成本限定在预算范围内。因此，为了方便在项目实施过程中控制成本，在对项目成本管理之前，需要建立成本管理体系。

6.2.1 设置资源费率

项目成本决定了项目范围，通过设置资源的标准费率和加班费率，可以更加准确地管理项目成本。

1. 在资源中设置费率

在【资源工作表】视图中，直接输入资源的标准费率或加班费率。或者在【资源】选项卡的【属性】组中单击【信息】按钮，打开【资源信息】对话框的【成本】选项卡，在其【标准费率】和【加班费率】栏中输入所需的费率，如图 6-2 所示。【成本】选项卡各选项含义如下。

- 成本费率表：有关资源费率的信息集合，包括标准费率、加班费率、任何每次使用成本和支付费率生效的日期。可最多为每个资源建立 5 个(A、B、C、D、E)不同的成本费用率表。每个表可以创建 25 行费率。
- 生效日期：表示该行中指定的标准费率、加班费率和每次使用成本要生效的日期，第一行为默认费率行，【生效日期】为“--”是不可设置的，表示关联的费率当前有效，即在没有其他生效日期时或针对生效日期之外的日期应用的默认费率。
- 标准费率：即资源的每小时费用。工时资源和材料资源都可以设置标准费率。

- 加班费率：用于累计该资源的加班工时费用的每小时费率。
- 每次使用成本：每次使用成本是使用资源的一次性费用，与资源的工时无关。
- 成本累算：指定资源的标准成本和加班成本何时发生，以及何时才累算成本总数。其中，【开始】选项表示成本在分配的任务开始时累算；【按比例】选项表示成本按时间比例累算；【结束】选项表示在分配的任务结束时累算。

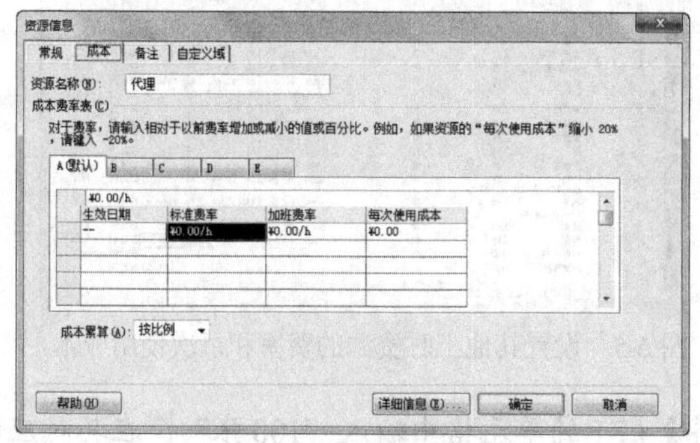

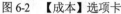

图 6-2 【成本】选项卡

> **提示**
>
> 只要将基于费率的资源和具有每次使用成本的资源分配给任务，Project 就可以立即计算出总成本。

2. 在资源中设置多种费率

在实际工作中，根据任务的不同，还需要给资源分配多个费率。一般情况下，每种资源费率表中都显示费率的生效日期、标准费率、加班费率与每次使用成本，可在【成本】选项卡的【成本费率表】选项区域中设置 A、B、C、D、E 等其他资源费率。

【例 6-1】在【房屋保险理赔处理】项目文档中输入资源费率，并设置理赔人从 2013 年 6 月 1 日开始加班费率为￥80.00。

(1) 启动 Project 2010 应用程序，打开项目文档【房屋保险理赔处理】，切换到【资源工作表】视图。

(2) 双击【代理】资源对应的【标准费率】栏下的单元格，打开【资源信息】对话框。

(3) 打开【成本】选项卡，在【成本费率表】选项区域的【标准费率】栏下的单元格中输入￥20.00/h，在【加班费率】栏下的单元格中输入￥50.00/h，单击【确定】按钮，返回到项目文档中，如图 6-3 所示。

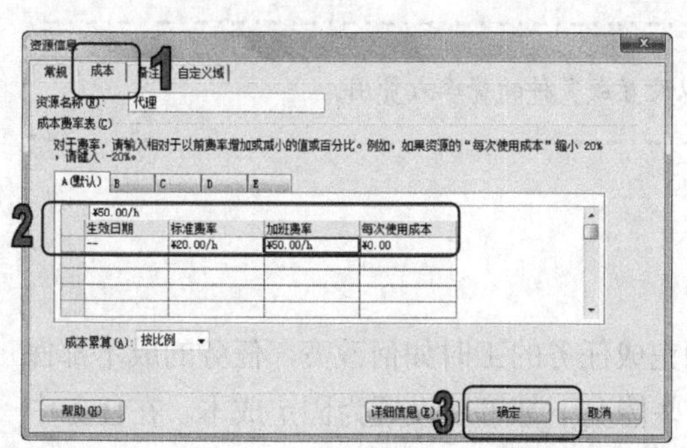

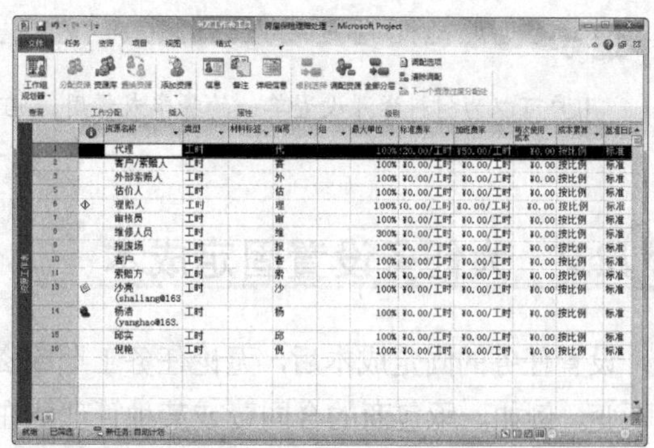

图 6-3 输入【代理】资源的费率

(4) 选中【估价人】资源对应的【每次使用成本】栏下的单元格，在其中输入￥320.00，如图 6-4 所示。

(5) 使用上述相同的方法，设置其他工时资源的费率和每次使用成本，效果如图 6-5 所示。

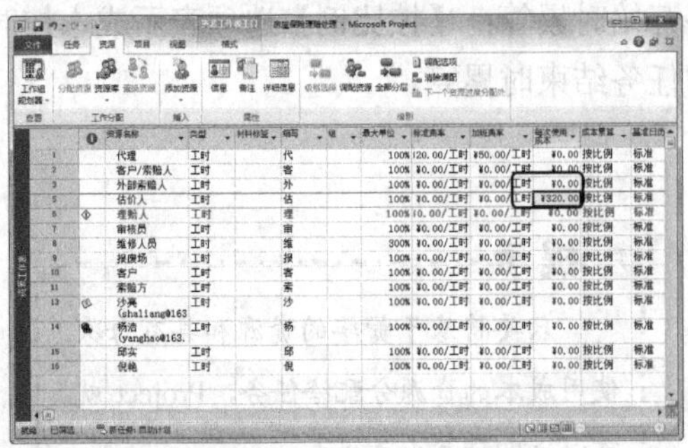

图 6-4 输入【估计人】资源的每次使用成本

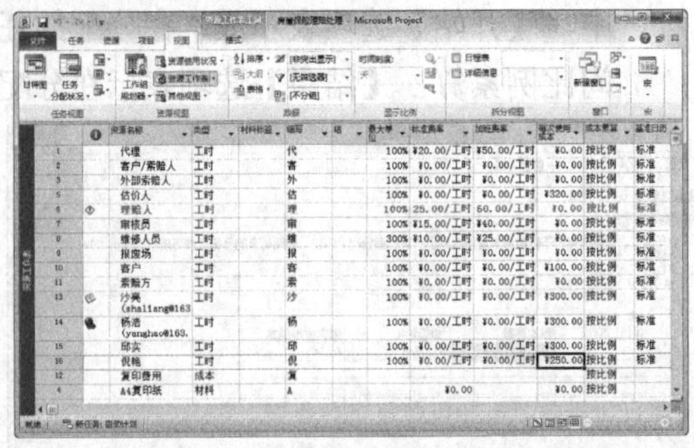

图 6-5 设置其他工时资源的费率和每次使用成本

(6) 在【A4 复印纸】资源对应的【材料标签】栏下的单元格中输入“100 张”，在其对应的【标准费率】栏下的单元格中输入 50，效果如图 6-6 所示。

(7) 选择【理赔人】资源，在打开的【资源】选项卡的【属性】组中单击【信息】按钮，打开【资源信息】对话框的【成本】选项卡，在【成本费率表】的第 2 行中的【生效日期】栏中设置生效日期为【2013 年 6 月 1 日】，在【加班费率】栏中设置为￥80.00，如图 6-7 所示。

(8) 单击【确定】按钮，完成设置，按 Ctrl+S 快捷键，保存“房屋保险理赔处理”项目文档。

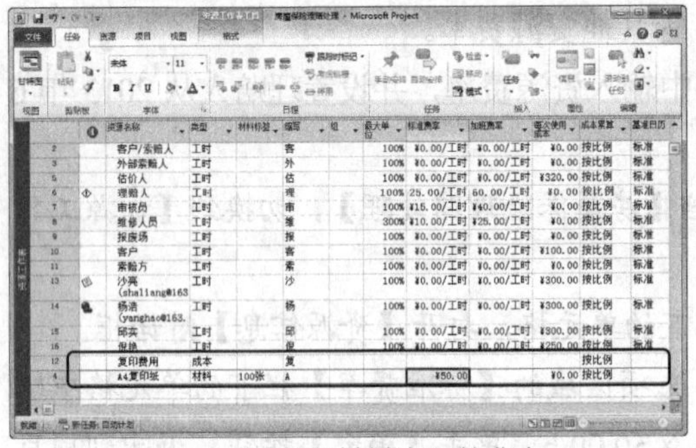

图 6-6 设置材料资源的费率

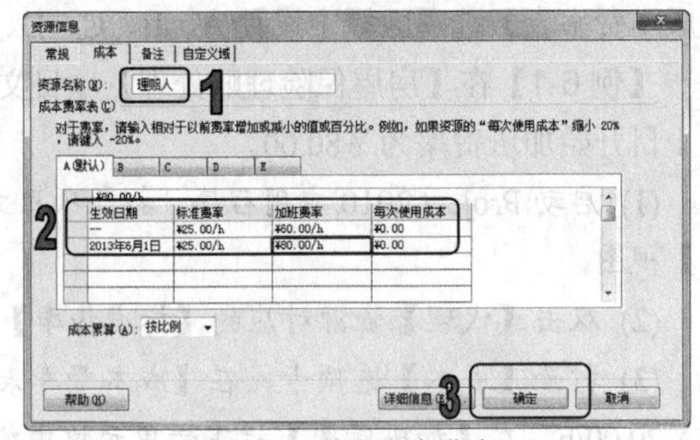

图 6-7 设置多个费率

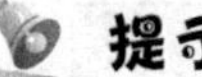

提示

用户可以为材料资源设置单一的费率或费用，也可以设置成多种的费率或费用。

6.2.2 为任务设置固定成本

设置任务的固定成本后，无论任务工期或资源完成任务的工时如何改变，任务的成本都保持不变。例如，承包商的合同费或某种管理费在一些情况下都可以设置为固定成本。在任务中分配固定成本，需要切换到【甘特图】视图，在【固定成本】栏中直接输入相应任务的固定成本即可。

【例 6-2】在【房屋保险理赔处理】项目文档中，将任务【分配事故确定人员】设置为 300 元的会议费用。

(1) 启动 Project 2010 应用程序，打开项目文档【房屋保险理赔处理】，切换到【甘特图】视图。

(2) 右击全选按钮，从弹出的菜单中选择【成本】命令，打开如图 6-8 所示的窗口，此时，可以看到任务【分配事故确定人员】的总成本为 0 元。

(3) 在任务【分配事故确定人员】的【固定成本】栏中输入 300，按 Enter 键，此时总成本变为 300 元，同时 Project 2010 会自动显示任务的剩余成本，如图 6-9 所示。

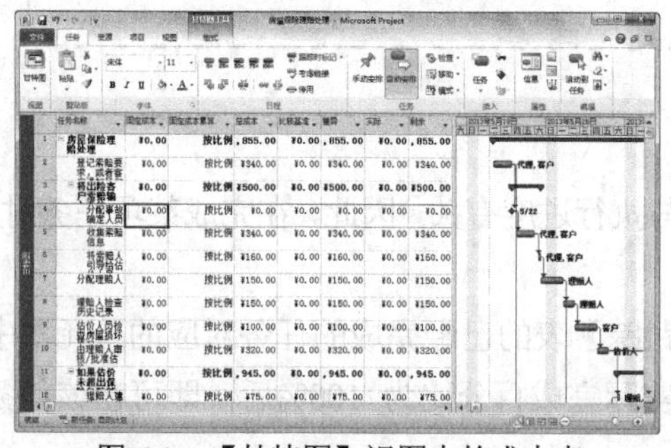

图 6-8　【甘特图】视图中的成本表

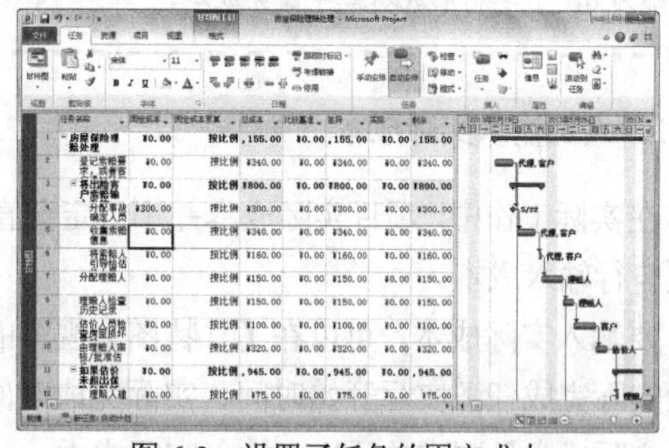

图 6-9　设置子任务的固定成本

知识点

也可以为【摘要】任务设置固定成本。摘要任务行上的大部分信息是其子任务的信息汇总，但【摘要】任务的【固定成本】列是一个独立的可以输入成本信息的列，并非其子任务的固定成本汇总。一个摘要任务的总成本是摘要任的固定成本与其子任务的成本总和。例如，子任务的固定成本总和为 800 元，当为摘要任务输入固定成本值“100 元”后，摘要任务的总成本值将自动变为 900 元，如图 6-10 所示。

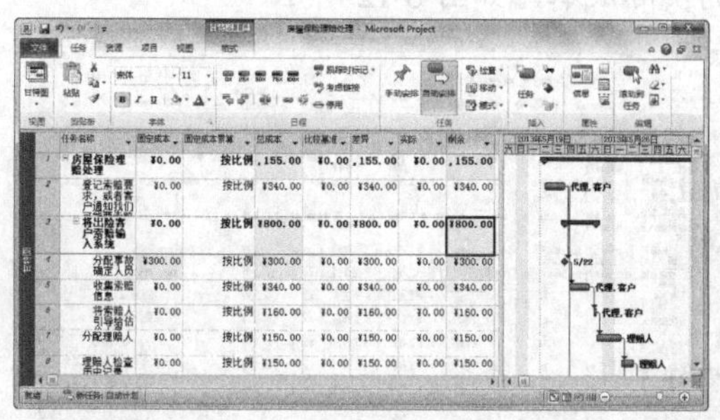

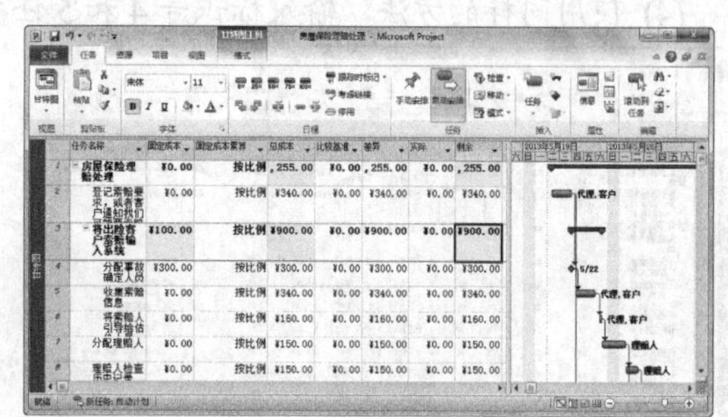

图 6-10　输入摘要任务的固定成本

6.2.3　计算任务实际成本

在任务的执行过程中，Project 将基于任务的成本累算方式来更新实际成本，并提供自动和人工两种计算实际成本的方式。

1. 自动更新实际成本

如果已在项目计划中输入成本，Project 将根据默认的累算方法随着任务的进行更新实际成本。例如，一个需要 3 个标准工作日来完成的任务，且该任务的资源标准费率为 50 元/工时，则当该资源完成工作时，Project 会自动计算出该任务的成本为 50×3=150 元。

知识点

在自动更新实际成本时，如果项目还没有开始，在按比例成本累算方式下，各个任务的实际成本都为 0，于是剩余成本就等任务成本。

2. 人工输入实际成本

在实际工作中，项目实际成本并不一定会直接与执行进度有关，因此，在完成某项任务时，必须自行输入成本。

要输入实际成本，可以在【甘特图】视图的【跟踪】表的已经完成的任务对应的单元格中设置实际完成任务实际开始时间、实际完成时间、实际完成百分比为 100%后，即可在该任务的【实际成本】列中单元格中输入实际成本。

【例 6-3】在【房屋保险理赔处理】项目文档中，输入实际成本。

(1) 启动 Project 2010 应用程序，打开项目文档【房屋保险理赔处理】，切换到【甘特图】视图。

(2) 右击全选按钮，从弹出的菜单中选择【跟踪】命令，打开【甘特图】的【跟踪】表。

(3) 把标识号为 2 的任务的【完成百分比】和【实际完成百分比】设置为 100%，然后在【实际成本】栏中输入实际成本，如图 6-11 所示。

(4) 使用同样的方法，输入标识号 4 和 5 任务的实际成本，如图 6-12 所示。

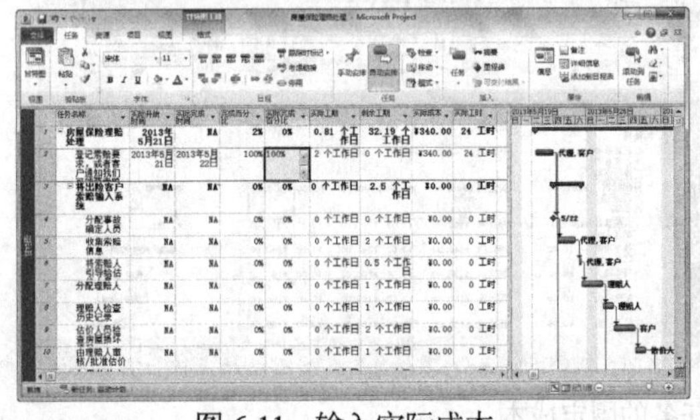

图 6-11　输入实际成本

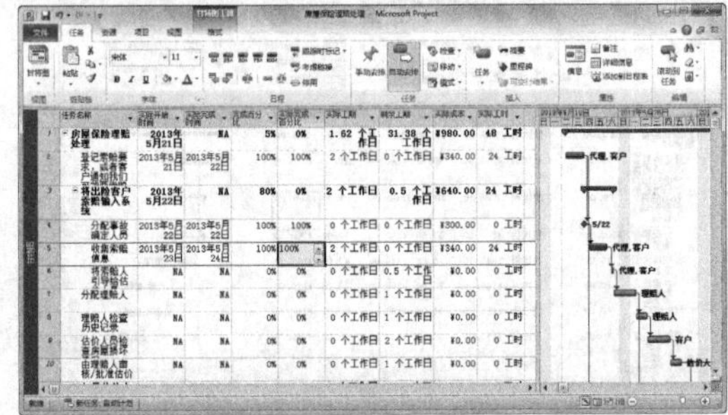

图 6-12　输入其他任务的实际成本

提示

在默认状态下，只有任务全部完成后，才能输入实际成本，否则当选中该单元格时将无法直接输入实际成本。

6.3 查看项目成本

项目建立的过程中，为了及时准确地了解每项任务的成本，估计单个以及多个资源的成本，以便用更加接近实际情况的方式来管理项目，对项目成本信息的查看是必不可少的。

6.3.1 查看任务成本信息

为了能清楚地了解完成每一项任务消耗的成本，可以按任务来查看成本。要查看任务成本信息，首先需要切换到任务类视图，如【任务分配状况】视图，然后打开【成本】表，即可查看每项任务的详细成本信息。

【例 6-4】在【房屋保险理赔处理】项目文档中，查看任务成本信息。

(1) 启动 Project 2010 应用程序，打开项目文档【房屋保险理赔处理】。

(2) 打开【视图】选项卡，在【任务视图】组中单击【甘特图】下拉按钮，从弹出的菜单中选择【其他视图】命令，打开【其他视图】对话框，在【视图】列表框中选择【任务工作表】选项，如图 6-13 所示。

(3) 单击【应用】按钮，切换到【任务工作表】视图，如图 6-14 所示。

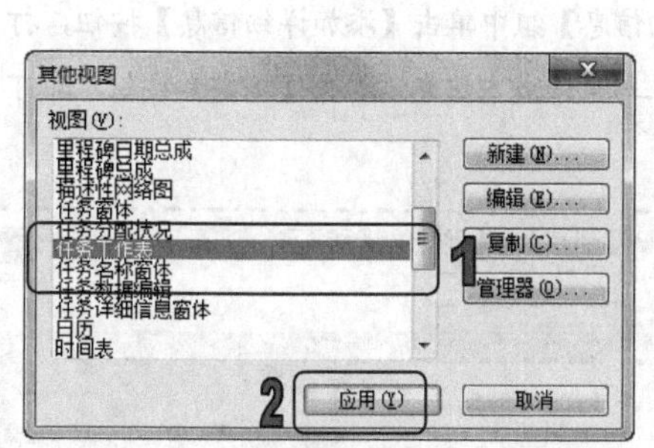

图 6-13 【其他视图】对话框

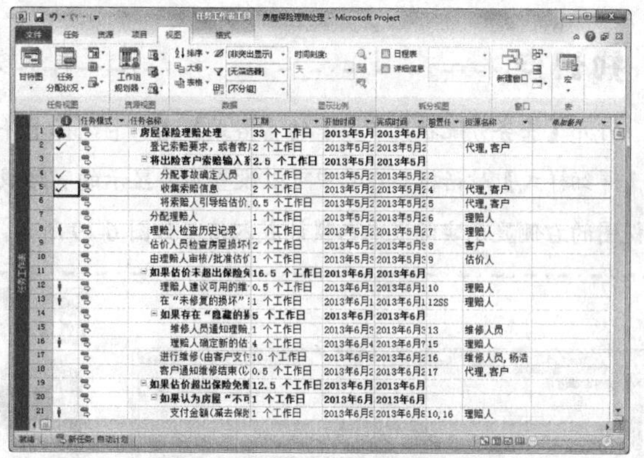

图 6-14 【任务工作表】视图

(4) 在【视图】选项卡的【数据】组中单击【表格】按钮，从弹出的菜单中选择【成本】命令，此时将显示出每一项任务的成本信息及每一级摘要任务的成本信息，如图 6-15 所示。

(5) 若想在查看成本信息的同时，进一步了解成本在任务工期的分布状况，还可以在【视图】选项卡的【任务视图】组中单击【任务分配状况】按钮，切换到【任务分配状况】视图，如图 6-16 所示。

(6) 在【任务视图】的【数据】组中单击【表格】按钮，从弹出的菜单中选择【成本】命令，在视图的左侧将显示出每一项任务的及每一项任务中各资源的成本信息，如图 6-17 所示。

(7) 打开【任务分配状况工具】的【格式】选项卡，在【详细信息】组中选中【工时】和【成本】复选框，在视图的右侧可以按时间段查看成本数据，如图 6-18 所示。

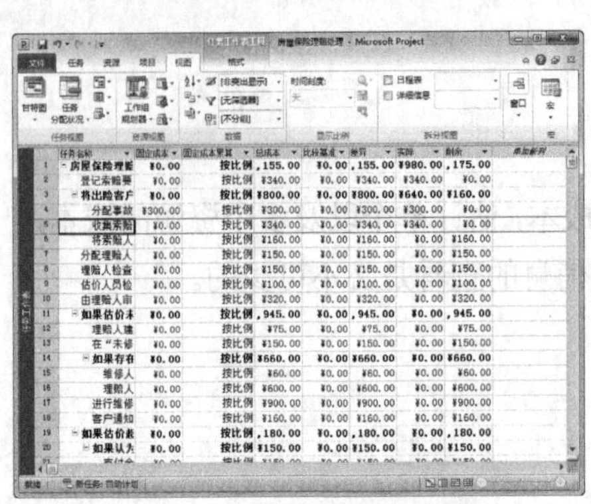

图 6-15　查看任务成本信息

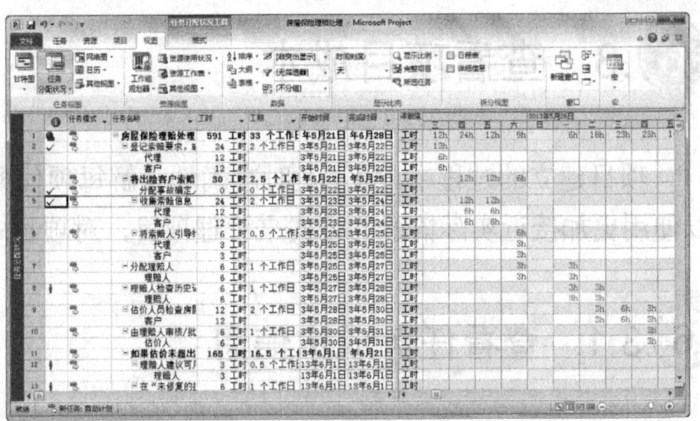

图 6-16　【任务分配状况】视图

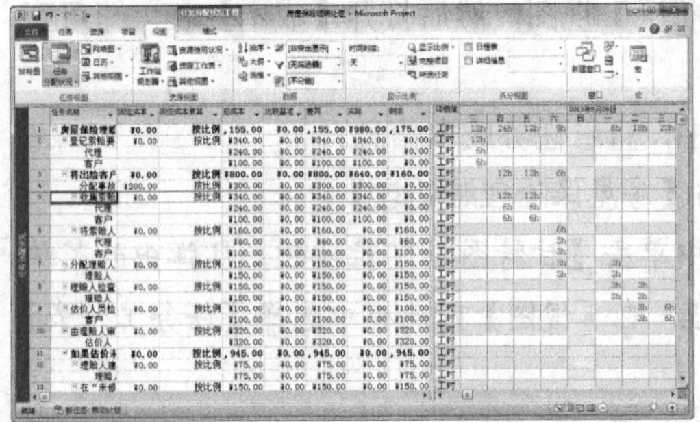

图 6-17　查看任务及资源的成本信息

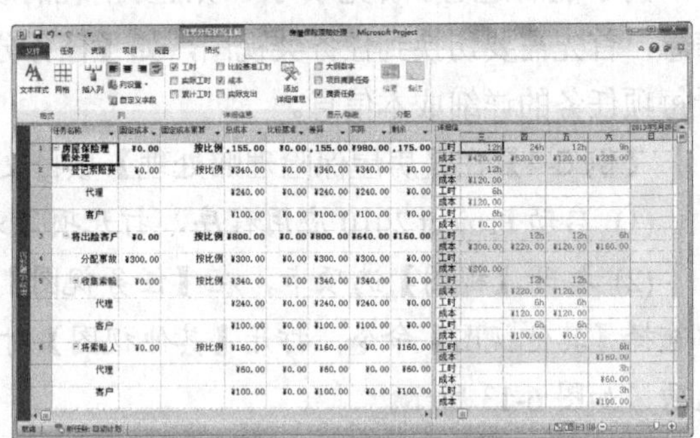

图 6-18　按时间段查看成本信息

知识点

打开【任务分配状况工具】的【格式】选项卡，在【详细信息】组中单击【添加详细信息】按钮，打开【详细样式】对话框，在其中可以设置需要显示的实际成本与累计成本信息，单击【确定】按钮，即可在视图的右侧显示实际成本与累计成本值，如图 6-19 所示。

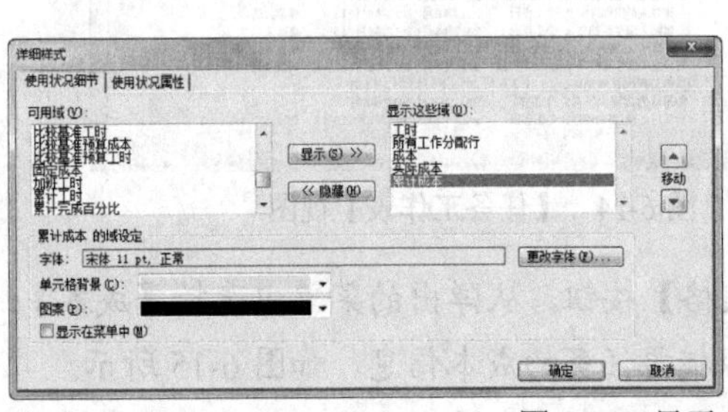

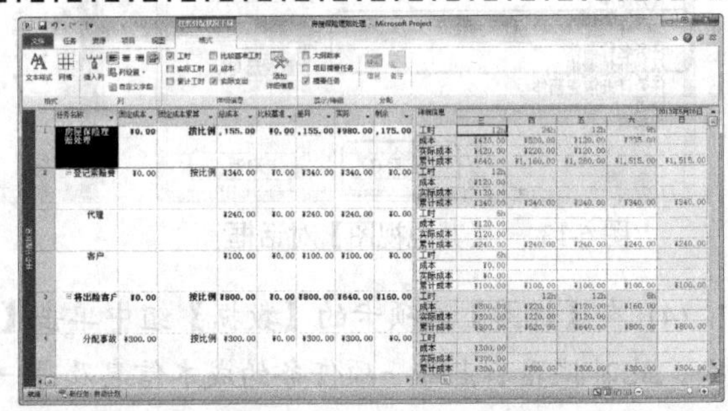

图 6-19　显示实际成本和累计成本信息

6.3.2　查看资源成本信息

为了能够了解成本是否超出预算，可以按照资源来查看人员工资、材料消耗量。要查看资源成本信息，首先需要切换到资源类视图，如【资源使用状况】视图，然后再打开【成本】表，

即可查看每种资源的详细成本信息。

【例 6-5】在【房屋保险理赔处理】项目文档中，查看资源成本信息。

(1) 启动 Project 2010 应用程序，打开项目文档【房屋保险理赔处理】，切换到【资源工作表】视图。

(2) 打开【视图】选项卡，在【数据】组中单击【表格】按钮，从弹出的菜单中选择【成本】命令，系统将自动将资源与成本、比较基准成本、差异和实际成本等各项数据显示出来，如图 6-20 所示。

(3) 如果要查看项目中各项资源在每一特定周期所产生的成本，以及每种资源在各项任务上的详细成本数据，可以在【视图】选项卡的【资源视图】组中单击【资源使用状况】按钮，切换到【资源使用状况】视图，如图 6-21 所示。

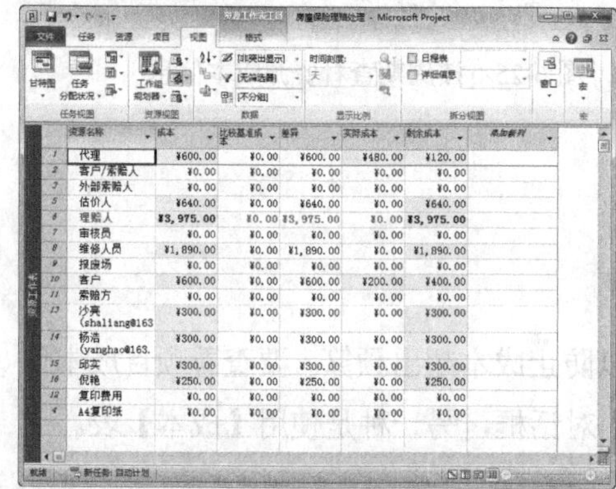

图 6-20　查看资源的成本信息

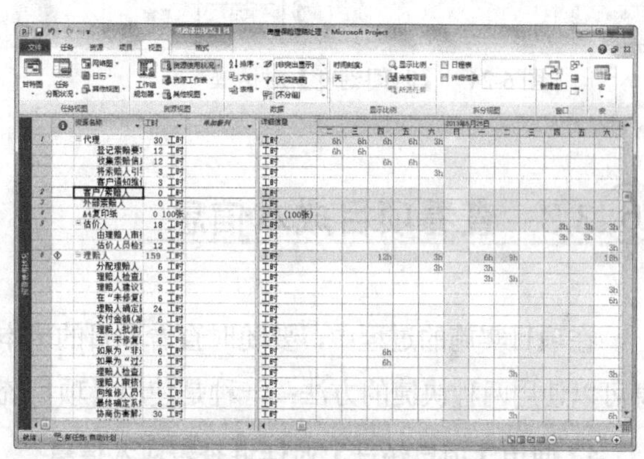

图 6-21　【资源使用状况】视图

(4) 打开【任务分配状况工具】的【格式】选项卡，在【详细信息】组中单击【添加详细信息】按钮，打开【详细样式】对话框。

(5) 打开【使用状况细节】选项卡，在【可用域】列表框中选择【成本】和【实际成本】选项，单击【显示】按钮，在【显示这些域】列表框中显示这两个选项，如图 6-22 所示。

(6) 单击【确定】按钮，返回到【资源使用状况】视图，如图 6-23 所示。

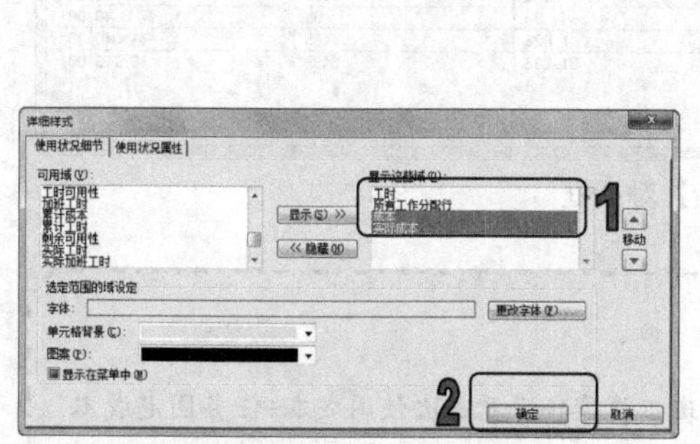

图 6-22　【使用状况细节】选项卡

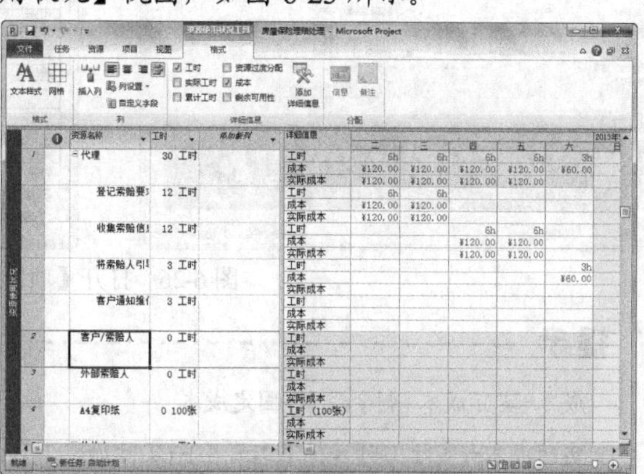

图 6-23　显示详细信息

(7) 在【资源使用状况】视图右侧的图表区中双击右侧的时间刻度，打开【时间刻度】对话框，在【单位】下拉列表框中选择【旬】选项，如图 6-24 所示。

(8) 单击【确定】按钮，就可以按照周期【旬】来查看资源成本信息，如图 6-25 所示。

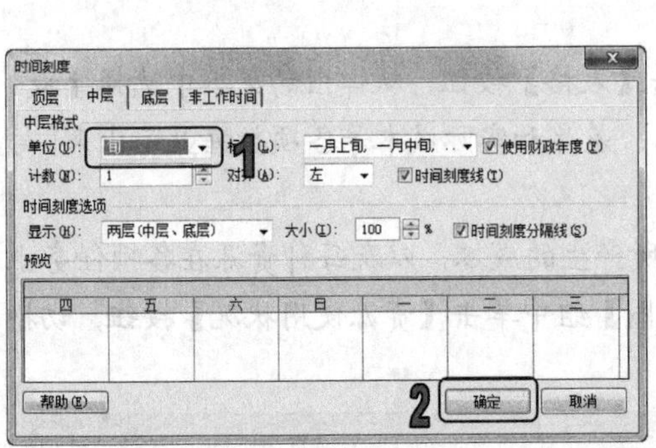
图 6-24 【时间刻度】对话框

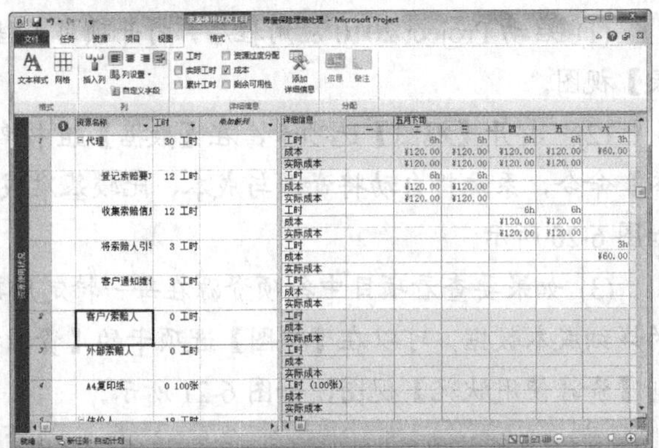
图 6-25 按周期查看资源成本信息

6.3.3 查看项目成本信息

在项目实施的过程中，要随时查看项目的成本，以防止成本超出预算。要查看项目成本信息可以使用两种快捷的方法：一种是使用【项目统计】对话框，另一种是使用【成本】表。

1. 使用【项目统计】对话框查看成本信息

打开【项目】选项卡，在【属性】组中单击【项目信息】按钮，打开【项目信息】对话框，单击【统计信息】按钮，打开【项目统计】对话框，如图 6-26 所示。使用该对话框不仅可以查看项目当前成本，还可以查看项目的【比较基准成本】和【实际成本】等信息，以便了解成本是否超出预算。

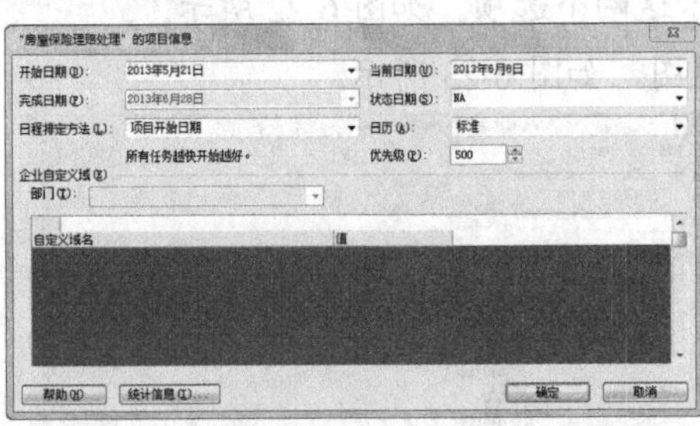

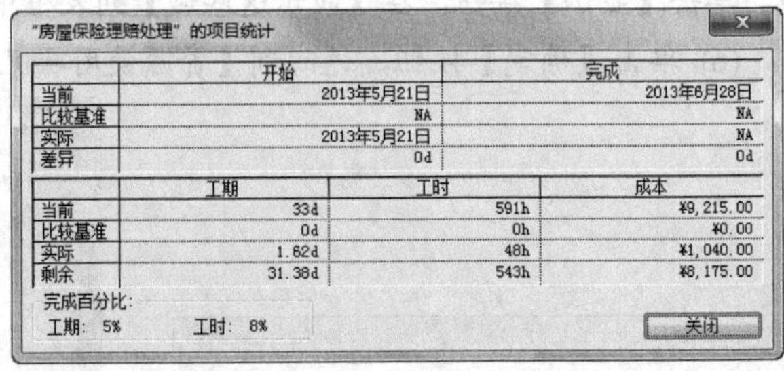

图 6-26 打开【项目统计】对话框

提示

成本=实际成本+剩余成本+固定成本

实际成本=(实际工时×标准工资率)+(实际加班工时×加班工资率)+资源每次使用成本+任务固定成本

剩余成本=(剩余工时×标准工资率)+ 剩余加班成本

2. 使用【成本】表查看成本信息

使用【成本】表查看成本信息，与按任务查看成本类似。

【例 6-6】在【房屋保险理赔处理】项目文档中，查看项目成本信息。

(1) 启动 Project 2010 应用程序，打开项目文档【房屋保险理赔处理】。

(2) 打开【视图】选项卡，在【任务视图】组中单击【其他视图】按钮，从弹出的菜单中选择【其他视图】命令，打开【其他视图】对话框，在【视图】列表框中选择【任务工作表】选项，单击【应用】按钮，如图 6-27 所示。

(3) 切换到【任务工作表】视图，打开【任务工作表工具】的【格式】选项卡，在【显示/隐藏】组中选中【显示项目摘要任务】复选框。

(4) 打开【视图】选项卡，在【数据】组中单击【表格】按钮从弹出的菜单选择【成本】命令，系统将以项目对应成本的方法显示，如图 6-28 所示。

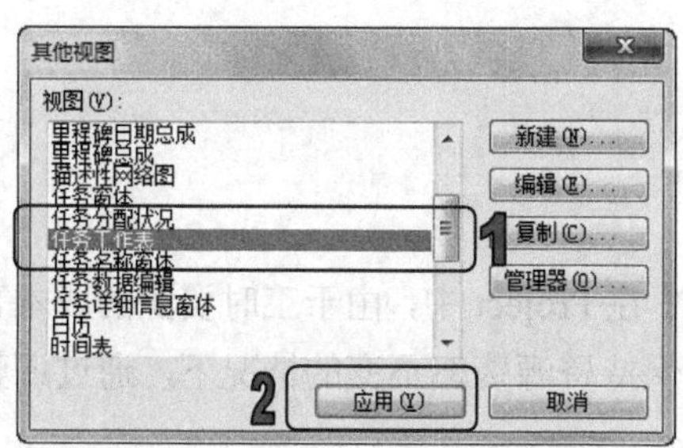

图 6-27　【其他视图】对话框

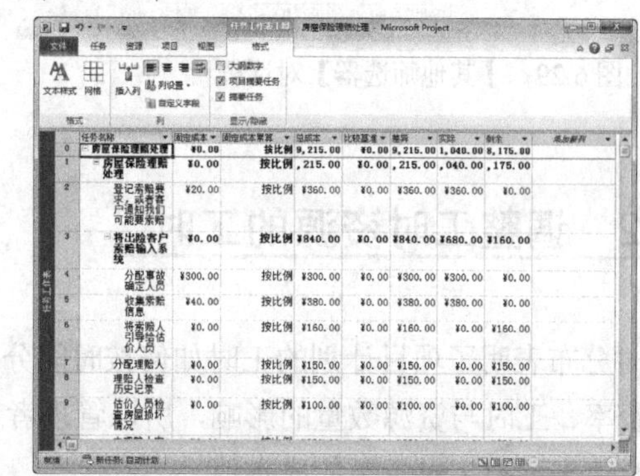

图 6-28　通过【成本】表查看成本

知识点

在【甘特图】视图中的【成本】表或【任务分配状况】视图中的【成本】表中，也可以查看项目的总成本额。

6.4　分析与调整项目成本

在资源分配过程中，时常会出现资源过度分配或使用效率不足等情况，使得成本超过了预算的范围。为了有效地控制项目成本，管理者就必须对资源进行分析与调整。

6.4.1　查找超出预算的成本

Project 2010 提供了【成本超过预算】筛选器，使用该工具可以快速查找出超出成本的任务或工作分配。

在项目实施过程中，为防止过度消耗成本，需要随时查看超出预算成本。在【任务分配状况】视图中的【成本】表中，打开【视图】选项卡，在【数组】组中单击筛选器右侧的下拉按钮，从弹出的菜单中选择【其他筛选器】命令，打开【其他筛选器】对话框，选择【成本超出预算】选项，单击【应用】按钮，如图 6-29 所示。此时在视图中将显示成本超过预算的任务，如图 6-30 所示。

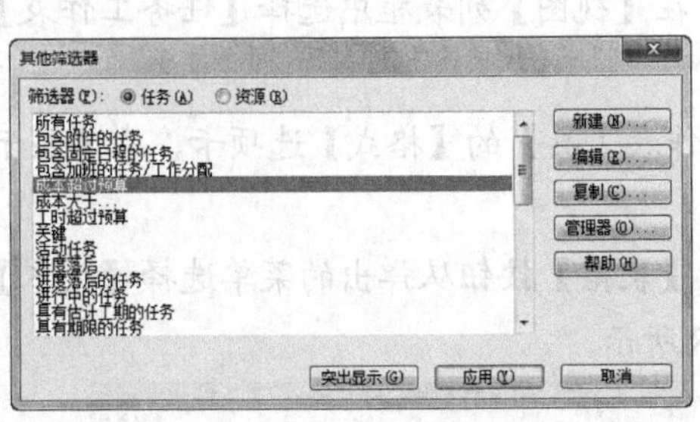

图 6-29 【其他筛选器】对话框

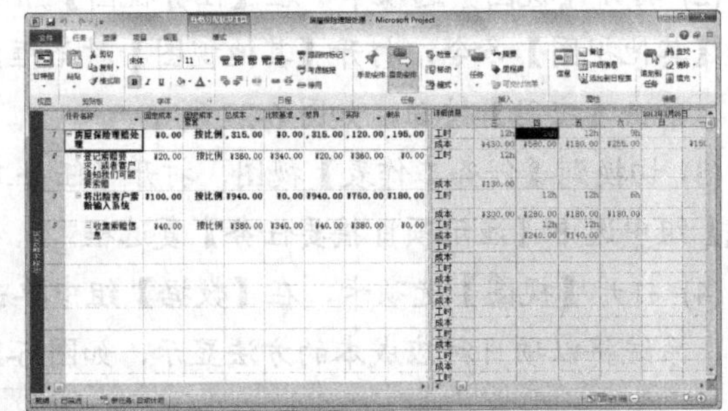

图 6-30 筛选结果

6.4.2 调整工时资源的工时

工时分布表明了项目计划的工时如何按时间分布。在 Project 中，由于工时资源的成本直接受资源费率、工时与资源数量的影响，所以管理者在保持资源费率不变的情况下，通过调整资源的工时值来调整工时资源的成本值。

打开项目文档，切换到【任务分配状况】视图，在【任务名称】栏中，双击要调整的资源，打开【工作分配信息】对话框的【常规】选项卡，在【工时】微调框中调整工时，在【单位】数值框中确定资源投入的百分比，在【工时分布】下拉列表框中选择一种分布模式，如图 6-31 所示。

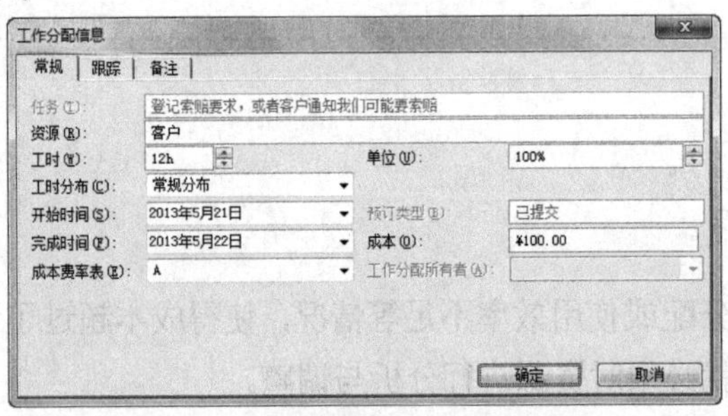

图 6-31 【工作分配信息】对话框

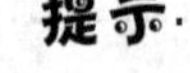

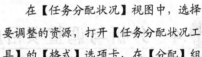

提示

在【任务分配状况】视图中，选择要调整的资源，打开【任务分配状况工具】的【格式】选项卡，在【分配】组中单击【信息】按钮，也可以打开【工作分配信息】对话框。

【例 6-7】在【房屋保险理赔处理】项目文档中，将【分配理赔人】任务下的【理赔人】工时调整为 4h，工时分布为双峰分布。

(1) 启动 Project 2010 应用程序，打开项目文档【房屋保险理赔处理】。

(2) 打开【视图】选项卡，在【任务视图】组中单击【任务分配状况】视图，切换到【任务分配状况】视图。

(3) 在【数据】组中单击【表格】按钮，从弹出的菜单中选择【成本】命令，打开【成本】表，选择标识号为 7 的【分配理赔人】任务下的【理赔人】资源。

(4) 打开【任务分配状况工具】的【格式】选项卡，在【分配】组中单击【信息】按钮，打开【工作分配信息】对话框。

(5) 打开【常规】选项卡，在【工时】微调框中输入 4h，在【工时分布】下拉表框中选择【双峰分布】选项，如图 6-32 所示。

(6) 单击【确定】按钮，可以看到项目管理人员花费的成本从 150 元降为 100 元，如图 6-33 所示。

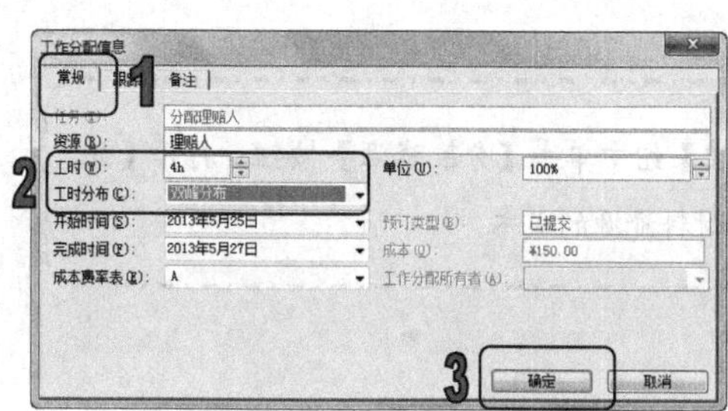

图 6-32　【常规】选项卡

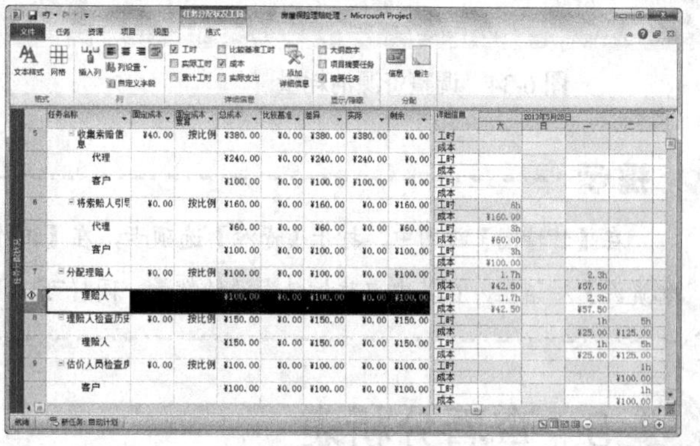

图 6-33　调整工时

知识点

一般情况下，工时资源的费率是不变的，降低员工工资会直接影响员工的积极性。对工时资源的调整首先考虑工时，也可以使用替换资源的方式来降代成本。

6.4.3　调整材料资源的消耗量

材料资源的可变成本是由材料的价格与用量组成的，在项目实施过程中，由于已经固定了裁量的价格，所以智能通过调整材料资源的消耗量来调整材料资源的成本。

在项目文档中，切换到【资源使用状况】视图，在任务的材料资源中调整消耗量即可。

【例 6-8】在【房屋保险理赔处理】项目文档中，将【索赔人提交索赔文件】任务下的【A4 复印纸】调整为 200 张。

(1) 启动 Project 2010 应用程序，打开项目文档【房屋保险理赔处理】，打开【视图】选项卡，在【资源视图】组中单击【资源使用状况】按钮，切换到【资源使用状况】视图。

(2) 选择【索赔人提交索赔文件】任务后的【工时】单元格，该单元格变为微调框，将 A4 复印纸的数量增加到 200 张，如图 6-34 所示。

(3) 在【任务视图】组中单击【任务分配状况】按钮，切换到【任务分配状况】视图，可以看到 A4 复印纸的花费从 50 元变为 100 元，如图 6-35 所示。

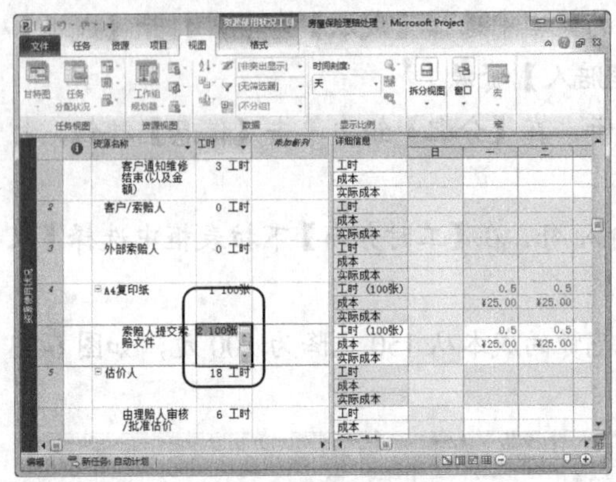
图 6-34　调整资源消耗量

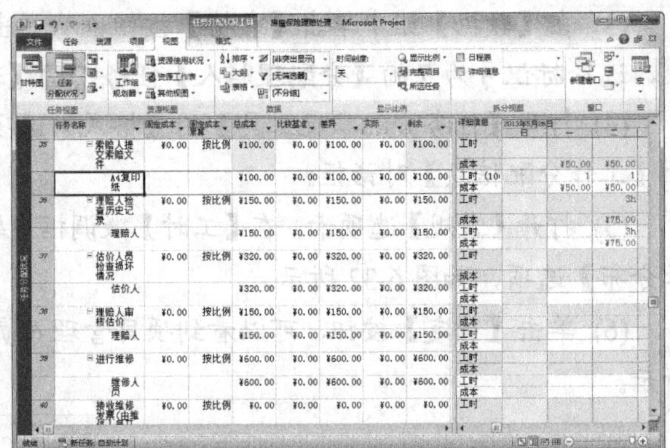
图 6-35　查看调整后的成本

提示

在【甘特图】视图中，打开【资源】选项卡，在【工作分配】组中单击【分配资源】按钮，打开【分配资源】对话框，在其中更改材料资源的数量，同样可以调整材料资源的成本。

6.5 查看分析表

Project 2010 提供了挣值功能，主要根据项目状态日期，通过执行工时成本来评估项目进度，并自动评估项目是否超过预算，从而达到分析项目财务进度的目的。

在 Project 2010 中，可以通过挣值功能全面了解项目的整体绩效，其中挣值又称为盈余分析与盈余值管理，可以帮助项目管理人员对项目的原始成本预算与当前日期的实际工时进行比较，项目管理人员可以设定项目状态日期，以当前日期为基准计算盈余分析的各项参数。通过查看盈余分析数据可以分析从启动日期到状态日期期间，项目的实际情况与计划情况之间的差异。

在使用挣值分析财务进度之前，还需要了解挣值的分析域(即参数)，其含义如下。

- BCWS(计划工作量的预算成本)：从任务的比较基准开始日期到状态日期计划花费在该任务的比较基准成本。
- BCWP(已完成工作量的预算成本)：任务的比较基准成本与任务、资源或工作分配完成百分比的乘积的值。
- ACWP(已完成工作量的实际成本)：在任务开始日期和状态日期之间完成工作量的实际成本。
- SV(预算成本与按进度预算成本的差异)：以成本计算的一项任务实际完成的进度与日程排定的进度之间的差异。
- CV(预算与实际成本的差异)：一项任务实际完成的预算与实际发生的成本之间的差异。
- BAC(比较基准成本)：所有已分配资源的计划成本与所有与任务关联的固定成本之和。
- EAC(估计完成成本)：根据已完成的工作效率估算到最终完成时的预测成本。

- VAC(完成差异)：某项任务、资源或工作分配的 BAC 或比较基准成本与 EAC 之间的差异。

项目经理可以通过不同的计算方法以及挣值表来查看与分析项目的进度与成本。

【例 6-9】在【房屋保险理赔处理】项目文档中，进行挣值分析与管理。

(1) 启动 Project 2010 应用程序，打开项目文档【房屋保险理赔处理】。

(2) 首先需要设置整个项目或单个任务的挣值计算方法，单击【文件】按钮，从弹出的菜单中选择【选项】命令，打开【Project 选项】对话框。

(3) 打开【高级】选项卡，在【该项目挣值选项】选项区域中，单击【默认的任务挣值方法】下拉按钮，从弹出的下拉菜单中选择挣值计算方法，包括完成百分比与实际完成百分比两种计算方法；单击【挣值计算的比较基准】下拉按钮，从弹出的下拉菜单中国选择挣值计算方法所使用的比较基准，包括比较基准、比较基准 1、比较基准 10 等 11 种选项，如图 6-36 所示。

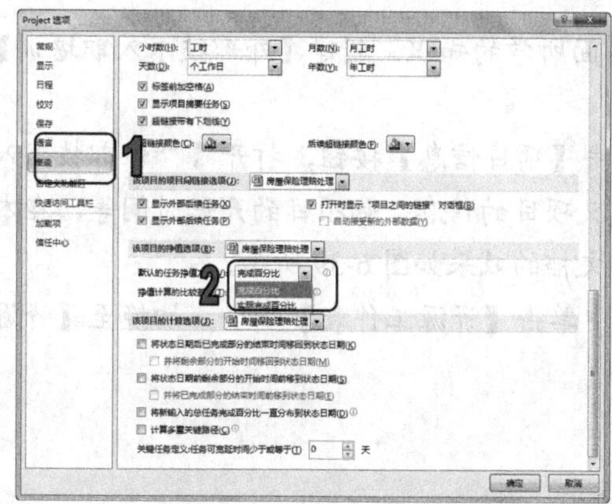

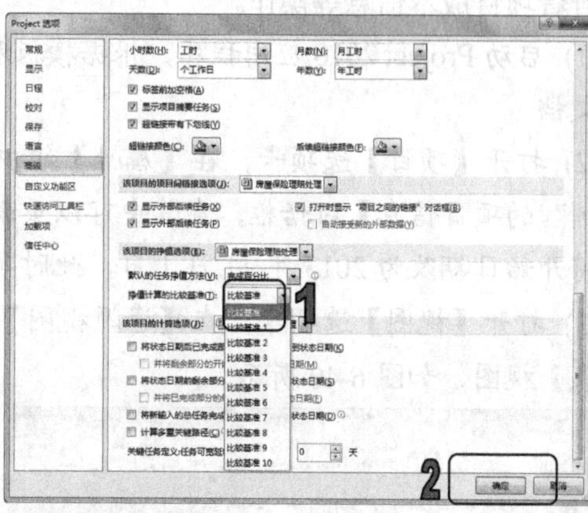

图 6-36　设置比较基准和计算选项

(4) 单击【确定】按钮，关闭对话框，返回至项目文档中。

(5) 打开【视图】选项卡，在【数据】组中单击【表格】按钮，从弹出的菜单中选择【更多表格】命令，打开【其他表】对话框，在【表】列表框中选择【挣值】选项，如图 6-37 所示。

(6) 单击【应用】按钮，打开挣值表，查看与分析项目的进度与成本，如图 6-38 所示。

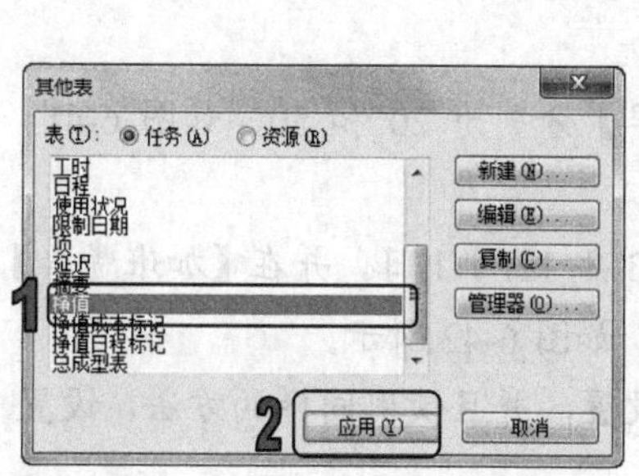

图 6-37　【其他表】对话框

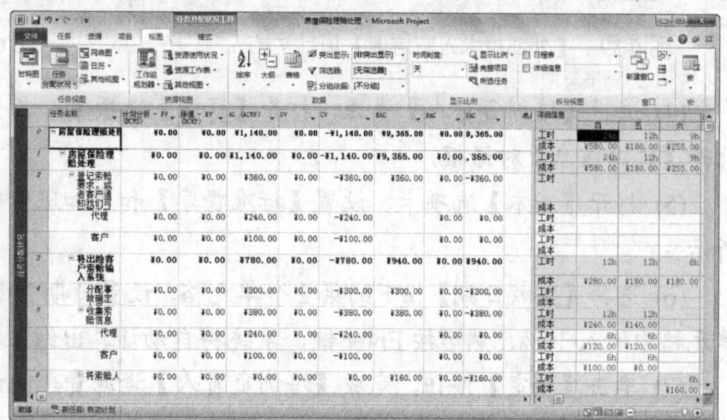

图 6-38　挣值表

知识点

在【其他表】对话框中，选择【挣值日程标记】选项，单击【应用】按钮即可查看进度指数，如 SV%(日程差异百分比)和 SPI(日程业绩指数)；选择【挣值成本标记】选项，单击【应用】按钮，即可查看成本指数，如 CPI(成本业绩指数)和 TCP(待完成业绩指数)。

6.6 上机练习

本章的上机练习通过修改模板【外部技术入职培训】，来练习设置资源费率、设置固定成本、查看项目成本信息等操作。

(1) 启动 Project 2010 应用程序，根据模板和前面所学的知识，创建【外部技术入职培训】项目文档。

(2) 打开【项目】选项卡，在【属性】组中单击【项目信息】按钮，打开【“外部技术入职培训”的项目信息】对话框，在其中可以重新定义项目的信息，如项目的开始时间等，在本例中将开始日期改为 2013 年 11 月 1 日，此时项目文档的效果如图 6-39 所示。

(3) 打开【视图】选项卡，在【资源视图】组中单击【资源工作表】命令，切换至【资源工作表】视图，如图 6-40 所示。

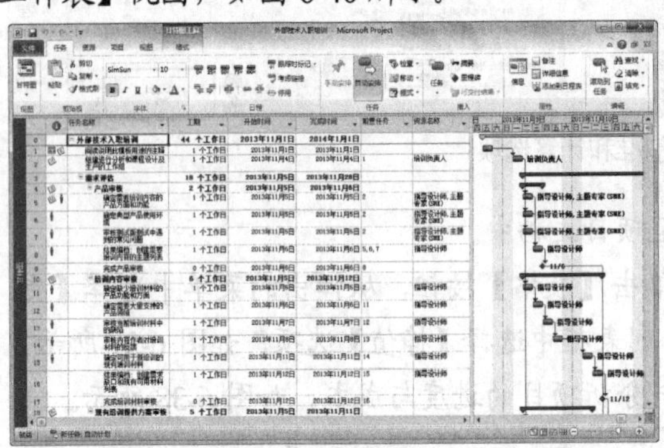

图 6-39　【外部技术入职培训】项目文档

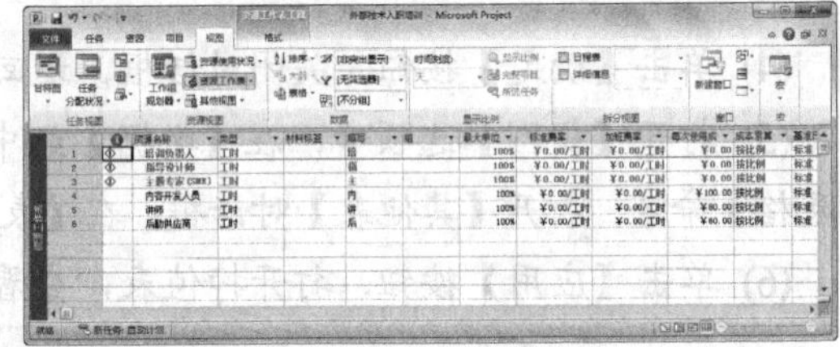

图 6-40　【资源工作表】视图

(4) 选择【培训负责人】资源，打开【资源】选项卡，在【属性】组中单击【信息】按钮，打开【资源信息】对话框。

(5) 打开【成本】选项卡，设置【标准费率】和【加班费率】分别为 20 和 50，如图 6-41 所示。

(6) 选择【生效日期】栏下的第 2 个单元格，设置日期 2013 年 12 月 1 日，并在【加班费率】单元格中输入 10%，然后按 Enter 键，系统将自动计算出结果，如图 6-42 所示。

(7) 单击【确定】按钮，完成【培训负责人】资源费率的设置，并且使用同样的方法，设置其他资源的费率，如图 6-43 所示。

(8) 打开【视图】选项卡，在【任务视图】组单击【甘特图】按钮，切换至【甘特图】视图。

(9) 在【数据】组中单击【表格】按钮，从弹出的菜单中选择【成本】命令，在打开的窗口的【固定成本】域中输入各项任务的固定成本，如图 6-44 所示。

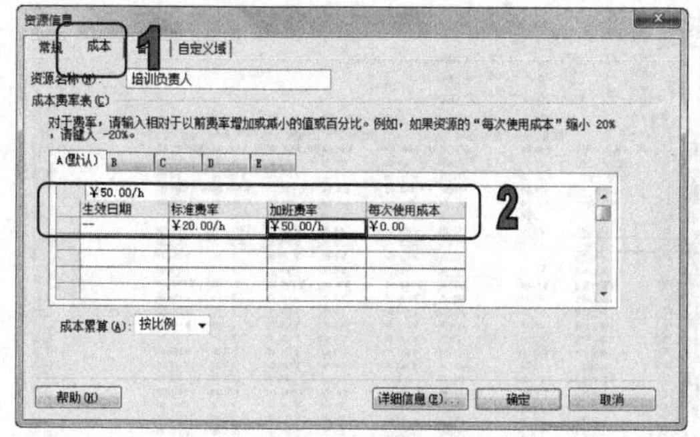

图 6-41　设置资源的一个费率

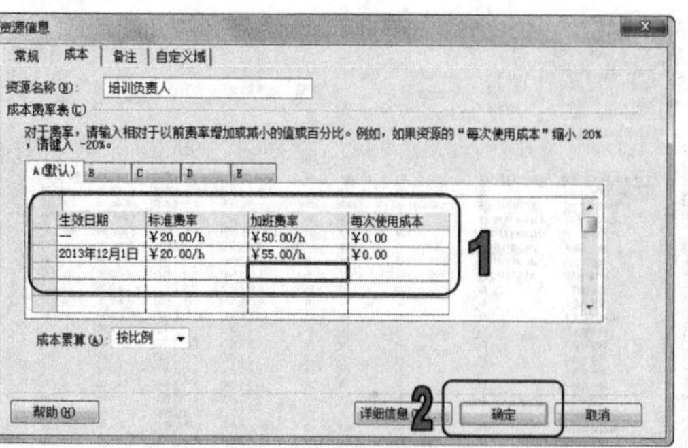

图 6-42　设置资源的其他费率

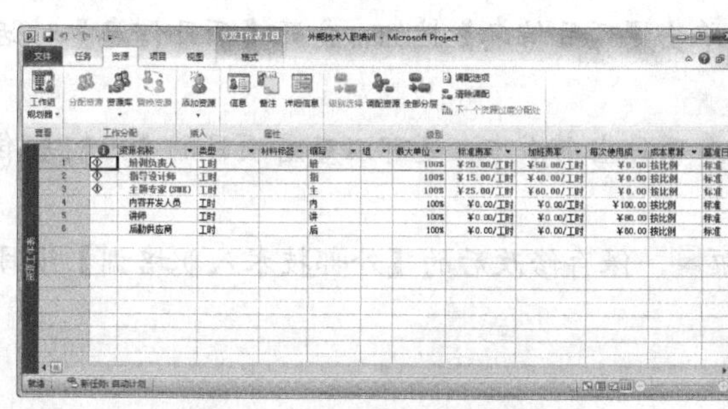

图 6-43　输入其他资源的费率

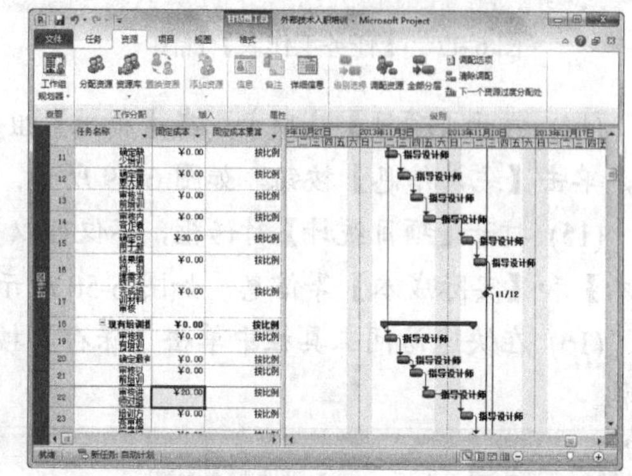

图 6-44　输入固定成本

(10) 在【视图】选项卡的【数据】组中，单击【表格】按钮，从弹出的菜单中选择【跟踪】命令，在打开的窗口中把标识号为 2 的任务的【完成百分比】和【实际完成百分比】设置为 100%，然后在【实际成本】栏中输入实际成本，如图 6-45 所示。

(11) 使用同样的方法，输入其他任务的实际成本，如图 6-46 所示。

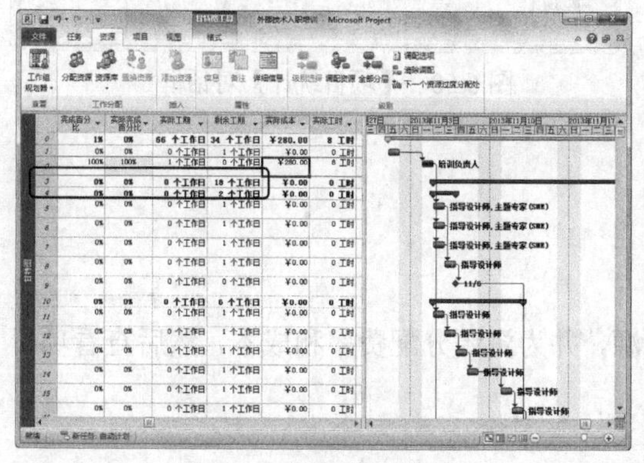

图 6-45　输入实际成本

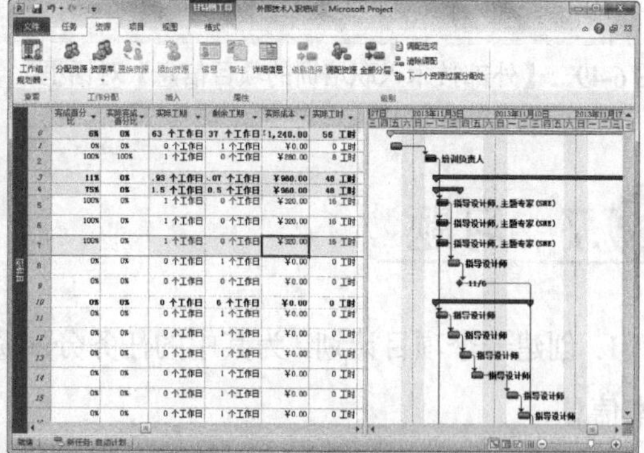

图 6-46　输入其他任务的实际成本

(12) 打开【视图】选项卡，在【任务视图】组中单击【其他视图】按钮，从弹出的菜单中选择【任务工作表】选项，打开【任务工作表】视图，如图 6-47 所示。

(13) 在【视图】选项卡的【数据】组中，单击【表格】按钮，从弹出的菜单中选择【成本】命令，此时就可以查看每项任务的成本信息，如图 6-48 所示。

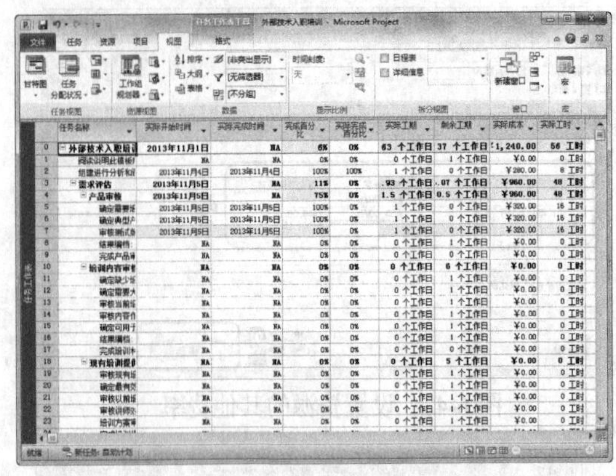
图 6-47 【任务工作表】视图

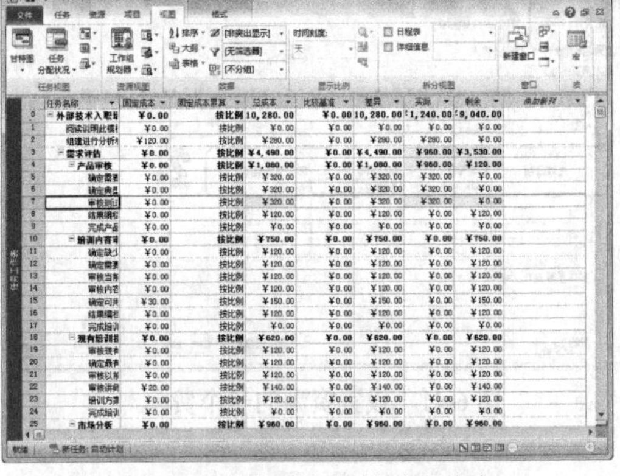
图 6-48 查看任务的成本信息

(14) 打开【项目】选项卡，在【属性】组中单击【项目信息】按钮，打开【项目信息】对话框，单击【统计信息】按钮，如图 6-49 所示.

(15) 打开【项目统计】对话框，不仅可以查看项目当前成本，还可以查看项目的【比较基准成本】和【实际成本】等信息，如图 6-50 所示。

(16) 在快速访问工具栏中单击【保存】按钮，保存修改后的【外部技术入职培训】项目文档。

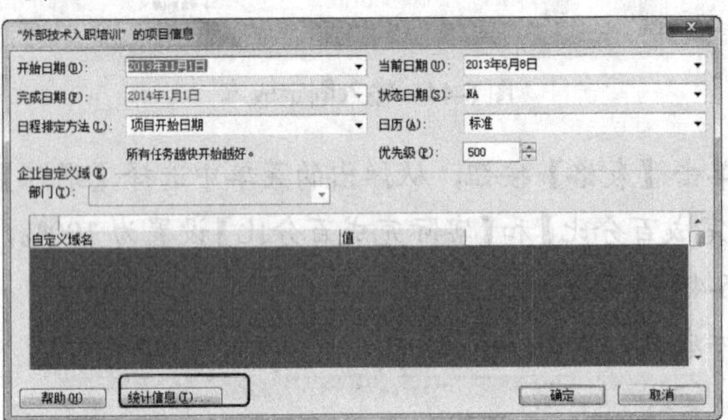

图 6-49 【外部技术入职培训的项目信息】对话框

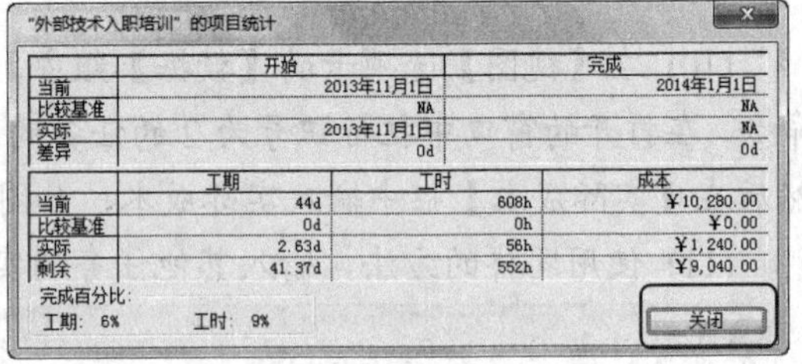

图 6-50 【项目统计】对话框

6.7 习题

1. 创建一个项目计划，为其中的任务分配资源，并为资源分配费率和成本，然后查看项目成本信息。

2. 在习题 1 的项目计划中，查看分析表控制。

第7章 管理项目进度

学习目标

项目进度管理是整个项目管理中最重要的一个组成部分。在项目实施过程中，会有不同的因素影响任务完成的结果，这就需要跟踪项目的实际运行状态，包括设置比较基准、更新进度、显示进度线和查看项目进度等。

本章重点

- 项目进度管理概述
- 设置跟踪
- 跟踪项目进度
- 查看项目进度

7.1 项目进度管理概述

项目进度管理是项目管理中的重要组成部分，是保证项目如期完成与合理安排资源、节约项目成本的重要措施之一。下面将介绍项目进度管理的一些常用的知识，如项目进度计划、比较基准与中期计划等。

7.1.1 项目进度管理

项目进度管理是指在项目实施过程中，对各阶段的项目进程与期限进行的一系列的管理，即在规定的时间内，拟定出合理且经济的进度计划，并在执行该计划的过程中，检查实际进度是否与进度计划相一致。若出现偏差，立即找出原因，并采取必要的补救措施。

项目进度管理的目的是保证项目在满足其时间约束条件的前提下，实现项目的总体目标。

项目管理的要点主要包括以下内容。

- 建立组织架构：在项目实施之前，需要建立项目管理团队、管理模式、操作程序等管理目标。
- 建立网络体系：由于项目中涉及许多部门，所以在项目实施之前还需建立一个严密的合同网络体系，避免部门之间的摩擦与扯皮的发生。
- 制订项目计划：制订一个包括施工单位、业主、设计单位等可行的三级工程计划。
- 检查/评审设计：确定设计单位并签订设计合同，以及检查与评审设计质量与设计速度，以确保项目的顺利实施。
- 项目招标：施工单位需要进行招标、评标及签订总包、分包、材料、供货等施工合同。

7.1.2 项目进度计划

项目进度计划是项目各项工作的开展顺序、开始及完成时间及相互衔接关系的计划，包括所有的工作任务、相关成本与任务估计时间等。进度计划是进度控制和管理的依据，其目的是控制项目时间。

按照不同阶段的先后顺序，项目进度计划包括如下 3 种类型。

- 实施计划：项目实施计划是根据重大里程碑时间、相应的资源、社会与经济情况制订的总体实施计划。在该计划中，明确了项目中的人员、设备、材料、主体施工等方面的计划安排。
- 目标计划：在建立项目实施计划基础上制定出详细的工作分解，并根据网络技术原理，按照紧前、紧后的工序制定的施工计划。
- 更新计划：更新计划是根据实施过程的跟踪检查，找出实际进度与计划进度之间的偏差，并依据实际情况对目标计划进行偏差调整。

在项目实施之前，需要先制订一个科学合理的进度计划，然后按照计划逐步实施，其计划编制过程主要包括如下几个步骤。

- 收集信息资料：在编制计划之前需要收集项目背景、实施条件、人员需求、技术水平等有关项目真实、可靠的项目信息和资料，用来作为编制计划的依据。
- 项目结构分解：主要是依据工作分解结构 WBS 详细列举项目中的必要工作。
- 工作描述：用来说明工作分解结构中所有工作包的重要情况。
- 确定工作责任：又称分配工作责任，用于项目组织中分配任务和落实责任。
- 确定工作顺序：是项目活动排序的依据和方法，主要包括确定强制性逻辑关系、确定组织关系及确定外部制约关系等内容。
- 估算项目活动时间：在工作详细列表、资源需求、资源能力等数据基础上，利用专家判断、类别估计等方法估算项目的活动时间。
- 绘制网络图：利用单代号法和双代号法绘制项目任务的网络图。
- 项目进度安排：主要包括项目进度安排的意义和方法。

7.1.3　比较基准与中期计划

在开始跟着项目之前，还需要设置比较基准，以便能够将它与项目中后面的最新日程进行比较。虽然比较基准与中期计划具有相似之处：将当前日期与先前日期进行比较，但二者之间还存在巨大的差异。下面将分别介绍比较基准与中期计划相关知识。

1. 比较基准

所谓“基准”，是指在计划结束时，或者是在其他关键阶段结束时保存的一组原始数据或项目图。基准实质上是一组数据，并与跟踪时输入的实际数据保存在同一个文件中。因此，比较基准就是在项目中输入任务、资源、工作分配和成本信息后，所保存的初始计划的参照点。这些参照点大约有 20 个，并分为开始日期、完成日期、工期、工时和成本估计 5 种类型。通过设置比较基准，可以在完成和优化原始项目计划时记录计划。在项目不断推进时，可以通过设置附加比较基准的办法来改进测量计划。

提示

当出现与当前数据不同的比较基准信息时，则表明项目的原始计划不再准确，此时，管理者需要修改或重新设置比较基准。另外，对于长期项目或对因计划的任务或成本发生重大变化而导致比较基准不相关的项目而言，需要设置多个比较基准。在 Project 中，可以为每个项目最多设置 11 个比较基准。

通过设置比较基准，可以在项目进行过程中随时与实际中输入的任务、资源、工作分配和成本的更新信息进行详细的比较，从而掌握实际值与原始计划值之间的差异，其中，比较基准主要包括任务、资源与工作分配域信息，如表 7-1 所示。

表 7-1　项目管理的发展阶段

任务域	资源域	工作分配域
开始时间	工时	开始时间
完成时间	成本	完成时间
工期		工时
工时		成本
成本		

2. 中期计划

中期计划是在项目开始后保存的当前项目的一组数据，可以用来与比较基准进行比较，从而评估项目的进度。在中期计划中，只保存当前开始日期与当前完成日期两种信息。

在 Project 中，可以为项目设置 10 个中期计划，当管理者需要在计划阶段保留详尽的项目数据记录时，则需要设置多个比较基准，而不需设置中期计划。另外，在项目开始后，当管理者只需要保存任务的开始日期和完成日期时，便可以设置多个中期计划。

7.2 设置跟踪

在开始跟踪进度之前，需要根据项目计划设置项目的比较基准与中期计划，以便与最新的实际信息进行比较，并根据比较结构调整计划与实际信息直接的差异。

7.2.1 设置比较基准

制定项目计划之后，为显示当前计划与原始计划的吻合程度，还需要为项目设置比较基准，同时，为了促使已保存的比较基准与当前计划值相吻合，还需要根据项目的实际情况更新比较基准值。

1. 保存比较基准

在 Project 2010 中，可以为项目保存 11 种比较基准值。打开【项目】选项卡，在【日程】组中单击【设置比较基准】按钮，从弹出的菜单中选择【设置比较基准】命令，打开【设置比较基准】对话框，如图 7-1 所示，在其中可以设置比较基准的选项即可。

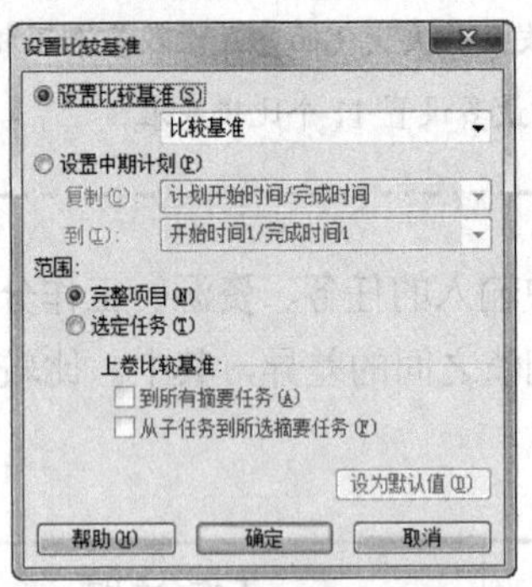

图 7-1 【设置比较基准】对话框

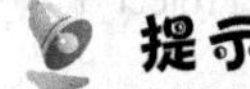

提示

当选中【选定任务】单选按钮，【设为默认值】按钮才能显示为可选择状态，单击该按钮，可以将所设置的选项设置为默认值。

【例 7-1】】在【房屋保险理赔处理】项目文档中，设置比较基准，并将比较基准域信息显示出来。

(1) 启动 Project 2010 应用程序，打开项目文档【房屋保险理赔处理】，切换至【甘特图】视图。

(2) 打开【项目】选项卡，在【日程】组中单击【设置比较基准】按钮，从弹出的菜单中选择【设置比较基准】命令，打开【设备比较基准】对话框。

(3) 保持默认设置，单击【确定】按钮，完成设置。

(4) 选中【任务名称】栏，右击，在弹出的快捷菜单中选择【插入列】命令，插入新列，并弹出【域名称】下拉列表框，在其中选择【比较基准成本】选项，如图 7-2 所示。

(5) 此时即可在【甘特图】视图中显示【比较基准成本】域，并显示比较基准成本值，效果如图 7-3 所示。

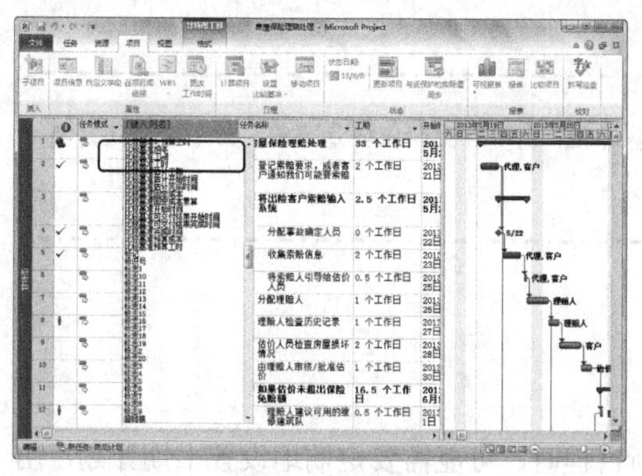

图 7-2　插入列

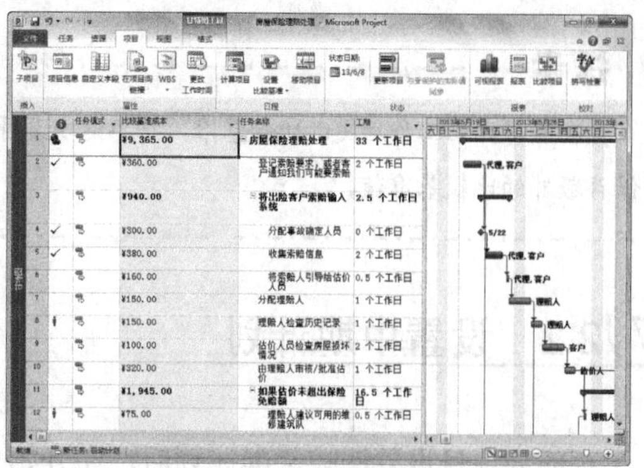

图 7-3　显示比较基准成本

(6) 使用同样的方法，显示【比较基准工期】、【比较基准开始时间】和【比较基准完成时间】域，如图 7-4 所示。

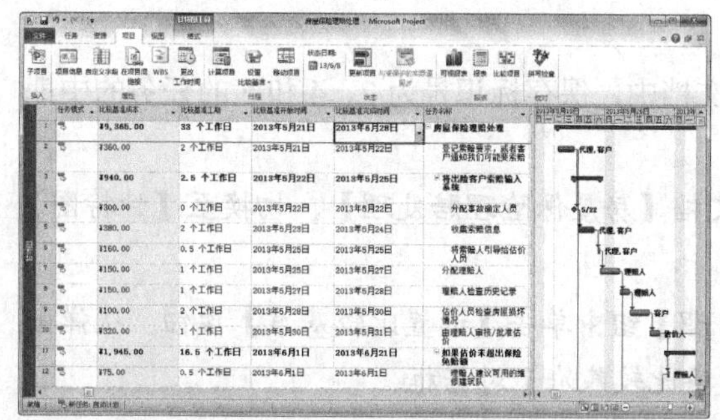

图 7-4　显示比较基准的数据

知识点

在保存比较基准时，如果用户想保存某些任务的比较基准，则需要在【设置比较基准】对话框的【范围】选项区域中选中【选定任务】单选按钮。

2. 更新比较基准

项目管理者在完成项目规划并保存比较基准后，随着项目的运作，需要对任务工期、工作分配等一些项目计划进行调整。这时，为了促使已保存的比较基准与当前计划值相吻合，就需要更新比较基准值。

在项目文档中，打开【项目】选项卡，在【日程】组中单击【设置比较基准】按钮，从弹出的菜单中选择【设置比较基准】命令，打开如图 7-5 所示的【设置比较基准】对话框，保存默认设置，单击【确定】按钮，系统会自动弹出如图 7-6 所示的信息提示框，单击【是】按钮，即可更新比较基准。

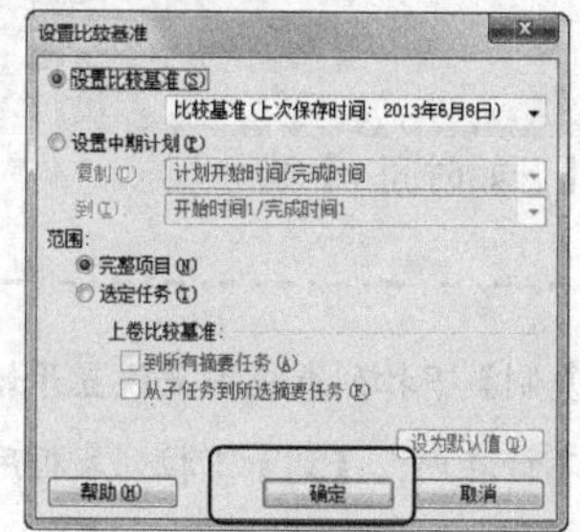

图 7-5　设置更新比较基准选项

图 7-6　信息提示框

提示

在项目开始工作后更新比较基准，将不能恢复原始基准值，所以在更新比较基准前，为了保险还需要保存额外的比较基准值。

7.2.2 设置中期计划

对部分项目设置比较基准计划后，在开始更新日程时，可能需要定期地设置中期计划，用来保存项目中的开始时间与完成时间，从而方便跟踪项目的进度。

要设置中期计划，只需要在【设置比较基准】对话框中选中【设置为中期计划】单选按钮即可。中期计划只保存项目文档中的开始时间或完成时间，而不保存工时或成本，通过中期计划与实际值比较，可跟踪项目的进度。

【例 7-2】】在【房屋保险理赔处理】项目文档中，保存标识号为 2、4 和 5 的任务的中期计划，并将保存的中期数据显示出来。

(1) 启动 Project 2010 应用程序，打开项目文档【房屋保险理赔处理】，切换至【甘特图】视图。

(2) 选择标识号为 2、4 和 5 的任务，在【日程】组中单击【设置比较基准】按钮，从弹出的菜单中选择【设置比较基准】命令，打开【设备比较基准】对话框。

(3) 选中【设置为中期计划】和【选定任务】单选按钮，单击【确定】按钮，完成设置，如图 7-7 所示。

(4) 右击【开始时间】栏，在弹出的快捷菜单中选择【插入列】命令，插入列，并在【域名称】下拉列表框中选择【开始时间 1】选项，如图 7-8 所示。

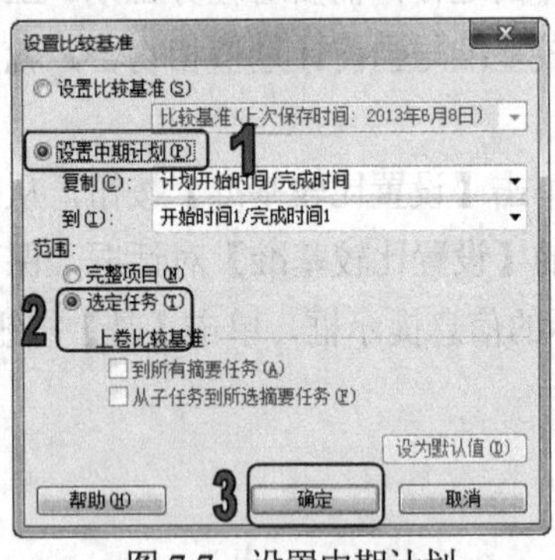

图 7-7　设置中期计划

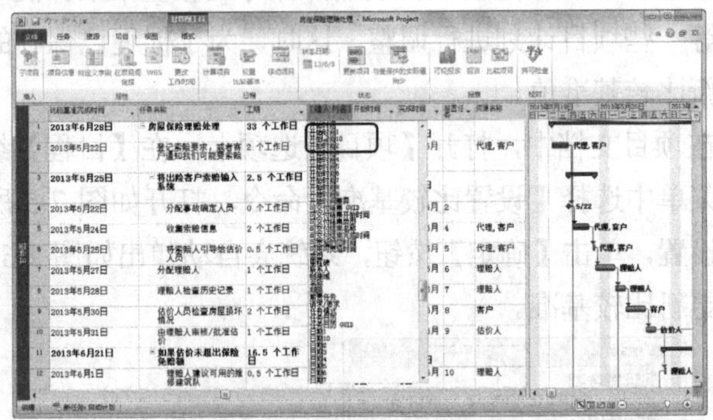

图 7-8　添加【开始时间 1】域

知识点

在【设置比较基准】对话框中的【设置中期计划】选项区域中，【复制】下拉列表框用来设置开始时间、完成时间与比较基准，而当前的开始时间、完成时间与比较基准值不计在内；【到】下拉列表框用来设置复制到其中的中期计划的名称，其中中期计划存储在开始时间与完成时间的字段中。

(5) 此时将显示【开始时间 1】域，并显示选定任务的中期计划的开始时间，如图 7-9 所示。

(6) 使用相同的方法，添加【完成时间 1】域，并显示选定任务的中期计划的完成时间，如图 7-10 所示。

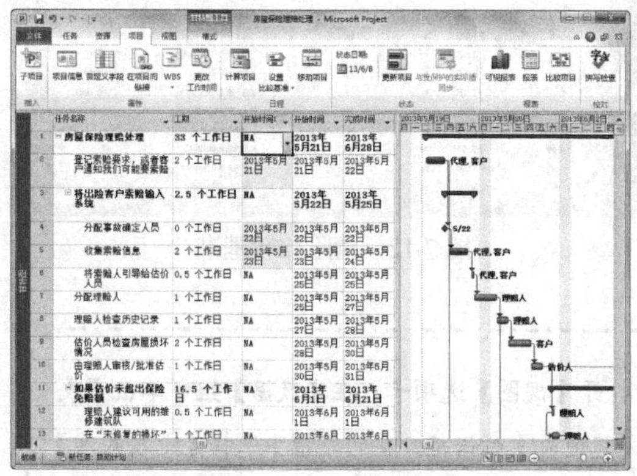

图 7-9　显示开始时间

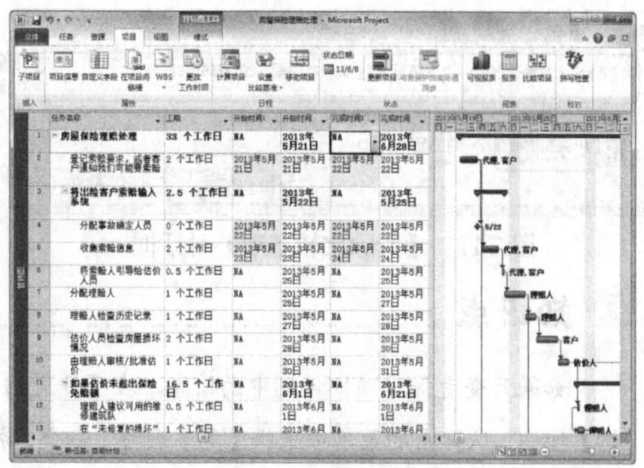

图 7-10　显示完成时间

提示

在 Project 2010 中最多可以设置 10 个中期计划，在插入的【开始时间 1】列表中，显示 NA 的单元格表示未设置中期计划。

7.2.3　清除跟踪

为项目设置了比较基准或中期计划后，当保存的比较基准或中期计划过多或不需要时，可以将它们清除，节省计算机资源。要清除跟踪，可以打开【项目】选项卡，在【日程】组中单击【设置比较基准】按钮，从弹出的菜单中选择【清除比较基准】命令，打开【清除比较基准】对话框，选择需要清除的计划即可。

【例 7-3】在【房屋保险理赔处理】项目文档中清除保存为【比较基准】的比较基准值。

(1) 启动 Project 2010 应用程序，打开项目文档【房屋保险理赔处理】。

(2) 打开【项目】选项卡，在【日程】组中单击【设置比较基准】按钮，从弹出的菜单中选择【清除比较基准】命令，打开【清除比较基准】对话框。

(3) 选中【清除比较基准计划】单选按钮，在其后的下拉列表框中选择【比较基准】选项，选中【完整项目】单选按钮，如图 7-11 所示。

(4) 单击【确定】按钮，此时比较基准值均为 0，如图 7-12 所示。

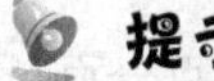

提示

在【清除比较基准】对话框中选中【清除中期计划】单选按钮，然后在其后的下拉列表框中已设置的中期计划，单击【确定】按钮，即可清除设置好的中期计划。

图 7-11 【清除比较基准】对话框

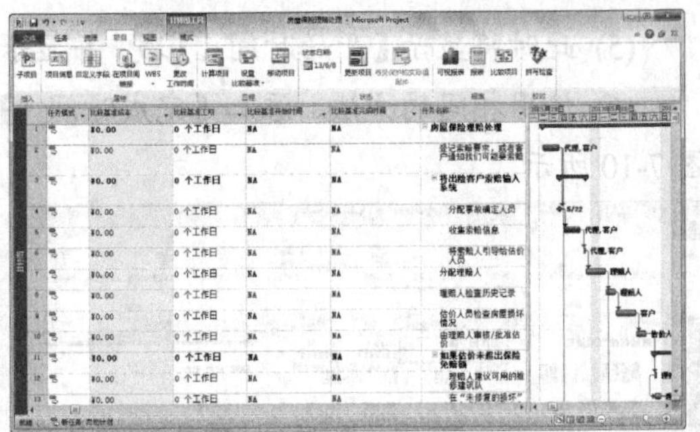

图 7-12 清除比较基准

知识点

如果只查看保存项目计划中的信息，在项目文档中，打开【视图】选项卡，在【数据】组中单击【表格】按钮，从弹出的菜单中选择【更多表格】命令，打开【其他表】对话框，在列表框中选择【比较基准】选项，然后单击【应用】按钮，在打开的视图中，可以查看对应任务的比较基准工期、比较基准开始时间、比较基准完成时间、比较基准工时和比较基准成本等信息。

7.3 跟踪项目进度

为了进一步跟踪项目进度情况，为项目建立了比较基准计划后，需要不断地更新项目的日程。例如，任务的实际开始日期和完成日期，任务完成百分比或实际工时。跟踪这些实际值可以让用户了解所作的更改如何影响其他任务并最终影响项目的完成日期。

Project 能够根据输入的实际值重排项目的其他部分，也可使用该信息监视任务进度，管理成本以及制定项目人员的计划，并搜集项目的历史数据以进行总结，便于更有效地计划将来的项目。

7.3.1 更新整个项目

项目更新是以项目当前的实际数据为依据的，Project 提供了以下两种方式来确定每个任务完成的百分比。

- 按日程比例设定任务的完成百分比更新进度：任务在更新日期之前已经完成的部分视为已完成的部分，而在更新日期之后需要完成的部分视为待完成部分，按此原则计算任务完成的百分比。
- 未全部完成进度的任务完成百分比为 0：指在更新日期之前全部完成任务时为百分百完成，而更新日起还在进行的任务则全部视为完成百分比为 0。

这两种方式考虑的问题各有侧重点，前者适合于查看项目当前的详细情况，在任务的资源及项目进度比较清晰时采用；而后者比较适用于任务的未知情况变化比较大的项目。

要更新项目，可以打开【项目】选项卡，在【状态】组中单击【更新项目】按钮，打开【更新项目】对话框，如图 7-13 所示，在其中设置相应的选项即可。

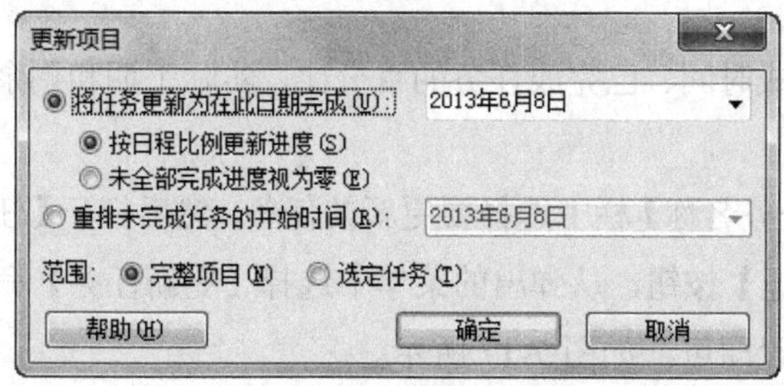

图 7-13 【更新项目】对话框

提示

如果日程开始日期在该对话框中输入的日期之后，Project 会认为任务还没有开始而将完成百分比设置为 0。

【例 7-4】 在【房屋保险理赔处理】项目文档中，将项目进度更新为 2013 年 5 月 30 日。

(1) 启动 Project 2010 应用程序，打开项目文档【房屋保险理赔处理】，如图 7-14 所示。

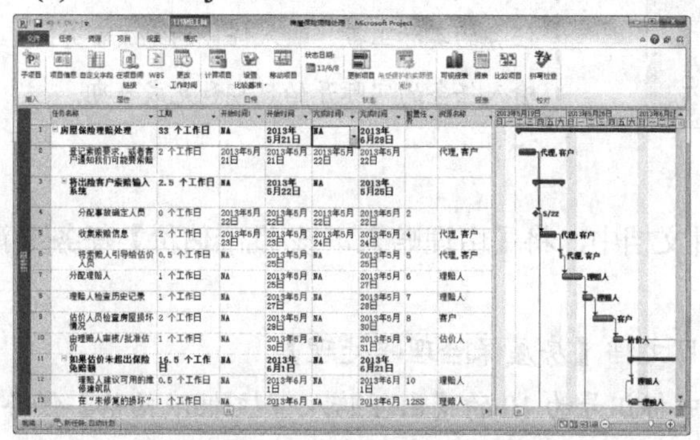

图 7-14 打开项目文档“房屋保险理赔处理”

知识点

如果日程完成日期在输入的日期之前，Project 会认为任务已经完成而将完成百分比设置为 100%；如果日程开始日期在输入的日期之前而日程完成日期在输入的日期之后，Project 会认为任务在进行中而开始计算完成百分比。

(2) 打开【项目】选项卡，在【状态】组中单击【更新项目】按钮，打开【更新项目】对话框。

(3) 在【将任务更新为在此日期完成】下拉列表框中选择【2013 年 5 月 30 日】，如图 7-15 所示。

(4) 单击【确定】按钮，此时在图表区看到进度线显示为 2013 年 5 月 30 日的项目进度，如图 7-16 所示。

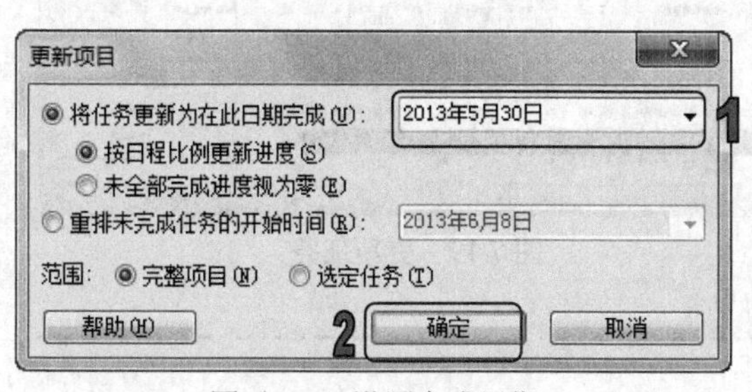

图 7-15 设置完成日期

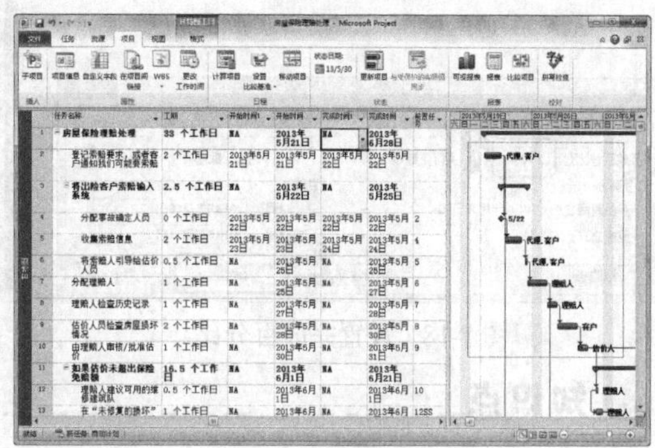

图 7-16 更新项目

7.3.2 更新任务

更新任务包括更新任务实际开始时间和完成时间、已完成任务的百分比、实际工期和剩余工期等。

要更新任务，需要在【甘特图】视图的【任务名称】栏中选择要更新的任务，然后打开【任务】选项卡，在【日程】组中单击【跟踪时标记】按钮，从弹出的菜单中选择【更新任务】命令，打开【更新任务】对话框，在其中进行设置即可，如图 7-17 所示。

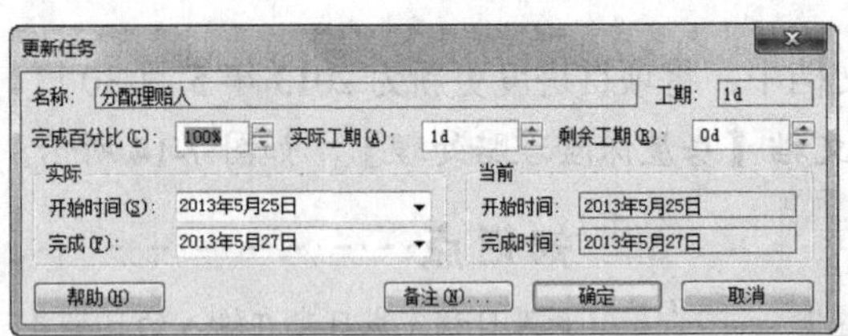

图 7-17　【更新任务】对话框

> **提示**
>
> 在【更新任务】对话框中，Project 提供了 3 种不同的方法来进行任务更新：输入任务的实际工期、输入任务的完成百分比、输入任务的实际开始日期和完成日期。

【例 7-5】在【房屋保险理赔处理】项目文档中，将【由理赔人审核/批准估价】任务更新为已全部完成。

(1) 启动 Project 2010 应用程序，打开项目文档【房屋保险理赔处理】。

(2) 在【甘特图】视图的【任务名称】栏中标识号为 10 的【由理赔人审核/批准估价】任务，打开【任务】选项卡，在【日程】组中单击【跟踪时标记】按钮，从弹出的菜单中选择【更新任务】命令，打开【更新任务】对话框。

(3) 在【完成百分比】微调框中输入 100%，单击【确定】按钮，如图 7-18 所示

(4) 完成任务的更新，此时在【甘特图】视图中【由理赔人审核/批准估价】任务对应的蓝色条形图上出现一条黑色线条表示进度，如图 7-19 所示。

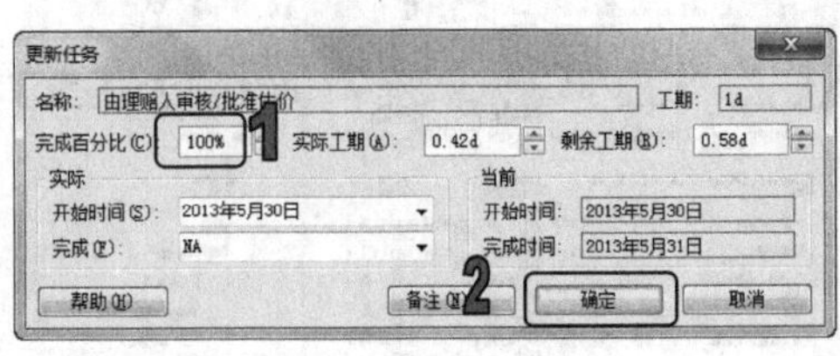

图 7-18　设置完成百分比

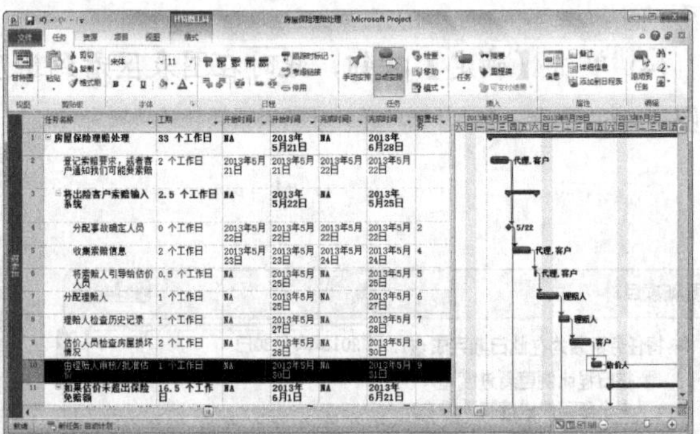

图 7-19　更新任务

> **知识点**
>
> 另外，可以在【任务】选项卡的【日程】组中直接单击【25%已经完成】按钮、【50%已经完成】按钮、【75%已经完成】按钮、【完全完成】按钮来更新任务。

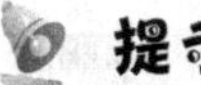

提示

设置了任务的完成百分比后，重新打开【更新任务】对话框，会发现任务的开始或完成日期、实际工期、剩余工期等信息都得到了更新。当任务 100%完成后，系统将在备注栏中用✓标记表示出来。

7.3.3　更新资源信息

在保存项目计划工作时，通常已对资源进行了设置，如安排人员完成某个任务、工作时间等。但在实际工作中，如果项目计划发生了改变，还需要对资源信息进行更新，如资源的实际工时、剩余工时等。

要更新资源信息，首先需要切换到【资源使用状况】视图，然后选中要更新的资源对应的任务名称，打开【资源使用状况工具】的【格式】选项，在【分配】组中单击【信息】按钮，打开【工作分配信息】对话框的【跟踪】选项卡，在其中输入实际工时、剩余工时等信息，如图 7-20 所示。

【例 7-6】在【房屋保险理赔处理】项目文档中，完成【协商伤害解决方法】任务时，只能安排 24 个工时，查看完成的百分比。

(1) 启动 Project 2010 应用程序，打开项目文档【房屋保险理赔处理】，打开【视图】选择卡，在【资源视图】组中单击【资源使用状况】按钮，切换到【资源使用状况】视图，选中理赔人对应的【协商伤害解决方法】任务所在的单元格，如图 7-21 所示。

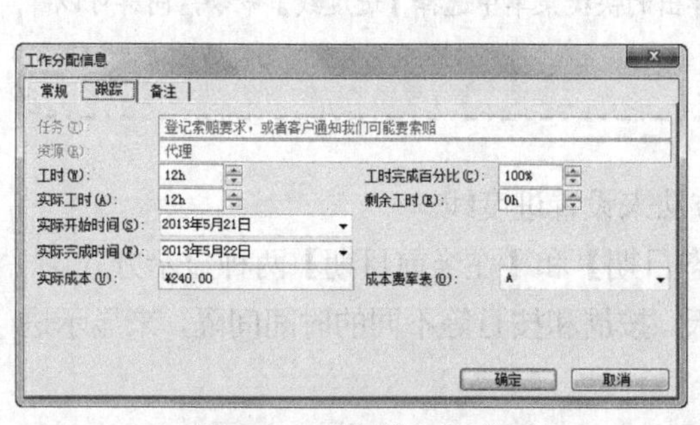

图 7-20　【跟踪】选项卡

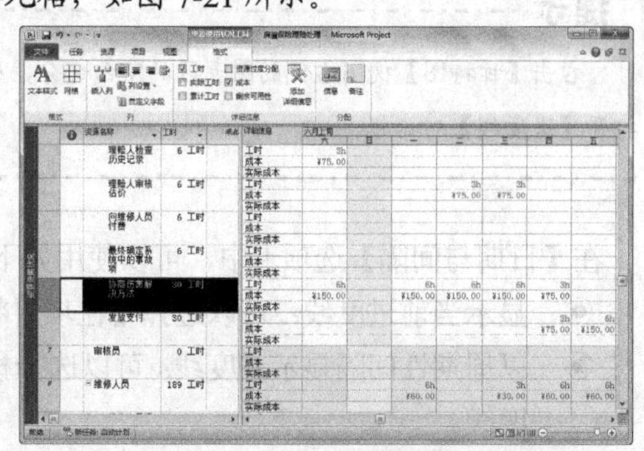

图 7-21　【资源使用状况】视图

(2) 打开【资源使用状况工具】的【格式】选项，在【分配】组中单击【信息】按钮，打开【工作分配信息】对话框。

(3) 打开【跟踪】选项卡，此时计划工时为 30h，工时完成百分比为 3%，实际工时为 1h，剩余工时为 29h，如图 7-22 所示。

(4) 在【工时】微调框中输入 24h，然后单击【确定】按钮，完成资源的更新操作。

(5) 使用同样的方法，打开【工作分配信息】对话框的【跟踪】选项卡，此时可以看到工时完成百分比为 4%，如图 7-23 所示。

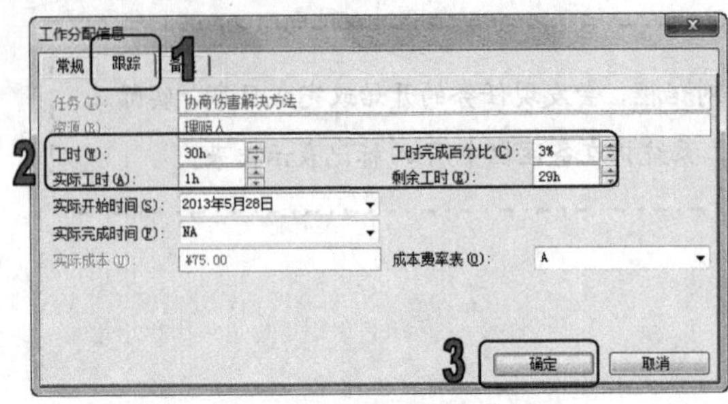

图 7-22　原始的资源信息

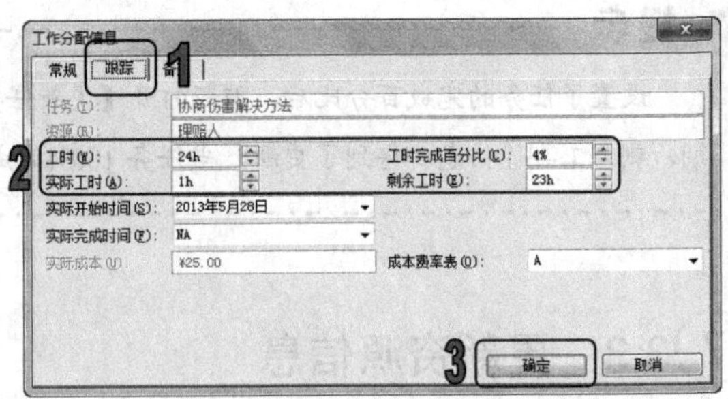

图 7-23　查看工时完成百分比

7.3.4　使用项目进度线

项目进度线是反映进度状况的一条状态线，是根据设定的日期构造的一条直线。此线与每个任务的进度相连，主要用来跟踪项目的进度情况，当任务进度落后时，任务完成的任务完成的进展线的重点将显示在进度线的左边；当任务进度超前时，任务完成的进展线的重点将显示在进度线的右边。

要设置项目进度线，可在【甘特图】视图中，打开【甘特图工具】的【格式】选项卡，在【格式】组中单击【网格线】按钮，从弹出的菜单中选择【进度线】命令，打开【进度线】对话框的【日期与间隔】选项卡，设置有关进度线的选项即可，如图 7-24 所示。

提示

右击【甘特图】视图右侧的图表区的空白部分，从弹出的快捷菜单中选择【进度线】命令，同样可以打开【进度线】对话框。

在【日期与间隔】选项卡中，可以使用如下方法来设置进度线。

- 显示当前进度线：可以选择【在项目状态日期】和【在当前日期】两种显示方式。
- 以周期性间隔显示进度线：可以选择按天、按周和按月等不同的时间间隔，来显示进度线。
- 显示选定的进度线：可以显示自行设定的进度线。

知识点

状态日期是指用来报告项目的时间、成本或业绩条件的设定日期，在 Project 2010 中默认为计算机当前日期。当然也可以自行设置状态日期，打开【项目】选项卡，在【状态】组中单击【状态日期】标准日期，打开【状态日期】对话框，在【选择日期】下拉列表框中选择需要的日期即可。

另外，还可以根据需要自定义进度线的线条样式，在【进度线】对话框中打开【线条样式】选项卡，设置进度线的类型、线条的类型和颜色、时度点的形状和颜色，以及是否在进度线的

顶点显示日期等信息，如图 7-25 所示。

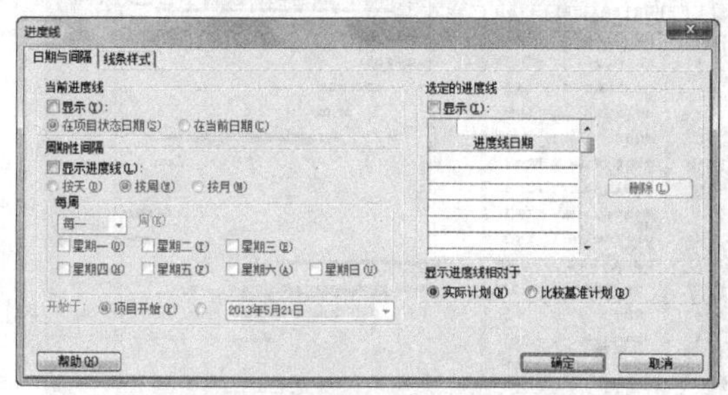

图 7-24　【日期和间隔】选项卡

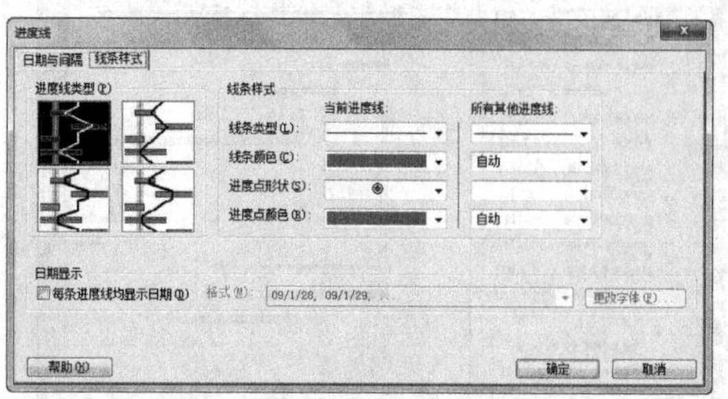

图 7-25　【线条样式】选项卡

【例 7-7】在【房屋保险理赔处理】项目文档中，显示当前状态的进度线和以每周二为间隔的进度线，重新设置进度线类型，并且设置线条颜色为【绿色】，进度点为【♥】。

(1) 启动 Project 2010 应用程序，打开项目文档【房屋保险理赔处理】，切换至【甘特图】视图。

(2) 打开【甘特图工具】的【格式】选项卡，在【格式】组中单击【网格线】按钮，从弹出的菜单中选择【进度线】命令，打开【进度线】对话框。

(3) 打开【日期与间隔】选项卡，在【当前进度线】选项区域中选中【显示】复选框；在【周期性间隔】选项区域中选中【显示进度线】复选框；在【每周】选项区域中选中【星期二】复选框，如图 7-26 所示。

(4) 打开【线条样式】选项卡，在【进度线类型】选项区域中选择第二种类型，在【线条颜色】下拉列表框中选择【绿色】选项，在【进度点形状】下拉列表框中选择一种样式，如图 7-27 所示。

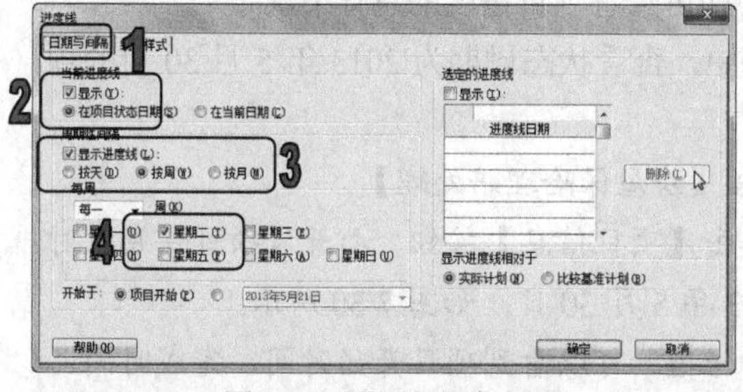

图 7-26　设置日期与间隔

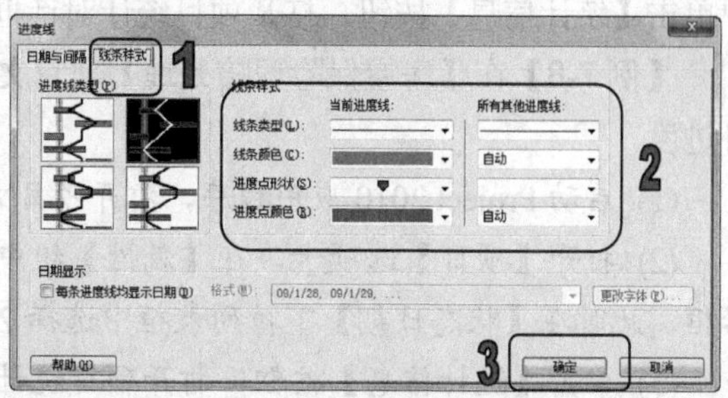

图 7-27　设置线条样式

(5) 单击【确定】按钮，完成设置，得到如图 7-28 所示的几条进度线。

知识点

在【线条样式】选项卡【日期显示】选项区域中，选中【每条进度线均显示日期】复选框，可以在每条进度线上显示日期值，效果如图 7-29 所示。并可以通过日期后面【格式】下拉按钮，设置日期的显示格式。另外，单击【更改字体】按钮，可以打开【字体】对话框，在其中设置详细的字体格式，如字体、字形、字号和下划线等。

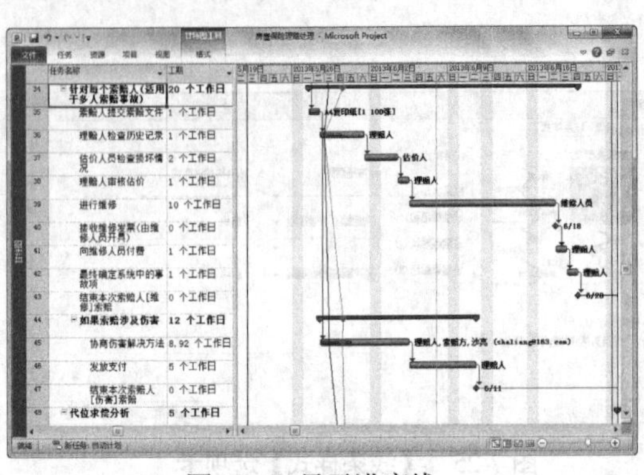

图 7-28　显示进度线

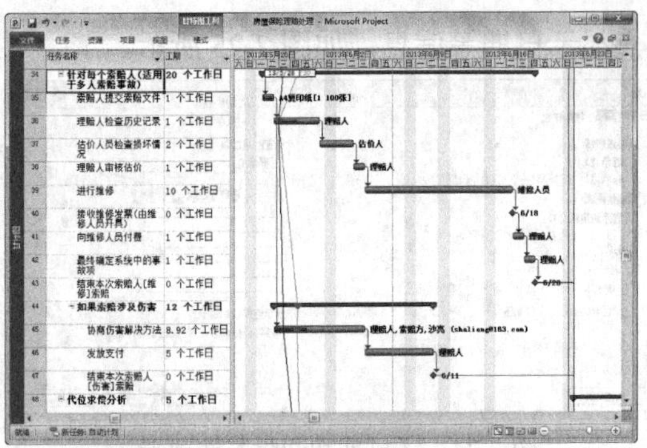

图 7-29　在每条进度线上显示日期

7.4　查看项目进度

查看项目进度可以随便了解项目的进展情况，了解是否有任务未完成，了解项目实际运行情况与计划的差异等，并根据这些情况来调整任务，以保证项目的顺序完成。

7.4.1　查看项目进度总体情况

在项目实施过程中，随时查看项目的完成情况，可以大致了解项目能否按时按质完成。打开【项目】选项卡，在【属性】组中单击【项目信息】按钮，打开【项目信息】对话框，在其中单击【统计信息】按钮，打开项目统计对话框中即可查看项目进度的总体情况。

【例 7-8】在【房屋保险理赔处理】项目文档中，查看状态日期为 2013 年 5 月 30 日的项目进度。

(1) 启动 Project 2010 应用程序，打开项目文档【房屋保险理赔处理】。

(2) 打开【项目】选项卡，在【属性】组中单击【项目信息】按钮，打开【项目信息】对话框，此时在【状态日期】下拉列表框中选择 2013 年 5 月 30 日，如图 7-30 所示。

(3) 单击【统计信息】按钮，打开项目统计对话框，可以看到项目开始时间、完成时间、完成百分比等信息，如图 7-31 所示。

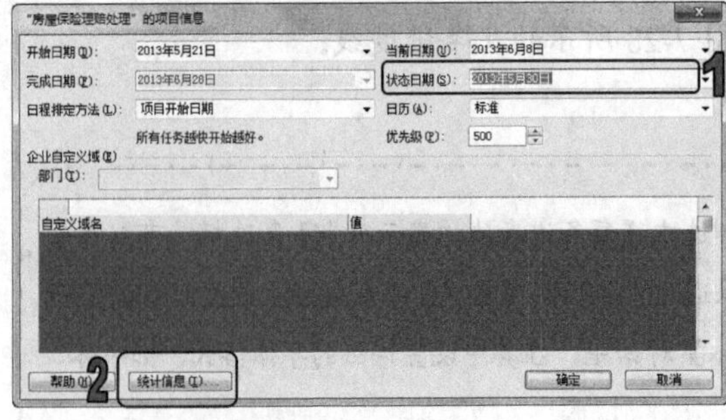

图 7-30　设置状态日期

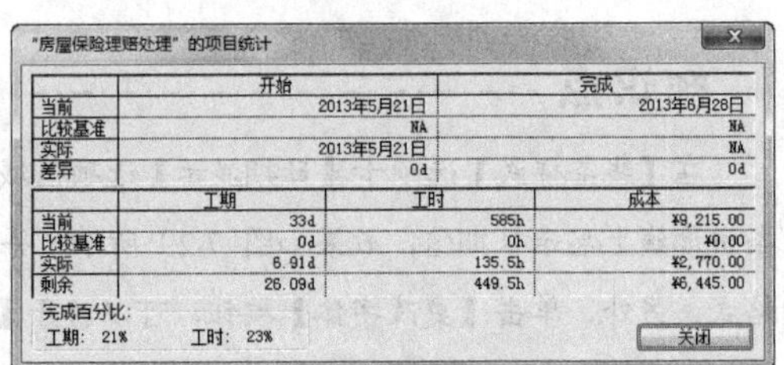

图 7-31　查看统计信息

7.4.2　查看项目进度具体情况

在查看项目总体情况时，若发现实际情况与项目计划之间存在差异，就需要对项目任务的具体情况进行分析，以便调整工作。

1. 查看单位信息

由于在Project 2010中显示单位要比显示数据困难很多，所以单位问题是经常被忽视的问题，此时就可以使用【任务窗体】视图来查看项目的单位信息。在【甘特图】视图中，打开【视图】选项卡，在【拆分视图】组中选中【详细信息】复选框，此时系统将自动显示【任务窗体】视图，即可查看分配给所选任务的资源的单位值，如图7-32所示。

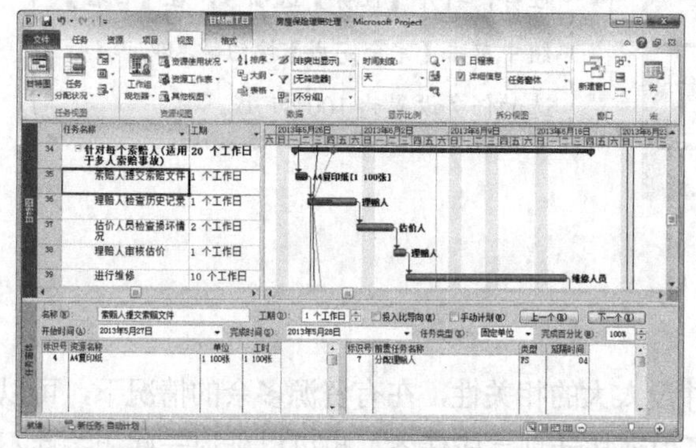

图7-32　【任务窗体】

提示

打开【任务窗体】视图时，窗口将分为上下两部分，上部分仍然显示【甘特图】视图，下部分则显示【任务窗体】视图。在【甘特图】视图中选择任务后，即可在【任务窗体】视图中查看分配给该任务的资源的单位信息。

2. 查看项目进度差异

在Project 2010中，使用【差异】表可以查看项目进度差异。

【例7-9】在【房屋保险理赔处理】项目文档中，查看项目进度差异。

(1) 启动Project 2010应用程序，打开项目文档【房屋保险理赔处理】。

(2) 打开【视图】选项卡，在【任务视图】组中单击【甘特图】下拉按钮，从弹出的下拉菜单中选择【跟踪甘特图】命令，切换到【跟踪甘特图】视图，如图7-33所示。

(3) 在【视图】选项卡的【数据】组中单击【表格】按钮，从弹出的菜单中选择【差异】命令，打开【差异】表，在窗口中可以查看任务进度的差异，如图7-34所示。

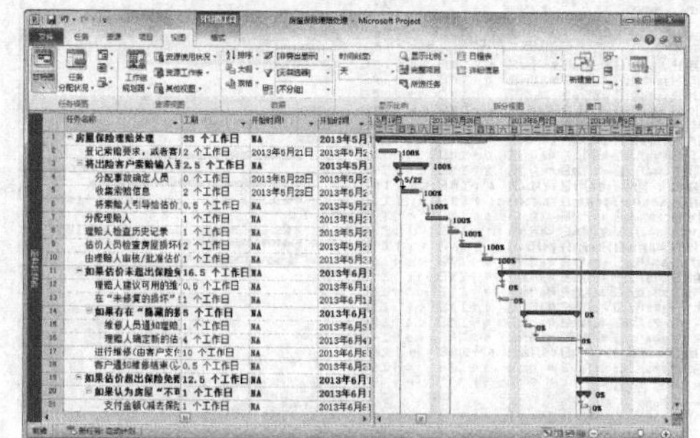

图7-33　【跟踪甘特图】视图

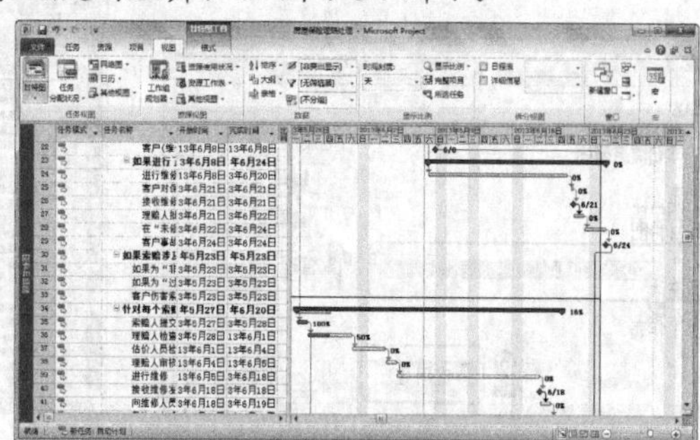

图7-34　查看进度差异

3. 查看日程差异

在 Project 2010 中，查看项目进度差异后，可以了解哪些任务没有按计划进行，但不能了解任务的实际工时与计划工时相差多少。此时就需要使用日程差异来进行查看。切换到【甘特图】视图，打开【视图】选项卡，在【数据】组中单击【表格】按钮，从弹出的菜单中选择【工时】命令，切换至【工时】表，在该视图中即可对各任务的实际消耗工时与项目计划工时进行对比，如图 7-35 所示。

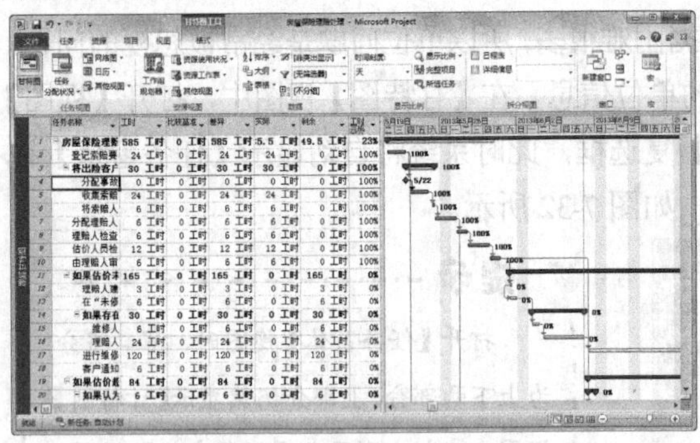

图 7-35　查看日程差异

> **知识点**
>
> 在项目文档中，选择多个需要更新的任务，打开【任务】选项卡，在【日程】组中单击【完全完成】按钮，即可将所选的任务设置为 100%完成。

4. 查看允许时差

在项目实施中，有些任务与前面的任务并没太大的相关性，在有资源多余的情况下，可以适当提前某些任务，以节省时间。此外，为了保证按计划完成任务，也可以延迟一些相关性不大的任务。在 Project 2010 中，通过查看允许时差，可以找到能够提前或延期的任务。

【例 7-10】在【房屋保险理赔处理】项目文档中，查看项目允许的时差。

(1) 启动 Project 2010 应用程序，打开项目文档【房屋保险理赔处理】。

(2) 打开【视图】选项卡，在【任务视图】组中单击【其他视图】按钮，从弹出的菜单中选择【其他视图】命令，打开【其他视图】对话框。

(3) 在【视图】列表框中选择【详细甘特图】选项，单击【应用】按钮，如图 7-36 所示。

(4) 切换至【详细甘特图】视图，在【数据】组中单击【表格】按钮，从弹出的菜单中选择【日程】命令，打开如图 7-37 所示的窗口。

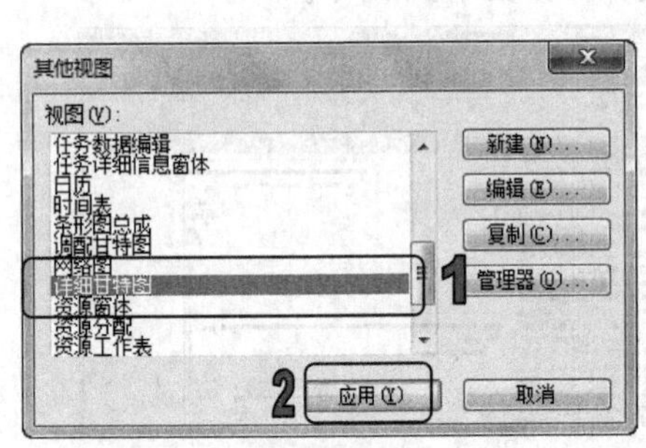

图 7-36　【其他视图】对话框

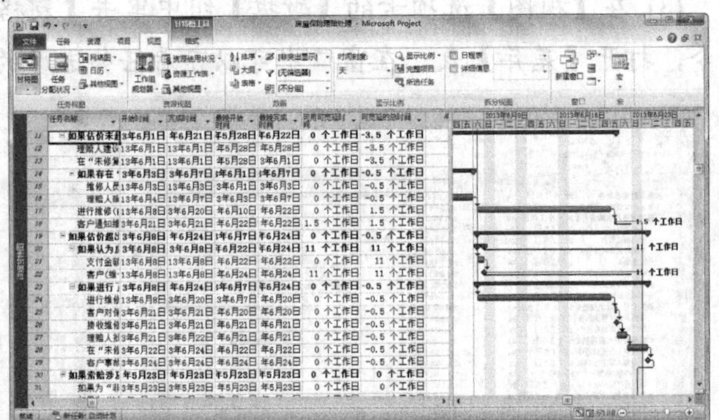

图 7-37　【详细甘特图】视图

(5) 右击【完成时间】列，在弹出的快捷菜单中选择【插入列】命令，弹出如图 7-38 所示的列表框，在其中选择【最早开始时间】选项，插入【最早开始时间】列。

(6) 使用同样的方法，显示【最早完成时间】列，如图 7-39 所示，此时就可以查看各任务的最晚开始时间、最晚完成时间、最早开始时间、最早完成时间、可用可宽延时差以及可宽延总时间，来确定可提前的任务和可延迟的任务。

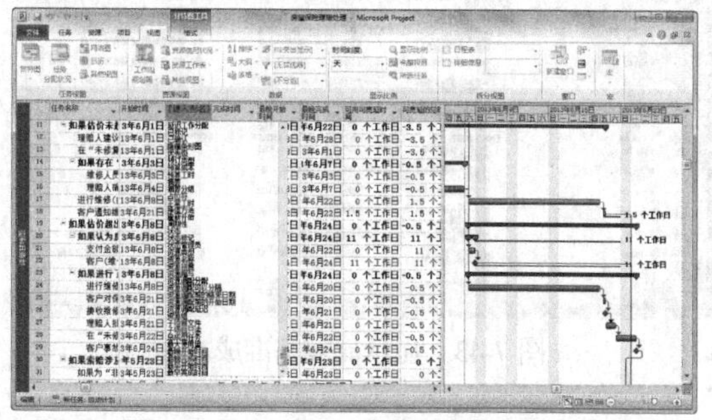

图 7-38　【插入列】域列表框

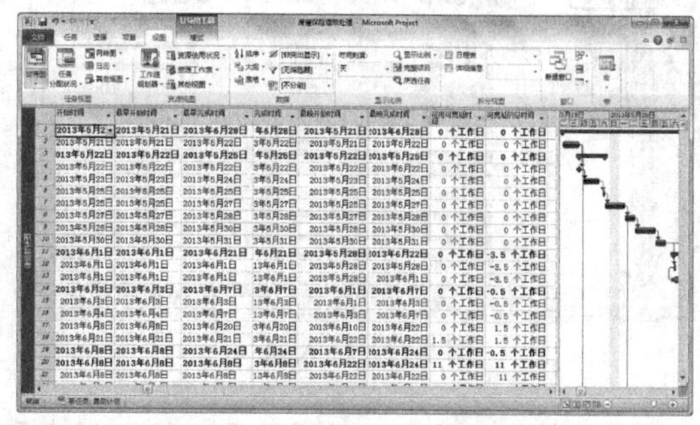

图 7-39　查看允许的时差

7.5　上机练习

本章的上机练习主要通过跟踪【外部技术入职培训】项目，来练习设置比较基准、更新任务、显示进度线和查看项目总体情况等操作。

(1) 启动 Project 2010 应用程序，打开第 6 章上机练习修改过的项目文档【外部技术入职培训】，并切换至【甘特图】视图，如图 7-40 所示。

(2) 打开【项目】选项卡，在【日程】组中单击【设置比较基准】按钮，从弹出的菜单中选择【设置比较基准】命令，打开【设置比较基准】对话框，保持默认设置，如图 7-41 所示。

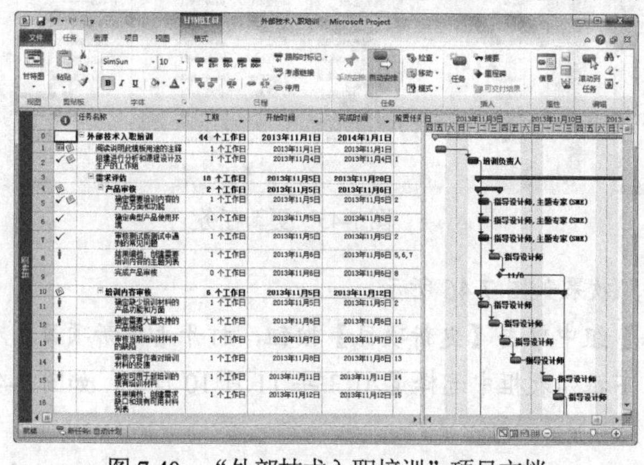

图 7-40　"外部技术入职培训"项目文档

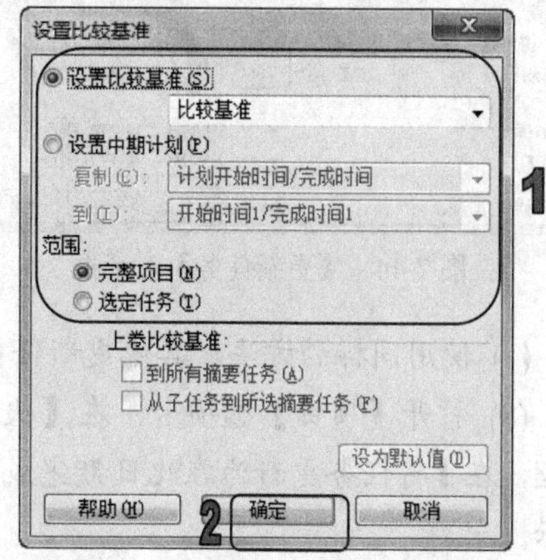

图 7-41　【设置比较基准】对话框

(3) 单击【确定】按钮，设置比较基准。右击【任务名称】域，在弹出的快捷菜单中选择【插入列】命令，插入新列，并弹出【域名称】下拉列表框，在其中选择【比较基准成本】选项，如图 7-42 所示。

(4) 此时即可在【甘特图】视图中显示【比较基准成本】域，并显示比较基准成本值，效果如图 7-43 所示。

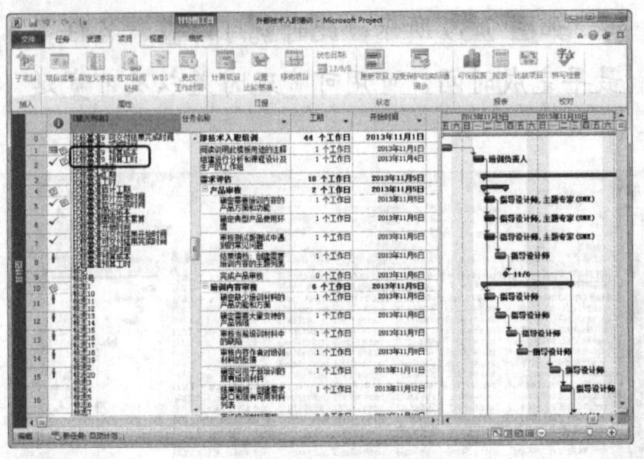

图 7-42　插入列

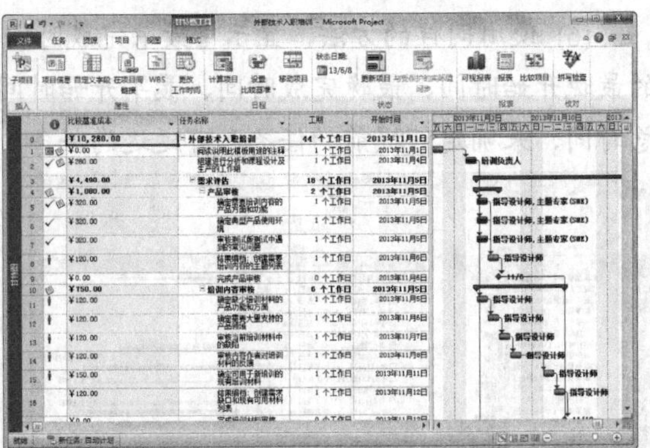

图 7-43　显示比较基准成本

(5) 选择标识号为 8 的【结果编档：创建需要培训内容的主题列表】任务，打开【任务】选项卡，在【日程】组中单击【跟踪时标记】按钮，从弹出的菜单中选择【更新任务】命令，打开【更新任务】对话框，在【实际工期】微调框中输入 1d，如图 7-44 所示。

(6) 单击【确定】按钮，此时在【甘特图】视图中【结果编档：创建需要培训内容的主题列表】任务对应的蓝色条形图上出现一条黑色线条表示进度，并且在备注栏中显示标记✓，表示任务 100%完成，如图 7-45 所示。

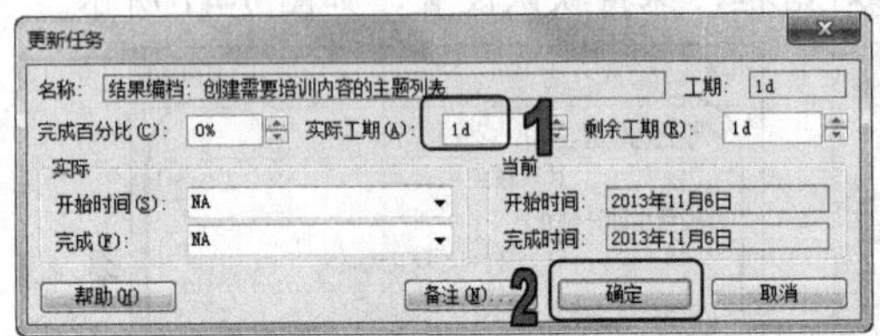

图 7-44　【更新任务】对话框

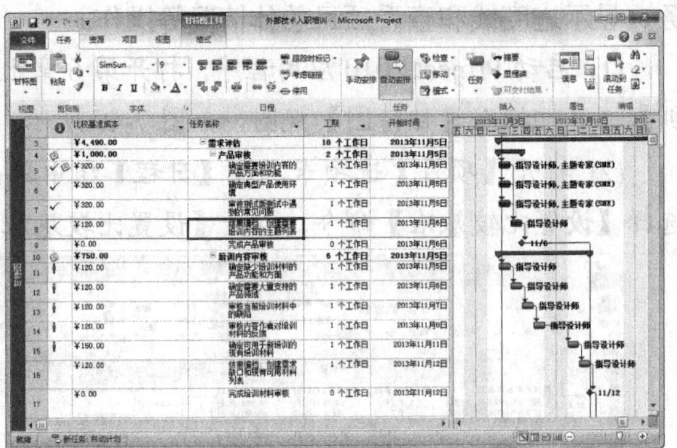

图 7-45　更新任务

(7) 使用同样的方法，其他更新任务，效果如图 7-46 所示。

(8) 打开【项目】选项卡，在【状态】组中单击【更新项目】按钮，打开【更新项目】对话框，在【将任务更新为在此日期完成】下拉列表框中选择【2013 年 11 月 10 日】，如图 7-47 所示。

(9) 单击【确定】按钮，此时在图表区看到进度线显示为 2013 年 11 月 10 日的项目进度，如图 7-48 所示。

(10) 打开【甘特图工具】的【格式】选项卡，在【格式】组中单击【网格线】按钮，从弹出的菜单中选择【进度线】命令，打开【进度线】对话框。

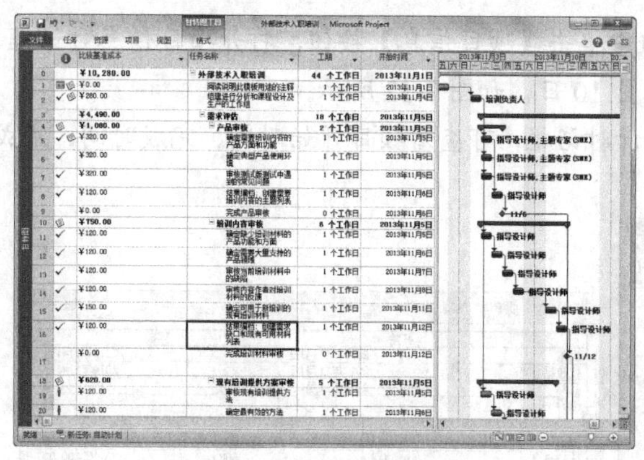

图 7-46　更新其他任务

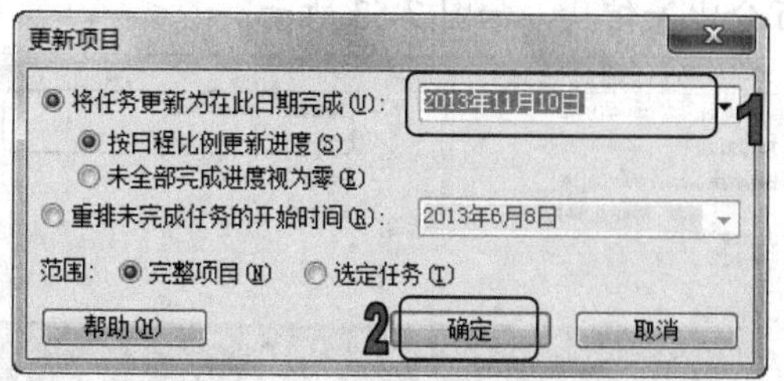

图 7-47　设置完成日期

(11) 打开【日期与间隔】选项卡，在【当前进度线】选项区域中选中【显示】复选框；在【周期性间隔】选项区域中选中【显示进度线】复选框；在【每周】选项区域中选中【星期五】复选框，如图 7-49 所示。

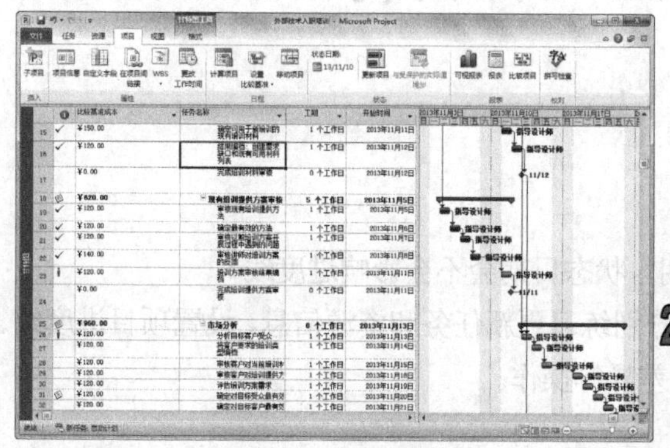

图 7-48　更新项目

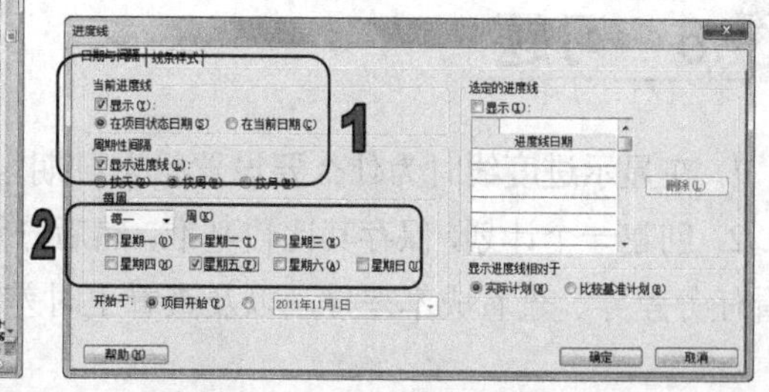

图 7-49　【日期与间隔】选项卡

(12) 打开【线条样式】选项卡，在【进度线类型】选项区域中选择最后一种样式，在【线条颜色】下拉列表框中选择【紫色】色块，在【进度点形状】下拉列表框中选择一种形状，在【进度点颜色】下拉列表框中选择【橙色】色块，如图 7-50 所示。

(13) 单击【确定】按钮，完成设置，显示进度线，如图 7-51 所示。

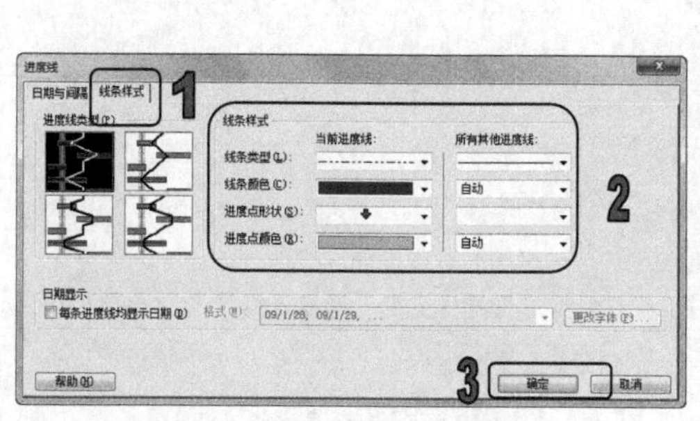

图 7-50　【线条样式】选项卡

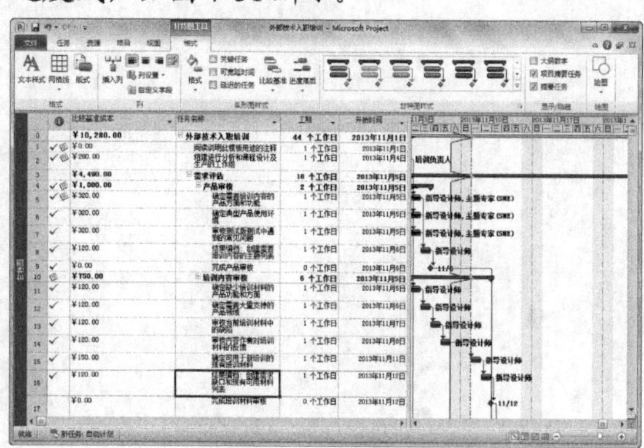

图 7-51　显示进度线

(14) 打开【项目】选项卡，在【属性】组中单击【项目信息】按钮，打开项目信息对话框，在【状态日期】下拉列表框中选择 2013 年 11 月 10 日，如图 7-52 所示。

(15) 单击【统计信息】按钮，打开项目统计对话框，可查看项目开始时间、完成时间、完成百分比等信息，如图 7-53 所示。

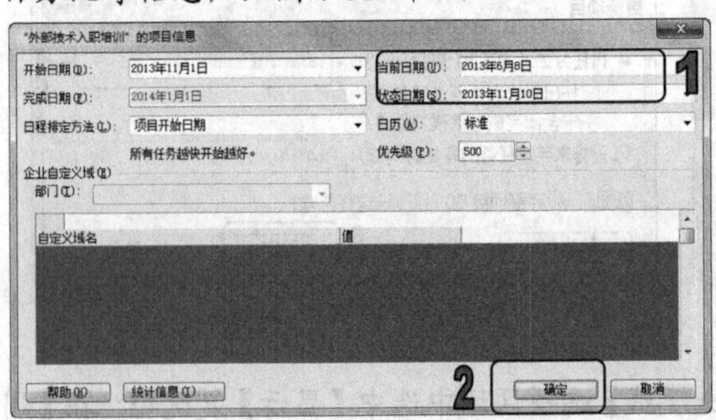

图 7-52　项目信息对话框

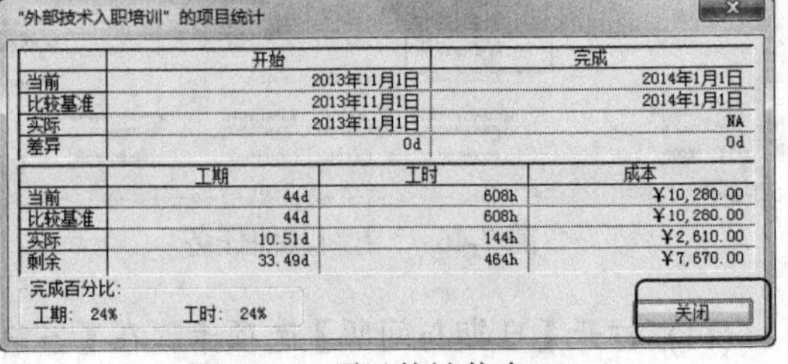

图 7-53　项目统计信息

(16) 在快速访问工具栏中单击【保存】按钮，保存跟踪过的【外部技术入职培训】项目文档。

7.6 习题

1. 在显示进度线时为什么要设置状态日期？状态日期会不会影响进度线？

2. 创建一个计划，保存其比较基准，然后分别练习更新任务和资源信息、设置项目进度线、查看任务差异、查看成本差异，以及查看工时差异等操作。

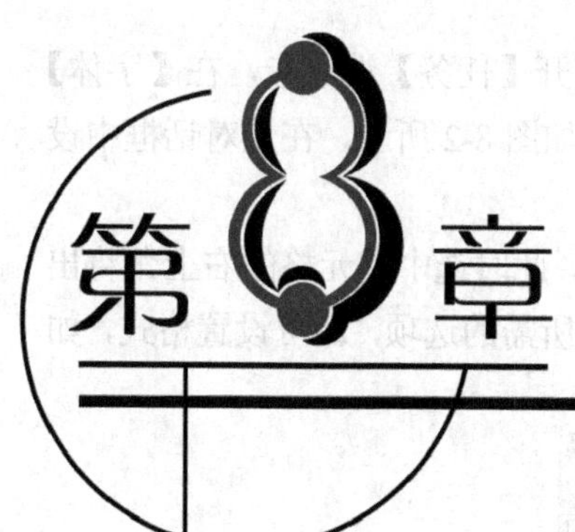

第8章 美化项目文档

学习目标

一个大型的项目通常会持续几个月甚至几年，在这期间需要不断地查看、设置，为了增加项目文档的可读性，可以对项目文档中的信息进行美化，包括项目信息中的文本、条形图、网格的格式设置以及插入对象等知识。

本章重点

- 设置组件格式
- 设置整体格式
- 插入绘图
- 插入对象

8.1 设置组件格式

组件表示 Project 2010 视图中的文本、背景、条形图和网格等元素，可以对这些组件的格式进行重新设置，从而达到美化项目文档的目的。

8.1.1 设置文本格式

Project 2010 与 Office 2010 软件中的其他组件一样，具有美化字体功能，通过该功能可以在视图中突出显示特殊任务的文本信息。

要设置文本格式，可以使用如下方法进行。

- 通过【字体】组：选择需要设置格式的文本，打开【开始】选项卡，使用【字体】组中提供的按钮即可设置文本格式，如图 8-1 所示。

◉ 通过【字体】对话框：选择需要设置格式的文本，打开【任务】选项卡，在【字体】组中单击对话框启动器按钮，打开【字体】对话框，如图 8-2 所示，在该对话框中设置字体格式。

◉ 通过浮动工具栏：选择需要设置格式的文本，并右击，此时选中单元格的右上角将出现浮动工具栏，单击相应按钮或在下拉列表框中选择所需的选项，即可设置格式，如图 8-3 所示。

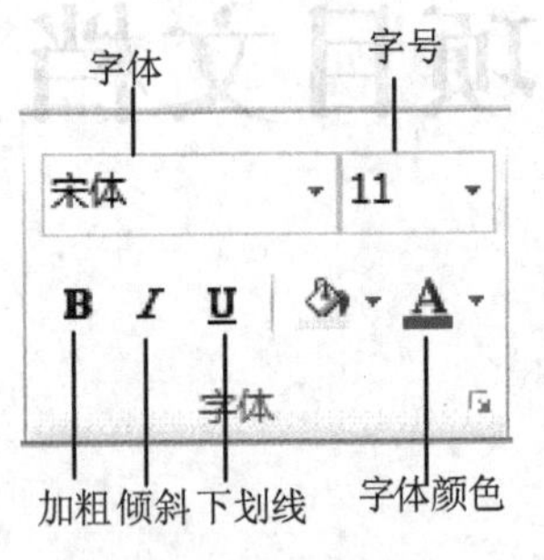

图 8-1 【字体】组

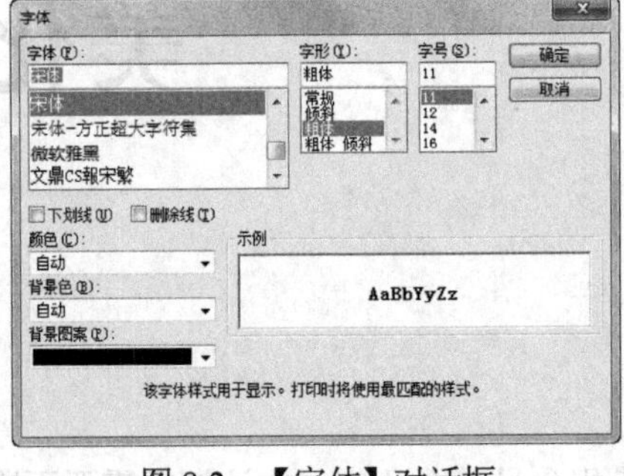

图 8-2 【字体】对话框

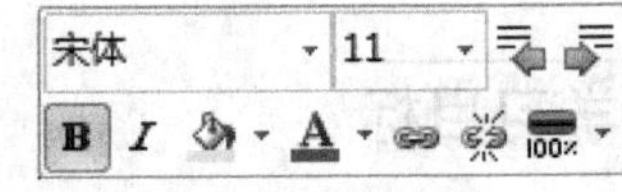

图 8-3 浮动工具栏

提示

在 Project 2010 中，不能对单个字进行格式设置，只能以单元格为单位进行设置。

【例 8-1】在“房屋保险理赔处理”项目文档中，将大纲级别 1 的任务的字体设置为隶书、14 号、红色，将所有大纲级别 2 的任务的字体设置为华文中宋、12 号、深蓝色，将所有大纲级别 3 的任务的字体设置为华文宋体、倾斜、蓝色。

(1) 启动 Project 2010 应用程序，打开项目文档【房屋保险理赔处理】。

(2) 选择大纲级别 1 的任务名称所在的单元格，打开【任务】选项卡，在【字体】组中，单击【字体】下拉按钮，从弹出的下拉列表中选择【华文中宋】选项；单击【字号】下拉按钮，从弹出的下拉列表中选择 14 选项；单击【字体颜色】按钮，从弹出的【主题颜色】面板中选择【红色】色块，此时文本效果如图 8-4 所示。

(3) 按住 Ctrl 键，选择所有大纲级别 2 的任务单元格，在【任务】选项卡的【字体】组中单击对话框启动器按钮，打开【字体】对话框。

(4) 在【字体】列表框中选择【华文中宋】选项，在【字号】列表框中选择 12 选项，在【颜色】下拉列表框中选择【深蓝】色块，如图 8-5 所示。

(5) 单击【确定】按钮，完成单元格文本的格式设置，效果如图 8-6 所示。

提示

在项目文档中，使用【格式刷】工具是 Project 提供的可快速格式文本的工具。要快速地将某任务的文本样式复制到其他任务，可选定要复制格式的任务，在【任务】的【剪贴板】组中单击【格式刷】按钮，然后单击应用该格式的任务单元格即可。

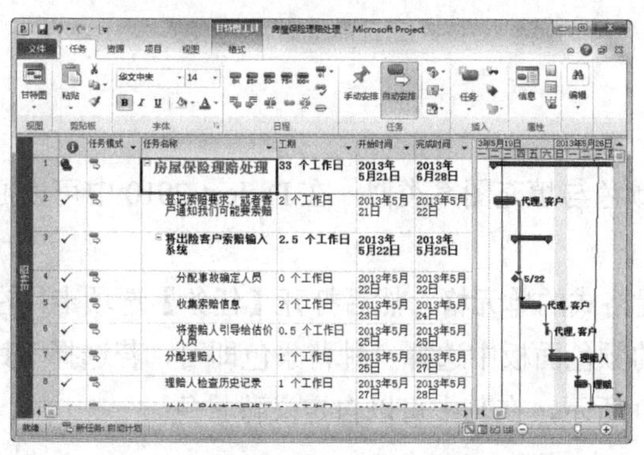

图 8-4　设置大纲级别 1 的任务的字体

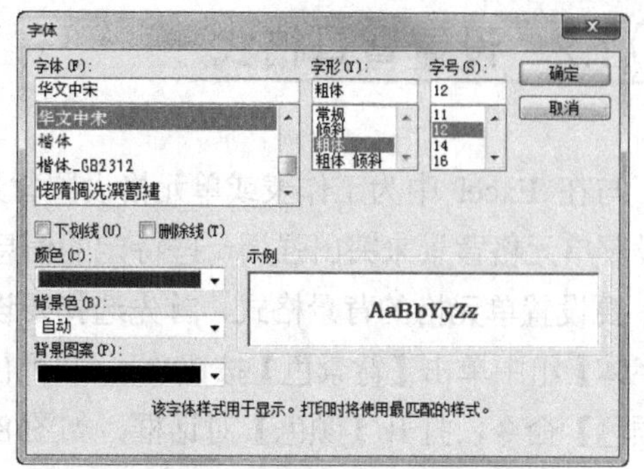

图 8-5　选择字体、字号和颜色

(6) 使用同样的方法，将所有大纲级别 3 的任务的字体设置为【华文宋体】、【倾斜】、【蓝色】，效果如图 8-7 所示。

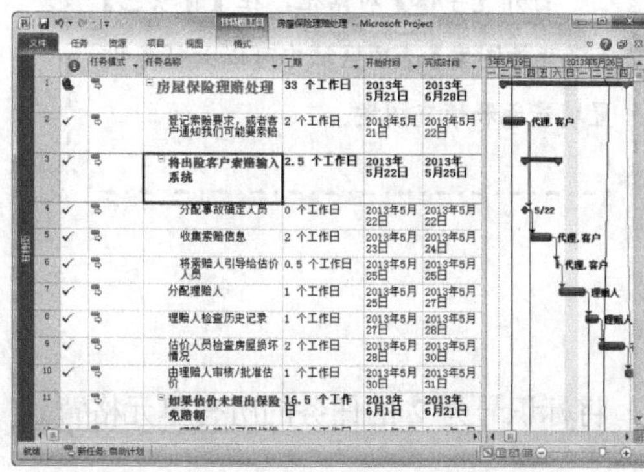

图 8-6　设置大纲级别 2 的任务的字体

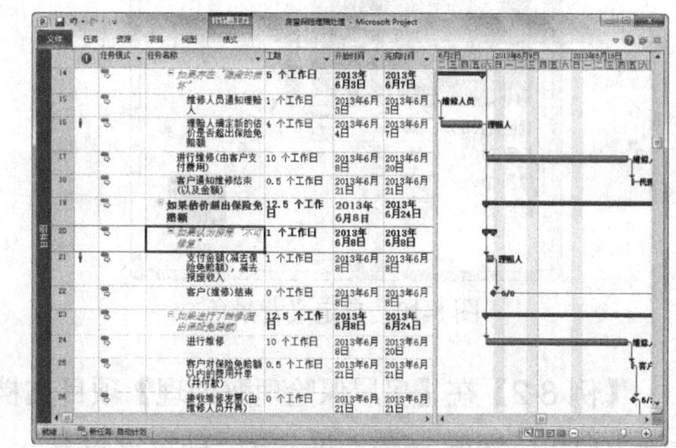

图 8-7　设置大纲级别 3 的任务的字体

知识点

在设置字体颜色时，如果颜色面板中的色块满足不了需求，则在弹出的颜色面板中选择【其他颜色】命令，打开【颜色】对话框，在【标准】选项卡中可以选择任意一种色块，如图 8-8 所示；在【自定义】选项卡中可以自定义设置字体颜色，如图 8-9 所示。

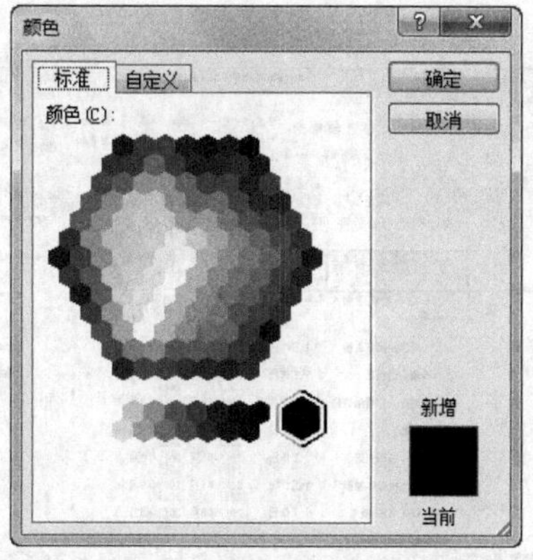

图 8-8　【标准】选项卡

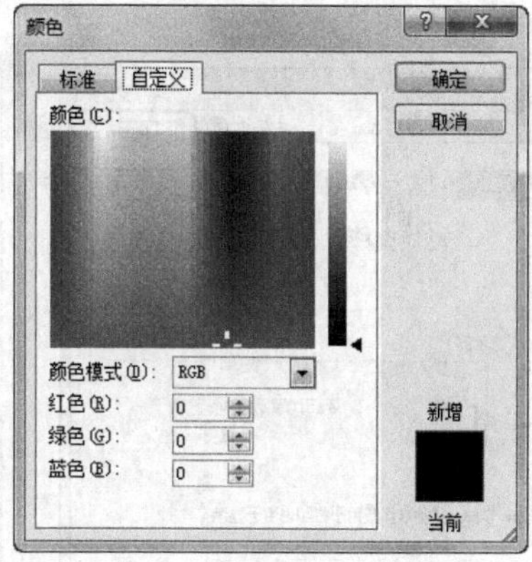

图 8-9　【自定义】选项卡

8.1.2 设置背景格式

与在 Excel 中为工作表或单元格设置背景颜色与填充图案类似，在 Project 2010 中可以通过设置单元格背景来突出强调一些特定的信息。

要设置单元格的背景格式，首先选择要设置格式的单元格，然后打开【任务】选项卡，在【字体】组中单击【背景色】按钮，从弹出的颜色面板中选择一种背景色即可，若选择【其他颜色】命令，打开【颜色】对话框，如图 8-10 所示，在其中可以自定义背景色。

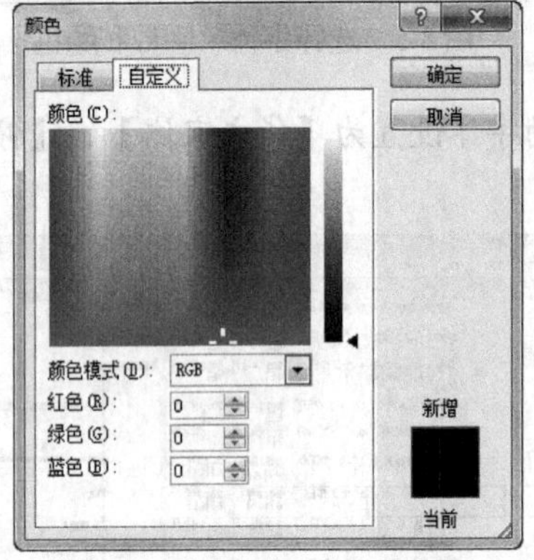

图 8-10 自定义背景色

提示

打开【字体】对话框，在【背景色】和【背景图案】选项区域中可以为任务设置填充色和填充图案。

【例 8-2】在【房屋保险理赔处理】项目文档中，将标识号为 2 的任务的所有单元格背景设置为白色，深度 25%，并设置一种背景图案。

(1) 启动 Project 2010 应用程序，打开项目文档【房屋保险理赔处理】。

(2) 选择标识号为 2 的任务，打开【任务】选项卡，在【字体】组中单击对话框启动器按钮，打开【字体】对话框。

(3) 在【背景色】下拉列表框中选择【白色，深度 25%】色块；在【背景图案】下拉列表框中选择一种背景图案，如图 8-11 所示。

(4) 单击【确定】按钮，完成背景色的设置，此时标识号为 2 的任务的背景的填充效果如图 8-12 所示。

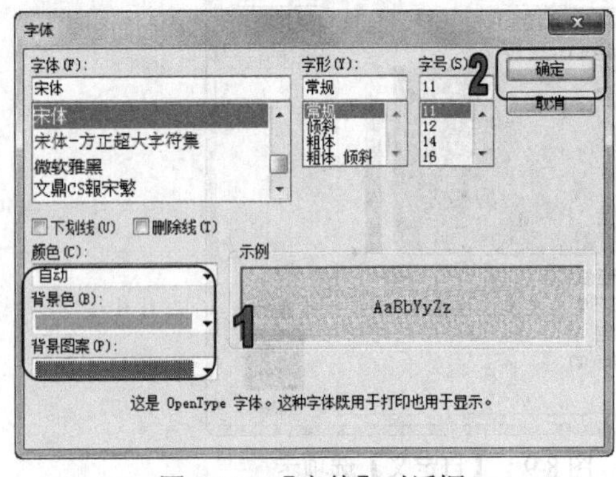

图 8-11 【字体】对话框

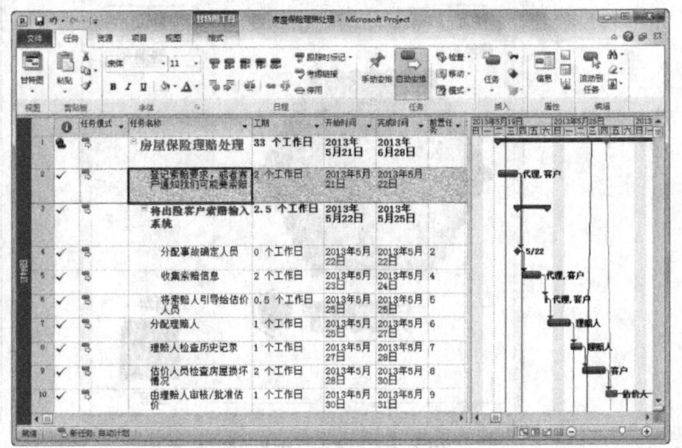

图 8-12 设置背景色和背景图案

知识点

为任务设置了背景色后，在【任务】选项卡的【字体】组中，单击【背景色】按钮，从弹出的颜色面板中选择【无颜色】命令，即可取消已设置的背景色。

8.1.3　设置条形图格式

默认情况下，【甘特图】视图中任务的三维条形图是蓝色的，对这些条形图重新设置，可以与其他任务区分开来。

要设置条形图格式，首先需要选择要设置的条形图，然后打开【甘特图工具】的【格式】选项卡，在【条形图样式】组中单击【格式】按钮，从弹出的菜单中选择【条形图】命令，打开【设置条形图格式】对话框，如图 8-13 所示。在其中可以设置条形图的形状和条形图的文本。

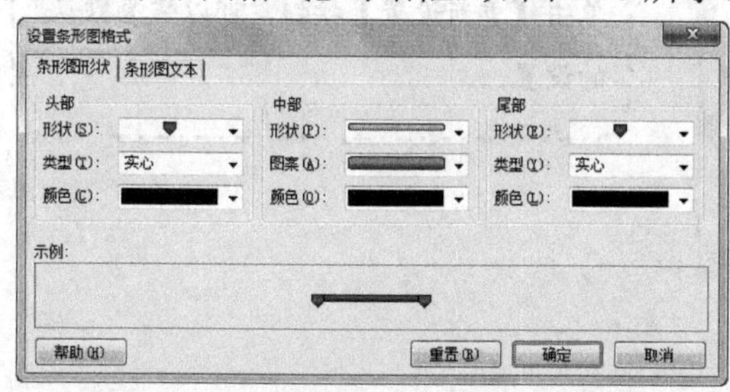

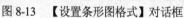

图 8-13　【设置条形图格式】对话框

知识点

双击要修改的条形图，同样也可以打开【设置条形图格式】对话框。

【例 8-3】在【房屋保险理赔处理】项目文档中，设置【进行维修(由客户支付费用)】任务的条形图格式，将头部的形状设置为▲，颜色为主题红色，尾部设置为▼，颜色为主题紫色，在左侧显示开始时间，在右侧显示完成时间，在上方显示资源名称。

(1) 启动 Project 2010 应用程序，打开项目文档【房屋保险理赔处理】，选择标识号为 17 的【进行维修(由客户支付费用)】任务，双击右侧的条形图，打开【设置条形图格式】对话框。

(2) 打开【条形图形状】选项卡，在【头部】选项区域的【形状】下拉列表框中选择▲选项，在【颜色】下拉列表框的【主题颜色】面板中选择【红色】色块；在【尾部】选项区域的【形状】下拉列表框中的【主题颜色】面板中选择▼，在【颜色】下拉列表框的【主题颜色】面板中选择【紫色】选项，如图 8-14 所示。

(3) 打开【条形图文本】选项卡，在【左侧】下拉列表框中选择【开始时间】选项，在【右侧】下拉列表框中选择【完成时间】选项，在【上方】下拉列表框中选择【资源名称】选项，如图 8-15 所示。

提示

需要注意的是，本例中的美化条形图只能美化选中任务的条形图，对于未选定的任务的条形图将保持原有格式不变。

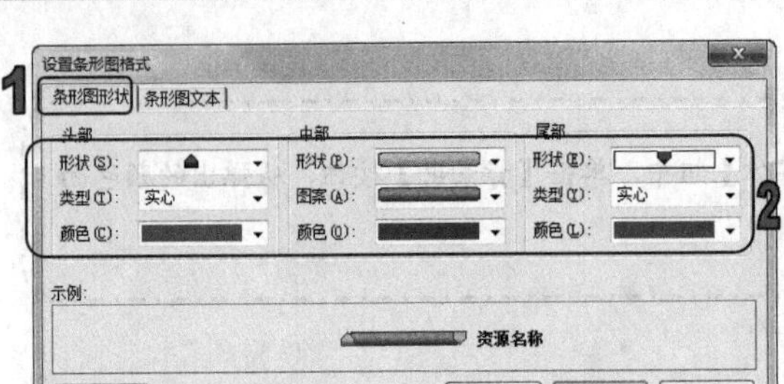

图 8-14　【条形图形状】选项卡

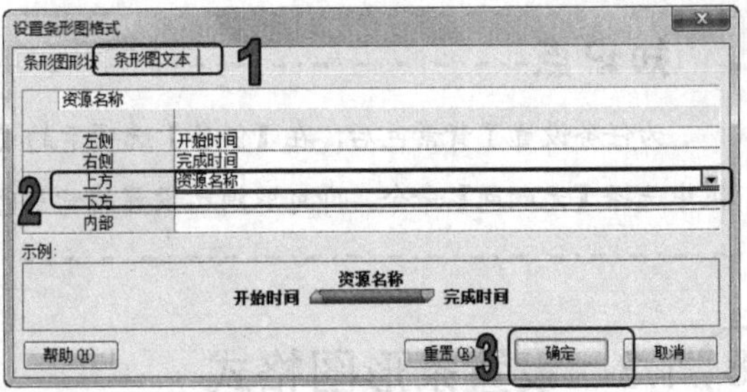

图 8-15　【条形图文本】选项卡

(4) 单击【确定】按钮，完成设置，效果如图 8-16 所示。

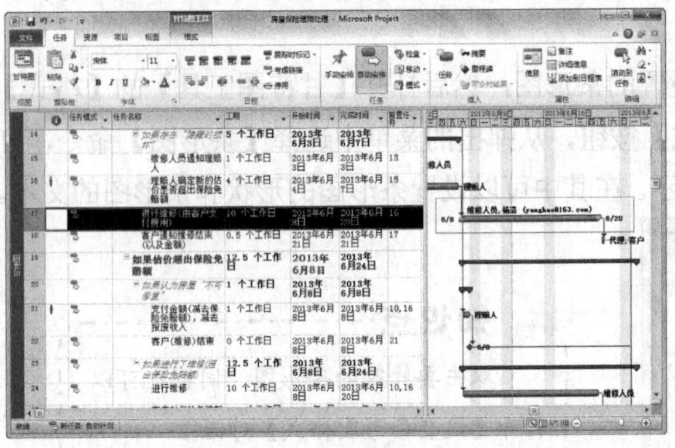

图 8-16　设置条形图格式

提示

在【设置条形图格式】对话框中，单击【重新设置】按钮，可以恢复默认的设置。

8.1.4　设置网格格式

在视图中为了增强可读性和明确性，可以重新设置网格格式，即是设置视图中网格的线条样式。如设置视图中的工作表行、工作表列、甘特图行等。

要设置网格格式，打开【甘特图工具】的【格式】选项卡，在【格式】组中单击【网格线】按钮，从弹出的菜单中选择【网格】命令，打开【网格】对话框，如图 8-17 所示。在该对话框中可以设置线型、颜色等。

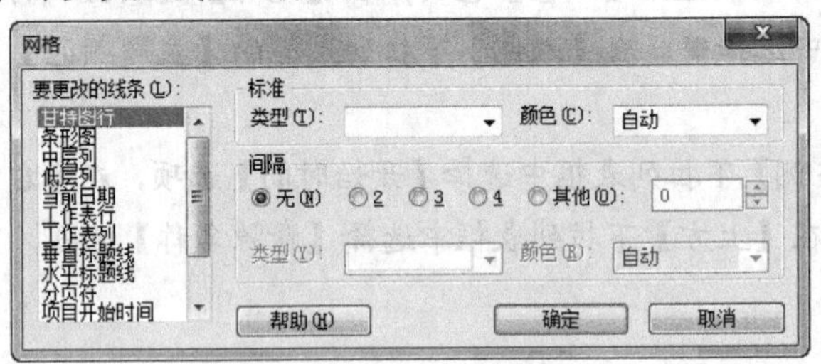

图 8-17　【网格】对话框

知识点

如果网格多次出现，并且需要指定间隔以对比网格，就可以在【网格】对话框的【间隔】选项区域中选中相应的单选按钮即可。

【例 8-4】在【房屋保险理赔处理】项目文档中，将甘特图行设置为实线，间隔为 3，间隔线为虚线，颜色为橄榄色。

(1) 启动 Project 2010 应用程序，打开项目文档【房屋保险理赔处理】，切换至【甘特图】视图。

(2) 打开【甘特图工具】的【格式】选项卡，在【格式】组中单击【网格线】按钮，从弹出的菜单中选择【网格】命令，打开【网格】对话框。

(3) 在【要更改的线条】列表框中选择【甘特图行】选项，在【标准】选项区域的【类型】下拉列表框中选择实线，在【间隔】选项区域中选中单选按钮 3，在【类型】下拉列表中选择虚线，在【颜色】下拉列表框中选择【橄榄色】选项，如图 8-18 所示。

(4) 设置完成后，单击【确定】按钮，效果如图 8-19 所示。

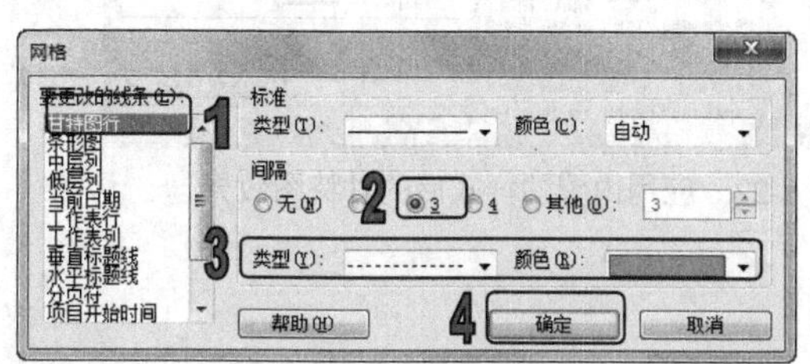

图 8-18　设置网格格式

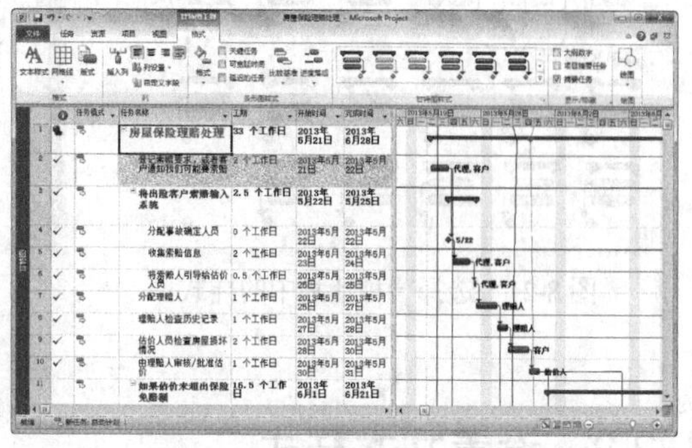

图 8-19　设置网格样式后的效果

8.2　设置整体格式

对于整个项目文档而言，单纯依靠手工逐一设置每个组件的格式比较繁琐。Project 2010 提供了设置项目文档的整体格式功能，使用该功能可以一次性地设置整体视图中条形图样式、版式及文本样式等，从而使整体视图更加美观。

8.2.1　设置甘特图样式

打开【甘特图工具】的【格式】选项卡，在【甘特图样式】组中单击【其他】按钮，从弹出的如图 8-20 所示的甘特图样式列表框中选择一种条形图样式，即可快速设置甘特图样式。

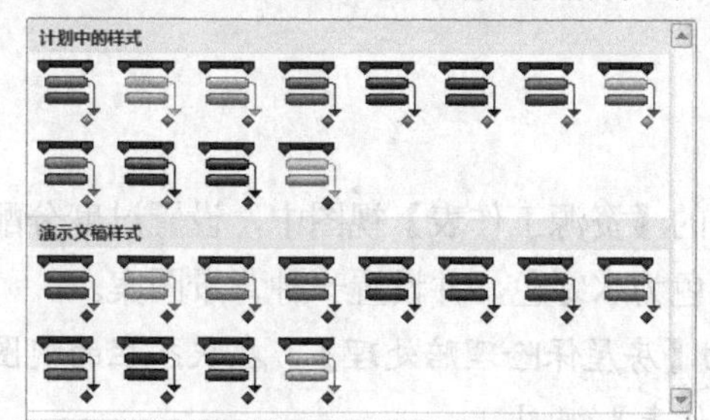

图 8-20　甘特图样式列表框

提示

在【甘特图演示】组中，单击对话框启动器按钮，可以打开【条形图演示】对话框。在该对话框中可以设置条形图的样式。此操作将在 8.2.2.节中具体介绍。

【例 8-5】在“房屋保险理赔处理”项目文档中，快速应用 Project 2010 内置的甘特图样式。

(1) 启动 Project 2010 应用程序，打开项目文档【房屋保险理赔处理】。

(2) 打开【甘特图工具】的【格式】选项卡，在【甘特图样式】组中单击【其他】按钮，从弹出的【计划中的样式】甘特图样式列表框中的选择一种任务条形图样式，如图 8-21 所示。

(3) 此时该甘特图样式即可应用到项目文档中，效果如图 8-22 所示。

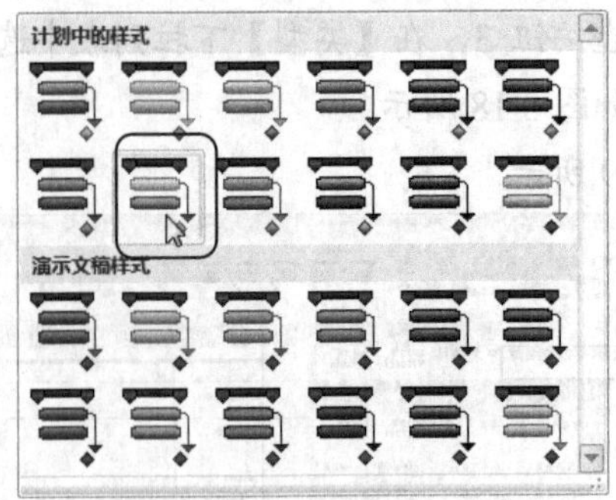

图 8-21 选择一种计划中的样式

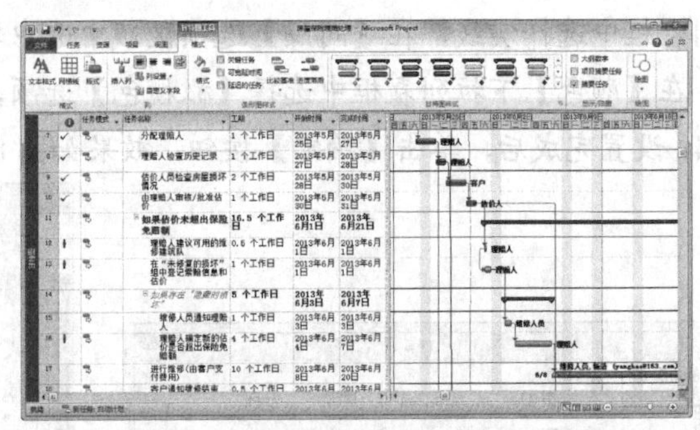

图 8-22 应用内置的样式后的甘特图效果

8.2.2 设置文本样式

在 Project 2010 中不仅可以设置某一单元格的字体格式，还可以一次设置所有文本或具有某一特征的文本格式。在【甘特图】或【资源工作表】视图中打开【甘特图工具】或【资源工作表工具】的【格式】选项卡，在【格式】组中单击【文本样式】按钮，打开【文本样式】对话框，如图 8-23 所示。在该对话框中可以一次性为整个项目文档、所有摘要任务、里程碑任务或所有资源设置相同的文本格式，包括字体、字形、字号、下划线、颜色、背景色和背景图案。

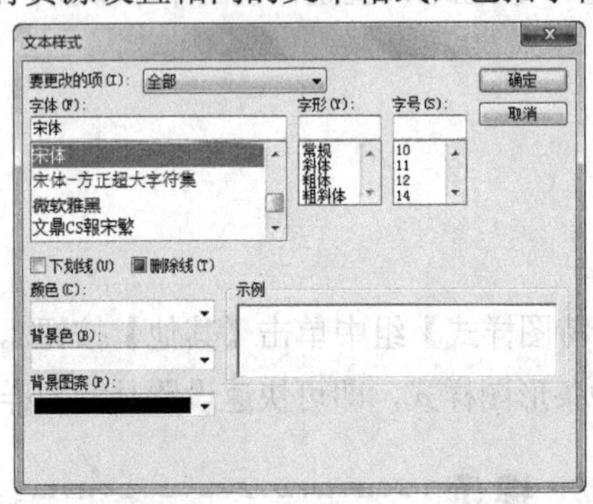

图 8-23 【文本样式】对话框

知识点

使用【文本样式】对话框设置文本格式时，只对当前的视图起作用，其他视图窗口中的文本不会发生变化。

【例 8-6】在【房屋保险理赔处理】项目文档的【资源工作表】视图中，设置过度分配的资源的字体为华文中宋，字体颜色为深蓝色，背景色为水绿色，并设置一种背景图案。

(1) 启动 Project 2010 应用程序，打开项目文档【房屋保险理赔处理】，在状态栏的视图方式中单击【资源工作表】按钮，切换至【资源工作表】视图。

(2) 打开【资源工作表工具】的【格式】选项卡，在【格式】组中单击【文本样式】按钮，

打开【文本样式】对话框。

(3) 在【要更改的荐】下拉列表框中选择【过度分配的资源】选项，在【字体】列表框中选择【华文中宋】选项，在【颜色】下拉列表框中选择【深蓝】色块，在【背景色】下拉列表框中选择【水绿色】色块，在【背景图案】下拉列表框中选择一种图案样式，如图 8-24 所示。

(4) 单击【确定】按钮，此时项目文档的效果如图 8-25 所示。

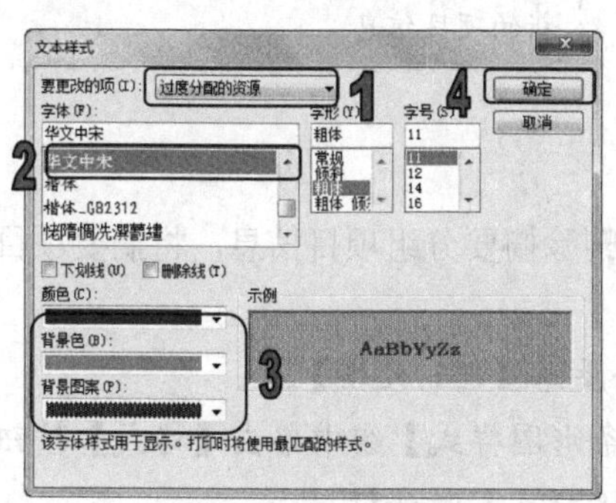

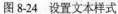

图 8-24　设置文本样式

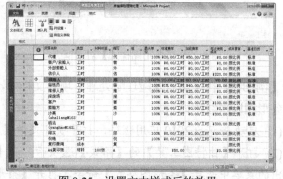

图 8-25　设置文本样式后的效果

(5) 选中所有的资源，在【列】组中单击【居中】按钮，设置工作表中文本居中对齐显示，效果如图 8-26 所示。

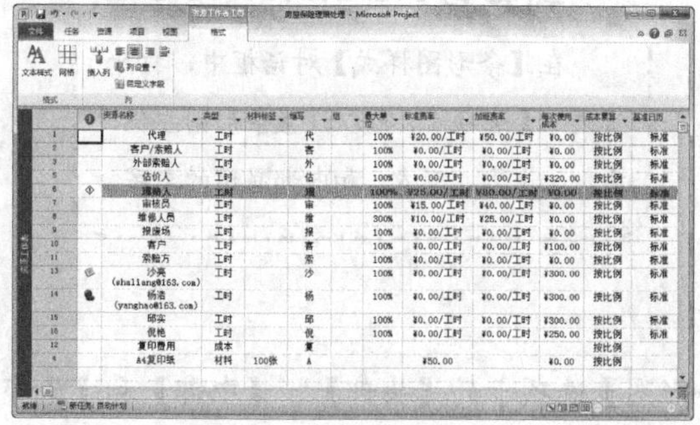

图 8-26　设置文本对齐方式

提示

在其他视图中，同样可以使用 Project 2010 提供的 4 种对齐方式设置文本对齐格式。这 4 种对齐格式分别为文本左对齐、居中、文本右对齐、自动换行。

8.2.3　设置条形图样式

在 Project 2010 中，可以针对任务的类别来设置条形图样式。在【甘特图】视图中，打开【甘特图工具】的【格式】选项卡，在【条形图样式】组中单击【格式】按钮，从弹出的菜单中选择【条形图样式】命令，打开【条形图样式】对话框，如图 8-27 所示。在该对话框中可以设置条形图的头部、中部和尾部的样式。

提示

在【条形图样式】对话框中插入新任务时，为了便于设置条形图的样式与格式，需要先复制相似的已有任务，然后在复制任务的基础上改进任务格式与类型即可。

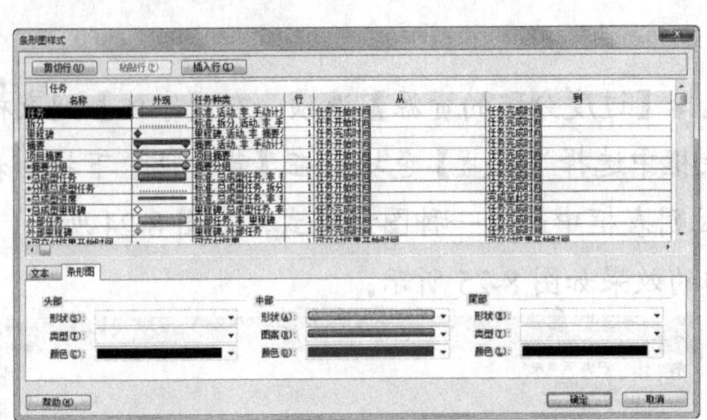

图 8-27 【条形图样式】对话框

提示

在【条形图样式】对话框中，选择不需要的项目信息，单击【剪切行】按钮将其删除；单击【插入行】按钮添加新的项目信息。

【例 8-7】在【房屋保险理赔处理】项目文档中，删除摘要分组项目信息，将摘要项目信息的条形图以深红色显示。

(1) 启动 Project 2010 应用程序，打开项目文档【房屋保险理赔处理】。

(2) 打开【甘特图工具】的【格式】选项卡，在【条形图样式】组中单击【格式】按钮，从弹出的菜单中选择【条形图样式】命令，打开【条形图样式】对话框。

(3) 在列表框中选择【摘要分组】选项，如图 8-28 所示，单击【剪切行】按钮，将其删除。

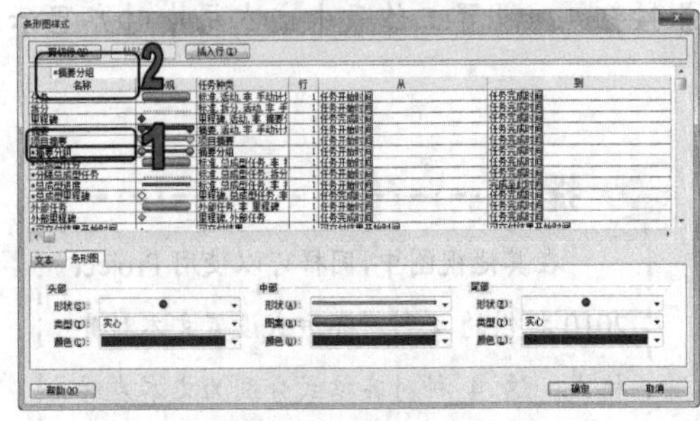

图 8-28 删除【摘要分组】

知识点

在【条形图样式】对话框中，打开【文本】选项卡，可以设置条形图左侧、右侧、上方、下方、和内部显示的文字。

(4) 在列表框中选择【摘要】选项，在【条形图】选项卡的【头部】、【中部】和【尾部】选项区域的【颜色】下拉列表框中均选择【深红色】选项，在【头部】、【中部】和【尾部】选项区域的【形状】下拉列表框中分别选择一种形状，并在【中部】选项区域的【图案】下拉列表框中分别选择一种图案，如图 8-29 所示。

(5) 单击【确定】按钮，返回到项目文档，条形图样式如图 8-30 所示。

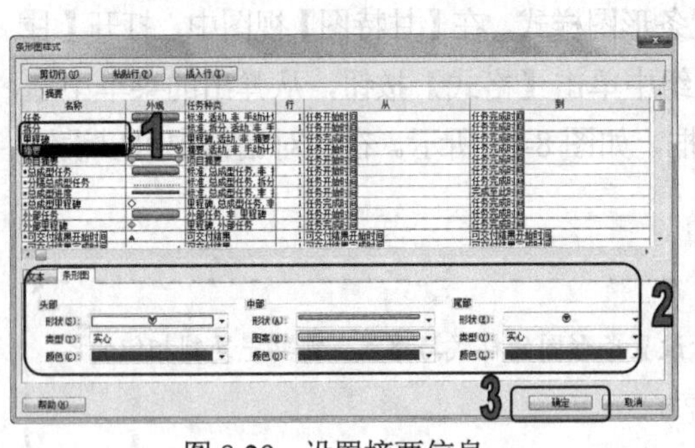

图 8-29 设置摘要信息

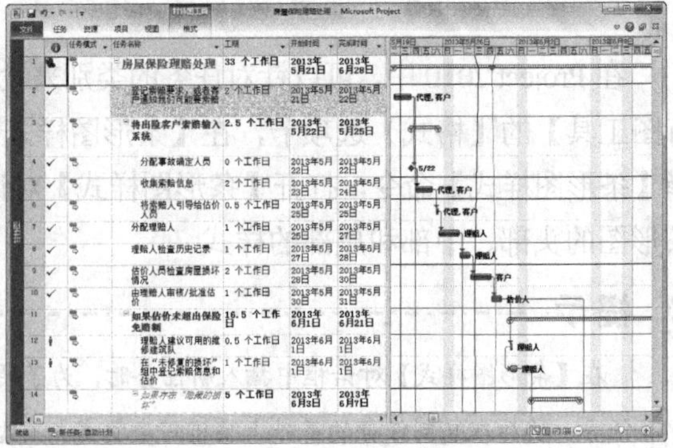

图 8-30 设置条形图样式

8.2.4　设置版式

版式是指链接线、条形图旁的日期格式、条形图高度等外观属性。要设置版式，可以在【甘特图】视图中，打开【甘特图工具】的【格式】选项卡，在【格式】组中单击【版式】按钮，打开【版式】对话框，如图8-31所示，在该对话框中进行相关设置即可。

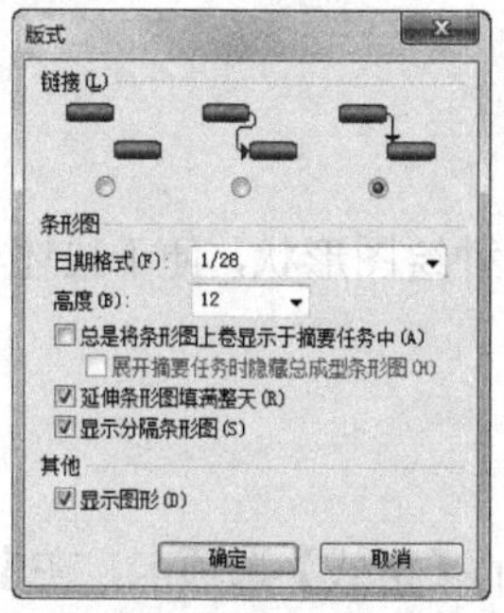

图8-31　【版式】对话框

知识点

在【版式】对话框中，选中【显示分隔线条形图】复选框，可在条形图上显示任务的拆分状态。

在【版式】对话框中，各选项的功能如下。

- 链接：用3种格式表现任务间的链接关系，可以选择其中的一项。
- 日期格式：用来设置条形图形上所显示的开始时间或结束时间等时间的日期样式。
- 高度：用来设置条形图形的高度。

【例8-8】在【房屋保险理赔处理】项目文档中，将链接线设置为折线，日期格式设置为2009年1月28日，高度为14，并且条形图上卷显示于摘要任务中。

(1) 启动Project 2010应用程序，打开项目文档【房屋保险理赔处理】。

(2) 打开【甘特图工具】的【格式】选项卡，在【格式】组中单击【版式】按钮，打开【版式】对话框。

(3) 在【链接】选项区域中选择第2个单选按钮，在【日期格式】下拉列表框中选择【2009年1月28日】选项，在【高度】下拉列表框中选择14选项，如图8-32所示。

(4) 单击【确定】按钮，完成版式设置，此时条形图的版式效果如图8-33所示。

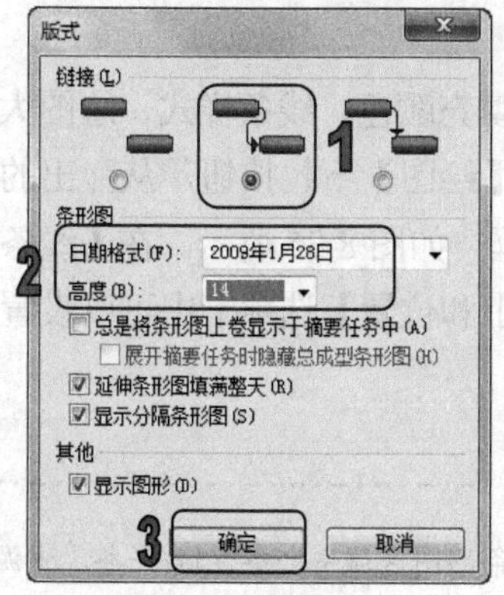

图8-32　设置版式

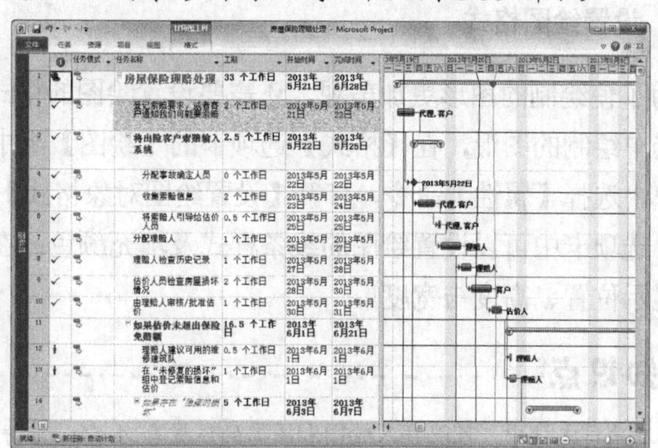

图8-33　设置版式后的效果

8.3 插入绘图和对象

为了能让 Project 2010 传递的信息更加直观，可以使用 Project 2010 的【插入】功能在项目文档中插入其他信息对象，如代表一定意义的图形、图像等，以增强计划文件的显示效果。

8.3.1 插入绘图

Project 2010 提供了文本框、箭头、矩形、椭圆和多边形等多种绘图形状，便于描述与现实任务的条形图。

1. 绘制图形

在【甘特图】视图中要插入绘图，首先打开【甘特图工具】的【格式】选项卡，在【绘图】组中单击【绘图】下拉按钮，从弹出的下拉菜单中选择要绘制的图形，然后在图表区中进拖动鼠标进行绘制即可，如图 8-34 所示。

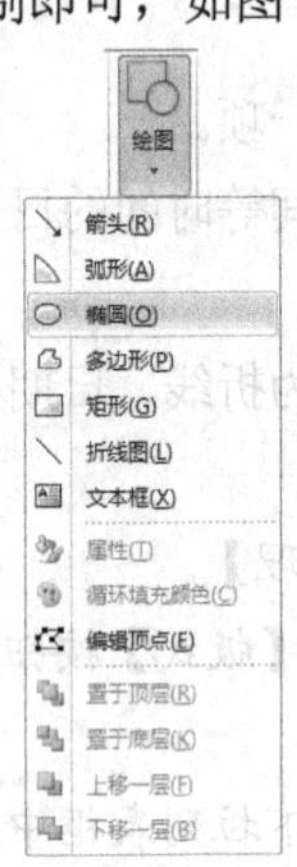

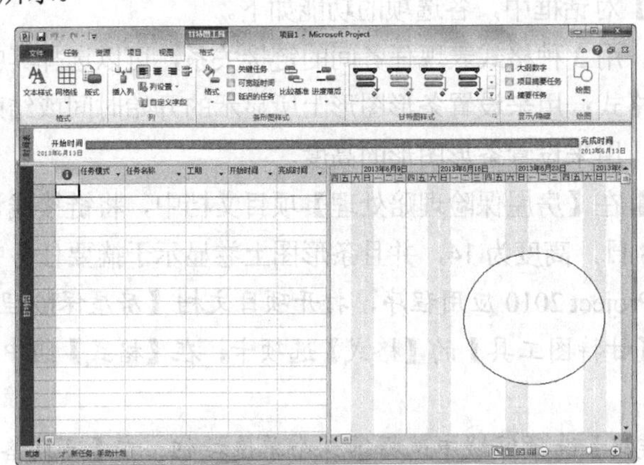

图 8-34　绘制椭圆图形

2. 设置绘图格式

为了使绘制的图形更加美观，还需要设置绘图的格式，如填充颜色、线条样式、绘图大小等。选中绘制的图形，在【格式】选项卡的【绘图】组中单击【绘图】下拉按钮，从弹出的下拉菜单中选择【属性】命令，打开【设置绘图对象格式】对话框，如图 8-35 所示。在【线条与填充】选项卡中可以设置绘图的线条样式及填充颜色；在【大小和位置】选项卡中可以设置绘图的显示位置、高度与宽度。

知识点

在项目文档中，可以插入绘图和图像的位置有 4 个：甘特图中的条形图区域中，备注域(任务、资源和指定域)中，标题、页脚和图例中，资源窗体的图表中。

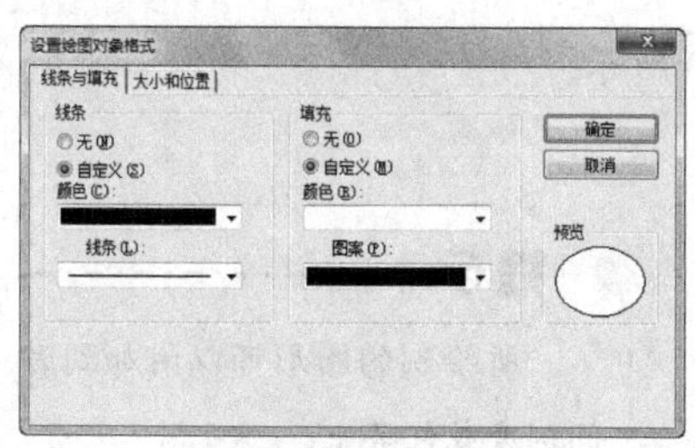

图 8-35　【设置绘图对象格式】对话框

提示

将鼠标指针移动到绘制的图形上，待鼠标指针变为✥形状时，拖动鼠标即可移动该形状至合适的位置。

【例 8-9】在【房屋保险理赔处理】项目文档中，绘制一个文本框，在其中输入“5 月 18 日分配任务”，并设置文本框的格式。

(1) 启动 Project 2010 应用程序，打开项目文档【房屋保险理赔处理】。

(2) 打开【甘特图工具】的【格式】选项卡，在【绘图】组中单击【绘图】下拉按钮，从弹出的下拉菜单中选择【文本框】图形，在适当位置拖动鼠标绘制文本框，如图 8-36 所示。

(3) 在文本框中输入文本“5 月 20 日分配任务”，效果如图 8-37 所示。

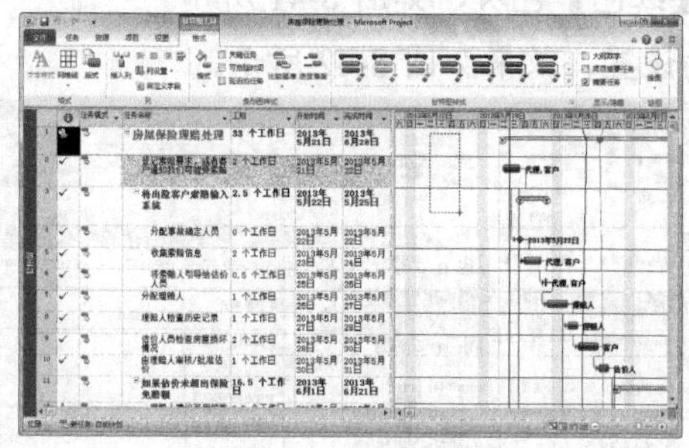

图 8-36　绘制文本框

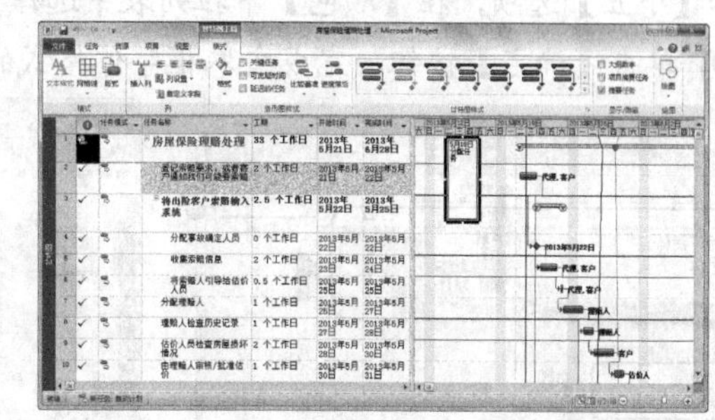

图 8-37　插入任务

(4) 右击文本框，从弹出的快捷菜单中选择【属性】命令，打开【设置绘图对象格式】对话框。

(5) 打开【线条与填充】选项卡，在【线条】选项区域的【颜色】下拉列表框中选择【蓝色】色块，在【填充】选项区域的【颜色】下拉列表框中选择【银白】色块，在【图案】下拉列表框中选择一种图案样式，如图 8-38 所示。

(6) 打开【大小和位置】选项卡，在【位置】选项区域中选中【附加到时间刻度】单选按钮，在【日期】中选择 2013 年 5 月 18 日，在【垂直】微调框中输入 0.29 厘米，并设置高度和宽度，如图 8-39 所示。

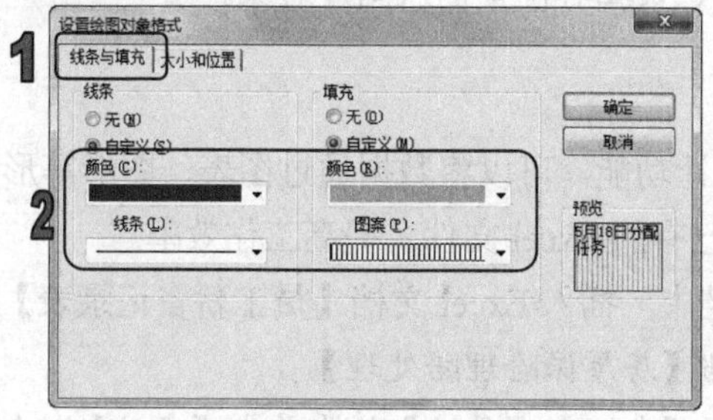

图 8-38　【线条与填充】选项卡

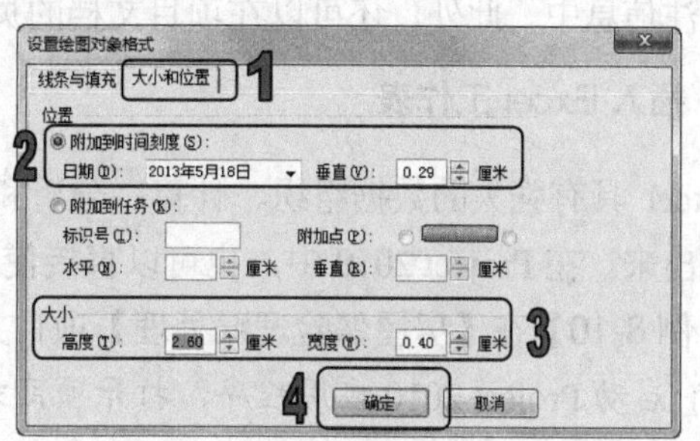

图 8-39　【大小和位置】选项卡

(7) 单击【确定】按钮，调整后的文本框如图 8-40 所示。

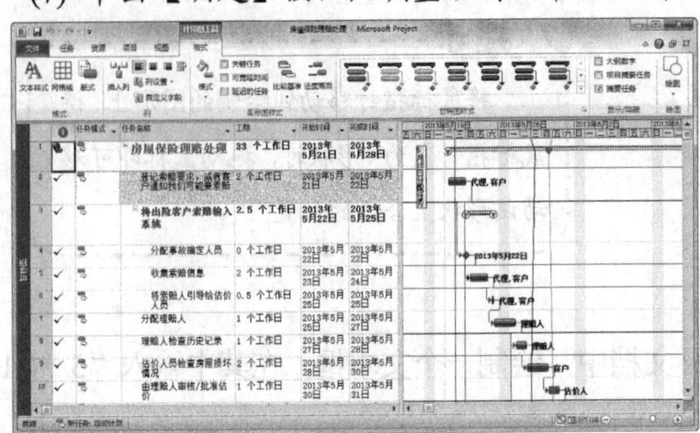

图 8-40　插入绘图

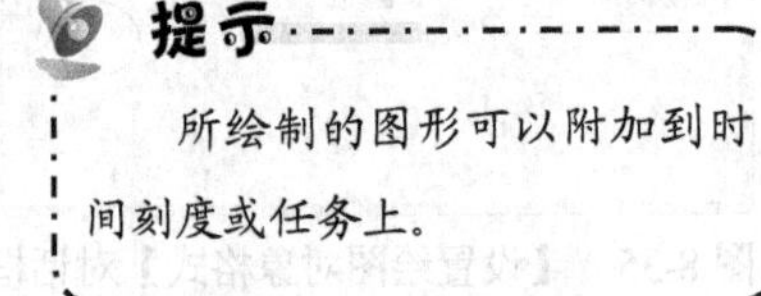

提示

所绘制的图形可以附加到时间刻度或任务上。

(8) 右击文本框，在弹出的快捷菜单中选择【字体】命令，打开【字体】对话框，在【字体】列表框中选择【幼圆】选项，在【字形】列表框中选择【粗体】选项，在【字号】列表框中选择【小五】选项，在【颜色】下拉列表中选择【红色】色块，如图 8-41 所示。

(9) 单击【确定】按钮，完成文本框字体格式的设置，效果如图 8-42 所示。

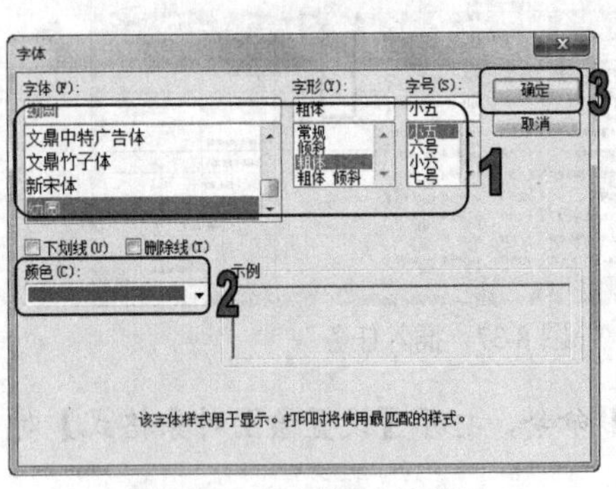

图 8-41　【字体】对话框

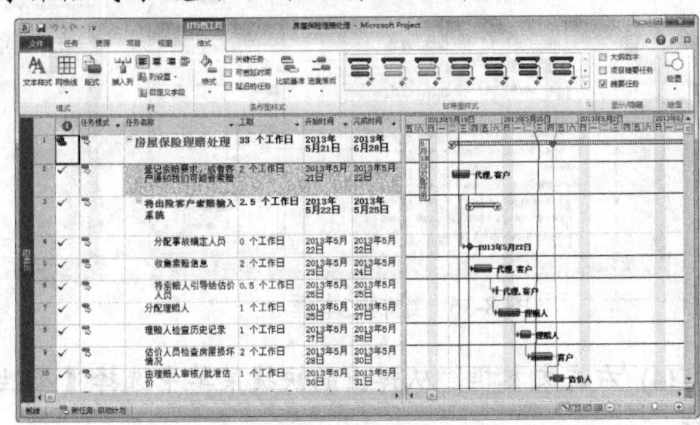

图 8-42　设置文本框中字体格式

8.3.2　插入对象

在 Project 2010 中，只能将 Excel 工作表、PowerPoint 幻灯片和 Word 文档等对象插入到任务的备注信息中。此外，还可以在项目文档的页眉、页脚等位置插入图片对象。

1. 插入 Excel 工作表

Excel 具有强大的数据组织、计算、分析和统计功能，可以将数据通过图表、图形等形象地表现出来。在 Project 2010 中，也可以直接使用已有的 Excel 文件，提高工作效率。

【例 8-10】在【房屋保险理赔处理】项目文档中，插入 Excel 文档【员工薪资记录表】。

(1) 启动 Project 2010 应用程序，打开项目文档【房屋保险理赔处理】。

(2) 选中标识号为 51 的任务，打开【任务】选项卡，在【属性】组中单击【备注】按钮，

打开【任务信息】对话框。

(3) 在【任务信息】对话框中单击【插入对象】按钮，打开【插入对象】对话框，如图 8-43 所示。

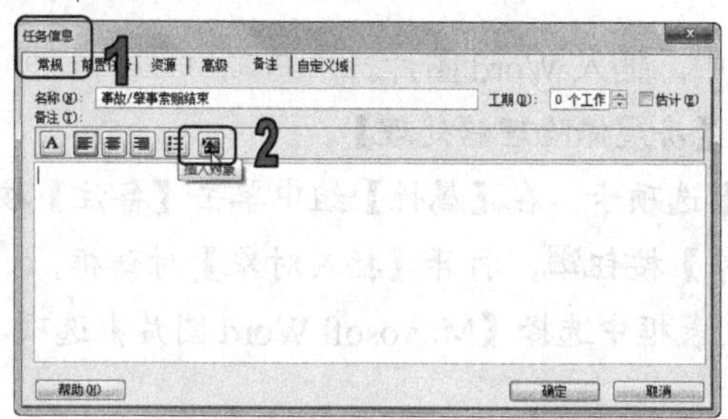

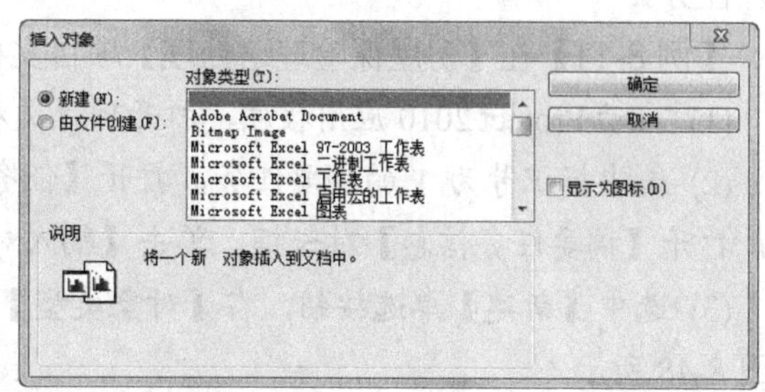

图 8-43　打开【插入对象】对话框

(4) 选中【由文件创建】单选按钮，单击【浏览】按钮，如图 8-44 所示

(5) 打开【浏览】对话框，在其中选择【员工薪资记录表】工作表，如图 8-45 所示。

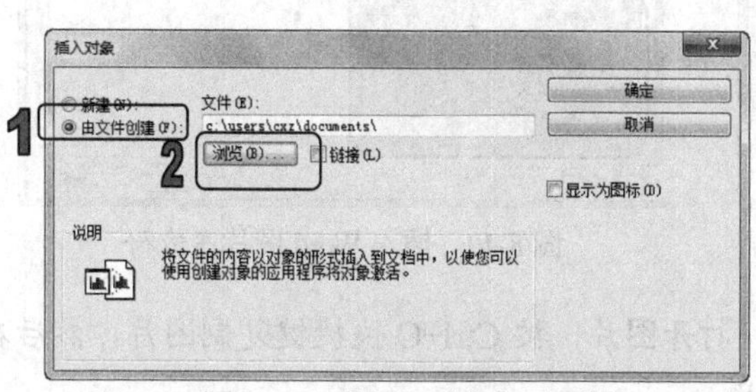

图 8-44　【插入对象】对话框

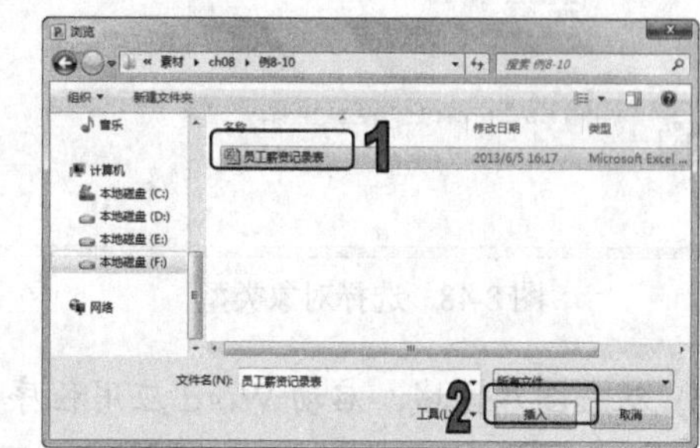

图 8-45　【浏览】对话框

(6) 单击【插入】按钮，返回至【任务信息】对话框中，将鼠标指针移至对象四周的控制点上，待鼠标指针变成双向箭头时，拖动鼠标调整 Excel 对象的大小，效果如图 8-46 所示。

(7) 单击【确定】按钮，即可将 Excel 对象插入到任务的备注信息中，并显示标记，如图 8-47 所示。要查看对象，只需双击该标记，打开【任务信息】对话框，在其中进行查看。

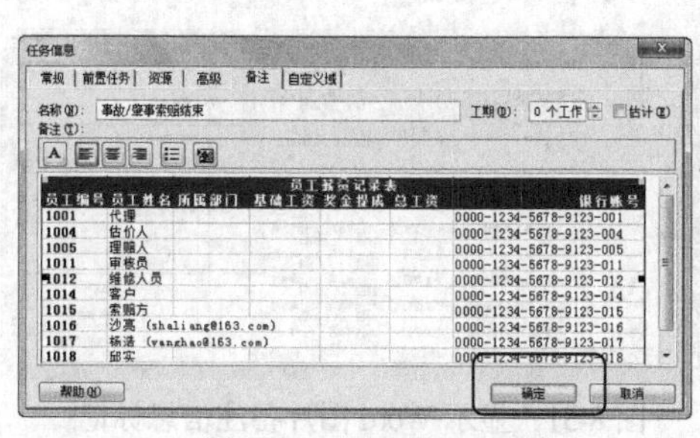

图 8-46　插入 Excel 对象

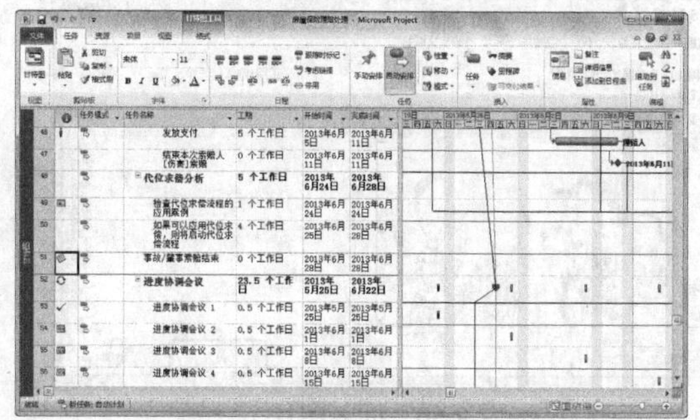

图 8-47　显示 Excel 对象备注信息标记

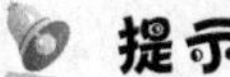

提示

在【插入对象】对话框中，选中【显示为图标】复选框，即可在【任务信息】对话框中显示对象的图表，而非显示对象的内容。

2. 插入 Word 图片

在 Project 2010 中，不仅可以插入 Word 文档，还可以插入 Word 图片，进一步描述和说明特殊任务。

【例 8-11】在【房屋保险理赔处理】项目文档中，插入 Word 图片。

(1) 启动 Project 2010 应用程序，打开项目文档【房屋保险理赔处理】。

(2) 选中标识号为 1 的摘要任务，打开【任务】选项卡，在【属性】组中单击【备注】按钮，打开【摘要任务信息】对话框，单击【插入对象】按钮，打开【插入对象】对话框。

(3) 选中【新建】单选按钮，在【对象类型】列表框中选择【Microsoft Word 图片】选项，如图 8-48 所示。

(4) 打开【确定】对话框，将插入如图 8-49 所示的图片占位符。

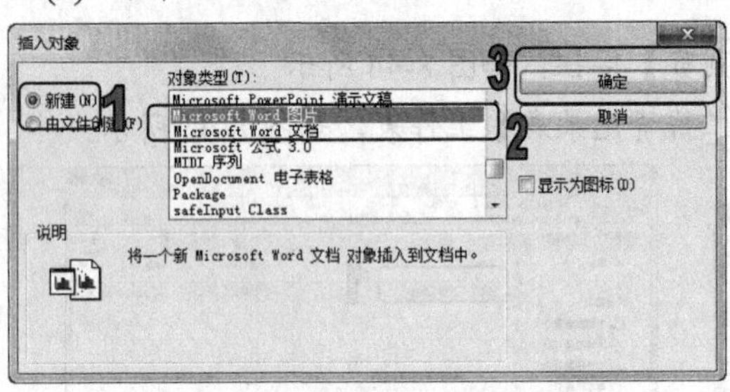

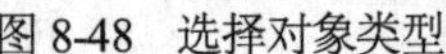

图 8-48　选择对象类型

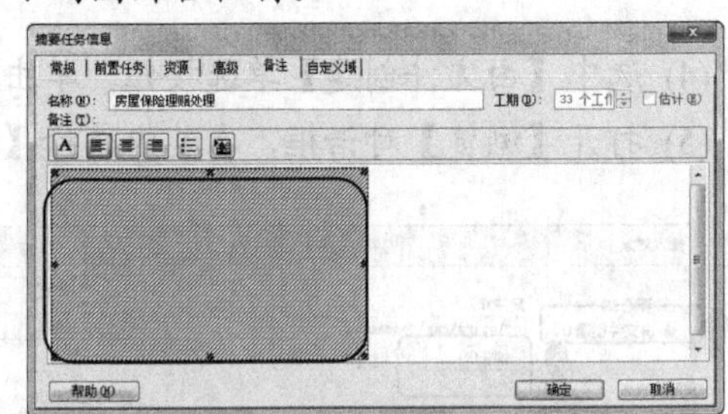

图 8-49　插入 Word 图片占位符

(5) 双击图片区域，启动 Word 应用程序，打开图片，按 Ctrl+C 快捷键复制图片，然后在 Word 应用程序窗口中按 Ctrl+V 快捷键粘贴图片。

(6) 关闭 Word 应用程序，返回至【摘要任务信息】对话框，在其中显示图片的效果，如图 8-50 所示。

(7) 单击【确定】按钮，即可将 Word 图片插入到任务的备注信息中，并显示标记，如图 8-51 所示。

图 8-50　插入图片

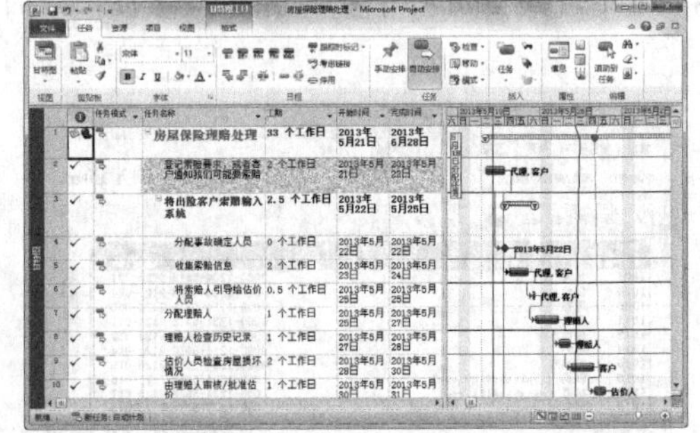

图 8-51　显示 Word 图片备注信息标记

3. 在页眉、页脚和图例插入图片

除了在工作表中插入对象，还可以在项目文档的页眉、页脚等位置插入对象。如果要将图片对象插入到标题、页脚或图例上，可以使用【页眉设置】对话框来实现。

【例 8-12】在【房屋保险理赔处理】项目文档中的页眉处插入图片。

(1) 启动 Project 2010 应用程序，打开项目文档【房屋保险理赔处理】。

(2) 单击【文件】按钮，从弹出的【文件】菜单中选择【打印】命令，在弹出的中部窗格中单击【页面设置】链接，如图 8-52 所示。

(3) 打开【页面设置】对话框的【页眉】选项卡，单击【居中】标签，单击【插入图片】按钮，如图 8-53 所示。

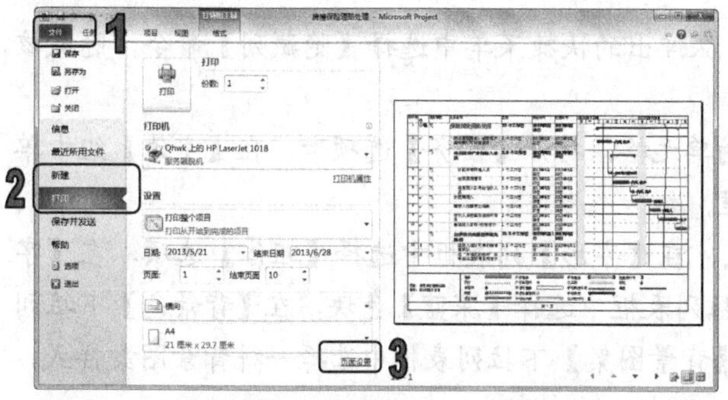

图 8-52 打印预览窗格

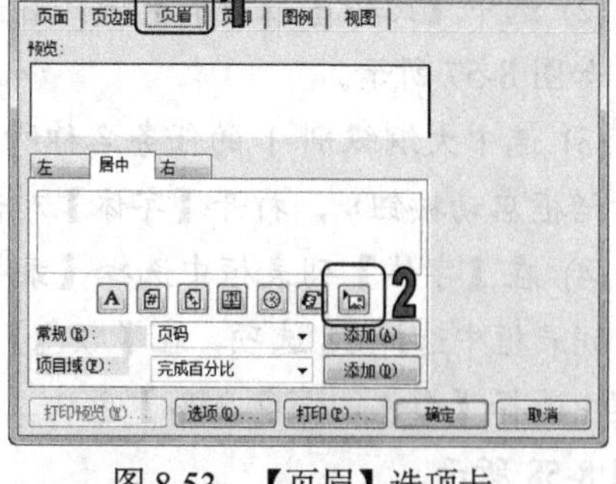

图 8-53 【页眉】选项卡

(4) 打开【插入图片】对话框，选择一张图片，单击【插入】按钮，如图 8-54 所示。

(5) 返回至【页眉】选项卡，在【预览】区域中查看图片效果，如图 8-55 所示。

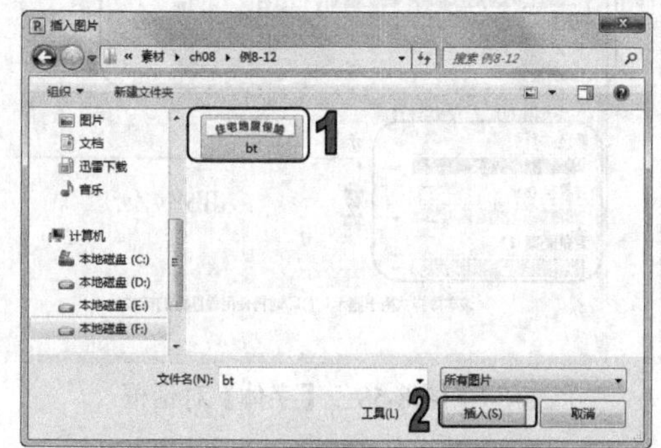

图 8-54 【插入图片】对话框

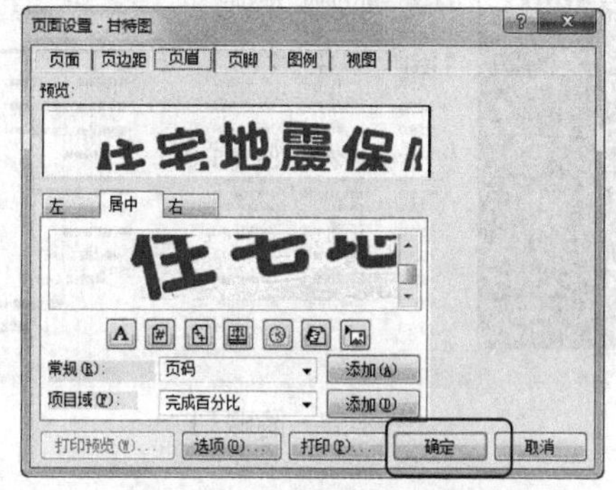

图 8-55 预览插入的图片

(6) 单击【确定】按钮，返回至打印预览窗格中查看插入图片后的项目文档，效果如图 8-56 所示。

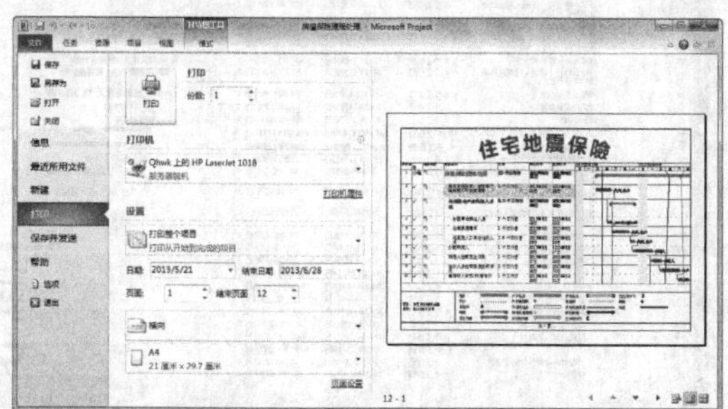

图 8-56 在页眉处插入图片

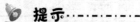

提示

在【页眉设置】对话框中，打开【页脚】和【图例】选项卡，单击【插入图片】按钮，同样可以在页脚和图例的左侧、右侧和中部插入图片。

8.4 上机练习

本章的上机练习主要通过美化【外部技术入职培训】项目文档，来练习设置项目文档的各组件、整体格式和插入对象等操作。

(1) 启动 Project 2010 应用程序，打开第 7 章上机练习跟踪后的项目文档【外部技术入职培训】，并切换至【甘特图】视图。

(2) 选中【比较基准成本】域，右击，从弹出的快捷菜单中选择【隐藏列】命令，隐藏该列，如图 8-57 所示。

(3) 选中大纲级别 1 的任务名称所在的单元格，打开【任务】选项卡，在【字体】组中单击对话框启动按钮，打开【字体】对话框。

(4) 在【字体】列表框中选择【隶书】，在【字形】列表框中选择【粗体】选项，在【字号】列表框中选择 18 选项，在【颜色】下拉列表框中选择【深蓝】色块，在【背景色】下拉列表框中选择【白色，深色 25%】色块，在【背景图案】下拉列表框中选择一种背景图案样式，如图 8-58 所示。

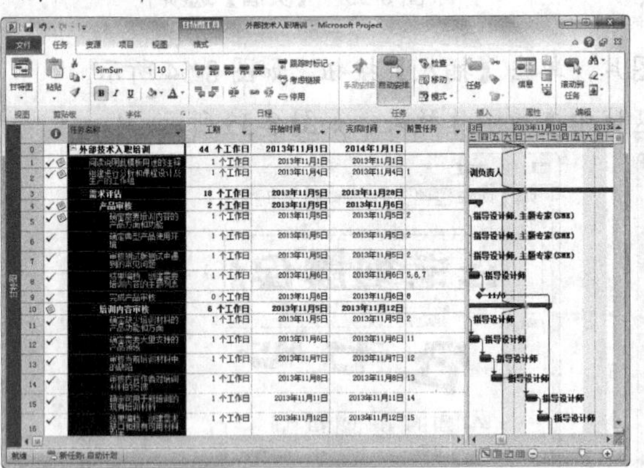

图 8-57　隐藏列

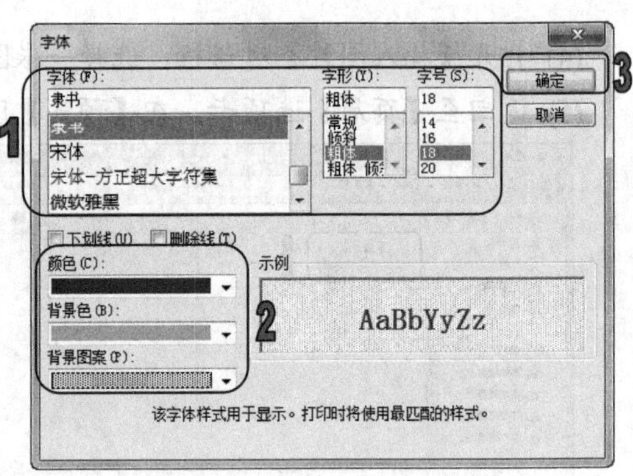

图 8-58　【字体】对话框

(5) 单击【确定】按钮，完成摘要任务文本的字体设置，效果如图 8-59 所示。

(6) 使用同样的方法，设置大纲级别 2、3、4 的任务文本的字体，效果如图 8-60 所示。

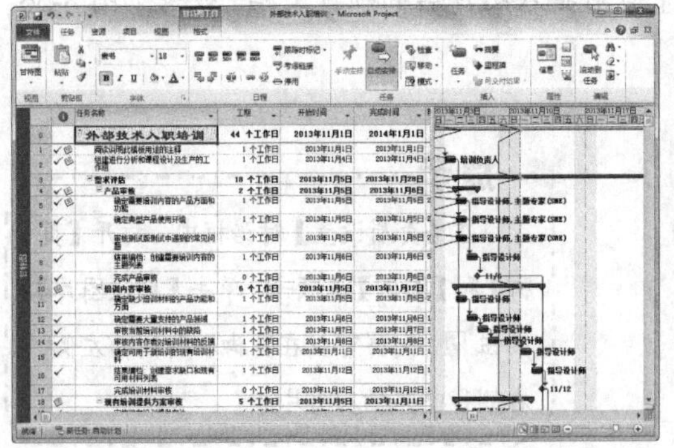

图 8-59　设置大纲级别 1 的任务字体

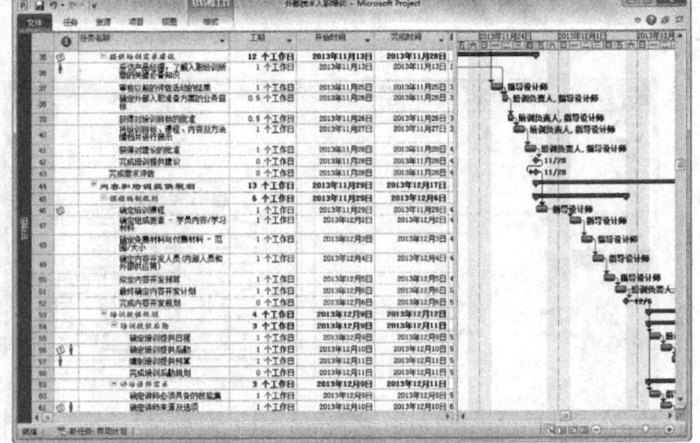

图 8-60　设置大纲级别 2、3、4 的任务字体

(7) 打开【甘特图工具】的【格式】选项卡，在【条形图样式】组中单击【格式】按钮，从弹出的菜单中选择【条形图样式】命令，打开【条形图样式】对话框。

(8) 在列表框中选择【任务】选项，在【条形图】选项卡的【头部】、【中部】和【尾部】选项区域的【颜色】下拉列表框中均选择【绿色】选项，在【头部】和【尾部】的【形状】下拉列表框中选择一种形状，在【中部】的【图案】下拉列表框中选择一种图案，如图 8-61 所示。

(9) 单击【确定】按钮，完成任务条形图样式的设置，返回到项目文档查看条形图样式，效果如图 8-62 所示。

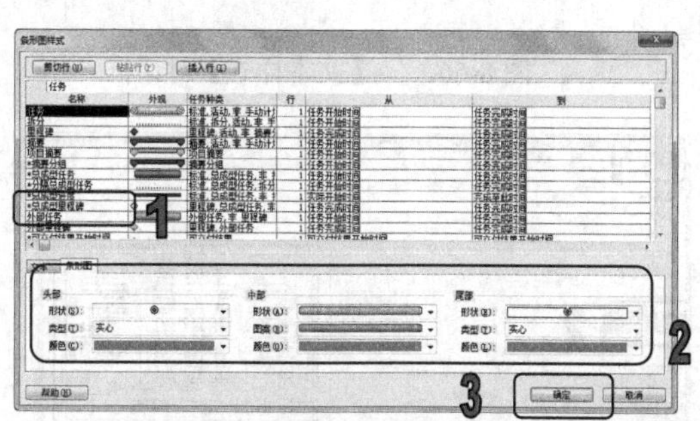

图 8-61　【条形图样式】对话框

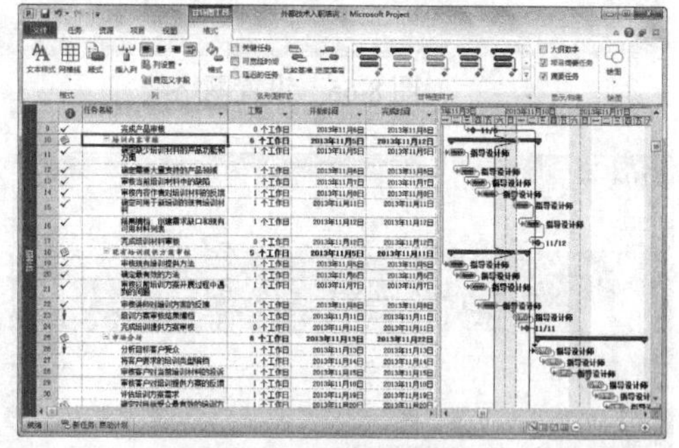

图 8-62　设置条形图样式

(10) 打开【视图】选项卡，在【资源视图】组中单击【资源工作表】按钮，切换至【资源工作表】视图，如图 8-63 所示。

(11) 打开【资源工作表工具】的【格式】选项卡，在【格式】组中单击【网格】按钮，打开【网格】对话框。

(12) 在【要更改的线条】列表框中选择【工作表行】选项，在【颜色】下拉列表框中选择【橄榄色】色块，如图 8-64 所示。

图 8-63　【资源工作表】视图

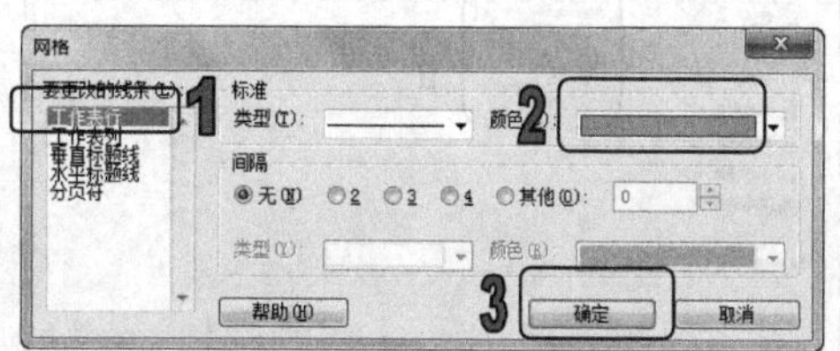

图 8-64　【网格】对话框

(13) 单击【确定】按钮，设置工作表行的线条颜色。使用同样的方法，设置工作表列的线条颜色，效果如图 8-65 所示。

(14) 选择【资源名称】列，在【资源工作表工具】的【格式】选项卡的【格式】组中单击【文本样式】按钮，打开【文本样式】对话框，在【字体】列表框中选择【楷体】选项，在【背景色】下拉列表框中选择【白色，深色 25%】色块，在【字号】列表框选择 10 选项，如图 8-66 所示。

(15) 单击【确定】按钮，完成字体的设置，效果如图 8-67 所示。

(16) 切换至【甘特图】视图，单击【文件】按钮，从弹出的【文件】菜单中选择【打印】

命令，在弹出的中部窗格中单击【页面设置】链接，如图 8-68 所示。

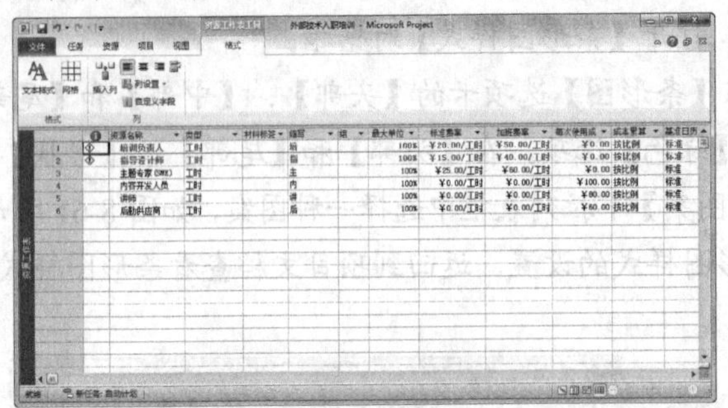

图 8-65　设置网络线

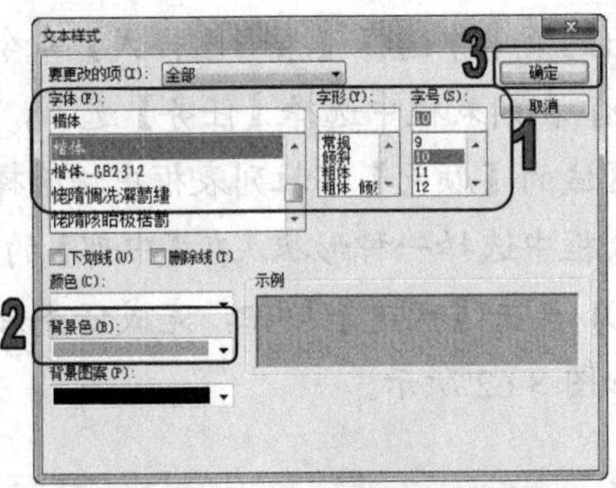

图 8-66　【文本样式】对话框

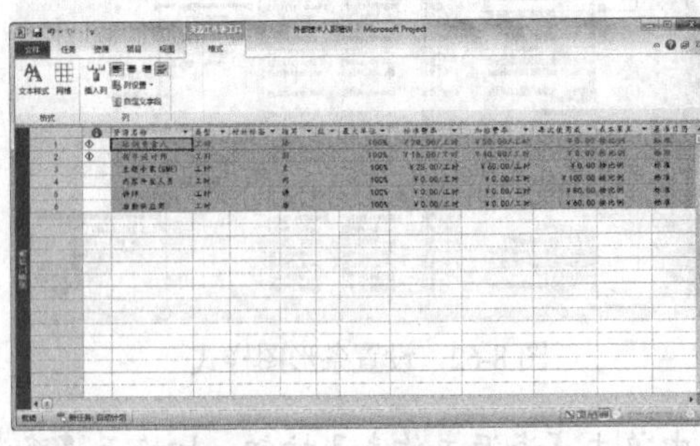

图 8-67　设置文本样式

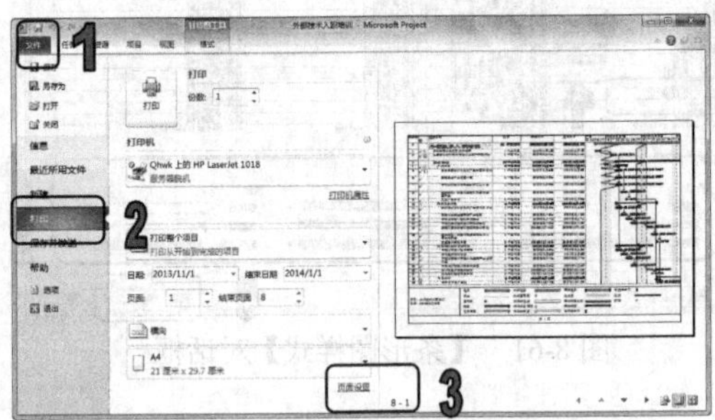

图 8-68　打印预览窗格

(17) 打开【页面设置】对话框的【页眉】选项卡，单击【居中】标签，单击【插入图片】，打开【插入图片】对话框，选择一张图片，单击【插入】按钮，如图 8-69 所示。

(18) 返回至【页眉】选项卡，击【确定】按钮，返回至打印预览窗格中查看插入图片后的项目文档，效果如图 8-70 所示。

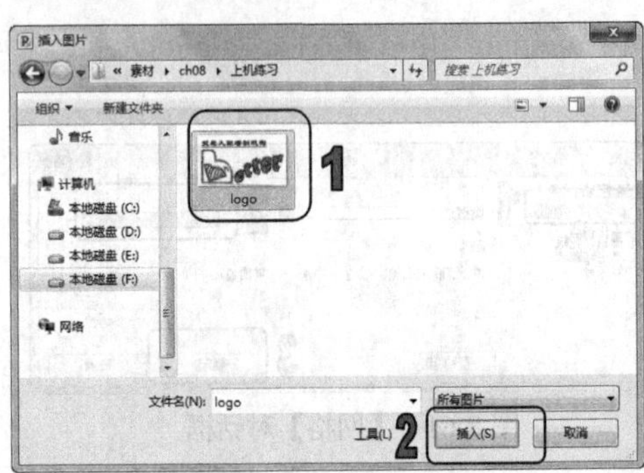

图 8-69　选择页眉图片

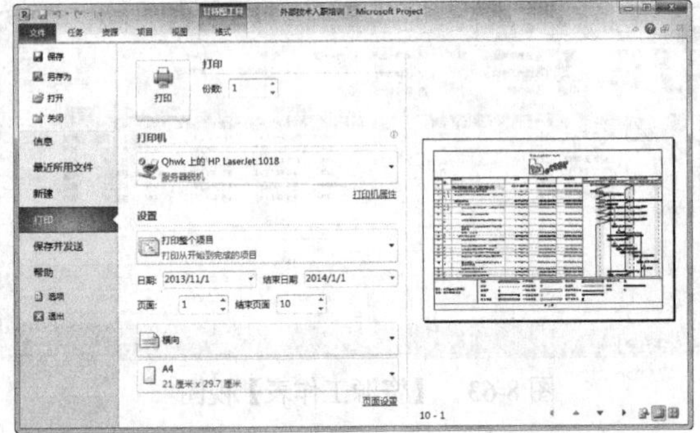

图 8-70　预览插入的页眉图片

8.5 习题

1. 在 Project 2010 中根据模板创建一个项目文档，设置各组件的格式以及文档的整体格式。
2. 在上题的文档中，插入绘图和 Word 图片。

第9章 优化项目

学习目标

在项目实施过程中，常常会出现许多问题，例如项目完成时间需要提前，或者成本超出了预算等。为了确保项目能按照计划有条不紊地进行，项目管理者需要对项目不断地调整、优化，以满足实际需求。

本章重点

- 优化任务
- 优化日程
- 调配资源

9.1 优化任务

在项目任务实施过程中，可以根据需求对任务进行延迟、重叠、中断等操作，以调整、优化任务。

9.1.1 延迟链接任务

在 Project 2010 中，系统自动根据任务之间的链接关系来确定任务的开始时间和完成时间。但是，在实际工作中，当前置任务完成之后，后续任务无法按照链接任务安排的时间进行工作时，就需要延迟链接任务。

要设置任务的延迟，首先选择需要设置延迟的任务，打开【任务】选项卡，在【属性】组中单击【信息】按钮，打开【任务信息】对话框。在【前置任务】选项卡的【延隔时间】微调框中输入延迟时间(一个正数或百分数)即可，例如 2d 表示前置任务完成两天后再开始。

【例 9-1】在【房屋保险理赔处理】项目文档中，将【理赔人确定新的估价是否超出保险免赔额】任务延迟两个工作日。

(1) 启动 Project 2010 应用程序，打开项目文档【房屋保险理赔处理】，选中标识号为 16 的【理赔人确定新的估价是否超出保险免赔额】任务，如图 9-1 所示。

(2) 打开【任务】选项卡，在【属性】组中单击【信息】按钮，打开【任务信息】对话框。

(3) 打开【前置任务】选项卡，在【前置任务】列表框中【维修人员通知理赔人】任务对应的【延隔时间】微调框中输入 2d，如图 9-2 所示。

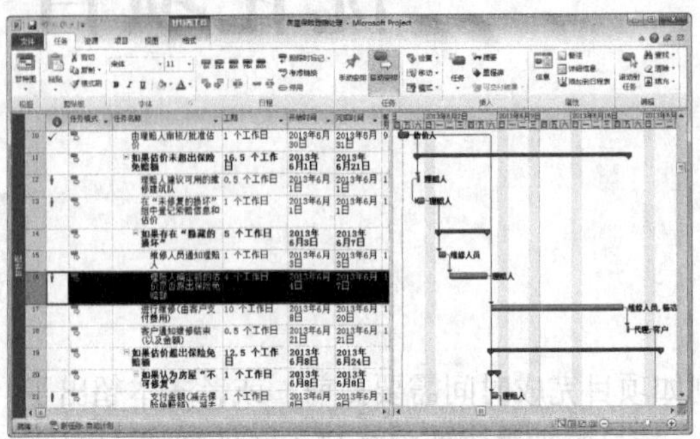

图 9-1　选中要延迟的任务

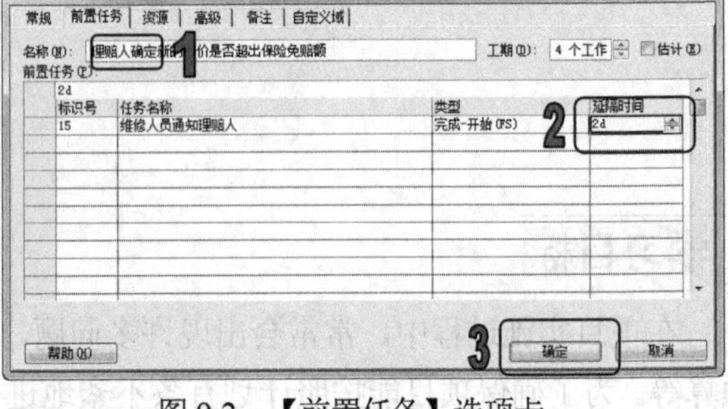

图 9-2　【前置任务】选项卡

(4) 单击【确定】按钮，此时在该任务对应的【前置任务】单元格中多了两个工作日，在图表区，任务的位置也移动了两个工作日，如图 9-3 所示。

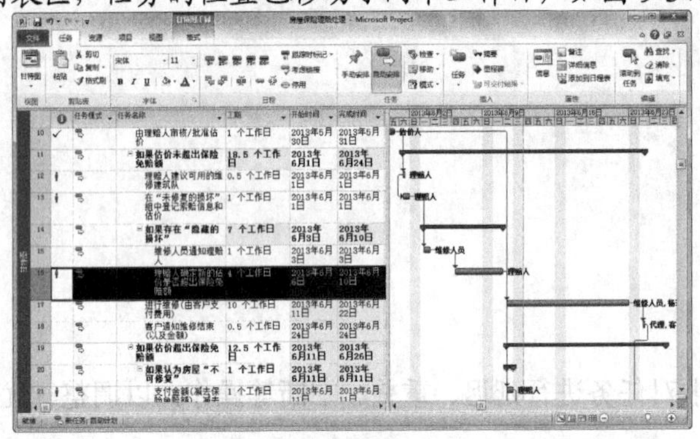

图 9-3　设置延迟任务

提示

任务之间的连线表示任务之间的延迟时间关系，条形图之间的距离表示前置任务与后续任务之间的延迟时间。

9.1.2　重叠链接任务

在实际工作中，一些任务并不需要前置任务完成后再开始，可以在前置任务开始一段时间后再开始以缩短工期，降低成本。这种在前置任务未完成时便开始后续任务的工作被称为重叠链接任务。

要设置任务的重叠，首先选择需要与前置任务重叠的任务，然后打开【任务信息】对话框，在【前置任务】选项卡的【延隔时间】栏对应的单元格中输入一个负数或负的百分数即可，例如-2d 表示前置任务开始两天后再开始该任务。

【例 9-2】在【房屋保险理赔处理】项目文档中，将【理赔人检查历史记录】任务与【估价人员检查损坏情况】任务重叠 50%。

(1) 启动 Project 2010 应用程序，打开项目文档【房屋保险理赔处理】。

(2) 双击标识号为 37 的【估价人员检查损坏情况】任务，打开【任务信息】对话框。

(3) 打开【前置任务】选项卡，在【前置任务】列表框中【理赔人检查历史记录】任务对应的【延隔时间】微调框中输入-50%，如图 9-4 所示

(4) 单击【确定】按钮，此时在该任务对应的【前置任务】单元格中少了 50%，在图表区，任务的位置与前置任务有一段重叠，效果如图 9-5 所示。

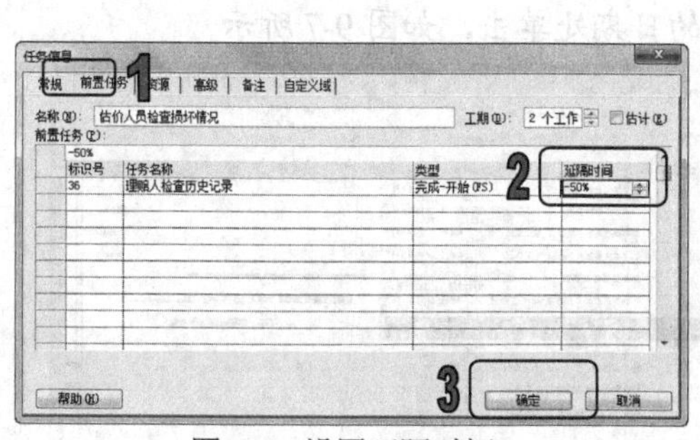

图 9-4　设置延隔时间

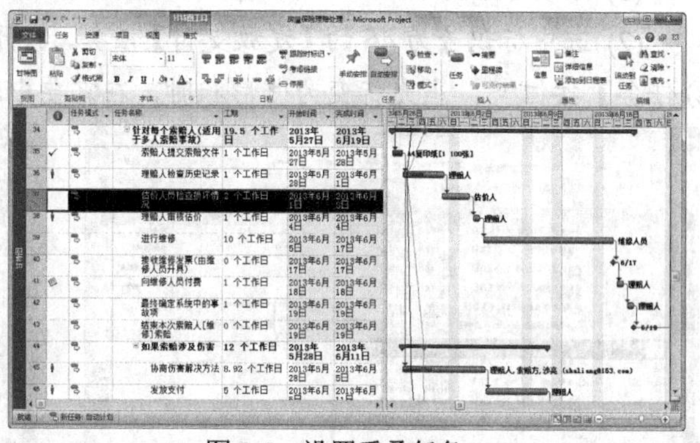

图 9-5　设置重叠任务

提示

在【甘特图】视图的右侧图表中，双击任务间的链接线，打开【任务相关性】对话框，在【延隔时间】微调框中输入时间，可以快速地为后续任务设置延隔时间和前置时间，操作界面如图 9-6 所示。

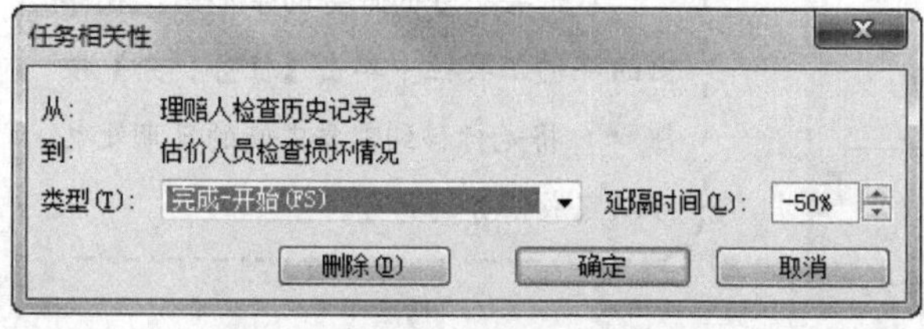

图 9-6　【任务相关性】对话框

提示

重叠链接任务的操作方法与延迟链接任务的操作方法大体一致，区别是在【前置任务】选项卡，设置【延隔时间】为负值。设置完毕后，后续任务的条形图将自动前移，位于前置任务的下方。

9.1.3　中断任务

在执行任务时，不能排除因一些工作人员的意外操作而造成某项任务中断的情况。此时，就不应该为其计算成本，必须进行拆分任务处理。如果通过其他一些方法，无须中断任务，则可以撤销设置的拆分处理。

1. 拆分任务

若任务中断，就需要将其拆分，否则 Project 会为任务计算资源成本。要拆分任务，选中要拆分的任务，打开【任务】选项卡，在【日程】组中单击【拆分任务】按钮，然后将鼠标指针移动到条形图中开始工作的中，当光标变为形状时，在需要中断的日期处单击，然后选中拆分处的右侧条形图，按住鼠标左键不放向后拖动，直至任务重新开始的日期处释放鼠标即可。

【例 9-3】在【房屋保险理赔处理】项目文档中，将【发放支付】任务从 6 月 7 日开始中断两个工作日。

(1) 启动 Project 2010 应用程序，打开项目文档【房屋保险理赔处理】。

(2) 选中标识号为 46 的【发放支付】任务，打开【任务】选项卡，在【日程】组中单击【拆分任务】按钮，当光标变为形状时，在需要中断的日期处单击，如图 9-7 所示。

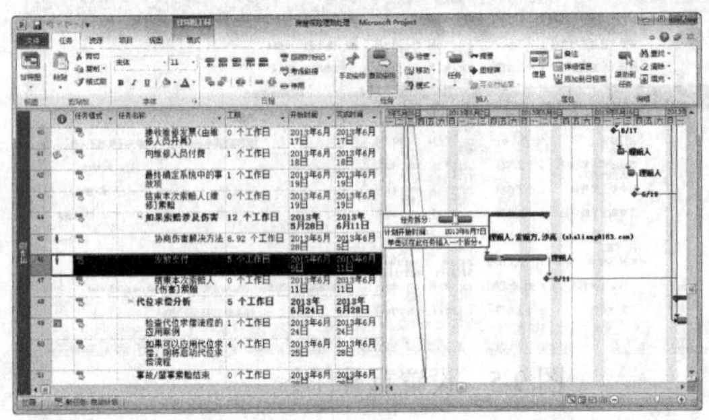

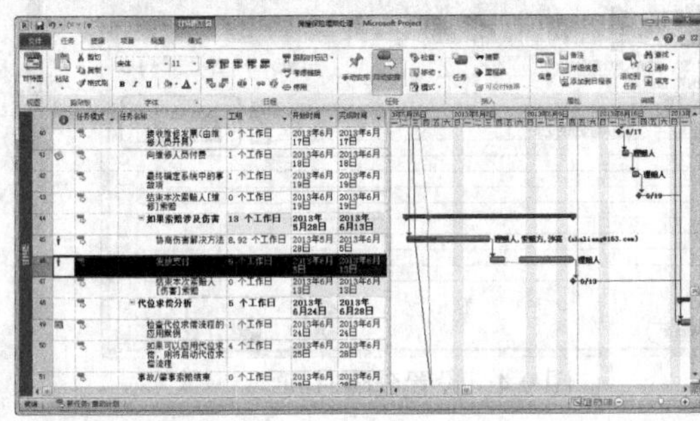

图 9-7 拆分任务

(3) 选中拆分处右侧的条形图，按住鼠标左键不放，向后拖动一个日期的刻度，释放鼠标，完成中断两个工作日的操作，如图 9-8 所示。

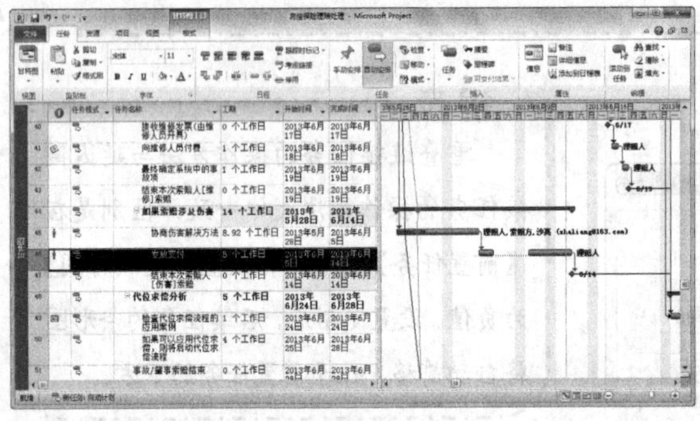

图 9-8 确定中断的时间

知识点

右击要拆分的任务的条形图，在弹出的浮动工具栏中单击【任务拆分】按钮，将光标移到需要中断的日期处也可以完成任务的拆分。

2. 撤销拆分任务

如果不需要拆分任务，可以很方便地撤销相关操作。要撤销拆分任务，可选中拆分任务右侧的条形图，按住鼠标左键不放，向前移到，直至任务的两条形图相接即可。

【例 9-4】在【房屋保险理赔处理】项目文档中，撤销拆分任务。

(1) 启动 Project 2010 应用程序，打开项目文档【房屋保险理赔处理】。

(2) 选中标识号为 46 的【发放支付】任务右侧的拆分后的条形图，按住鼠标左键不放，向

前移动。

(3) 当两个条形图相接后释放鼠标，如图 9-9 所示。

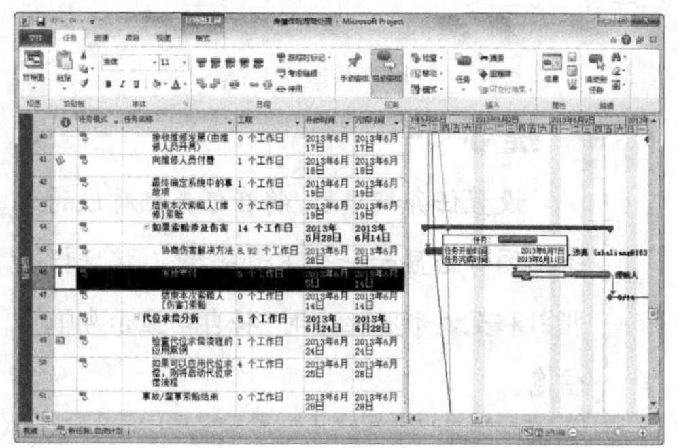

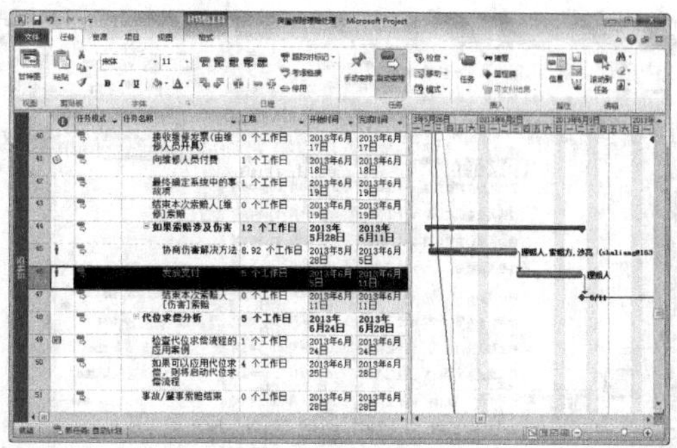

图 9-9　撤销任务拆分

9.1.4　设置任务期限

如果希望某项任务在特定日期完成，但又不希望用限制来约束该任务，可以为任务设定一个期限，当任务的日程发生变化时，Project 会根据该任务更新后的状态，与期限日期进行比较，若超过期限日期，则会在【标记】栏中显示出一个图标提醒项目管理者。

要设置任务期限，首先选择要设置任务期限的任务，打开【任务】选项卡，在【属性】组中单击【信息】按钮，打开【任务信息】对话框的【高级】选项卡，在【期限】下拉列表框中任务的期限日期即可。

【例 9-5】在【房屋保险理赔处理】项目文档中，将【最终确定系统中的事故项】任务的期限日期设置为 2013 年 6 月 18 日。

(1) 启动 Project 2010 应用程序，打开项目文档【房屋保险理赔处理】，选中标识号为 42 的【最终确定系统中的事故项】任务。

(2) 打开【任务】选项卡，在【属性】组中单击【信息】按钮，打开【任务信息】对话框。

(3) 打开【高级】选项卡，在【期限】下拉列表框中设置日期为 2013 年 6 月 18 日，如图 9-10 所示。

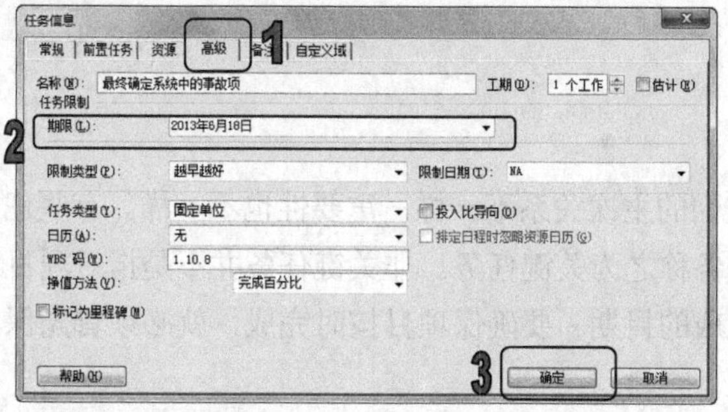

图 9-10　【高级】选项卡

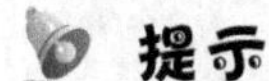

提示

在 Project 中任务类型分为 3 种：固定单位、固定工时和固定工期。在分配了资源后，都将按照“工期=工时/单位”来确定任务的日程。在【高级】选项卡的【任务类型】下拉列表框中可以设置任务类型。

(4) 单击【确定】按钮，完成设置。由于【最终确定系统中的事故项】任务延迟 1 个工作日，使得该任务的完成时间晚于限制，在【标记】栏中出现警告标志，如图 9-11 所示。

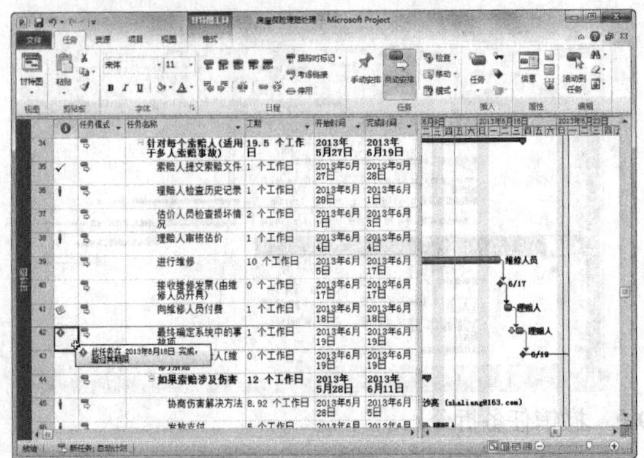

图 9-11　设置任务期限

提示

设置任务期限后，将在任务相对应的条形图旁边显示一个下箭头，将鼠标指针移至该形状上方时，将自动显示期限信息。

知识点

打开【视图】选项卡，在【数据】组中单击【表格】按钮，从弹出的菜单中选择【更多表格】命令，打开【其他表】对话框，选择【限制日期】选项，单击【应用】按钮，在打开的项目文档窗口的【限制日期】栏中，可以对任务设置限制日期，如图 9-12 所示。

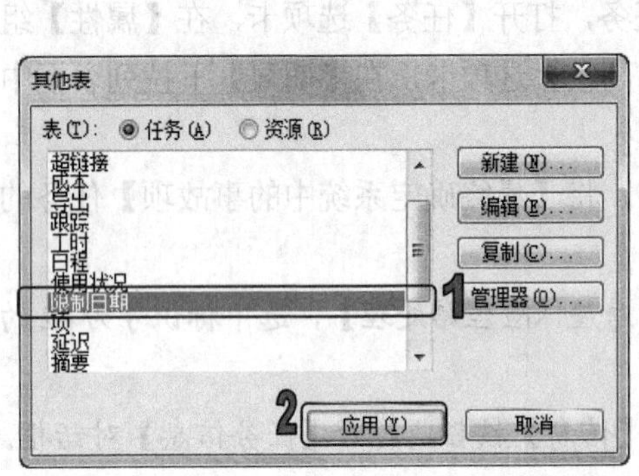

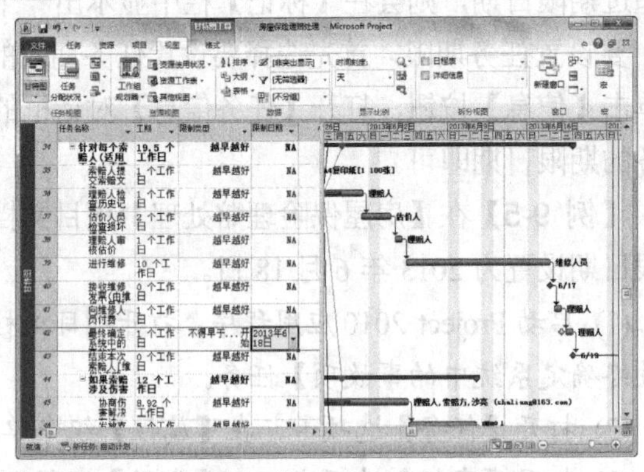

图 9-12　使用【限制日期】栏设置限制日期

9.1.5　设置关键任务

在项目文档中，通常包含了许多任务，它们的主次关系不一样，重要性也不一样。有些任务直接决定整个项目最终完成的日期，这些任务称之为关键任务。非关键任务并不是指对项目无用的任务，只是它不会直接影响项目最终完成的日期。要确保项目按时完成，就必须首先保证关键任务如期完成。

由于关键任务不能被拖延，否则整个项目都被推迟，所以关键任务是没有时差的。在 Project 中，时差为 0 的任务默认为关键任务。若需要在任务变得越来越关键，在时差变为 0 时提前得

到警告，可以更改 Project 的默认设置，使具有特定时差的任务成为关键任务。

提示

时差是指在不影响其他任务或项目完成日期的情况下，任务可以落后的时间量。时差有两种类型：可用时差和总时差。在【甘特图】视图中，打开【视图】选项卡，在【数据】组中单击【表格】按钮，从弹出的菜单中选择【日程】命令，在打开的窗口中，可以查看每项任务的可用时差和总时差。

【例 9-6】在【房屋保险理赔处理】项目文档中，设置显示关键任务。

(1) 启动 Project 2010 应用程序，打开项目文档【房屋保险理赔处理】。

(2) 单击【文件】按钮，从弹出的【文件】菜单中选择【选项】命令，打开【Project 选项】对话框。

(3) 打开【高级】选项卡，在【该项目的计算选项】选项区域中的【关键任务定义：任务时差少于或等于】微调框中输入 1，单击【确定】按钮，如图 9-13 所示。

(4) 打开【甘特图工具】的【格式】选项卡，在【条形图样式】组中选中【关键任务】复选框，此时即可看到项目文档图表区中关键任务的条形图已以变为红色，效果如图 9-14 所示。

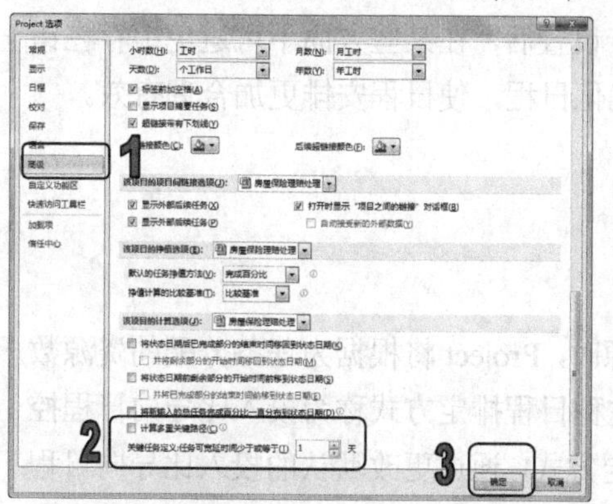

图 9-13　设置关键任务的时差计算方式

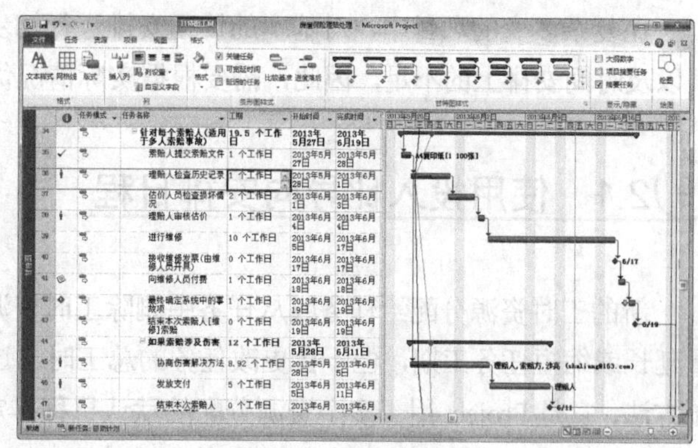

图 9-14　显示关键任务

知识点

定义关键任务后，打开【视图】选项卡，在【数据】组中单击【筛选】下拉按钮，从弹出的下拉列表框中选择【关键】命令，即可筛选出所有的关键任务。

9.1.6　查看任务详细信息

Project 2010 新增了详细信息功能，使用该功能可以查看任务的详细信息，包括前置任务、限制和日历等。要查看某个任务的详细信息，首先选择要查看的任务，然后打开【任务】选项卡，在【属性】组中单击【详细信息】按钮，打开【任务详细信息窗体】窗格，在其中可以查看相关的信息，如图 9-15 所示。

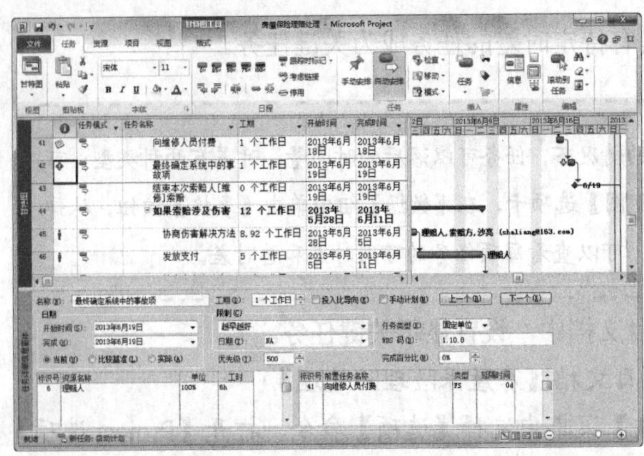

图 9-15　查看任务详细信息

知识点

Project 2010 提供了多重撤销和恢复功能，使用该功能可以撤销或恢复对视图、数据和选项的最近更改操作。

9.2　优化日程

在复杂多变的项目中，对基本的日程安排进行初步设置后，在某些方面不可避免地存在错误以及时间安排上的不足，因此，需要根据实际情况优化日程，使日程安排更加合理有效。

9.2.1　使用投入比导向安排日程

新的工时资源分配给任务或从任务中删除工时资源时，Project 将根据为任务分配的资源数量延长或缩短任务工期，但不会更改任务的总工时。这种日程排定方式称为投入比导向日程控制方法，它是 Project 用于多个资源分配的默认日程排定方式。通过更改默认的投入比导向日程控制方法，可以更改 Project 排定日程的方式。

1. 投入比导向日程控制方法

采用投入比导向日程控制的方法来排定任务，其实也就是将新资源添加到项目中的任务时，任务的总工时保持不变，但该任务分配到每个资源上的工时量将由 Project 按它们在工作分配单位总和中所占的比例重新分配。

要使用投入比导向安排日程，先在项目文档中更改任务的工时、工期或资源，此时在单元格中将出现◤标记，将光标移动该处将出现◈标记，再将光标移至◈标记处，标记变为◈▾，单击该下拉按钮，从弹出的下拉菜单中选择投入比导向提供的日程修改方法。

【例 9-7】在【房屋保险理赔处理】项目文档中，为固定单位【发放支付】任务增加资源【沙亮】；为固定单位的【如果可以应用代位求偿，则将启动代位求偿流程】任务增加项目资源【杨浩】，使用投入比导向提供的缩短工期使任务提前结束，但要保持总工时不变。

(1) 启动 Project 2010 应用程序，打开项目文档【房屋保险理赔处理】。

(2) 选择标识号为 46 的【发放支付】任务，在【资源名称】域中添加资源【沙亮】，如图

9-16 所示。

(3) 将光标移至◤标记处，将出现◈标记，再将光标移至◈标记处，标记变为◈·，单击该按钮，从弹出的下拉菜单中选中【缩短工期使任务提前结束但要保持总工时不变】单选按钮，如图 9-17 所示。

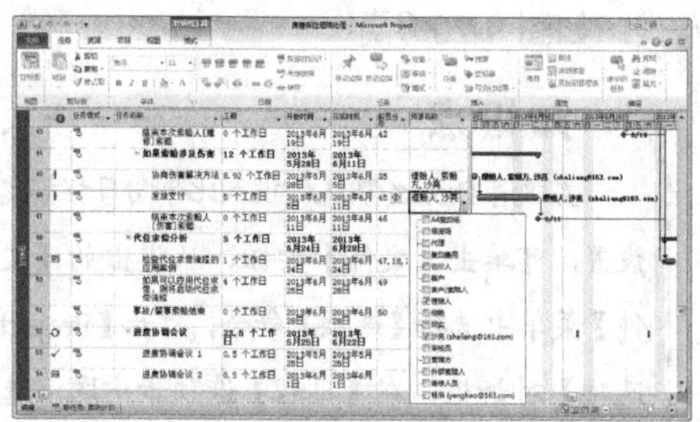

图 9-16　为【发放支付】任务添加资源

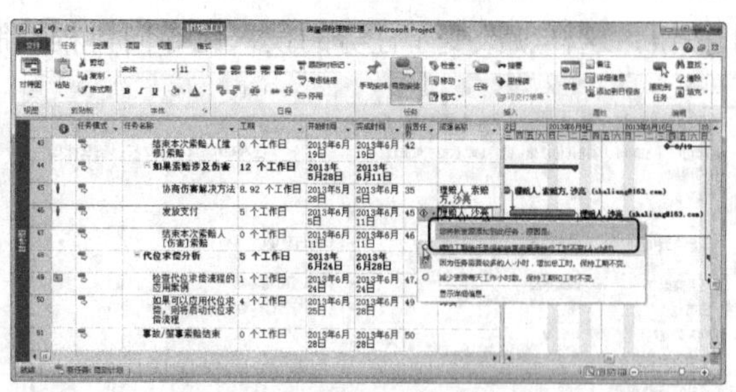

图 9-17　选择投入比导向提供的日程修改方法

(4) 此时【理赔人】和【沙亮】的单位均变为 50%，工期变为 2.5d，如图 9-18 所示

(5) 使用同样的方法，为标识号为 50 的【如果可以应用代位求偿，则将启动代位求偿流程】任务增加项目资源【杨浩】来缩短工期，效果如图 9-19 所示。

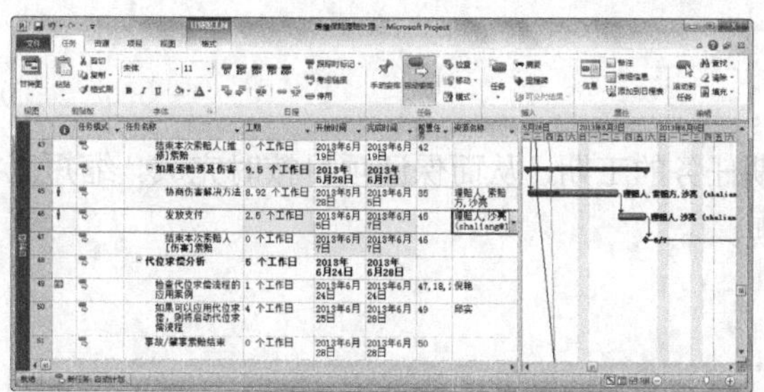

图 9-18　使用投入比导向日程缩短工期

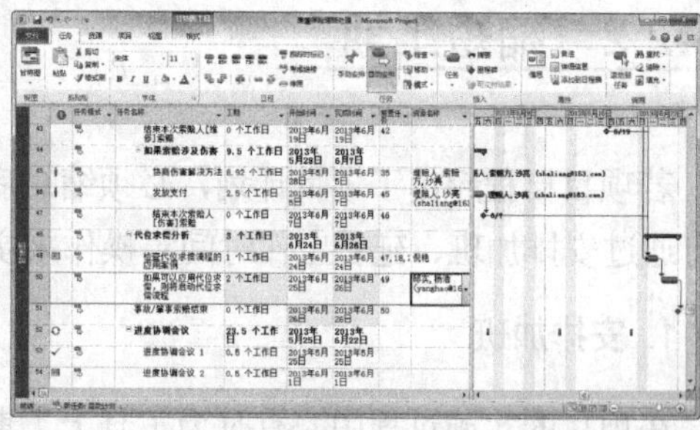

图 9-19　为标识号为 50 的任务缩短工期

提示

投入比导向日程控制方法仅在从任务中添加或删除资源时才有效，在更改已分配给任务的工时、工期和资源的单位值时，该计算规则并不适用。

使用投入比导向安排日程时，需要注意以下内容：

- 只有在给任务分配了第一个资源后，才能应用投入比导向日程计算方式。在资源分配后，给同一任务添加新资源或从中删除资源时，任务的工时值将不会更改。
- 如果分配的任务类型为固定单位，分配附加资源将缩短任务工期。
- 如果分配的任务类型为固定工期，分配附加资源将减少资源的单位值。
- 如果分配的任务类型为固定工时，分配附加资源将缩短任务工期。
- 摘要任务和插入项目不能设置为投入比导向控制。

2. 改变投入比导向日程控制设置

为了更准确地反映出添加或删除资源时，在该任务上发生的实际变动情况，可以改变某任务的投入比导向日程控制方式，例如，将新的工时资源添加到某任务时，希望了解总工时的增加量。要改变投入比导向日程控制设置，首先切换到【甘特图】视图，在【任务名称】域中选择要关闭投入比导向日程排定的任务，打开【任务】选项卡，在【属性】组中单击【信息】按钮，打开【任务信息】对话框的【高级】选项卡，取消选中【投入比导向】复选框，单击【确定】按钮，这样就改变了任务的投入比导向日程控制方式，如图 9-20 所示。

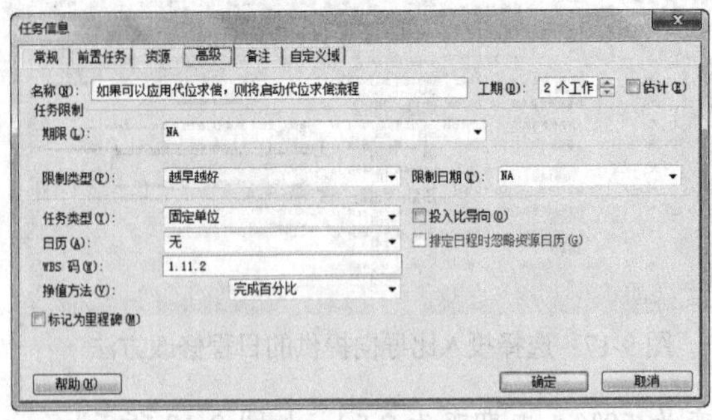

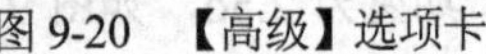
图 9-20 【高级】选项卡

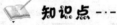

知识点

要取消 Project 默认的投入比导向日程排定设置，可单击【文件】按钮，从弹出的【文件】菜单中选择【选项】命令，打开【Project 选项】对话框，在【日程】选项卡中取消选中【新任务为投入比导向】复选框。

9.2.2 缩短工期

若项目日程超出了项目计划，必须缩短后期任务的工期，从而保证项目按时完成。缩短工期可通过安排加班、延长工作时间等操作来实现。

1. 安排加班

在项目的实施过程中，有时为了赶上工期，需要在关键任务上为资源设置加班工时，来缩短任务工期。首先，在【甘特图】视图中选择任务名称，打开【视图】选项卡，在【拆分视图】组中选中【详细信息】复选框，此时自动打开【任务窗体】窗格。然后，打开【任务窗体工具】的【格式】选项卡，在【详细信息】组中单击【工时】按钮，切换至资源工时的详细信息窗格，最后，在【加班工时】栏中为该任务资源设置加班工时。

【例 9-8】在【房屋保险理赔处理 2】项目文档(【例 9-1】的原文档) 中，安排文案在执行【理赔人确定新的估价是否超出保险免赔额】任务时加班 6h，缩短工期 1 天。

(1) 启动 Project 2010 应用程序，打开项目文档【房屋保险理赔处理 2】，选择标识号为 16 的【理赔人确定新的估价是否超出保险免赔额】任务。

(2) 打开【视图】选项卡，在【拆分视图】组中选中【详细信息】复选框，此时自动打开【任务窗体】窗格，如图 9-21 所示。

(3) 打开【任务窗体工具】的【格式】选项卡，在【详细信息】组中单击【工时】按钮，切换至资源工时的详细信息窗格，如图 9-22 所示。

(4) 单击【理赔人】资源对应的【加班工时】栏中的空白单元格输入 6h，如图 9-23 所示。

(5) 在任意空白处单击，该任务的工期由 4 工作日变为 3 工作日，如图 9-24 所示。

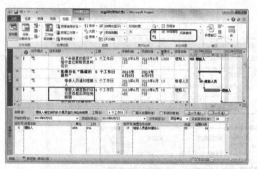

图 9-21　打开【任务窗体】窗格

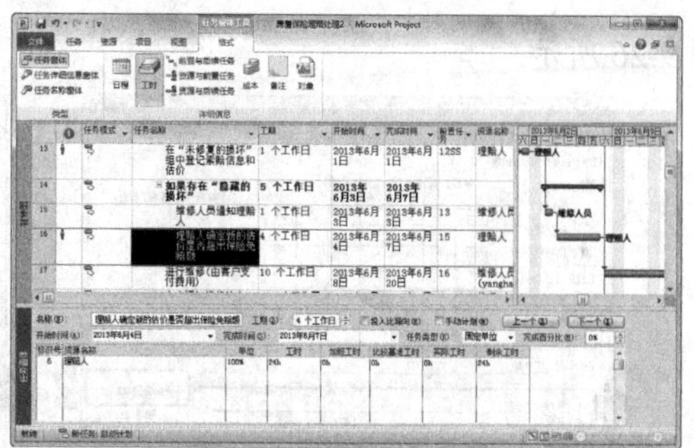

图 9-22　打开资源工时的详细信息窗格

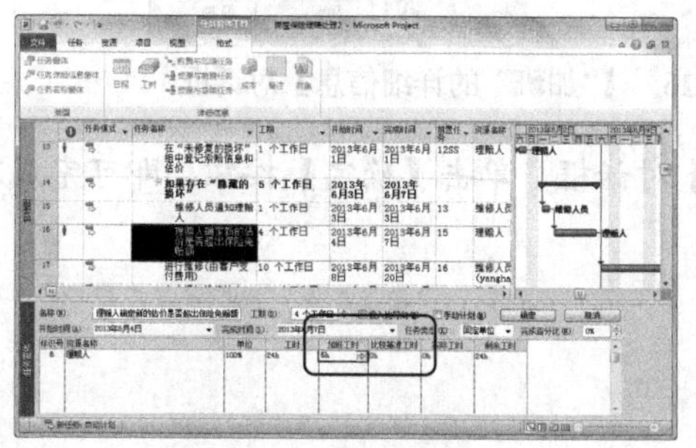

图 9-23　输入加班工时

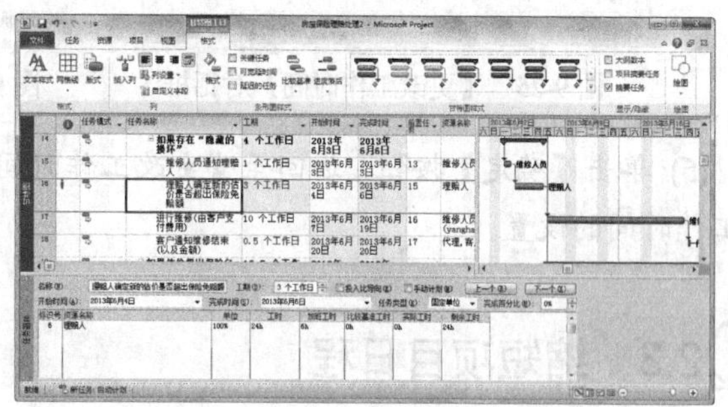

图 9-24　缩短工期

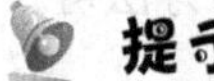

提示

在 Project 2010 中，添加资源是优化日程最简单的方法，但还可以在【任务信息】对话框中，通过更改任务工期的方法来优化日程。

2. 延长工作时间

在项目的实施过程中，也可以通过改变资源的日历来调整工期，例如可以将资源原来的休息时间改为工作时间，通过增加资源的工作时间来缩短项目的工期。

要更改整个项目的工作时间，只需打开【项目】选项卡，在【属性】组中单击【更改工作时间】按钮，在打开的【更改工作时间】对话框中选择想要修改的日期，在【对于日历】下拉列表中选择日历模板，将【将所选时间设置为】项设置为【非工作日】即可。

【例 9-9】在【房屋保险理赔处理 2】项目文档中，安排每周六晚上 18:00~21:00 按工作时间上班。

(1) 启动 Project 2010 应用程序，打开项目文档【房屋保险理赔处理 2】。

(2) 打开【项目】选项卡，在【属性】组中单击【更改工作时间】按钮，打开【更改工作时间】对话框。

(3) 在【例外日期】选项卡列表框的第 2 行【名称】单元格中输入“加班”，在其后的【开始时间】和【完成时间】单元格中分别设置 2013-6-19 和 2013-7-20，如图 9-25 所示。

(4) 单击【详细信息】按钮，打开【“加班”的详细信息】对话框，选中【工作时间】单选按钮，并设置工作时间为晚上 18：00~21：00，选择【每周】单选按钮和【周六】复选框，

如图 9-26 所示。

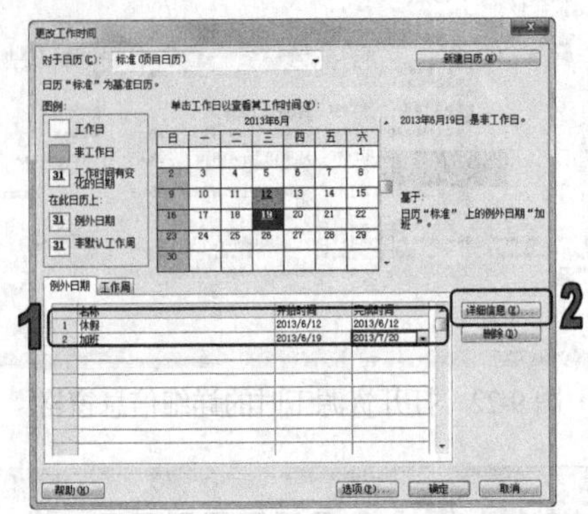

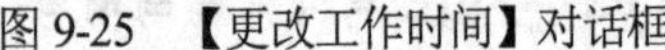

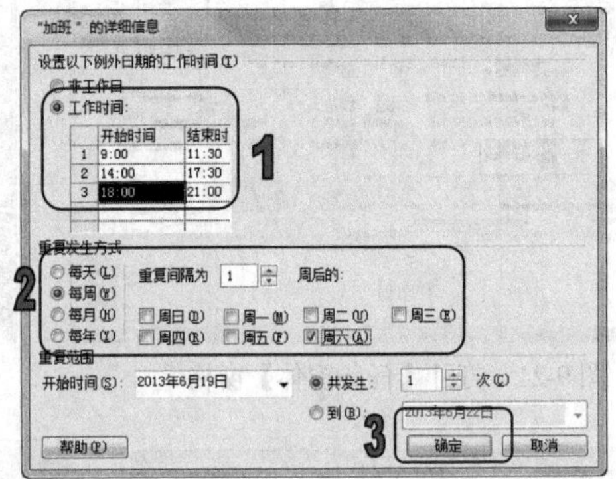

图 9-25 【更改工作时间】对话框　　图 9-26 【“加班”的详细信息】对话框

(5) 单击【确定】按钮，返回至【更改工作时间】对话框，单击【确定】按钮，即可完成延长工作时间的设置。

9.2.3 缩短项目日程

当延迟一些关键任务时，将直接影响到项目的完成时间。通过缩短项目关键路径的方法可以优化日程。

当项目日程安排出现问题后，可通过缩短关键路径中的工期的方法，在缩短项目施工时间的同时降低项目费用。一般情况下，可通过减少关键任务的工期，以及重叠关键任务两种方法，解决日程安排问题。

1. 减少关键任务的工期

减少关键任务工期的方法如下。

- 估算时间：重新估算任务的工作时间。
- 添加资源：向关键任务中添加资源，当向固定工期任务中添加资源时，将无法减少任务的工作时间。

2. 重叠关键任务

重叠关键任务的方法如下。

- 调整相关性：可以将【完成-开始】链接类型更改为【开始-开始】链接关系。
- 限制任务日期：可通过调整任务日期的限制类型，或延隔时间的方法来重叠关键任务。

知识点

双击任务，打开【任务信息】对话框，在【高级】选项卡的【限制类型】下拉列表框中可以调整任务日期的限制类型，在【限制日期】下拉列表框中可以选择限制日期。

9.3 调配资源

在项目实施过程中，不可能对所有任务和资源的分配有详尽而准确的了解和规划，某些情况下很容易导致资源的过度分配。例如，让一个人在同一时间去执行两个完全不同的任务，从而导致其根本无法完成，从而影响整个项目的工期。为了避免这一情况的发生，需要对资源进行调整。

9.3.1 资源过度分配的原因

在 Project 2010 中，为任务分配资源时，系统会自动检查资源的日历以保证资源的可用性，但是，系统不会检查资源的分配状况，也就是说，一个资源可以同时分配给多个任务，此时，资源的额外分配会导致资源在可用时间内无法完成这些任务，从而出现资源过度分配的情况。

资源过度分配的原因有以下几种。

- 资源同时全职地分配给多项任务。
- 任务工期的增加。如果增加了一项任务的工期，分配到资源的工作量也会跟着增加，并且可能导致资源在单位时间内超负荷工作。
- 资源的最大单位可用性减少。若要查找资源是否减少了单位可用性，可在【资源工作表】视图中查看【最大单位】域。如果【最大单位】域显示为 100%，可以打开【资源使用状况】视图，在【资源使用状况工具】的【格式】选项卡的【详细信息】组中，选中【剩余可用性】复选框，即可查看已分配工作的资源每天的剩余可用性。
- 输入资源的日期后可用性受到限制。
- 不仅将资源分配到摘要任务，还分配到该摘要任务的一项或多项子任务。若将资源全职分配给摘要任务，然后又将该资源全职分配给摘要任务下的个别子任务，就会产生不必要的资源过度分配。

能够有效减少资源过度分配的方法有以下几种。

- 发生过度分配时将过度分配的资源从任务中删除，或将任务重新排定到该资源可用的时间。
- 减少分配给过度分配资源的工时量。
- 改变过度分配资源的工作日历，使其有更多的工时数。
- 通过让资源在任务上投入部分工作时间，减少资源的工时量。
- 延迟分配给过度分配资源的任务，直到该资源有时间来处理这项任务。
- 给任务分配额外的资源，从而减少过度分配资源必须在该任务上工作的小时数。
- 拆分给定资源的任务，使资源可以延迟处理同一任务。

在实际的项目计划中，少量的资源过度分配(例如过度分配持续的时间每天少于 1 小时，或一周中少于一天)不会对项目产生大的影响，可以暂时予以忽略，因为这种过度分配可能是无法避免的。

9.3.2 查看过度分配的资源

资源所分配的工时大于排定工作时间内所能完成的工时量时，就会出现资源过度分配的情况。在着手解决资源过度分配问题之前，应首先查看过度分配的资源或任务。

1. 使用【资源工作表】视图查看产生过度分配的资源

在 Project 2010 中，可以在【资源工作表】视图的【过度分配】域中查看过度分配的资源。在【资源工作表】视图中，在工作区插入【过度分配】域，该列的单元格中为【是】的资源就是过度分配的资源。

【例 9-10】在【房屋保险理赔处理 2】项目文档中，使用【资源工作表】视图查看过度分配的资源。

(1) 启动 Project 2010 应用程序，打开项目文档【房屋保险理赔处理 2】，在状态栏的视图方式区域中单击【资源工作表】按钮，切换至【资源工作表】视图，如图 9-27 所示。

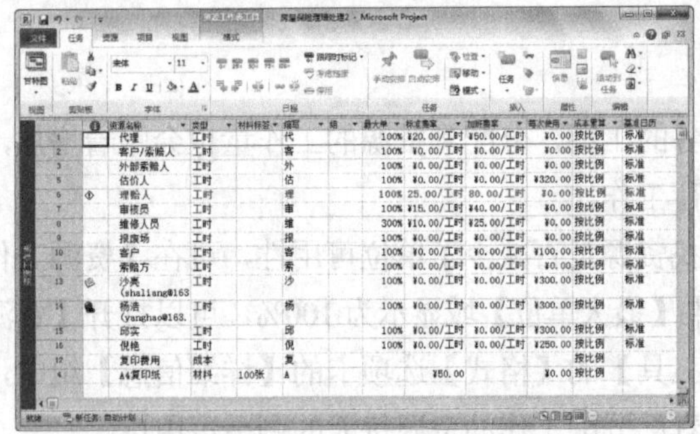

图 9-27 【资源工作表】视图

知识点

在【资源工作表】视图中，系统以红色显示过度分配的资源，在【标记】域中显示资源过度分配的标记，将鼠标指针移至该标记上，将显示提示信息“此资源过度分配，应该进行调配。”

(2) 选中【标记】域并右击，从弹出的快捷菜单中选择【插入列】命令，在弹出的列表框中选择【过度分配】选项，如图 9-28 所示。

(3) 此时即可添加【过度分配】域，在【过度分配】域对应的单元格中出现【是】的资源就是过度分配的资源，如图 9-29 所示。

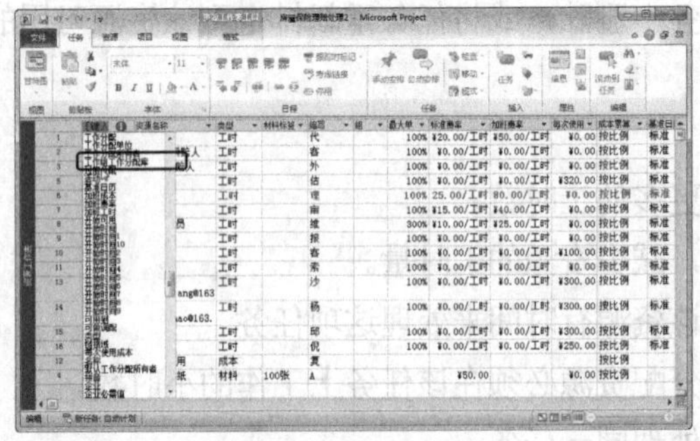

图 9-28 插入新列

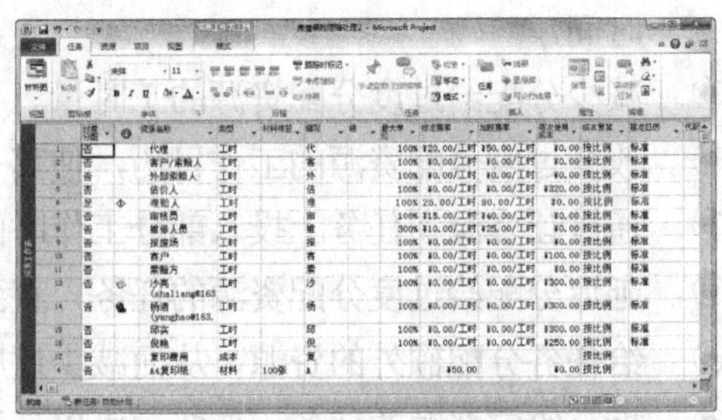

图 9-29 查看过度分配的资源

知识点

在【资源使用状况】视图中，系统也是以红色显示过度分配的资源，并在【标记】域中显示过度分配标记，如图 9-30 所示；在【资源图表】视图中，可以以图表的方式显示过度分配的资源，在图表中将以红色显示图表的过度分配情况，如图 9-31 所示。

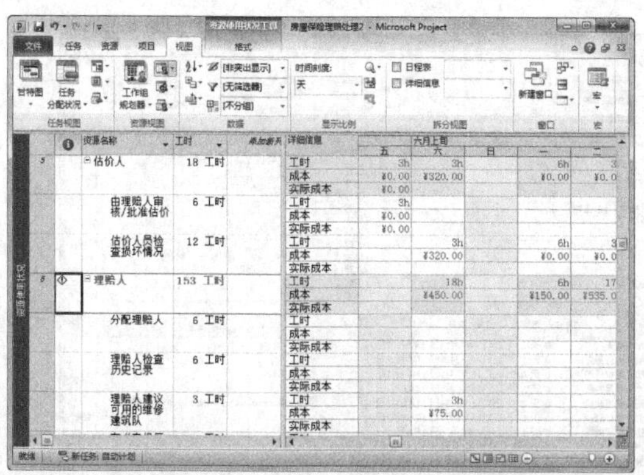

图 9-30　【资源使用状况】视图显示过度分配资源

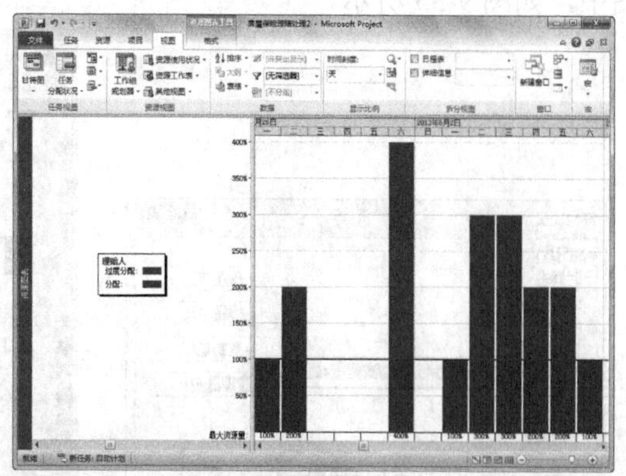

图 9-31　【资源图表】视图显示过度分配资源

2. 使用【级别】组中的功能按钮查看产生过度分配的任务

在【甘特图】视图中，打开【资源】选项卡，在【级别】组中单击【下一个资源过度分配处】按钮，可以逐一查看所有的过度分配的任务。

【例 9-11】在【房屋保险理赔处理 2】项目文档中，查看过度分配的任务。

(1) 启动 Project 2010 应用程序，打开项目文档【房屋保险理赔处理 2】，切换至【甘特图】视图。

(2) 选择标识号为 1 的任务，打开【资源】选项卡，在【级别】组中单击【下一个资源过度分配处】按钮，系统将自动选择标识号为 21 的任务，在【标记】域中将显示红色的人形图标，表示该任务为过度分配的任务，如图 9-32 所示

(3) 继续单击【下一个资源过度分配处】按钮，逐一查看所有过度分配的任务，如图 9-33 所示。

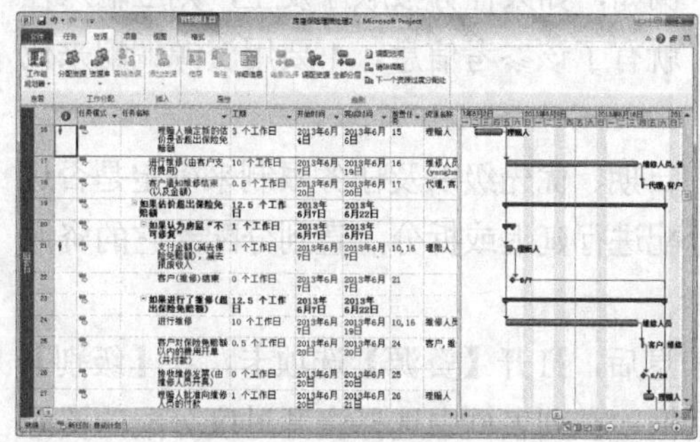

图 9-32　以红色人形图标显示过度分配的任务

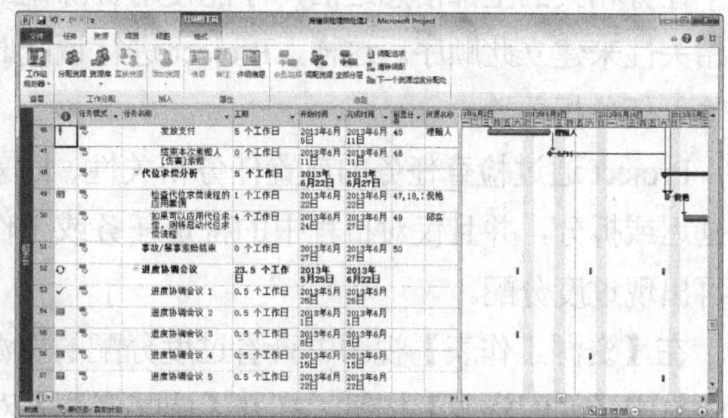

图 9-33　查看过度分配的任务

3. 使用【资源分配】视图查看过度分配的资源

打开【视图】选项卡，在【资源视图】组中单击【其他视图】按钮，从弹出的菜单中选择【其他视图】命令，打开【其他视图】对话框，在【视图】列表框中选择【资源分配】选项，单击【应用】按钮，如图 9-34 所示。此时【资源分配】视图将被分为上下两部分，在【资源使用状况】视图中显示过度分配的资源名称，系统将该资源的分配情况显示在【调配甘特图】视图中，如图 9-35 所示。

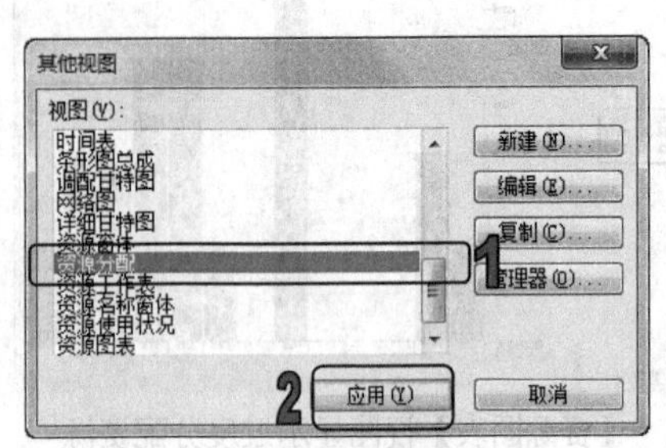

图 9-34 【其他视图】对话框

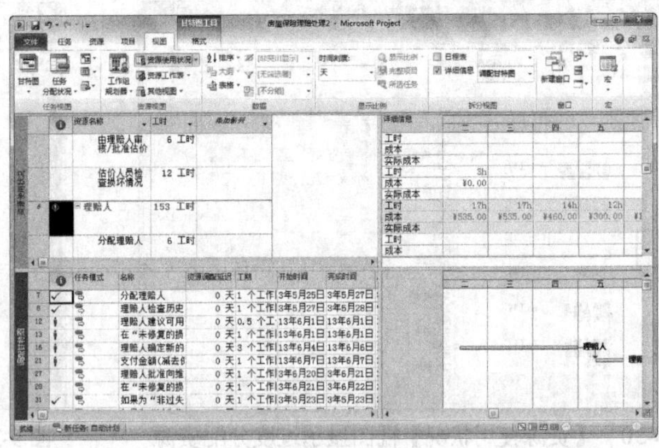

图 9-35 【资源使用状况】和【调配甘特图】视图

9.3.3 解决资源的过度分配

资源的过度分配不仅会造成资源无法在可用工作时间内完成这些任务，而且由于资源直接和成本有关，还会对项目造成严重的影响，因此在项目管理中要十分重视资源过度分配的问题。

Project 2010 提供了自动调配资源的功能，使用该功能可以对过度分配的资源进行调配。另外，还可以通过手动的方式更改资源工作时间、延迟任务开始时间等方式解决。

1. 自动解决资源的过度分配

通过 Project 提供的调配资源功能可以解决资源过度分配问题。需要注意的是，只有在输入每个任务相关的全部信息之后，才能使用资源调配。例如，如果任务按顺序发生，则应输入任务相关性来建立此顺序。这样，Project 进行调配时，就有了该参考信息。不要用资源调配来代替输入任务相关性。

Project 通过检查任务的前置任务相关性、时差、日期、优先级以及任务限制来确定是否进行延迟或拆分，并且仅对日程中的特定任务或工作分配进行延迟或拆分，直到分配给它的资源不再出现过度分配。

在【资源工作表】视图中查看过度分配的资源信息后，打开【资源】选项卡，在【级别】组中单击【调配资源】按钮，打开【调配资源】对话框，在列表框中选择资源过度分配的资源名称，单击【开始调配】按钮，开始自动调配资源，如图 9-36 所示。

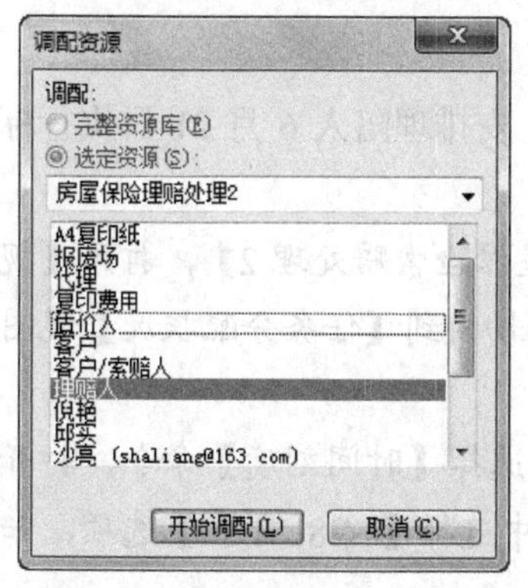

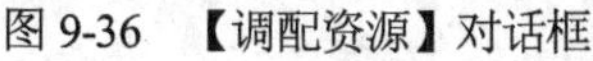
图 9-36　【调配资源】对话框

提示

调配资源后，若要随即撤销调配结果，可以在【资源】选项卡的【级别】组中单击【清除调配】按钮即可。

【例 9-12】在【房屋保险理赔处理 2】项目文档中，使用 Project 的默认值调配资源。

(1) 启动 Project 2010 应用程序，打开项目文档【房屋保险理赔处理 2】，切换至【甘特图】视图。

(2) 打开【资源】选项卡，在【级别】组中单击【调配选项】按钮，打开【资源调配】对话框，保持默认的设置。

(3) 单击【全部调配】按钮，系统自动进行调配，最终效果如图 9-37 所示。

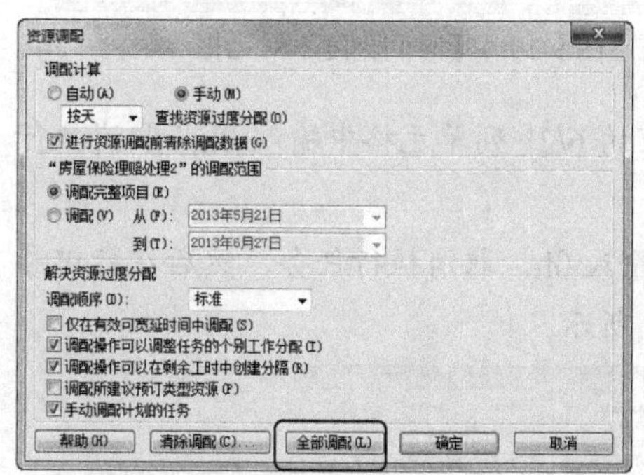

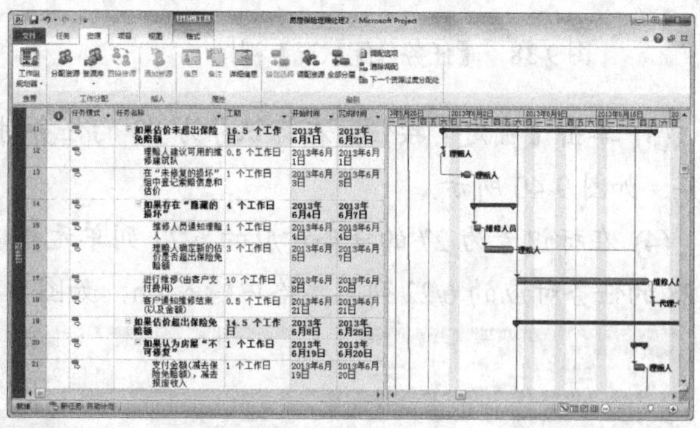

图 9-37　自动解决资源的过度分配

提示

在【资源调配】对话框的【调配顺序】下拉列表中选择【只按标识号】选项，表示在考虑使用其他资源调配准则来确定调配任务之前，按任务标识号的升序对任务进行检查；【标准】选项表示按前置任务相关性、时差、日期、优先级和任务限制顺序检查任务；【优先权，标准】选项表示在考虑前置任务相关性、时差、日期和任务限制之前，检查要调配任务的优先级。

2. 阶段性参加工作

为了使某些资源参与两项或两项以上同时执行的任务，可安排资源阶段性参与工作，使得几个任务顺序完成。要设置资源阶段性参加工作，首先切换至【任务分配状况】视图，右击时间刻度区域，从弹出的菜单中选择【时间刻度】命令，打开【时间刻度】对话框，按每小时给

资源分配任务。

【例 9-13】在【房屋保险理赔处理 2】项目文档中，安排理陪人 6 月 21 日执行标识号为 27 的任务，6 月 22 日执行标识号为 28 的任务。

(1) 启动 Project 2010 应用程序，打开项目文档【房屋保险索赔处理 2】，打开【视图】选项卡，在【任务视图】组中单击【任务分配状况】按钮，切换到【任务分配状况】视图的【成本】表，如图 9-38 所示。

(2) 在视图右侧的刻度区域中右击，从弹出的菜单中选择【时间刻度】命令，打开【时间刻度】对话框的【底层】选项卡，在【标签】下拉列表框中选择【1/28，1/29】选项，如图 9-39 所示。

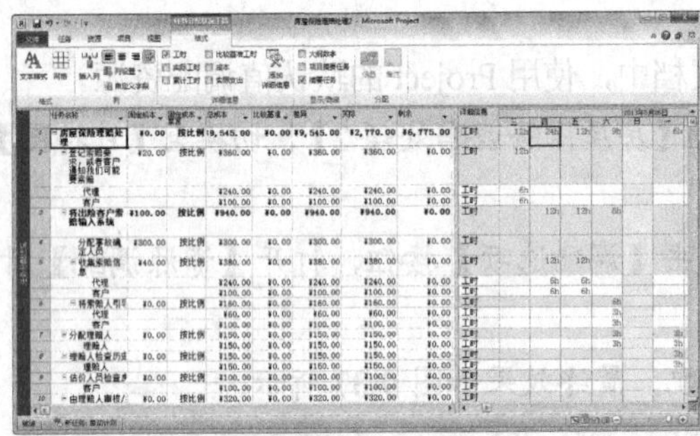

图 9-38 【任务分配状况】视图

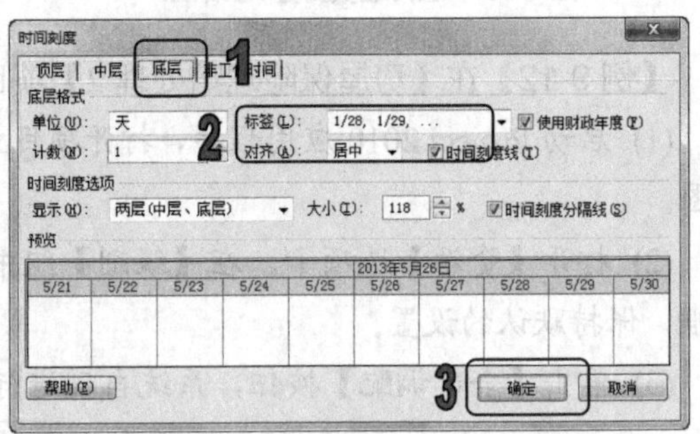

图 9-39 【时间刻度】对话框

(3) 单击【确定】按钮，在标识号为 28 的任务对应的 6/21 列单元格中输入 0h，取消执行任务，如图 9-40 所示。

(4) 在标识号为 27 的任务对应的 6/22 列单元格中输入 0h，取消执行任务，然后在标识号为 28 的任务对应的 6/22 列单元格中输入 6h，如图 9-41 所示。

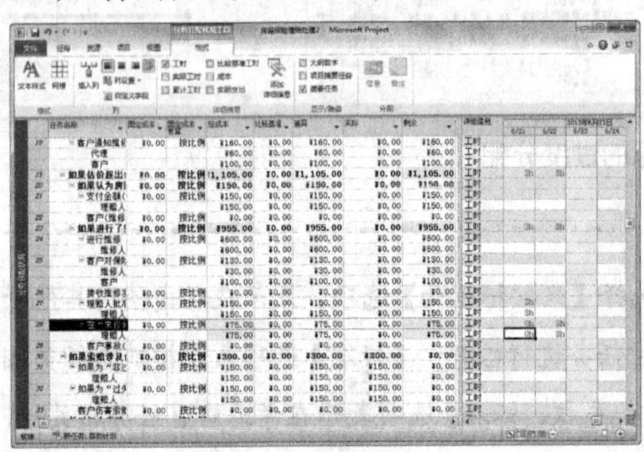

图 9-40 取消执行标识号为 28 的任务

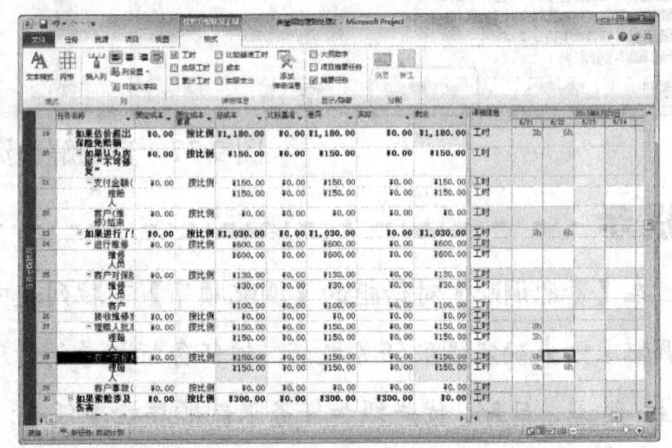

图 9-41 取消执行标识号为 27 的任务

3. 延迟资源执行任务时间

在 Project 中可延迟某些非关键任务的开始时间，如果只是该任务中某一个资源发生了资源过度分配，可以不延迟任务开始时间，只延迟资源执行任务时间，也就是说，先安排其他资源进行工作，再安排该资源进行工作。

【例 9-14】在【房屋保险理赔处理 2】项目文档中，将标识号为 49 的任务的【倪艳】资

源延迟两天。

(1) 启动 Project 2010 应用程序，打开项目文档【房屋保险索赔处理 2】，切换至【甘特图】视图。

(2) 打开【视图】选项卡，在【拆分窗体】组中选中【详细信息】复选框，自动打开【任务窗体】窗格。

(3) 在【任务窗体】窗格右侧空白处右击，从弹出的快捷菜单中选择【日程】命令，如图 9-42 所示。

(4) 在【甘特图】视图中选中标识号为 49 的任务的，在【任务窗体】窗格的【倪艳】资源对应的【资源调配延迟】单元格中输入 2d，单击任务空白处，可看到由于资源延迟执行任务时间，任务的开始不变，完成时间改变，效果如图 9-43 所示。

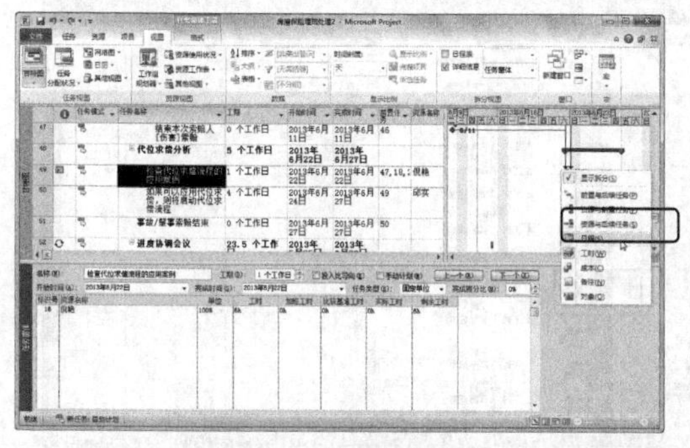

图 9-42 设置延迟时间

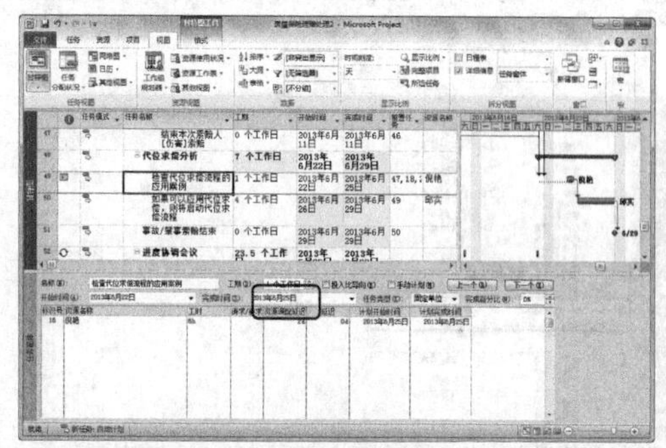

图 9-43 延迟资源执行任务时间

4. 给资源分配部分工作时间

在项目实施过程中，某些资源必须同时执行两项或两项以上的任务，此时，可通过设置资源单位，给资源分配部分工作时间。

【例 9-15】在【房屋保险理赔处理 2】项目文档中，将【理赔人】资源对应的【理赔人确定新的估价是否超出保险免赔额】任务的单位设置为 20%。

(1) 启动 Project 2010 应用程序，打开项目文档【房屋保险索赔处理 2】。

(2) 打开【视图】选项卡，在【资源视图】组中单击【资源使用状况】按钮，切换到【资源使用状况】视图，如图 9-44 所示。

(3) 双击【理赔人】资源对应的【理赔人确定新的估价是否超出保险免赔额】任务，打开【工作分配信息】对话框的【常规】选项卡，在【单位】微调框中输入 20%，如图 9-45 所示。

(4) 单击【确定】按钮，将光标移至◤标记处，将出现◈标记，再将光标移至◈标记处标记变为◈·，单击该下拉按钮，从弹出的如图 9-46 所示的下拉菜单中选中【更改此任务的总工时以匹配单位和工期】单选按钮，此时工时也发生改变，效果如图 9-47 所示。

知识点

在【工作分配信息】对话框中，通过调整资源的【开始时间】或【完成时间】值的方法，来解决资源过度分配的问题。

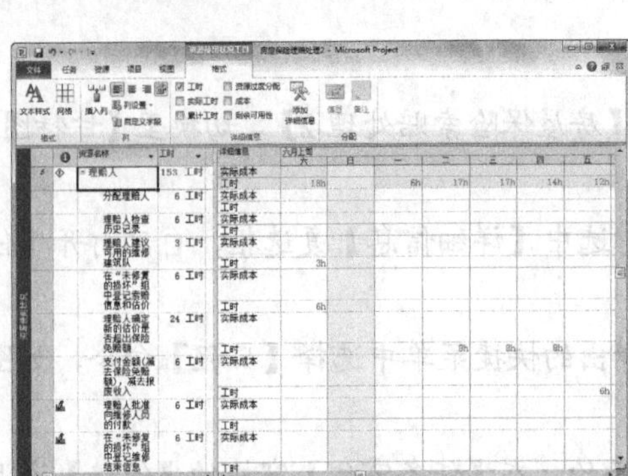

图 9-44 【资源使用状况】视图

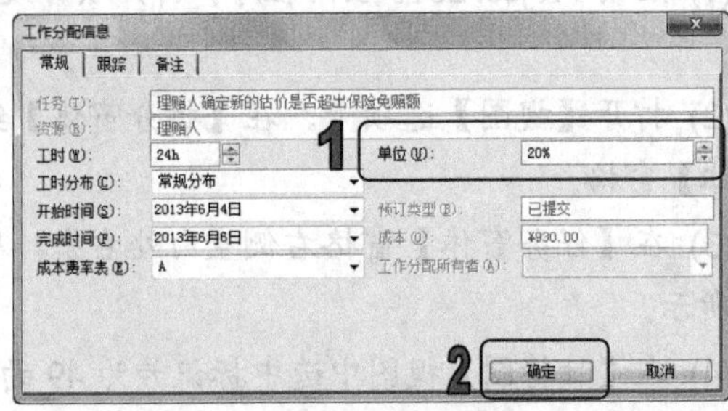

图 9-45 【工作分配信息】对话框

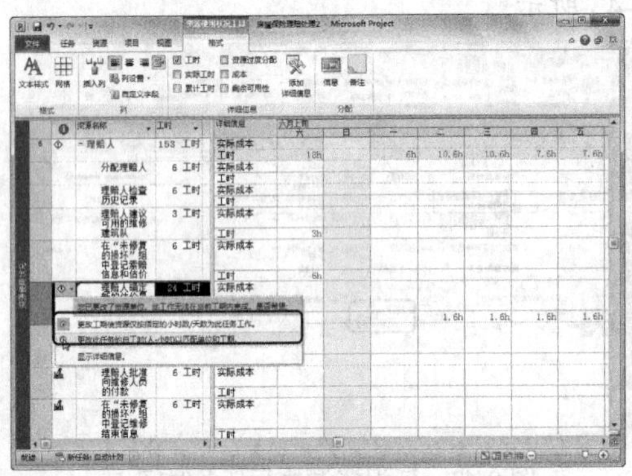

图 9-46 选择投入比导向提供的日程修改方法

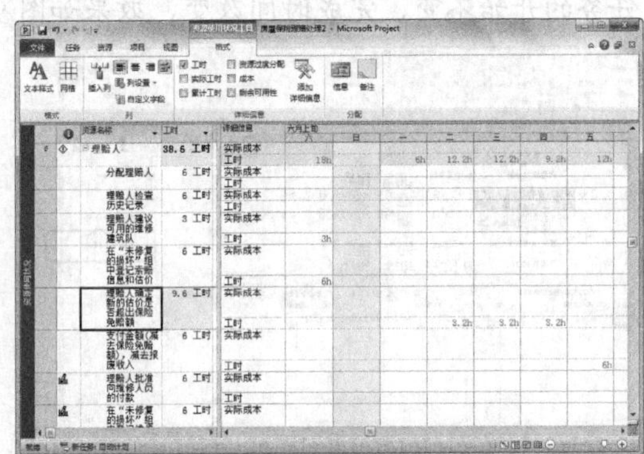

图 9-47 给资源分配部分工作时间

提示

在进行资源调配过程中，Project 2010 都会以推迟某些任务工期的方式来达到解决资源过度分配的目的。任务之间的关系越复杂，限制的方式超多，系统进行资源调配的弹性空间越小，越难排出最佳的进行程。当任务设定了如下限制就不进行资源调配：必须开始于、必须完成于、越晚越好，或者具有实际的开始日期。

9.4 上机练习

本章的上机实验主要通过优化【电梯监视系统】项目文档，练习中断任务、使用投入比导向安排日程、安排加班、查找资源的过度分配和自动解决资源过度分配等操作。

(1) 启动 Project 2010 应用程序，打开第 5 章上机练习创建的项目文档【电梯监视系统】，并切换至【甘特图】视图。

(2) 选中【绘制线路图】任务，打开【任务】选项卡，在【日程】组中单击【拆分任务】按钮，将鼠标指针移动到条形图中，待光标变为⊪形状时，在需要中断的日期处单击，如图 9-48 所示。

(3) 选中拆分处右侧的条形图，按住鼠标左键不放，向后拖动一个日期的刻度，释放鼠标，

完成中断两个工作日的操作，如图9-49所示。

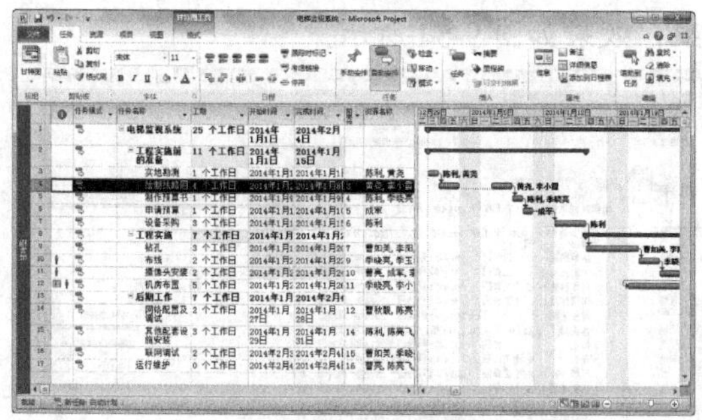

图9-48 中断任务

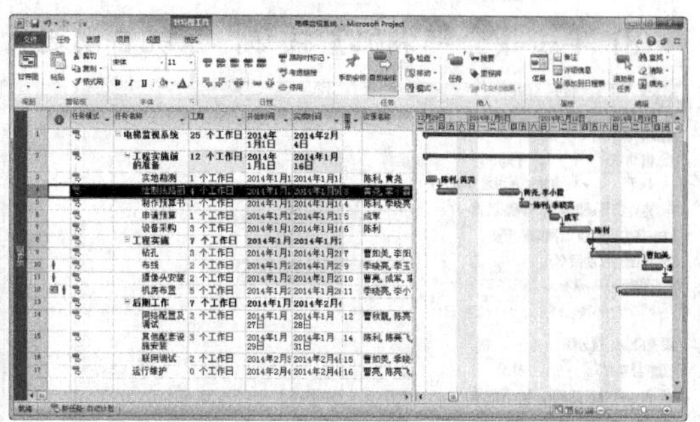

图9-49 确定中断的时间

(4) 为【设备采购】任务增加【庄春华】资源，将光标移至◤标记处，将出现⚠标记，再将光标移至⚠标记处，标记变为⚠▾，单击该按钮，从弹出的下拉菜单中选中【缩短工期使任务提前结束但要保持总工时不变】单选按钮，如图9-50所示。

(5) 此时方案的工期变为1.5d，即使用投入比导向日程缩短了工期，如图9-51所示。

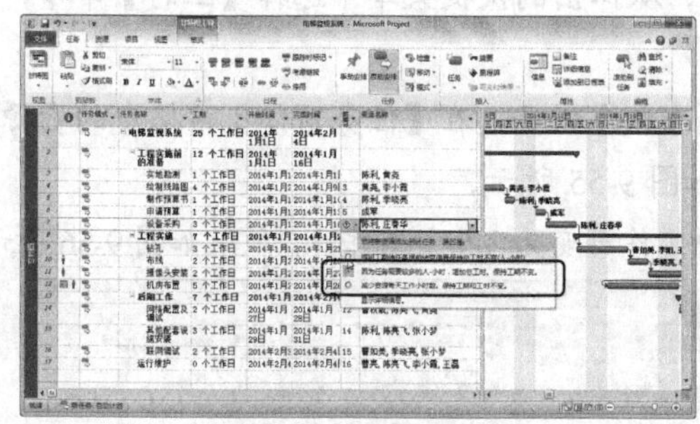

图9-50 选择选项

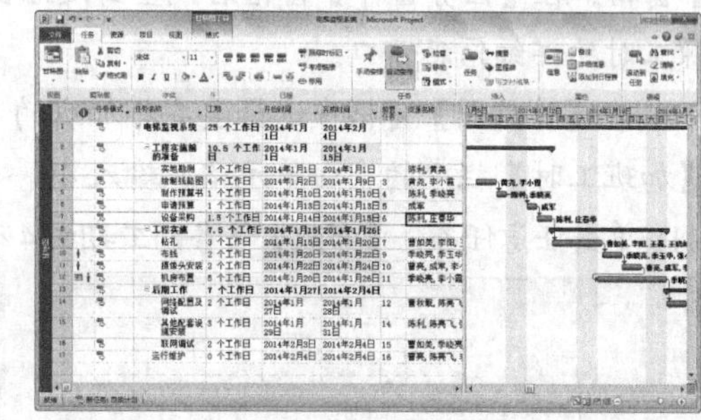

图9-51 使用投入比导向日程缩短工期

(6) 打开【视图】选项卡，在【资源视图】组中单击【资源工作表】按钮，切换至【资源工作表】视图。选中【标记】域，右击，从弹出的快捷菜单中选择【插入域】命令，在弹出的域列表框中选择【过度分配】选项，此时在【过度分配】域中出现【是】的资源就是过度分配的资源，如图9-52所示。

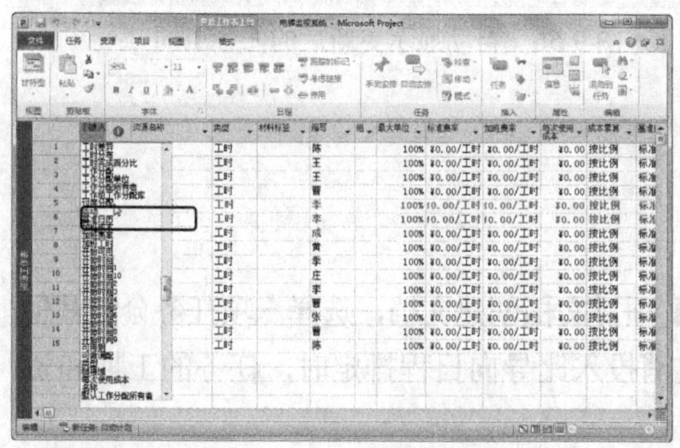

图9-52 插入域查看过度分配的资源

(7) 在任务栏中单击【甘特图】按钮▤，切换至【甘特图】视图，打开【资源】选项卡，在【级别】组中单击【调配选项】按钮，打开【资源调配】对话框，保持默认的设置不变，如图

9-53 所示。

(8) 单击【全部调配】按钮，系统自动进行调配，效果如图 9-54 所示。

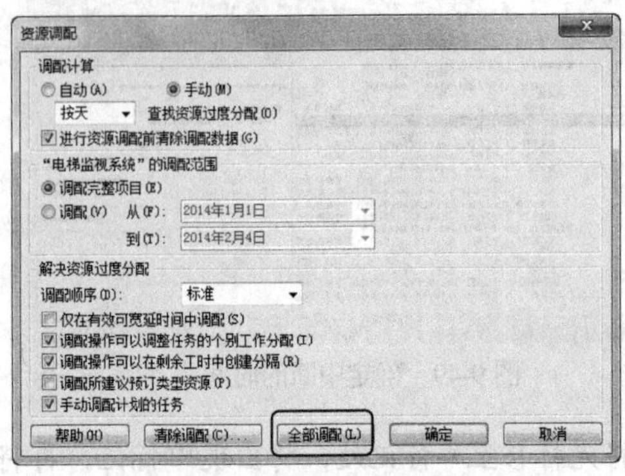

图 9-53　查看过度分配的资源

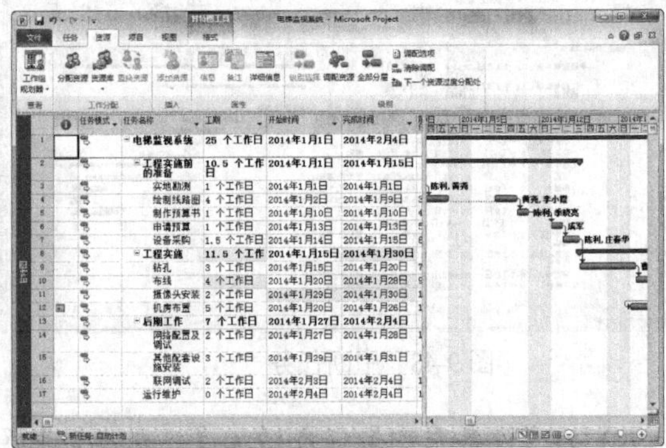

图 9-54　自动解决资源的过度分配

(9) 打开【视图】选项卡，在【拆分窗体】组中选中【详细信息】复选框，自动打开【任务窗体】窗格。在【任务窗体】窗格右侧空白处右击，从弹出的快捷菜单中选择【工时】命令，打开资源工时的详细信息窗口。

(10) 在【甘特图】窗格中选择要安排加班的【布线】任务，在【任务窗体】窗格中的资源对应的【加班工时】栏中的空白单元格，输入 4h，如图 9-55 所示。

(11) 单击任意任务，【布线】任务的工期由 4 个工作日变为 3.5 个工作日，效果如图 9-56 所示。

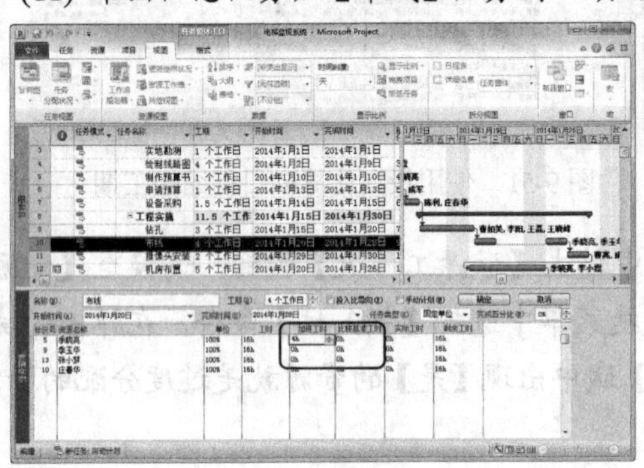

图 9-55　安排加班

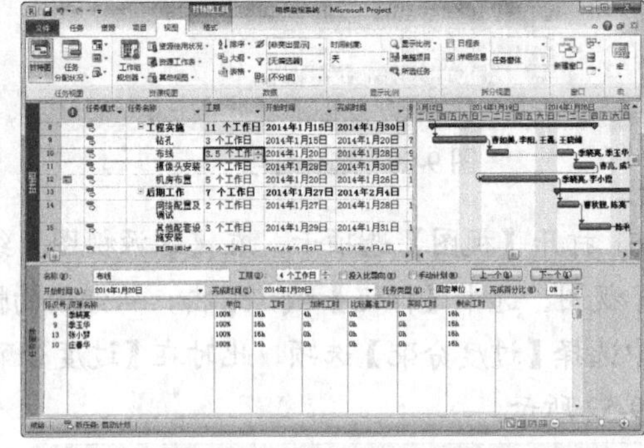

图 9-56　自动显示更新后的任务工期

9.5　习题

1. 在 Project 2010 中，根据现有【迁移办公室】项目文档创建文档，选择一项任务分配其他资源，分别查看其在使用投入比导向日程排定和取消投入比导向日程排定时，任务的工期和资源的工时如何变化。

2. 在【迁移办公室】项目文档中，资源【电信管理人员】被过度分配，首先让 Project 自动解决资源的过度分配，然后尝试手动解决。

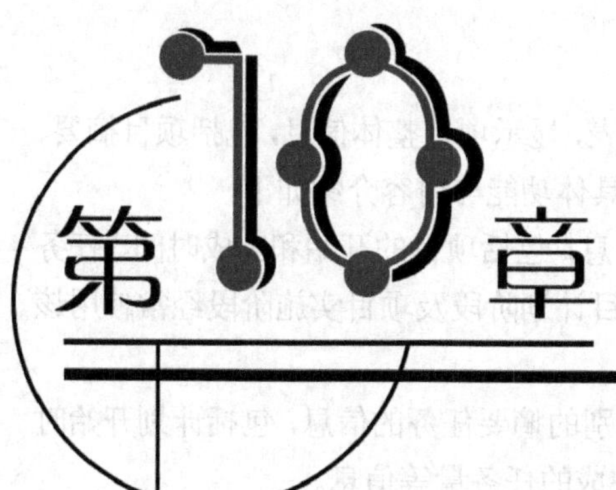

第10章 项目报表管理

学习目标

通过项目报表管理，不仅可以快速汇总及组织详细的项目信息，将项目数据以丰富的形式进行显示，而且还可以了解项目在时间与成本上的整体绩效。另外，使用 Project 2010 提供的报表功能可以以一种格式来打印项目的各种信息。本章主要介绍管理项目报表的方法和技巧，以及打印报表的方法等。

本章重点

- 报表概述
- 生成项目报表
- 生成可视报表
- 打印报表和视图

10.1 报表概述

报表是指项目计划中与特定部分相关的项目信息或汇总数据以定义的格式打印出来，方便查阅。在使用各类项目报表分析与管理项目信息之前，需要首先了解一些项目报表的基础表格类型与含义。

10.1.1 预定义报表概述

预定义报表是以表格的形式将项目中的数据以汇总性、详细性与组织性的方式进行显示。Project 2010 提供了许多预定义格式的报表，可以分为总览、当前操作、成本、工作分配和工作量这五大类。下面将逐一介绍每类预定义报表的具体功能。

1. 总览类报表

Project 2010 的总览报表是一些高层的、概要性的报表，显示项目整体信息，包括项目摘要、最高级任务、关键任务、里程碑和工作日 5 种报表。其具体功能与内容介绍如下。

- 项目摘要报表：反映项目当前状态的汇总性信息，包括项目的开始和完成时间、任务和资源的数量、项目成本以及总工时量，在项目计划阶段及项目实施阶段经常使用该报表。
- 最高级任务报表：显示当天任务中最高大纲级别的摘要任务的信息，包括计划开始时间、完成时间、完成的百分比、成本以及未完成的任务量等信息。
- 关键任务报表：显示最高级任务及摘要任务的信息，包括计划开始时间和完成时间、工期、完成百分比、成本和工时等信息。
- 里程碑报表：显示项目计划中里程碑的信息，包括计划工期、开始时间与完成时间、资源的配置情况等。
- 工作日报表：显示项目计划使用的基准日历信息，包括基准日历名称、工作日的工作时间及非工作日的设置等信息。

2. 当前操作类报表

当前操作类报表显示与当前进度相关的信息，包括未开始任务、即将开始的任务、进行中的任务、已完成的任务、应该已开始的任务和进度落后的任务 6 种报表。其具体功能与内容介绍如下。

- 未开始任务报表：显示当前时间还未开始的任务，并按日期顺序排列。每项任务包括任务名称、工期、开始时间和完成时间、资源配置等信息。
- 即将开始的任务报表：显示在指定的时间段内开始的任务。
- 进行中的任务报表：显示已经开始但还没有完成的任务，包括计划工期、开始时间和完成时间、资源配置等信息。
- 已完成的任务报表：显示当前时间已完成的任务，包括任务名称、工期、开始时间和完成时间、成本、工时等信息。
- 应该已开始的任务报表：显示在指定日期应该开始的任务，包括任务名称、工期、开始时间和完成时间、比较基准开始时和比较基准完成时间、开始时间差异和完成时间差异等信息。
- 进度落后的任务报表：显示任务进度落后于计划的任务，包括任务名称、开始时间和完成时间、比较基准开始时和比较基准完成时间、开始时间差异和完成时间差异等信息。

3. 成本类报表

成本类报表显示与成本相关的信息，包括现金流量、预算、超过预算的任务、超过预算的资源和盈余分析 5 种报表。其具体功能与内容介绍如下。

- 现金流量报表：以周为增量显示每项任务成本的表，包括汇总数据。

- 预算报表：显示每项任务的预算成本及预算成本与实际成本之间的差异。
- 超过预算的任务报表：显示实际成本超出预算成本的任务，包括任务总成本、比较基准、差异、实际成本等信息。
- 超过预算的资源报表：显示成本超出预算的资源信息，包括资源的成本、比较基准成本、差异、实际成本、剩余成本等信息。
- 盈余分析报表：显示了每项任务的计划成本与实际成本之间的比较信息。

4. 工作分配类报表

工作分配类报表显示与资源工作分配相关的信息，包括谁在做什么、谁在何时做什么、待办事项和过度分配资源 4 种报表。其具体功能与内容介绍如下。

- 谁在做什么报表：显示每种工时类资源所从事任务的信息，包括资源名称及其分配的任务、每项任务的计划工时、开始时间和完成时间、资源备注等信息。
- 谁在何时做什么报表：以交叉分析表方式显示每种资源每天的工时数，包括资源及其分配的任务，但重点着眼于资源在每项任务上分配的工时。
- 待办事项报表：显示每种资源每周必须进行的任务信息。
- 过度分配资源报表：显示资源过度分配的情况，包括出现过度配置的资源及其分配的任务、分配的工时等信息。

5. 工作量类报表

工作量类报表显示任务或资源工作量的信息，包括任务分配状况和资源使用状况两种报表。其具体功能与内容介绍如下。

- 任务分配状况报表：以交叉分析表的方式显示每项任务每周的工时。
- 资源使用状况报表：以交叉分析表的方式显示每种资源每周的工时。

10.1.2　可视报表概述

可视报表是一种具有灵活性的报表。它可以将项目以图表、数据透视表与组织图的方式进行显示。通过可视报表，可以在 Excel 和 Visio 中以图表的方式查看项目数据。在 Project 2010 中主要提供了任务分配状况、资源使用状况、工作分配状况等六大类报表。下面将逐一介绍每类可视报表的具体功能。

1. 任务分配状况可视报表

任务分配状况可视报表是一种按时间分段的任务数据报表，主要包括现金流量报表。现金流量报表可以查看按时间显示的成本与累计成本金额的条形图，并以 Excel 方式进行显示。

2. 资源使用状况可视报表

资源使用状况可视报表也是一种可以按时间分段查看项目中的资源数据的报表，包括现金流量报表、资源可用性报表、资源成本摘要报表、资源工时可用性报表和资源工时摘要报表 5 种可视表。其具体功能与显示组件说明如下。

- ◉ 现金流量报表：查看按时间显示的计划成本与实际成本的图表，并以 Visio 方式进行显示。
- ◉ 资源可用性报表：查看按资源类型显示的资源工时与剩余可用性的图表，并以 Visio 方式进行显示。
- ◉ 资源成本摘要报表：查看显示成本、材料与工时资源成本划分的饼图，并以 Excel 方式进行显示。
- ◉ 资源工时可用性报表：查看按时间显示的总工时量、工时与剩余工时资源可用性的条形图，并以 Excel 方式进行显示。
- ◉ 资源工时摘要报表：查看按工时单位显示的总工时量、工时与剩余工时资源可用性的条形图，并以 Excel 方式进行显示。

3. 工作分配状况可视报表

工作分配状况可视报表是一种可以按时间段查看项目数据的报表，包括比较基准成本报表、基准报表、比较基准工时报表、预算成本报表、预算工时报表和随时间变化的盈余分析报表 6 种可视表。其具体功能与显示组件说明如下。

- ◉ 比较基准成本报表：显示比较基准成本、计划成本与实际成本的条形图，并以 Excel 方式进行显示。
- ◉ 基准报表：显示按时间与按任务划分的图表，主要显示计划工时、成本与比较基准工时、成本的差异情况，并以 Visio 方式进行显示。
- ◉ 比较基准工时报表：显示比较基准工时、计划工时与实际工时的条形图，并以 Excel 方式进行显示。
- ◉ 预算成本报表：查看按时间显示的预算成本、比较基准成本、计划成本与实际成本的条形图，并以 Excel 方式进行显示。
- ◉ 预算工时报表：查看按时间显示的预算工时、比较基准工时、计划工时与实际工时的条形图，并以 Excel 方式进行显示。
- ◉ 随时间变化的盈余分析报表：查看按时间显示的 AC、计划值与盈余值的图表，并以 Excel 方式进行显示。

4. 任务摘要可视报表

任务摘要可视报表是一种可以查看项目的任务状态的报表，主要包括关键任务状态报表。关键任务状态报表可以查看项目中的关键与非关键任务的工时及剩余工时的图表，并以 Visio 方式进行显示。

5. 资源摘要可视报表

资源摘要可视报表只包含资源剩余工时报表这一种可视报表。资源剩余工时报表可以查看按工时单位显示的工时资源的剩余工时与实际工时的条形图，并以 Excel 方式进行显示。

6. 工作分配摘要可视报表

工作分配摘要可视报表是一种用于显示项目工时资源与任务工时、成本值域百分比数据的报表，包括资源状态报表与任务状态报表两种可视报表。其具体功能与显示组件说明如下。

- 资源状态报表：可以查看每个项目的工时与成本值的图表，并以 Visio 方式进行显示。
- 任务状态报表：可以查看项目中任务的工时与工时完成百分比的图表，并以 Visio 方式进行显示。

10.2 生成项目报表

在 Project 2010 中，可以直接使用预定义格式的报表，也可以创建自定义报表来满足实际工作的需要。

10.2.1 生成预定义的报表

要生成系统预定义的报表，可以打开【项目】选项卡，在【报表】组中单击【报表】按钮，打开【报表】对话框，如图 10-1 所示，然后单击【选定】按钮，在打开的对话框中选择报表类型即可。

图 10-1　【报表】对话框

提示

报表可产生具有汇总性、更详细、合理组织的信息。如果需要以特定的周期来组织信息，则必须使用报表功能。而视图比报表灵活，可任意编辑项目信息，也可以针对项目中的特定进行格式化操作，而报表只能针对类别进行格式化。

【例 10-1】在【房屋保险理赔处理】项目文档中生成“里程碑”报表。

(1) 启动 Project 2010 应用程序，打开项目文档【房屋保险理赔处理】。

(2) 打开【项目】选项卡，在【报表】组中单击【报表】按钮，打开【报表】对话框，选择【总览】选项，单击【选定】按钮。

(3) 打开【总览报表】对话框，选择【里程碑】选项，如图 10-2 所示。

(4) 单击【选定】按钮，Project 2010 将自动打开打印预览窗格，显示生成的项目文档相应的【里程碑】报表，如图 10-3 所示。

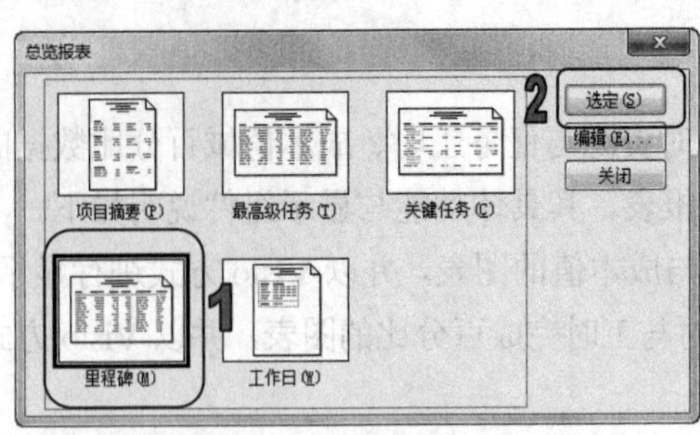

图 10-2 【总览报表】对话框

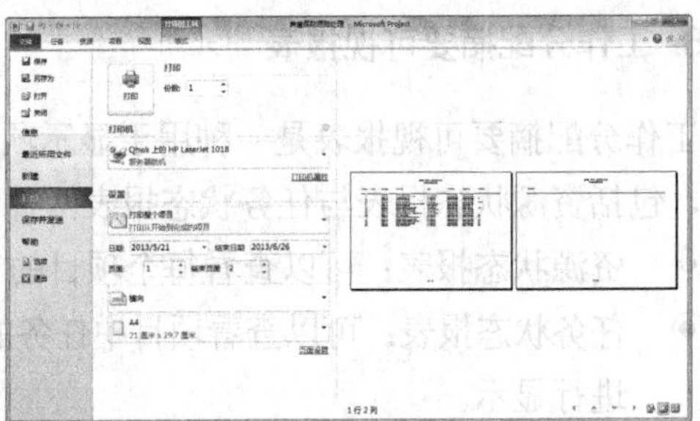

图 10-3 生成【里程碑】报表

(5) 在打印预览窗格中单击【实际尺寸】按钮，即可将【里程碑】报表放大到合适的大小供用户查看，效果如图 10-4 所示。

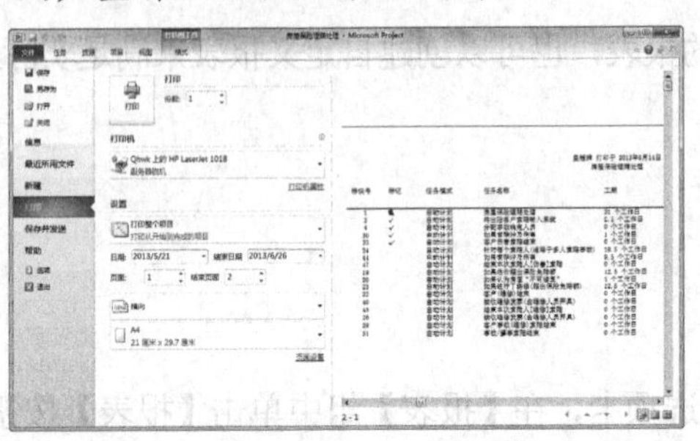

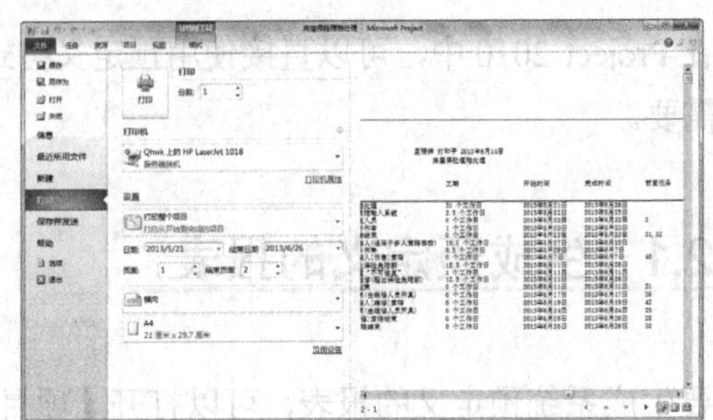

图 10-4 按实际大小缩放【里程碑】报表

10.2.2 自定义报表

Project 2010 提供了自定义报表功能，可以根据需要修改预定义报表内容，或重新对报表进行定义。

1. 自定义定义任务报表或资源报表

在项目文档中，常常需要查询任务或资源信息，如果 Project 中没有合适的预定义报表，可以自定义任务或资源报表。自定义任务报表与自定义资源报表的操作基本相似。

【例 10-2】在【房屋保险理赔处理】项目文档中，自定义一个名为“报表 A”的资源类报表，该报表周期为月，工作分配按日程显示，按标识号排序。

(1) 启动 Project 2010 应用程序，打开项目文档【房屋保险理赔处理】。

(2) 打开【项目】选项卡，在【报表】组中单击【报表】按钮，打开【报表】对话框，选择【自定义】选项，单击【选定】按钮，如图 10-5 所示。

(3) 打开【自定义报表】对话框，单击【新建】按钮，如图 10-6 所示。

提示

在【自定义报表】对话框的【报表】列表框中选择一种报表，单击【编辑】按钮，可以将其修改为需要的样式。

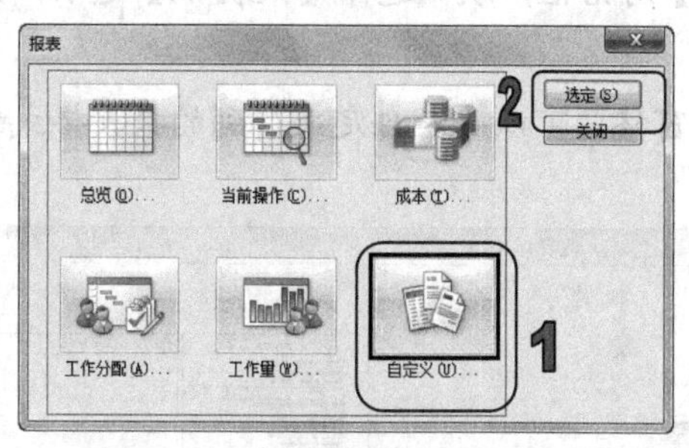

图 10-5 选择【自定义】选项

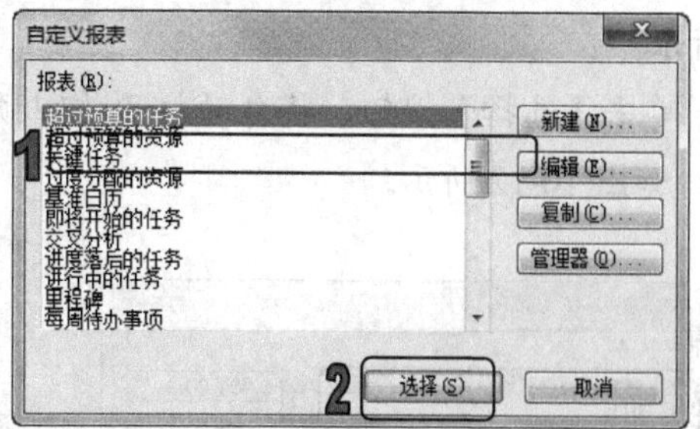

图 10-6 【自定义报表】对话框

(4) 打开【定义新报表】对话框，在【报表类型】列表框中选择【资源】选项，单击【确定】按钮，如图 10-7 所示。

(5) 打开【资源报表】对话框的【定义】选项卡，在【名称】文本框中输入“报表 A”，在【周期】下拉列表框中选择【月】选项，如图 10-8 所示。

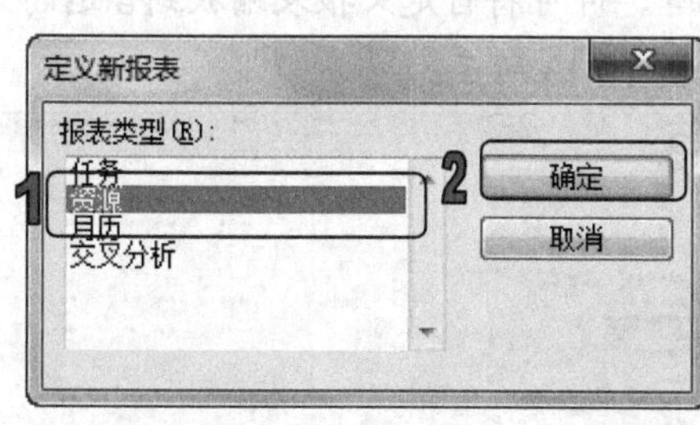

图 10-7 【定义新报表】对话框

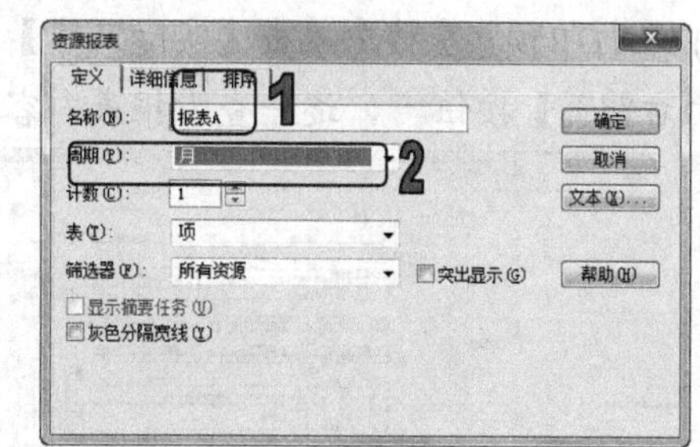

图 10-8 【定义】选项卡

知识点

在【定义新报表】对话框中可以看出 Project 2010 的自定义报表类型可以分为 4 种：任务、资源、月历和交叉分析。

(6) 打开【详细信息】选项卡，在【工作分配】选项区域中选中【日程】复选框，如图 10-9 所示。

(7) 打开【排序】选项卡，在【主要关键字】下拉列表框中选择【标识号】选项，选中【升序】单选按钮，如图 10-10 所示。

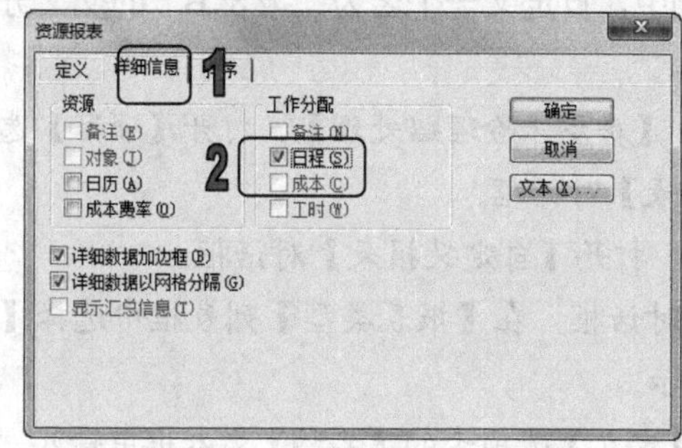

图 10-9 【详细信息】选项卡

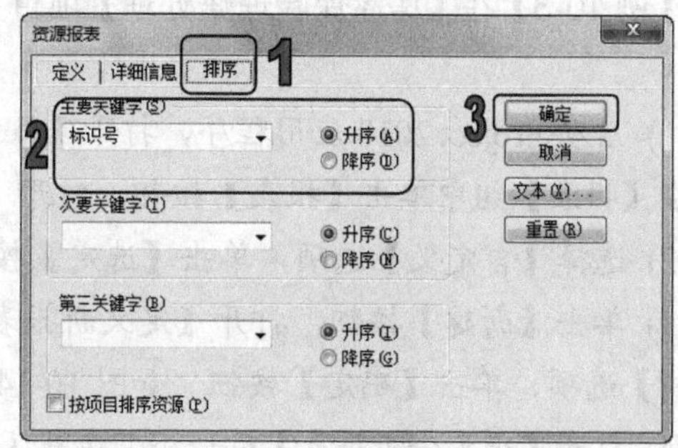

图 10-10 【排序】选项卡

(8) 单击【确定】按钮，返回到【自定义报表】对话框，默认选择【报表 A】选项，如图 10-11 所示

(9) 单击【选择】按钮，将自动打开打印预览窗格，可以查看自定义得到的报表样式的总体效果，如图 10-12 所示。

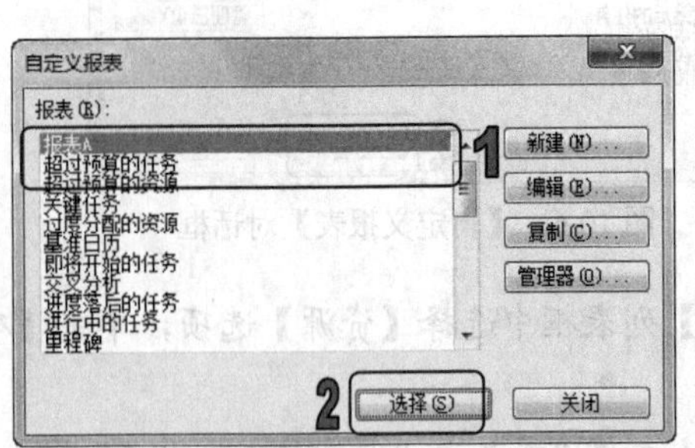

图 10-11　在【报表】列表框中显示自定义的报表

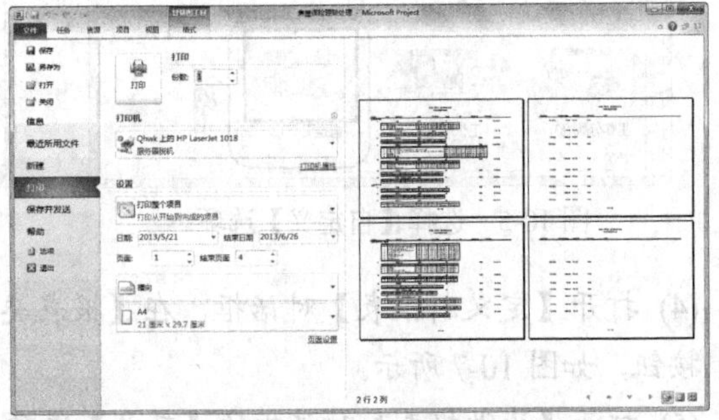

图 10-12　显示自定义报表的总体效果

(10) 在打印预览窗格中单击【实际尺寸】按钮，即可将自定义报表缩放到合适的大小，单击【向右翻页】按钮，逐一查看报表内容，如图 10-13 所示。

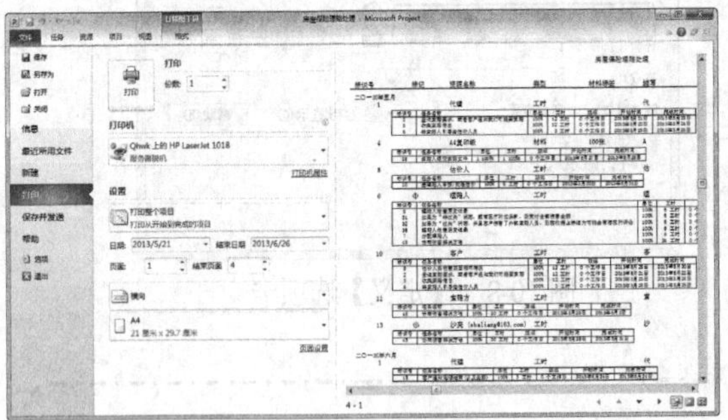

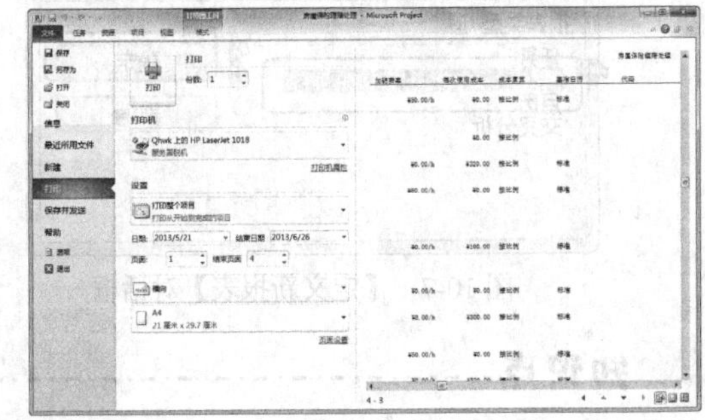

图 10-13　查看自定义报表内容

2. 自定义定义月历报表或交叉分析报表

月历报表是以月为周期，将每天的工作任务以日历的形式显示出来。交叉分析报表是以交叉分析形式显示项目信息，报表的行标题是任务或资源名称，列标题时间周期。这两种报表都能够很直观地显示每天的工作任务。

【例 10-3】在【房屋保险理赔处理】项目文档中，自定义一个名为“报表 B”的交叉分析报表。

(1) 启动 Project 2010 应用程序，打开项目文档【房屋保险理赔处理】，打开【项目】选项卡，在【报表】组中单击【报表】按钮，打开【报表】对话框。

(2) 选择【自定义】选项，单击【选定】按钮，打开【自定义报表】对话框。

(3) 单击【新建】按钮，打开【定义新报表】对话框，在【报表类型】列表框中选择【交叉分析】选项，单击【确定】按钮，如图 10-14 所示。

(4) 打开【交叉分析报表】对话框，在默认的【定义】选项卡的【名称】文本框中输入“报

表 B”，单击【确定】按钮，如图 10-15 所示。

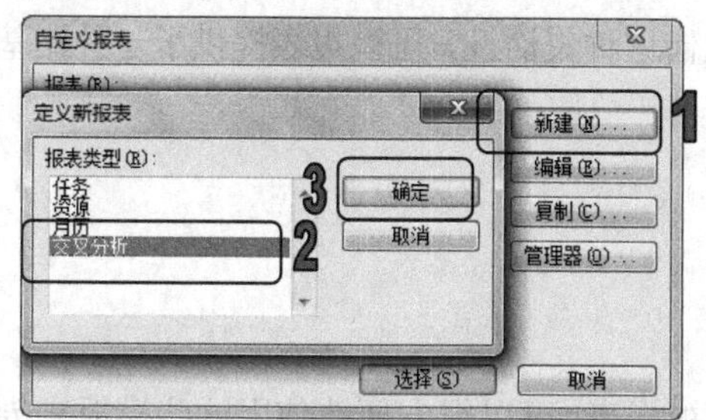

图 10-14　选择【交叉分析】类型

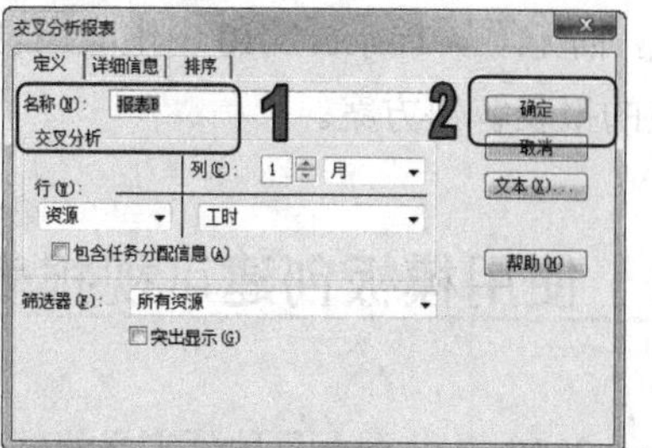

图 10-15　【交叉分析报表】对话框

(5) 返回到【自定义报表】对话框，默认选择【报表 B】选项，如图 10-16 所示。

(6) 单击【选择】按钮，将打开打印预览窗格，在其中可以查看自定义设置得到的报表的总体样式，如图 10-17 所示。

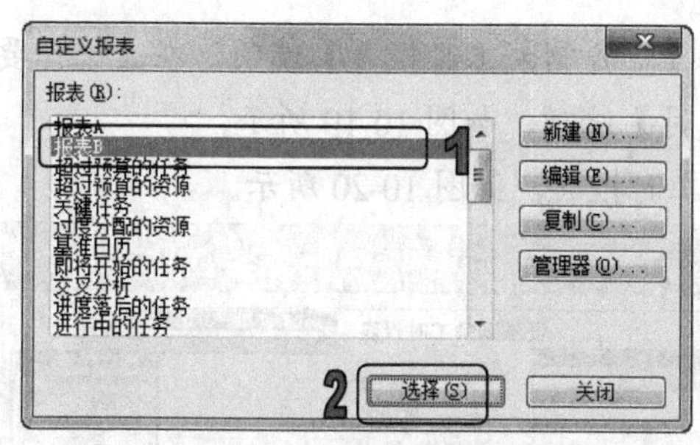

图 10-16　选择【报表 B】选项

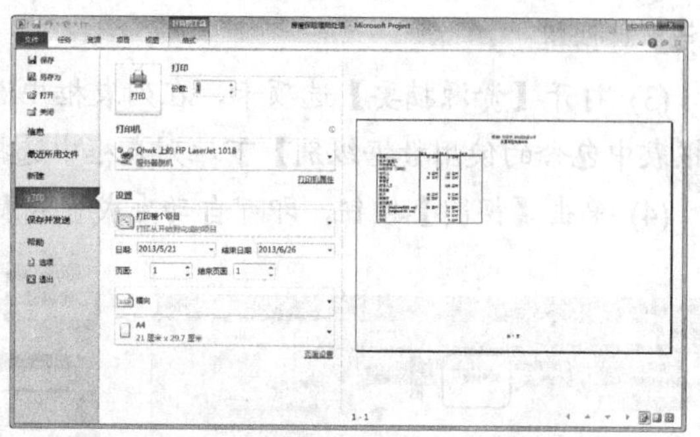

图 10-17　查看交叉分析报表总体情况

(7) 在打印预览窗格中单击【实际尺寸】按钮，即可将自定义报表缩放到合适的大小查看报表具体内容，如图 10-18 所示。

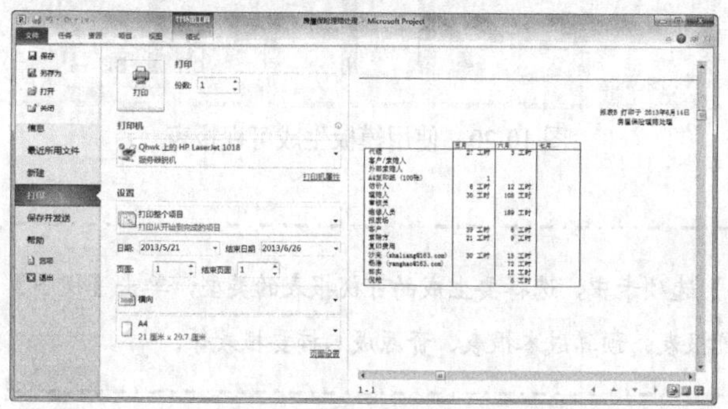

图 10-18　查看自定义的交叉分析报表内容

知识点

月历报表与交叉分析报表相比，月历报表能够更清楚显示每天的任务，交叉分析报表易于显示两组数据间的关系。

10.3　生成可视报表

在 Project 2010 中，可以使用可视报表功能生成基于 Project 数据的数据透视表视图、图表、

图形和图示。在视图中查看报表时可以选择要显示的域(包括自定义域)，可以快速修改报表的显示方式，而无须从 Project 2010 中生成报表。凭借这种灵活性，可视报表提供了一种比基本报表更加灵敏的报表解决方案。

10.3.1 使用模板创建可视报表

Project 2010 提供了十几种预定义格式的可视报表，可以很方便地使用这些模板来创建可视报表。

【例 10-4】在【房屋保险理赔处理】项目文档中，使用模板创建资源剩余工时报表。

(1) 启动 Project 2010 应用程序，打开项目文档【房屋保险理赔处理】。

(2) 打开【项目】选项卡，在【报表】组中单击【可视报表】按钮，打开【可视报表-创建报表】对话框。

(3) 打开【资源摘要】选项卡，在列表框中选择【资源剩余工时报表】选项，在【选择要在报表中包含的使用数据级别】下拉列表框中选择【月】选项，如图 10-19 所示。

(4) 单击【视图】按钮，即可自动生成资源剩余工时报表，如图 10-20 所示。

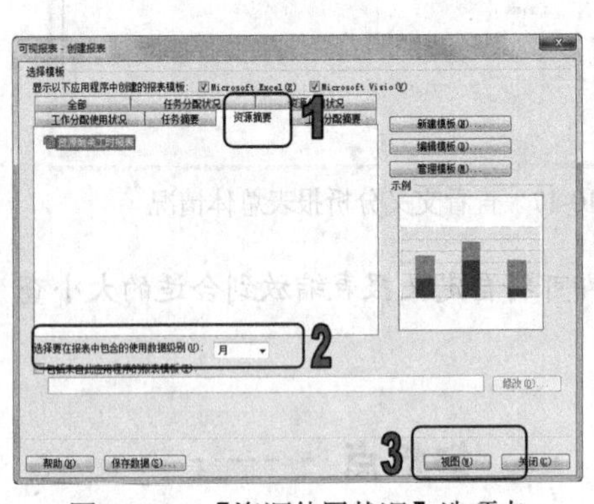

图 10-19 【资源使用状况】选项卡

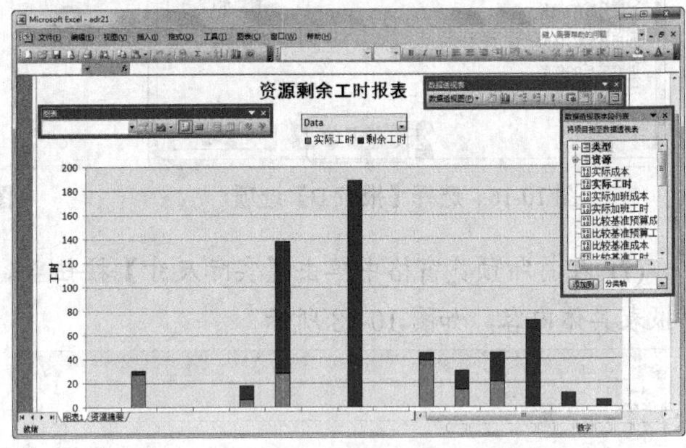

图 10-20 使用模板生成可视报表

提示

在【可视报表-创建报表】对话框的【全部】选项卡中，选择要生成的可视报表的类型，单击【视图】按钮，即可自动生成 Excel 表格报表，如现金流报表、预算成本报表、资源成本摘要报表等。

10.3.2 自定义可视报表

如果 Project 2010 提供的可视报表仍然无法满足项目管理任务多方位分析项目数据的需求，此时，可以根据 Project 2010 提供的自定义报表功能来编辑或者新建符号分析需求的可视报表。

1. 编辑现有可视报表模板

打开【项目】选项卡，在【报表】组中单击【可视报表】命令，打开【可视报表-创建报表】对话框的【全部】选项卡，单击【编辑模板】按钮，打开【可视报表-域选取器】对话框，如图 10-21 所示，选择要在报表中所包含的域，单击【编辑模板】就可以创建带有修改过的域列表的报表。

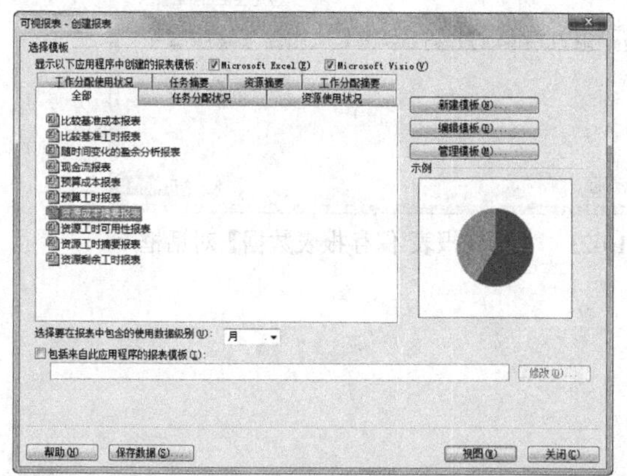

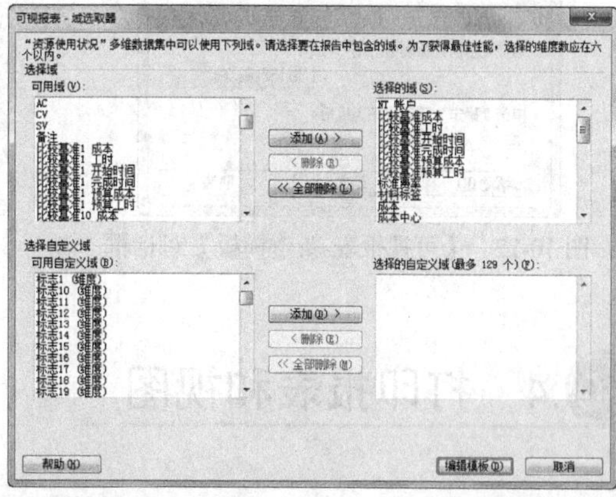

图 10-21　打开【可视报表-域选取器】对话框

知识点

在【可视报表-域选取器】对话框中，【选择域】选项区域中的【可用域】列表框用来显示可用于报表显示数据的各类域；【选择自定义域】选项区域的【可用自定义域】列表框用来显示可用于报表显示数据的各类自定义域。需要特别注意的是：有些域被标识为维度(Project 域，表示 OLAP 分析中的主要类别，可根据这些类别查看和分析项目数据)。应为报表选择 6 个以下的维度，这一点很重要。如果选择的维度大于 6 个，会大大降低报表性能。

2. 创建新的可视报表模板

在 Project 2010 中还可以创建新的可视报表模板。打开【可视报表-创建报表】对话框，单击【新建模板】按钮，打开【可视报表-新建模板】对话框，如图 10-22 所示。在【选择应用】程序选项区域中选择用于此报表模板的应用程序，可以是 Excel 或 Visio，在【选择数据类型】下拉列表框中选择要在报表中使用的数据类型，在【选择域】选项区域中单击【域选取器】按钮，打开【可视报表-域选取器】对话框，选择包含在报表中的域，最后单击【确定】按钮，就可以生成新建可视报表模板。

知识点

在【可视报表-创建模板】对话框中，单击【保存数据】按钮，打开【可视报表-保存报表数据】对话框，如图 10-23 所示，在其中设置保存类型，可以保存包含活动项目报表数据的 OLAP 多维数据集，还可以保存包含活动目录所有报表数据的 Microsoft Office Access 数据库。

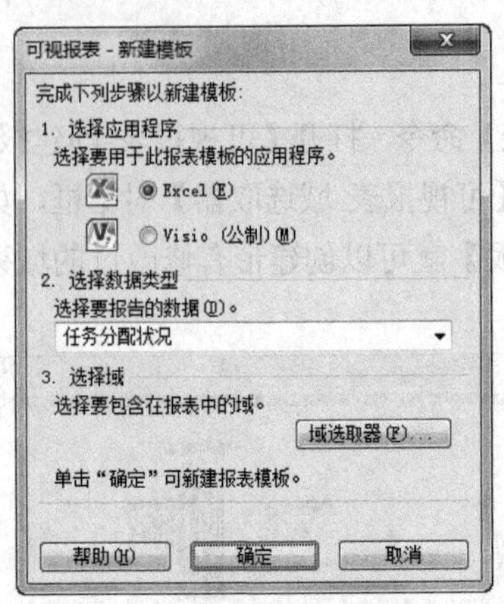

图 10-22 【可视报表-新建模板】对话框

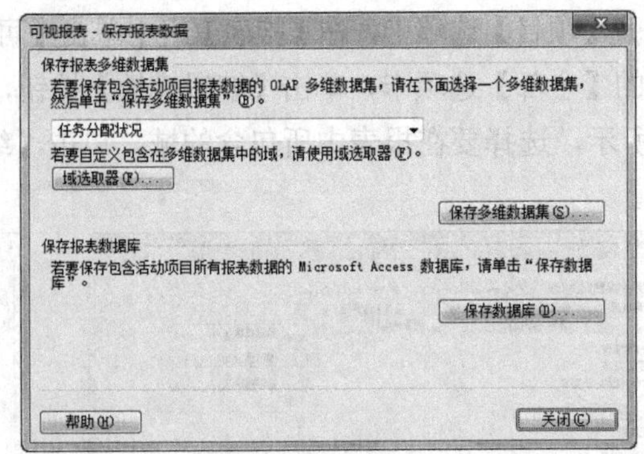

图 10-23 【可视报表-保存报表数据】对话框

10.4 打印报表和视图

为了使项目管理更加有效、更加合理化，参与项目的人员进行信息交流是必不可少的。因此在使用 Project 时，可以将有关项目信息的视图和报表打印出来，将其分发给项目组成员，从而达到相互交流的目的。

10.4.1 打印输出报表

为了进行信息的交流和沟通，需要将报表打印输出。与打印 Word 文档一样，在打印报表之前，需要对页面进行设置，并预览效果，直到满意为止。

1. 页面设置

打印报表之前，需要进行页面设置，以符合企业标准或增强实用性。例如，可以将公司名称显示在报表的页眉处，在页脚处添加制作日期等信息。

【例 10-5】在【房屋保险理赔处理】项目文档中，生成【里程碑】报表，将页面上、下、左和右的边距分别设为 3、2.8、2.5 和 2.5 厘米，在页眉中间显示项目名称，在页脚处显示公司标志。

(1) 启动 Project 2010 应用程序，打开项目文档【房屋保险理赔处理】，生成【里程碑】报表样式，自动打开打印预览窗格，如图 10-24 所示。

(2) 在中间的打印设置窗格中单击【页面设置】链接，打开【页面设置-里程碑】对话框，在默认的【页面】选项卡中选中【纵向】单选按钮，如图 10-25 所示。

(3) 打开【页边距】选项卡，在【上】、【下】、【左】和【右】微调框中分别输入 3、2.8、2.5 和 2.5，并选中【无】单选按钮，如图 10-26 所示。

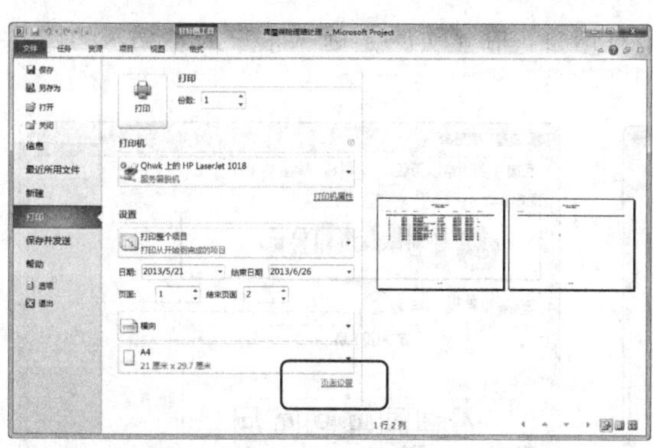

图 10-24　生成【里程碑】报表

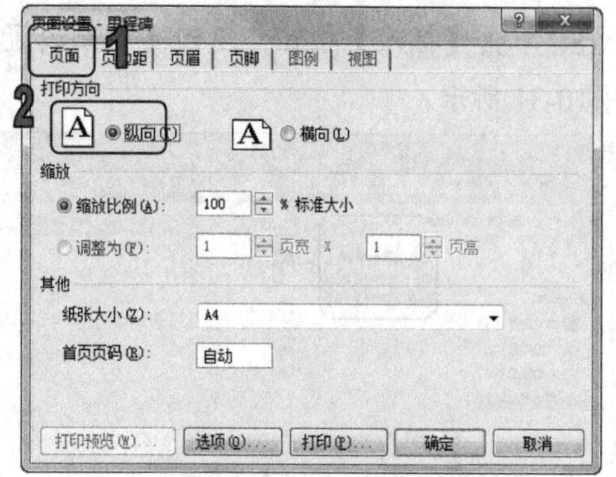

图 10-25　【页面】选项卡

(4) 打开【页眉】选项卡，在【对齐】选项区域中，单击【居中】标签，清除原有的文本，在【常规】下拉列表框中选择【项目标题】选项，单击【添加】按钮，如图 10-27 所示。

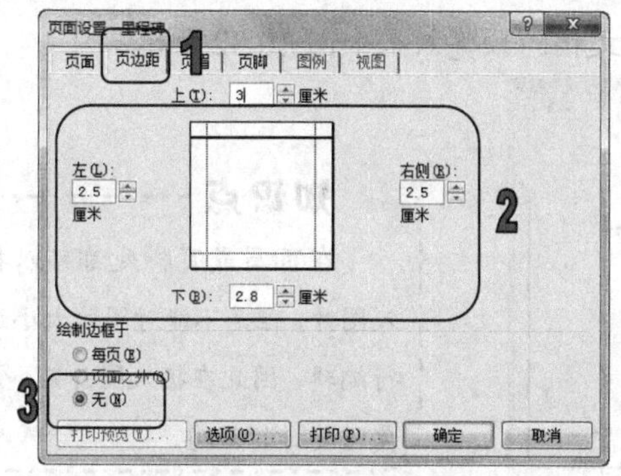

图 10-26　【页边距】选项卡

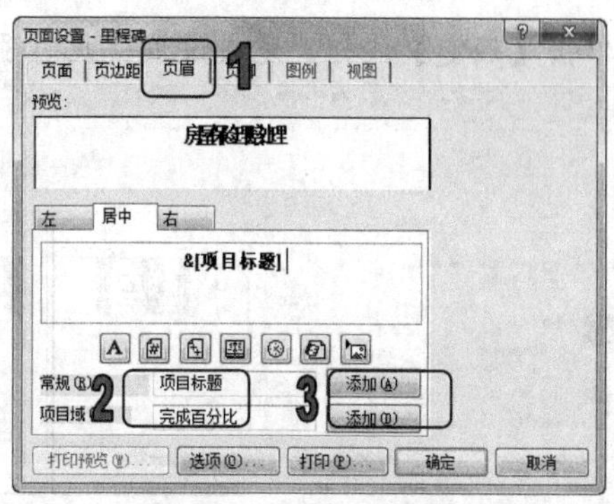

图 10-27　【页眉】选项卡

(5) 选择文本，单击【设置字体格式】按钮，打开【字体】对话框，在【字体】列表框中选择【隶书】选项，在【字形】列表框中选择【粗体】选项，在【字号】列表框中选择【小四】选项，单击【确定】按钮，如图 10-28 所示。

(6) 返回【页面设置】对话框，打开【页脚】选项卡，将插入点定位在页码之前，单击【插入图片】按钮，如图 10-29 所示。

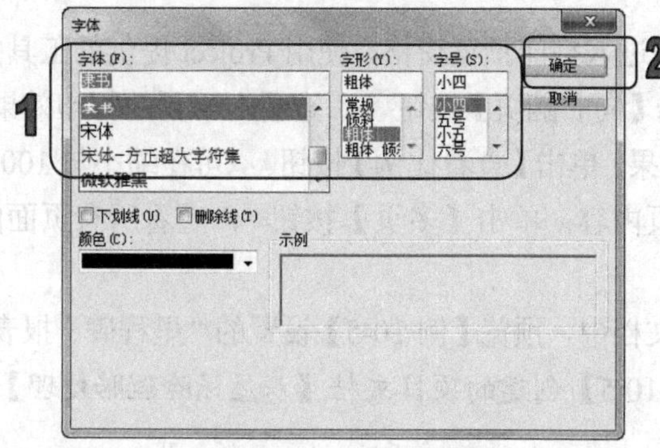

图 10-28　【字体】对话框

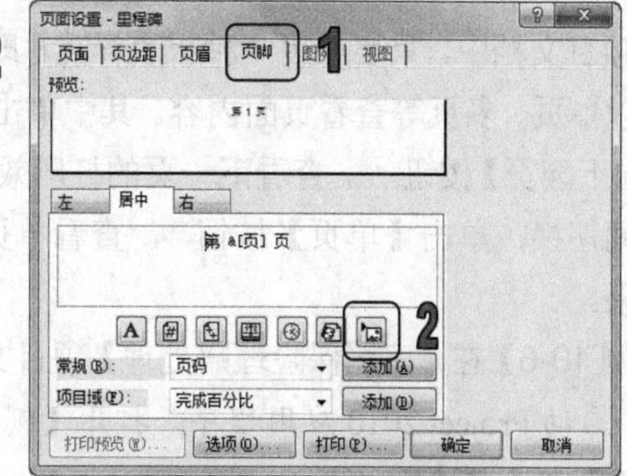

图 10-29　【页脚】选项卡

(7) 打开【插入图片】对话框，选择要插入的图片，如图 10-30 所示。

(8) 单击【插入】按钮，返回【页面设置】对话框，在【页脚】选项卡中显示插入的图片，如图 10-31 所示。

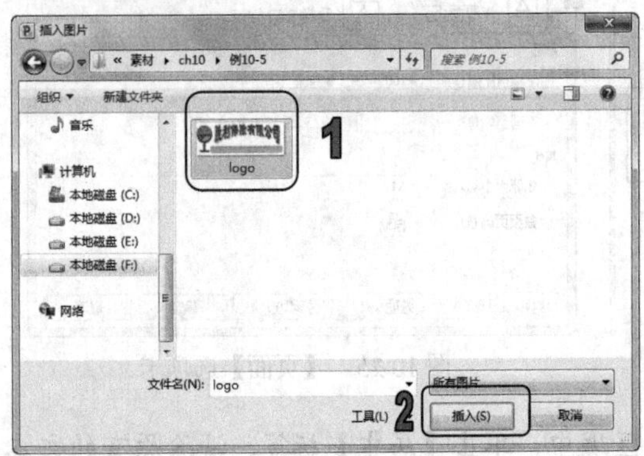

图 10-30 【插入图片】对话框

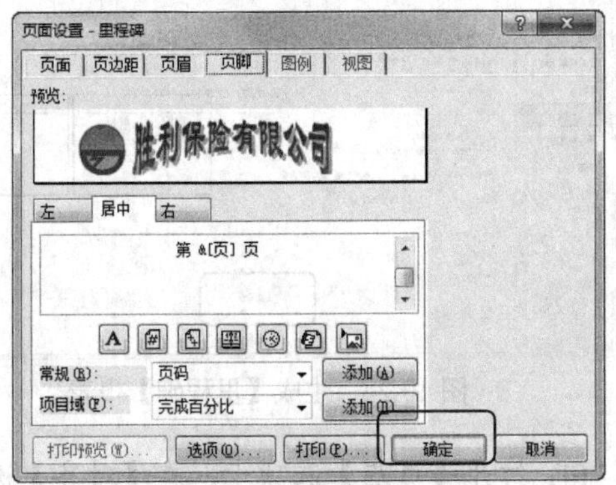

图 10-31 预览页脚处插入的图片

(9) 单击【确定】按钮，完成设置，此时项目文档的预览效果如图 10-32 所示。

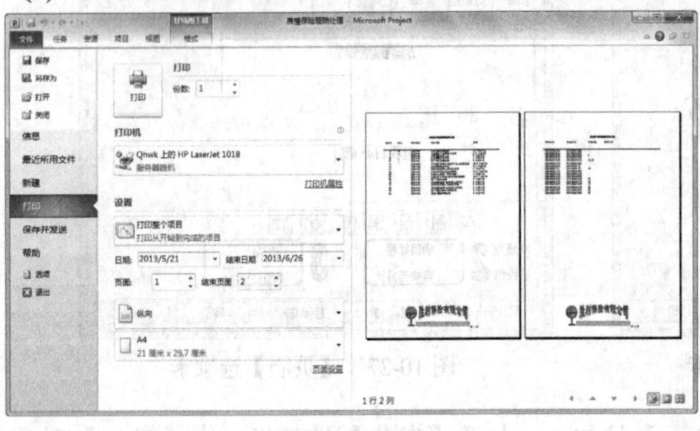

图 10-32 显示页面设置后的效果

知识点

在页眉或页脚处都可以插入图片，但是不能对图片大小进行编辑，因此在插入图片前，需要对其进行编辑。

2. 打印预览

与 Word 文档一样，在打印报表之前，需要预览一下打印输出的结果，如果效果令人满意，再进行打印。

在项目文档中，只要应用一种报表样式，即进入打印预览窗格，使用 Project 提供的工具按钮可以以单页、多页等查看页面内容。其中单击【向右翻页】按钮，查看右一页的打印效果；单击【向下翻页】按钮，查看下一页的打印效果，单击【查看比例】按钮，可在缩小与 100%比例之间切换；单击【单页】按钮，查看单页内容；单击【多页】按钮，查看所有页面的打印效果。

【例 10-6】在【房屋保险理赔处理】项目文档中，预览【例 10-5】设置的“里程碑”报表。

(1) 启动 Project 2010 应用程序，打开【例 10-5】创建的项目文档【房屋保险理赔处理】，生成【里程碑】报表。

(2) 在最右侧的打印预览窗格中单击【单页】按钮，以单页的方式查看一页的整体打印效果，如图 10-33 所示。

(3) 单击【实际尺寸】按钮，可在缩放到100%比例查看该页的详细内容，如图10-34所示。

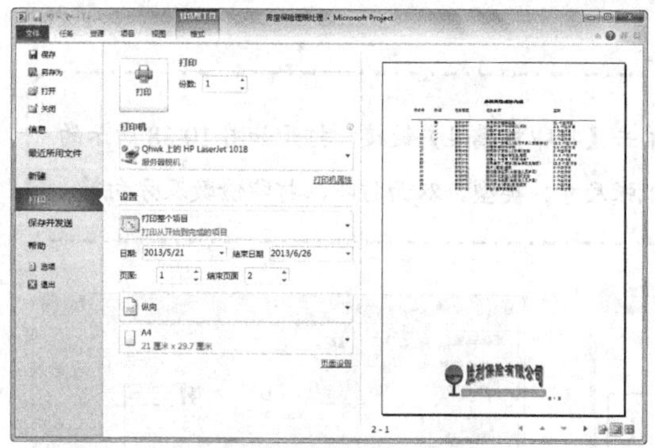

图 10-33　查看单页整体效果

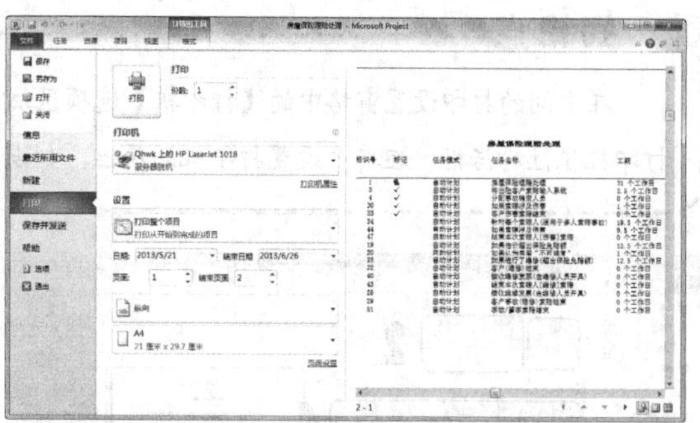

图 10-34　查看比例为100%的效果

(4) 单击【向右翻页】按钮，查看右一页的详细内容，如图10-35所示。

(5) 单击【多页】按钮，查看所有页面的打印效果，如图10-36所示。

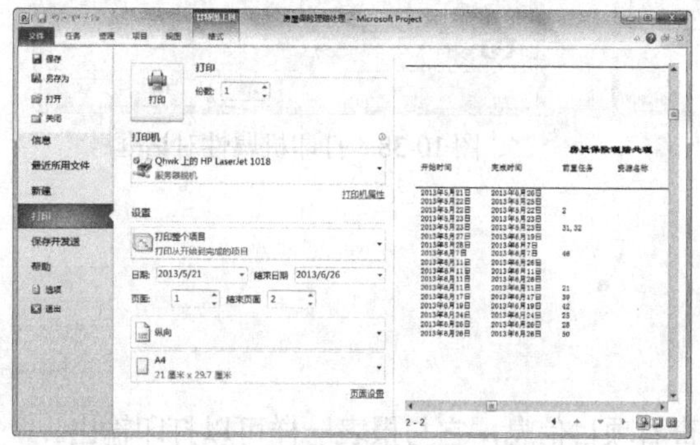

图 10-35　查看右一页的内容

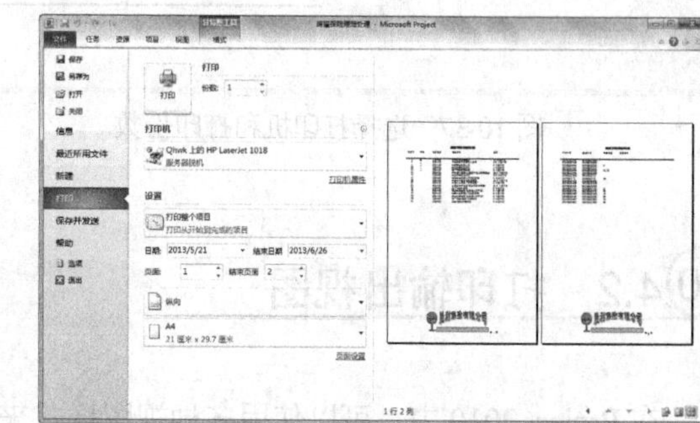

图 10-36　查看多页的整体效果

提示

将鼠标指针移动到最右侧的打印预览窗格中的文档页面，待指针变为形状时，单击鼠标左键可以放大或缩小显示页面。

3. 打印报表

对报表进行页面设置，并且预览满意后，就可以将其打印出来。在如图10-36所示的中间的打印设置窗格中，设置打印范围和份数，单击【打印】按钮，就可以打印报表。

【例 10-7】在【房屋保险理赔处理】项目文档中，打印【例10-5】设置的【里程碑】报表两份。

(1) 启动 Project 2010 应用程序，打开【例10-5】创建的项目文档【房屋保险理赔处理】，生成【里程碑】报表。

(2) 在打开的最中间的打印设置窗格中，单击【打印机】右侧的下拉按钮，从弹出的下拉列表框中选择打印机，在【份数】微调框中输入2，如图10-37所示。

(3) 单击窗格左上角的【打印】按钮，此时即可将报表打印输出。

知识点

在中间的打印设置窗格中的【打印机】选项区域中单击【打印机属性】链接，打开如图 10-38 所示的打印机属性对话框，在其中设置打印机的属性，如设置纸张尺寸、类型、双面打印、打印份数及方向等。

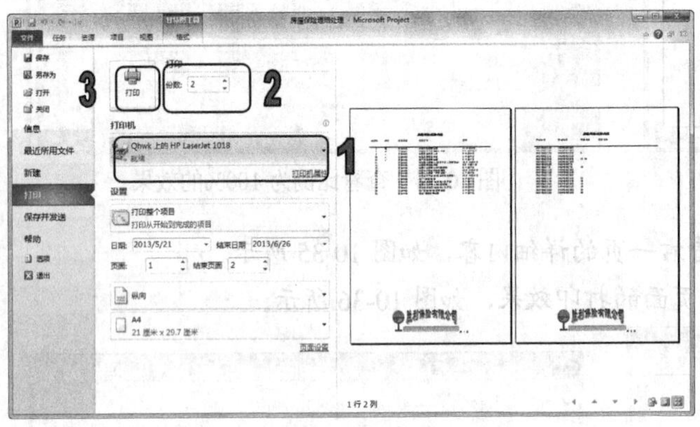

图 10-37　选择打印机和打印份数

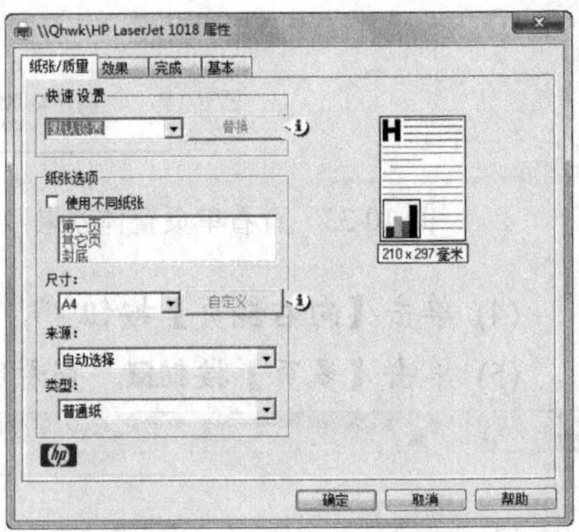

图 10-38　打印机属性对话框

10.4.2　打印输出视图

在 Project 2010 中，可以使用多种视图样式来查看项目信息，它与报表一样可以打印输出。

1. 页面设置

为了使打印效果更加理想，在打印视图之前，同样需要对页面进行设置。使用【页面设置】对话框进行属性设置即可。

【例 10-8】在【房屋保险理赔处理】项目文档中，切换至【网络图】视图，将页面上、下、左和右的边距均设为 1.5 厘米，设置页面缩放比例为 85%，在页眉居中位置显示公司标志和项目名称，在页脚中间位置显示页码，在每页显示宽度为 4.5 厘米的图例。

(1) 启动 Project 2010 应用程序，打开项目文档【房屋保险理赔处理】，打开【视图】选项卡，在【任务视图】组中单击【网格图】按钮，切换至【网络图】视图，如图 10-39 所示。

(2) 单击【文件】按钮，从弹出的【文件】菜单中选择【打印】命令，在弹出的中间的打印设置窗格中单击【页面设置】链接，如图 10-40 所示。

(3) 打开【页面设置-网格图】对话框的【页面】选项卡，选中【缩放比例】单选按钮，并在其后的微调框中输入 85，如图 10-41 所示。

(4) 打开【页边距】选项卡，在【上】、【下】、【左】和【右】微调框中均输入 1.5，并且选中【无】单选按钮，如图 10-42 所示。

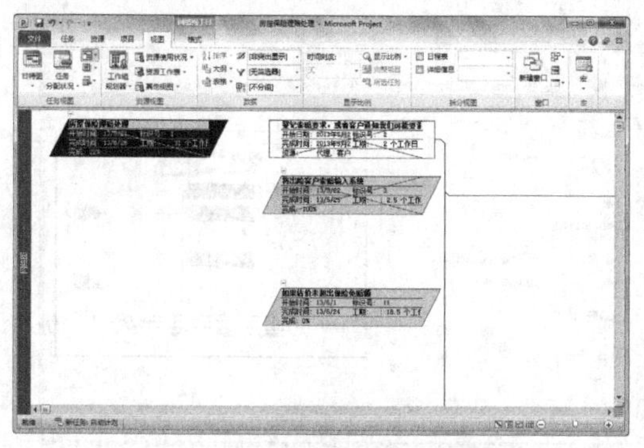

图 10-39　【网络图】视图

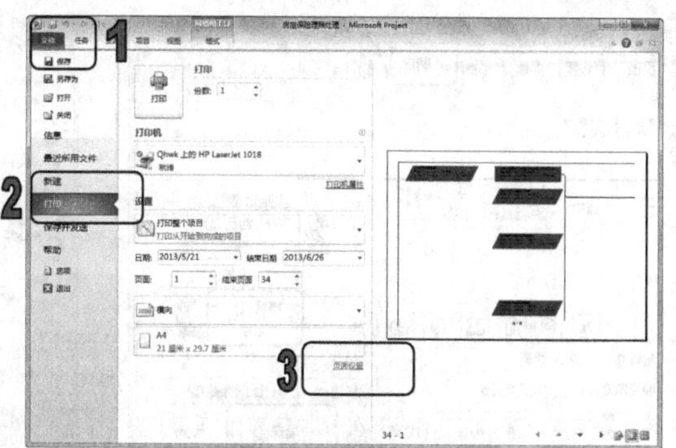

图 10-40　打印设置

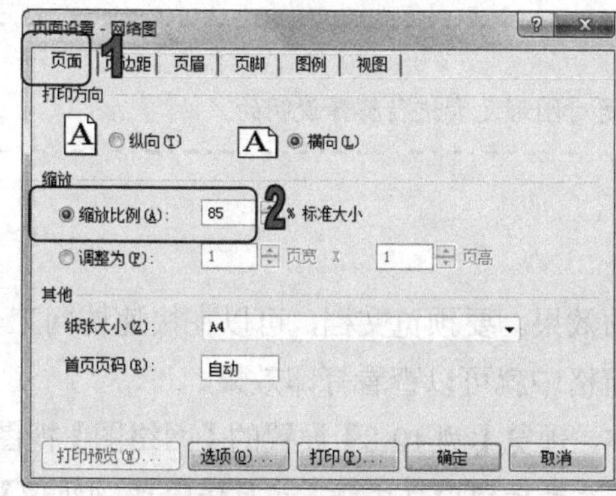

图 10-41　设置页面

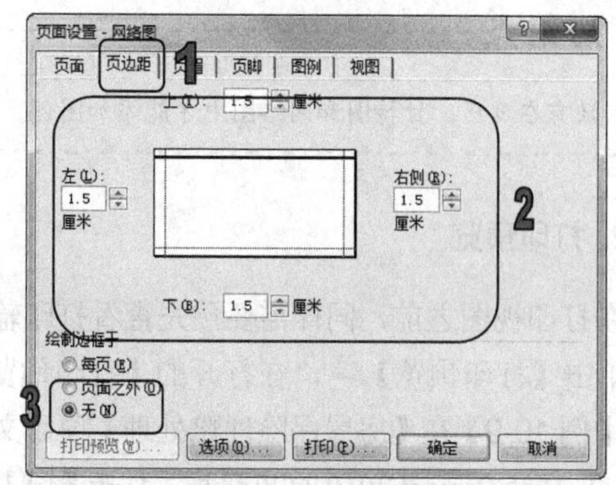

图 10-42　设置页边距

(5) 打开【页眉】选项卡，在【居中】文本框下单击【插入图片】按钮，打开【插入图片】对话框，选择要插入的图片，单击【插入】按钮，如图 10-43 所示。

(6) 返回到【页眉】选项卡，在【常规信息】下拉列表框中选择【项目标题】选项，单击【添加】按钮，如图 10-44 所示。

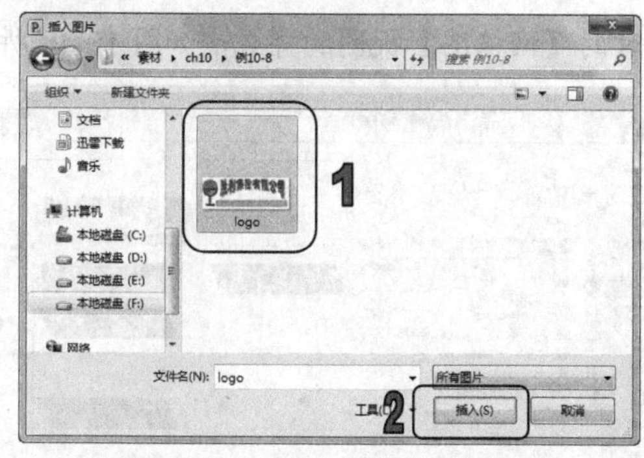

图 10-43　选择要插入的页眉图片

图 10-44　设置页眉

(7) 打开【图例】选项卡，在【图例位置】选项区域中选中【每页】单选按钮，在【宽度】微调框中输入 4.5，如图 10-45 所示。

(8) 单击【确定】按钮，完成页面设置，并在打印预览窗格中显示设置后的网格图的总体效果，如图 10-46 所示。

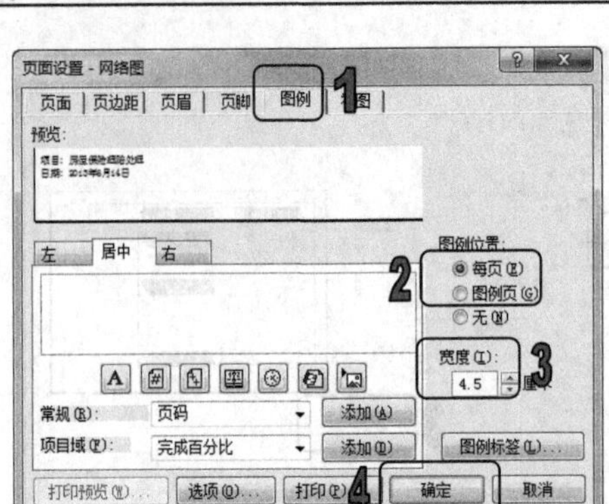

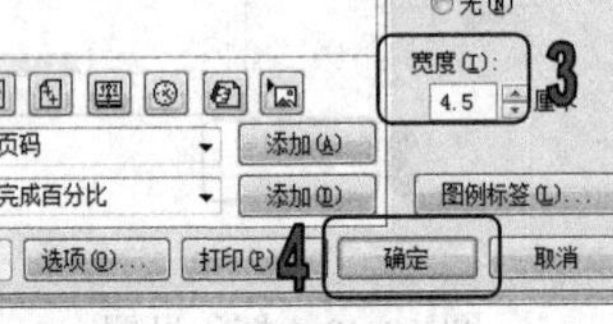

图 10-45　设置图例

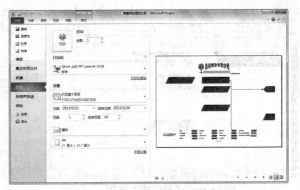

图 10-46　预览页面设置后的效果

知识点

只有在日历、甘特图和网络图中才能添加图例。图例是对图形元素进行解释说明的。

2. 打印预览

在打印视图之前，同样需要预先查看打印输出的效果。要预览文档，可以在快速访问工具栏中单击【打印预览】，在打开的【打印预览】窗格中就可以查看打印效果。

【例 10-9】在【房屋保险理赔处理】项目文档中，预览【例 10-8】设置的【网络图】视图。

(1) 启动 Project 2010 应用程序，打开【例 10-8】设置后的项目文档【房屋保险理赔处理】，切换至【网络图】视图。

(2) 单击【自定义快速访问工具栏】按钮，从弹出的快捷菜单中选择【打印预览】命令，将该命令按钮添加到快速访问工具栏中。

(3) 在快速访问工具栏中单击【打印预览】按钮，在打开的打印预览窗格中查看【网络图】视图打印效果，如图 10-47 所示。

(4) 单击【实际尺寸】按钮，查看在 100%时的【网格图】视图的样式，如图 10-48 所示。

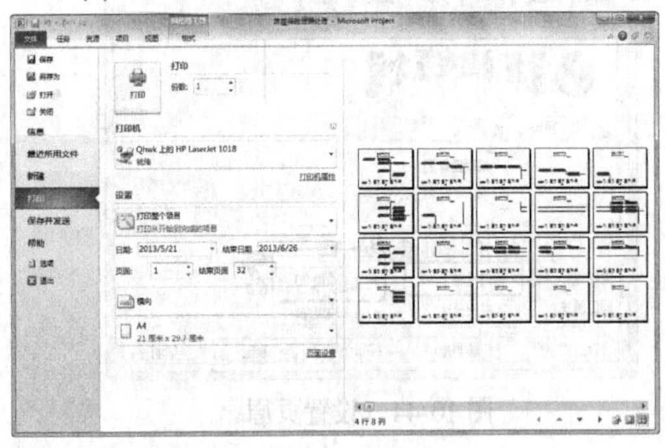

图 10-47　多页的整体效果

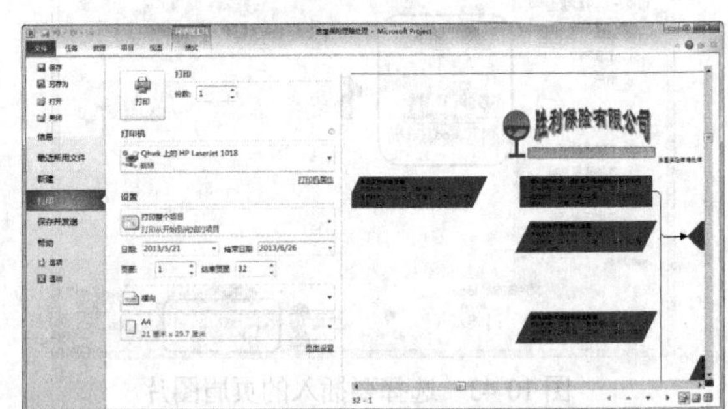

图 10-48　100%时的【网格图】视图

(5) 单击【向右翻页】按钮，查看右一页的打印效果，如图 10-49 所示。

(6) 单击【向下翻页】按钮，查看下一页的打印效果，如图 10-50 所示。

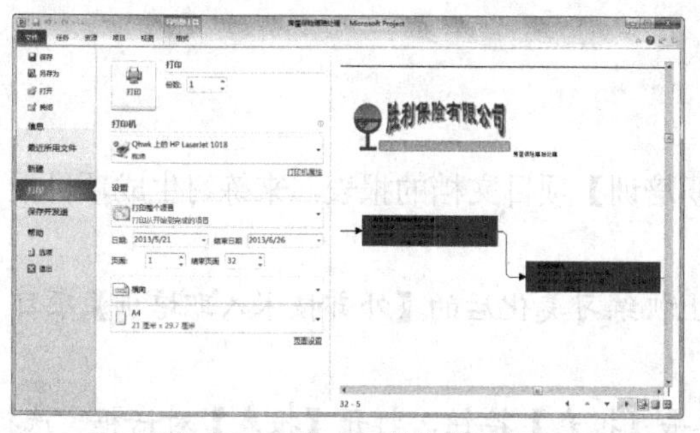

图 10-49　右一页的打印效果　　　图 10-50　下一页的打印效果

(7) 参照步骤(5)和步骤(6)，查看【网格图】视图下的所有页，单击【多页】按钮，再次查看多页的整体效果。

3. 打印视图

对视图进行页面设置，并且预览满意后，就可以将其打印出来。

【例 10-10】在【房屋保险理赔处理】项目文档中，用 16K 的纸打印 10 份【例 10-8】设置的【网络图】视图。

(1) 启动 Project 2010 应用程序，打开【例 10-8】设置后的项目文档【房屋保险理赔处理】，切换至【网络图】视图。

(2) 单击【文件】按钮，从弹出的【文件】菜单中选择【打印】命令，在打开的中间的打印设置窗格中的【份数】为微调框中输入 10，在【打印机】下拉列表框中选择当前的打印机，如图 10-51 所示。

(3) 单击【打印机属性】按钮，打开打印机属性对话框的【纸张/质量】选项卡，在【尺寸】下拉列表框中选择 16K 选项，如图 10-52 所示。

(4) 单击【确定】按钮，完成设置，返回至打印设置窗格中，单击左上角的【打印】按钮，就可以开始打印视图。

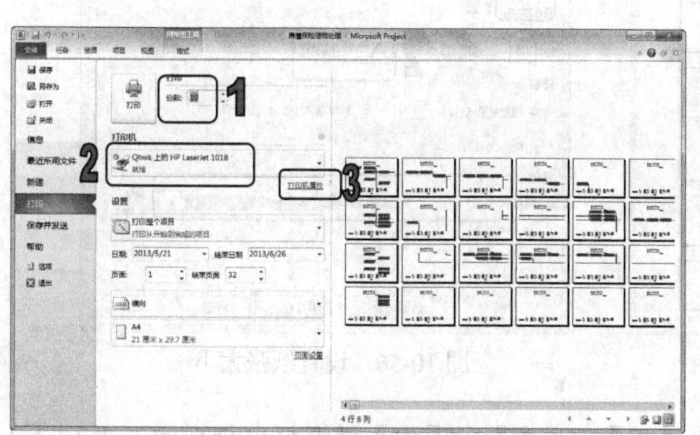

图 10-51　选择当前打印机

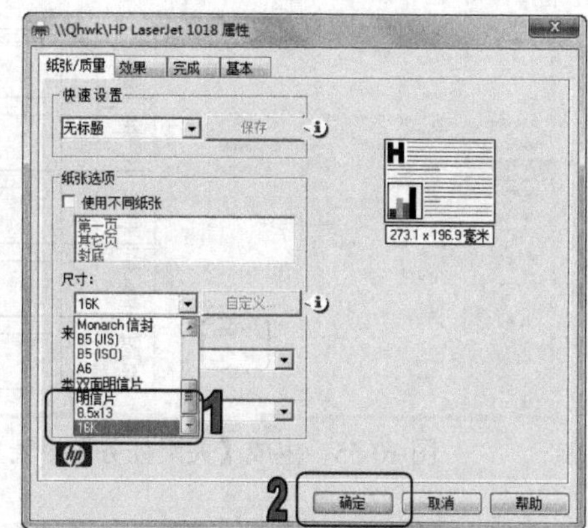

图 10-52　【纸张/质量】选项卡

10.5 上机练习

本章的上机实验主要通过打印【外部技术入职培训】项目文档的报表，来练习生成项目报表、页面设置、打印预览和打印输出等操作。

(1) 启动 Project 2010 应用程序，打开第 8 章上机练习美化后的【外部技术入职培训】项目文档。

(2) 打开【项目】选项卡，在【报表】组中单击【报表】按钮，打开【报表】对话框，选择【总览】选项，如图 10-53 所示。

(3) 单击【选定】按钮后，在打开的【总缆报表】对话框中选择【关键任务】选项，如图 10-54 所示。

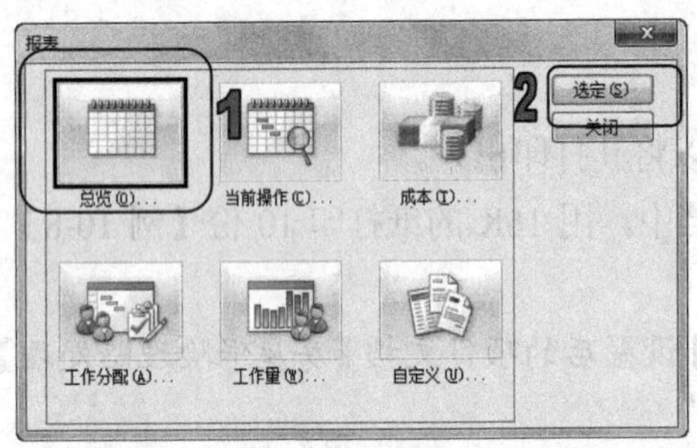

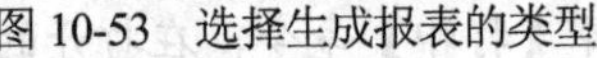

图 10-53 选择生成报表的类型

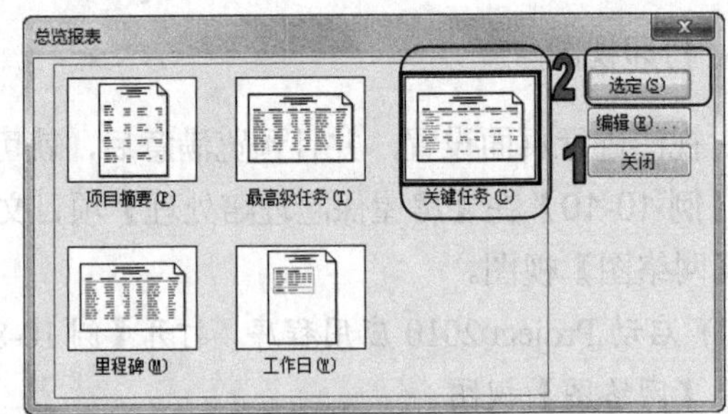

图 10-54 选择【关键任务】报表

(4) 单击【选定】按钮，系统将自动打开打印任务窗格显示自动生成的【关键任务】报表，如图 10-55 所示。

(5) 在中间的打印设置窗格下方单击【页面设置】链接，打开【页面设置】对话框，在默认打开的【页面】选项卡中选中【横向】单选按钮，在【纸张大小】下拉列表框中选择 16K 选项，如图 10-56 所示。

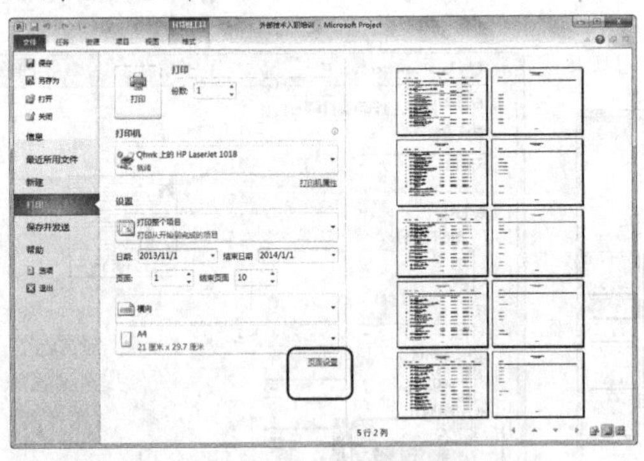

图 10-55 生成【关键任务】报表

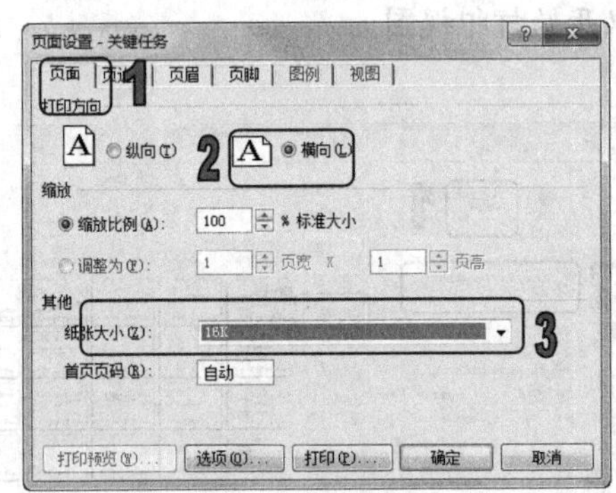

图 10-56 设置纸张大小

(6) 打开【页边距】选项卡，在【上】、【下】、【左】和【右】微调框中分别输入 1.2、1.2、1.5 和 1.5，如图 10-57 所示。

(7) 打开【页眉】选项卡，在【对齐】选项区域中，单击【居中】标签，在列表框中删除原有的信息，在【常规信息】下拉列表框中选择【项目标题】选项，并且单击【添加】按钮，将其

添加至页眉中，如图 10-58 所示。

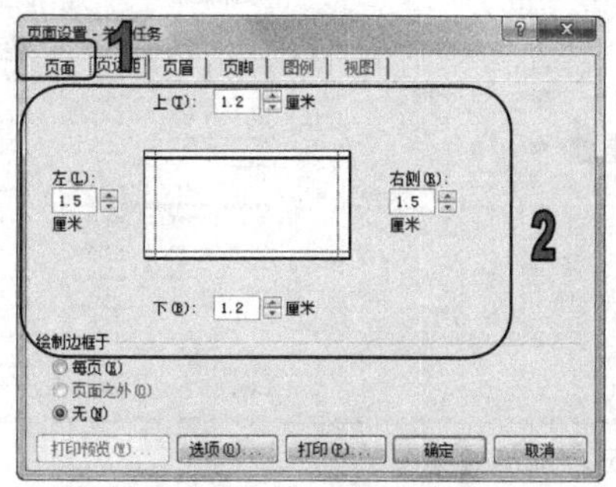

图 10-57　设置页边距

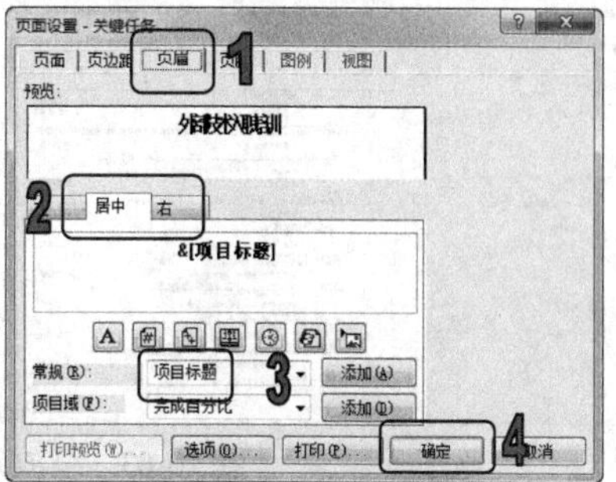

图 10-58　设置页眉

(8) 在【对齐】选项区域中，单击【右】标签，将插入点定位在列表框中，单击【插入图片】按钮，打开【插入图片】对话框，选择要插入的图片，如图 10-59 所示。

(9) 单击【插入】按钮，返回至【页眉】选项卡，在【预览】列表框中查看页眉效果，如图 10-60 所示。

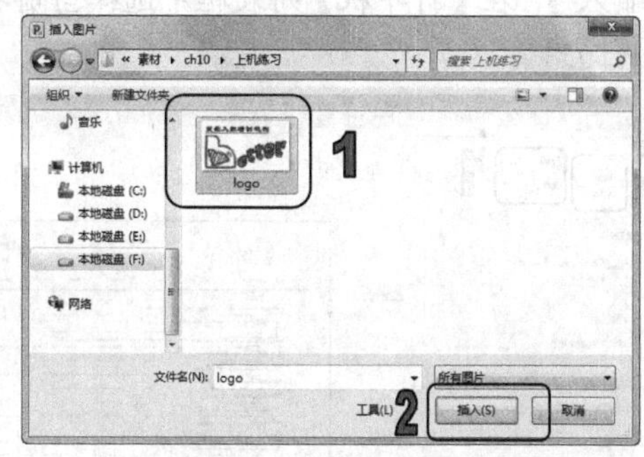

图 10-59　设置大纲结构

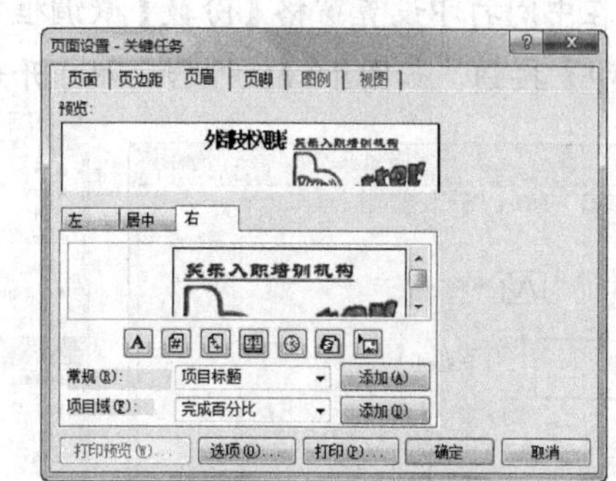

图 10-60　页面设置

(10) 打开【页脚】选项卡，在【对齐】选项区域的【居中】选项卡中，将插入点定位在页码之前，然后单击【插入总页数】按钮，在页码前插入总页数，如图 10-61 所示。

(11) 单击【确定】按钮，完成页面设置，此时在打印预览窗格中查看多页报表总体效果，如图 10-62 所示。

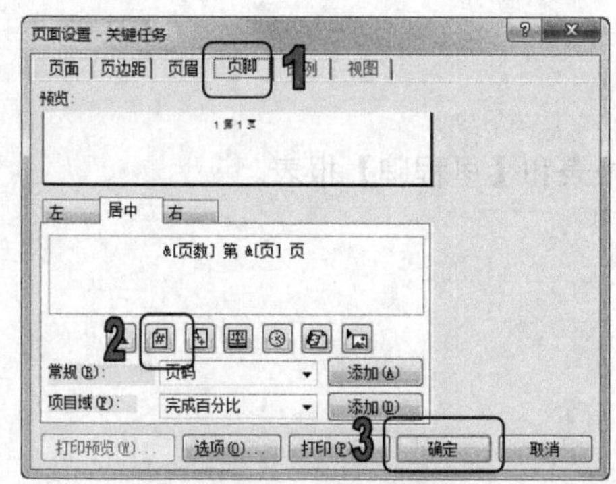

图 10-61　设置大纲结构

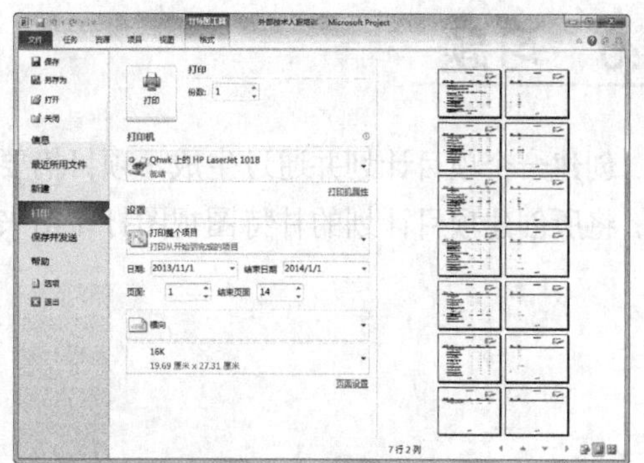

图 10-62　页面设置

(12) 单击【实际尺寸】按钮，查看在 100%时报表样式，如图 10-63 所示。

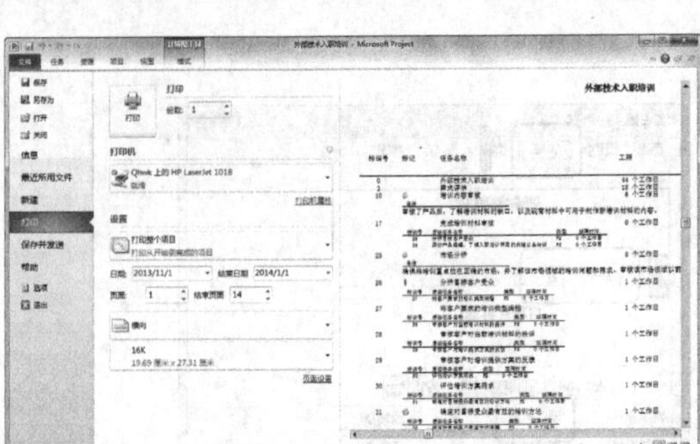
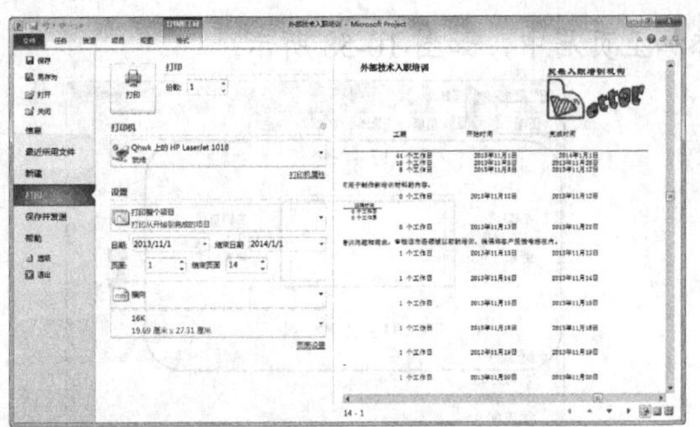

图 10-63　缩放到实际尺寸预览效果

(13) 单击【下翻】和【左翻】按钮，查看所有页，此时可以发现单页中并不能显示完整内容，这时需要再次打开【页眉】对话框，在【页眉】选项卡的【缩放】选项区域的【缩放比例】列表框中输入 80%，单击【确定】按钮，如图 10-64 所示。

(14) 返回至打印预览窗格中，单击【单页】按钮，查看单页效果。

(15) 在中间打印设置窗格【份数】微调框中输入 5，在【打印机】列表框中选择当前打印机，单击【打印】按钮，如图 10-65 所示，即可开始打印报表。

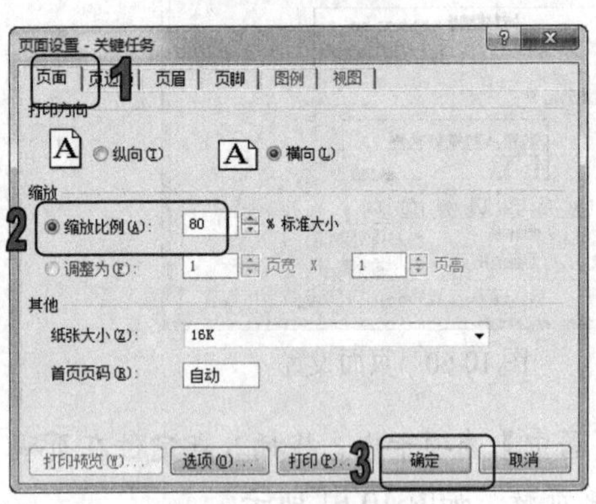

图 10-64　预览效果

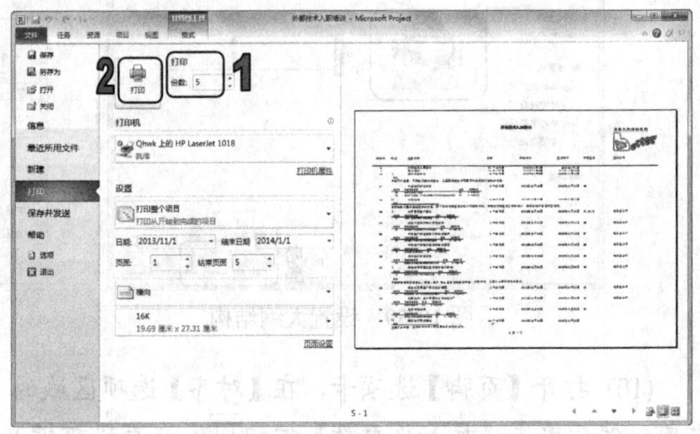

图 10-65　设置打印份数

10.6　习题

1. 创建一个项目计划并通过生成【项目摘要】报表和【里程碑】报表。
2. 将所创建项目计划的甘特图视图打印出来。

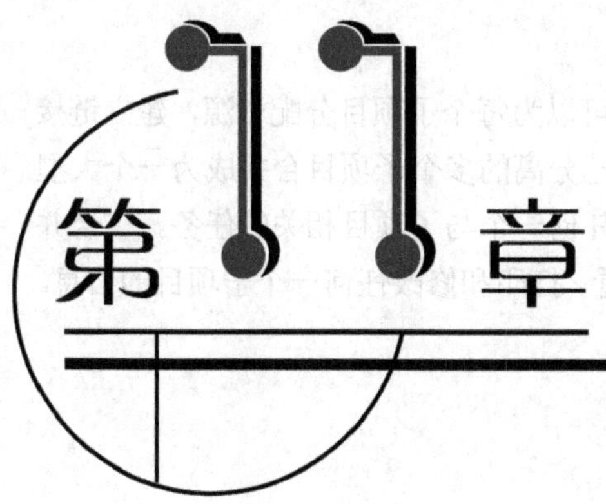

第11章 多重项目管理

学习目标

在实际工作中，所接触到的项目往往既庞大又复杂，而且执行的过程会分为不同的阶段，由公司的各个部门来管理不同的项目内容。因此，为了使部门内部或部门之间能够更好地交流项目信息，Project 2010 提供多项目管理功能，不仅可以将多个项目计划间的资源进行合并及更新，而且还可以将多个单独的项目计划组合为一个合并项目计划，并为新项目计划创建项目间的依赖关系，从技术上大大减轻了多项目管理工作的难度。

本章重点

- 合并项目
- 建立项目间的相关性
- 在项目间共享资源
- 管理多项目

11.1 合并项目文档

Project 2010 提供了【项目合并】功能，尤其在制定大型而复杂的计划时，通过将一个项目插入到另一个项目中创建合并项目，可以简单而有效地组织一系列相关的大型项目。

11.1.1 主/子项目和合并项目

合并项目是将多个项目组合成一个总项目，也就是将其中一个项目作为主项目，另外几个项目作为子项目插入到主项目中。其中，主项目是指包含其他项目(插入项目或子项目)的项目，也称为合并项目。子项目是指插入到其他项目中的项目，子项目可作为一种复杂项目分解为更多可管理部分的部分，子项目也称为插入项目。

每个子项目都可以被保存为一个单独的项目文档，可以为每个子项目分配资源，建立链接和约束。当需要从宏观的角度跟踪整个项目时，就可以把分离的多个子项目合并成为一个大型项目。子项目在合并项目中显示为摘要任务，可以隐藏任何一个与子项目相关的任务。在合并项目文档中，可以只对所关心的部分进行操作，可以查看、打印和修改任何一个子项目的信息。

11.1.2 插入项目文档

在插入项目文档之前首先需要确定主项目，然后将其他的项目文档作为子项目插入到主文档中。

【例 11-1】在【楼盘销售】项目文档中输入【广告竞标】项目文档。

(1) 启动 Project 2010 应用程序，打开创建好的项目文档【楼盘销售】和【广告竞标】，其【甘特图】视图分别如图 11-1 和图 11-2 所示。

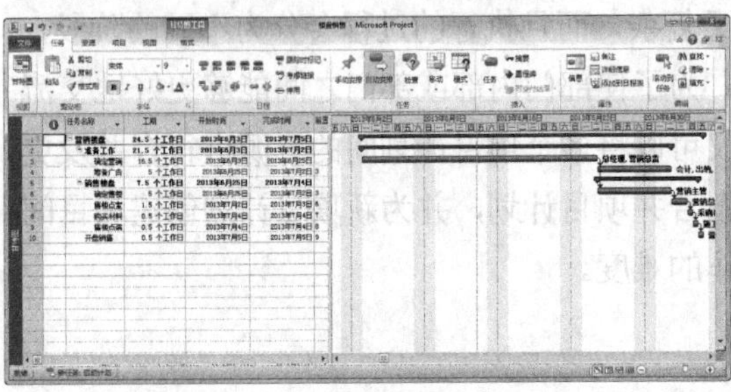

图 11-1 【楼盘销售】项目文档

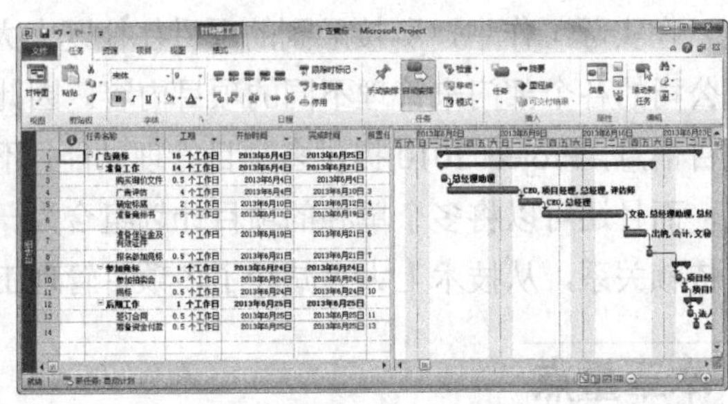

图 11-2 【广告竞标】项目文档

(2) 在项目文档【楼盘销售】中，选择【确定营销楼群方案】任务，打开【项目】选项卡，在【插入】组中单击【子项目】按钮，打开【插入项目】对话框，选择要插入的项目文档，如图 11-3 所示。

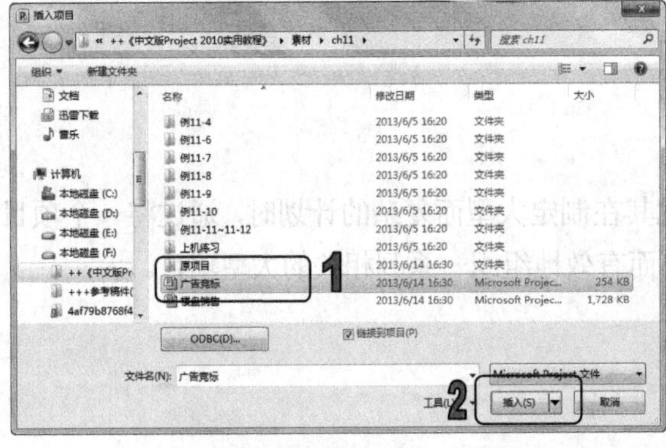

图 11-3 【插入项目】对话框

提示

在【插入项目】对话框中，取消选中【链接到项目】复选框，如果插入的子项目与主项目中有重名的资源，同名称的第一资源信息将覆盖其后所有同名资源信息。

(3) 单击【插入】按钮，【广告竞标】项目文档被插入到指定位置，也就是在【楼盘销售】项目文档中插入子项目，效果如图 11-4 所示。

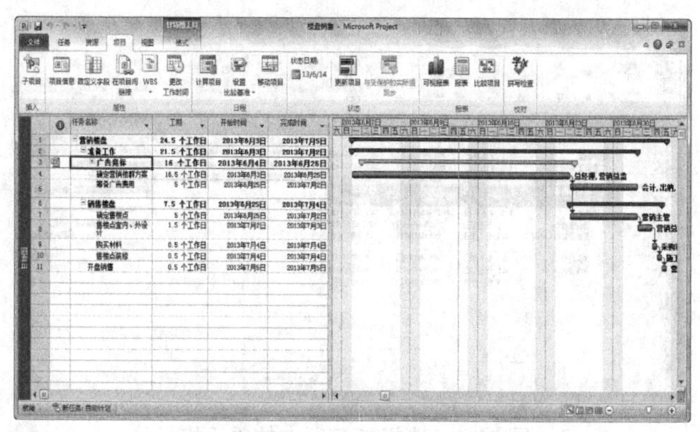

图 11-4　插入项目文档

知识点

如果子项目没有链接到源文件，就不通过对主项目中的子项目所做的更改来更新原始的子项目文档。

知识点

新插入的项目文件前有一个图标，表示插入项目作为相对独立的文件存在于合并项目中。新项目刚插入时是看不到子任务的，需要通过单击子任务的大纲符号，即子项目名前的加号，来显示子项目的隐藏任务。所有插入的项目任务在甘特图中是以灰色的甘特条形图显示的，其形状和摘要任务的甘特条形图形状一致，只是用颜色加以区分。

11.1.3　编辑项目文档

将子项目插入到主项目后，为了满足主项目文档的需要，还需对插入的项目做进一步的编辑。例如，可以对子项目进行类似于摘要任务的处理，在大纲中通过升级或降级的方法来更改任务层次中子项目的次序。

1. 移动插入的项目

Project 允许对插入的项目进行移动，从而适应不同情况下项目管理的需要。要移动所插入的项目，在选择该任务的全部子任务后，在【任务】选项卡的【剪贴板】组中单击【剪切】按钮，然后选择目标下方任务所在的单元格，单击【粘贴】按钮，就可以完成子项目的移动。

【例 11-2】在【楼盘销售】项目文档中，将插入的【广告竞标】子项目移动到【筹备广告费用】任务之前。

(1) 启动 Project 2010 应用程序，打开插入子项目后的项目文档【楼盘销售】。

(2) 选择【广告竞标】子项目，打开【任务】选项卡，在【剪贴板】组中单击【剪切】按钮，打开【规划向导】对话框，保持默认设置，单击【确定】按钮，如图 11-5 所示。

(3) 选择【筹备广告费用】任务所在的单元格，如图 11-6 所示。

(4) 在【任务】选项卡的【剪贴板】组中单击【粘贴】按钮，就可以将子项目插入移动到【筹备广告费用】任务之前，如图 11-7 所示。

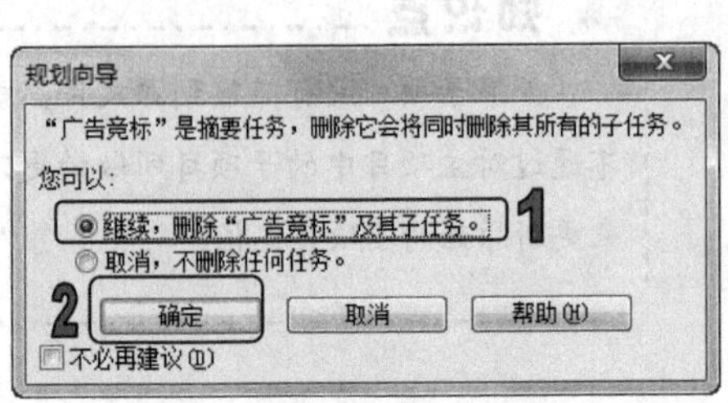

图 11-5 【规划向导】对话框

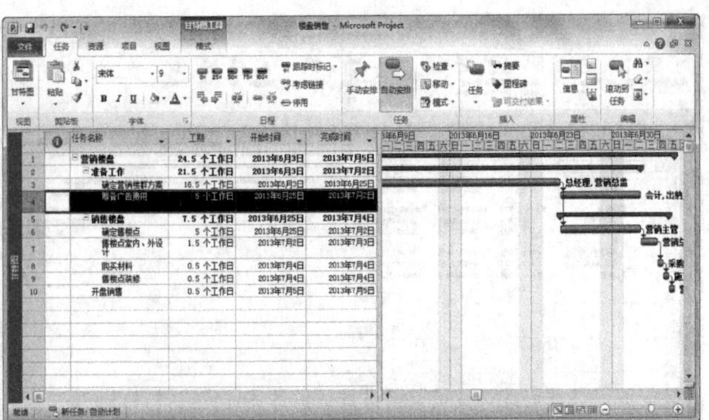

图 11-6 选择任务所在的单元格

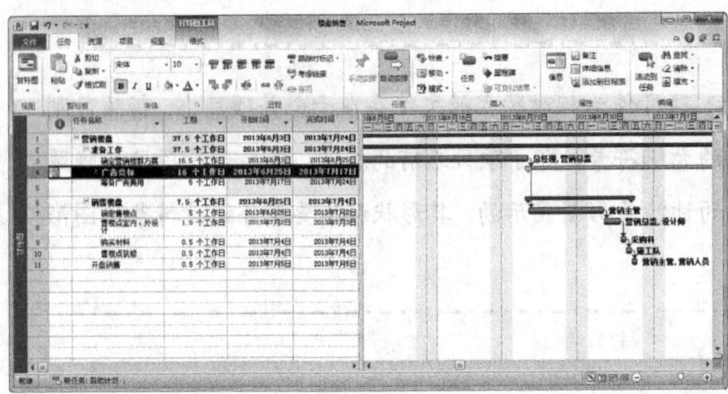

图 11-7 移动插入的项目

知识点

复制子项目的操作与移动子项目的操作类似。选中复制的子项目，在【任务】选项卡的【剪贴板】组中单击【复制】按钮，选中目标下方任务所在的单元格，单击【粘贴】按钮即可。

提示

在项目文档中选中子项目，按住鼠标左键向上或向下移动鼠标，在目标位置释放鼠标，同样可以实现移动项目的操作。

2. 升级或降级插入的项目

默认状态下，插入的子项目与上一行单元格中任务的大纲级别相同，在插入一个项目之后，可以通过将其移到大纲中的某个级别上来创建分层结构。如果其前面的任务也是一个插入项目的话，则不能够升级或降级该插入项目。

要升级或降级插入的项目，只需切换至【甘特图】视图，在【任务名称】栏中选择要升级或降级的插入项目，然后打开【任务】选项卡，在【日程】组中单击【升级任务】按钮或【降级任务】按钮即可。

知识点

Project 将插入的项目作为自成一体的独立项目看待，如果将一个项目插入或粘贴到另一个只显示了项目摘要任务的项目之下，则插入或粘贴的项目将会与其上的插入项目有相同的级别。但如果将项目插入或粘贴到一个显示了所有子任务的项目之下，则插入或粘贴的项目将成为其上的那个项目的一个子任务。

3. 计算多重关键路径

默认情况下，Project 仅显示一条关键路径，即影响计划完成日期的路径。但对于合并的项目，通常会有很多插入的子项目，这些子项目都有属于自己的一条关键路径。要想查看每个插入项目的关键路径，使用计算多重关键路径的方法就可以很方便地达到目的。

在计算多重关键路径时，任何没有后续任务的最迟完成时间将设置为其最早完成时间，这样该任务的可宽限时间为零，也会成为关键任务。相反，对于只显示一个关键路径的项目中没有后续任务的任务，其最迟完成时间为项目的完成日期，该任务因而拥有了可宽限时间。

要显示合并项目中的多重关键路径，可单击【文件】按钮，从弹出的【文件】菜单中选择【选项】命令，打开【Project 选项】对话框，切换至【高级】选项卡，在【该项目的计算选项】选项区域中选中【计算多重关键路径】复选框，然后再用查看关键路径的方法查看关键路径及关键任务。

【例 11-3】在【楼盘销售】项目文档中，计算多重路径。

(1) 启动 Project 2010 应用程序，打开插入子项目后的项目文档【楼盘销售】。

(2) 单击【文件】按钮，从弹出的【文件】菜单中选择【选项】命令，打开【Project 选项】对话框。

(3) 打开【高级】选项卡，在【该项目的计算选项】选项区域中选中【计算多重关键路径】复选框，如图 11-8 所示。

(4) 单击【确定】按钮，返回到项目文档中。打开【视图】选项卡，在【数据】组单击【筛选器】下拉按钮，从弹出的下拉菜单中选择【关键】命令，在工作区和图形区将显示关键任务和关键路径，如图 11-9 所示。

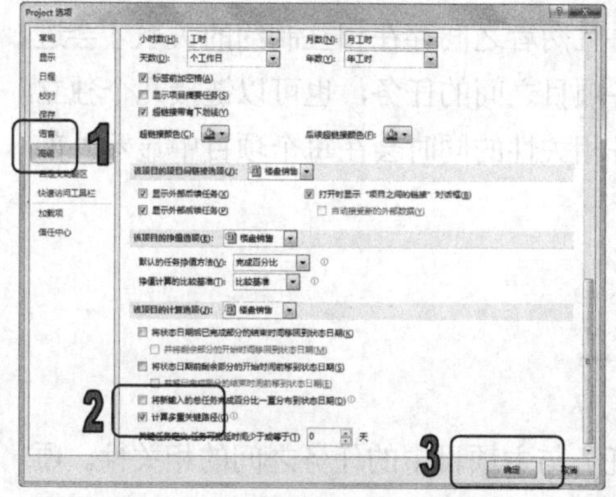

图 11-8　【Project 选项】对话框

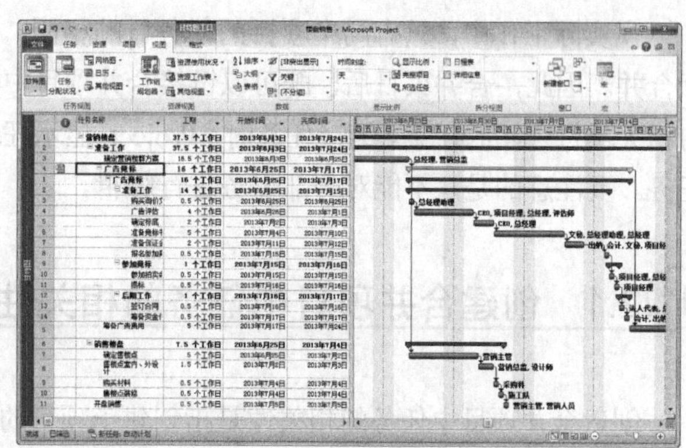

图 11-9　显示多重关键路径

11.1.4　快速合并项目

Project 2010 提供了一种快速合并项目的方法，使用该方法可以快速地将多个项目文档进行合并。

计算机基础与实训教材系列

【例 11-4】将【楼盘销售】项目文档和【广告竞标】项目文档快速合并。

(1) 启动 Project 2010 应用程序，打开创建的项目文档【楼盘销售】和【广告竞标】。

(2) 在项目文档【楼盘销售】中，打开【视图】选项卡，在【窗口】组单击【新建窗口】按钮，打开【新建窗口】对话框。

(3) 按住 Ctrl 键，并按要合并的前后顺序，依次选择要合并的多个项目文档，如图 11-10 所示。

(4) 单击【确定】按钮，完成合并，并自动新建一个新的项目文档，其中包含有合并的项目，效果如图 11-11 所示。

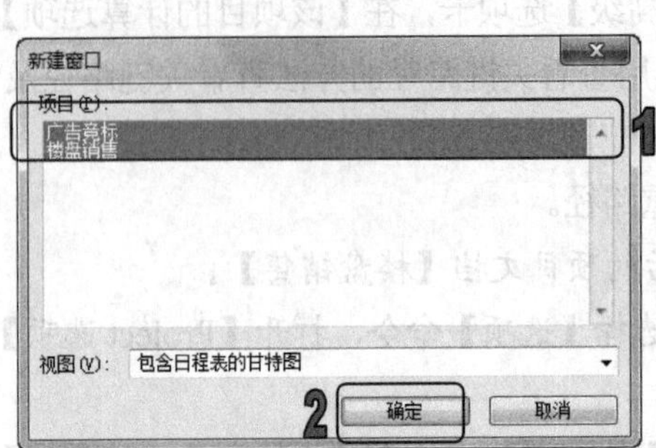

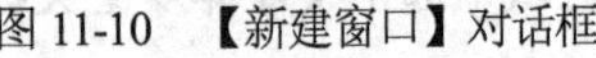

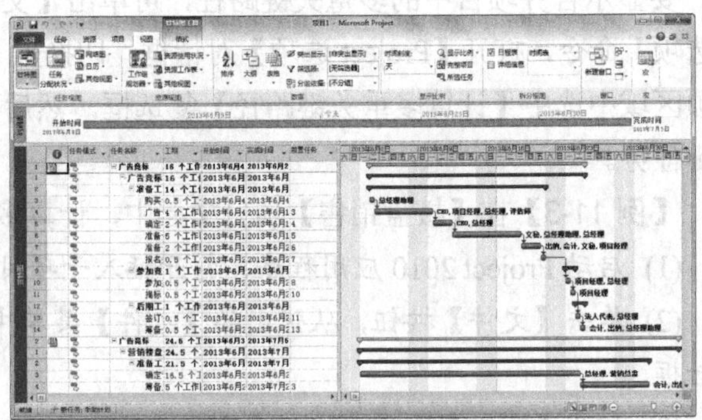

图 11-10 【新建窗口】对话框

图 11-11 快速合并项目

11.2 建立项目间的相关性

在实际工作中，只有两个项目的任务目的相同，并且两者之间存在相互制约的关系才会进行合并。因此，合并项目后，既可以链接合并项目中各项目之间的任务，也可以链接几个独立的相关项目之间的任务。链接任务时，Project 显示任务相关性的同时会在每个项目中显示外部任务。要注意的是，不能对外部任务进行编辑。

11.2.1 创建合并项目中任务的相关性

创建合并项目中任务的相关性是指创建子项目的任务与主项目中的任务之间的相关性。项目之间的相关性可以是 Project 提供的 4 种链接关系中的任意一种，也可以设置延隔或重叠时间。创建合并项目中任务的相关性与创建同一项目内各任务之间的相关性完全相同。

【例 11-5】在【楼盘销售】项目文档中，将【确定营销楼群方案】任务与【广告竞标】子项目中的【购买询价文件】任务用【完成-开始】类型链接起来；将【广告竞标】子项目中的【筹备资金付款】任务与【筹备广告费用】任务用【完成-开始】类型链接起来。

(1) 启动 Project 2010 应用程序，打开插入子项目后的项目文档【楼盘销售】。

(2) 选择【确定营销楼群方案】任务，按住 Ctrl 键，选择【广告竞标】子项目中的【购买

询价文件】任务，然后打开【任务】选项卡，在【日程】组中单击【链接任务】按钮，自动建立两个任务之间为【完成-开始】类型的链接关系，如图 11-12 所示。

(3) 使用同样的方法，创建其他任务间的关系，如图 11-13 所示。

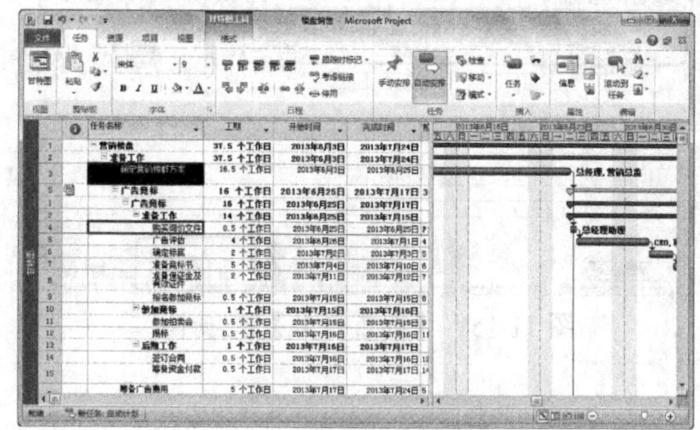

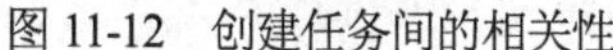

图 11-12　创建任务间的相关性

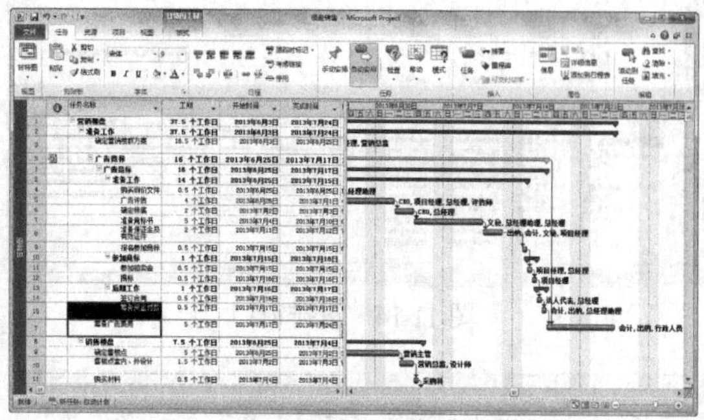

图 11-13　创建其他任务间的相关性

知识点

创建合并项目中任务之间的相关性后，双击两任务之间的链接线，打开【任务相关性】对话框，在【类型】下拉列表框中选择所需要的链接类型，即可更改为其他类型的链接关系。

11.2.2　创建不同项目中任务的相关性

创建不同项目中的任务相关性是在未建立合并关系的不同项目任务之间建立链接。

【例 11-6】在合并之前的【楼盘销售】项目文档中，将【确定营销楼群方案】任务与【广告竞标】项目文档中的【购买询价文件】任务建立【完成-开始】类型的链接。

(1) 启动 Project 2010 应用程序，打开创建的项目文档【楼盘销售】和【广告竞标】。

(2) 打开【视图】选项卡，在【窗口】组中单击【全部重排】按钮，将两个项目以上、下窗格的形式进行排列，如图 11-14 所示。

(3) 在“广告竞标”项目文档中选择【购买询价文件】任务，打开【任务】选项卡，在【属性】组中单击【信息】按钮，打开【任务信息】对话框。

(4) 打开【前置任务】选项卡，在【标识号】栏中输入前置任务所属项目的路径和任务标识号(中间用\号隔开)，例如“F:\《中文版 Project 2010 实用教程》\素材\ch11\例 11-6\楼盘销售.mpp\3”，如图 11-15 所示。

(5) 单击【确定】按钮，就可以建立任务相关性，并且项目中的外部链接任务以灰色显示在任务列表中，如图 11-16 所示。

(6) 在【楼盘销售】项目文档中选择【确定营销楼群方案】任务，打开【项目】选项卡，在【属性】组中单击【在项目间链接】按钮，打开如图 11-17 所示的对话框，在【外部前置任务】或【外部后续任务】选项卡中查看项目中的外部链接任务。

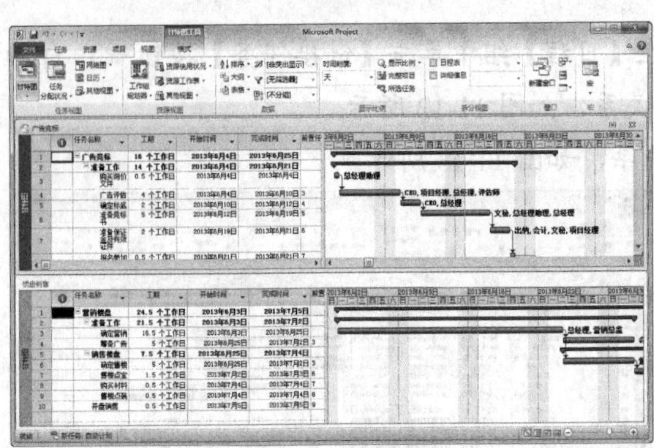

图 11-14　重排窗口

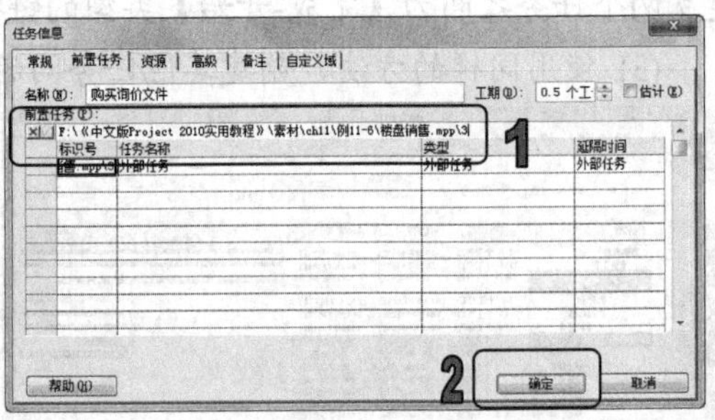

图 11-15　【前置任务】选项卡

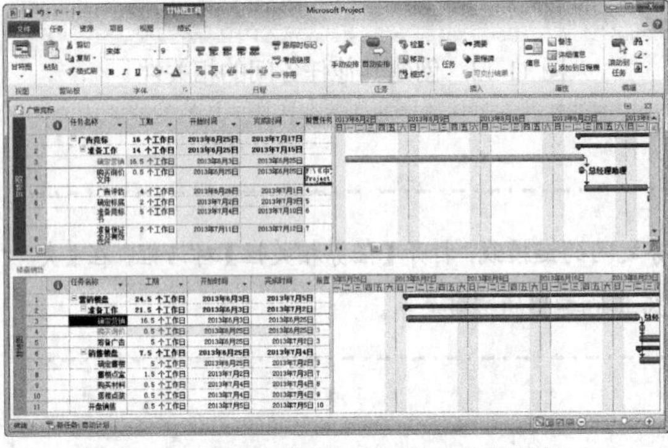

图 11-16　创建不同项目中的任务相关性

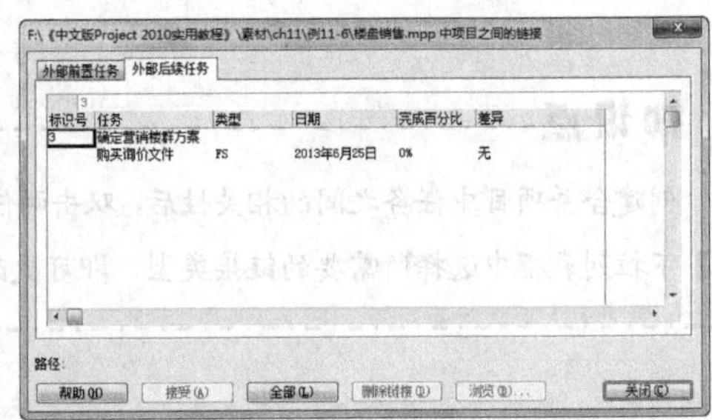

图 11-17　查看项目的外部前置任务和外部后续任务

知识点

单击【文件】按钮，从弹出的【文件】菜单中选择【选项】命令，打开【Project 选项】对话框，切换至【高级】选项卡，在【该项目的项目间链接选项】选项区域中取消选中【显示外部后续任务(X)】和【显示外部后续任务(P)】复选框，单击【确定】按钮，就可以在源文档中取消显示外部链接任务。

11.3　在项目间共享资源

在同时对多个项目进行处理时，各个项目会经常使用相同的资源，而这些项目都各自调用自身的资源库，从而造成了一定程度的浪费，尤其是面对一些庞大的项目管理时，资源库的修改和维护是非常耗费人力的。Project 提供了共享资源库功能可以有效地解决多个项目间共享资源管理问题。

提示

资源共享是指在多个文件中使用同一资源。当一个项目从其他项目中借用资源时，正在借用该资源的文件是共享文件，正在贡献该资源的文件是资源库。资源库是可以分配给项目中任务的一组资源，它可以由一个项目单独使用，也可以由多个项目共享。

11.3.1　建立共享资源库

若在多个项目中分配了相同的资源，或者在多个项目中具有共享的资源，可将所有资源信息合并到资源库中，然后在分配资源时让所有的项目都使用这个公共资源库。

【例 11-7】在【楼盘销售】和【广告竞标】项目文档中的资源添加到名为“共享资源库”的项目文档中。

(1) 启动 Project 2010 应用程序，打开项目文档【楼盘销售】和【广告竞标】，并切换至【资源工作表】视图。

(2) 打开【视图】选项卡，在【窗口】组中单击【全部重排】按钮，重排文件，如图 11-18 所示。

(3) 单击【文件】按钮，从弹出的【文件】菜单中选择【新建】命令，在打开的【可用模板】窗格中选择【空白模板】选项，单击【创建】按钮，如图 11-19 所示。

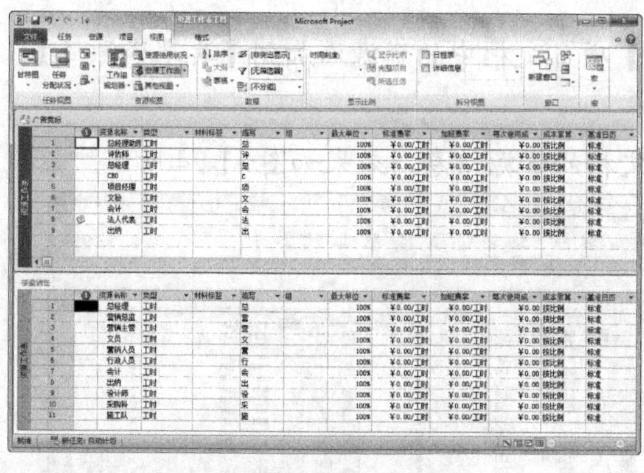

图 11-18　全部重排窗口

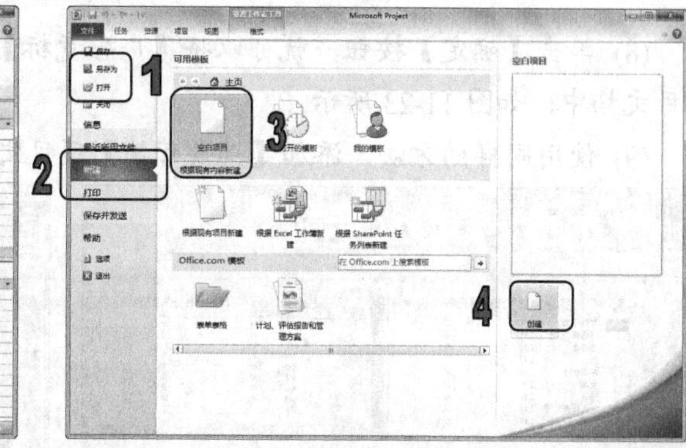

图 11-19　新建窗格

(4) 此时即可创建一个空白文档，将其以“共享资源库”为名保存，并切换至【资源工作表】视图，如图 11-20 所示。

(5) 参照步骤(2)，重新排列窗口，并在【视图】选项卡的【拆分视图】组中取消选中【日程表】复选框，效果如图 11-21 所示。

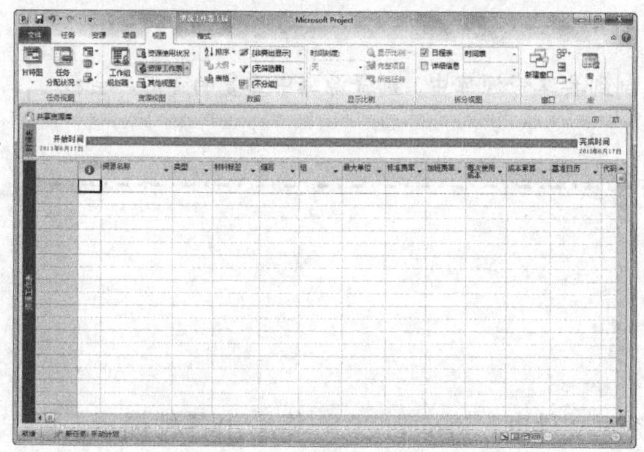

图 11-20　新建一个项目文件

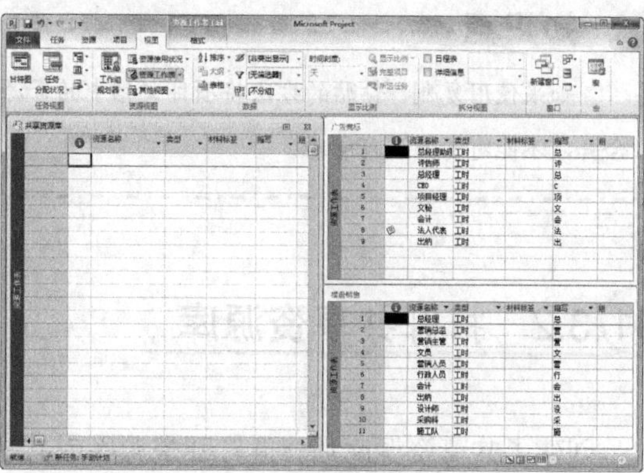

图 11-21　再次排列窗口

(6) 激活【广告竞标】项目文档，打开【资源】选项卡，在【工作分配】组中单击【资源库】按钮，从弹出的菜单中选择【共享资源】命令，打开【共享资源】对话框。

(7) 选中【使用资源】单选按钮，在【来自】下拉列表框中选择【共享资源库】选项，选择【本项目优先】单选按钮，单击【确定】按钮，如图 11-22 所示。

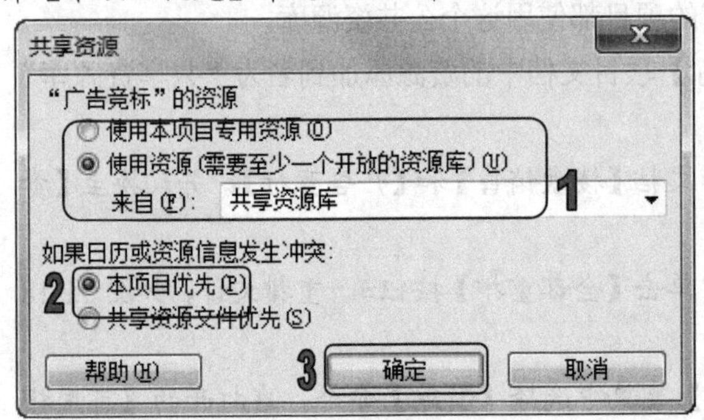

图 11-22 【共享资源】对话框

知识点

如果在【共享资源】对话框中选中【共享资源文件优先】单选按钮，共享资源文档就会覆盖资源库和其他共享资源文档中的资源信息。

(8) 单击【确定】按钮，就可以将【广告竞标】项目文档中的资源添加到【共享资源库】项目文档中，如图 11-23 所示。

(9) 使用同样的方法，添加【楼盘营销】项目文档的资源信息，效果如图 11-24 所示。

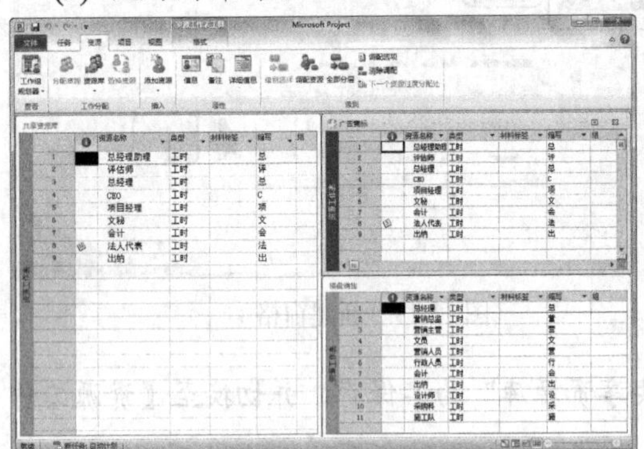

图 11-23 添加资源

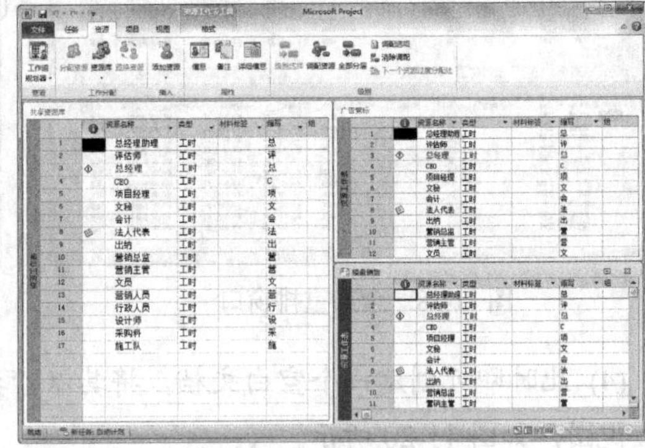

图 11-24 创建共享资源库

知识点

如果使用复制、粘贴的方法将项目文档中的资源复制到共享资源库中，则资源库中重复的资源不会被合并，不能对资源进行管理。

11.3.2 打开共享资源库

创建了共享资源库后，再打开资源库或共享资源文件时，Project 2010 将给出各种提示，可以使用不同的方式打开这些文件。

1. 打开共享资源文件

打开与资源库建立了共享关系的共享文件时，将打开【打开资源库信息】对话框，如图 11-25 所示，可在其中选择打开的方式。

在【打开资源库信息】对话框中，主要包括以下两种打开方式。

- 打开资源库以查看所有共享资源文件的工作分配：Project 将打开该文件，并以只读方式打开资源库文件。
- 不打开其他文件：Project 将只打开此文件，不打开资源库文件。

2. 打开共享资源库

当资源库文件与其他项目文档建立了共享关系时，在打开资源库文件时将打开【打开资源库】对话框，如图 11-26 所示，提示按使用需求选择打开的方式。

在【打开资源库】对话框中，主要包含以下 3 种打开方式。

- 以只读方式打开资源库：Project 将以【只读】方式打开资源库文件，其他用户可以连接到此资源库，并可以在共享文件中更新资源库
- 以读写方式打开资源库：Project 将以【可读写】方式打开资源库文件，可以对资源信息进行更改，其他用户无法更新资源库。
- 以读写方式打开资源库和所有其他共享资源文件：Project 将以【可读写】方式打开资源库文件和其他所有与该资源库相关的项目文件，可以对资源信息进行更改、添加等操作。

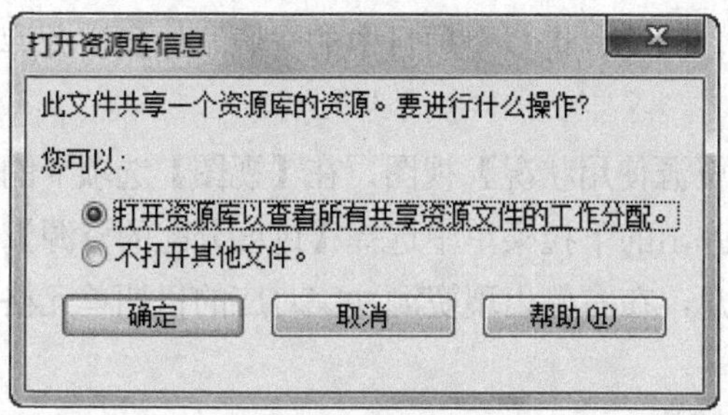

图 11-25　【打开资源库信息】对话框

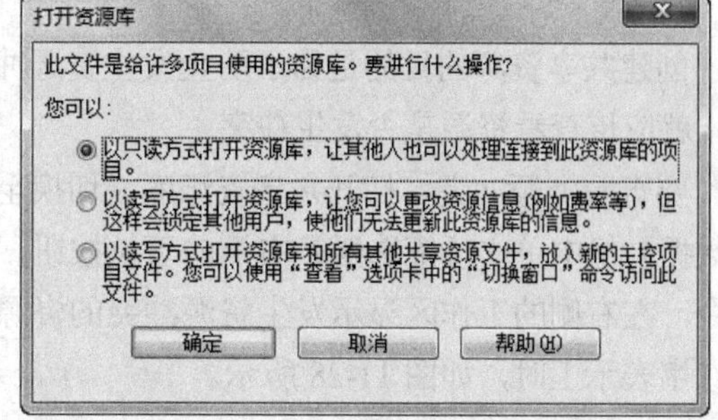

图 11-26　【打开资源库】对话框

11.3.3　查看共享资源库

在项目管理的过程中，常常需要管理多个项目，同时这些项目的资源又存在着一定的相关性。这时，就可以查看创建了资源共享的项目以及发生冲突的资源。

1. 查看资源共享的项目

通过查看资源共享的项目可以清楚地了解资源是否已将资源信息添加到了共享资源库中，

确保检查资源冲突的正确性。

要查看资源共享的项目，只需打开共享资源库，打开【资源】选项卡，在【工作分配】组中单击【资源库】按钮，从弹出的菜单中选择【共享资源】命令，打开【共享资源】对话框，在【共享链接】列表框中可以看到进行资源共享的项目及保存位置，如图 11-27 所示。

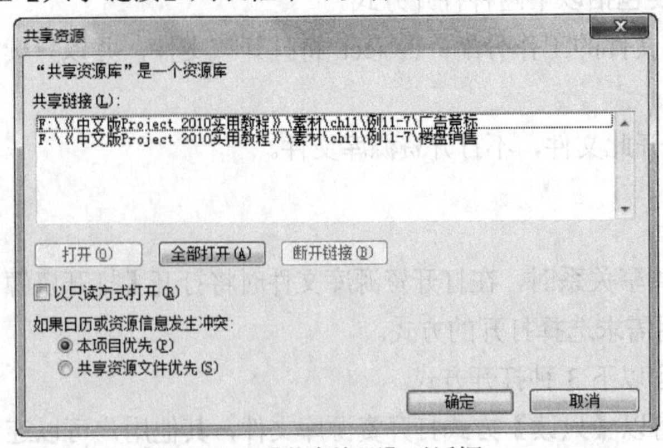

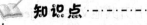

图 11-27　【共享资源】对话框

知识点

在【共享资源】对话框的【共享链接】列表框中选择项目文件，然后单击【打开】按钮，就可以打开该项目。

提示

在【共享链接】列表框中选择项目文件后，选中【以只读方式打开】复选框，单击【打开】按钮，将以只读方式打开链接文件。

2. 查看资源冲突

创建共享资源的目的是为了防止发生资源冲突，因此，将多个项目中的资源添加到资源库后，就应该查看资源是否发生冲突。

要查看资源冲突，打开共享资源库，切换至【资源使用状况】视图，在【视图】选项卡的【数据】组中单击【筛选器】右侧的下拉按钮，从弹出的下拉菜单中选择【过度分配的资源】命令，在右侧的工作区显示发生资源冲突的资源信息，在右侧出现资源冲突对应的日期单元格用红字表示工时，如图 11-28 所示。

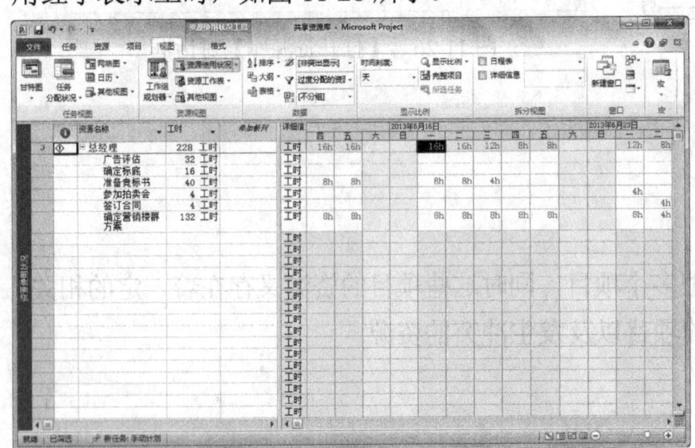

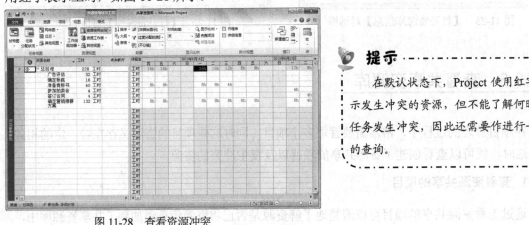

图 11-28　查看资源冲突

提示

在默认状态下，Project 使用红字表示发生冲突的资源，但不能了解何时何任务发生冲突，因此还需要作进行一步的查询。

11.3.4　更新资源库

资源发生冲突时，就需要对资源进行调整。调整资源之前，先要权衡发生冲突的任务的重要性，再选择对应的项目文件进行调整。

要更新共享资源库，首先打开需要更新的共享资源文件，在打开的【打开资源库信息】对话框选中【打开资源库以查看所有共享资源文件的工作分配】单选按钮，然后单击【确定】按钮，如图 11-29 所示。在项目文档中对资源进行调整后，打开【资源】选项卡，在【工作分配】组中单击【资源库】按钮，从弹出的菜单中选择【更新资源池】命令即可，如图 11-30 所示。

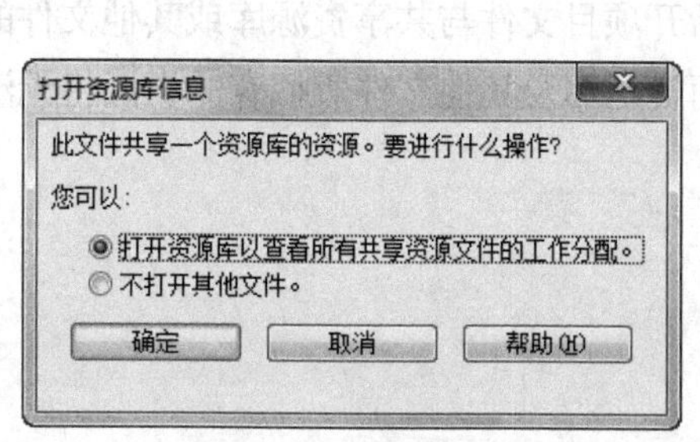

图 11-29　以查看所有共享资源文件的方式打开

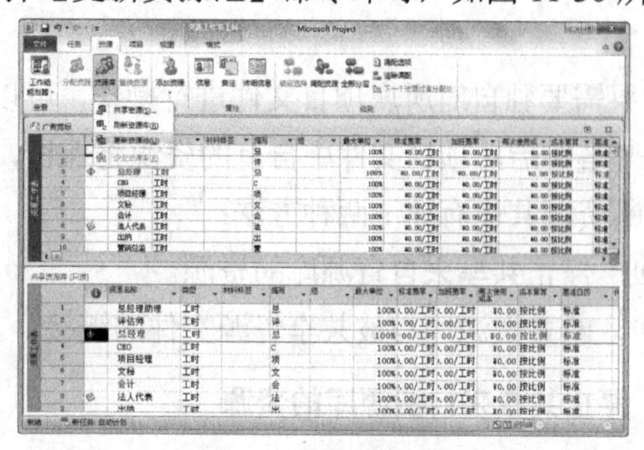

图 11-30　更新资源库

> **提示**
>
> 在共享资源库中不能调整资源，需要在共享资源文件中进行调整，以解决资源冲突。在共享资源文件中进行调整后，需要对共享资源库进行更新，以便再次检查是否发生资源冲突。

另外，为了便于管理资源库中的资源信息，也为了更好地协调各项目间的工作分配与工作时间等问题，可以使用【资源使用状况】视图和【更改工作时间】等功能来更新资源库。打开资源库文件，并切换至【资源使用状况】视图，选择资源名称后，打开【资源】选项卡，在【属性】组中单击【信息】按钮，打开【资源信息】对话框的【常规】选项卡，单击【更改工作时间】按钮，打开【更改工作时间】对话框，如图 11-31 所示，在其中更改资源的工作时间。

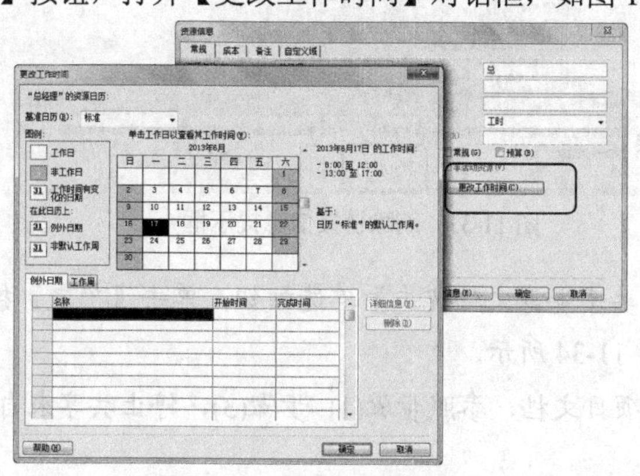

图 11-31　更改工作时间

> **提示**
>
> 在更新资源信息时，应该确保打开的资源文件是以【以读写方式打开资源库】的形式打开的。

知识点

打开所有的资源共享文件，选择一个工作资源窗口，切换至【资源使用状况】视图，查看资源【工时】值，如果为零，表示未分配资源，然后选择另一个共享资源文件窗口，选择该任务名称，打开【资源】选项卡，在【工作分配】组中单击【分配资源】按钮，打开【分配资源】对话框，为指定的任务分配相应的资源，更新工作分配，此时在【资源使用状况】视图中会看到该资源的【工时】值有所改变。

11.3.5 中断资源共享

如果需要独自对所属项目文件进行操作，可以断开项目文件与共享资源库或其他文件的链接。断开链接后，项目文件中自有的资源将保留，而资源库及其他文件所拥有的资源将无法调用。中断资源共享有如下两种方法:

- 停止共享来自资源库的资源。
- 断开资源库与被共享资源文件的链接。

1. 停止共享来自资源库的资源

如果一些任务已经独立出来，与其他任务不具有相关性，并且不允许其他用户来调整资源，这时就可以停止共享来自资源库的资源。

【例 11-8】在【楼盘销售】和【广告竞标】项目文档中，停止共享来自资源库的资源。

(1) 启动 Project 2010 应用程序，打开项目文档【楼盘销售】，此时将打开【打开资源库信息】对话框，选中【不打开其他文件】单选按钮，单击【确定】按钮，如图 11-32 所示。

(2) 打开【资源】选项卡，在【工作分配】组中单击【资源库】按钮，从弹出的菜单中选择【共享资源】命令，打开【共享资源】对话框，选中【使用本项目专用资源】单选按钮，将自动弹出提示信息框，单击【是】按钮，如图 11-33 所示。

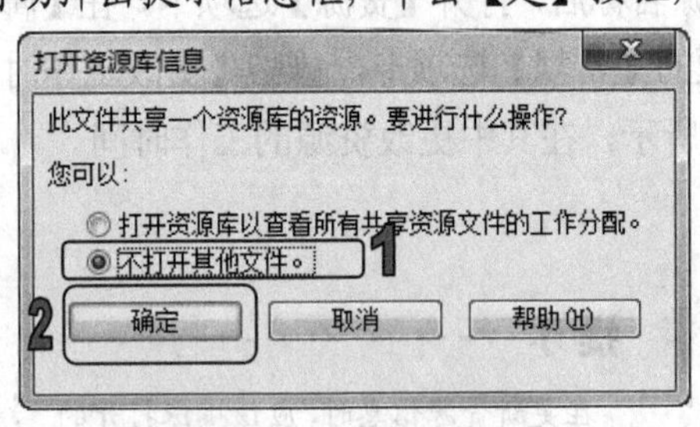

图 11-32　不打开其他文件

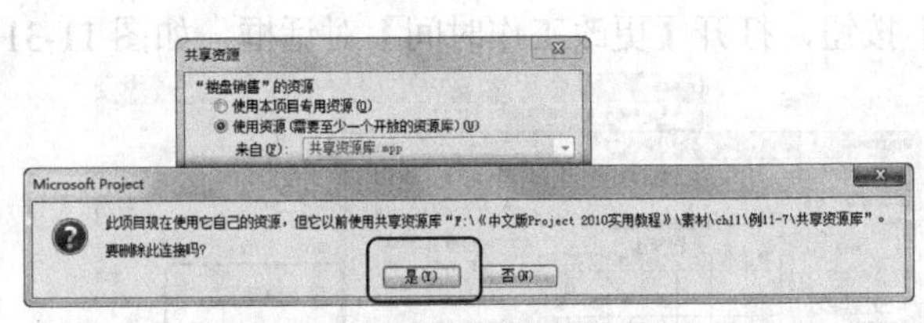

图 11-33　删除链接信息提示框

(3) 返回至【共享资源】对话框，选中【共享资源文件优先】单选按钮，单击【确定】按钮，就可以停止共享来自资源库的资源，如图 11-34 所示。

(4) 使用同样的方法，打开“广告竞标”项目文档，参照步骤(1)~步骤(3)，停止共享来自资源库的资源。

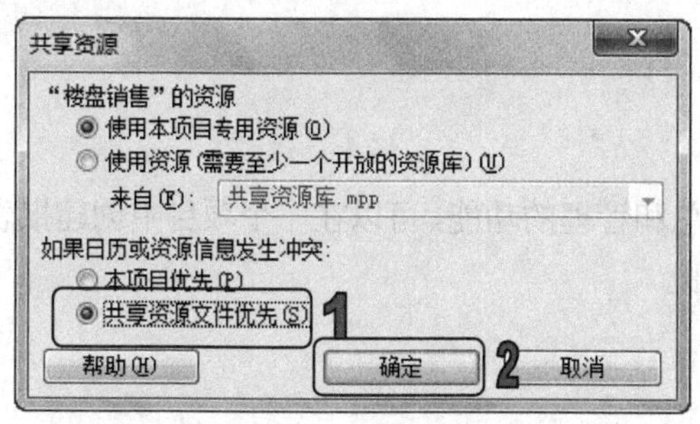

图 11-34　使用本项目专用资源

提示

停止共享来自资源库的资源后，共享资源库中该项目有关的资源将会被自动删除。

2. 断开资源库与被共享资源文件的链接

如果想取消所有的资源共享，最好的方法就是断开资源库文件与所有共享其资源的文件的链接。

【例 11-9】打开【共享资源库】项目文档，断开该资源库与所有共享其资源的文件的链接。

(1) 启动 Project 2010 应用程序，打开项目文档【共享资源库】，此时将打开【打开资源库】对话框，选中【以读写方式打开资源库】单选按钮，单击【确定】按钮，如图 11-35 所示。

(2) 打开【资源】选项卡，在【工作分配】组中单击【资源库】按钮，从弹出的菜单中选择【共享资源】命令，打开【共享资源】对话框，在【共享链接到】列表框中选择所有的项目文件，如图 11-36 所示。

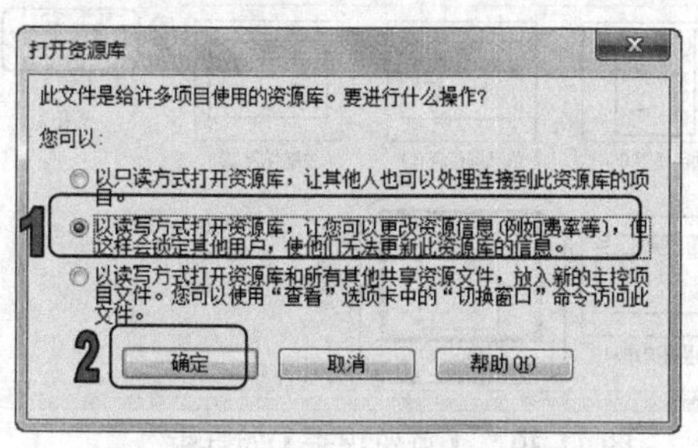

图 11-35　以读写方式打开资源

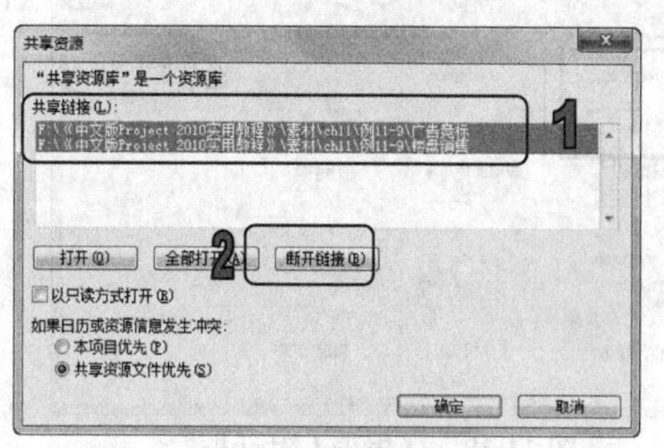

图 11-36　选中链接的资源文件

(3) 单击【断开链接】按钮，断开资源库与被共享资源文件的链接，切换至【资源使用状况】视图，此时在共享资源库中资源仍然存在，但是资源工时均为 0，如图 11-37 所示。

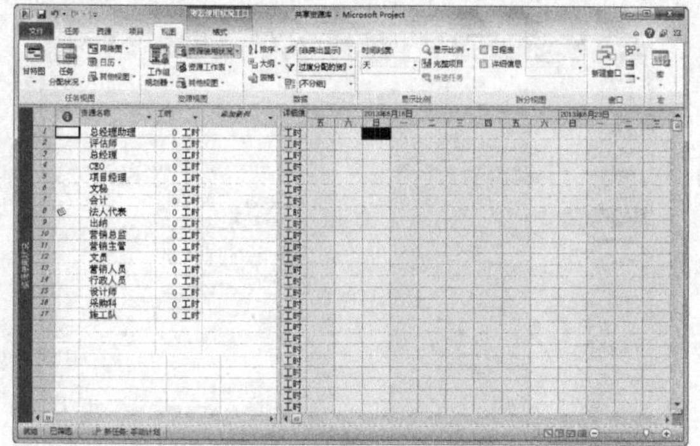

图 11-37　资源库与被共享资源文件的链接

知识点

在【共享资源】对话框中单击【全部打开】按钮，Project 将所有文件临时合并到一个项目中。

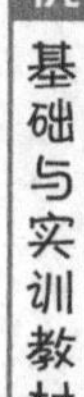

11.4 管理多项目

在 Project 2010 中提供了对多项目信息进行汇总和管理的功能，可以在一个项目中创建报表、视图等信息，并且还能保证子项目与主项目的同步。

11.4.1 汇总多项目信息

汇总多项目信息时报表功能，用于显示或查阅多项目的信息情况。当多个子项目合并到主项目中，子项目的信息将汇总到主项目中，此时，Project 可以将项目信息自动生成一张报表，来反映多个项目信息。

【例 11-10】将【广告竞标】项目文档合并到【楼盘销售】项目文档中，生成一张工作日汇总报表。

(1) 启动 Project 2010 应用程序，打开【例 11-4】生存的合并后的项目文档。

(2) 打开【项目】选项卡，在【报表】组中单击【报表】按钮，打开【报表】对话框，选择【总览】选项，单击【选定】按钮，如图 11-38 所示。

(3) 打开【总览报表】对话框，选择【工作日】选项，如图 11-39 所示。

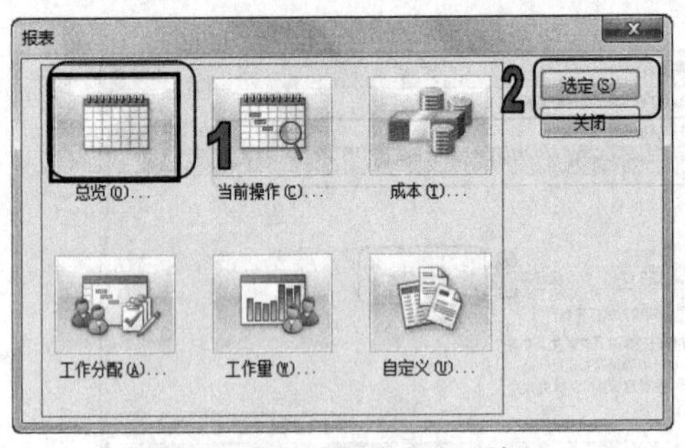

图 11-38 【报表】对话框

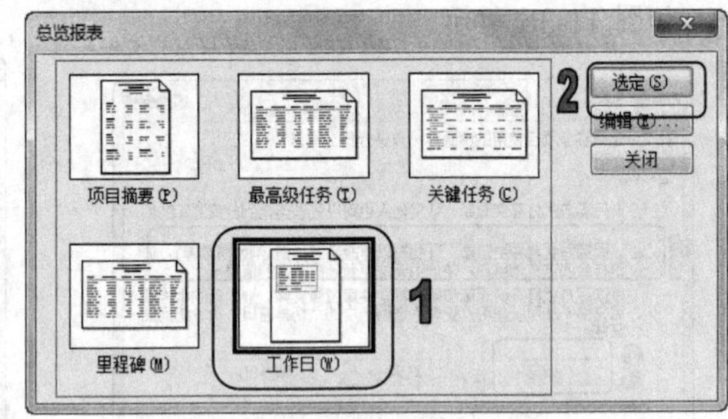

图 11-39 【总览报表】对话框

(4) 单击【选定】按钮，自动打开打印预览窗格，并显示生成报表样式，如图 11-40 所示。

(5) 在打印预览窗格中单击【实际尺寸】按钮，将报表缩放到合适的尺寸，便于用户查看，如图 11-41 所示。

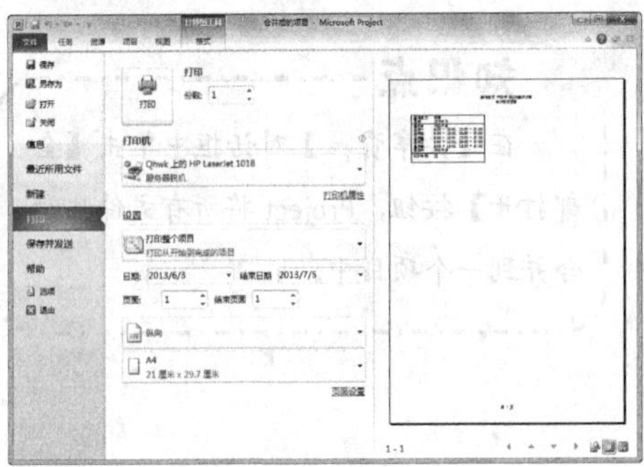
图 11-40 生成汇总报表

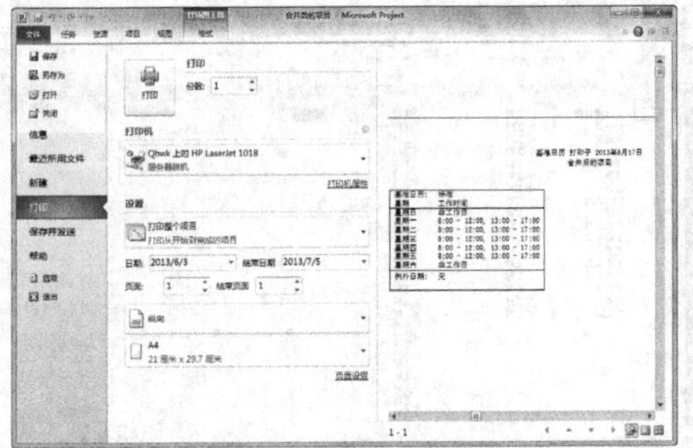
图 11-41 缩放报表至合适的尺寸

知识点

如果多个项目没有合并到一个项目中，可以打开所有项目，打开【视图】窗口，在【窗口】组中单击【新建窗口】按钮，在打开的【新建窗口】对话框中选择所有需要合并在一张报表中的项目，单击【确定】按钮，在新建的项目文档中打开【项目】选项卡，在【报表】组中单击【报表】按钮，打开【报表】对话框，选择报表的生成方式就可以生成一张汇总报表。

11.4.2　创建多项目信息同步

在多项目管理环境下，需要协调各项目之间的同步，Project 2010 可以方便地完成这项工作。

1. 更改主项目信息

在主项目中对插入的子项目信息作更改时，应保证子项目同时变化，否则子项目不能同步。

【例 11-11】在【楼盘销售】项目文档中，将【广告竞标】子项目中的【广告评估】任务工时改为 6 个工作日，将主项目文件保存到【cxz 文档】文件夹中，并更新保存到子项目中，使其保持与主项目同步。

(1) 启动 Project 2010 应用程序，打开合并后的项目文档【楼盘销售】，展开【广告竞标】子项目，将【广告评估】任务工时改为 6 个工作日，如图 11-42 所示。

(2) 单击【文件】按钮，从弹出的【文件】菜单中选择【另存为】命令，打开【另存为】对话框，在【保存位置】下拉列表框中选择保存路径，如图 11-43 所示。

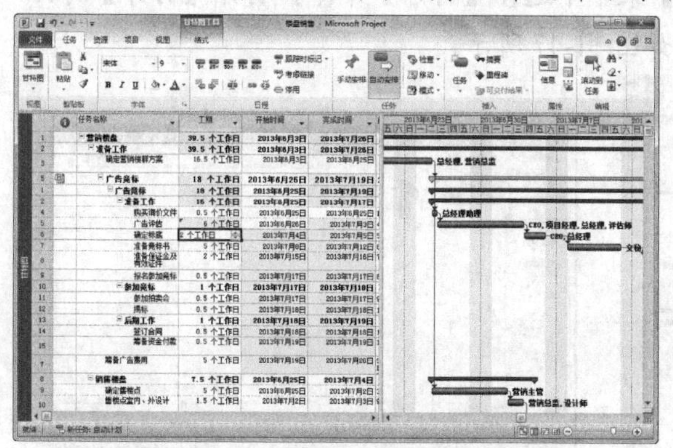

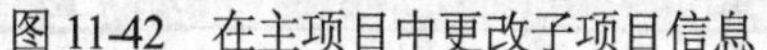

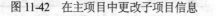

图 11-42　在主项目中更改子项目信息

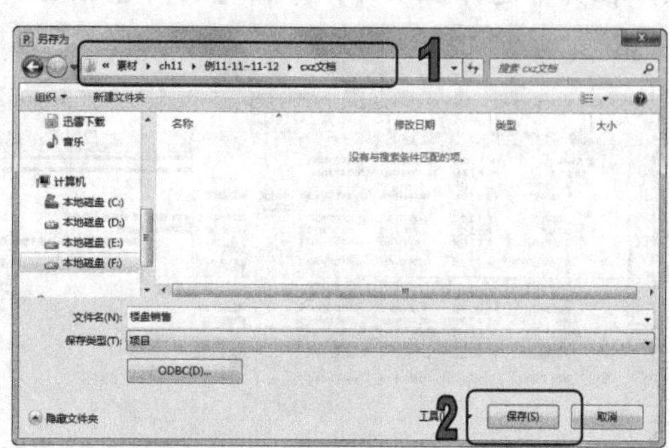

图 11-43　设置保存路径

(3) 单击【保存】按钮，打开的信息提示框，提示是否需要将更改保存到子项目中，如图 11-44 所示。

提示

更改主项目中的子项目任务，然后在保存主项目时，同时保存住项目，这就是所谓的主项目与子项目同步。

(4) 单击【是】按钮，将更改保存到子项目中，此时打开【广告竞标】子项目，可看到该项目中的【广告评估】任务工时改为 6 个工作日，如图 11-45 所示。

图 11-44　信息提示框

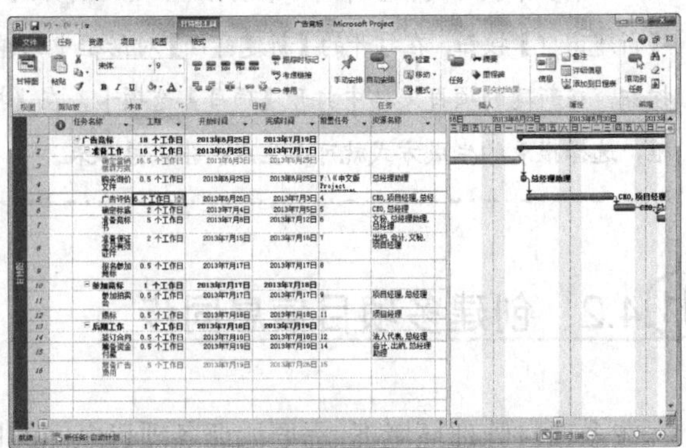

图 11-45　更新子项目

2. 更改子项目信息

在子项目中作信息更改时，应保证主项目同时变化，否则主项目不能同步。

【例 11-12】打开【广告竞标】子项目，将【准备保证金及有效证件】任务工时改为 4 个工作日，在【楼盘销售】项目文档中查看子项目中的信息是否随之变化。

(1) 启动 Project 2010 应用程序，打开项目文档【广告竞标】，将【准备保证金及有效证件】任务工时改为 4 个工作日，如图 11-46 所示。

(2) 在快速访问工具栏中单击【保存】按钮，保存更改后的项目文档【广告竞标】。

(3) 单击【文件】按钮，从弹出的【文件】菜单中选择【打开】命令，打开【打开】对话框，在其中选择主项目，单击【打开】按钮，如图 11-47 所示。

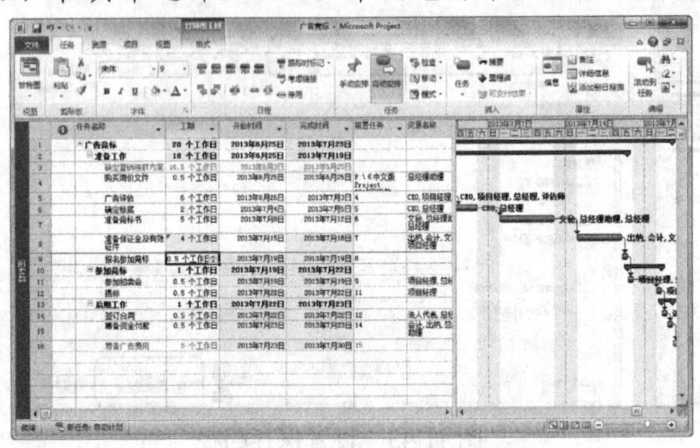

图 11-46　更改子项目中的信息

图 11-47　【打开】对话框

提示

将主项目切换到【甘特图】视图中，在子项目展开的情况下，右击子项目所在的单元格，在弹出的快捷菜单中选择【信息】命令，打开【插入项目信息】对话框的【高级】选项卡，取消选中【链接到项目】复选框，单击【确定】按钮，如图 11-48 所示。此后，在主项目文件中更改子项目内容就能更改原如文件。

(4) 在打开的主项目中，可以看到【准备保证金及有效证件】任务工时改为 4 个工作日，如图 11-49 所示。

图 11-48 【插入项目信息】对话框

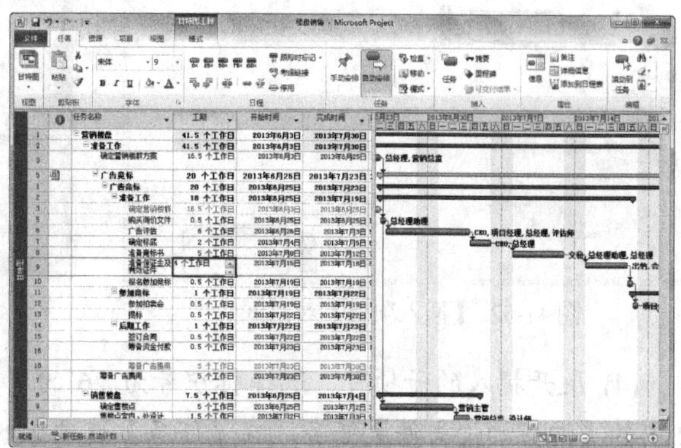

图 11-49 查看主项目

知识点

从该实例中可以看出子项目与主项目同步和主项目与子项目同步的操作方法是一致的。在子项目中所更改的任务工期，在主项目文档中也已更改。

11.5 上机练习

本章的上机实验主要通过管理【广告招标】和【水游城景点开发】项目文档，练习插入项目文档、创建合并项目中任务的相关性、创建共享资源和多项目信息汇总等操作。

(1) 启动 Project 2010 应用程序，新建【水游城景点开发】和【广告招标】项目文档，其甘特图视图效果分别如图 11-50 和图 11-51 所示。

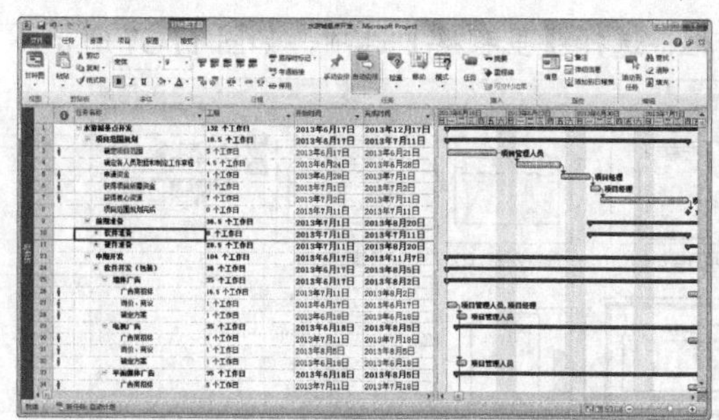

图 11-50 “水游城景点开发”项目文档

图 11-51 “广告招标”项目文档

(2) 在项目文档【水游城景点开发】中，选择标识号为 27 的【询价、商议】任务，打开【项目】选项卡，在【插入】组中单击【子项目】按钮，打开【插入项目】对话框，选择要插入的项目文档，如图 11-52 所示。

(3) 单击【插入】按钮，插入【广告招标】项目文档，效果如图 11-53 所示。

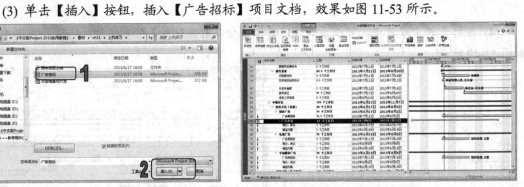

图 11-52 【插入项目】对话框

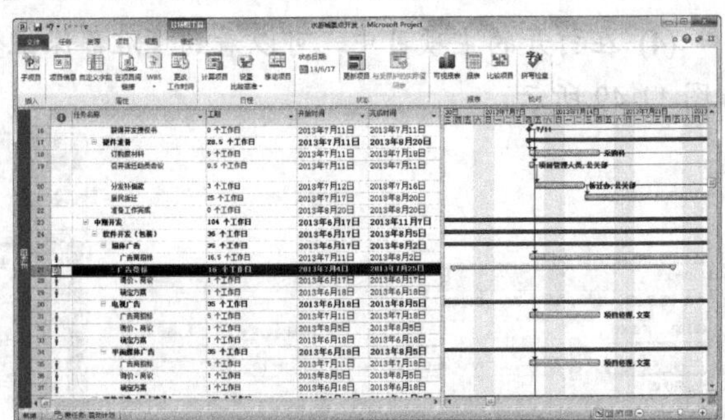

图 11-53 插入项目

(4) 展开插入的子项目，选择标识号为 26 的【广告商招标】任务，按住 Ctrl 键，选择子项目中的【购买询价文件】任务，在【任务】选项卡的【日程】组中单击【链接任务】按钮，建立这两个任务之间的【完成-开始】类型的链接关系，如图 11-54 所示。

(5) 使用同样的方法，建立【筹备资金付款】和标识号为 29 的【询价、商议】任务之间的【完成-开始】类型的链接关系，如图 11-55 所示。

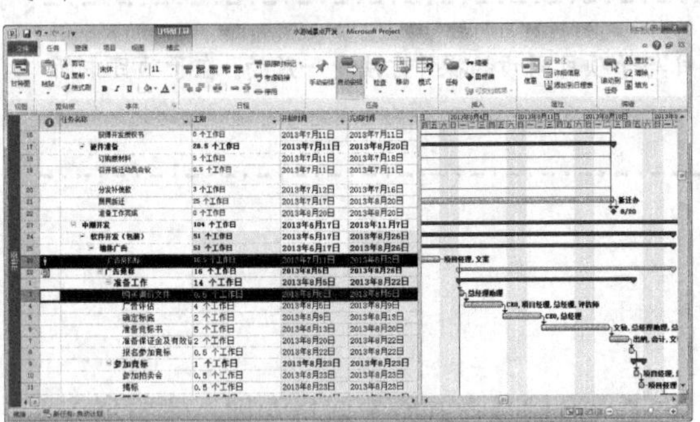

图 11-54 链接任务

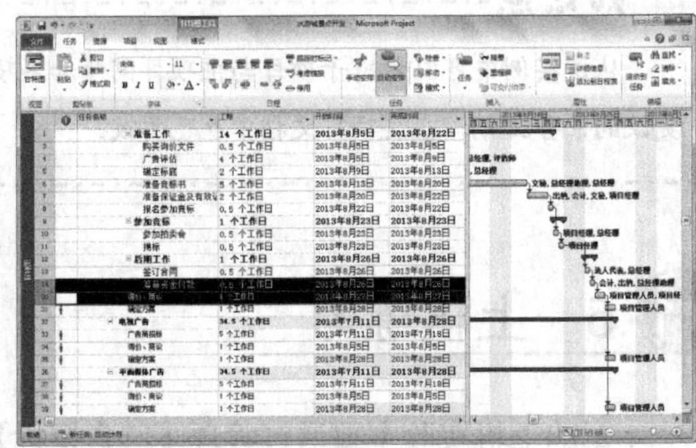

图 11-55 其他任务的链接

(6) 打开【项目】选项卡，在【报表】组中单击【报表】命令，打开【报表】对话框，选择【总览】选项，如图 11-56 所示。

(7) 单击【选定】按钮，打开【总览报表】对话框，选择【里程碑】选项，如图 11-57 所示。

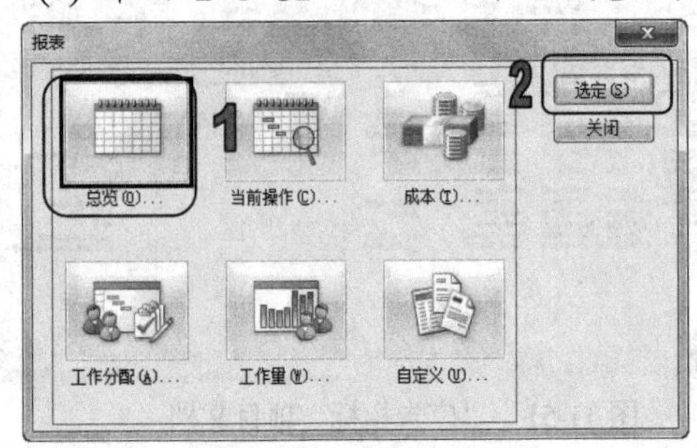

图 11-56 【报表】对话框

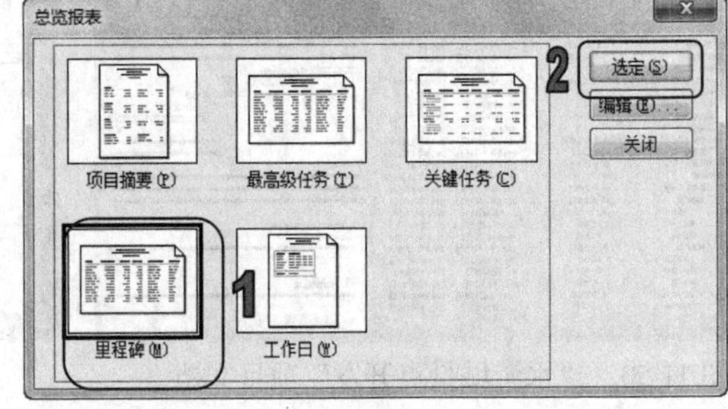

图 11-57 【总览报表】对话框

(8) 单击【选定】按钮，生成里程碑报表样式，如图 11-58 所示。

(9) 在打印预览窗格中单击【实际尺寸】按钮，将报表缩放到合适的尺寸，以便查看，如

图 11-59 所示。

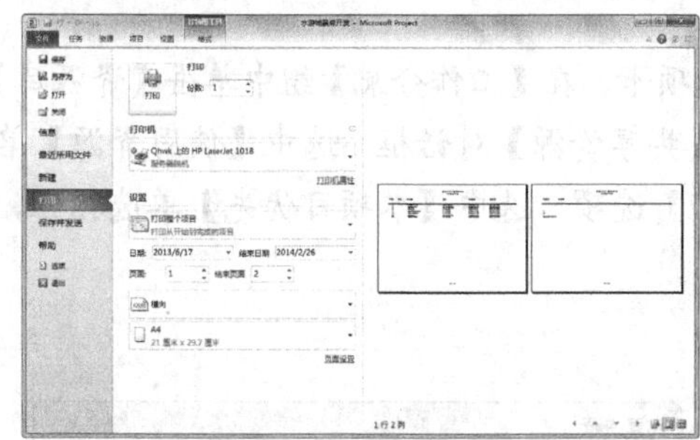

图 11-58　生成汇总报表

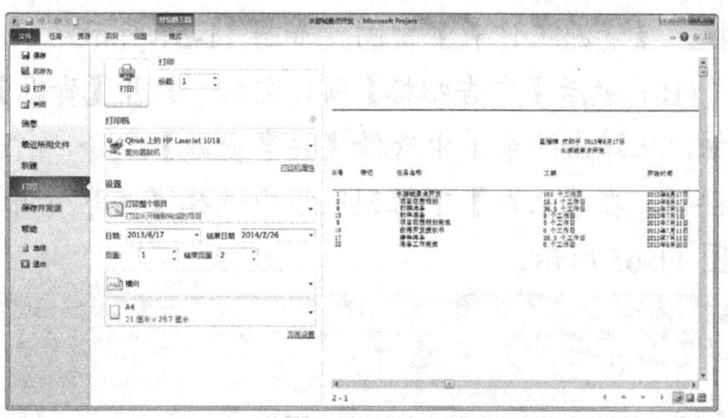

图 11-59　查看里程碑报表

(10) 单击▶按钮，查看下一页报表的详细信息，如图 11-60 所示。

(11) 在【水游城景点开发】项目文档中选择【广告招标】子项目，并右击，从弹出的快捷菜单中选择【删除任务】命令，打开【规划向导】对话框选，选中【继续，删除“广告招标”及其子任务】单选按钮，如图 11-61 所示。

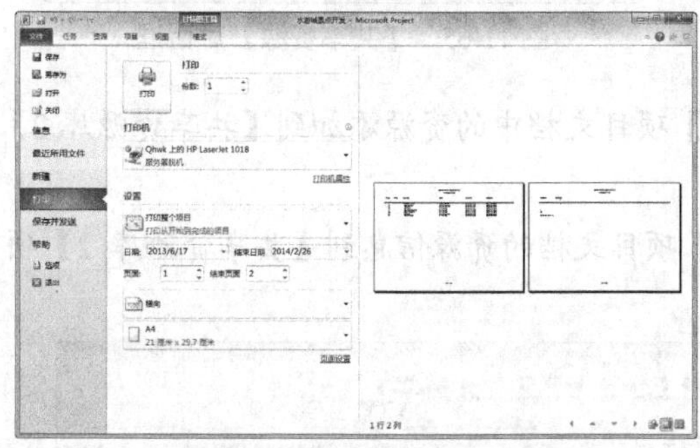

图 11-60　查看下一页报表信息

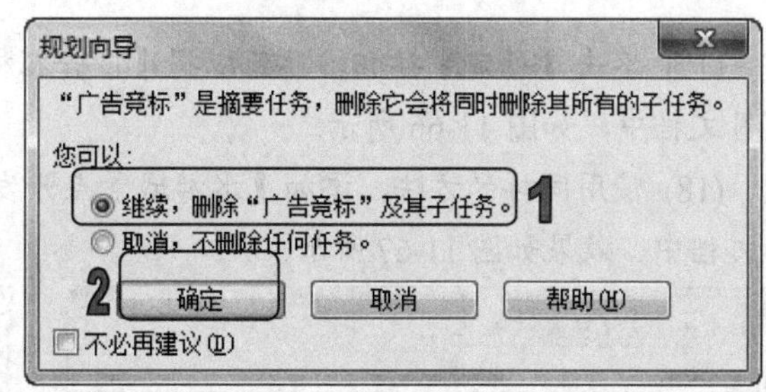

图 11-61　【规划向导】对话框选

(12) 单击【确定】按钮，即可将子项目及其删除任务，效果如图 11-62 所示。

(13) 在快速访问工具栏中单击【自定义快速访问工具栏】按钮，从弹出的菜单中选择【新建】命令，添加【新建】按钮到快速访问工具栏中，单击该按钮，新建一个空白文档，并将其以“共享资源库 2”为名保存，如图 11-63 所示。

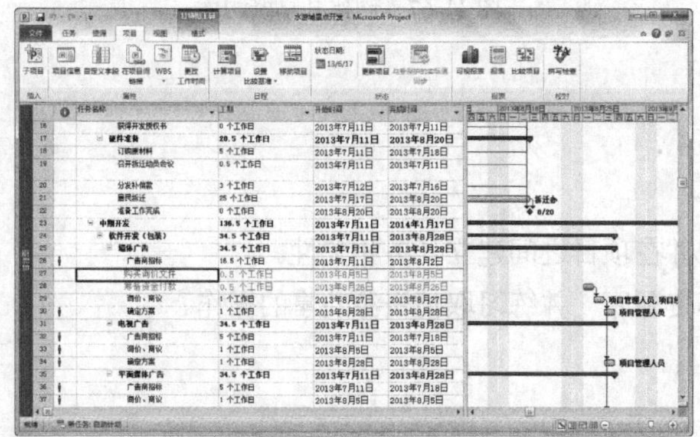

图 11-62　删除任务

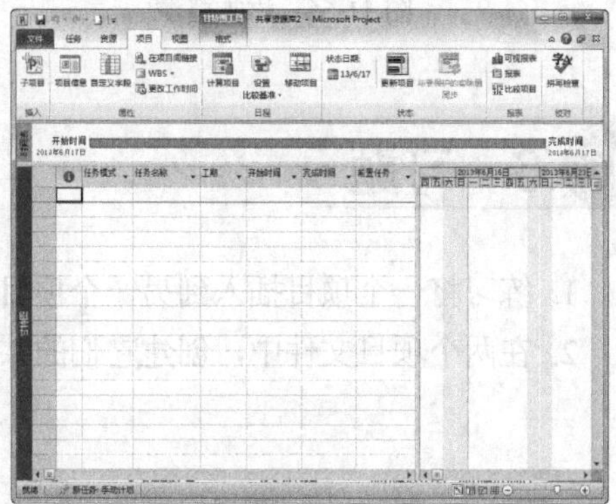

图 11-63　新建“共享资源库 2”文档

(14) 打开【视图】选项卡，在【窗口】组中单击【全部重排】命令，重排文件。

(15) 分别激活 3 个窗口，在【视图】选项卡的【资源视图】组中单击【资源工作表】按钮，切换至【资源工作表】视图，如图 11-64 所示。

(16) 激活【广告招标】项目文档，打开【资源】选项卡，在【工作分配】组中单击【资源库】按钮，从弹出的菜单中选择【共享资源】命令，打开【共享资源】对话框，选中【使用资源】单选按钮，在【来自】下拉列表框中选择【共享资源库 2】选项，选中【本项目优先】单选按钮，如图 11-65 所示。

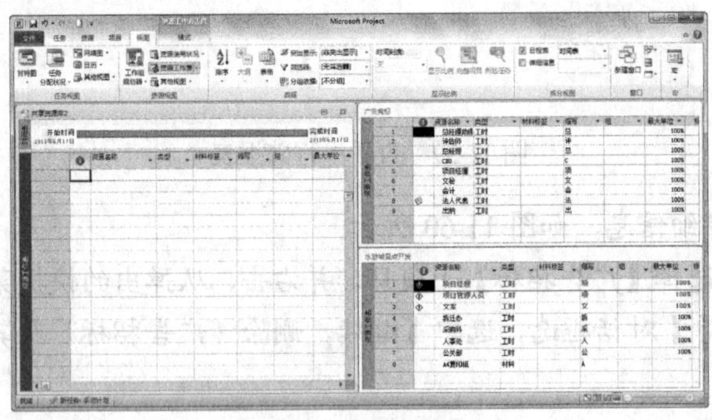
图 11-64　重排窗口

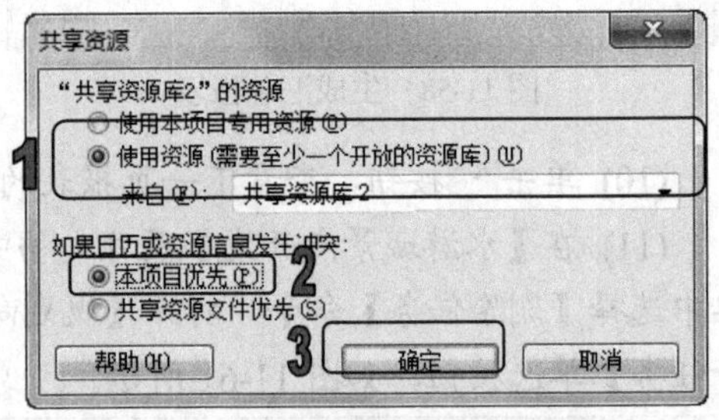

图 11-65　【共享资源】对话框

(17) 单击【确定】按钮，就可以将【广告招标】项目文档中的资源添加到【共享资源库 2】项目文档中，如图 11-66 所示。

(18) 使用同样的方法，添加【水游城景点开发】项目文档的资源信息到【共享资源库 2】项目文档中，效果如图 11-67 所示。

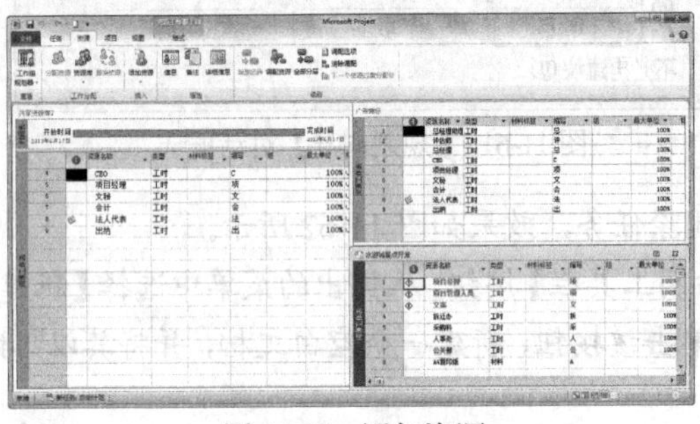
图 11-66　添加资源

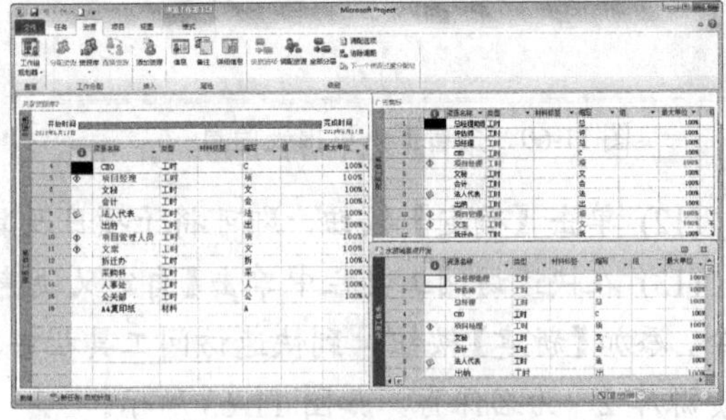
图 11-67　创建共享资源库

11.6 习题

1. 练习将一个项目插入到另一个项目中并在项目之间建立任务相关性。
2. 在两个项目文件中，创建它们的共享资源库，并练习取消资源共享的操作。

第12章 安装 Project Server 2010

学习目标

为了通过浏览器管理企业内多个同时进行的项目，更好地与项目工作组共享项目信息及简化工作组成员之间的协作，可以使用 Project Server 2010 将所有的项目和资源信息上传到 Server 服务中心，从而实现数据共享。安装 Project Server 2010 之前，需要配置本地计算机系统，才能安装 Project Server 2010 软件并配置 SharePoint。本章主要介绍安装与配置 Project Server 2010 的操作方法和技巧。

本章重点

- 安装前的准备工作
- 安装和配置 SQL Server 2008
- 安装和配置 Project Server 2010

12.1 安装前的准备工作

Project Server 2010 的安装是一件较为复杂的工作，需要其他软件协同工作，并且这些软件都要提前准备，以免在安装过程中产生不必要的麻烦。

12.1.1 服务器的配置要求

Project Server 2010 支持的用户数量和服务器的负载依赖于 Project Server 的配置。为了更有效地工作，应尽量提高服务器的硬件配置，提高服务器的访问速率。

为了有效地工作，也为了能够正常安装和配置 Project Server 2010，至少需要依赖于如表 12-1 所示的系统要求。

表 12-1　系统配置

组　件	要　求
处理器	700MHz 以上处理器(建议使用 64 位的双核处理器)
内存	4GB 以上内存
硬盘	80GB 以上的可用空间
操作系统	64 位版本的 Windows Server 2008 Service Pack 2 或 Windows Server 2008 R2，不支持 Windows Server 2008 的服务器核心安装
服务器	64 位版本的 Microsoft SQL Server 2008 Service Pack 1(SP1)和累积更新 2、Microsoft SQL Server 2008 R2 或 Microsoft SQL Server 2005 Service Pack 3(SP3)
Web 浏览器	IE 7.0 或 8.0

提示

Microsoft Office Project Server 2010 可以在单台服务器中进行安装，也可以使用群集和负载均衡技术在多名服务器中进行分布式安装。

12.1.2　配置 IE ESC

配置 IE ESC 是指配置老版本的 Internet Explorer 增强安全性。由于 Server 版本的系统会自动拦截 Internet 地址，所以为了保证 Project Server 2010 顺利安装，需要取消该项功能。

【例 12-1】在要安装 Project Server 2010 的计算机上配置 IE ESC，取消 Internet Explorer 增强安全性配置。

(1) 启动 Windows Server 2008 R2 操作系统，选择【开始】|【管理工具】|【服务器管理器】命令，打开【服务器管理器】窗口，如图 12-1 所示。

(2) 单击【配置 IE ESC】链接，打开【Internet Explorer 增强的安全配置】对话框。

(3) 在【管理员】和【用户】选项区域中选中【禁用】单选按钮，单击【确定】按钮，完成配置操作，如图 12-2 所示。

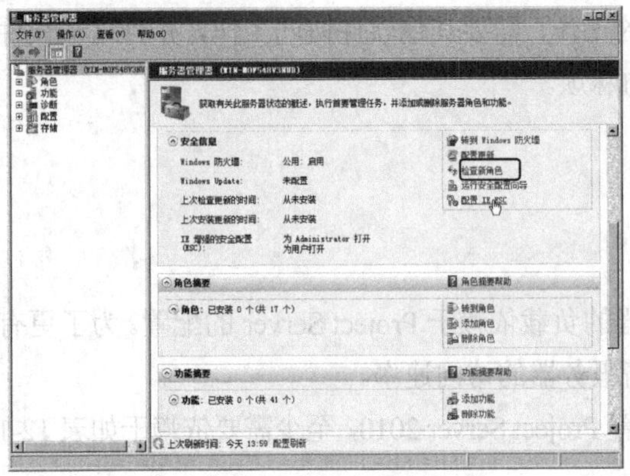

图 12-1　【服务器管理器】窗口

图 12-2　【Internet Explorer 增强的安全配置】对话框

12.1.3　应用程序服务器

Project Server 2010 需要使用应用程序服务器，因此在安装 Project Server 2010 的计算机上必须启用 Web 服务器(IIS)。

【例 12-2】在要安装 Project Server 2010 的计算机上启用 IIS。

(1) 选择【开始】|【管理工具】|【服务器管理器】命令，打开【服务器管理器】窗口。

(2) 单击【添加角色】链接，打开【添加角色向导】对话框，单击【下一步】按钮，如图 12-3 所示。

(3) 在【服务器角色】对话框中，选中【应用程序服务器】复选框，自动打开【是否添加应用程序服务器所需的功能】对话框，单击【添加必需的功能】按钮，如图 12-4 所示。

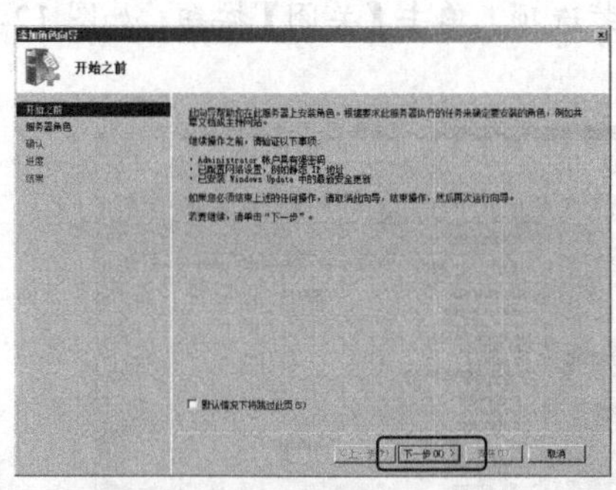

图 12-3　【添加角色向导】对话框

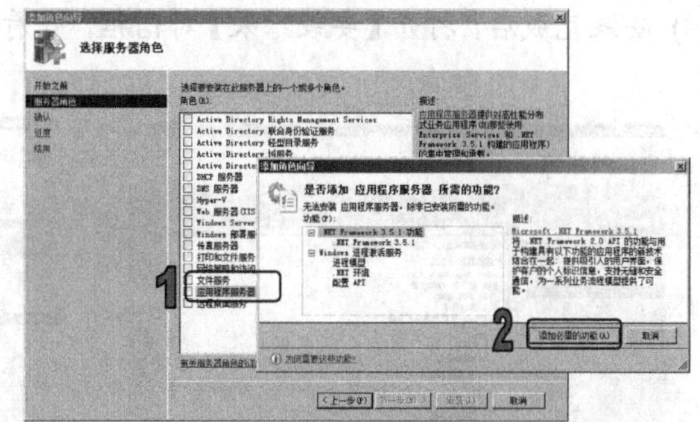

图 12-4　【选择服务器角色】对话框

(4) 返回至【添加角色向导】对话框，单击【下一步】按钮，打开【应用程序服务器】对话框，如图 12-5 所示，单击相应的链接，查看应用程序服务器的简介与注意事项等内容。

(5) 单击【下一步】按钮，打开【选择角色服务】对话框，启用需要安装的选项，如图 12-6 所示。

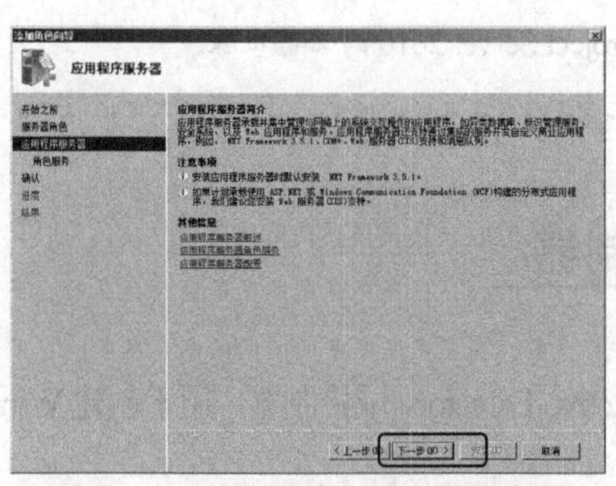

图 12-5　【应用程序服务器】对话框

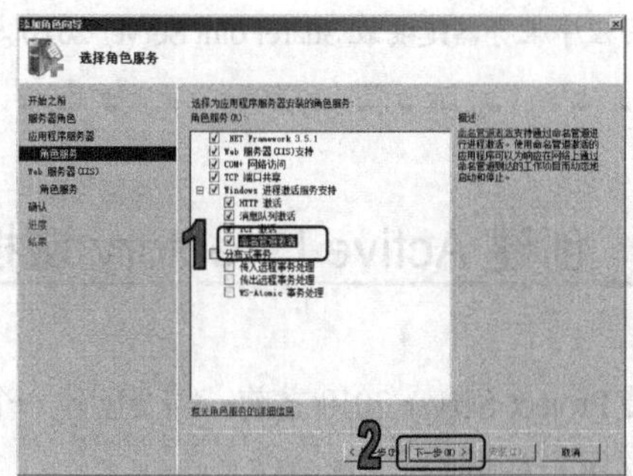

图 12-6　启用需要安装的角色

(6) 单击【下一步】按钮，在弹出的【Web 服务器(IIS)】列表框中查看 WEB 服务器(IIS)的简介与注意事项，如图 12-7 所示。

(7) 单击【下一步】按钮，在弹出的【选择为 WEB 服务器(IIS)安装的角色服务】列表框中选择需要安装的选项，如图 12-8 所示。

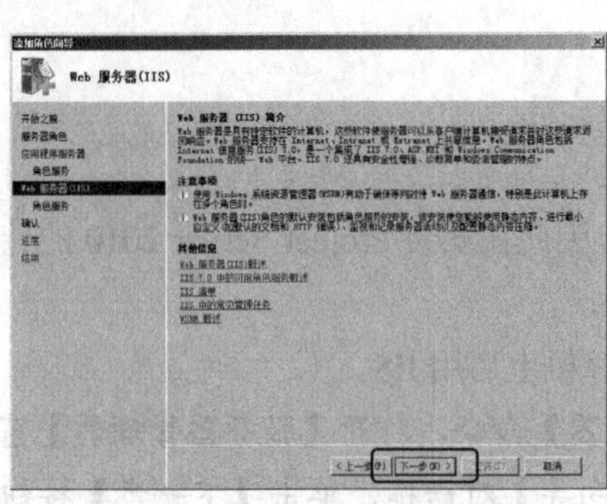

图 12-7 【Web 服务器】对话框

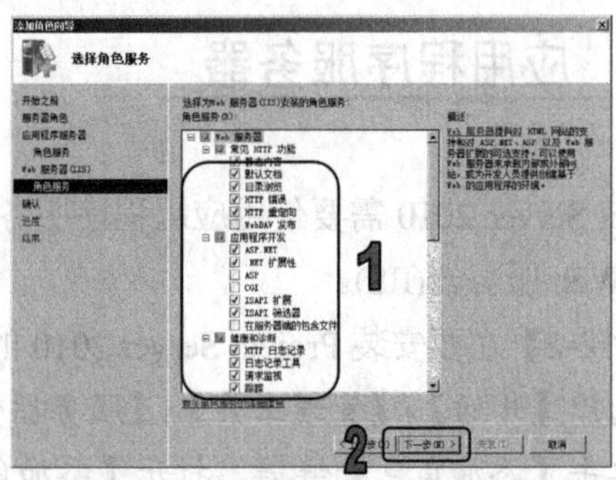

图 12-8 选择需要安装的角色服务

(8) 单击【下一步】按钮，打开确认安装对话框，单击【安装】按钮进行安装，如图 12-9 所示。

(9) 安装完成后，打开【安装结果】对话框，查看安装选项，单击【关闭】按钮，如图 12-10 所示。

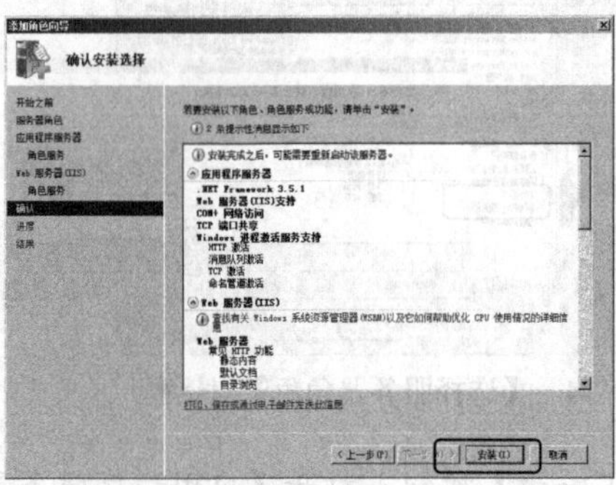

图 12-9 【确认安装选项】对话框

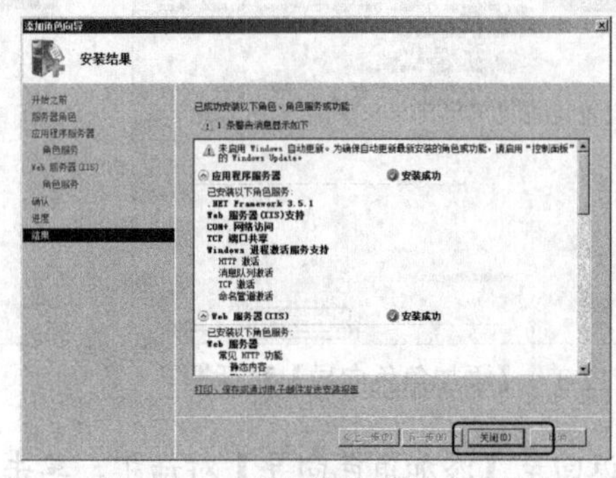

图 12-10 【安装结果】对话框

知识点

应用程序服务器是安装 SharePoint Server 2010 与 Project Server 2010 的必备步骤。

12.1.4 创建 Active Directory 域控制器

在安装 Project Server 2010 之前，需要创建一个 Active Directory 域控制器，用于创建 Windows 域账号和设置用户权限。

【例 12-3】创建一个域名为 info.com 的 Active Directory 域控制器。

(1) 选择【开始】|【管理工具】|【服务器管理器】命令，打开【服务器管理器】窗口，在【角色】列表框中，单击【添加角色】链接，如图 12-11 所示。

(2) 在打开的【选择服务器角色】对话框中，选中【Active Directory 域服务】复选框，单击【下一步】按钮，如图 12-12 所示。

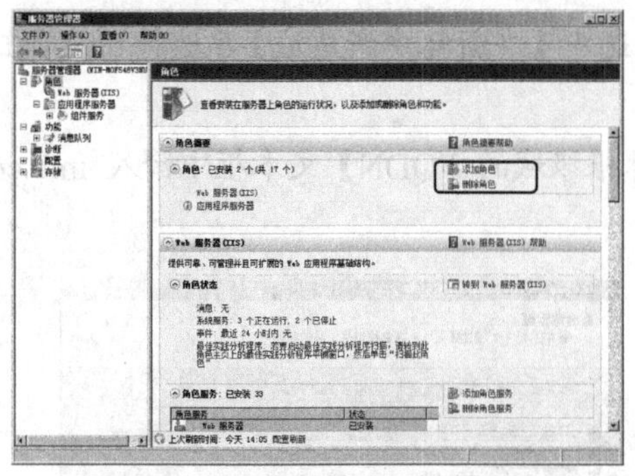

图 12-11　【服务器管理器】窗口

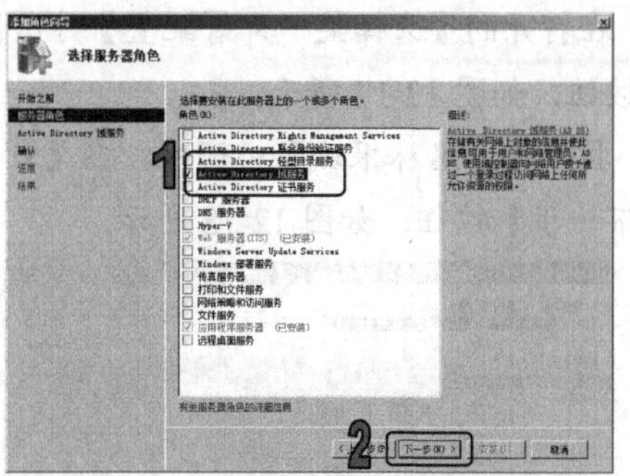

图 12-12　【选择服务器角色】对话框

(3) 在打开的【Active Directory 域服务简介】列表框中查看注意事项与其他信息，如图 12-13 所示。

(4) 单击【下一步】按钮，在打开的【确认安装选择】对话框，单击【安装】按钮，如图 12-14 所示。

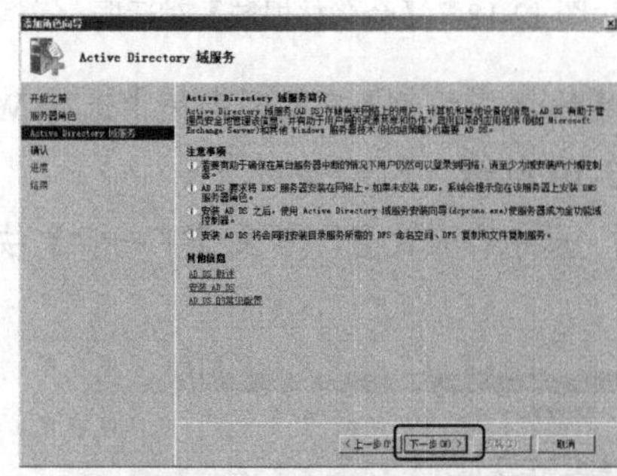

图 12-13　【Active Directory 域服务】对话框

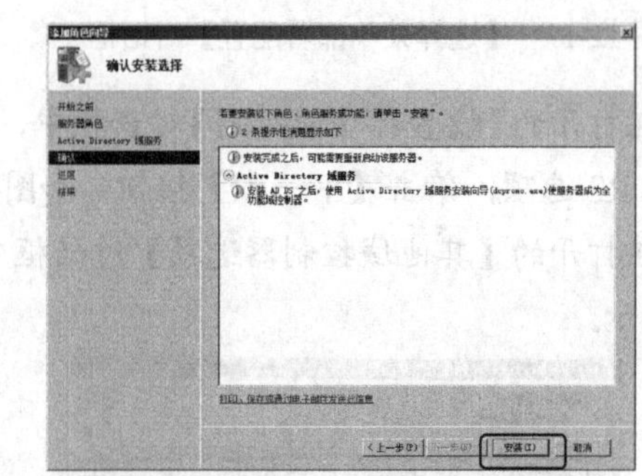

图 12-14　【确认安装选择】对话框

(5) 安装完毕后，在打开的【安装结束】对话框中，单击【关闭该向导并启动 Active Directory 域服务安装向导】链接，如图 12-15 所示。

(6) 打开【Active Directory 域服务安装向导】对话框，单击【下一步】按钮，如图 12-16 所示。

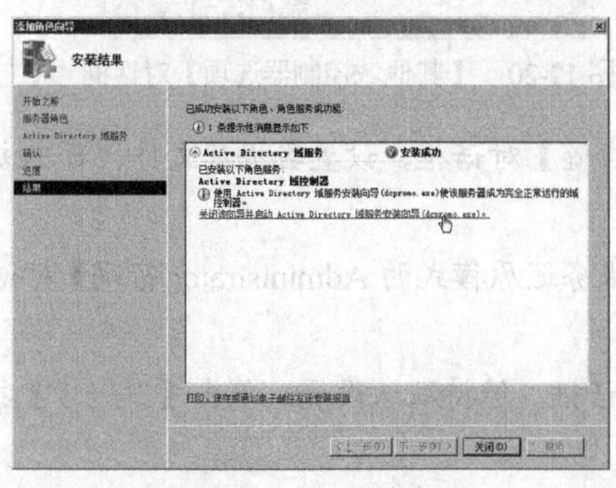

图 12-15　安装结束

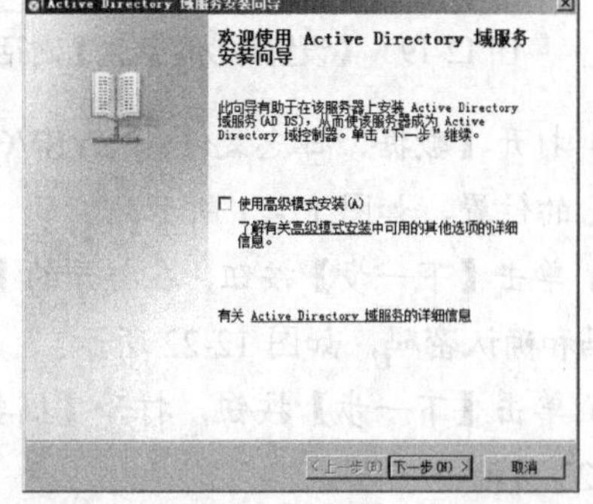

图 12-16　【Active Directory 域服务安装向导】对话框

(7) 打开【操作系统兼容性】对话框，阅读相关信息后，单击【下一步】按钮。

(8) 在打开的【选择某一部署配置】对话框，选中【在新林中新建域】单选按钮，单击【下一步】按钮，如图 12-17 所示。

(9) 打开【命名林根域】对话框，在【目录林根级域的 FQDN】文本框中输入 info.com，单击【下一步】按钮，如图 12-18 所示。

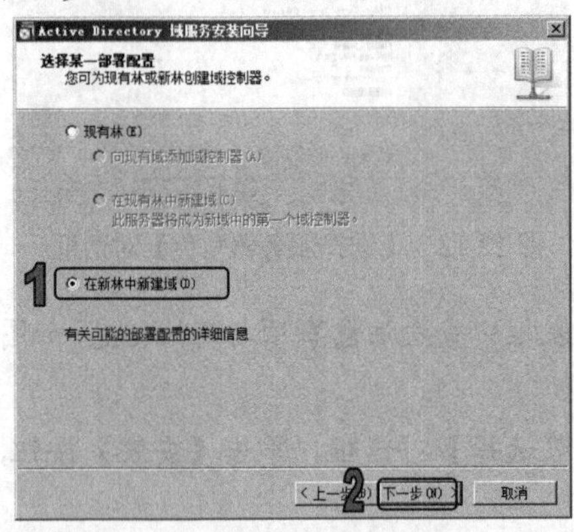

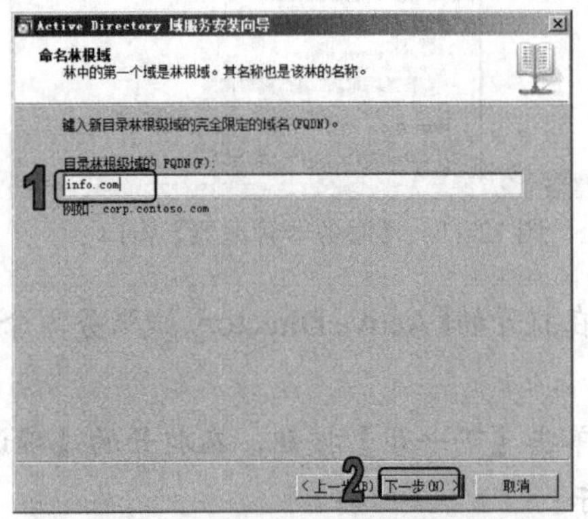

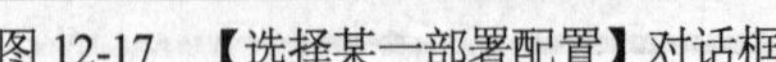
图 12-17 【选择某一部署配置】对话框　　图 12-18 【命名林根域】对话框

(10) 在打开的【设置林功能级别】对话框中，在【林功能级别】下拉列表框中选择 Windows Server 2008 R2 选项，单击【下一步】按钮，如图 12-19 所示。

(11) 在打开的【其他域控制器选项】对话框中，保持默认设置，单击【下一步】按钮，如图 12-20 所示。

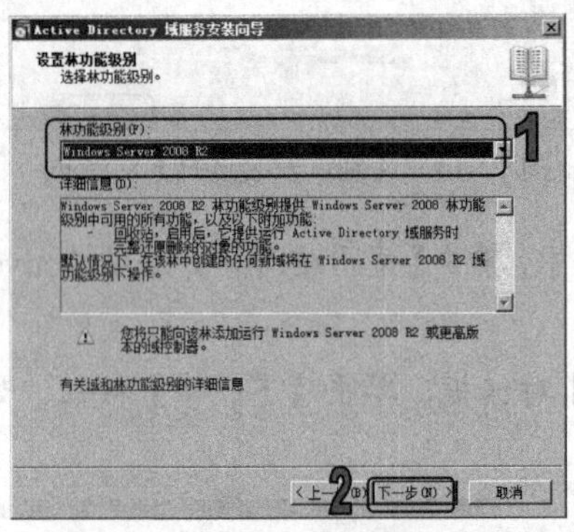

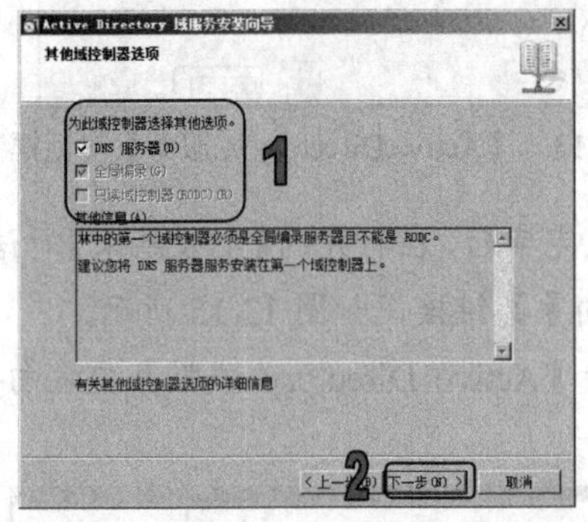

图 12-19 【设置林功能级别】对话框　　图 12-20 【其他域控制器选项】对话框

(12) 打开【数据、日志文件和 SYSVOL 的位置】对话框，设置数据库文件、日志文件与 SYSVOL 的位置，如图 12-21 所示。

(13) 单击【下一步】按钮，在打开的【目录服务还原模式的 Administrator 密码】对话框中输入密码和确认密码，如图 12-22 所示。

(14) 单击【下一步】按钮，打开【摘要】对话框，保持默认设置，单击【下一步】按钮，如图 12-23 所示。

(15) 当系统自动配置域后，在打开的对话框中单击【完成】按钮，即可完成域控制器的创建，如图 12-24 所示。

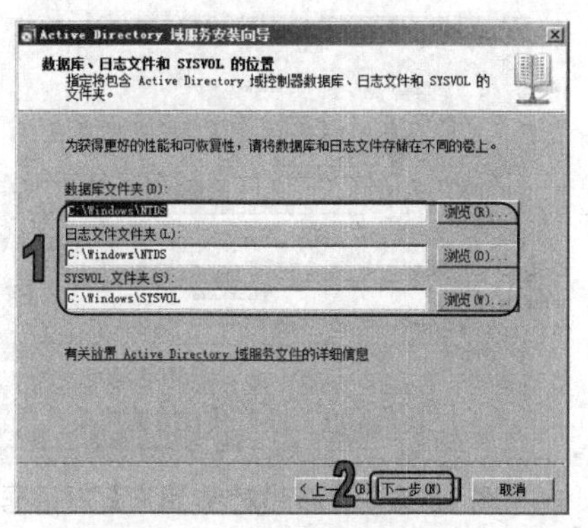

图 12-21　数据、日志文件和 SYSVOL 的位置

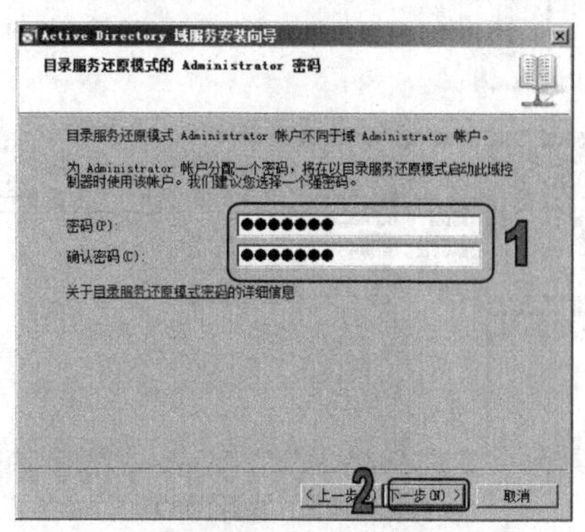

图 12-22　输入密码

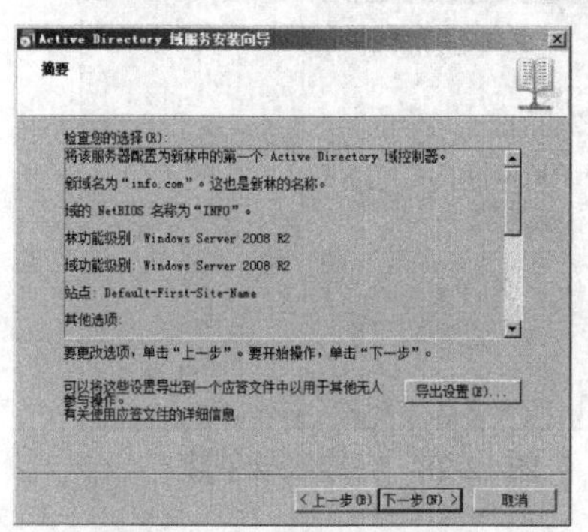

图 12-23　【摘要】对话框

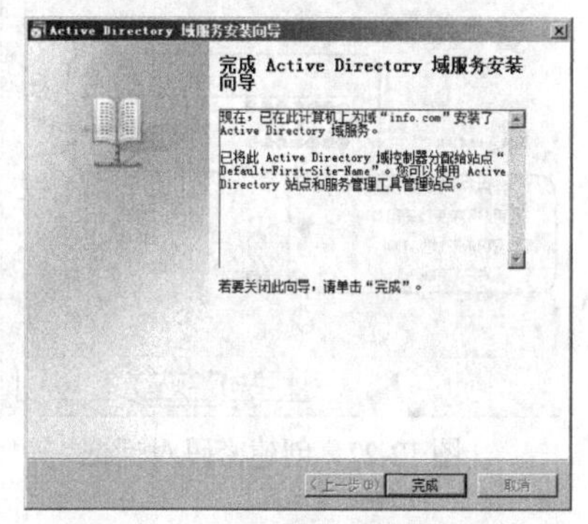

图 12-24　完成域控制器的创建

12.1.5　创建用户账户

在安装 Project Server 2010 之前，至少需要创建一个 Windows 域账号，用于 OLAP(数据库)管理和 WSS 管理。

【例 12-4】在要安装 Project Server 2010 的服务器中创建一个 Windows 域账号。

(1) 选择【开始】|【管理工具】|【Active Directory 用户和计算机】命令，打开【Active Directory 用户和计算机】窗口，展开 info.com 子节点，如图 12-25 所示。

(2) 右击 Users 节点，在弹出的快捷菜单中选择【新建】|【用户】命令，打开【新建对象-用户】对话框，在【姓】文本框中输入 cxz，在【用户登录名】文本框中输入 cxz，如图 12-26 所示。

(3) 单击【下一步】按钮，打开创建密码的对话框，在【密码】和【确认密码】文本框中输入相同的密码，取消选中【用户下次登录时更改密码】复选框，选中【用户不能更改密码】和【密码永不过期】复选框，如图 12-27 所示。

(4) 单击【下一步】按钮，打开创建完成对话框，显示用户登录名，如图 12-28 所示。

(5) 单击【完成】按钮，完成账号的创建操作。

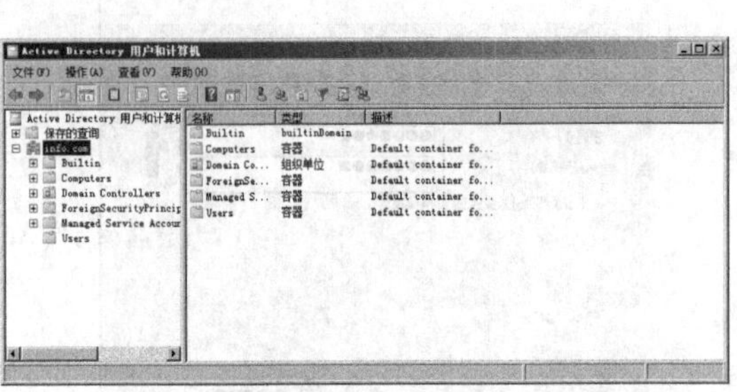

图 12-25　展开节点

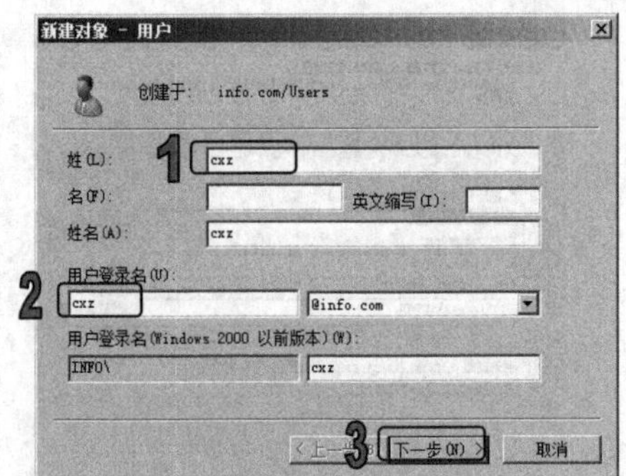

图 12-26　【新建对象-用户】对话框

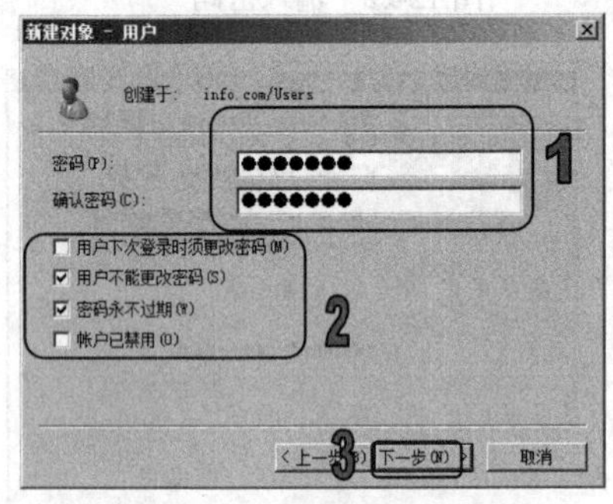

图 12-27　创建密码对话框

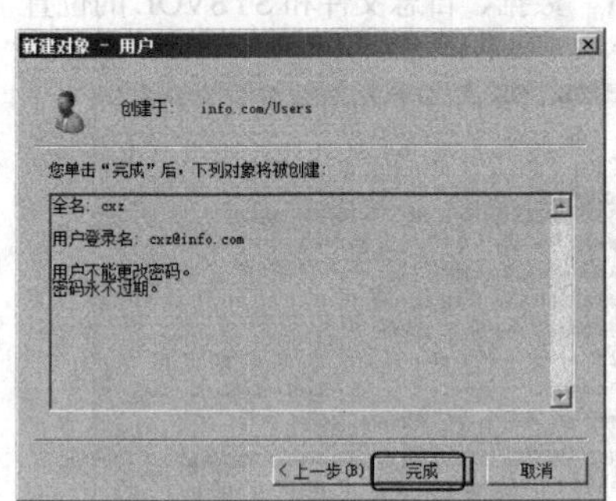

图 12-28　完成账号创建

知识点

密码设置至少 6 个字符，要包括大小写、符号、数字这四组字符中的三组，不能包含用户的账户名，不能包含用户姓名中超过两个连续字符的部分。

12.1.6　授权账户

创建 Windows 域账号后，为了能够正常使用 Project Server 2010 访问 SQL Server 2008，还需要授予系统管理员权限，并允许该用户从其他计算机中访问服务器。

【例 12-5】将 cxz 用户授予系统管理员权限，并允许该用户从其他计算机中访问服务器。

(1) 选择【开始】|【管理工具】|【Active Directory 用户和计算机】命令，打开【Active Directory 用户和计算机】窗口，在默认的 info.com 节点中的 Users 选择 cxz 选项，如图 12-29 所示。

(2) 右击该用户，在弹出的快捷菜单中选择【属性】命令，打开【cxz 属性】对话框的【拨入】选项卡，选中【允许访问】单选按钮，如图 12-30 所示。

(3) 打开【隶属于】选项卡，单击【添加】按钮，打开【选择组】对话框，单击【高级】按钮，如图 12-31 所示。

(4) 展开高级选项，单击【立即查找】按钮，在【搜索结果】列表框中选择 Administrators 选项。

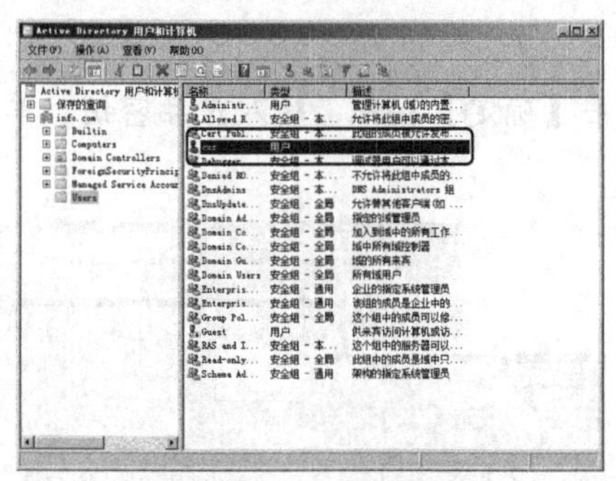

图 12-29　选择用户

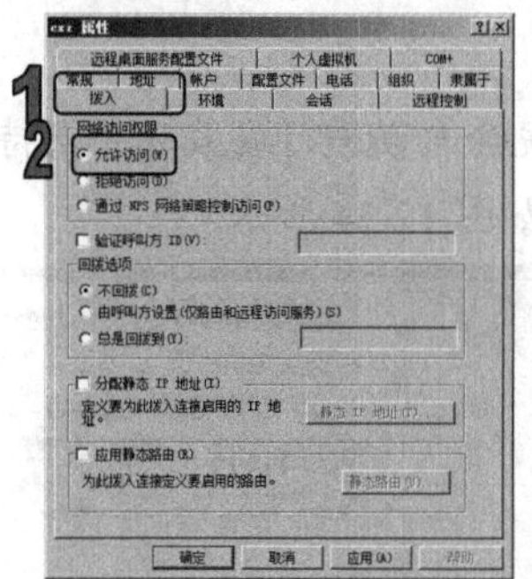

图 12-30　【cxz 属性】对话框

(5) 单击【确定】按钮，在【选择组】对话框的【输入对象名称来选择】列表框中显示所选择的权限，单击【确定】按钮，完成设置，操作步骤如图 12-32 所示。

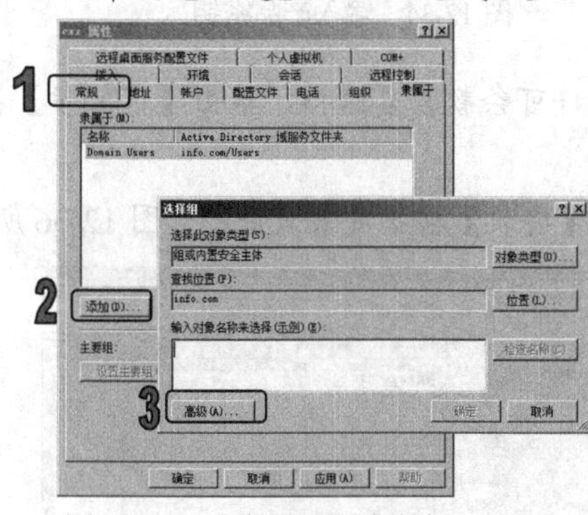

图 12-31　【隶属于】选项卡

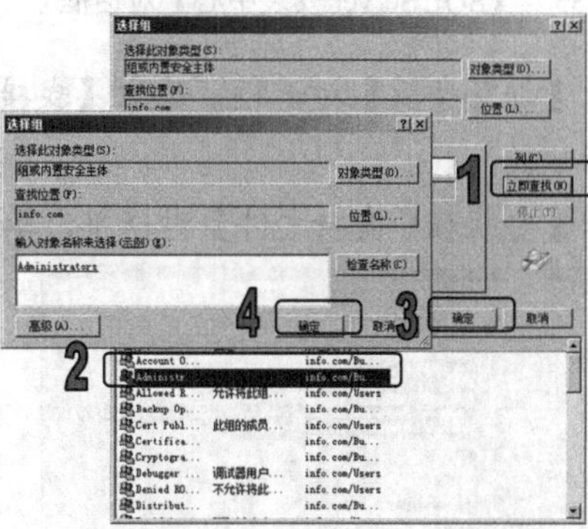

图 12-32　高级选项

12.2 安装和配置 SQL Server 2008

使用 Microsoft SQL Server 2008 可以执行相同的数据库维护任务。因此，定义良好的 Microsoft SQL Server 2008 数据库维护计划和过程对于顺利操作 Project Server 2010 和 SharePoint Server 2010 数据库很重要。

12.2.1 安装 SQL Server 2008

在使用 Microsoft SQL Server 2008 之前，首先需要安装该软件。安装 Microsoft SQL Server 2008 的方法与安装其他 Microsoft Office 软件类似，双击名为 Setup.exe 的可执行文件，安装提示逐步执行操作，下面将以具体实例来介绍其操作方法。

【例 12-6】安装 Microsoft SQL Server 2008。

(1) 双击 Setup.exe 安装文件，等待系统自动检测并自动安装准备工具，打开【SQL Server 安装中心】对话框，在【安装】列表框中单击【全新安装或向现有安装添加功能】链接，如图 12-33

所示。

(2) 系统会自动进行安装程序支持规则，单击【确定】按钮，输入产品密钥，单击【下一步】按钮，如图 12-34 所示。

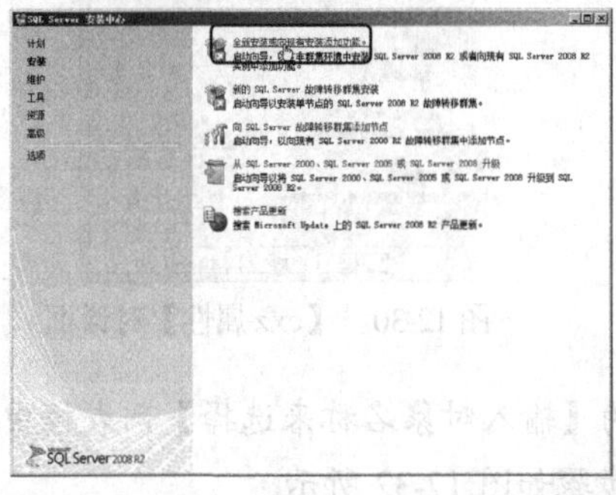

图 12-33 【SQL Server 安装中心】对话框

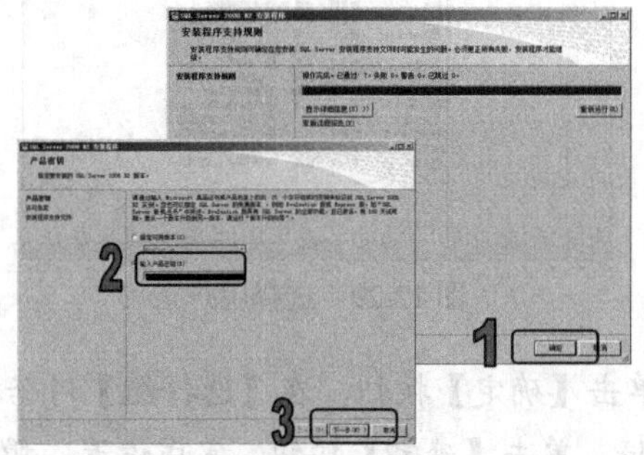

图 12-34 输入产品密钥

(3) 打开【许可条款】对话框，选中【我接受许可条款】复选框，单击【下一步】按钮，如图 12-35 所示。

(4) 打开【安装程序支持文件】对话框，单击【安装】按钮安装文件，如图 12-36 所示。

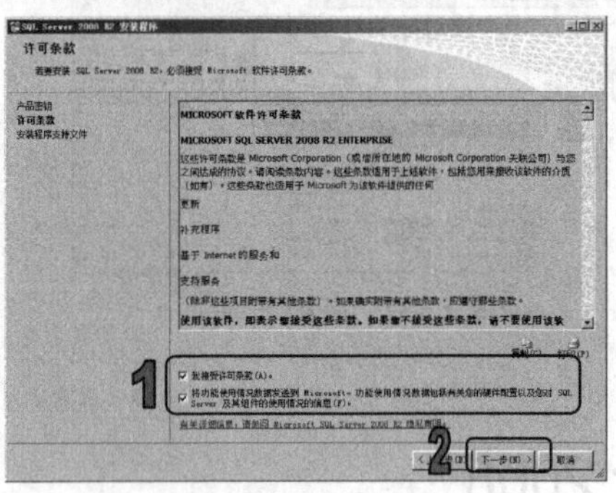

图 12-35 【许可条款】对话框

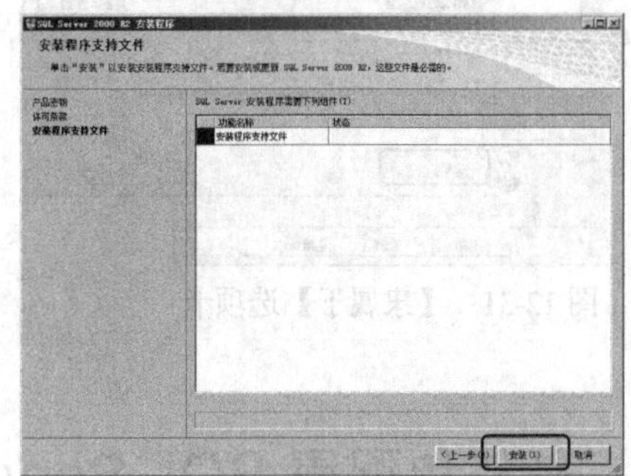

图 12-36 【安装程序支持文件】对话框

(5) 自动打开【安装程序支持文件】对话框，系统自动检测程序支持规则，此时在列表框中出现失败状态的项目，需要更改此项目，单击【下一步】按钮，如图 12-37 所示。

(6) 打开【功能设置】对话框，保持默认设置，单击【下一步】按钮。

(7) 打开【功能选择】对话框，单击【全选】按钮，选中【功能】列表框的所有功能，设置【共享功能目录】和【共享功能目录(x86)】，单击【下一步】按钮，如图 12-38 所示。

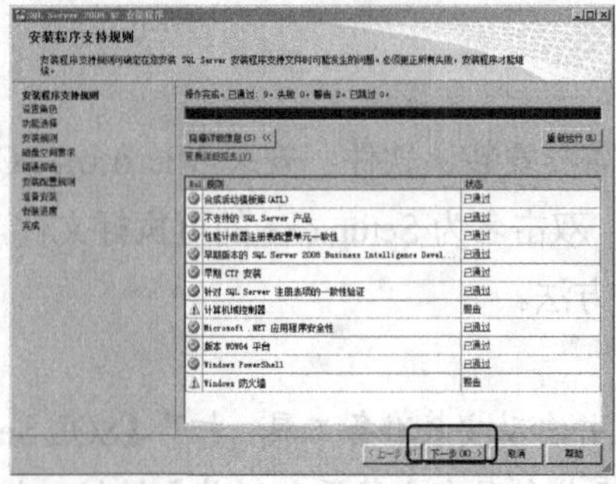

图 12-37 自动检测程序支持规则

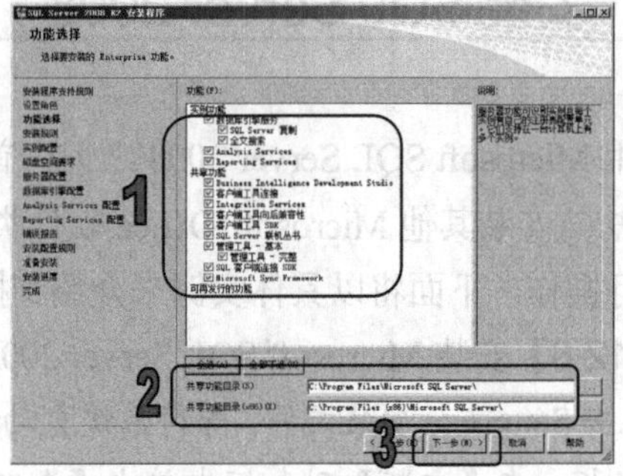

图 12-38 【功能选择】对话框

(8) 打开【安装规则】对话款，保持默认设置，单击【下一步】按钮。

(9) 打开【实例配置】对话框，开始配置 SQL Server 2008 实例的名称和实例 ID，保持选中【默认实例】单选按钮，单击【下一步】按钮，如图 12-39 所示。

(10)系统会自动检测安装 SQL Server 功能所需的磁盘空间，在【磁盘使用情况摘要】列表框中显示安排磁盘的名称、可用与所需空间以及共享安装目录与实例目录所需的空间大小，如图 12-40 所示。

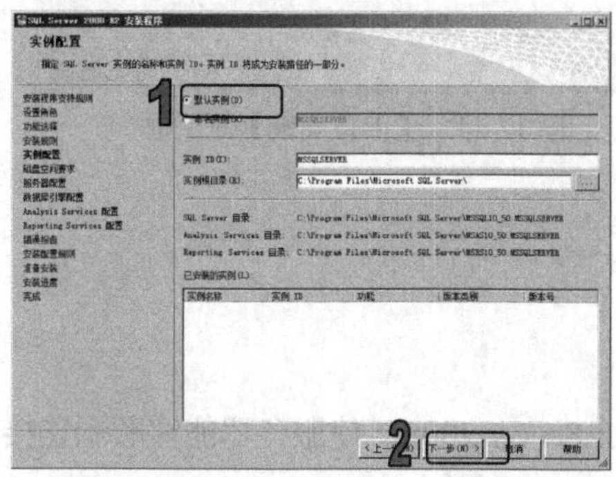

图 12-39 【实例配置】对话框

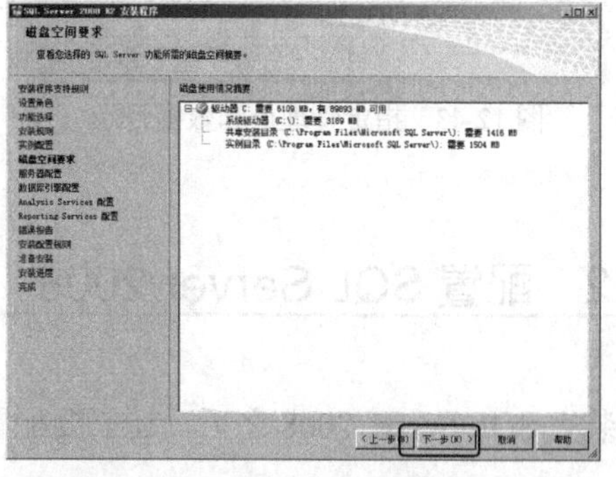

图 12-40 自动检测安装所需的磁盘空间

(11) 单击【下一步】按钮，在打开的对话框中，选中【Windows 身份验证模式】单选按钮，单击【添加当前用户】按钮，为每个 SQL Server 服务使用一个单独的账户，如图 12-41 所示。

(12) 单击【下一步】按钮，在打开的对话框中，设置服务器的身份验证模式，单击【添加当前用户】按钮，如图 12-42 所示。

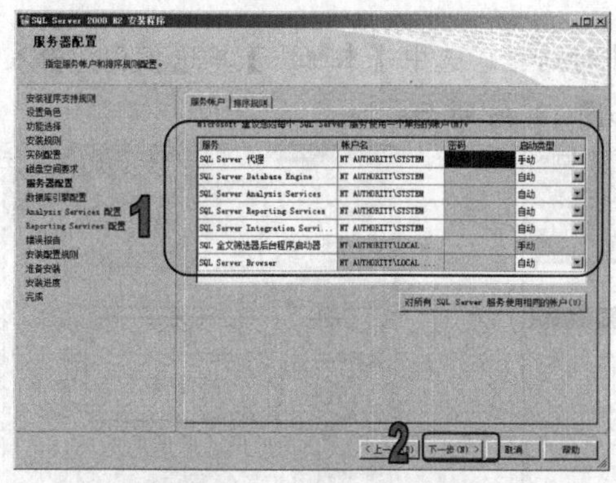

图 12-41 选择一个单独的账户

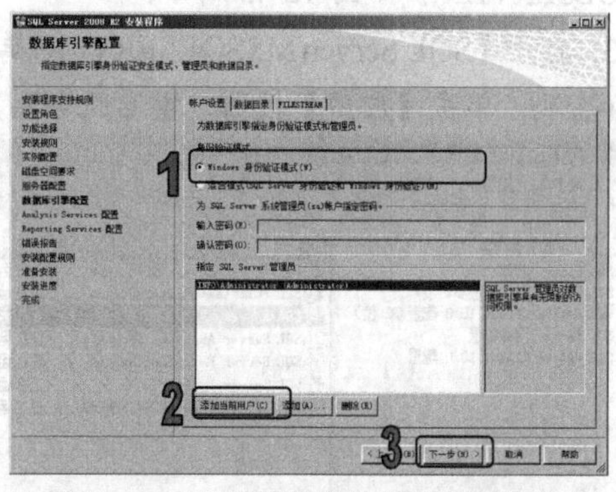

图 12-42 设置服务器的身份验证模式

(13) 单击【下一步】按钮，设置指定管理员和数据目录，如图 12-43 所示。

(14) 逐步单击【下一步】按钮，设置报告服务和查看错误报告和安装配置规则。

(15) 打开【准备安装】对话框，单击【安装】按钮，开始安装程序，如图 12-44 所示。

提示

安装 SQL Server 2008 需要一段时间，安装过程中将显示安装进度，安装完成后，自动打开【完成】对话框，查看摘要日志文件位置和补充信息，单击【关闭】按钮，重新启动计算机即可完成安装操作。

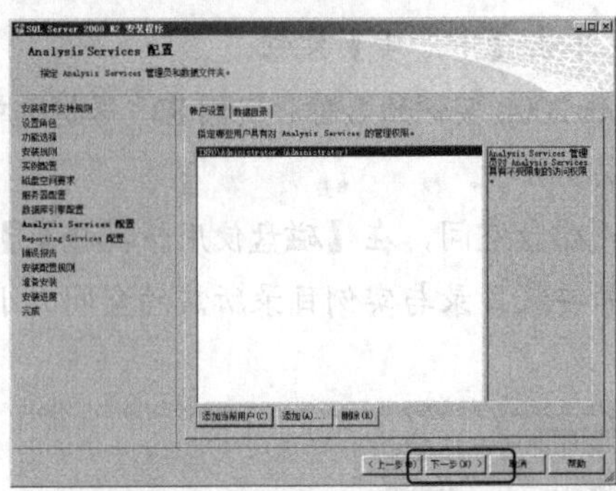

图 12-43　指定管理员和数据目录

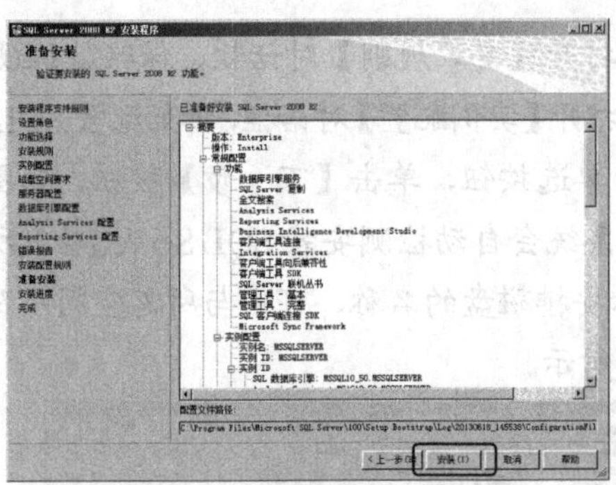

图 12-44　【准备安装】对话框

12.2.2　配置 SQL Server 2008

安装完 SQL Server 2008 之后，还需要配置 SQL Server 2008，使服务器能够顺利连接到数据库。

【例 12-7】配置 Microsoft SQL Server 2008。

(1) 选择【开始】|【所有程序】|Microsoft SQL Server 2008 R2|【配置工具】|【SQL Server 配置管理器】命令，打开 SQL Server Configuration Manager 窗口。

(2) 在左侧的窗格中选择【SQL Server 服务】选项，在右侧的窗格中双击 SQL Server (MSSQLSERVER)，如图 12-45 所示。

(3) 打开【SQL Server(MSSQLSERVER)属性】对话框，选中【本账户】单选按钮，输入账户名和密码，单击【应用】按钮，重启服务器，如图 12-46 所示。

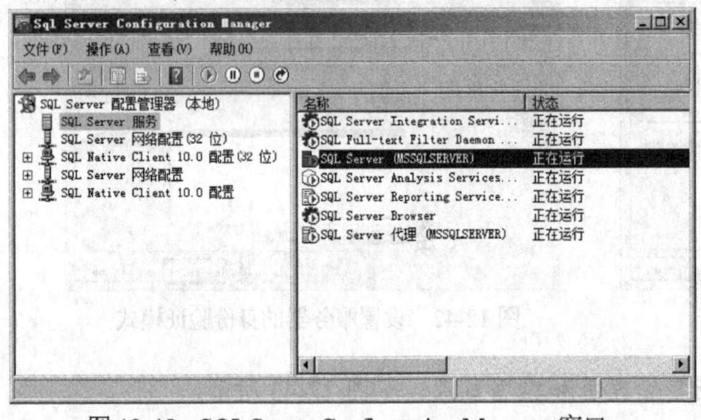

图 12-45　SQL Server Configuration Manager 窗口

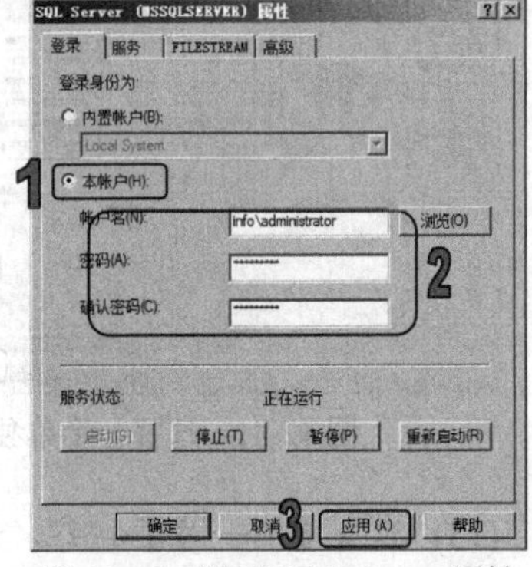

图 12-46　设置 SQL Server 属性

知识点

选择【开始】|【所有程序】|Microsoft SQL Server 2008 R2|SQL Server Management Studio 命令，打开【连接到服务器】对话框，自动产生一个服务器名称 WIN-M0F548V3NUD，单击【连接】按钮，测试是否能连接到数据库。

12.3 安装和配置 Project Server 2010

由于 Project Server 2010 是基于 SharePoint Server 2010 的基础上运动的，所以在安装 Project Server 2010 之前，还需要安装与配置 SharePoint Server 2010。

12.3.1 安装和配置 SharePoint Server 2010

SharePoint Server 2010 是一种新型的服务器应用程序，通过该程序不仅可以简化协作、提供内容管理功能、实施业务流程、访问组织目标和流程，而且还可以跨多个 Internet 浏览器工作。通过使用 SharePoint Server 2010 中的网站模块和其他功能可以快速有效地创建支持特定内容的发布、管理、记录管理或组织上智能的网站。

由于 Project Server 2010 必须基于 SharePoint Server 2010 for Internet Sites (企业版本)基础上运行的，所以在安装 Project Server 2010 之前，还需要先安装与配置 SharePoint Server 2010 for Internet Sites。

【例 12-8】安装和配置 SharePoint Server 2010 for Internet Sites。

(1) 启动 SharePoint Server 2010 安装盘，双击 SharePoint Server 2010 安装程序，打开安装界面，单击【安装必备软件】链接，如图 12-47 所示。

(2) 打开【Microsoft SharePoint 2010 产品准备工具】对话框，查看安装和下载的产品信息，单击【下一步】按钮，如图 12-48 所示。

图 12-47　SharePoint Server 2010 安装界面

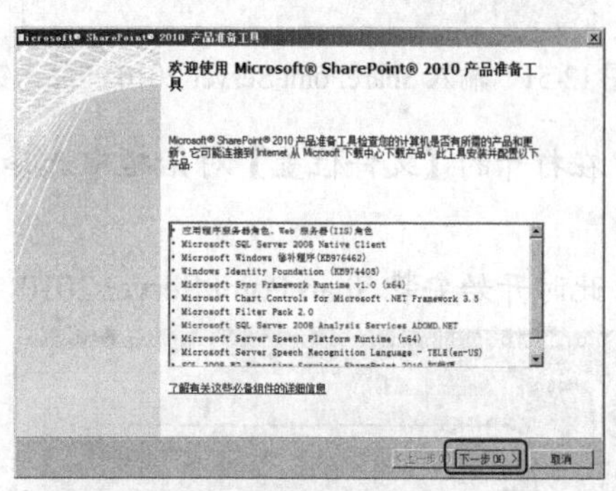

图 12-48　查看安装和下载的产品信息

(3) 在打开的【软件产品的许可条款】对话框中，阅读协议，并选中【我接受许可协议的条款】复选框，单击【下一步】按钮，如图 12-49 所示。

(4) 此时即可安装 SharePoint Server 2010 所需的必备软件。完成必备软件的安装后，在打开的对话框中单击【完成】按钮，如图 12-50 所示。

知识点

在使用自动安装必备软件功能时，需要保持网络连接，否则无法下载并安装必备软件。

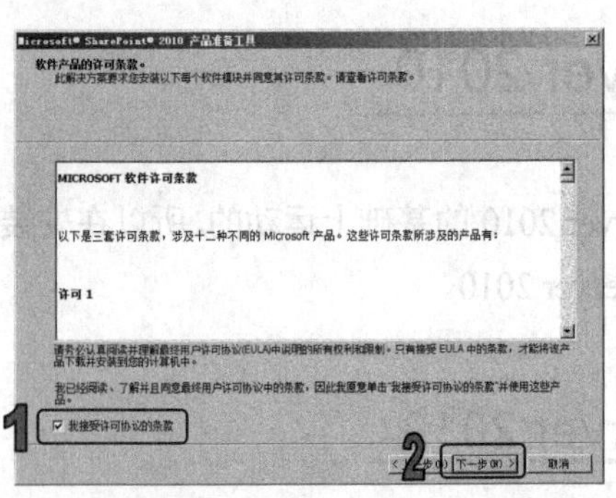

图 12-49 【软件产品的许可条款】对话框

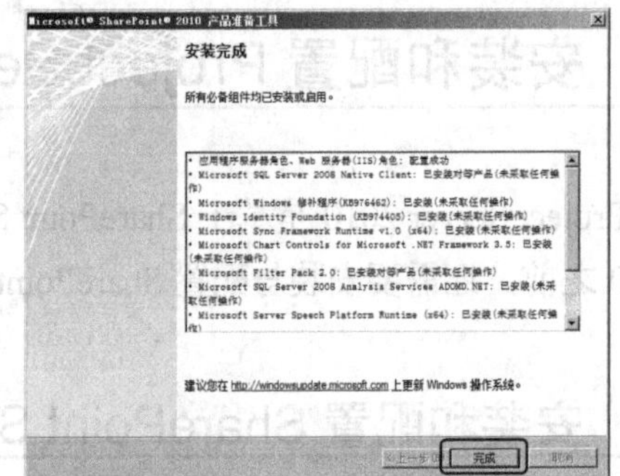

图 12-50 执行安装必备软件

(5) 重新启动 SharePoint Server 2010 安装程序，单击【安装 SharePoint Server】链接，打开【输入您的产品密钥】对话框，输入产品密钥，单击【继续】按钮，如图 12-51 所示。

(6) 打开许可协议的条款对话框，选中【我接受此协议的条款】复选框，单击【继续】按钮，如图 12-52 所示。

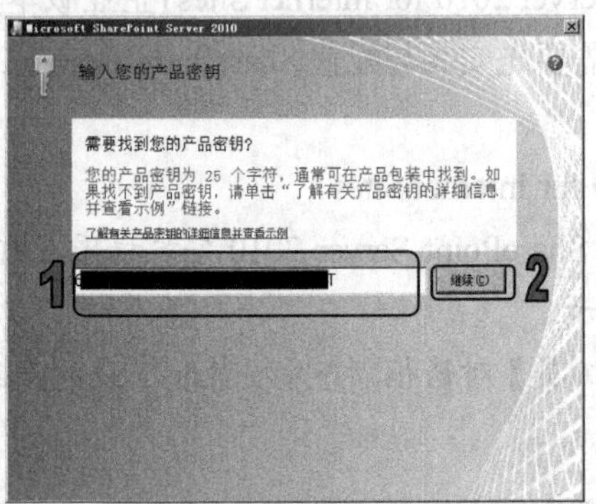

图 12-51 输入 SharePoint Server 2010 产品密钥

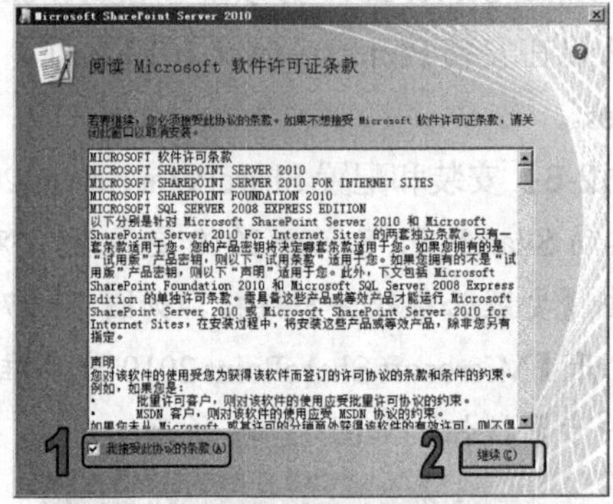

图 12-52 阅读许可协议的条款

(7) 在打开的【文件位置】对话框中选择文件位置，单击【立即安装】按钮，如图 12-53 所示。

(8) 此时开始安装 SharePoint Server 2010，并显示安装进度，如图 12-54 所示。

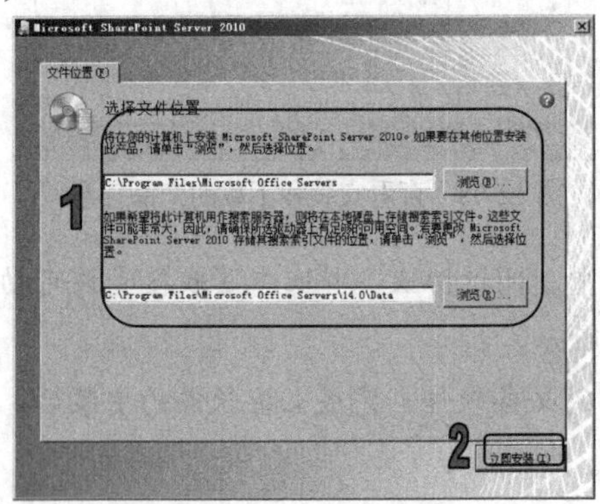

图 12-53 选择文件位置

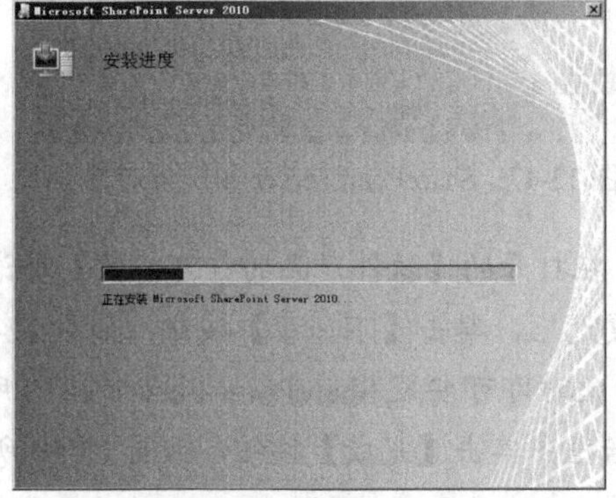

图 12-54 开始安装 SharePoint Server 2010

(9) 完成安装后，系统自动提示用户运行配置向导，单击【关闭】按钮，如图 12-55 所示。

(10) 打开【SharePoint 产品配置向导】对话框，单击【下一步】按钮，系统自动弹出重启提示框，单击【是】按钮，操作步骤如图 12-56 所示。

图 12-55　运行配置向导

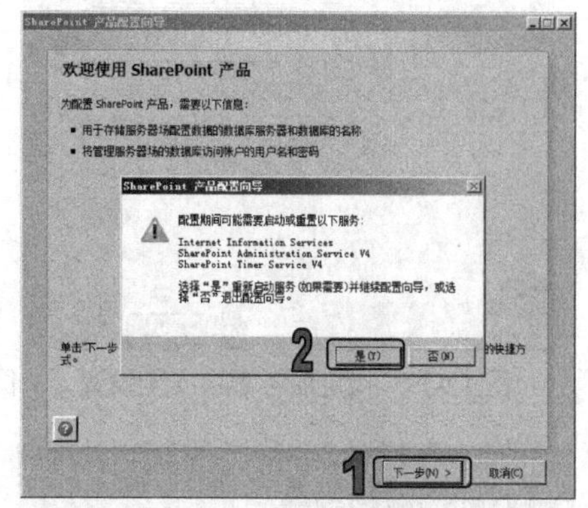

图 12-56　【SharePoint 产品配置向导】对话框

(11) 在打开的【连接到服务器场】对话框中，选中【创建新的服务器场】单选按钮，单击【下一步】按钮，如图 12-57 所示。

(12) 在打开的【指定配置数据库设置】对话框中，设置数据库服务器与数据库名称，输入用户名和密码，单击【下一步】按钮，操作步骤如图 12-58 所示。

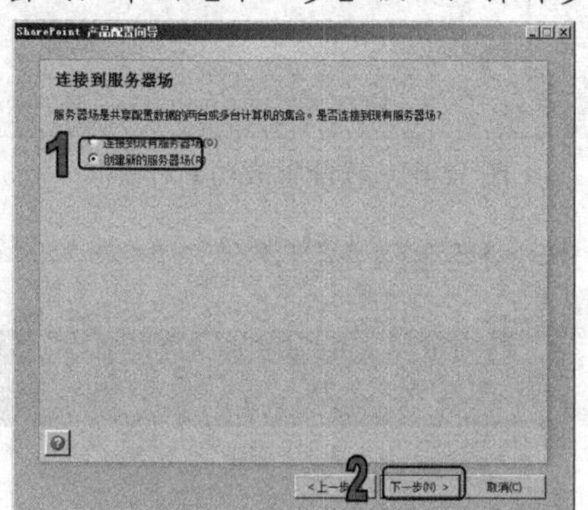

图 12-57　连接到服务器场

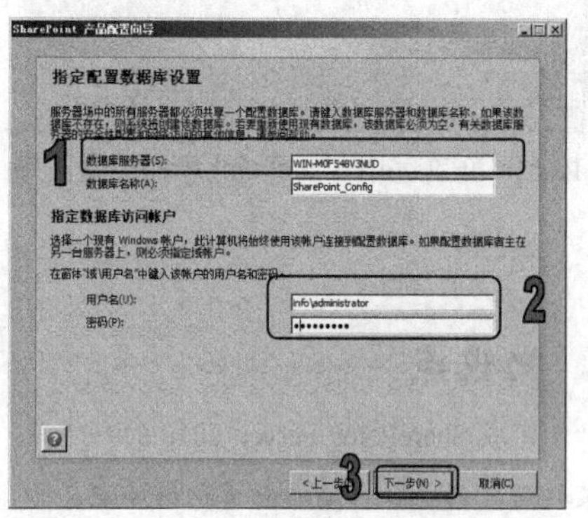

图 12-58　指定配置数据库设置

(13) 在打开的【指定服务器场安全设置】对话框中，设置 SharePoint 产品服务器场的新密码，单击【下一步】按钮，如图 12-59 所示。

(14) 打开【配置 SharePoint 管理中心 Web 应用程序】对话框，使用 Web 应用程序的端口号，选中 NTLM 单选按钮，单击【下一步】按钮，如图 12-60 所示。

(15) 在打开的【正在完成 SharePoint 产品配置向导】对话框中，查看相关信息(其中管理中心 URL 为 http://win-m0f548v3nud:37138/)，如图 12-61 所示。

(16) 单击【下一步】按钮，打开【正在配置 SharePoint 产品】对话框，并显示进度。

(17) 配置成功后，打开【配置成功】对话框，再次查看配置数据库服务器、配置数据库名称、管理中心 URL 以及验证提供的程序等信息，确定没有问题后单击【完成】按钮，完成 SharePoint Server 2010 的安装，如图 12-62 所示。

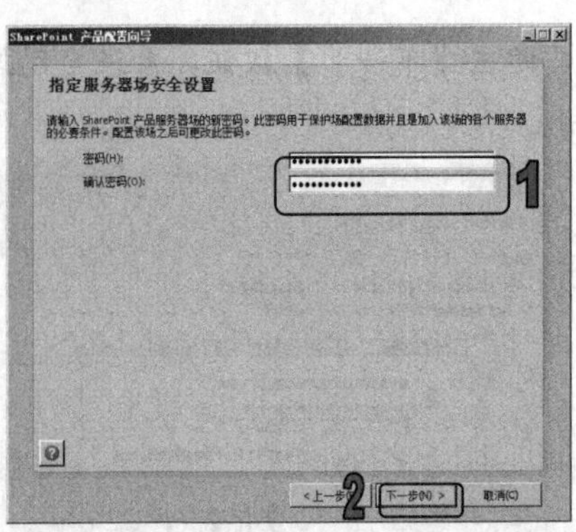

图 12-59　指定服务器场安全设置

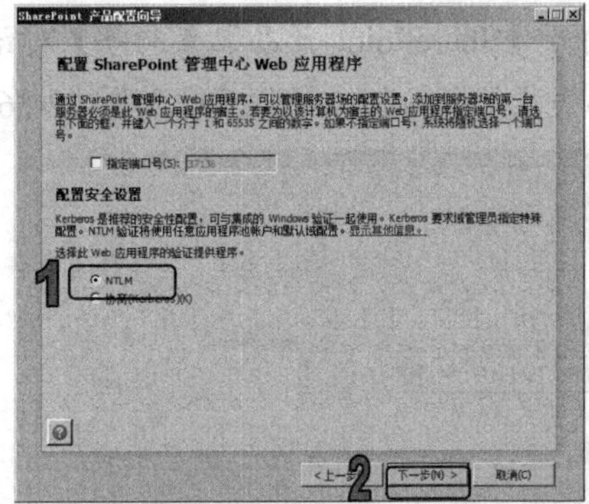

图 12-60　配置 SharePoint 管理中心 Web 应用程序

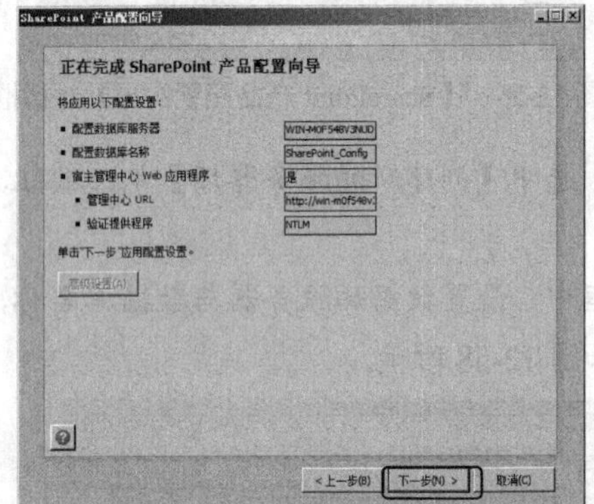

图 12-61　正在完成 SharePoint 产品配置向导

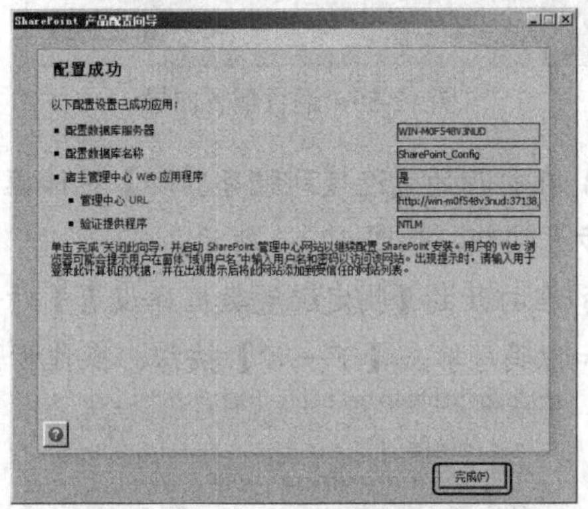

图 12-62　【配置成功】对话框

知识点

完成 SharePoint Server 2010 的安装之后，系统会自动弹出【初始场配置向导】网页，如图 12-63 所示，用户可以在安装 Project Server 之后再配置 SharePoint 场。

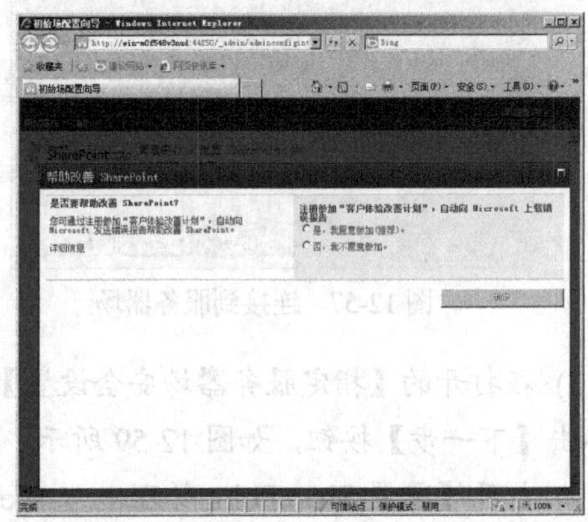

图 12-63　【初始场配置向导】网页

12.3.2　安装 Project Server 2010

安装 Project Server 2010 的操作步骤与安装 Project 2010 的步骤大体相同。惟一的区别是安装 Project Server 2010 之后，还需要配置 SharePoint 产品与技术。

【例 12-9】安装 Project Server 2010，并配置 SharePoint 产品与技术。

(1) 找到安装文件所在的目录，双击 Setup.exe 可执行文件，启动 Project Server 2010 安装程序，单击【安装必备软件】链接，参照 SharePoint Server 2010 安装必备软件的操作步骤，完成 Project Server 2010 必备软件的安装操作。

(2) 重新启动 Project Server 2010 安装程序，单击【安装 Project Server】链接，如图 12-64 所示。

(3) 打开【输入您的产品密钥】对话框，输入产品密钥，单击【继续】按钮，如图 12-65 所示。

图 12-64　安装 Project Server 2010

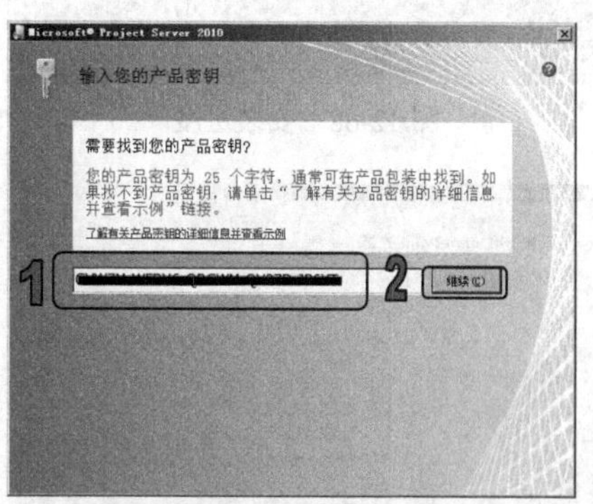

图 12-65　输入 Project Server 2010 密钥

(4) 打开许可协议的条款对话框，选中【我接受此协议的条款】复选框，单击【继续】按钮，如图 12-66 所示。

(5) 在打开的【文件位置】对话框，选择安装位置后，单击【立即安装】按钮，如图 12-67 所示。

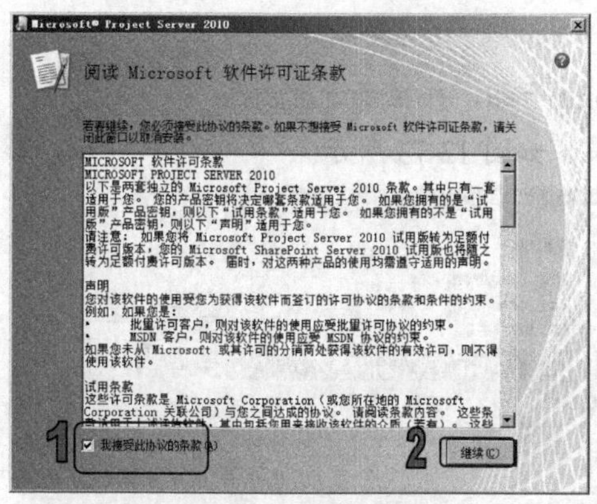

图 12-66　阅读许可协议

图 12-67　选择文件位置

(6) 开始安装 Project 2010，并显示安装进度，如图 12-68 所示。

(7) 安装完毕后，系统自动提示用户运行配置向导，选中【立即运行 SharePoint 产品配置向导】复选框，单击【关闭】按钮，如图 12-69 所示。

(8) 稍后打开【SharePoint 产品配置向导】对话框，单击【下一步】按钮，如图 12-70 所示。

(9) 在打开的如图 12-71 所示的提示信息框中，单击【是】按钮。

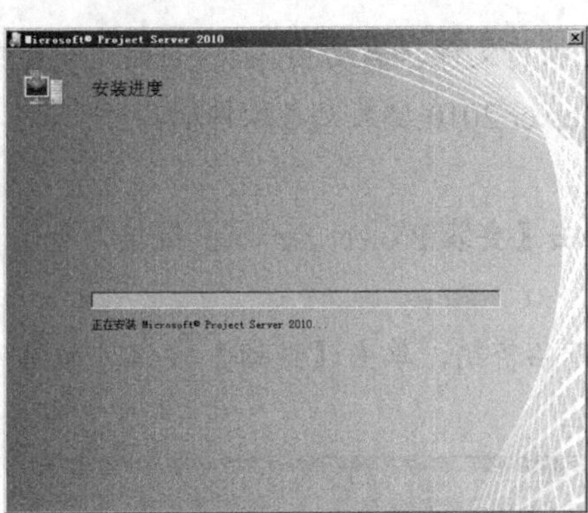

图 12-68　安装进度

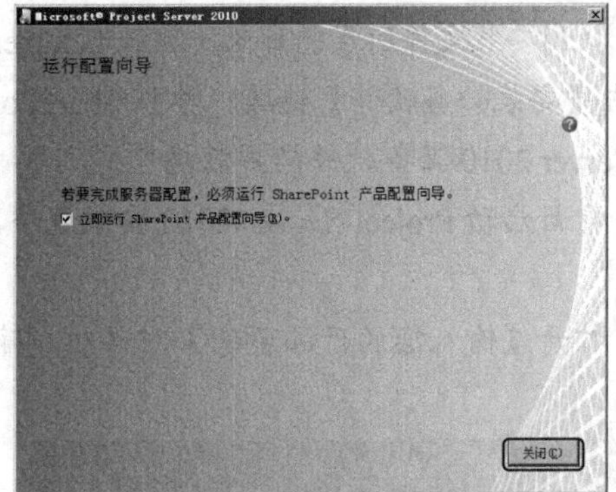

图 12-69　运行 SharePoint 配置向导

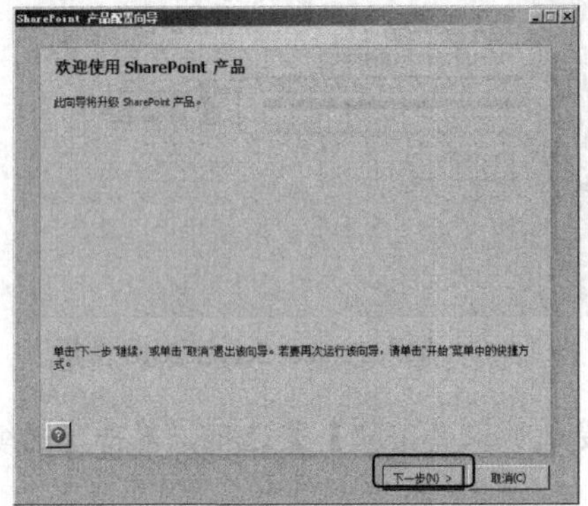

图 12-70　欢迎对话框

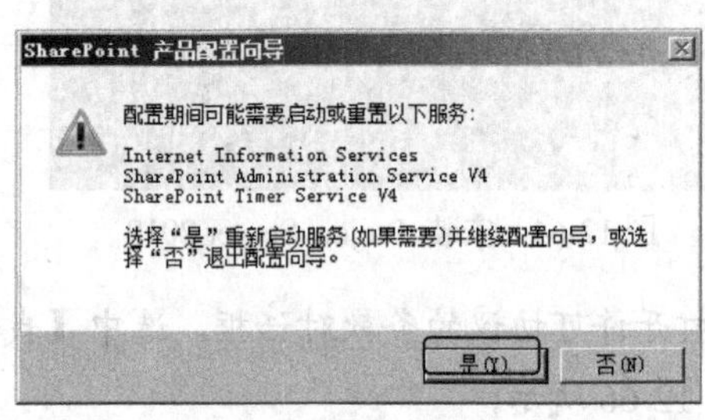

图 12-71　信息提示框

(10) 打开【正在完成 SharePoint 产品配置向导】对话框，查看配置数据库服务器与配置数据库名称信息，如图 12-72 所示。

(11) 单击【下一步】按钮，开始配置 SharePoint 产品，并显示进度。

(12) 打开【配置成功】对话框，显示配置结果，如图 12-73 所示。

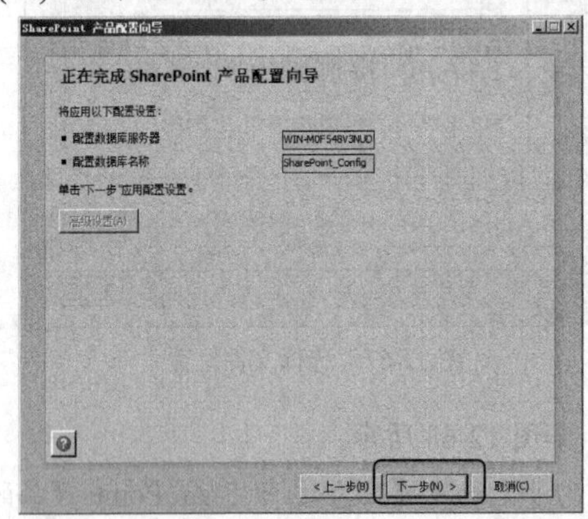

图 12-72　正在完成 SharePoint 产品配置向导

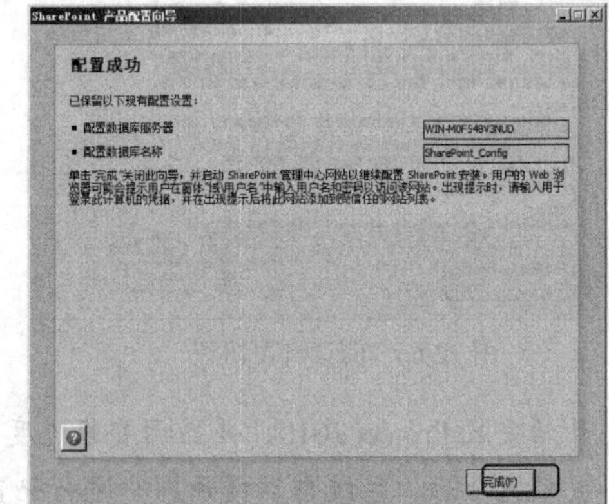

图 12-73　配置成功

(13) 单击【完成】按钮，完成 Project Server 2010 的安装和配置。

(14) 此时系统将自动启动 SharePoint 管理中心网站，打开【初识场配置】网页，选择是否

参加客户体验改善计划，单击【确定】按钮，如图 12-74 所示。

(15) 在打开的网页中，单击【启动向导】按钮，如图 12-75 所示，开始初识配置。

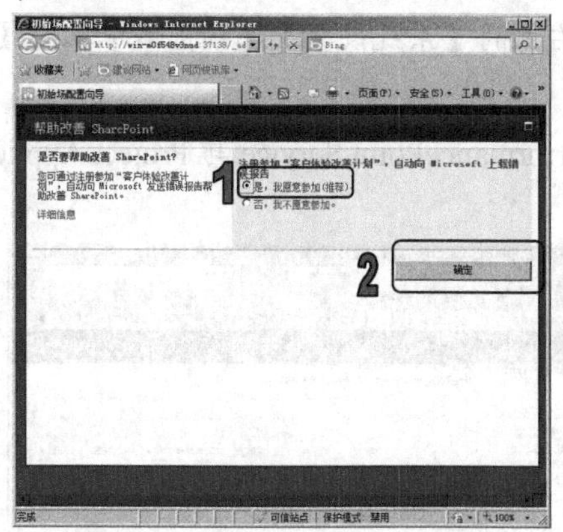

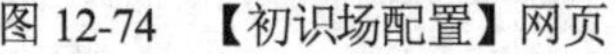

图 12-74　【初识场配置】网页

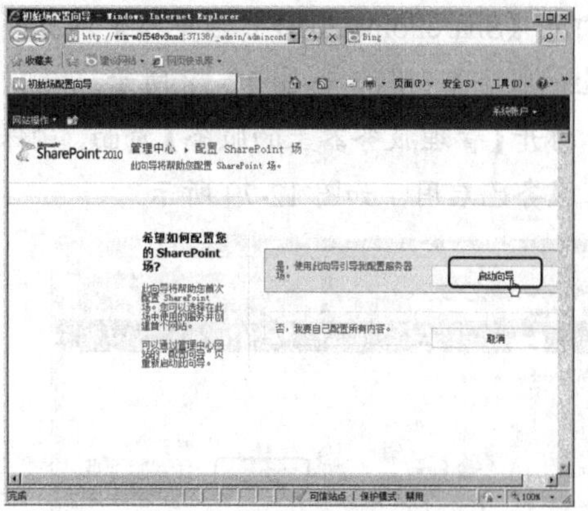

图 12-75　配置 SharePoint 场

(16) 在【服务账户】页面中，选中【新使用现有管理账户】单选按钮，单击【下一个】按钮，如图 12-76 所示。

(17) 在打开的下一页中，单击【跳过】按钮，然后单击【完成】按钮，完成 SharePoint 场的配置操作，如图 12-77 所示。

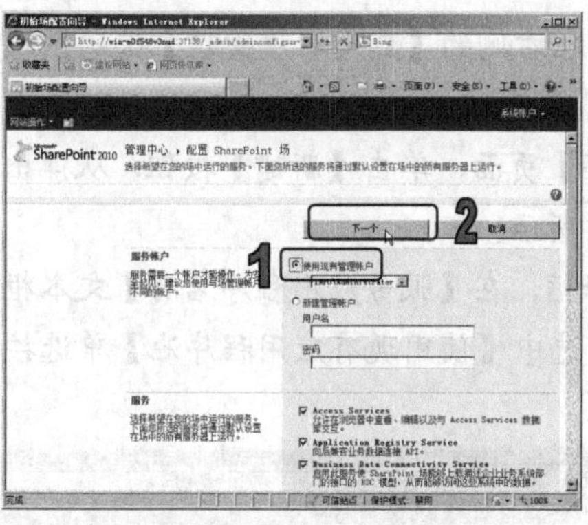

图 12-76　【服务账户】页面

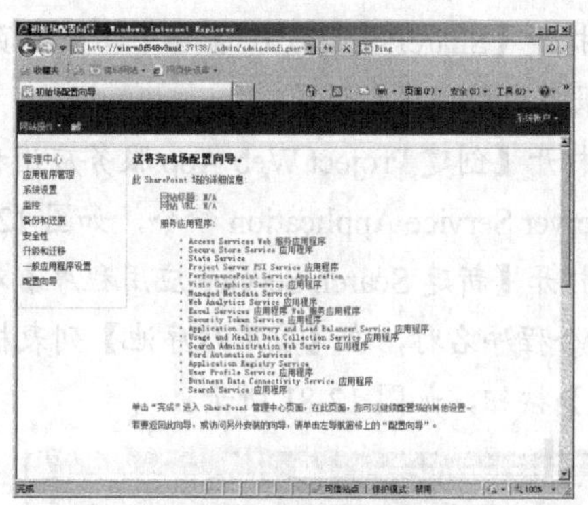

图 12-77　完成场配置向导

知识点

在【服务账户】页面中，选中【新建管理账户】单选按钮，并在【用户名】和【密码】文本框中输入用户名和密码，单击【下一个】按钮即可新建管理账户。

12.3.3　创建 Microsoft Project Web App 网站

安装了 Project Server 2010 之后，还需要在 SharePoint 管理中心网站中创建 Project Web App 网站，以便共享项目信息与文件。

【例 12-10】启用服务应用程序创建 PWA 网站。

(1) 选择【开始】|【所有程序】|Microsoft SharePoint 2010 Products|【SharePoint 管理中心】命令，打开【SharePoint 2010 管理中心】网页，在右侧的【系统设置】选项区域中单击【管理服务器上的服务】链接，如图 12-78 所示。

(2) 打开【管理服务器上的服务】页面，确保 PerformancePoint Service 与 Project Application Service 服务已启用，如图 12-79 所示。

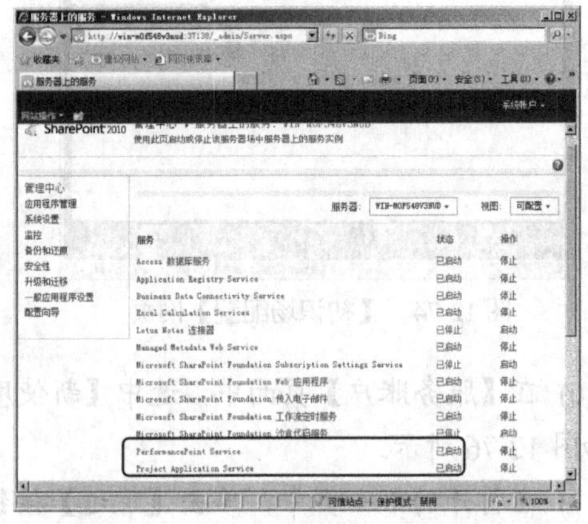

图 12-78 【SharePoint 2010 管理中心】网页　　图 12-79 【管理服务器上的服务】页面

(3) 打开【SharePoint 2010 管理中心】网页，在右侧的【应用程序管理】选项区域中单击【管理服务应用程序】链接。

(4) 打开【创建 Project Web App 服务应用程序】页面，单击【新建】按钮，从弹出的菜单中选择 Server Service Application 命令，如图 12-80 所示。

(5) 打开【新建 Search Service 应用程序】对话框，在【服务应用程序名称】文本框中将自动产生一个程序名称，在【应用程序池】列表框中选中【使用现有应用程序池】单选按钮，单击【确定】按钮，如图 12-81 所示。

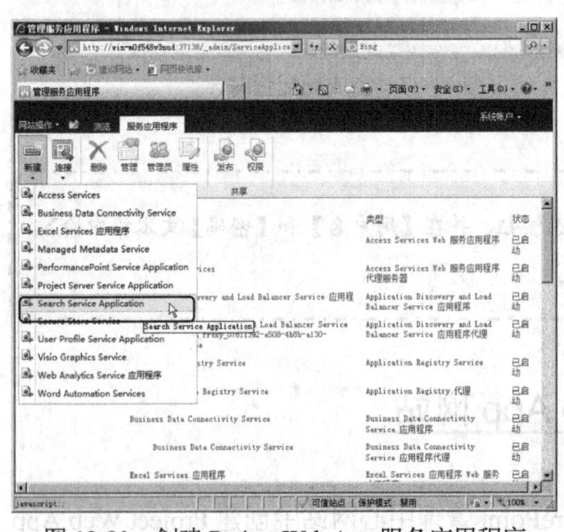

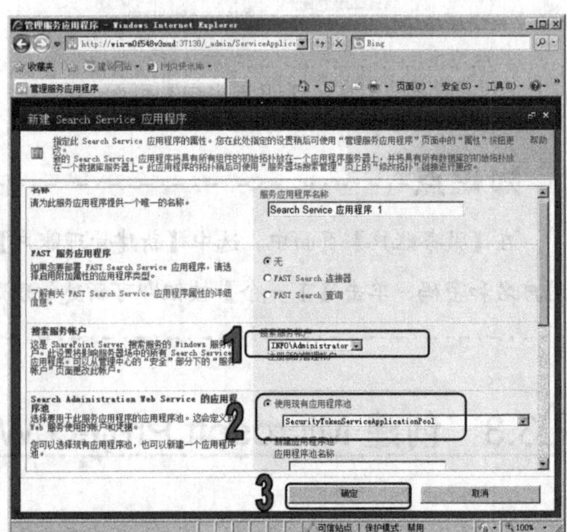

图 12-80 创建 Project Web App 服务应用程序　　图 12-81 【新建 Search Service 应用程序】对话框

知识点

在打开【新建 Search Service 应用程序】对话框中可以新建应用程序池，选中【新建应用程序池】单选按钮，在【应用程序池名称】输入名称，单击【确定】按钮即可。

(6) 在打开的对话框中单击【确定】按钮，完成服务应用程序的创建，如图 12-82 所示。

(7) 打开【SharePoint 2010 管理中心】网页，在左侧的列表中单击【安全性】链接，然后在打开的页面中的【一般安全性】选项区域中单击【配置管理账户】链接，如图 12-83 所示。

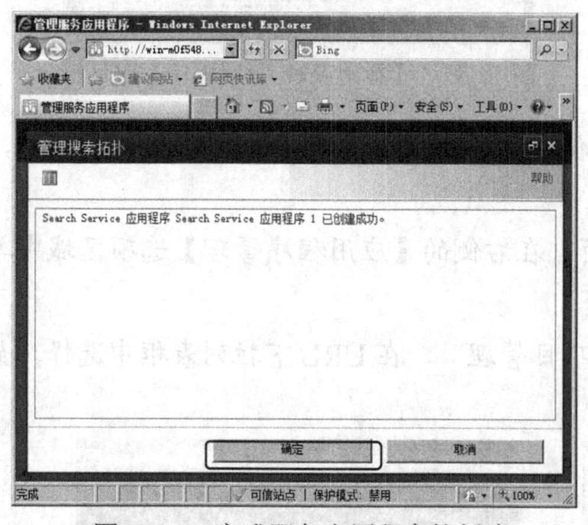

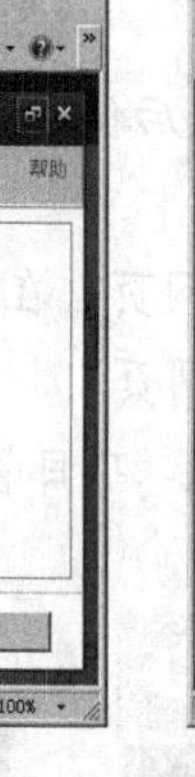

图 12-82　完成服务应用程序的创建

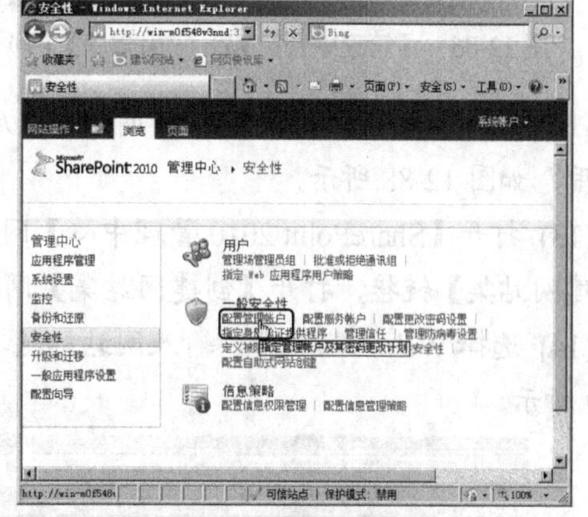

图 12-83　配置管理账户

(8) 在打开的页面右侧区域中单击【注册管理账户】链接，如图 12-84 所示。

(9) 打开【账户注册】页面，在【服务账户凭据】选项区域中输入用户名和密码，单击【确定】按钮，完成管理账户的设置，如图 12-85 所示。

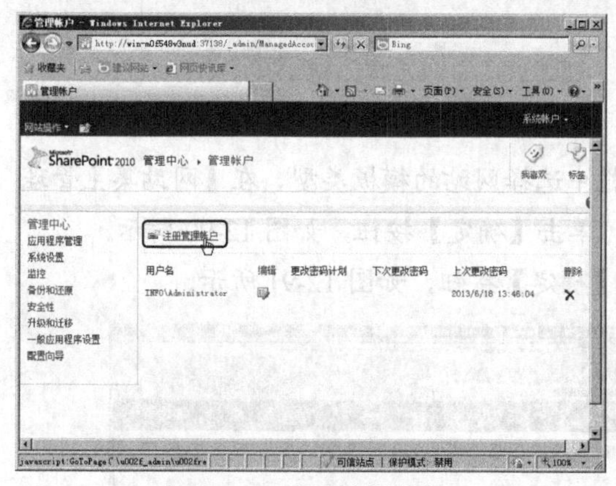

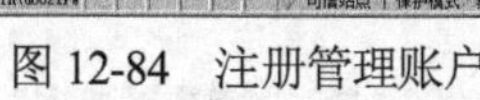

图 12-84　注册管理账户

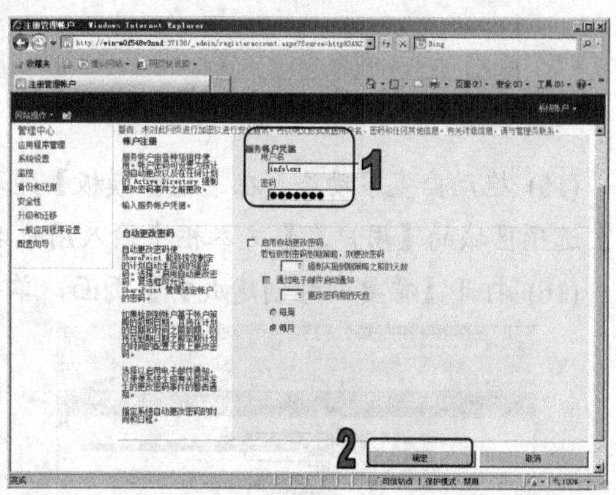

图 12-85　【账户注册】页面

(10) 打开【SharePoint 2010 管理中心】网页，在右侧的【应用程序管理】选项区域中单击【管理 Web 应用程序】链接，打开【管理中心：Web 应用程序】网页，如图 12-86 所示。

(11) 单击【新建】按钮，打开【新建 Web 应用程序】对话框，保持默认设置，单击【确定】按钮，如图 12-87 所示。

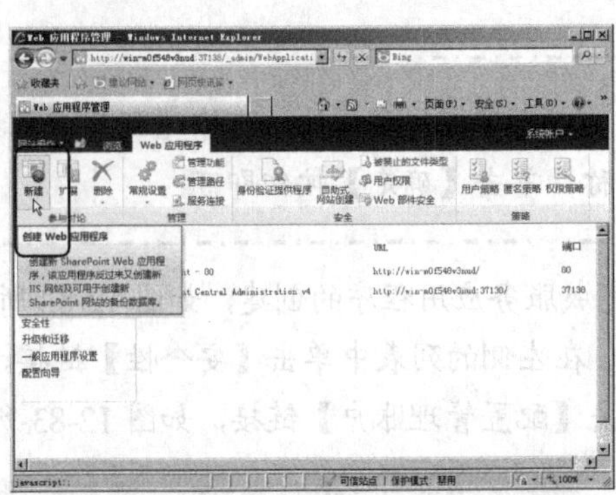

图 12-86 【管理中心：Web 应用程序】网页

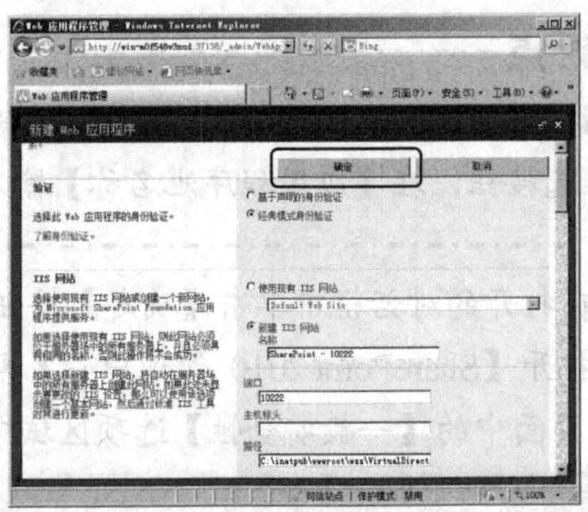

图 12-87 【新建 Web 应用程序】对话框

(12) 此时系统会自动配置 Web 网站，然后使用同样的方法，创建一个 Web 应用程序，以备后用，如图 12-88 所示。

(13) 打开【SharePoint 2010 管理中心】网页，在右侧的【应用程序管理】选项区域中单击【创建网站集】链接，打开【创建网站集】网页。

(14) 选择 Web 应用程序，输入网站标题“项目管理”，在 URL 下拉列表框中选择，如图 12-89 所示。

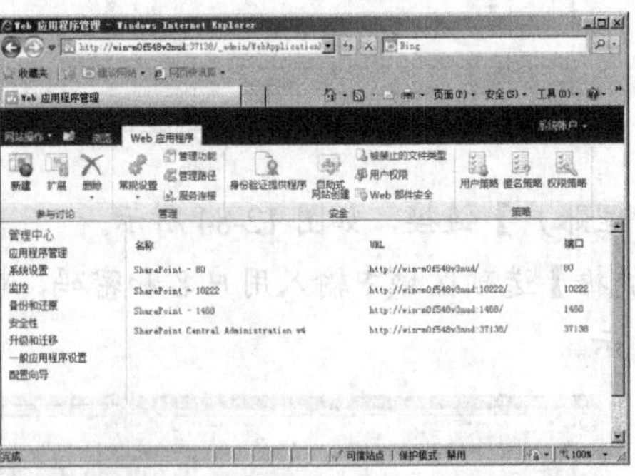

图 12-88 创建 2 个 Web 应用程序

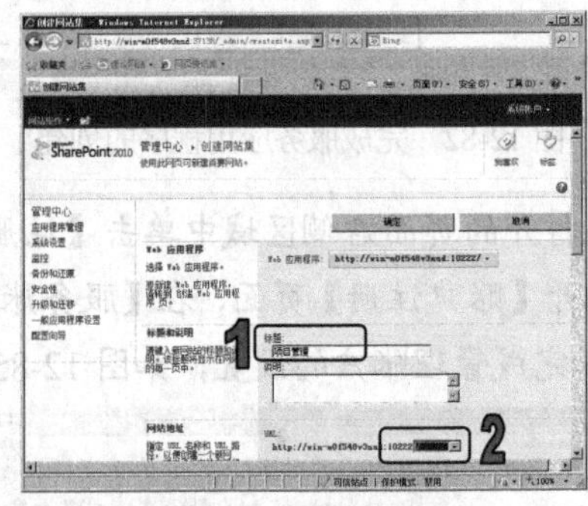

图 12-89 输入 URL

(15) 拖动垂直滚动条，在【选择模板】列表框中选择网站的模板类型，在【网站集主管理员】选项区域的【用户名】文本框中输入用户名，单击【确定】按钮，如图 12-90 所示。

(16) 打开【首要网站创建成功】页面，单击【确定】按钮，如图 12-91 所示。

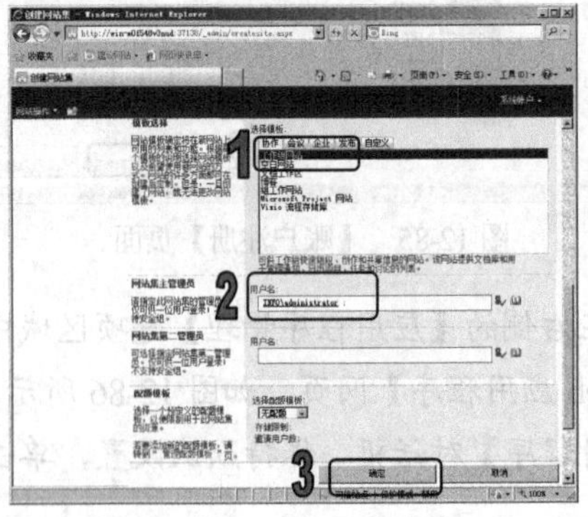

图 12-90 输入网站集主管理

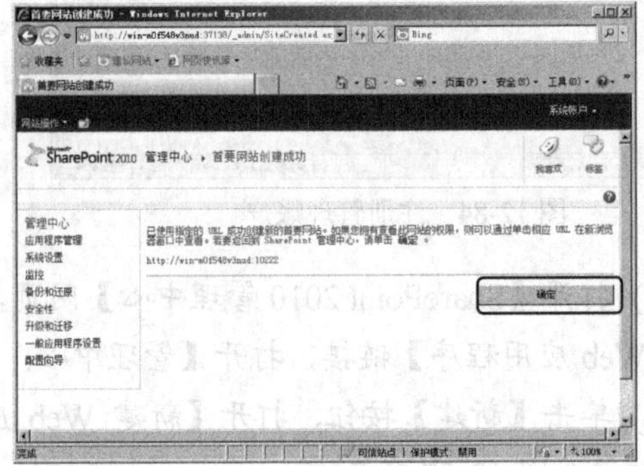

图 12-91 【首要网站创建成功】页面

(17) 打开【应用程序管理】网页，在右侧的区域中单击【管理服务应用程序】链接，打开【管理服务应用程序】网页，单击 Project Server Service Application 链接，如图 12-92 所示。

(18) 打开【管理 Project Web App 网站】网页，单击【创建 Project Web App 网站】链接，如图 12-93 所示。

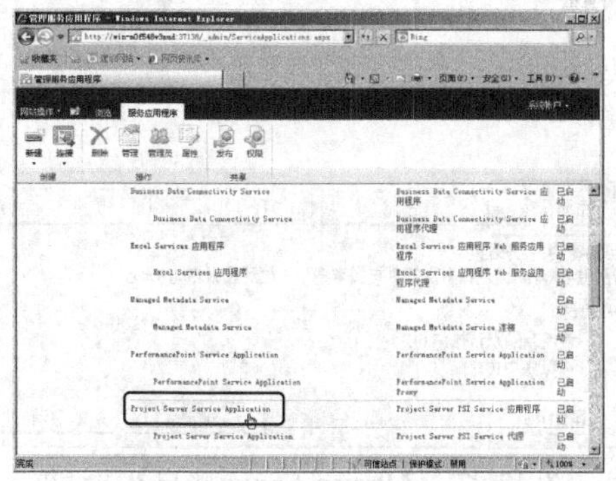

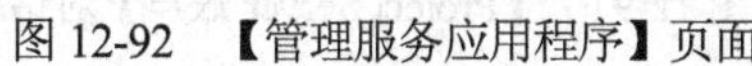

图 12-92　【管理服务应用程序】页面

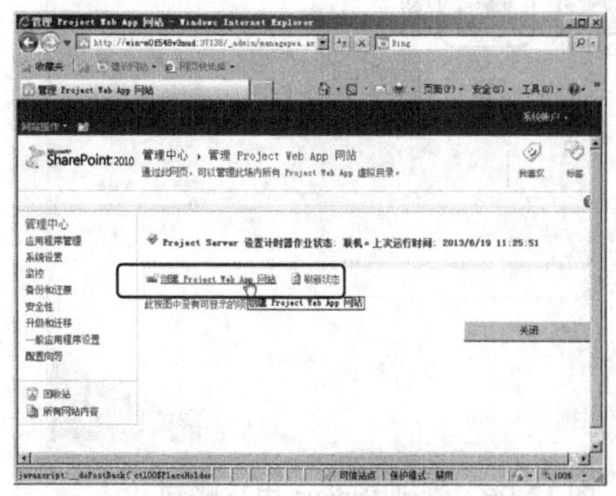

图 12-93　【管理 Project Web App 网站】页面

(19) 打开【创建 Project Web Access 网站】网页，查看信息，并保留默认值，单击【确定】按钮，如图 12-94 所示。

(20) 返回【管理 Project Web App 网站】页面，开始创建一个 PWA 网站，完成后将显示“已提供”的 URL，如图 12-95 所示。

(21) 单击【关闭】按钮，完成 PWA 网站的创建过程。

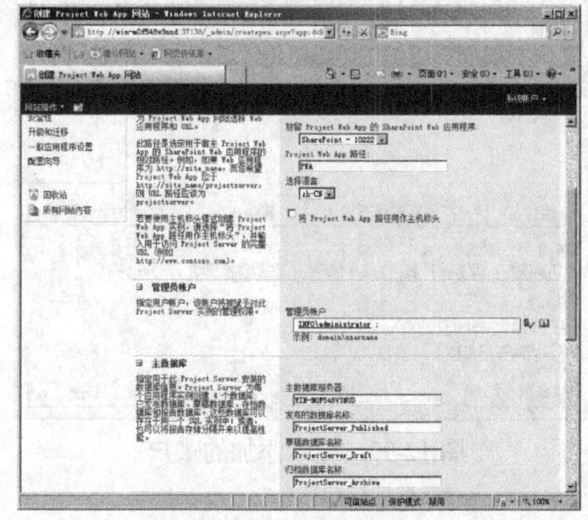

图 12-94　【创建 Project Web Access 网站】页面

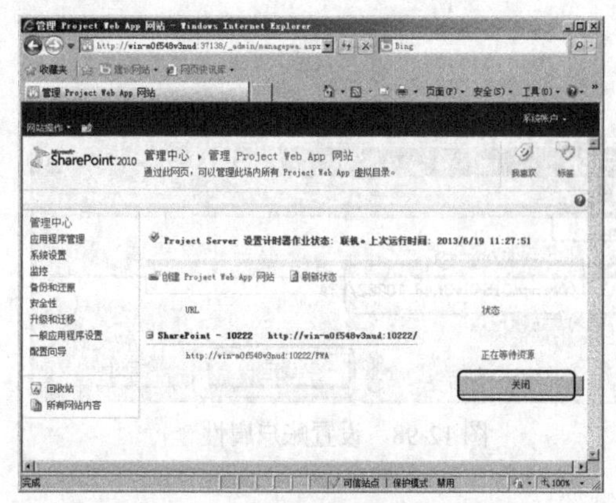

图 12-95　显示已提供的 URL

12.3.4　配置 Project 2010

完成 Project Server 2010 安装，为了协调各项目之间的工作，还需要配置 Project 2010。

【例 12-11】配置 Project 2010。

(1) 启动 Project 2010 应用程序，单击【文件】按钮，从弹出的【文件】菜单中选择【信息】命令，然后在中间的任务窗格中单击【管理账户】按钮，如图 12-96 所示。

(2) 打开【Project Server 账户】对话框，单击【添加】按钮，如图 12-97 所示。

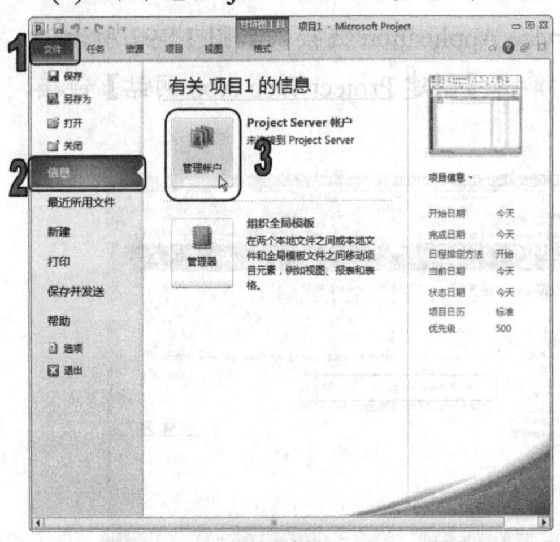

图 12-96　管理 Project 用户账户

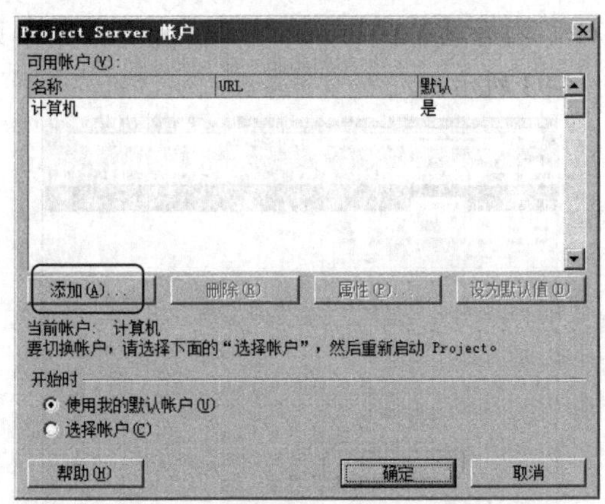

图 12-97　【Project Server 账户】对话框

(3) 打开【账户属性】对话框，在【账户名】和 Project Server URL 文本框中输入用户账户和创建网站后提供的 URL，选中【设为默认账户】复选框，如图 12-98 所示。

(4) 单击【确定】按钮，完成设置 Project 账户的操作，此时，在【可用账户】列表框中将显示新添加的链接，如图 12-99 所示。

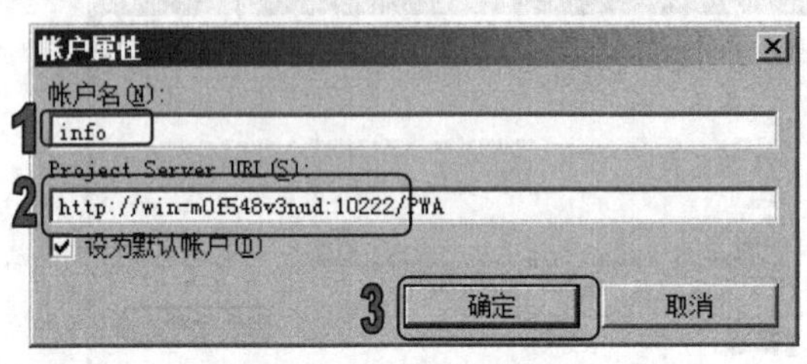

图 12-98　设置账户属性

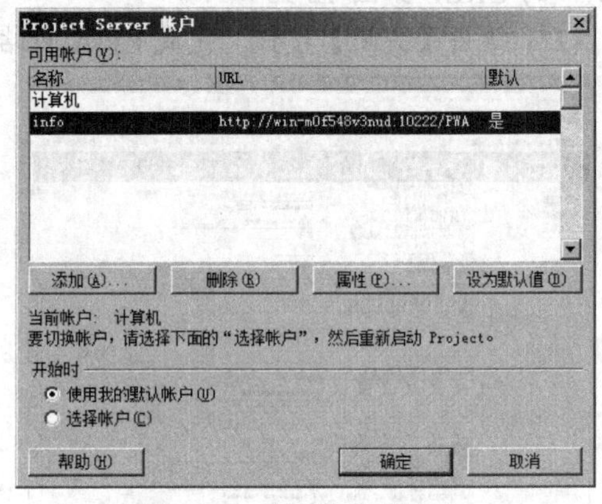

图 12-99　显示添加的账户

12.4　习题

1. 在企业服务器中完成 Project Sever 2010 的安装。
2. 创建 Project Web App 网站，配置客户端连接 Project 2010。

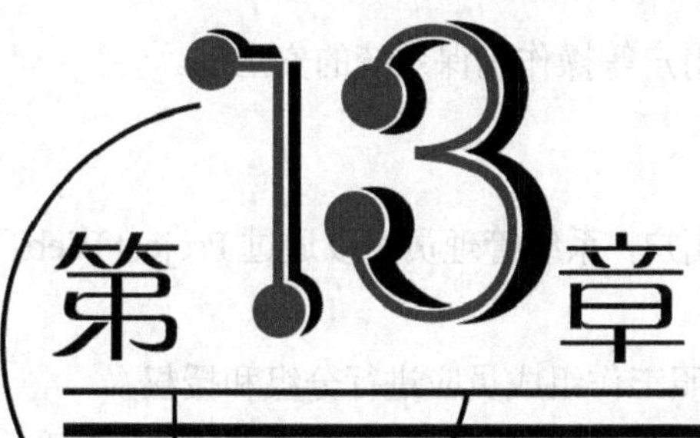

第13章 管理 Project Server 2010

学习目标

Project Server 2010 可以帮助项目经理、工作成员和项目干系人之间进行协同工作。要进行协同工作首先需要管理好服务器中的信息，才能将 Project Server 2010 的功能发挥到极致。本章主要介绍管理 Project Server 2010 的操作知识与技巧。

本章重点

- 设置安全性
- 设置外观
- 设置企业数据
- 数据库管理
- 设置时间和任务
- 设置操作策略与队列
- 设置工作流与项目信息

13.1 设置安全性

为了保证 SQL Server 的安全性，需要避免非法用户查阅和更改 Project Server 2010 中的数据。为了保证登录到 Project Server 上的用户都是本项目中的相关人员，首先在添加用户时就需要限制用户的登录方式。当然，为了确保企业利益，还需要限制用户的权限。

13.1.1 管理用户

在 Project Server 2010 中，不同的用户拥有不同的权限，为了保证只有合法的用户才能登录，服务器管理人员需要管理用户，通过添加、停用与激活用户等操作确保系统的安全性。

1. 添加用户

默认情况下，Project Server 只有 Administrator 一个用户，系统管理员可以通过 Project Web App 来添加新用户。

【例 13-1】添加一个用户账户为 cxz 的新用户，按照工作组成员应进行分组和授权。

(1) 启动 IE，在地址栏中输入 http://win-m0f548v3nud:10222/PWA，然后按 Enter 键，以系统管理员的身份登录 Project Web App 的主页，如图 13-1 所示。

(2) 在左侧导航栏中单击【服务器设置】链接，打开【服务器设置】页面，在【安全性】选项区域中单击【管理用户】链接，如图 13-2 所示。

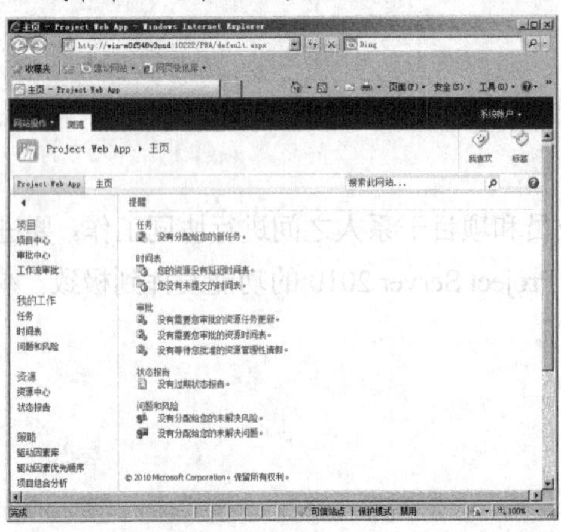

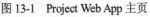

图 13-1　Project Web App 主页

图 13-2　【服务器设置】页面

(3) 打开【管理 Project Web App 用户账户】页面，查看当前用户信息，单击【新建用户】链接，如图 13-3 所示。

(4) 打开【新建用户】页面，在【标识信息】区域的【显示名称】文本框中输入显示名称，在【用户身份验证】区域的【用户登录账户】文本框中输入登录账户，如图 13-4 所示。

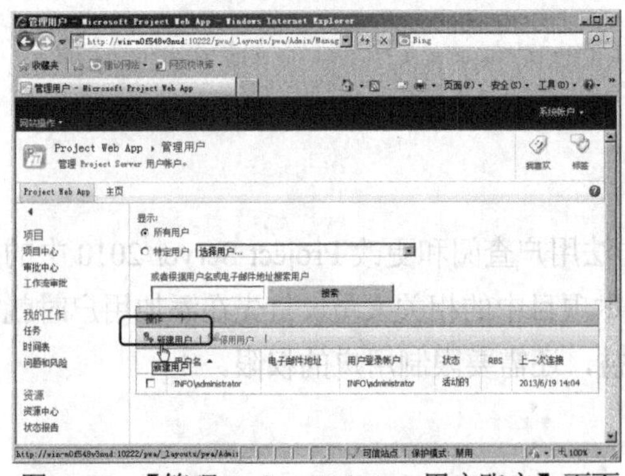

图 13-3　【管理 Project Web App 用户账户】页面

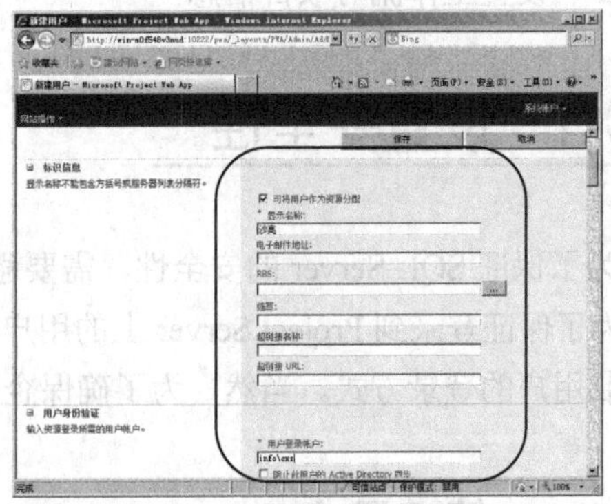

图 13-4　【新建用户】页面

(5) 在【安全类别】区域中单击【全部添加】按钮，添加所有的类别，如图 13-5 所示。

(6) 在【权限我的资源】表格中，对用户启用相应的权限，如图 13-6 所示。

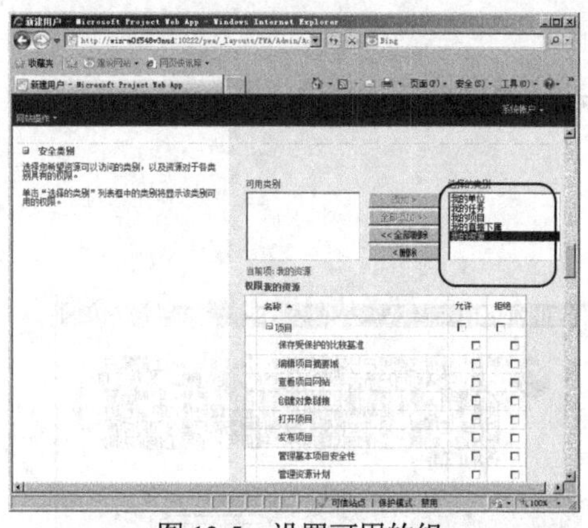

图 13-5　设置可用的组

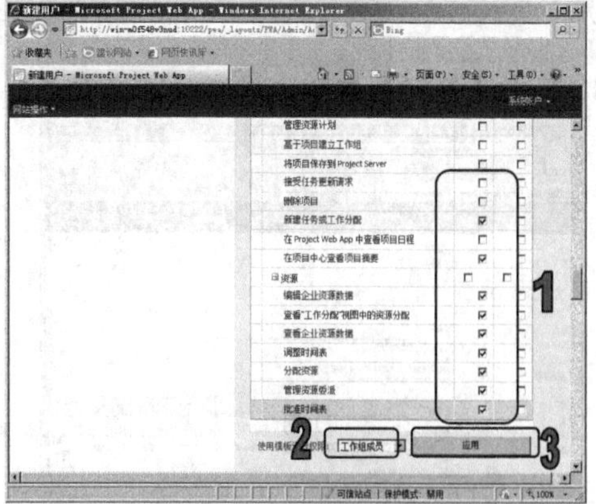

图 13-6　设置权限

(7) 在【全局权限】区域的【使用模板设置权限】下拉列表框中选择【工作组成员】，然后单击【应用】按钮，为用户设置全局权限，操作步骤如图 13-7 所示。

(8) 单击【保存】按钮，完成新建用户的操作，此时返回【管理 Project Web App 用户账户】页面，即可查看到新添加的用户，如图 13-8 所示。

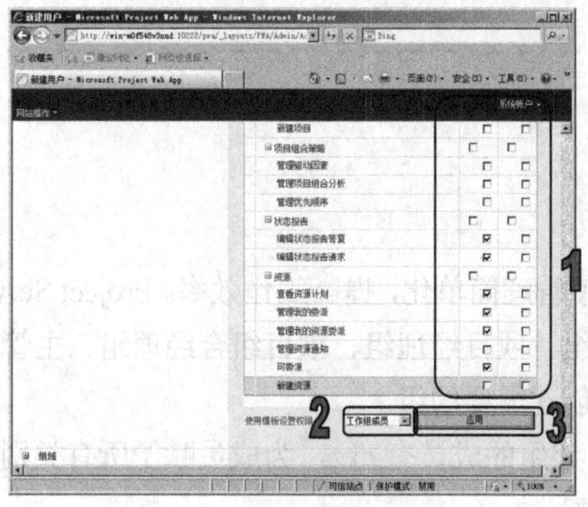

图 13-7　设置全局权限期

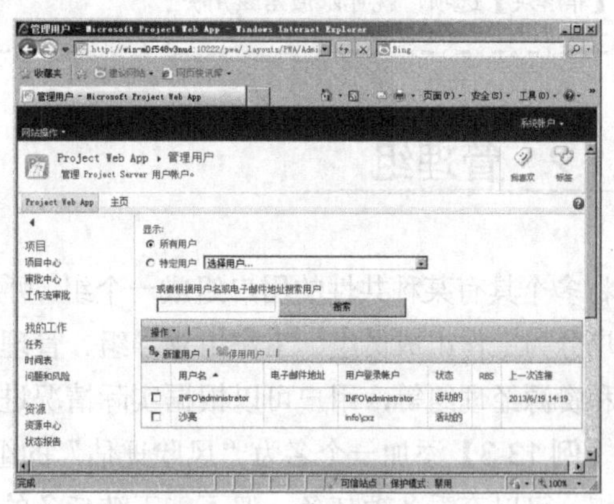

图 13-8　添加用户

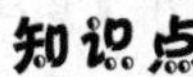

知识点

如果要将用户升为管理人员等，就需要修改 Project Server 中的用户信息。在打开的【管理 Project Web App 用户账户】页面中单击用户名，打开【编辑用户】页面，在该页面中可以编辑用户标识信息与权限。

2. 停用与激活用户

如果某用户调离了现有的工作岗位，为了防止泄露商业机密，可以停用该用户账户。如果停用的用户又重新回到了工作岗位，可以重新激活该账户。

【例 13-2】停用 cxz 用户账户。

(1) 打开【管理 Project Web App 用户账户】页面，选中【沙亮】前的复选框，如图 13-9 所示。

(2) 单击【停用用户】链接，打开如图 13-10 所示的信息提示框，询问用户是否确实要停用该账户。

(3) 单击【确定】按钮，用户的状态变为非活动，即停用了该账户。

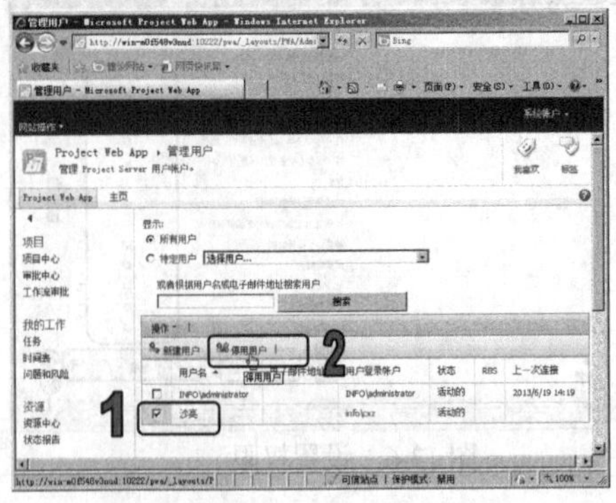

图 13-9　停用账户

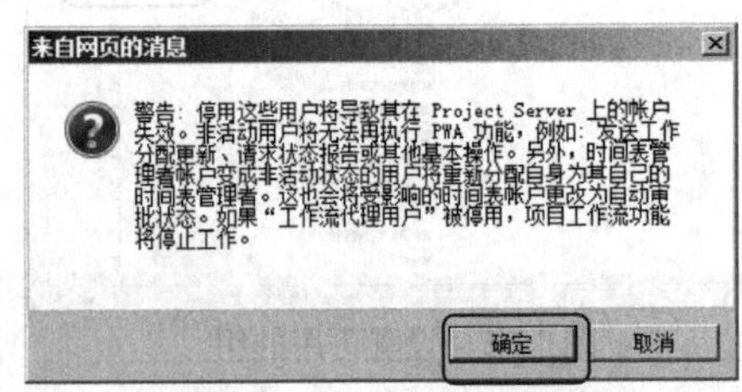

图 13-10　信息提示框

知识点

单击被停用的用户名，打开【编辑用户】页面，在【标识信息】区域的【账户状态】下拉列表框中选择【非解决】选项，就可以激活该用户。

13.1.2　管理组

将多个具有某种共性的用户组成一个组，可以使管理简单化，提高工作效率。Project Server 将用户分为工作组成员组、工作组领导组、管理员组、项目经理组、项目组合经理组、主管人员组和资源经理组等，用户可以根据实际情况进行创建需要的组。

【例 13-3】添加一个名为“风险评估”的组，该组的成员有 cxz，为成员赋予所有类别的访问权，可以查看各项任务，但不能干涉任务的分配。

(1) 打开【服务器设置】页面，在【安全性】区域中单击【管理组】链接，打开【管理组】页面，单击【新建组】链接，如图 13-11 所示。

(2) 打开【添加或编辑组】页面，在【组详细信息】区域的【组名称】文本框中输入“风险评估”，在【用户】区域的【可用用户】列表框中选择组成员选项，然后单击【添加】按钮，如图 13-12 所示。

(3) 在【类别】区域的【可用类别】列表框中选择一个类别，然后单击【全部添加】按钮，添加所有的类别，并进行授权，如图 13-13 所示。

(4) 在【全局权限】区域的【使用模板设置权限】下拉列表框中选择【工作组成员】，然后单击【应用】按钮，设置全局权限，如图 13-14 所示。

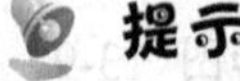

在【管理组】页面，选择某个工作组，单击【Active Directory 同步选项】按钮，可以设置 Project Sever 2010 与 Active Directory 同步。

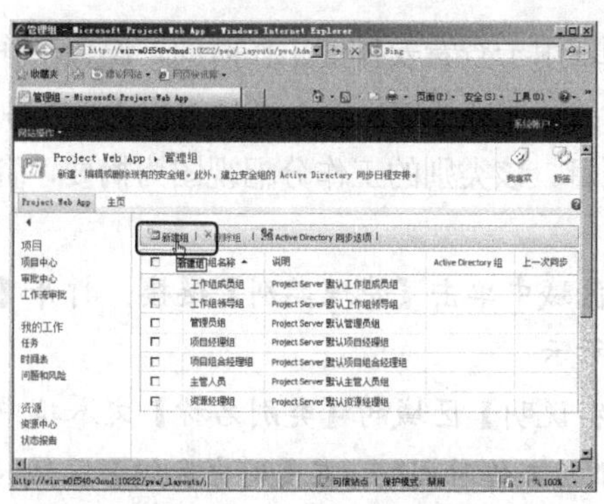

图 13-11　【管理组】页面

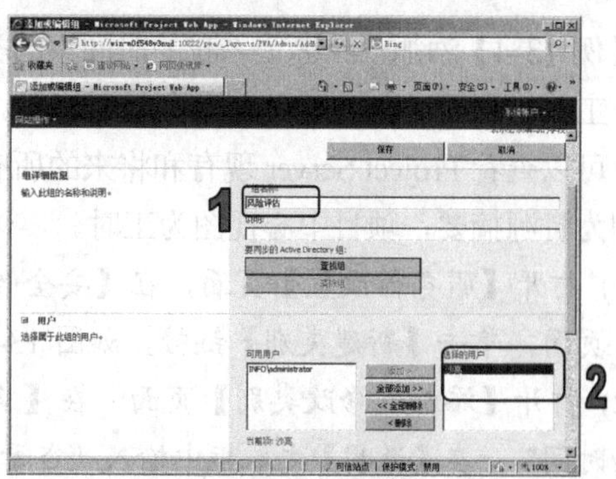

图 13-12　【添加或编辑组】页面

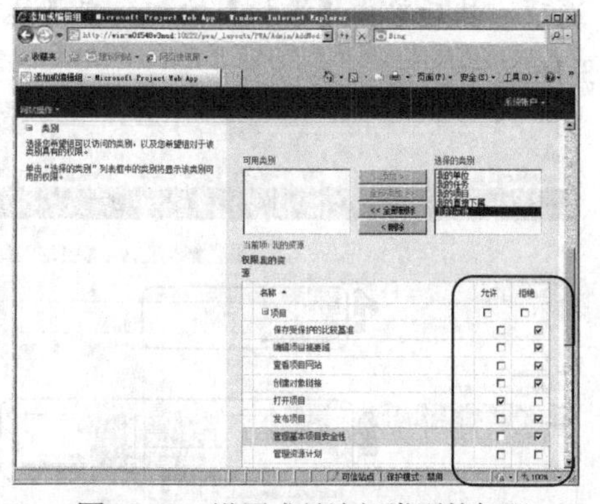

图 13-13　设置成员访问类别的权限

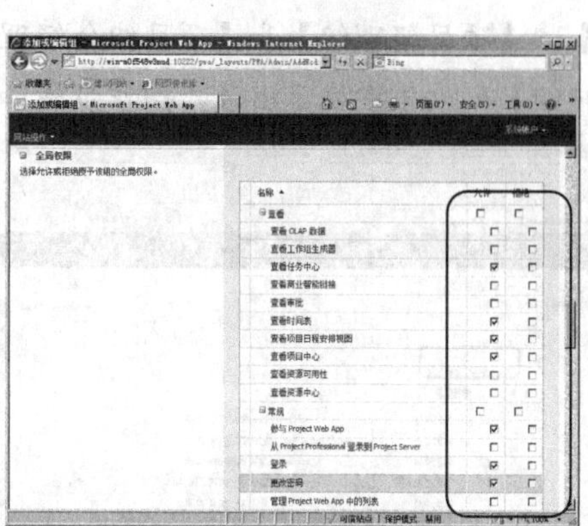

图 13-14　设置全局权限

(5) 单击【保存】按钮，保存组信息，完成组的设置。

知识点

如果组的名称、成员或权限发生了变化，需要在 Project Web App 中对该组进行修改。打开【管理组】页面，单击【动画制作】链接，打开【添加或编辑组】页面。在【可用用户】列表框中选择成员，单击【添加】按钮，添加用户。在【所选用户】列表框中选择要删除的成员，单击【删除】按钮，删除用户。另外，如果要删除某个组，可在【管理组】页面的列表框中选择要删除的工作组前面的复选框，然后单击【删除组】按钮即可。

13.1.3　设置管理类别

为了将 Project Server 的用户与其能查看到的项目、资源、任务和视图等数据对应起来，可以将该用户归属于某个类，从而继承该类的数据访问权限。

1. 新建类别

默认情况下，Project Server 包括我的单位、我的任务、我的项目、我的直接下属和我的资源 5 个类别。如果要为某一部分用户提供新的访问方式时，可以根据需要新建类别。

【例 13-4】添加一个名为“我的时间”的类别，用于查看安排的工作时间，设置工作组成员组、工作组领导组、管理员组、资源经理组、项目经理组和项目组合经理组属于该类别，这些用户可以查看 Project Server 现有和将来的所有项目。该类别的工作分配视图为摘要，资源中心视图为资源摘要，项目中心视图为工时。

(1) 打开【服务器设置】页面，在【安全性】区域中单击【管理类别】链接，打开【管理类别】页面，单击【新建类别】链接，如图 13-15 所示。

(2) 打开【添加或修改类别】页面，在【名称和说明】区域的【类别名称】文本框中输入“我的时间”，在【说明】文本框中输入“查看安排的工作时间”，在【用户和组】区域的【可用的用户和组】列表框中选择【工作组成员组】、【工作组领导组】、【管理员组】、【资源经理组】、【项目经理组】和【项目组合经理组】选项，然后单击【添加】按钮，在【具有权限的用户组】列表框中显示出来，操作步骤如图 13-16 所示。

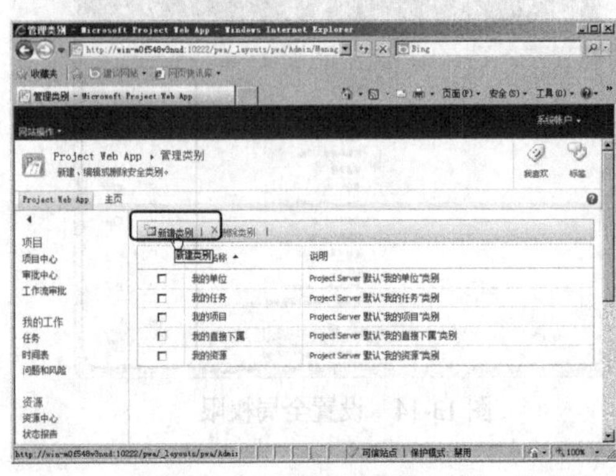

图 13-15　【管理类别】页面

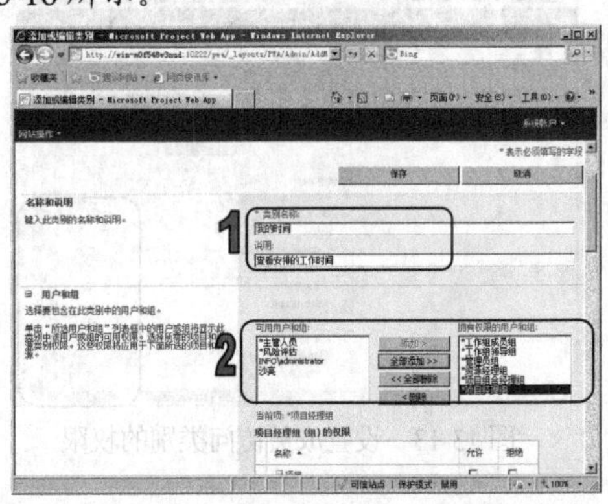

图 13-16　【添加或类别类别】页面

(3) 在【项目】区域中选中【Project Server 数据库中当前和将来的所有项目】单选按钮，如图 13-17 所示。

(4) 在【视图】区域的列表框中选中【工作分配工时】、【工作分配摘要】、【任务日程】和【任务工时】后面的复选框，如图 13-18 所示。

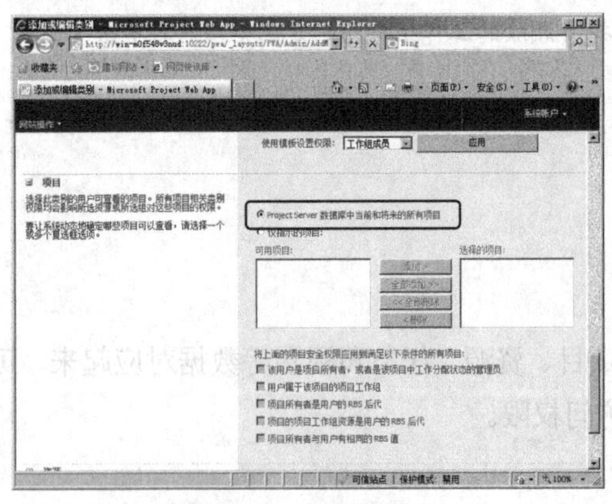

图 13-17　设置项目

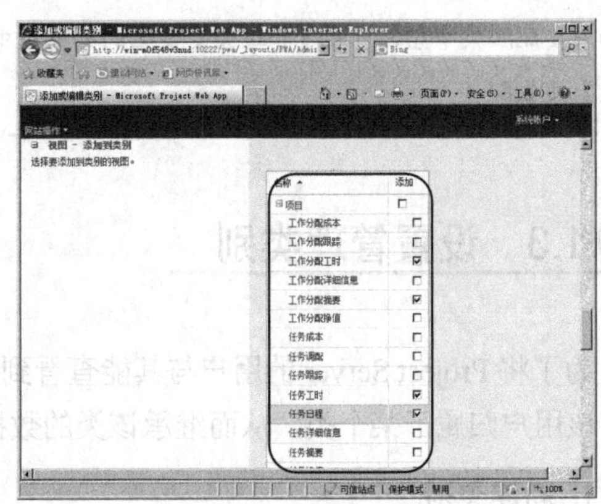

图 13-18　设置视图

(5) 单击【保存】按钮，保存类别信息，完成新建管理列表的设置。

2. 修改类别

如果类别的名称、说明文字、具有权限的用户或组、可查看的项目、可查看的资源和项目中心视图等信息发生了变化，就需要修改类别。

【例 13-5】将【我的时间】类别中的【管理员组】从具有权限的用户和组列表中删除，并取消查看任务日程视图的权限。

(1) 打开【服务器设置】页面，在【管理类别】列表框中单击【我的时间】链接，打开【添加或修改类别】页面。

(2) 在【用户和组】区域的【拥有权限的用户和组】中选择【管理员组】选项，然后单击【删除】按钮，将其删除，如图 13-19 所示。

(3) 使用同样的方法，删除查看项目中心视图的权限，如图 13-20 所示。

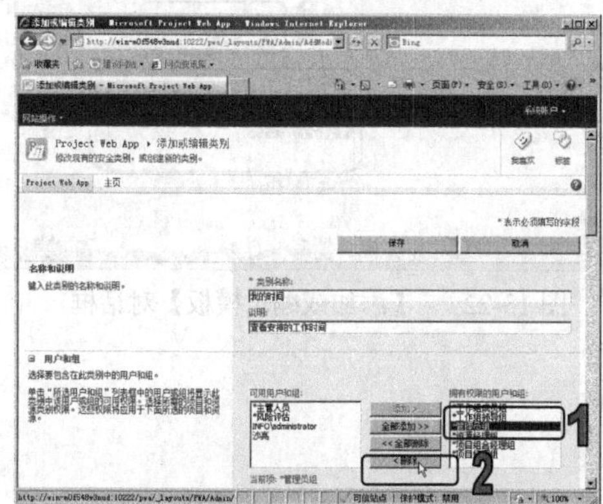

图 13-19　删除组

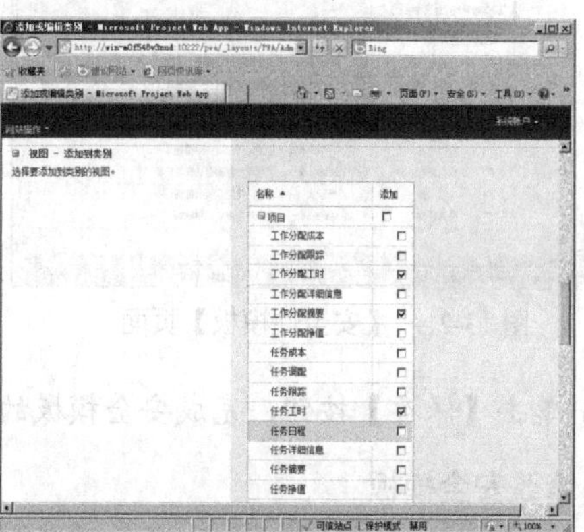

图 13-20　删除查看任务日程视图权限

(4) 单击【保存】按钮，保存类别信息，完成管理类别的修改操作。

3. 删除类别

如果在 Project Server 2010 中，添加的类别没有用或有冗余，应将其删除。要删除类别，只需在【管理类别】页面的列表框中选择要删除的类别前的复选框，然后单击【删除类别】按钮即可。

13.1.4　设置安全模式

在 Project Server 2010 中，可以将常用的权限组合到安全模板中，然后根据模板中设置的权限为用户、组和类别分配权限。

1. 新建安全模板

默认情况下，Project Server 提供了【工作组成员】、【工作组领导】、【管理员】、【建议审阅者】、【项目经理】、【项目组合管理】、【主管人员】和【资源经理】等 8 种安全模板。用户可以根据实际情况新建安全模板。

【例 13-6】在 Project Server 2010 中添加安全模板【监督组】，用于监督工作进程、资源分配。

(1) 打开【服务器设置】页面，在【安全性】区域中单击【管理安全模板】链接，打开【管理模板】页面，单击【新建模板】链接，如图 13-21 所示。

(2) 打开【添加或编辑模板】页面，在【模板名称】文本框中输入“监督组”，在【说明】文本框中输入说明性的文字，如图 13-22 所示。

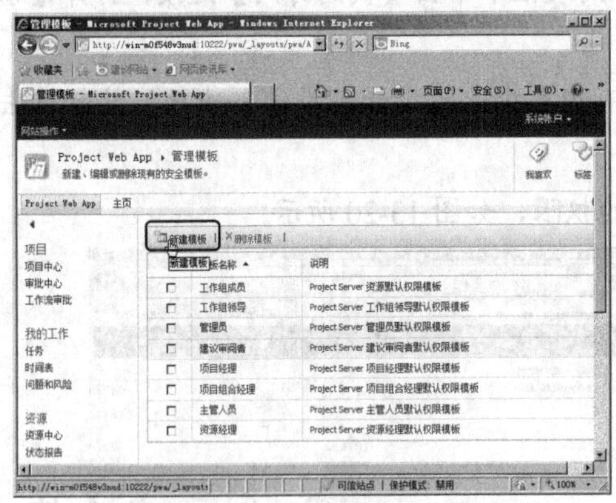

图 13-21　【安全性模板】页面

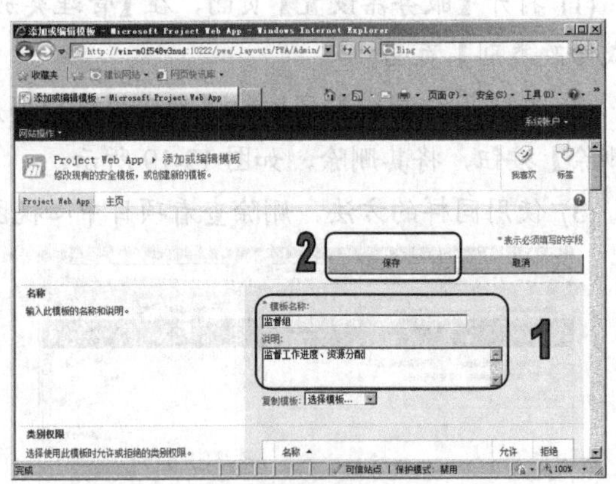

图 13-22　【添加或编辑模板】对话框

(3) 单击【保存】按钮，完成安全模板的新建。

2. 修改安全模板

若要设置或修改添加的安全模板的权限，需要修改安全模板。

【例 13-7】在安全模板【监督组】中，启用删除项目权限。

(1) 打开【服务器设置】页面，在【管理模板】列表框中单击【监督组】链接，打开【添加或编辑模板】页面。

(2) 在【类别权限】区域中选中【删除项目】右侧的【允许】复选框，如图 13-23 所示。

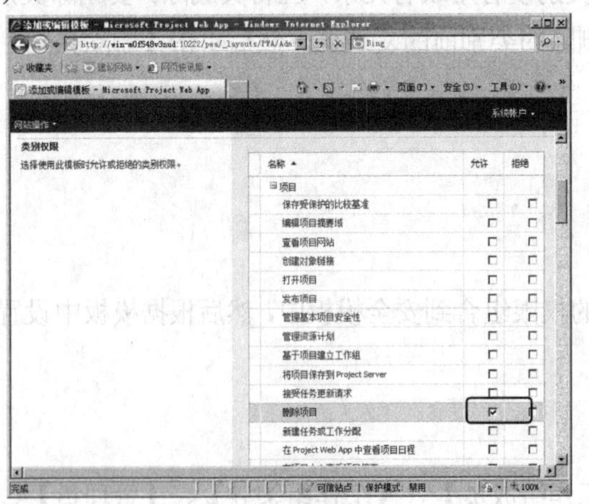

图 13-23　修改模板

知识点

安全模板是将权限进行预定义，当用户具有一特性时，调用该特性的模板就可以快速设置权限。

(3) 单击【保存】按钮，完成安全模板的修改操作。

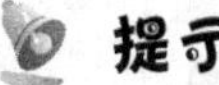

提示

如果在 Project Server 中，新建的安全模板不再使用时，则应将其删除。要删除安全模板，只需在【管理模板】页面的列表框中选择要删除的模板，然后单击【删除模板】按钮即可。

13.2　设置外观

在 Project Server 2010 中，可以自行设置 Project Web App 的外观，例如设置管理视图、分组格式、甘特图格式和快速启动等，使其满足不同习惯和需要。

13.2.1　管理视图

Project Server 2010 为特定的成员定义了特定的视图，方便查看项目中的信息。系统管理员通过新建、修改视图等操作来控制成员查看内容和范围。

1. 新建视图

Project Serer 提供了项目视图、项目中心视图、工作分配视图、资源分配视图、资源中心视图、我的工作视图、资源计划视图、工作组任务视图、工作生成器视图和时间表视图等 10 类视图。如果在企业中需要使用其他的视图，可自行添加。

【例 13-8】添加一个项目类型的视图，名称为“我的项目”，用于查看自己的任务及工作分配。除了显示任务名称、开始时间和完成时间外，还需要显示任务摘要名称、过度分配等内容。使用详细甘特图格式为默认的甘特图格式，指定视图的分组依据为任务名称，关键字为开始时间，此视图所属的类别为我的任务。

(1) 打开【服务器设置】页面，在【外观】区域中单击【管理视图】链接，打开【管理视图】页面，单击【新建视图】链接，如图 13-24 所示。

(2) 打开【新建视图】页面，在【名称和类型】区域的【视图类型】下拉列表框中选择【项目】选项，在【名称】文本框中输入“我的项目”，在【说明】文本框中输入“查看任务和工作分配”；在【表和域】区域中选中【工作分配】单选按钮，在【可用域】列表框中选择【任务摘要名称】和【过度分配】选项，然后单击【添加】按钮，将其添加到【要显示的域】列表框中，如图 13-25 所示。

(3) 在【设置视图格式】区域的【甘特图格式】下拉列表框中选择【详细甘特图(视图)】选项，在【分组主要依据】下拉列表框中选择【任务名称】选项，在【次要依据】下拉列表框中选择【开始时间】选项，如图 13-26 所示。

(4) 在【安全类别】区域的【可用类别】列表框中选择【我的任务】选项，然后单击【添加】按钮，将其添加到【此视图所属的类别】列表框中，如图 13-27 所示，

(5) 单击【保存】按钮，即可完成视图的新建。

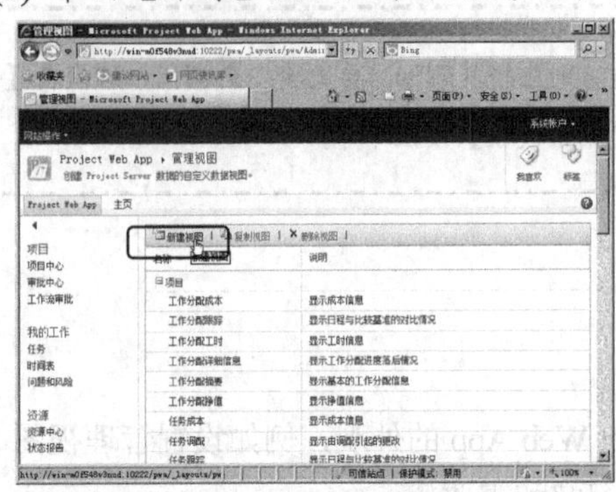

图 13-24 【管理视图】页面

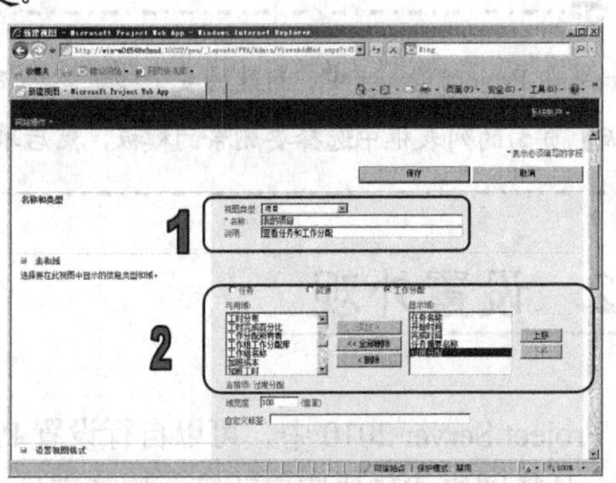

图 13-25 【新建视图】页面

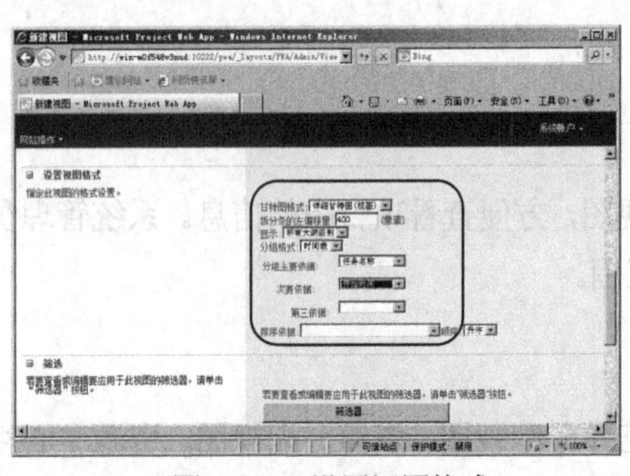

图 13-26 设置视图格式

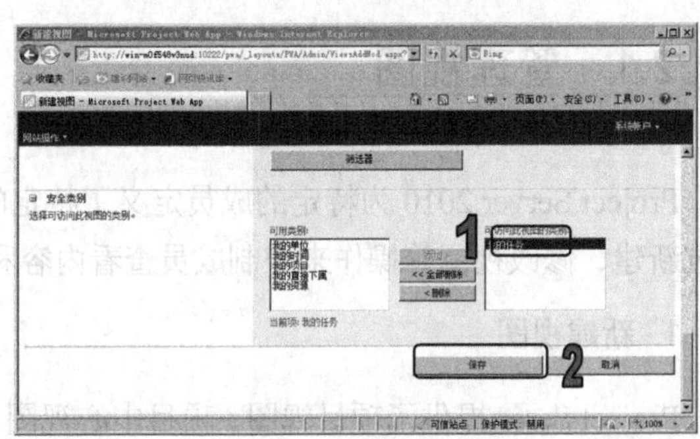

图 13-27 设置视图类别

2. 复制视图

如果需要添加一个与现有视图相同的视图，可使用复制视图的方法来快速地添加。

【例 13-9】以【我的项目】视图为蓝本，复制一个名为项目副本的视图。

(1) 打开【服务器设置】页面，在【外观】区域中单击【管理视图】链接，打开【管理视图】页面，在列表框中选择【我的项目】选项。

(2) 单击【复制视图】按钮，打开【复制视图】对话框，在【名称】文本框中输入"我的项目副本"，单击【确定】按钮，如图 13-28 所示。

(3) 此时在【管理视图】页面的列表框中将出现复制的视图，效果如图 13-29 所示。

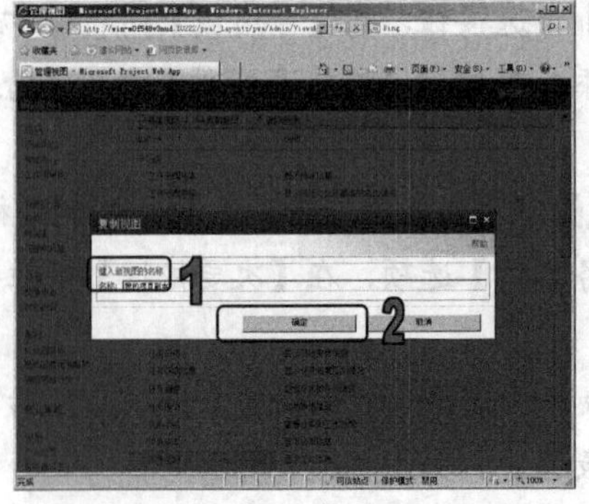

图 13-28 【复制视图】对话框

图 13-29 复制视图

提示

复制的视图名称不能与原视图的名称相同，否则系统将无法进行识别。

3. 编辑视图

如果对所添加的视图不满意，或需要对复制的视图进行局部修改，可对视图进行编辑操作。例如，要将【我的项目副本】视图的甘特图格式设置为【跟踪甘特图】，可在【管理视图】页面的列表框中单击【我的项目副本】链接，打开【编辑视图】页面，在【甘特图格式】下拉列表框中选择【跟踪甘特图】选项，如图 13-30 所示，然后单击【保存】按钮，即可完成视图的编辑操作。

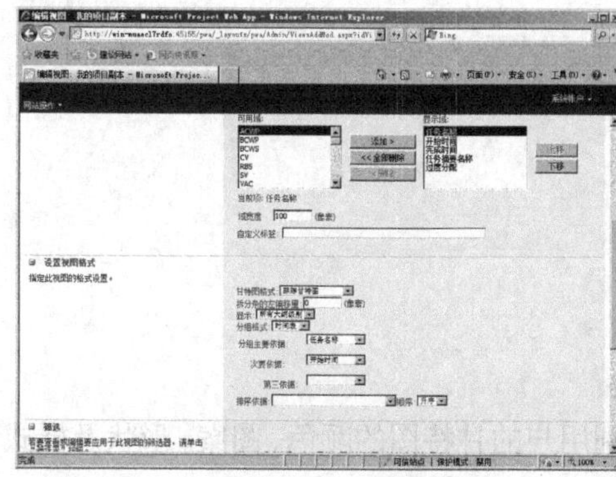

图 13-30 修改视图

知识点

在添加视图时可以选择视图类型，但在修改视图时，不能对视图类型进行修改。因此在最初添加视图时一定要明确视图的类型。

4. 删除视图

如果在 Project Server 2010 中，添加的视图不再使用时，应将其删除。要删除视图，只需要在【管理视图】页面的列表框中选择要删除的视图，然后单击【删除视图】按钮即可。

13.2.2 设置分组格式

在【项目中心】、【资源中心】、【项目】和【工作分配】视图中对任务和资源信息进行分组时，这些视图内的信息行(或级别)显示的方式可以进行更改。通过更改这些分组的级别外观，可以突出显示特定信息。

【例 13-10】将【时间表】分组格式中级别为 2 的单元格颜色改为【灰色】，并更改单元格模式。

(1) 打开【服务器设置】页面，在【外观】区域中单击【分组格式】链接，打开【分组格式】页面。

(2) 选中【时间表】分组格式的级别 2 所对应的【单元格颜色】单元格，在该单元格中将出现按钮▼，单击该按钮，在弹出的列表框中选择【浅灰色】选项，使用同样的方法更改字体颜色，如图 13-31 所示。

(3) 单击【保存】按钮，打开信息提示框，提示已成功更新分组格式，如图 13-32 所示。

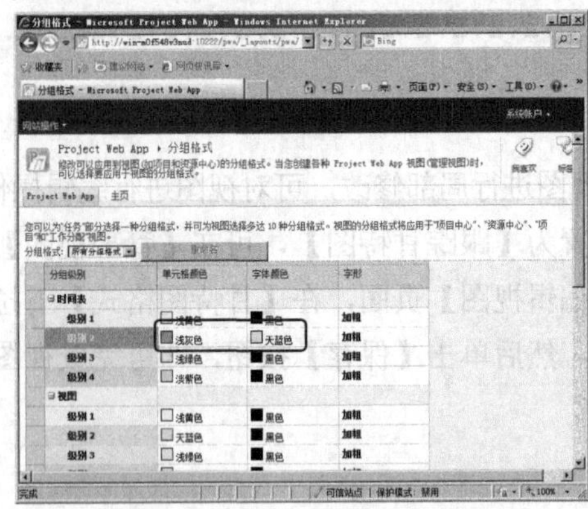

图 13-31 【分组格式】页面

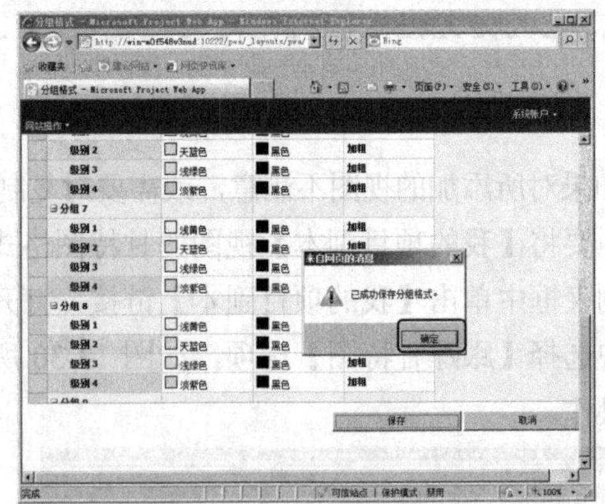

图 13-32 信息提示框

(4) 单击【确定】按钮，完成分组格式的设置。

13.2.3 设置甘特图格式

在 Project Server 2010 中，可以自定义组或各类别用户的甘特图的颜色、图案、形状及样式。并且所做的修改将影响 Project Web App 中的甘特图。

【例 13-11】将【个人甘特图(任务)】甘特图中里程碑的条形图颜色设置为红色。

(1) 打开【服务器设置】页面，在【外观】区域中单击甘特图格式链接，打开【甘特图格式】页面。

(2) 在【个人甘特图(任务)】列中【里程碑】行对应的【条形图颜色】单元格中选择【红】选项，如图 13-33 所示。

(3) 单击【保存】按钮，打开如图 13-34 所示的信息提示框，然后单击【确定】按钮，就可以完成甘特图格式的设置。

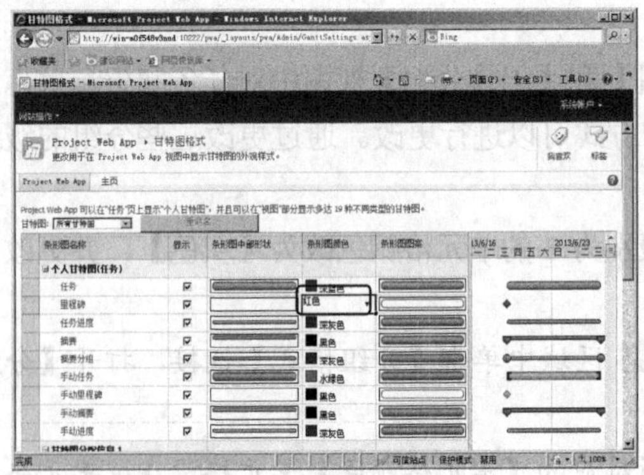

图 13-33 【甘特图格式】页面

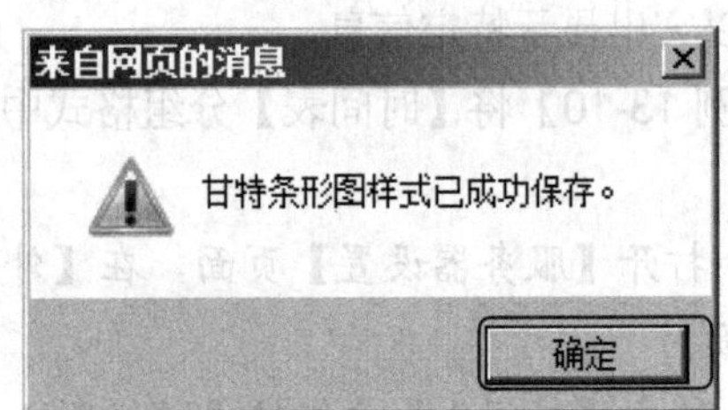

图 13-34 信息提示框

13.2.4　设置快速启动

快速启动包含指向 Microsoft Office Project Web App 中的页、列表和库的链接。可以在其中添加或更改链接，实现更方便地导航。

【例 13-12】在主页中添加【清华文康】链接，其 URL 地址为 http://www.tupwk.com.cn/。

(1) 打开【服务器设置】页面，在【外观】区域中单击【快速启动】链接，打开【编辑快速启动】页面。

(2) 在【设置菜单项详细信息】选项区域中，单击【新建编辑】链接，如图 13-35 所示。

(3) 打开【添加或编辑链接】页面，在【自定义链接名称】文本框中输入“清华文康”，在【自定义 Web 地址】中输入 http://www.tupwk.com.cn，如图 13-36 所示。

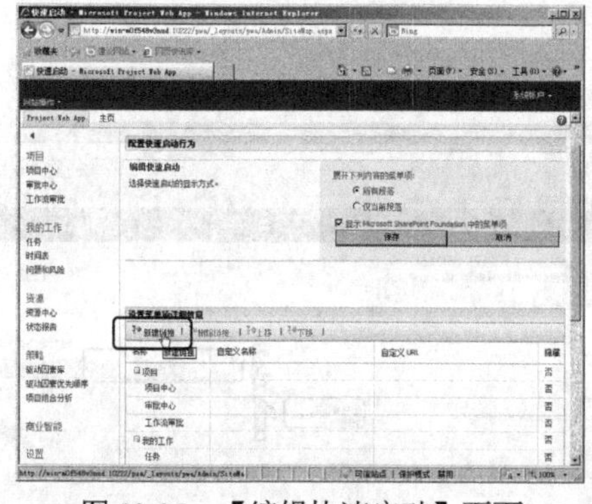

图 13-35　【编辑快速启动】页面

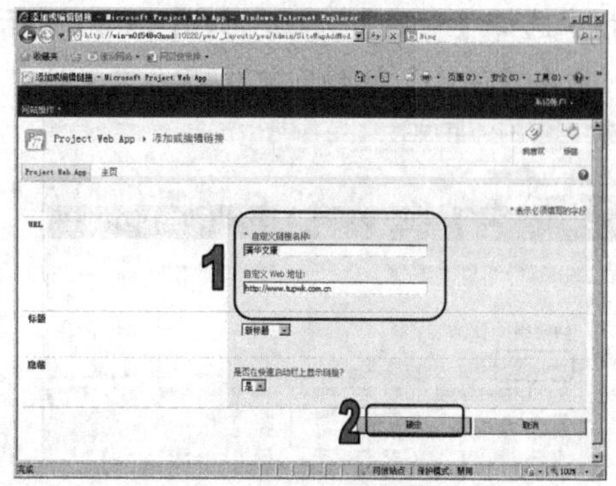

图 13-36　【添加或编辑链接】页面

(4) 单击【确定】按钮，保存设置。重新返回主页可看到添加的链接，如图 13-37 所示。

(5) 单击所添加的链接，可打开网页，效果如图 13-38 所示。

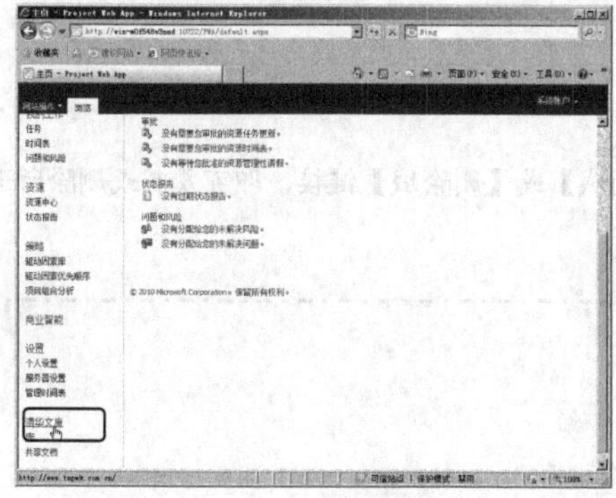

图 13-37　编辑链接

图 13-38　打开链接页面

13.3　设置企业数据

Project Server 提供的企业数据管理功能不仅可以将自定义域添加到项目中，还可以设置企业的日历格式，查看企业资源信息等。

13.3.1 设置企业自定义域

在 Project Web App 中可以创建或修改自定义域，并将这些域应用到项目中，以帮助工作组成员查看和使用。

【例 13-13】新建一个资源使用状况域。

(1) 打开【服务器设置】页面，在【企业数据】区域中单击【企业自定义域和查阅表格】链接，打开【企业自定义域】页面，单击【新建域】链接，如图 13-39 所示。

(2) 打开【新建自定义域】页面，在【名称】文本框中输入“使用状况”，在【实体】下拉列表框中选择【资源】选项，如图 13-40 所示。

(3) 单击【保存】按钮即可保存自定义域。

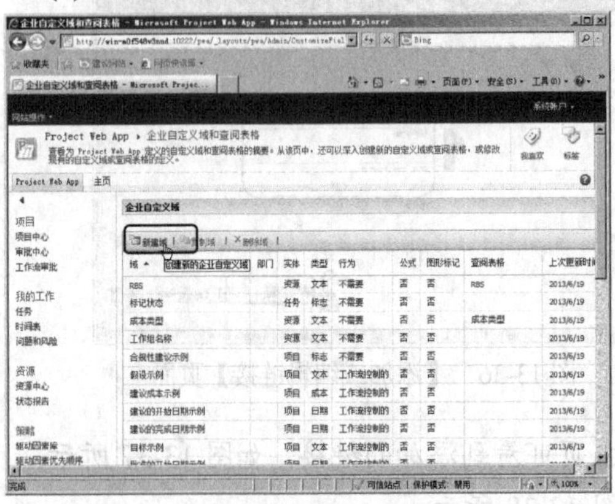

图 13-39 【自定义域和查阅表格】页面

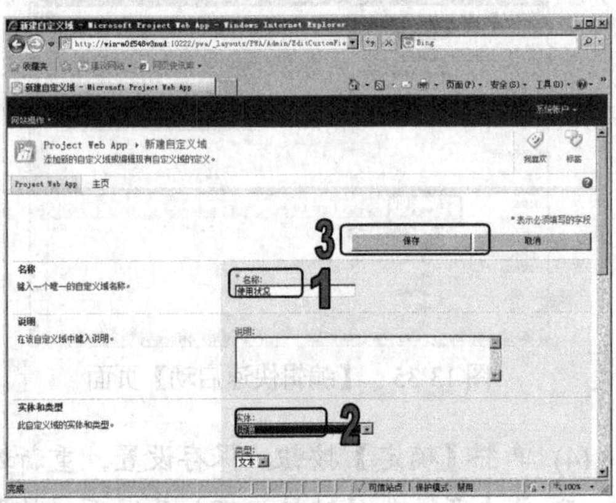

图 13-40 【新建自定义域】页面

提示

在企业自定义域列表框中，选择某个域，单击【复制域】或【删除域】链接，即可复制或删除所选择的域。

13.3.2 设置企业日历

在 Project Web App 中，可以很方便地设置企业日历，更改日历的格式等。

【例 13-14】新建企业日历。

(1) 打开【服务器设置】页面，在【企业数据】区域中单击【企业日历】链接，打开【企业日历】页面，单击【新建日历】链接，如图 13-41 所示。

(2) 系统将自动启动 Project 2010 程序，并打开【更改工作时间】对话框，在其中设置日历名称、例外日期与工作周，如图 13-42 所示。

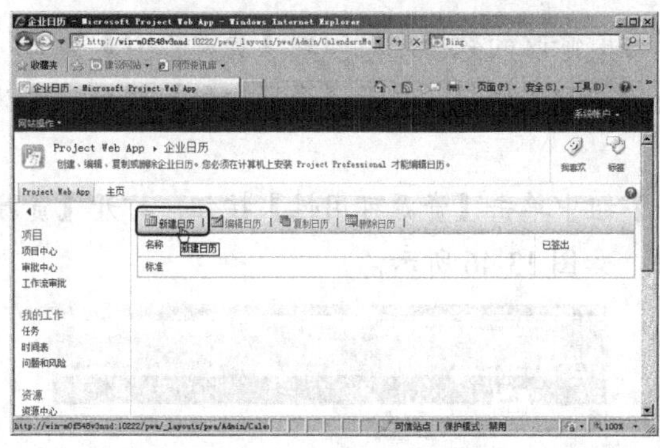

图 13-41　【企业日历】页面

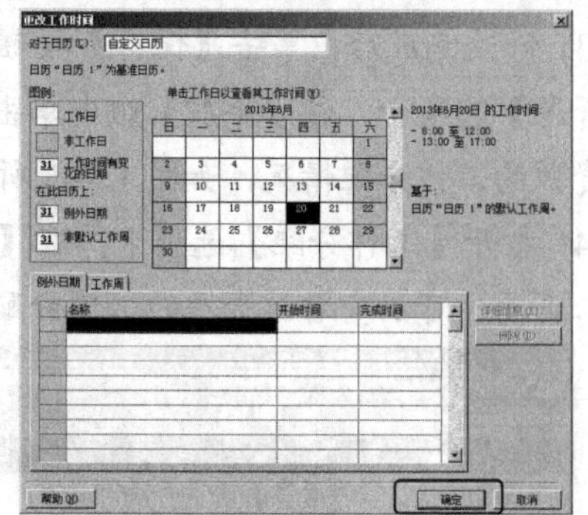

图 13-42　【更改工作时间】对话框

(3) 单击【确定】按钮，即可完成企业日历的设置。

13.3.3　设置资源中心

在 Project Web App 中，可以很方便地查看所有的资源，并且可以对资源进行编辑，查看其工作分配和可用性。

【例 13-15】编辑资源【理赔人】，并且查看其工作分配和可用性。

(1) 打开【服务器设置】页面，在【企业数据】区域中单击【资源中心】链接，打开【资源中心】页面，在列表中选择资源【理赔人】，打开【资源】选项卡，在【编辑】组中单击【编辑资源】按钮，如图 13-43 所示。

(2) 打开【编辑资源：理赔人】页面，如图 13-44 所示，其操作与修改用户的操作基本类似，可以根据需要进行编辑。

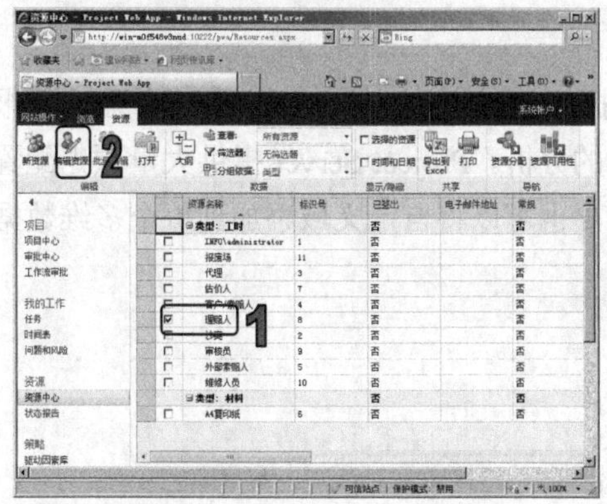

图 13-43　【资源中心】页面

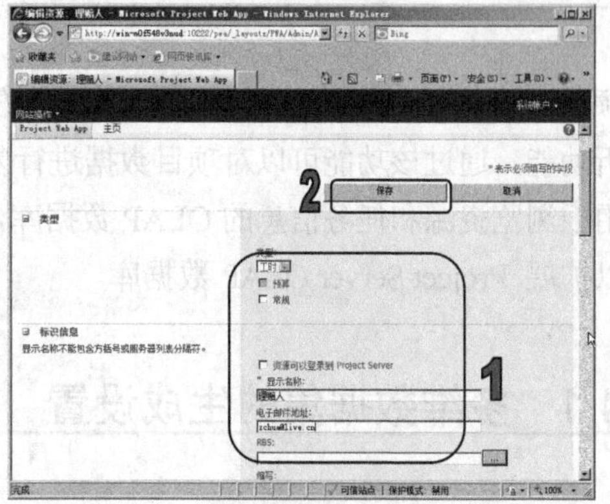

图 13-44　【编辑资源：理赔人】页面

知识点

在【资源中心】页面，打开【资源】选项卡，在【编辑】组中单击【新资源】按钮，可以新建企业资源，其方法与新建用户的方法类似。另外，要查看本实例中资源，必须先发布项目文档，发布项目文档的方法请查看本书的第 14 章。

(3) 修改完成后，单击【保存】按钮，保存所修改的数据，返回到【资源中心】页面，打开【资源】选项卡，在【导航】组中单击【资源分配】链接，打开【资源分配】页面，可以查看该资源的工作分配情况，如图 13-45 所示。

(4) 打开【工作分配】选项卡，在【导航】组中单击【资源可用性】按钮，打开【资源可用性】页面，可以查看该资源的工作分配情况，如图 13-46 所示。

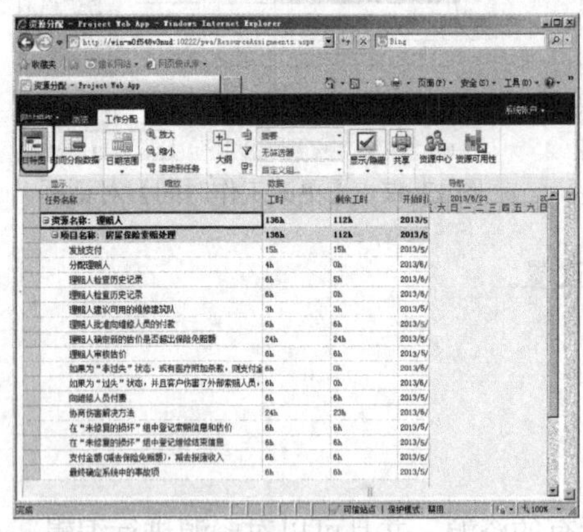

图 13-45 【资源分配】页面

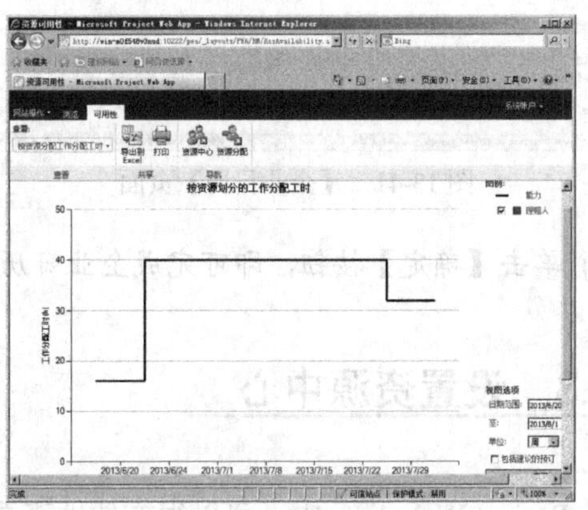

图 13-46 【资源可用性】页面

提示

在【服务器设置】页面的【企业数据】区域中单击【关于 Project Server】链接，打开【关于 Project Server】页面，可以查看当前 Project Server 活动用户账户数。

13.4 管理多维数据库

项目组合分析器联机分析处理(OLAP)多维数据库是 Project Web App 中一个强大的报告和分析功能，通过该功能可以对项目数据进行复杂的分析。Project Server 提供大量预先配置好的可用于浏览资源和任务信息的 OLAP 数据库，用户也可以将自定义域添加到每个多维数据集中，以扩展 Project Server OLAP 数据库。

13.4.1 多维数据集的生成设置

通过资源可用性多维数据集在指定的日期范围内查看所有企业资源的详细信息，通过 OLAP 数据库使用【项目组合分析器】视图显示数据。

【例 13-16】创建一个名为 cxz 的 OLAP 数据库，设置其日期范围为项目最早开始时间和最晚完成时间，检索今后四周日期范围内的资源可用性信息。

(1) 打开【服务器设置】页面，在【数据库管理】区域中单击【OLAP 数据集管理】链接，打开【OLAP 数据库管理】页面，在列表框中单击【数据库名称】链接。

(2) 打开【OLAP 数据库生成设置】页面，在【Analysis Services 服务器】文本框中输入 info，在【要创建的 Analysis Services 数据库】文本框中输入 cxz，选中【使用项目最早开始时间和最晚完成时间】单选按钮，操作界面如图 13-47 所示。

(3) 按照图13-48 所示设置资源可用性的日期范围和更新频率，单击【保存】按钮，开始生成 OLAP 数据库。

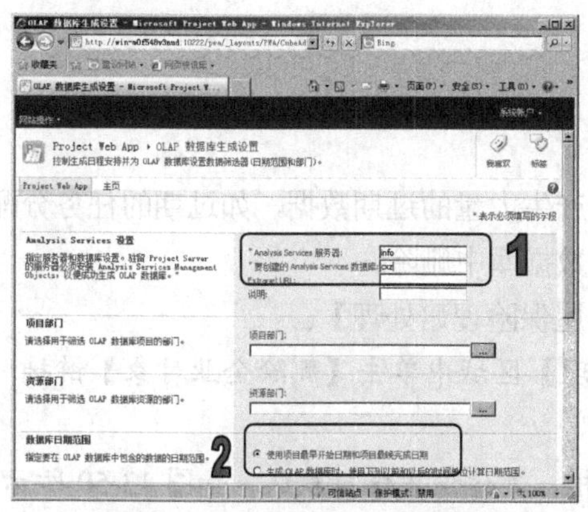

图 13-47 设置名称和日期范围

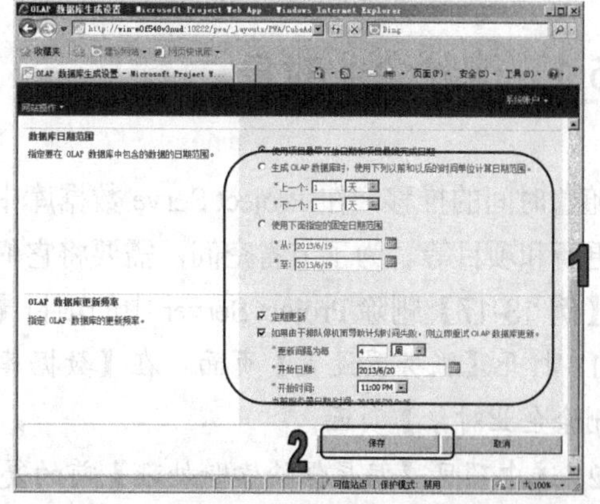

图 13-48 设置资源可性的日期和更新频率

(4) 返回【OLAP 数据库管理】页面上单击【生成状态】链接，即可打开页面查看 OLAP 数据库的生成状态。

13.4.2 配置多维数据集

用户可以将组织的自定义域应用于预定义的 OLAP 数据库，以便其显示工作组成员进一步分析数据所需的信息。在【服务器设置】页面单击【OLAP 数据库管理】链接，然后在打开的【OLAP 数据库管理】页面中单击【配置】链接，打开【多维数据集配置】页面，可以将自定义域作为维度或度量值添加到与所选实体相关的多维数据集，也可通过添加计算度量值来自定义，如图 13-49 所示。

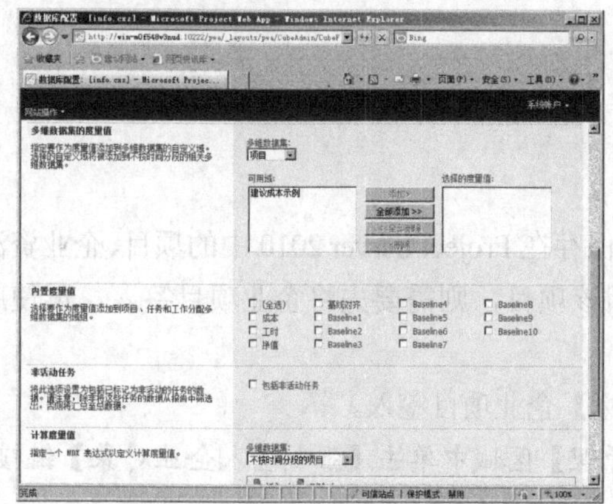

图 13-49 设置名称和日期范围

提示

在【计算度量值】区域中单击【插入】按钮，在【MDX 表达式】下输入定义成员的 MDX 脚本，可以进一步自定义多维数据集的域。

13.5 数据库管理

保存在 Project Serve 2010 中的数据其实都保存在 Project Serve 数据库中，为了能更好地利用数据库，需要定期整理，例如删除过期的数据，备份日程安排等重要数据。

13.5.1 删除企业对象

随着时间的推移，在 Project Serve 数据库中将产生大量的过期数据，如过期的任务分配、任务更新和项目等。为了节省空间，需要将它们从数据库中删除。

【例 13-17】删除 Project Server 中的项目【房屋保险理赔处理】。

(1) 打开【服务器设置】页面，在【数据库管理】区域中单击【删除企业对象】链接，打开【删除企业对象】页面。

(2) 选中项目【房屋保险索赔处理】前的复选框，其他设置保持默认，如图 13-50 所示。

(3) 单击【删除】按钮，打开信息提示框，询问用户是否确定要删除选择的内容，如图 13-51 所示。单击【确定】按钮即可。

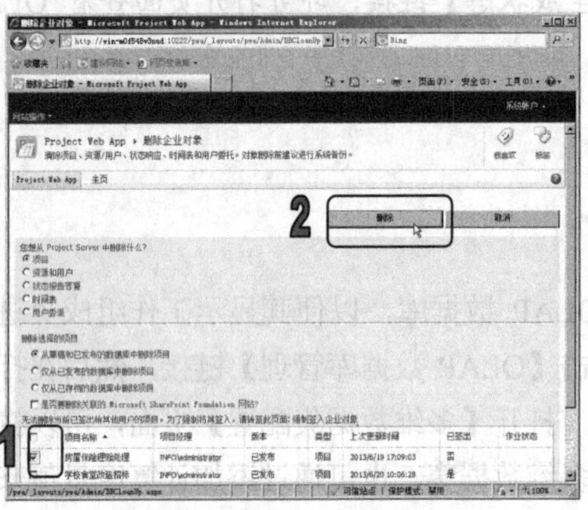

图 13-50 【删除企业对象】页面

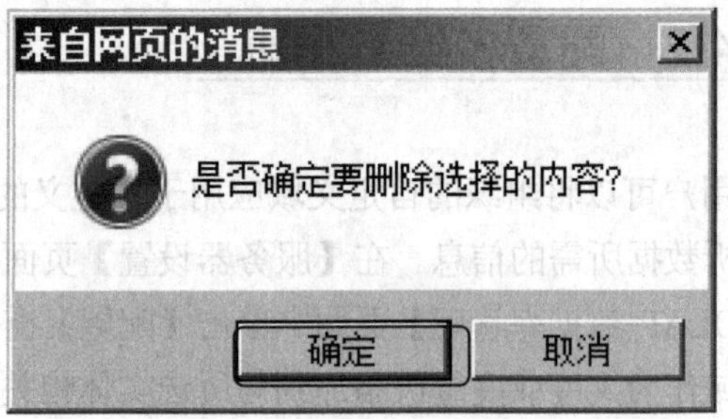

图 13-51 信息提示框

13.5.2 强制签入企业对象

签入企业对象是指其他用户以读写方式打开保存在 Project Server 2010 中的项目、企业资源库或自定义域等。如果系统管理员现在需要使用该项目，则需要先将企业项目签入，再使用 Project Professional 2010 签出项目。

【例 13-18】将已签出的【学校食堂改造招标】企业项目签入。

(1) 打开【服务器设置】页面，在【数据库管理】区域中单击【强制签入企业对象】链接，打开【强制签入企业对象】页面。

(2) 在列表框中选中【学校食堂改造招标】项目前的复选框，单击【签入】按钮，如图 13-52 所示。

(3) 此时将自动打开如图 13-53 所示的信息提示框，询问是否需要签入项目，单击【确定】按钮，完成企业项目的签入。

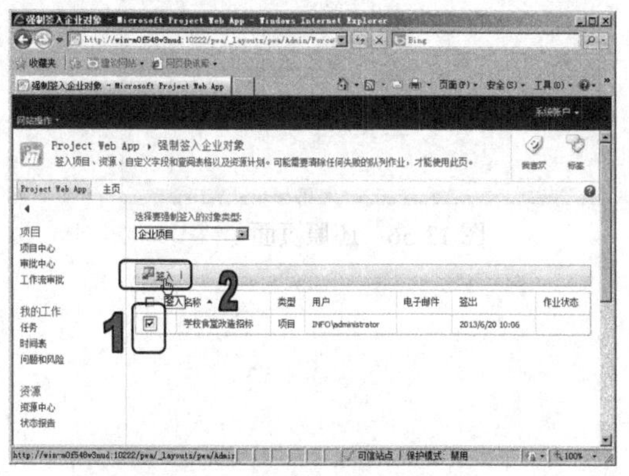

图 13-52　【强制签入企业对象】页面

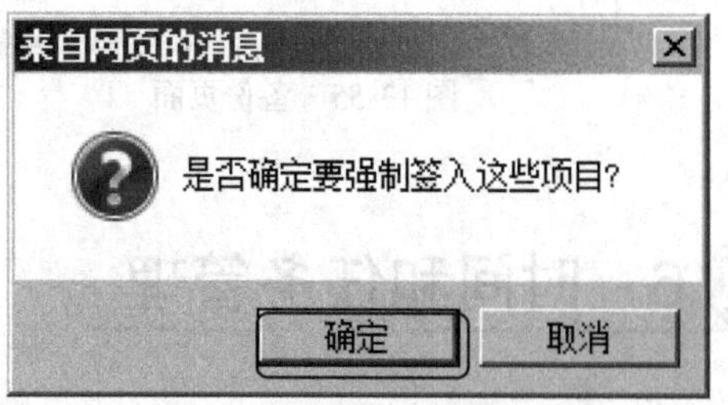

图 13-53　信息提示框

13.5.3　备份与还原

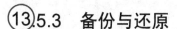

虽然 Project Server 具有强大的数据管理功能，但仍需要保持所设置的数据。为了解决上述问题，Project Server 提供了恢复与备份数据的功能。在 Project Web App 中，可以很方便地备份和还原某些数据。

在【服务器设置】页面的【数据库管理】区域中，单击【每日日程安排备份】链接，打开【每日备份计划】页面，可以设置每日备份计划以支持项目级别还原，如图 13-54 所示。

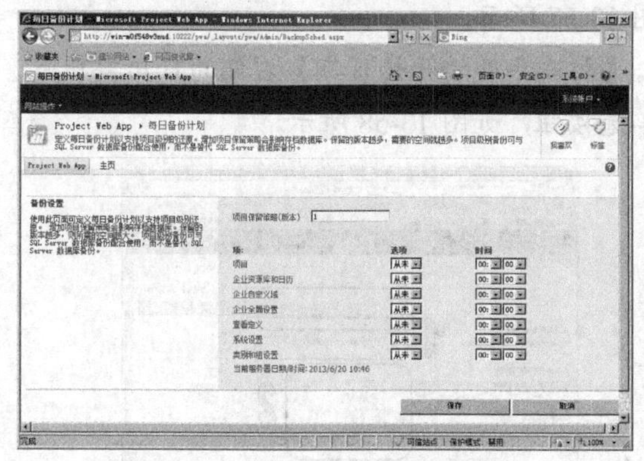

图 13-54　【每日备份计划】页面

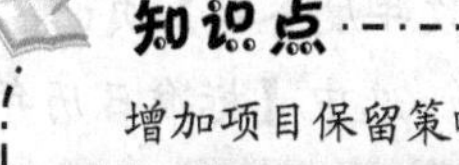

知识点

增加项目保留策略会影响存档数据库。保留的版本越多所需的空间越大。项目级别备份可与 SQL Server 数据库备份配合使用，而不是替代 SQL Server 数据库备份。

在【服务器设置】页面的【数据库管理】区域中，单击【管理性备份】链接，打开【管理性备份】页面，可以选择要备份的项，单击【备份】按钮，即可进行备份，如图 13-55 所示。

在【服务器设置】页面的【数据库管理】区域中，单击【管理性还原】链接，打开【管理性还原】页面，可以还原以前所删除的数据，单击【还原】按钮即可，如图 13-56 所示。

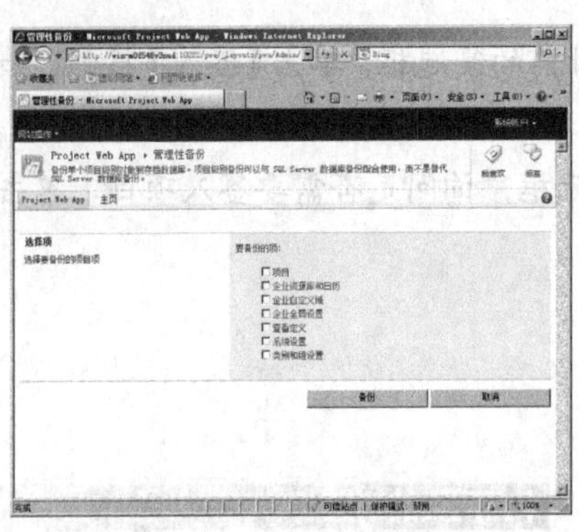
图 13-55　备份页面

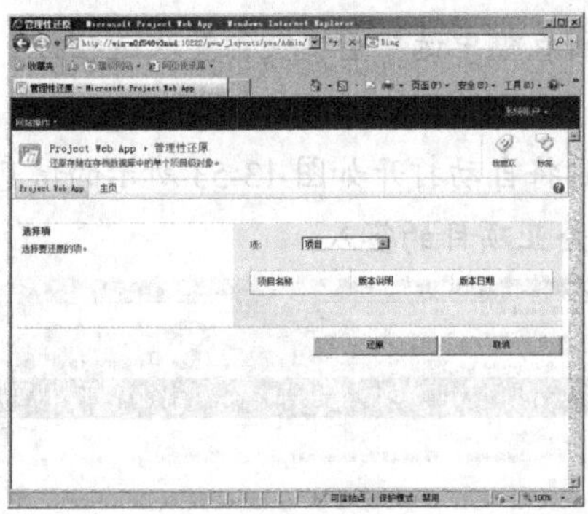
图 13-56　还原页面

13.6　时间和任务管理

在 Project Web App 主页中，还具有管理时间和任务的功能。工作组成员要记录时间表工时或任务状态，首先必须设置时间表或任务状态。通过设置时间和任务，帮助用户根据公司财务犯规与项目自身特点设置准确的财务时间与阶段。

13.6.1　设置财政周期

项目成本与会计财务有着紧密的联系，因此在Project Server中设置财政周期可以方便记账。

【例 13-19】创建财政周期，定义开始日期为 2013 年 5 月 1 日。

(1) 打开【服务器设置】页面，在【时间和任务管理】区域中单击【财政周期】链接，打开【财政财期】页面，单击【定义】按钮，如图 13-57 所示。

(2) 打开【定义财政年度参数】页面，单击【财政年度的开始日期】右侧的日历按钮，设置财政年度开始日期，选中【标准日历年】单选按钮，如图 13-58 所示。

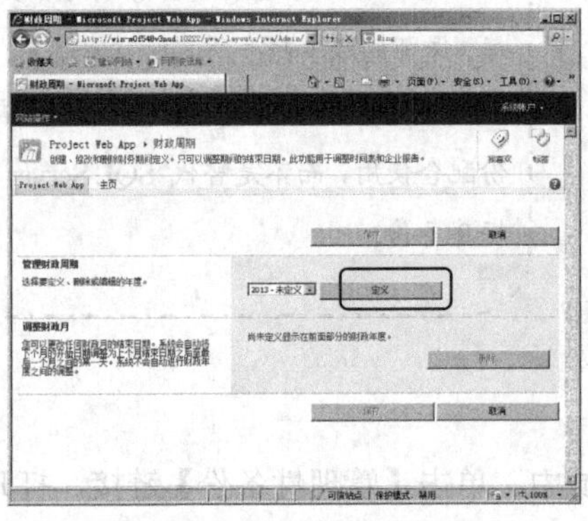
图 13-57　【财政周期】页面

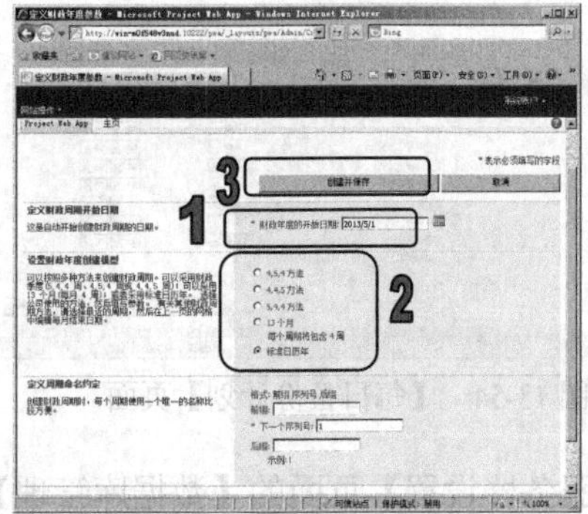

图 13-58　【定义财政年度参数】页面

(3) 单击【创建并保存】按钮，返回【财政周期】页面，显示所创建的财政周期，如图 13-59

所示。然后单击【保存】按钮即可。

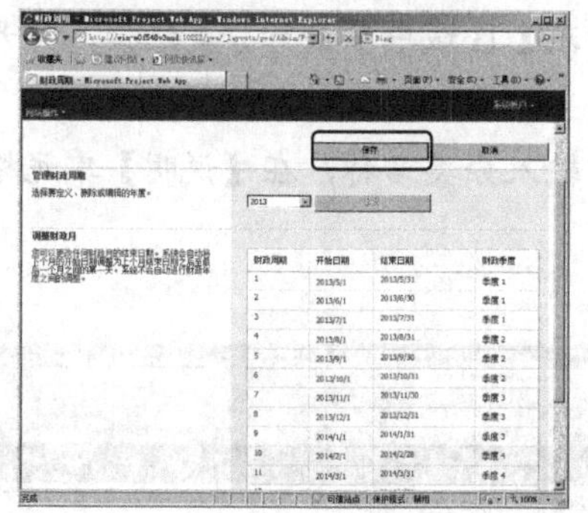

图 13-59　创建的财政周期

提示

在【财政周期】列表中选择某个周期，然后单击【删除】按钮，可以删除周期，再单击【定义】按钮重新定义周期。

13.6.2　设置时间报告阶段

通过创建时间报告阶段，可以设置工作组成员选择和报告时间所依据的阶段。

【例 13-20】创建时间报告阶段，定义开始日期为 2013 年 5 月 31 日，时间段长度为 7 天。

(1) 打开【服务器设置】页面，在【时间和任务管理】区域中单击【时间报告阶段】链接，打开【时间表阶段】页面。

(2) 单击日历按钮▦，选择第一个时间段的开始的日期，在【键入标准时间段长度(天)】文本框中输入 7，如图 13-60 所示。

(3) 单击【批量创建】按钮，就可以批量创建时间表阶段，如图 13-61 所示。然后单击【保存】按钮，保存创建的时间表阶段。

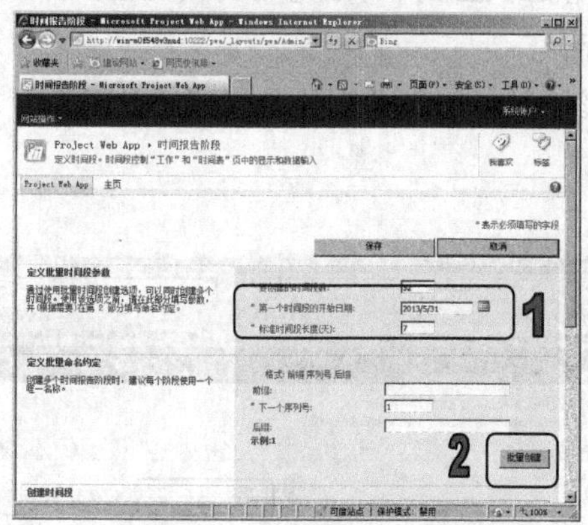

图 13-60　【时间表阶段】页面

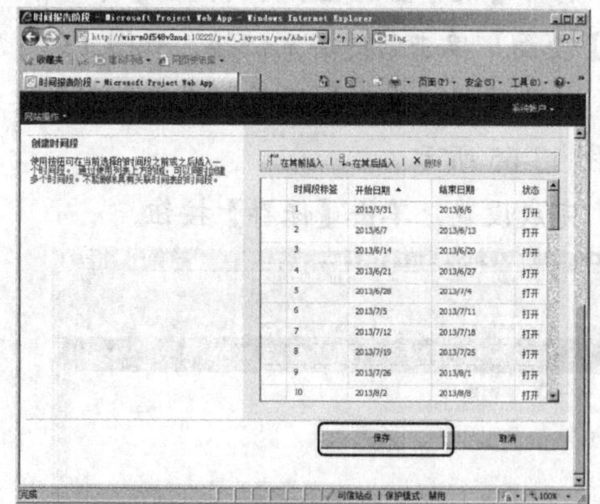

图 13-61　创建批量时间报告阶段

13.6.3　设置行分类

行分类是为了业务目的或记账需要而建立的，可以重复时间表行。

【例 13-21】创建行分类，并输入行分类说明。

(1) 打开【服务器设置】页面，在【时间和任务管理】区域中单击行分类链接，打开【行分类】页面单击新建分类链接，如图 13-62 所示。

(2) 打开【新建分类】页面，在【名称】单元格中输入分类名称，在【说明】单元格中输入分类说明，如图 13-63 所示。

(3) 单击【保存】按钮，保存设置的行分类。

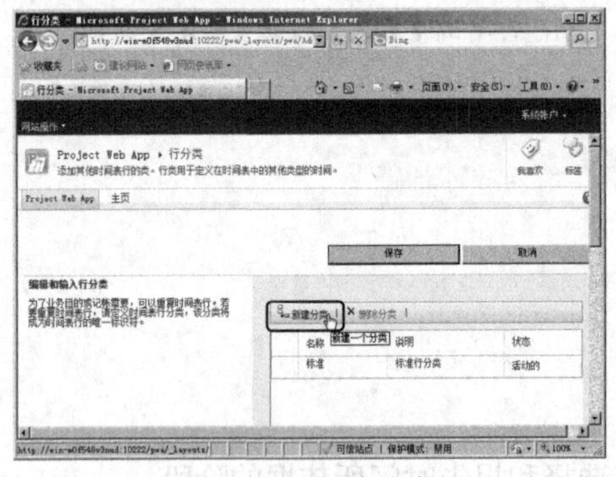

图 13-62 新建分类

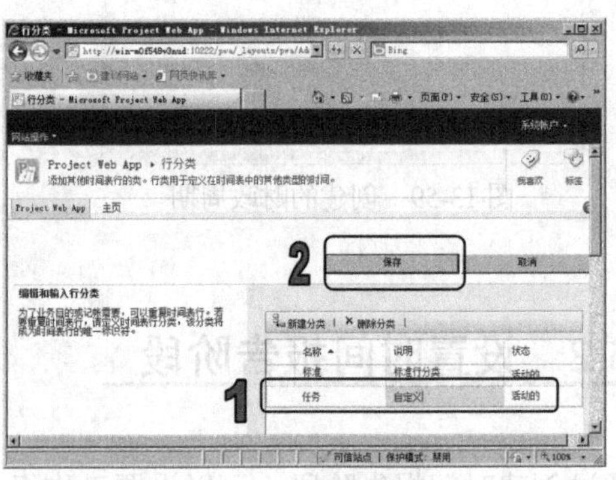

图 13-63 设置行分类

13.6.4 管理时间

通过管理时间，可以跟踪例外时间与非项目时间。

【例 13-22】通过新建类别【加班】来管理时间。

(1) 打开【服务器设置】页面，在【时间和任务管理】区域中单击管理时间链接，打开【管理时间】页面，单击新建类别链接，如图 13-64 所示。

(2) 打开【新建类别】页面，在【类别】单元格中输入“加班”，选中【总是显示】复选框，如图 13-65 所示。

(3) 完成设置，单击【保存】按钮。

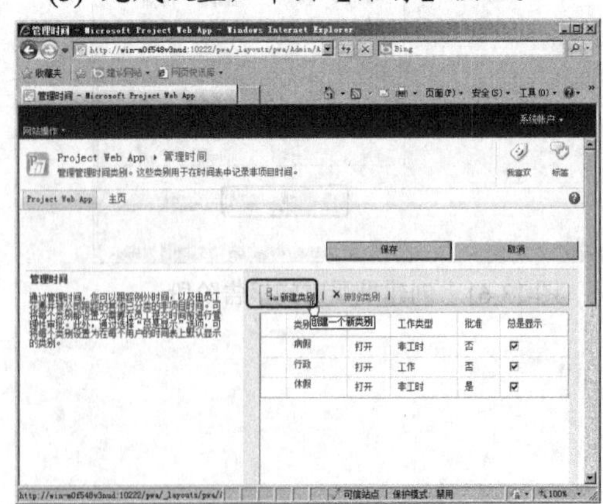

图 13-64 管理时间

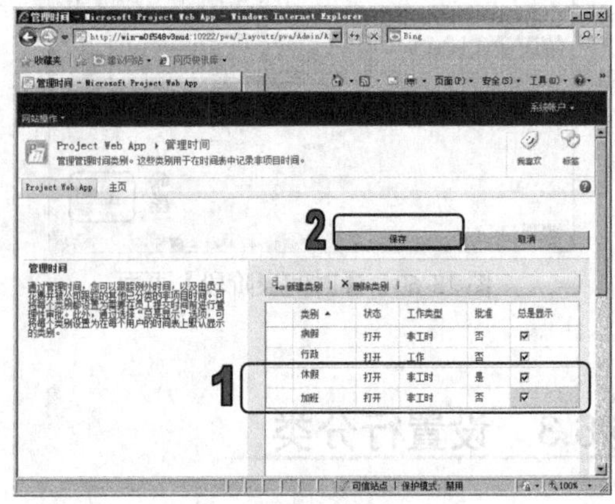

图 13-65 新建类别

13.6.5　任务设置和显示

在 Project Web App 中，通过设置跟踪、报告显示和保护用户更新等可以指定报告任务进度的默认方法、设置查看其当前任务的日期范围等。在【服务器设置】页面的【时间和任务管理】区域中单击【任务设置和显示】链接，打开【任务设置和显示】页面，就可以根据需要进行设置，如图 13-66 所示。

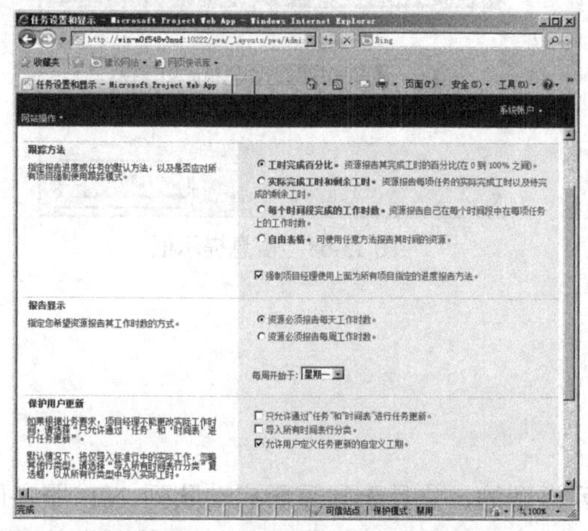

图 13-66　【任务设置和显示】页面

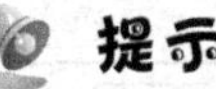

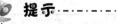

> **提示**
>
> 如果要确保始终报告与任务进度相同的时间表时数，可以选中【仅根据时间表的时间项】复选框。然后，必须从时间表导入以更新任务进度，然后提交。

13.7　设置操作策略与队列

在 Project Server 中，可以设置操作策略，从而快速、便利地提醒用户查看通知、提醒。另外，还可以设置项目网站的队列作业。

13.7.1　设置通知和提醒

在 Project Server 中，可以使用【通知和提醒】功能设置发送电子邮件通知的默认值，并指定一天中发送提醒消息的时间。

【例 13-23】设置公司电子邮件地址和邮件消息，并安排电子邮件提醒服务于每天 1：00PM 运行。

(1) 打开【服务器设置】页面，在【操作策略】区域中单击【通知和提醒】链接，打开【通知和提醒】页面。

(2) 选中【使用以下设置打开通知】复选框，在【SMTP 邮件服务器】文本框中输入邮件服务器，在【发件人地址】文本框中输入发件人地址，在【每天运行日程安排电子邮件提醒服务的时间】下拉列表框中选择 1:00PM 选项，如图 13-67 所示。

(3) 单击【保存】按钮，打开如图 13-68 所示的信息提示框。然后单击【确定】按钮，就可以完成设置。

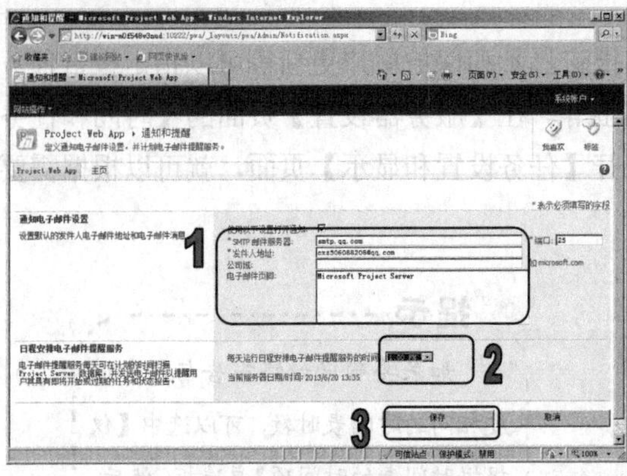

图 13-67 【通知和提醒】页面

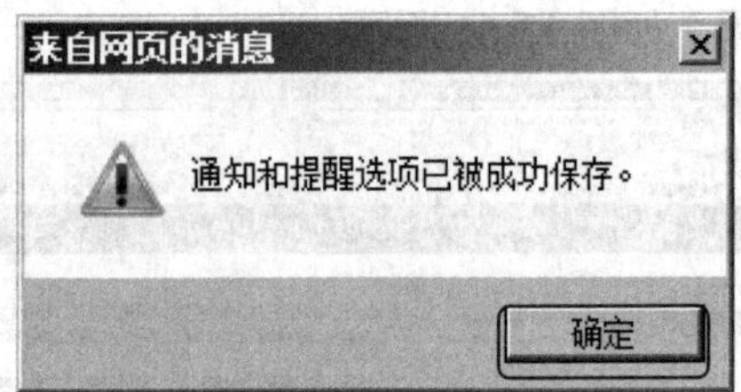

图 13-68 信息提示框

13.7.2 队列设置

队列设置是针对 Project Web App 和每种队列类型的，并且无须重新启动队列 NT 服务即可生效。如果有多个队列 NT 服务在为此 Project Web App 网站提供服务(在负载平衡的环境下)，则所有队列服务都将刷新对应的设置。

在【服务器设置】页面的【队列】区域中单击【队列设置】链接，打开【队列设置】页面，就可以进行队列设置，例如设置队列类型、最大线程数和轮询间隔等参数，如图 13-69 所示。

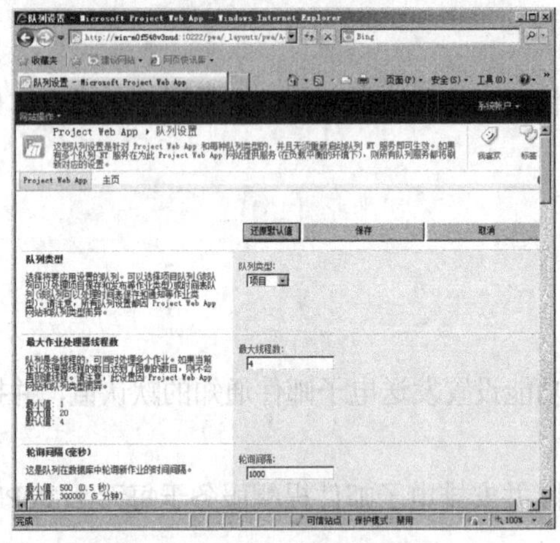

图 13-69 【队列设置】页面

> **提示**
>
> 项目队列用于保存、发布、报告和多维数据集生成相关的项目消息；时间表队列用于与保存和提交时间表相关的时间表消息。

13.7.3 管理队列

在 Project Web App 中可以查看队列作业的当前状态，并对队列执行管理操作。在【服务

器设置】页面的【队列】区域中单击【管理队列作业】链接，打开【管理队列作业】页面，就可以对队列进行管理操作，如图 13-70 所示。

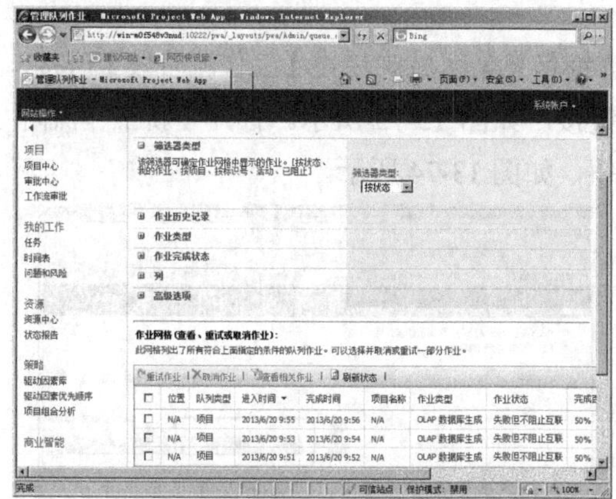

图 13-70　【管理队列作业】页面

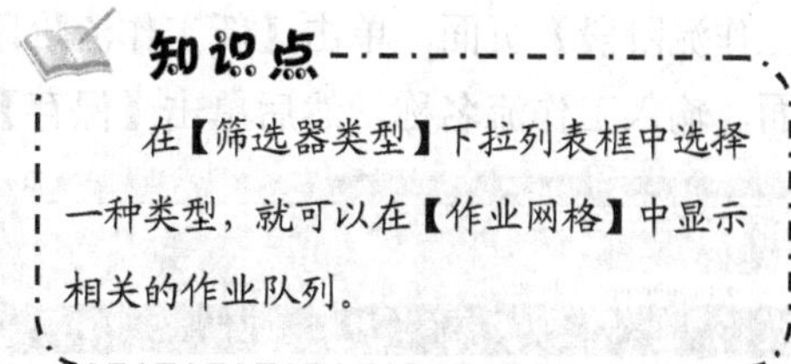

在【筛选器类型】下拉列表框中选择一种类型，就可以在【作业网格】中显示相关的作业队列。

13.8　设置工作流与项目信息

Project Web App 网站除了具有 Project Server 中心网站的功能之外，还具有设置工作流与项目详细信息页面等功能。

13.8.1　设置企业项目类型

打开【服务器设置】页面，在【工作流和项目详细信息】区域中单击【企业项目类型】链接，打开【企业项目类型】页面，单击【新企业项目类型】链接，如图 13-71 所示。打开【新企业项目类型】页面，在其中设置新企业项目类型的名称、位置等信息，如图 13-72 所示。设置完毕后，单击【保存】按钮即可。

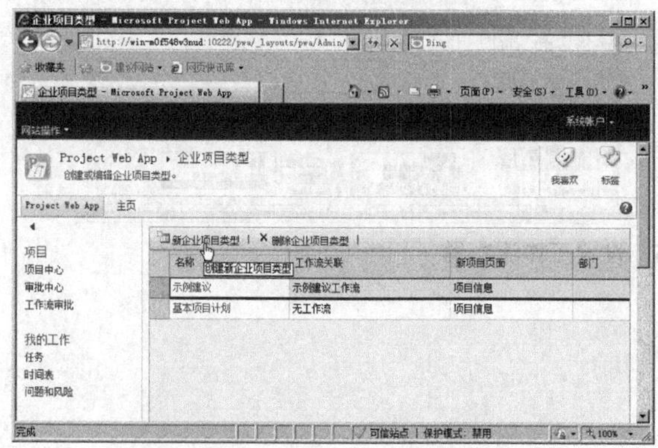

图 13-71　【企业项目类型】页面

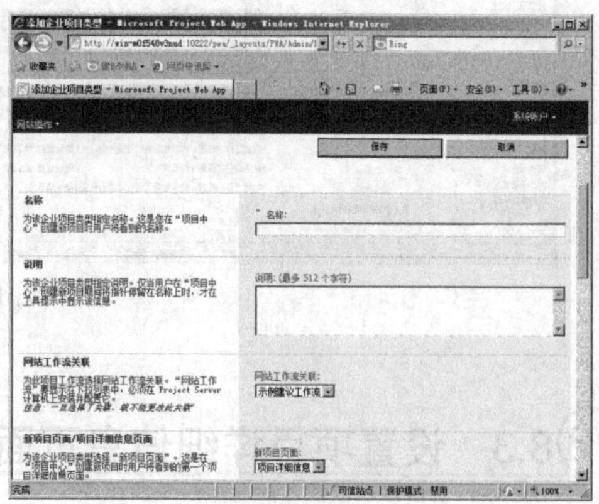

图 13-72　【新企业项目类型】页面

13.8.2 设置工作流阶段

打开【服务器设置】页面，在【工作流和项目详细信息】区域中单击【工作流阶段】链接，打开【工作流阶段】页面，单击【新工作流阶段】链接，如图 13-73 所示。打开【新工作流阶段】页面，输入工作流名称，然后单击【保存】按钮，如图 13-74 所示。

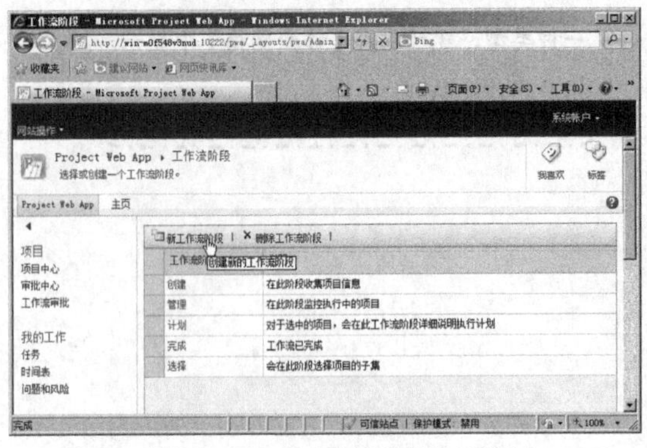

图 13-73 【工作流阶段】页面

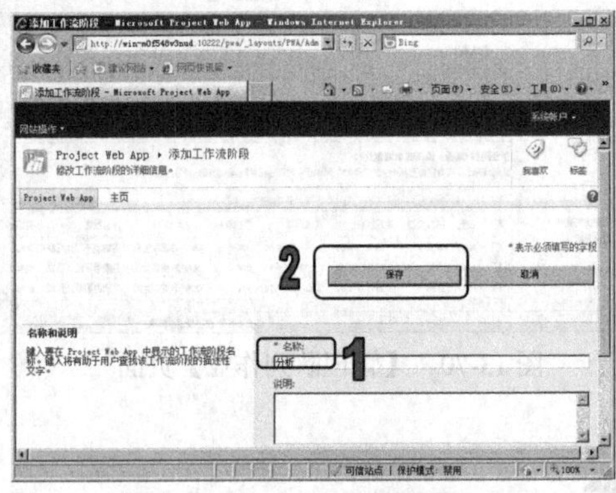

图 13-74 【新工作流阶段】页面

知识点

打开【服务器设置】页面，在【工作流和项目详细信息】区域中单击【工作流容量】链接，打开【工作流容量】页面，单击【新工作流容量】链接，打开【新工作流容量】页面，设置工作流容量名称、工作流阶段、可用项目详细页面、自定义域等，单击【保存】按钮，如图 13-75 所示，即可完成工作容量的设置操作。

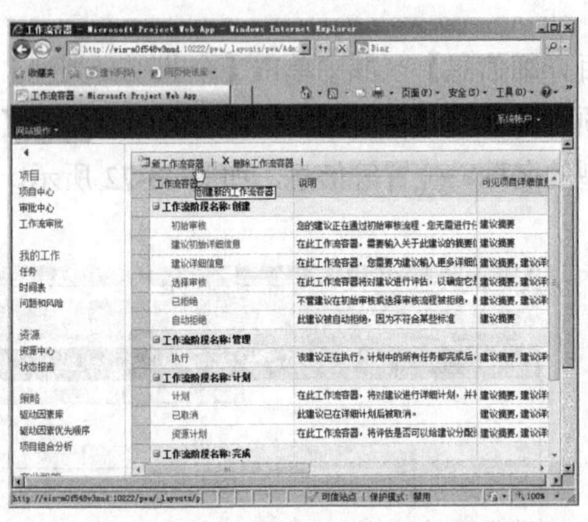

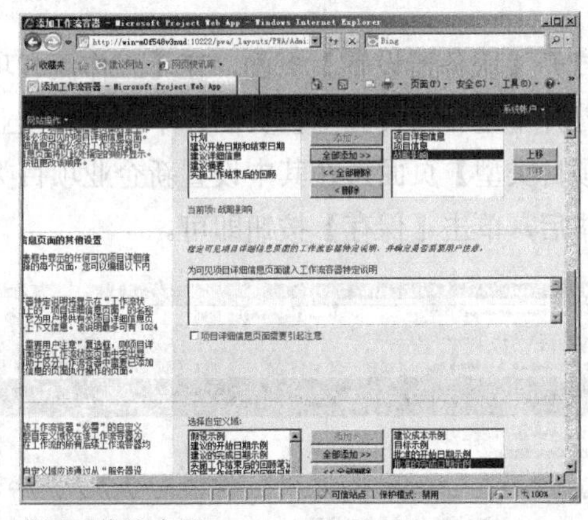

图 13-75 设置工作流容器

13.8.3 设置项目详细信息页面

打开【服务器设置】页面，在【工作流和项目详细信息】区域中单击【项目详细信息页面】

链接，打开【项目详细信息页面】页面。在其中可以创建、编辑和管理文档与库信息。

1. 新建文档

在【项目详细信息页面】页面中，打开【库工具】的【文档】选项卡，在【新建】组中单击【新建文档】按钮，打开【新建文档】页面，如图 13-76 所示，在其中设置文档名称、选择布局类型，单击【创建】按钮，打开【自定义文档】页面，如图 13-77 所示，在其中添加 Web 部件，如页面左栏、中间栏、右栏等。

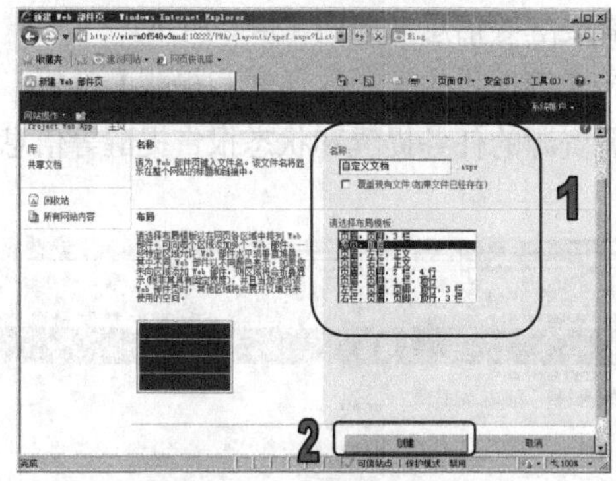

图 13-76 【新建文档】页面

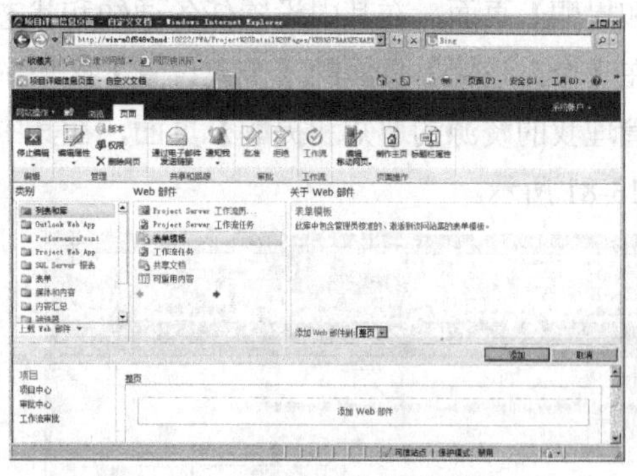

图 13-77 【自定义文档】页面

知识点

在【自定义文档】页面中单击【添加 Web 部件】链接，展开【类别】列表框，在其中选择【列表和库】选项，然后在【Web 部件】列表框中选择【表单模板】选项，单击【添加】按钮，即可添加表单模板。

2. 上载单个文档

在【项目详细信息页面】页面中，单击【添加文档】链接，打开【上载文档】对话框，打开要加载的文件，单击【确定】按钮，如图 13-78 所示。在【项目详细信息页面】页面中查看上载文档的名称与类型，如图 13-79 所示，单击【保存】按钮，即可完成上载操作。

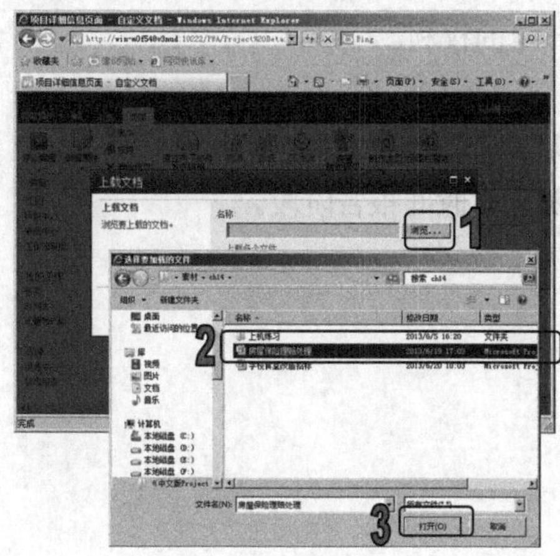

图 13-78 上载文档

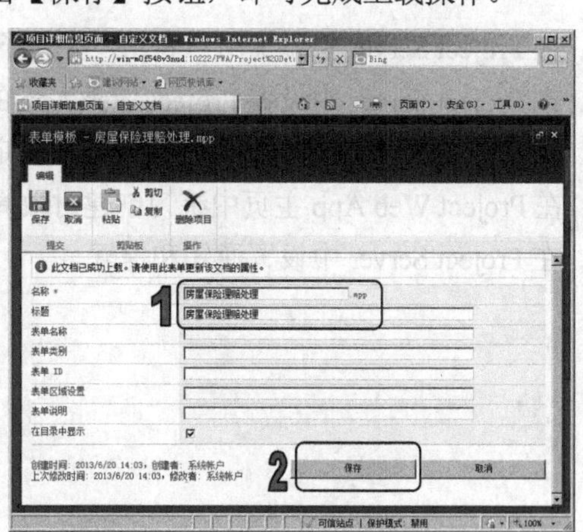

图 13-79 查看上载的文档信息

13.8.4 管理通知和提醒

Project Web App 网站还为用户提供了管理通知和提醒功能，以便于普通的项目管理者使用项目协作与沟通功能，交流项目信息。

在 Project Web App 主页中，单击【设置】导航栏中的【个人设置】链接，打开【个人设置】页面，然后在右侧的【个人设置】区域中单击【管理我的通知和提醒】链接，打开【管理我的通知和提醒】页面，在其中设置任务通知和状态报表提醒等信息，如图 13-80 所示。

在【个人设置】页面的【个人设置】区域中单击【管理我的资源的通知和提醒】链接，打开【管理我的资源的通知和提醒】页面，在其中设置资源的任务提醒和状态报告提醒等信息，如图 13-81 所示。

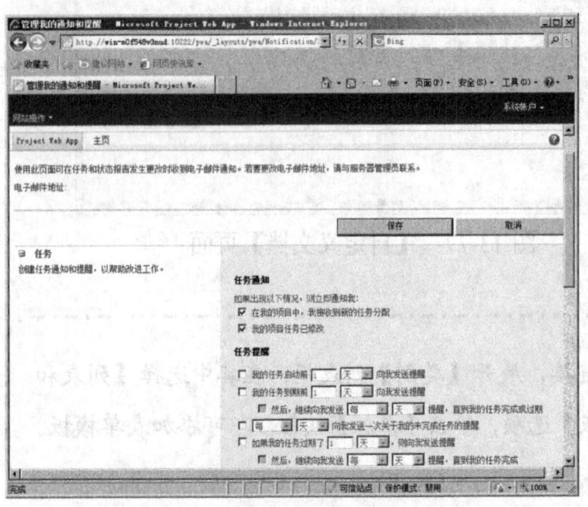

图 13-80　管理我的通知和提醒

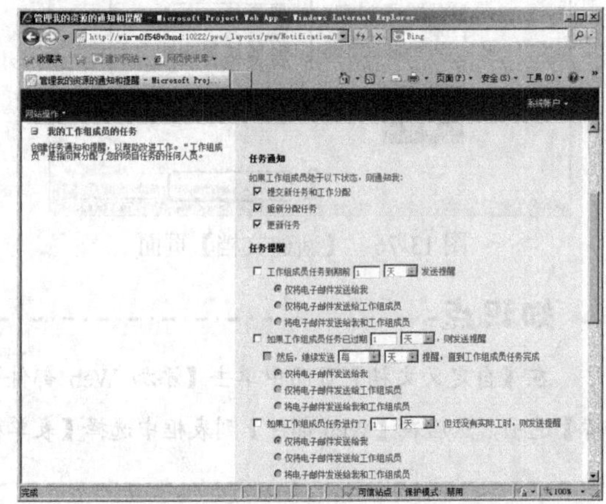

图 13-81　管理我的资源的通知和提醒

13.9 习题

1. 在 Project Server 中添加用户和组，并授予其一定的权利。
2. 在 Project Server 中设置 Project Web App 的外观。
3. 在 Project Web App 中练习创建或修改自定义域。
4. 在 Project Web App 主页中练习创建财政周期和创建时间报告阶段。
5. 在 Project Server 中设置通知和提醒。

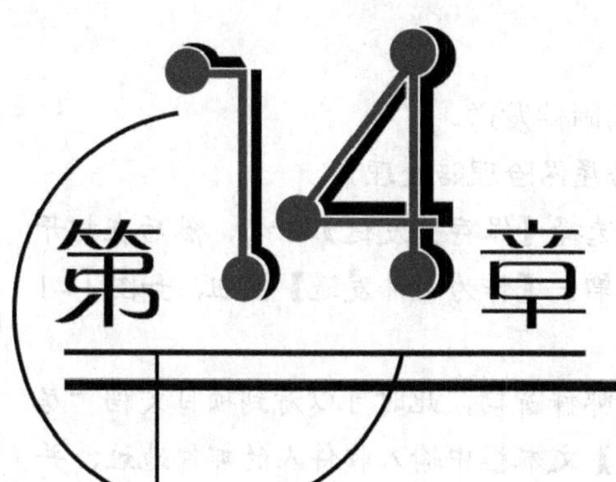

第14章 项目沟通协作管理

学习目标

对于项目来说，要科学地组织、指挥、协调和控制项目的实施过程，就必须进行项目沟通和协作。没有良好的项目沟通和协作，就会影响项目的发展和人际关系的改善。

本章重点

- 发布项目
- 管理任务
- 管理项目

14.1 发布项目

在项目实施过程中，常常需要共享项目的有关信息，如项目计划、项目范围、项目目标和工作纪律等文档，为了能更方便、更及时地共享信息，可以将这些文档通过电子邮件和公用文件夹，发布为图片或网页，上传到内部网站中。

14.1.1 通过邮件发布信息

随着 Internet 的发展，电子邮件已成为人们交流信息的重要工具。在 Project 2010 中，可以将整个项目文档以附件的方式发送。

打开需要发送的项目文档，单击【文件】按钮，从弹出的【文件】菜单中选择【保存并发送】命令，然后在打开的【保存并发送】窗格中选择【作为附件发送】选项，单击【作为附件发送】按钮，自动启动 Outlook 2010 应用程序，并打开邮件窗口，在【收件人】文本框中输入收件人地址，在【主题】文本框中输入邮件标题，在【正文】文本框中输入邮件正文，单击【发送】按钮，就可以将文档以附件的形式发送出去。

【例 14-1】将【房屋保险理赔处理】项目文档作为附件发送。

(1) 启动 Project 2010 应用程序，打开项目文档【房屋保险理赔处理】。

(2) 单击【文件】按钮，从弹出的【文件】菜单中选择【保存并发送】命令，然后在打开的【保存并发送】窗格中选择【作为附件发送】选项，单击【作为附件发送】按钮，如图 14-1 所示。

(3) 此时会自动启动 Outlook 2010 应用程序，打开邮件窗口，此时可以看到项目文档“房屋保险理赔处理”添加到【附加】文本框，在【收件人】文本框中输入收件人的邮件地址，并且输入邮件正文，操作界面如图 14-2 所示。

(4) 单击【发送】按钮，就可以将邮件发送出去。

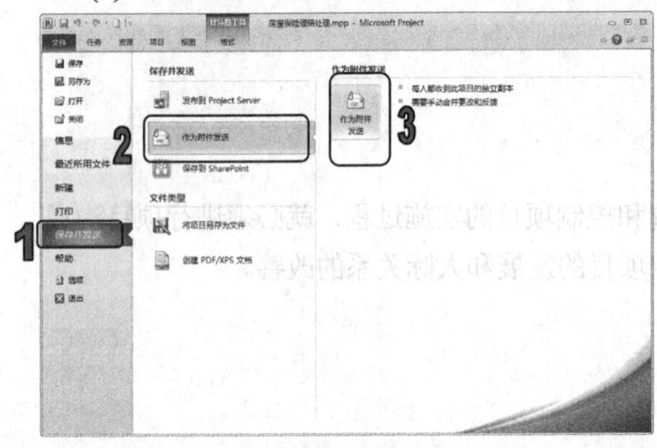

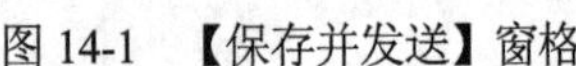
图 14-1 【保存并发送】窗格

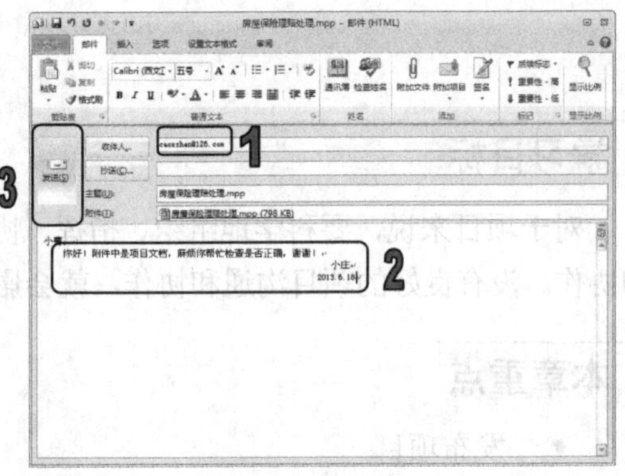

图 14-2 邮件窗口

知识点

启动 Outlook 2010 应用程序，打开【开始】选项卡，在【新建】组中单击【新建电子邮件】按钮，在打开的邮件窗口中输入收件人地址、主题和正文，在【邮件】选项卡的【添加】组中单击【添加文件】按钮，在打开的【插入文件】对话框插入要发送的文件，单击【插入】按钮，将文件以附件的形式插入，单击【发送】按钮，同样可以将文件以附件的形式发送。

14.1.2 使用 SharePoint 文件夹发送信息

如果企业局域网中安装了 SharePoint 服务器，项目文档就可以保存到 SharePoint 文件夹中，供所有项目成员查阅。

【例 14-2】将【房屋保险理赔处理】项目文档保存到 SharePoint 文件夹中。

(1) 启动 Project 2010 应用程序，打开项目文档【房屋保险理赔处理】。

(2) 单击【文件】按钮，从弹出的【文件】菜单中选择【保存并发送】命令，然后在打开的【保存并发送】窗格中选择【保存到 SharePoint】选项，然后在右侧窗格的【位置】选项区域中选择【浏览位置】选项，如图 14-3 所示。

(2) 在打开的对话框中，选择浏览位置。

(3) 单击【另存为】按钮，就可以将项目文档保存到 SharePoint 文件夹中。

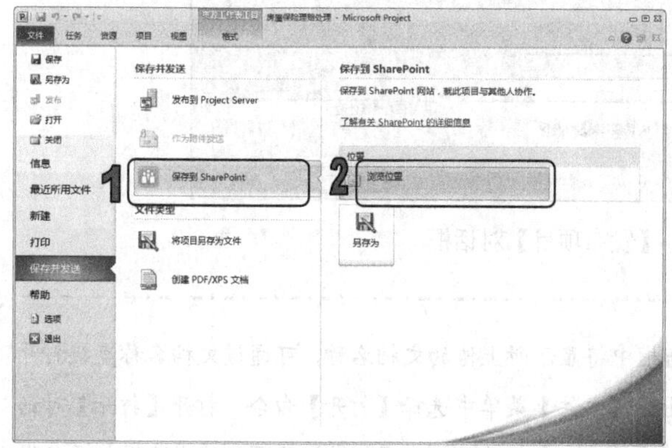

图 14-3 【保存并发送】窗格

> **提示**
>
> 在打开的项目文档中，打开【资源】选项卡，在【插入】组中单击【添加资源】按钮，从弹出的菜单中选择【将资源引入企业】命令，打开【导入资源向导】任务窗格，按提示完成操作，最后，单击【保存并完成】链接，将资源导入到 Project Server 中。

14.1.3 使用 Project Professional 发布信息

为了让没有在计算机中安装 Project Professional 2010 的工作组成员查看关于自己的工作任务或项目信息，需要将项目发布到 Project Web App 中才可查看。

完成项目计划的制定后，就可以发布给工作组成员，提醒他们开始准备工作，此时就需要发布整个项目计划。

【例 14-3】将【房屋保险理赔处理】项目文档保存到 Project Server 中，再将整个项目计划进行发布。

(1) 以管理员的身份登录服务器系统，启动 Project 2010 应用程序，打开项目文档【房屋保险理赔处理】，单击【文件】按钮，从弹出的【文件】菜单中选择【另存为】命令，将打开【保存到 Project Server】对话框，在【名称】文本框中输入“房屋保险理赔处理”，如图 14-4 所示。

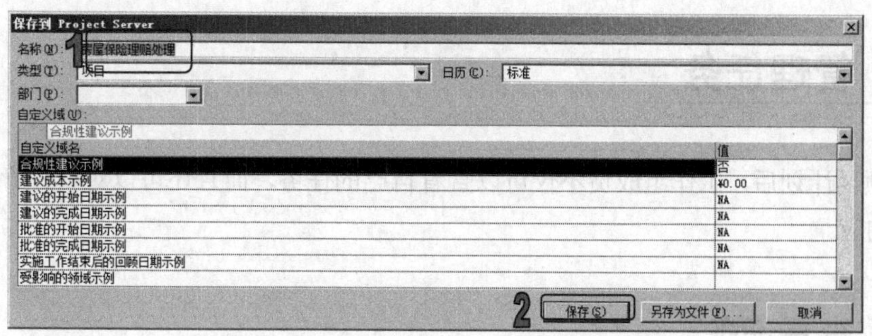

图 14-4 【保存到 Project Server】对话框

(2) 单击【保存】按钮，将文件保存到 Project Server 中。

(3) 单击【文件】按钮，从弹出的菜单中选择【信息】命令，然后在打开的中间窗格中单击【发布】按钮，打开【发布项目】对话框，保持默认设置不变，如图 14-5 所示。

(4) 单击【确定】按钮，完成项目计划的发布，即将新建网站发布到 Project Server 中。

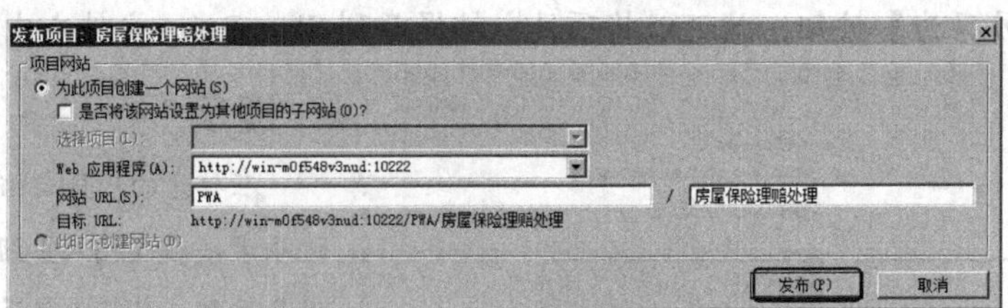

图 14-5　【发布项目】对话框

提示

上传项目文档后，系统默认的【打开】对话框中将显示所上传的文档名称，可通过文档名称直接打开已上传的项目文档。单击【文件】按钮，从弹出的【文件】菜单中选择【打开】命令，打开【打开】对话框，系统默认显示【企业项目】列表框，选择上传的项目文档选项，在【模式】选项区域中选择打开与保存模式，如图 14-6 所示。单击【打开】按钮，即可打开 Project Server 文档。

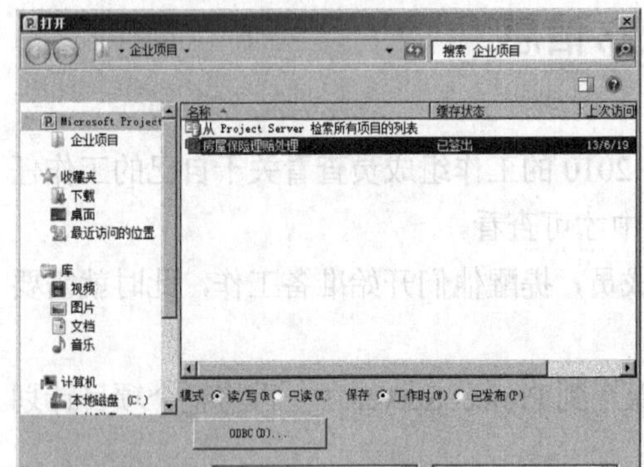

图 14-6 【打开】对话框

知识点

在发布项目之前，为了使项目沟通协作，需要为项目配备 Project Server 资源。在项目文档中打开【资源】选项卡，在【插入】组中单击【添加资源】按钮，从弹出的菜单中选择【自企业建立工作组】命令，在打开的对话框的【企业资源】列表中选择 Project Server 资源，单击【添加】按钮，然后在项目文档中选中资源，打开【资源】选项卡，在【工作分配】组中单击【分配资源】按钮，打开【分配资源】对话框，替换资源。

14.2 管理任务

发布项目计划后，工作组成员不仅可以查看自己的任务，而且还可以对项目管理员分配的任务做出响应。

14.2.1 查看任务

发布项目计划后，工作组成员需要查看自己的任务以及任务时间等。安装了 Project Professional 2010 的成员可以直接查看作为附件发送的项目计划，或保存到公用文件夹中的项目计划。而没有 Project Professional 2010 的成员则无法直接打开查看，而是需要通过 Project Web

App 来查看。

【例 14-4】资源【沙亮】(账户 cxz)登录 Project Web App 查看分配的任务。

(1) 启动浏览器，在地址栏中输入 http://win-m0f548v3nud:10222/PWA/，然后按 Enter 键，以管理员的身份登录 Project Web App 页面。

(2) 单击【系统账户】链接，从弹出的菜单汇中选择【以其他用户身份登录】命令，在打开的登录页面输入资源【沙亮】的账户和密码。

(3) 单击【确定】按钮，以资源【沙亮】的身份登录到 Project Web App 页面，如图 14-7 所示。

(4) 单击 2 个新任务链接，打开【任务】页面，查看自己的任务，如图 14-8 所示。

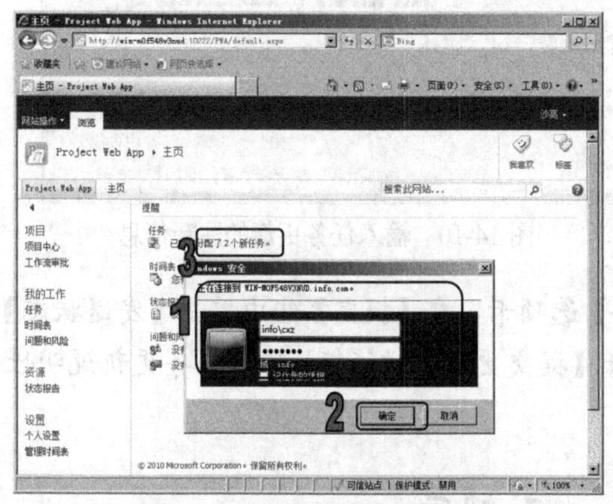

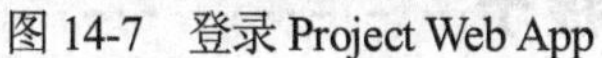

图 14-7 登录 Project Web App

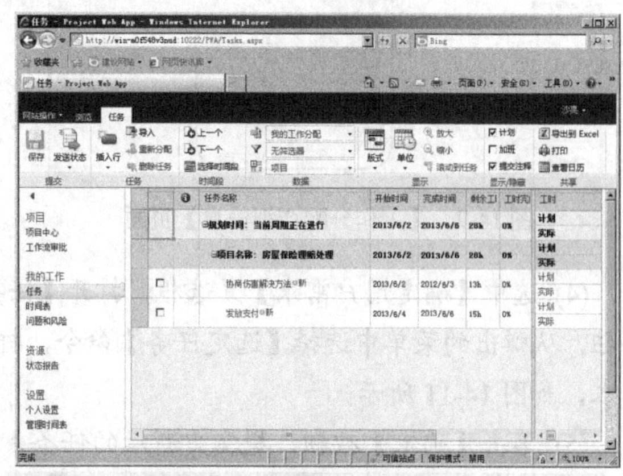

图 14-8 【我的任务】页面

提示

工作组成员通过 Project Web App 只能查看自己的任务，不能查看其他成员的任务。

14.2.2 响应任务

工作组成员查看了自己的任务后，可以根据自己的情况来响应任务，如更新任务、创建新任务和创建待办事项等。

1. 更新任务

工作组成员在执行任务后，需要向项目管理员汇报自己的工作情况，更新目前任务的状态。Project Server 默认情况下不会自动更新系统，需要用户进行手动更新。

【例 14-5】以资源【沙亮】身份登录 Project Web App 网站，输入执行【协商伤害解决方法】任务完成状况，并手动进行任务更新操作。

(1) 启动浏览器，在地址栏中输入 http://win-muaecl7rdfo:45155/PWA/，然后按 Enter 键，以资源【沙亮】的身份登录到 Project Web App 页面，在导航栏的【我的工作】列表中单击【任务】

按钮，打开【任务】页面。

(2) 单击【协商伤害解决方法】任务链接，打开【工作分配详细信息】页面，在该页面的【任务进度】和【任务属性】两个选项区域中，设置当前任务的完成进展情况，如图 14-9 所示。

(3) 单击【保存】按钮，完成任务的更新，并显示更新状态，如图 14-10 所示。

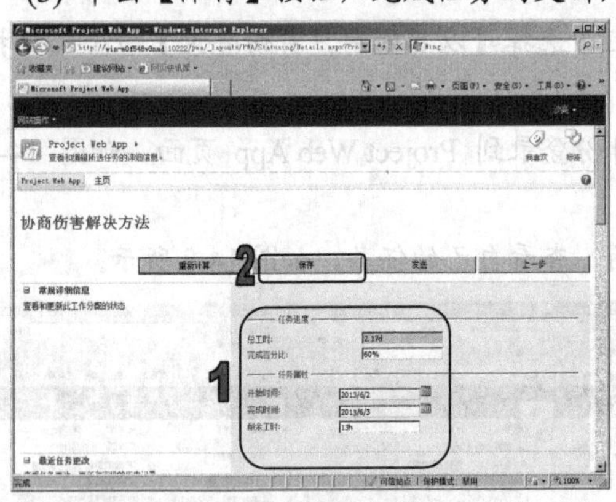

图 14-9 【工作分配详细信息】页面

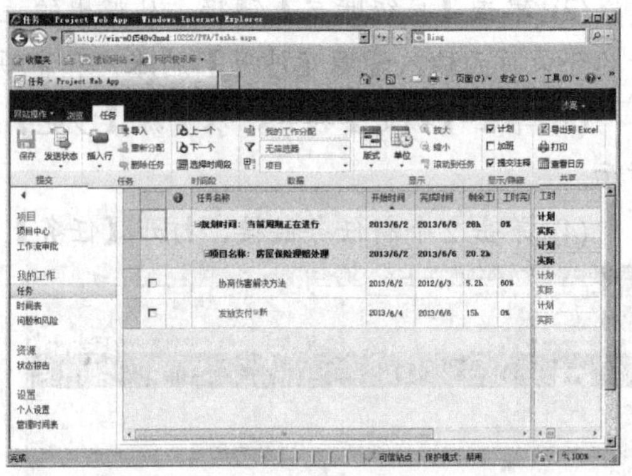
图 14-10 输入任务更新的注释信息

(4) 选中【确定用户需求】复选框，打开【任务】选项卡，在【提交】组中单击【发送状态】按钮，从弹出的菜单中选择【选定任务】命令，打开【提交更改】对话框，输入任务更新说明性文本，如图 14-11 所示。

(5) 单击【确定】按钮，提交更新后的任务。

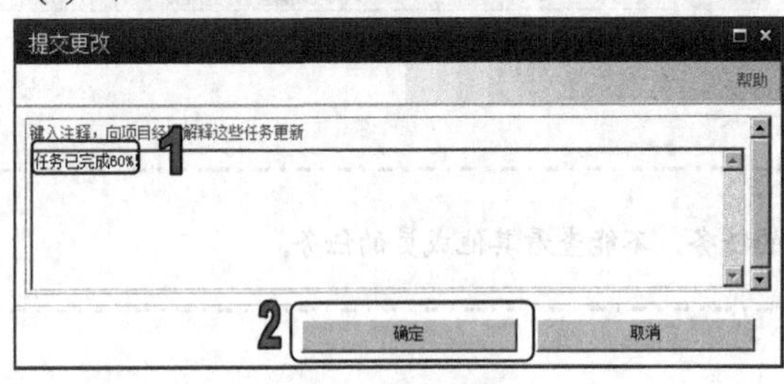

图 14-11 输入注释

提示

在【任务】页面中，打开【任务】选项卡，在【显示】组中单击【版式】按钮，从弹出的菜单中选择【甘特图】命令，将以甘特图视图的形式显示任务信息。

2. 创建新任务

如果项目组成员认为为了更好地完成某个任务，还需要添加其他任务，可以创建新任务到自己的任务中，并向项目管理员发送请求，批准自己安排的新任务。

【例 14-6】使用资源【沙亮】的用户账户登录到 Project Web App 网站，为自己创建一个名为【重新协商伤害解决方案】任务。

(1) 启动浏览器，在地址栏中输入 http://win-muaecl7rdfo:45155/PWA/，然后按 Enter 键，以资源【沙亮】的身份登录到 Project Web App 页面。

(2) 在导航栏的【我的工作】列表中单击【任务】按钮，打开【任务】页面，打开【任务】选项卡，在【任务】组中单击【插入行】按钮，从弹出的菜单中选择【创建新任务】命令，如图 14-12 所示。

(3) 打开【新建任务】页面，在【任务位置】区域的【项目】下拉列表框中选择【房屋保险理赔处理】选项，在【名称】选项区域的【新建任务】文本框中输入新任务名称【重新协商伤害解决方案】，分别在【开始日期】和【完成】文本框中指定任务的时间，如图 14-13 所示。

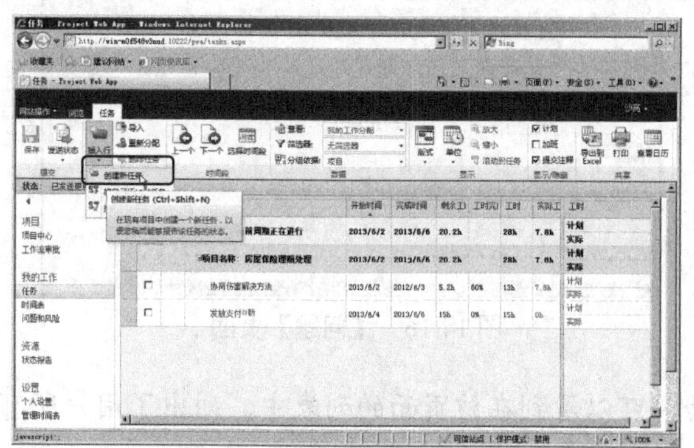

图 14-12　【我的任务】页面

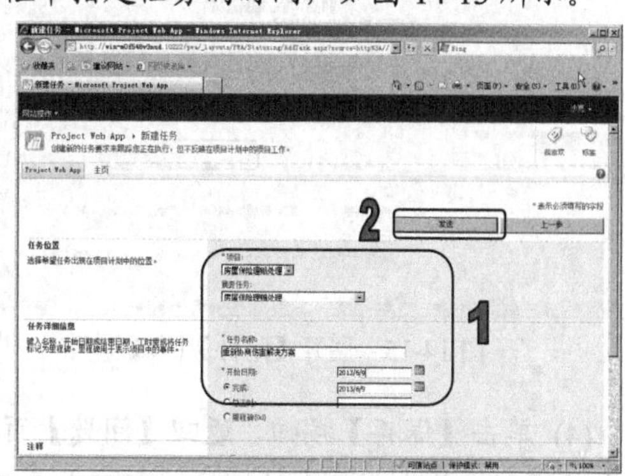

图 14-13　【新建任务】页面

(4) 单击【发送】按钮，返回到【任务】页面，可以看到新创建的任务，如图 14-14 所示。

图 14-14　查看新创建的任务

提示

在【任务】页面中，任务名称右上角如果有一个绿色方框显示的，则表示该任务没有经过处理，并会有【新】任务提示。所有点击过的任务，都不再进行提示，就像常用的邮箱一样。

计算机　基础与实训教材系列

3. 提出问题

在完成项目任务时，如果遇到问题，需要及时向项目管理员反映，其他有权限的用户看到该问题可以提出解决方案，提高工作效率。

【例 14-7】将【重新协商伤害解决方案】任务中遇到的问题发布到 Project Web App 上，供项目管理员查看。

(1) 使用工作组成员【沙亮】的身份登录到 Project Web App，打开【任务】页面，单击任务列表中的【重新协商伤害解决方案】，打开常规详细信息页面，展开下方的【附件】项，如图 14-15 所示。

(2) 单击【问题】链接，打开如图 14-16 所示的【问题】页面。

(3) 单击【添加新项目】按钮，打开【问题-新建项目】对话框，如图 14-17 所示。在该对话框中可以输入问题的标题、所有者、分配给、解决方案等各种信息。

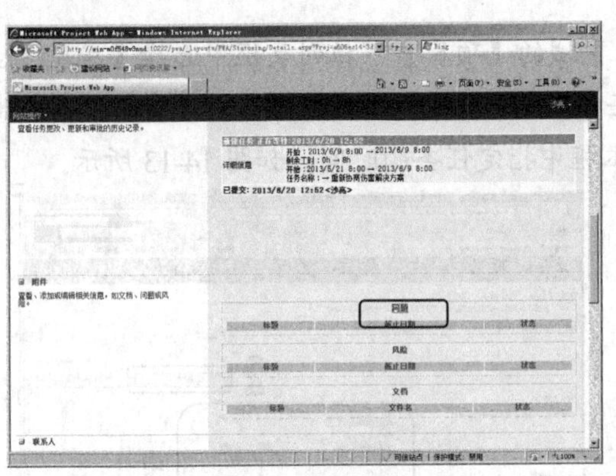

图 14-15　展开【附件】区域

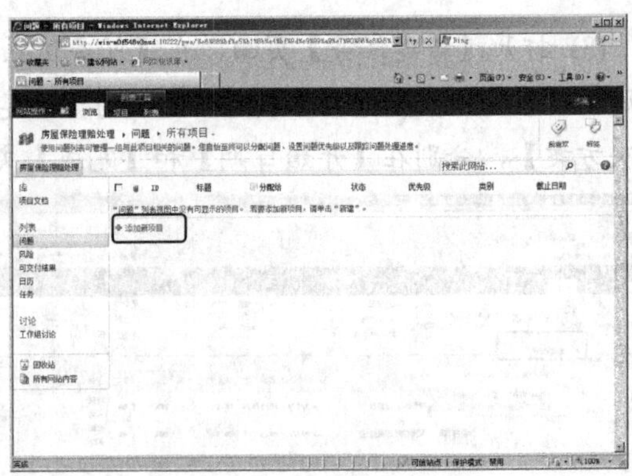

图 14-16　【问题】页面

(4) 单击【保存】按钮，返回【问题】页面，可以看到在该页面的列表中，列出了用户所有提出的问题，单击列表中的链接，可以查看所有问题的详细情况，如图 14-18 所示。

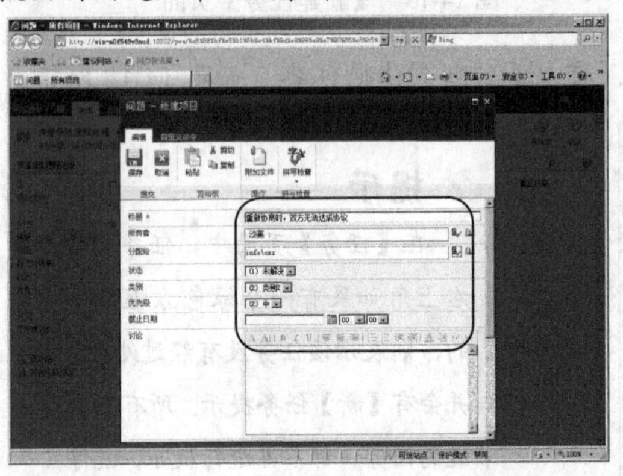

图 14-17　【问题-新建项目】对话框

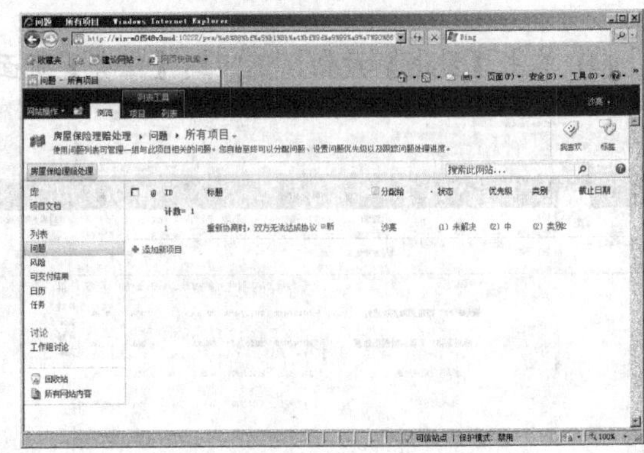

图 14-18　列表中显示的新问题

4. 提出风险

任何项目在实施的过程中都存在着一定的风险，工作组成员、项目管理员可以提出存在的风险，并进行分析，将不良后果降到最低限度。

【例 14-8】资源【沙亮】为项目新建一个名为“顾客不满意程度”的风险。

(1) 使用工作组成员【沙亮】的身份登录到 Project Web App，打开【任务】页面，单击任务列表中的【重新协商伤害解决方案】，打开常规详细信息页面，展开下方的【附件】项，单击【风险】链接，如图 14-19 所示。

(2) 在打开的【风险】页面中，单击【添加新项目】按钮，然后在弹出的【风险-新建项目】对话框中可以输入风险的标题、所有者、分配给、风险产生的概率、风险造成的影响等内容。还可以为当前风险添加相关的注释信息，以及风险的缓解计划等内容，如图 14-20 所示。

(3) 单击【保存】按钮，返回【风险】页面，可以看到在该页面的列表中，列出了用户提出的所有风险，单击列表中的链接，可以查看风险的详细情况，如图 14-21 所示。

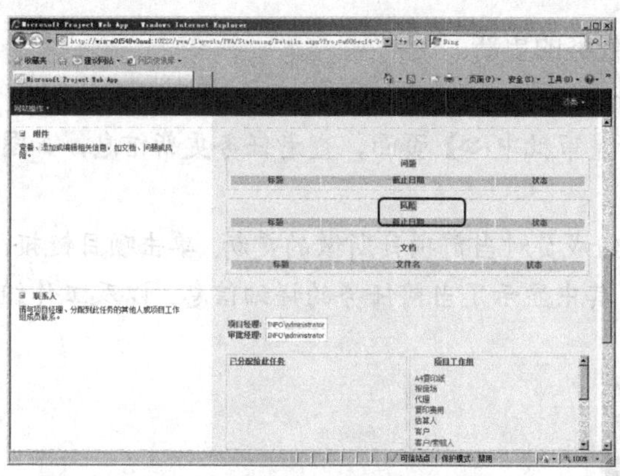

图 14-19　单击【风险】链接

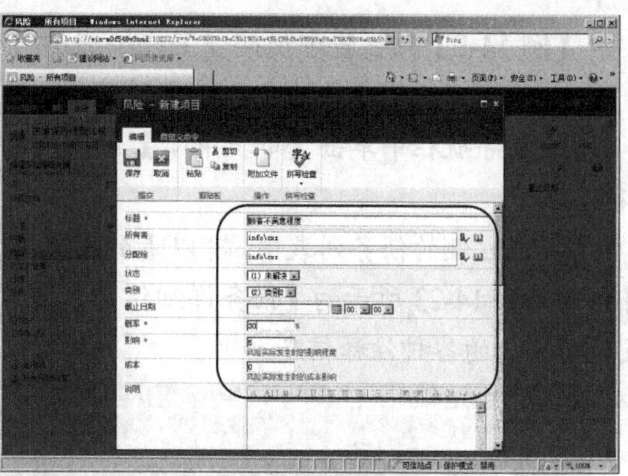

图 14-20　【风险-新建项目】对话框

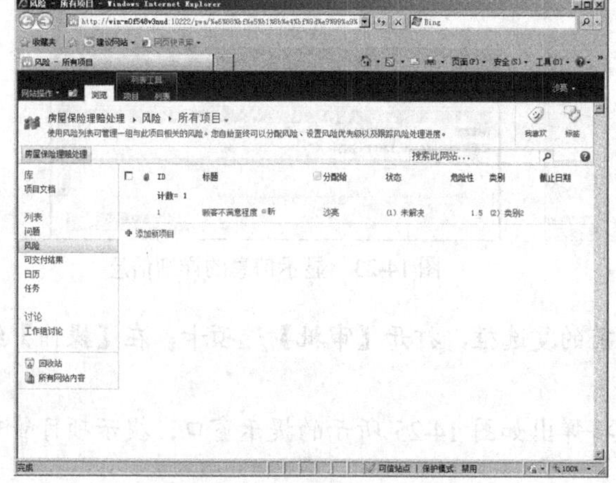

图 14-21　查看风险列表

提示

项目中的问题是可以通过某种途径解决的，而风险是由于一些事或特引发的，只能避免。

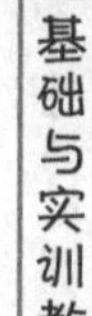

14.3　管理项目

工作组成员响应项目管理员所分配的任务后，将任务的更新、出现的问题和风险都反映给项目管理员。项目管理员需要对工作组成员的任务更新进行核实，提出解决问题的方法，并对项目进行管理。

14.3.1　审批更新

默认状态下，工作组成员对项目任务更新后，不会保存到 Project 中，需要经过项目管理员核实后，批准任务更新才会将这些信息保存到项目中。当然，工作组成员认为这些信息不需要经过核实，也可以设置为自动更新。

默认状态下，项目管理员需要手动更新工作组成员发出的更新任务、拒绝任务等信息。

【例 14-9】项目管理员接受工作组成员所有任务的更新。

(1) 使用项目管理员的身份登录到 Project Web App。

(2) 在导航栏中单击【审批中心】链接，打开【审批中心】页面，查看任务更新信息，如图 14-22 所示。

(3) 在右侧的任务列表中，可以看到所有工作组成员对当前项目所做的更新。单击项目链接，将打开如图 14-23 所示的【任务详细信息】窗口，其中显示了当前任务的详细信息，以及工作组成员所给出的各种注释信息。

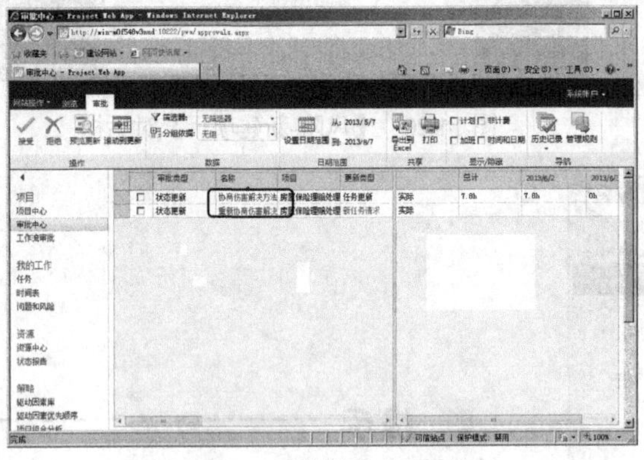

图 14-22 【审批中心】页面

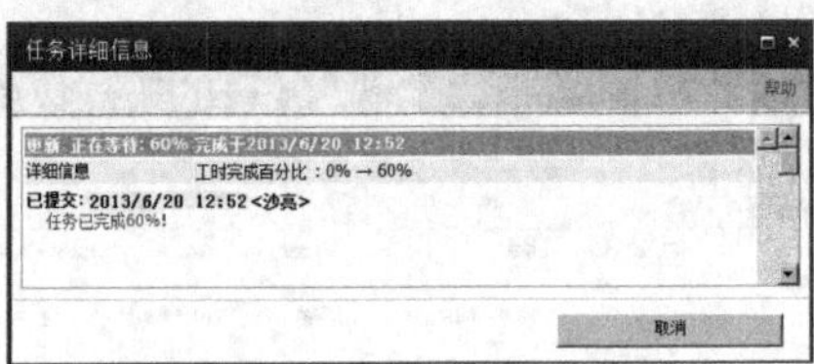

图 14-23 显示信息的详细信息

(4) 在任务更新列表中，选中某一项任务前的复选框，打开【审批】选项卡，在【操作】组中单击【接受】按钮，如图 14-24 所示。

(5) 可以接受任务的更新操作，这时系统将弹出如图 14-25 所示的提示窗口，提示项目管理员是否输入相关注释内容。

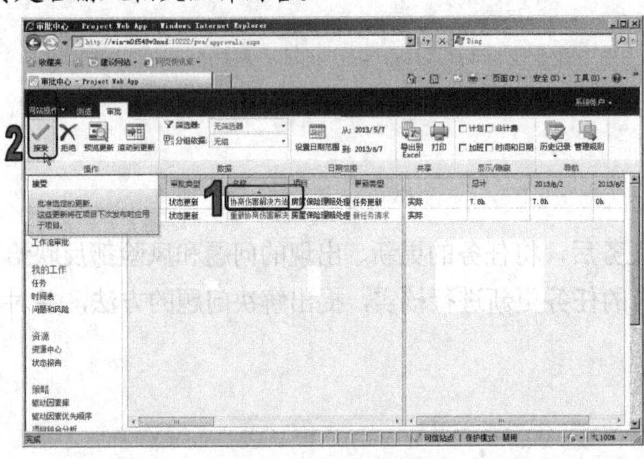

图 14-24 接受操作

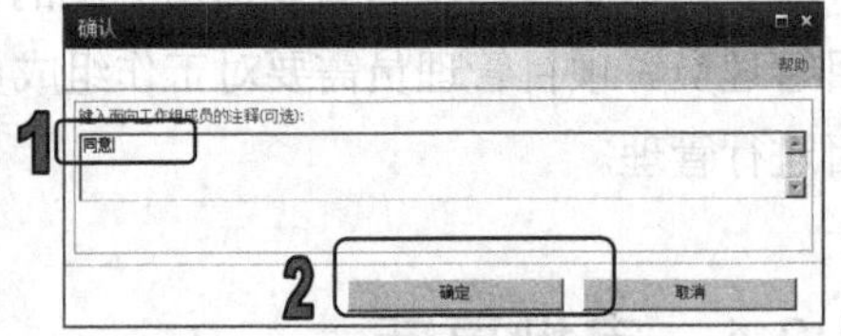

图 14-25 提示输入注释内容

(6) 单击【确定】按钮后，当前任务所做的更新，将在列表中消失，表明项目管理员已经同意此次更新。

提示

选中某一项任务前的复选框，在导航栏中打开【审批】选项卡，在【操作】组中单击【拒绝】按钮，即可拒绝所有的更新。

14.3.2　创建与发送状态报告

到了一定的时间，项目管理员就会要求项目工作组成员填写状态报告，汇报项目任务完成情况。通过收集报告，可以了解现阶段的工作成果、出现的问题等。

1. 创建新的状态报告

项目管理员定义的报告为请求状态报告，它是请求工作组成员填写的报告，包括定义状态报告的格式，要填写人员以及提交的时间等。

【例 14-10】创建一个名为【工作新进展】的请求状态报告，从 2013 年 6 月 20 日起每周四发送，状态报告格式为默认值。

(1) 使用项目管理员的身份登录到 Project Web App，在导航栏中【资源】列表中单击【状态报告】链接，打开【状态报告】页面，如图 14-26 所示。

(2) 在页面的【请求】选项区域中，选择【新建】|【新建请求】命令，如图 14-27 所示。

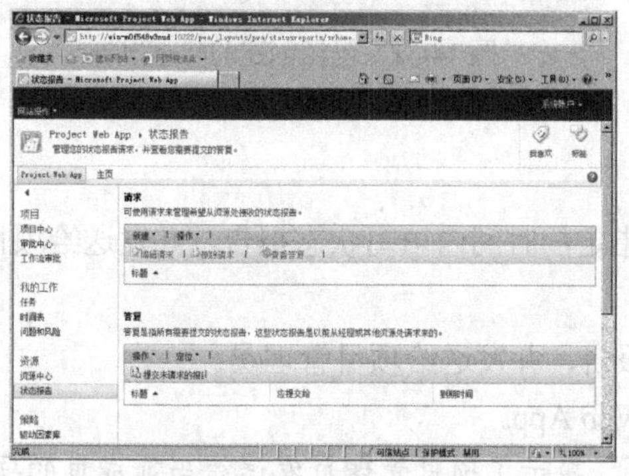

图 14-26　【状态报告】页面

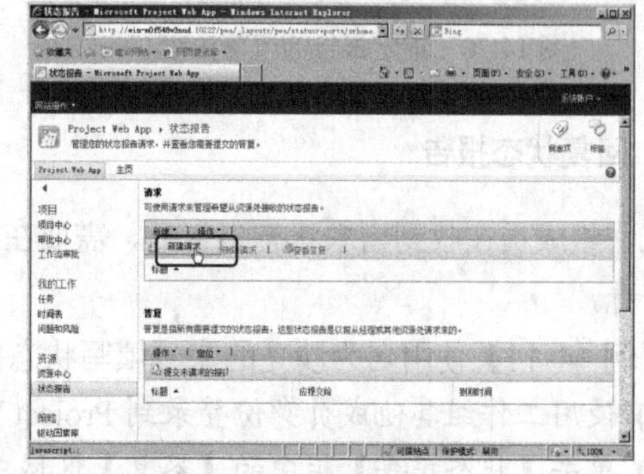

图 14-27　新建请求

(3) 这时系统将打开【状态报告请求】页面，在【标题】文本框中报告的名称，在【重复频率】选项区域中选中【按周】单选按钮，并在下方选中【星期四】复选框，在【开始日期】文本框中输入 2013-6-20，如图 14-28 所示。

(4) 在【资源】选项区域的【可用资源】列表框中选择要添加的资源，然后单击【添加】按钮，添加资源，如图 14-29 所示。

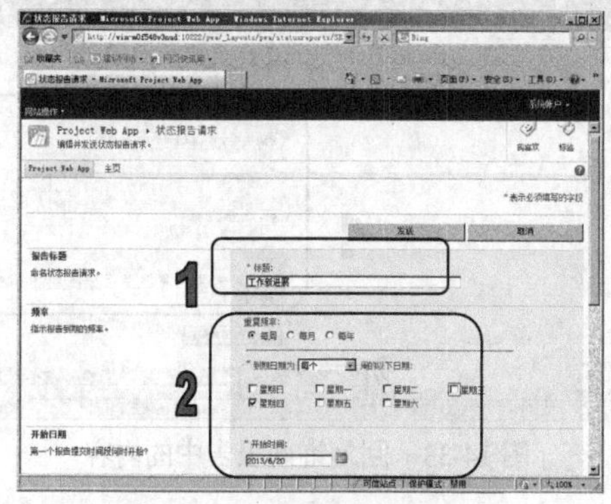

图 14-28　设置报告的内容

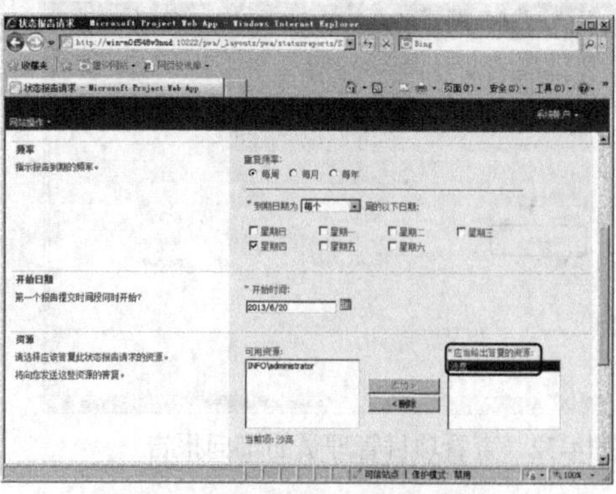

图 14-29　指定报告的资源

(5) 在【段落】选项区域中，可以输入报告的细节内容，包括重要成果、下一时间段的目标、热点问题等，如图 14-30 所示。也可以单击【插入段落】按钮，重新输入新的段落，以创建一个新的询问内容。

(6) 单击【发送】按钮，返回到【状态报告】页面，可以看到，在该页面中，显示出了刚创建的报告，标题为“工作新进展”，如图 14-31 所示。

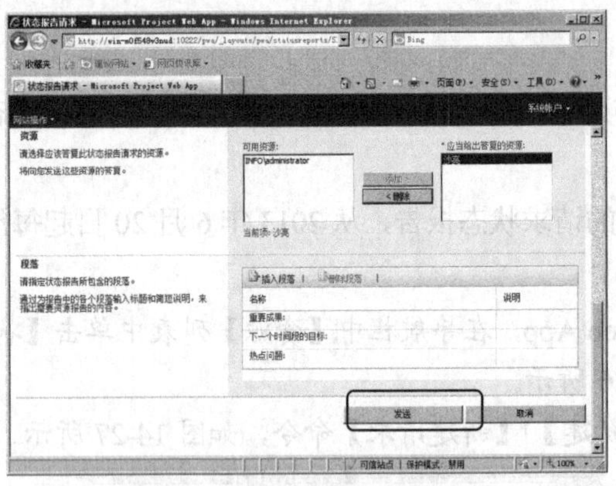

图 14-30　指定报告的段落内容

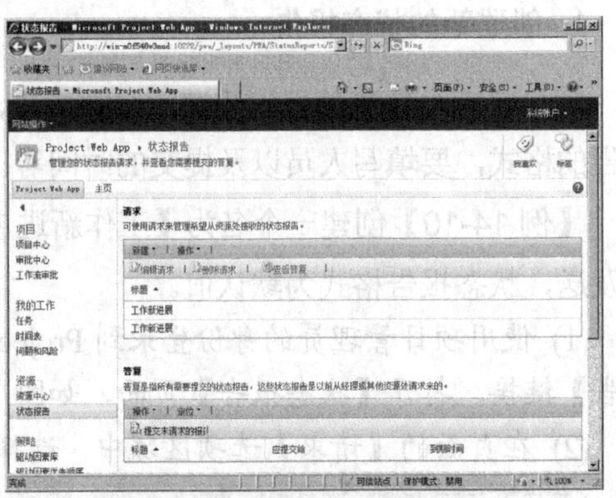

图 14-31　已经创建的状态报告

2. 回复状态报告

工作组成员在收到请求状态报告后，需要在指定的时间内填写状态报告，并发送给项目管理员查看。

【例 14-11】使用名为沙亮的账号填写状态报告，并发送给项目管理员。

(1) 使用工作组其他成员身份登录到 Project Web App。

(2) 单击【状态报告】栏中的【答复】区域中，显示了项目管理员发送给当前成员的项目报告请求，如图 14-32 所示。

(3) 单击报告链接，将打开【状态报告答复】页面，工作组成员可以在项目管理员要求的内容中填写目前的项目信息。如图 14-33 所示。

(4) 填写完成后，单击【发送】按钮，完成状态报告的发送。

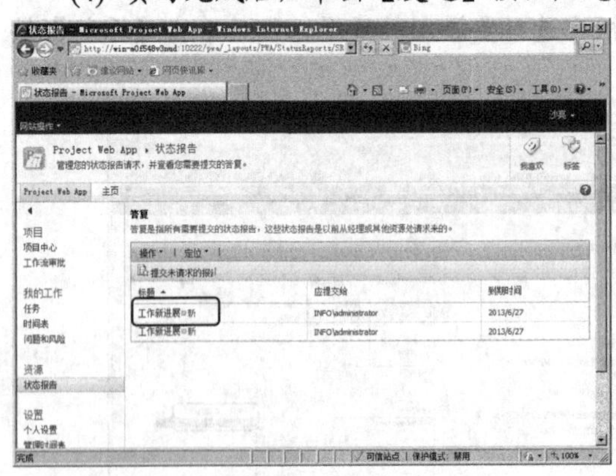

图 14-32　查看项目管理员的询问报告

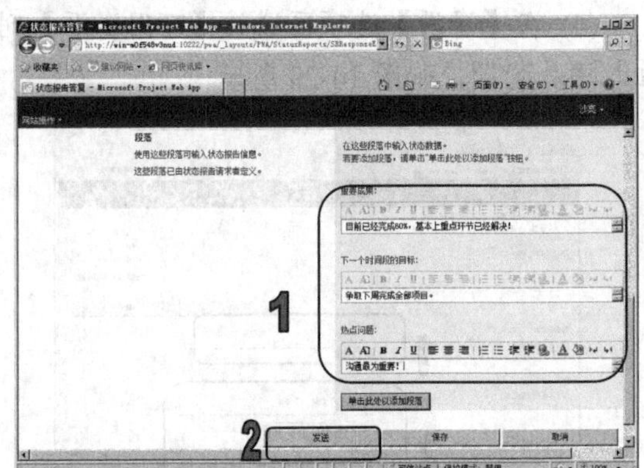

图 14-33　回复询问报告中的内容

(5) 当项目管理员登录到 Project Web App 并打开【状态报告】页面后，可以在【请求】选项区域中，单击所发出的项目报告标题，这时将打开如图 14-34 所示的页面，可以看到在该页面中显示了所有回复过该报告的用户。

(6) 单击选中工作组成员对应的状态报告，并单击【打开】链接，即可查看报告的内容。如图 14-35 所示。

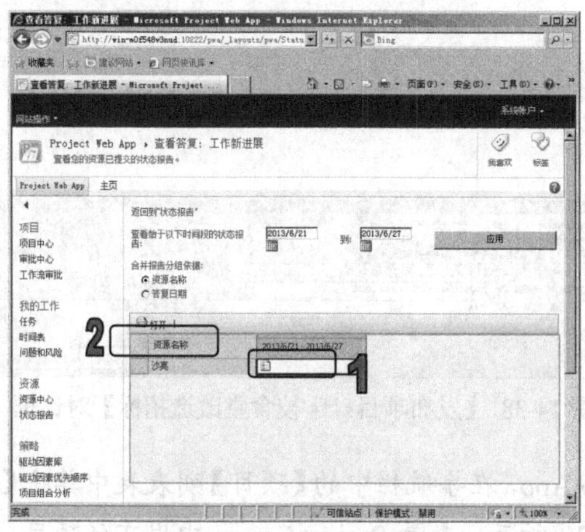

图 14-34　已经回复的报告

图 14-35　查看回复的内容

14.4　上机练习

本章上机练习主要通过发布已经建立的【学校食堂改造招标】项目文档，练习使用 Project Professional 发布项目计划等操作。

(1) 使用项目管理员的身份登录服务器系统，双击【学校食堂改造招标】项目文档，打开【学校食堂改造招标】项目文档，单击【文件】按钮，从弹出的【文件】菜单中选择【另存为】命令，打开【保存到 Project Server】对话框。

(2) 在【名称】文本框中输入“学校食堂改造招标”，单击【保存】按钮，将文件保存到 Project Server 中，如图 14-36 所示。

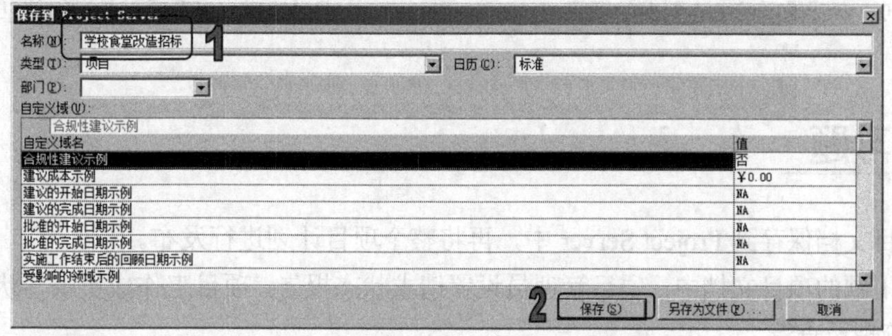

图 14-36　【保存到 Project Server】对话框

(3) 单击【文件】按钮，从弹出的【文件】菜单中选择【信息】命令，然后在打开的窗格中

【发布】按钮，如图 14-37 所示。

(4) 打开【发布项目：学校食堂改造招标】对话框，保持默认设置，如图 14-38 所示。单击【发布】按钮，完成项目计划的发布。

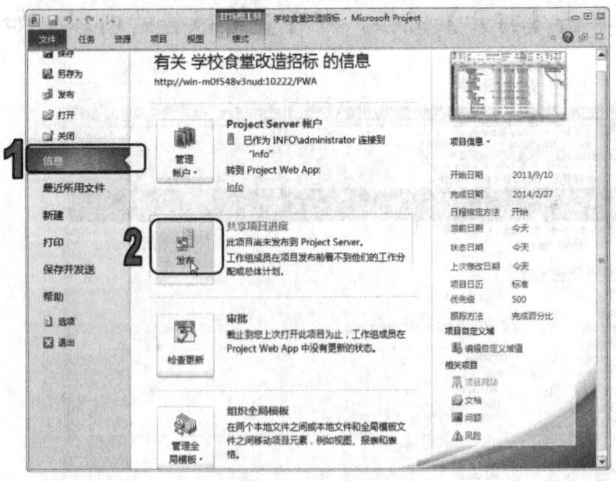

图 14-37　发布项目

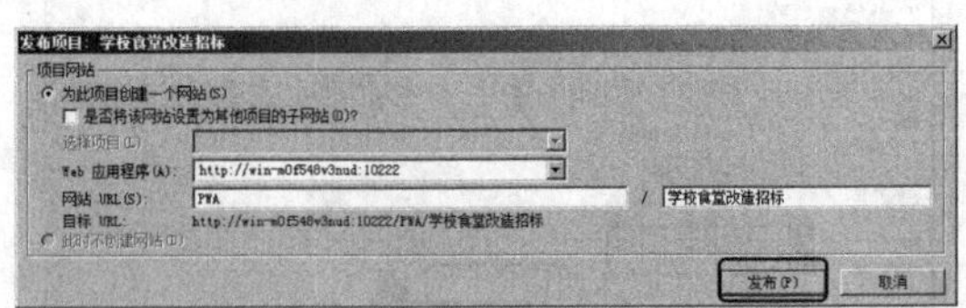

图 14-38　【发布项目：学校食堂改造招标】对话框

(5) 使用系统管理员的身份登录到 Project Web App，在导航栏中的【项目】列表表中单击【项目中心】链接，打开【项目中心】页面，如图 14-39 所示，查看 Project Server 中发布的项目。

(6) 单击【学校食堂改造招标】链接，即可打开此项目的详细信息页面，如图 14-40 所示。

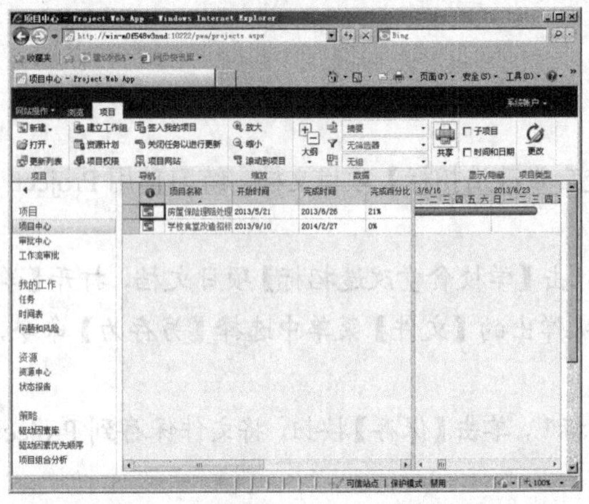

图 14-39　查看【项目中心】中的项目

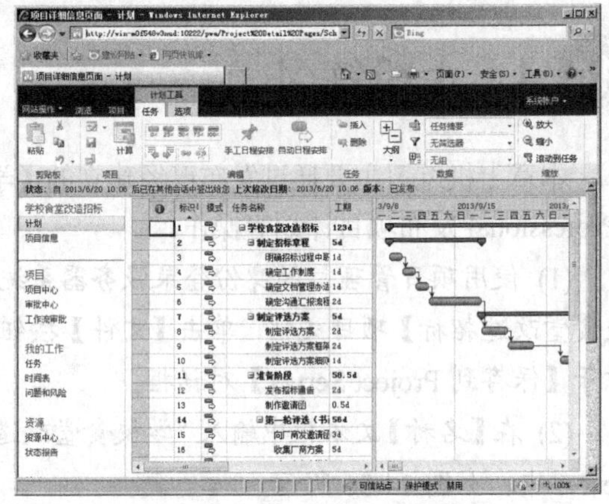

图 14-40　查看项目的详细信息

14.5　习题

1. 将项目文档保存到 Project Server 中，再将整个项目计划进行发布。

2. 在第 1 题的项目文档中，项目管理员设置请求状态报告，项目工作成员填写状态报告并发送给项目管理员查看。

第15章

房地产开发项目管理实例

学习目标

为了使项目能够按照计划顺利实施，需要利用 Project 2010 中的多重项目管理的功能，拆分、合并项目计划，从而减轻项目经理在实际工作中面临的庞大的负担。本章主要通过创建房地产开发项目，来介绍创建项目、工作分配、跟踪项目和打印项目等内容。

本章重点

- 设置任务和资源
- 工作分配
- 合并项目
- 跟踪进度
- 项目报表

15.1 实例背景

房地产行业在如今社会发展领域中占据主要地位。一个大型的房地产项目从筹办到竣工是一个庞大且复杂的过程，既需要办理各种审批手续，又需要进行建设工程与市政工程的施工等。因此，在规划与执行房地产项目时，为了确保项目的合理性、紧密性，项目管理人不仅需要使用 Project 2010 中的基础功能启动项目与规划项目，还需要使用 Project 2010 中的多重项目管理功能进行合并项目。

在产地产开发项目中，主要介绍了产地产开发的大体流程，其整体项目规划主要分为【办理用地手续】、【建设工程】和【市政工程】3 个项目。每个项目分别由不同的负责人规划与执行，为了分析与查阅项目成本、资源使用状况、项目进度的等信息，需要将 3 个项目合并为一个完整的房地产开发项目。在本实例中，主要以【建设工程】项目文档为基础，介绍创建项目、设置任务和资源、工作分配等基础操作。另外，以【建设工程】项目为主项目，将【办理用地手续】和【市政工程】项目合并进来。其实例最终效果如图 15-1 所示。

在使用 Project 2010 管理房地产开发项目之前，项目管理人还需要根据项目的实际情况对项目进行任务分解。任务分解图如图 15-2 所示。

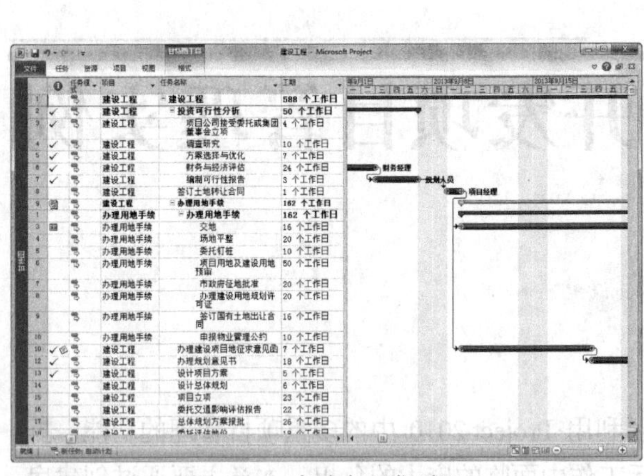

图 15-1 房地产开发项目

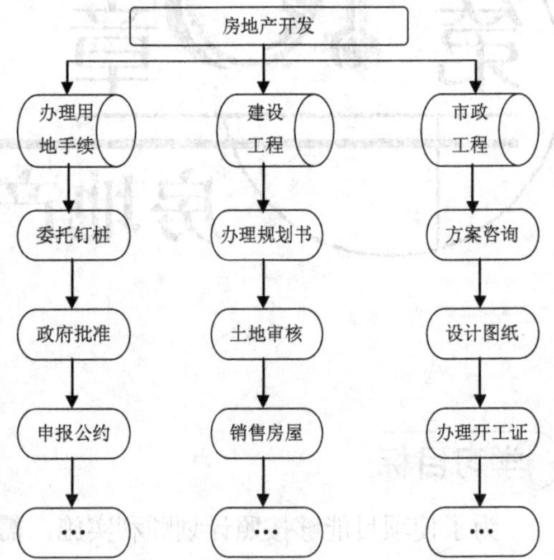

图 15-2 项目任务分解图

15.2 创建项目

在制作【建设工程】项目规划之前，需要创建项目，主要包括设置项目的开始时间、设置项目的工作时间等操作。具体操作步骤如下所述。

(1) 启动 Project 2010 应用程序，自动新建一个名为“项目 1”的项目文档，在快速访问工具栏中单击【保存】按钮，打开【另存为】对话框，选择保存位置，在【文件名】文本框中输入“建设工程”，单击【保存】按钮，保存新命名的项目文档，如图 15-3 所示。

(2) 打开【项目】选项卡，在【属性】组中单击【项目信息】按钮，打开【“建设工程”的项目信息】对话框，设置开始日期为【2013 年 7 月 1 日】单击【确定】按钮，完成设置项目开始时间的操作，如图 15-4 所示。

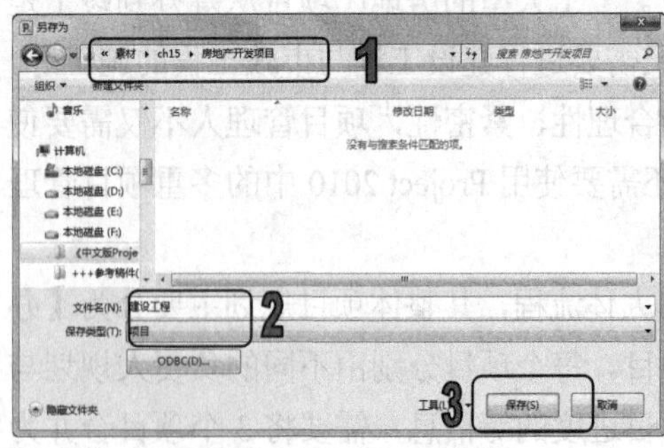

图 15-3 另存项目文档

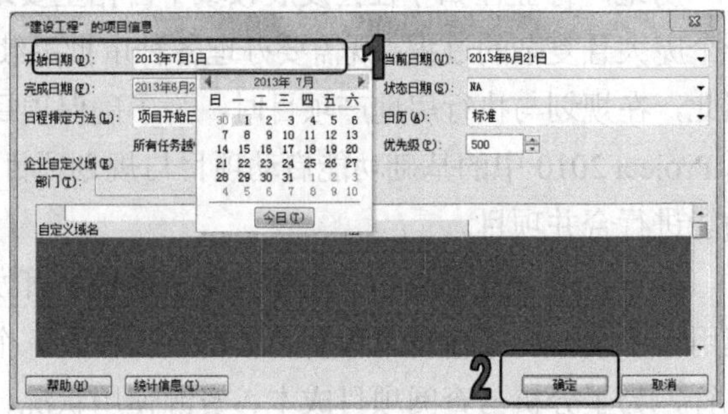

图 15-4 【“建设工程”的项目信息】对话框

(3) 在【项目】选项卡的【属性】组中单击【更改工作时间】按钮，打开【更改工作时间】对话框，保存默认设置，单击【选项】按钮，如图 15-5 所示。

(4) 单击【选项】按钮，打开【Project 选项】对话框，在【日程】选项区域中，单击【新任务创建于】右侧的下拉按钮，从弹出的下拉菜单中选择【自动计划】选项，单击【确定】按钮，完成新项目的设置，如图 15-6 所示。

(5) 在快速访问工具栏中单击【保存】按钮，保存新建的【建设工程】项目文档。

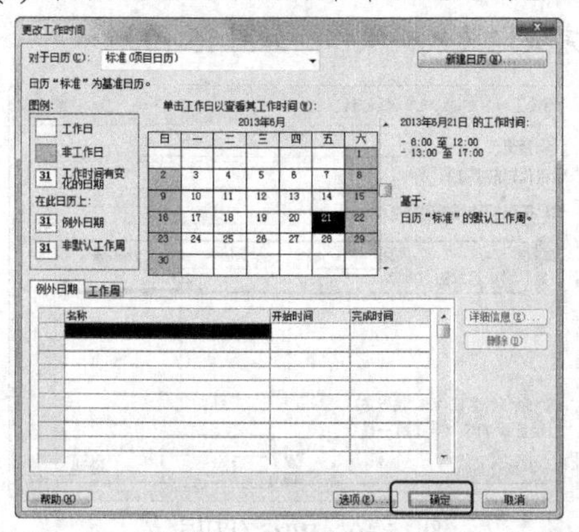

图 15-5　【“建设工程”的项目信息】对话框

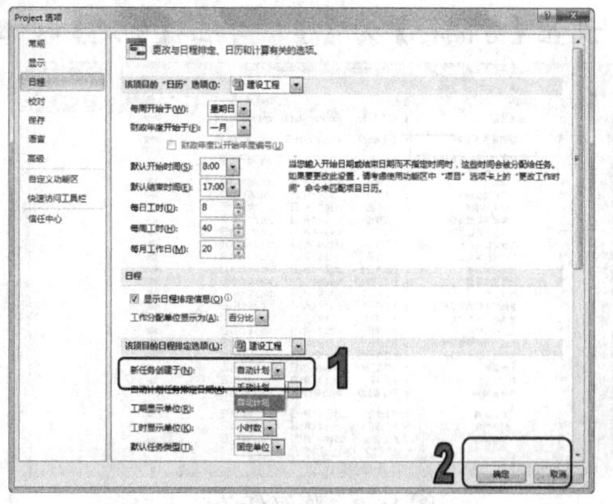

图 15-6　【更改工作时间】对话框

15.3　规划项目

创建项目之后，项目管理者就可以开始规划项目了。规划项目主要包括制定项目任务、估算任务工期、设置固定成本、链接任务、分配工作等操作。具体操作步骤如下所述。

(1) 启动 Project 2010 应用程序，打开【建设工程】项目文档。

(2) 启动 Excel 2010 应用程序，打开【建设工程】工作簿的 Sheet1 工作表，选择所有的任务名称，右击，从弹出的快捷菜单中选择【复制】命令，如图 15-7 所示。

(3) 在【建设工程】项目文档中，右击【任务名称】列中的第 1 个单元格，从弹出的快捷菜单中选择【粘贴】命令，将 Excel 工作表中的任务复制到项目文档中，效果如图 15-8 所示。

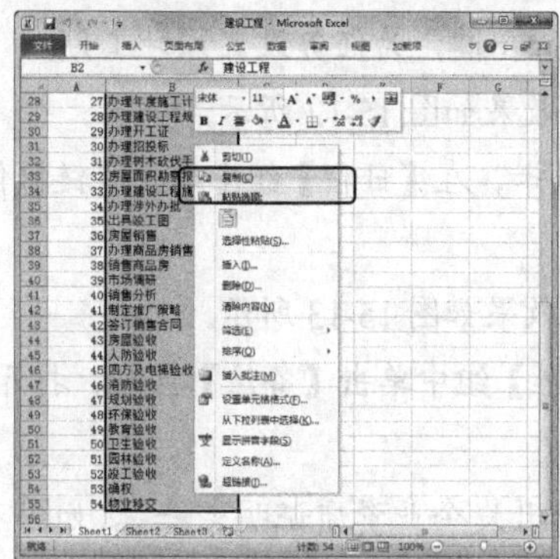

图 15-7　复制任务名称

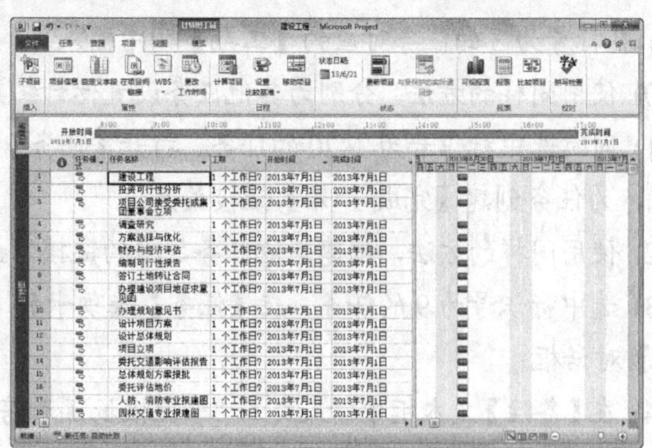

图 15-8　在项目文档中粘贴任务名称

(4) 同时选中标识号为 2~54 的任务，打开【任务】选项卡，在【日程】组中单击【降级任务】按钮，对任务进行降级操作。

(5) 使用同样的方法，对其他任务进行降级操作，效果如图 15-9 所示。

(6) 打开【项目】选项卡，在【属性】组中单击 WBS 下拉按钮，从弹出的菜单中选择【定义代码】命令，打开【“建设工程”中的 WBS 代码定义】对话框。

(7) 单击【序列】下拉按钮，从弹出的下拉心爱的选择【大写字母(有序)】命令，设置【长度】为 2，设置【分隔符】为【/】，单击【确定】按钮，完成定义代码操作，如图 15-10 所示。

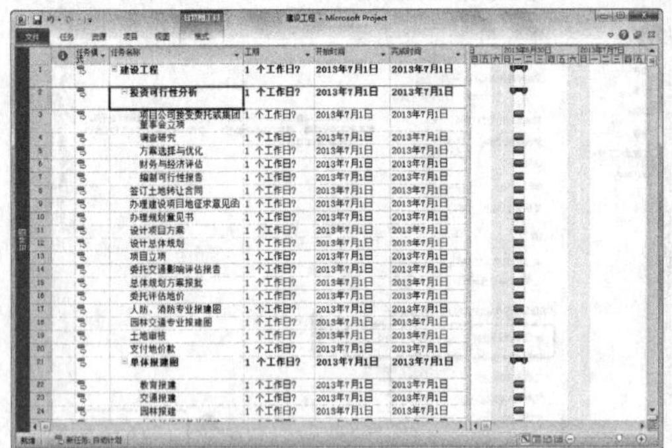

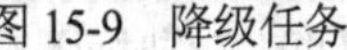
图 15-9 降级任务

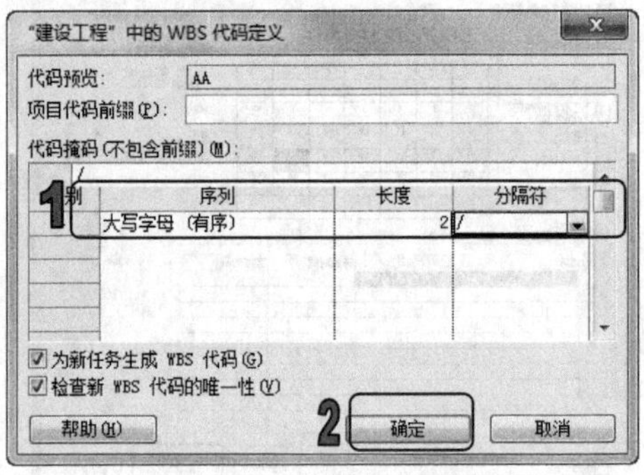

图 15-10 WBS 代码定义

(8) 右击【标记】列，从弹出的快捷菜单中选择【插入列】命令，此时自动插入新列，并弹出域名称列表框，选择 WBS 选项，插入 WBS 域，如图 15-11 所示。

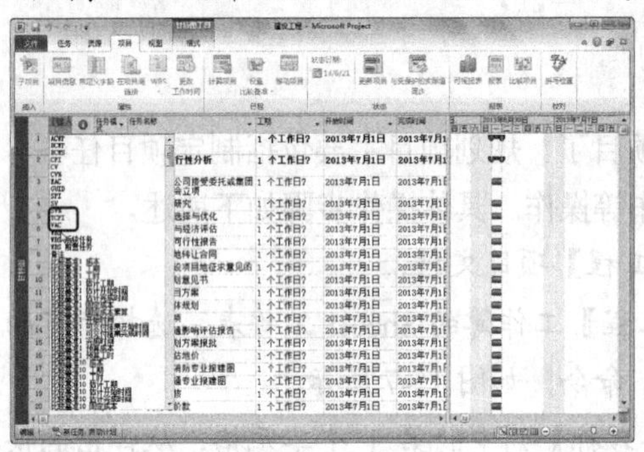

15-11 插入 WBS 域

(9) 在标号为 3 的任务对应的【工期】列中输入 4，按 Enter 键，为任务设置预计工期。

(10) 使用同样的方法，分别为其他任务设置估计工期，效果如图 15-12 所示。

(11) 同时选中标识号为 3~20 的任务，打开【任务】选项卡，在【日程】组中单击【链接任务】按钮，为任务创建【完成-开始】链接关系。

(12) 使用同样的方法，创建其他任务之间的链接，最终效果如图 15-13 所示。

(13) 选中标识号为 9 的任务，在【任务】选项卡的【属性】组中单击【备注】按钮，打开【任务信息】对话框。

(14) 在【备注】文本框中输入文本“单位报批函和房地产开发企业资质证明文件”，如图 15-14 所示。

(15) 单击【确定】按钮，将指针移动到标记栏中的📝，显示备注文本，如图 15-15 所示。

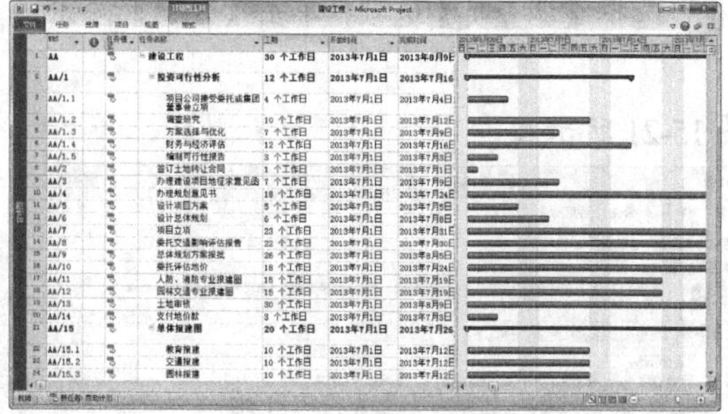

图 15-12　设置任务工期

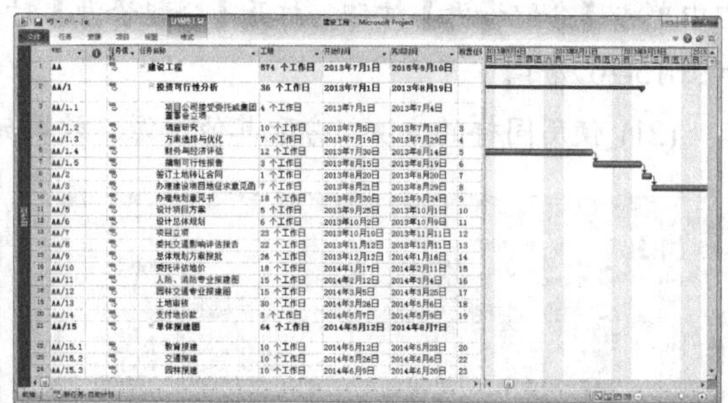

图 15-13　链接任务

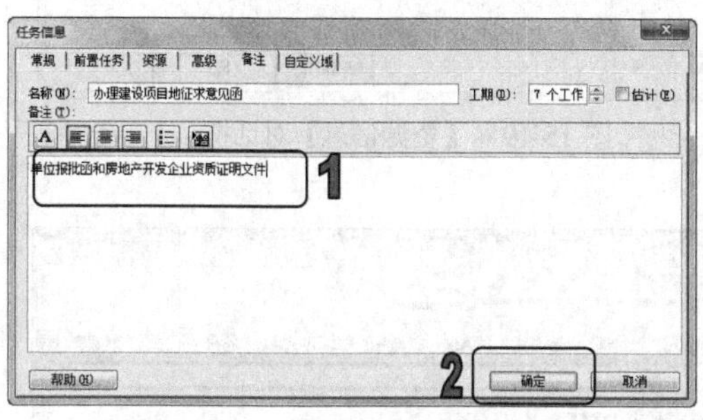

图 15-14　【备注信息】对话框

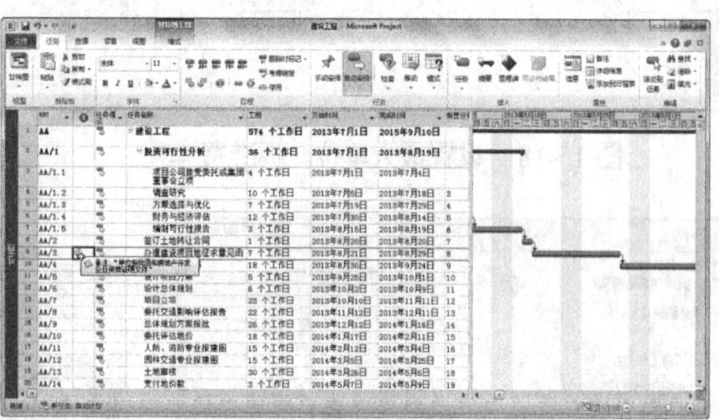

图 15-15 显示备注文本

(16) 打开【视图】选项卡，在【数据】组中单击【表格】下拉按钮，从弹出的下拉菜单中选择【成本】命令，然后在标识号为 4 的【调查研究】任务对应的【固定成本】单元格中输入 200，按 Enter 键，输入成本额，如图 15-16 所示。使用同样的方法，输入其他固定成本额。

(17) 在【视图】选项卡的【资源视图】组中单击【资源工作表】按钮，切换至【资源工作表】视图，在其中输入所需的资源，如图 15-17 所示。

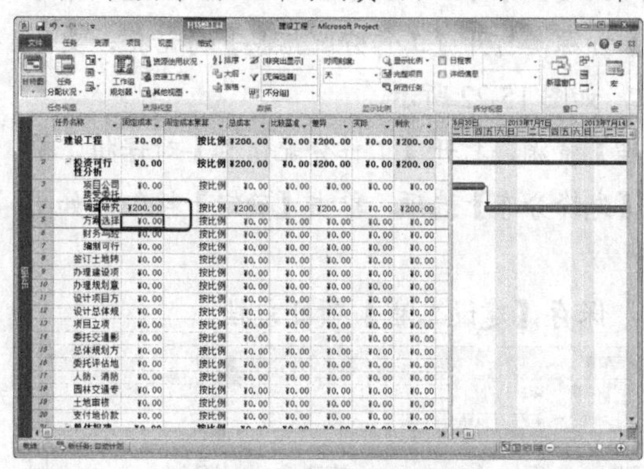

图 15-16　输入成本额

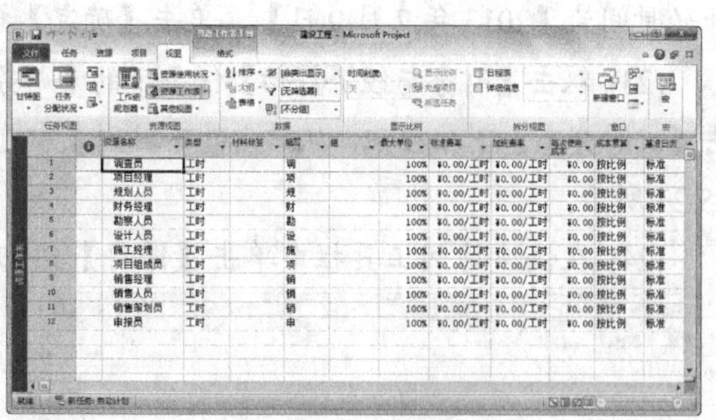

图 15-17　输入资源

(18) 在资源工作表中为各个资源设置最大单位、标准费率，效果如图 15-18 所示。

(19) 双击【设计人员】资源，打开【资源信息】对话框的【成本】选项卡，在【生效日期】第 2 个单元格中设置日期为【2013 年 9 月 5 日】，将【标准费用】设置为 200，单击【确定】按钮，如图 15-19 所示。

(20) 切换至【甘特图】视图，选中标识号为 4 的任务，打开【资源】选项卡，在【工作分配】组中单击【分配资源】按钮，打开【分配资源】对话框，选择【调查员】选项，单击【分配】按钮，如图 15-20 所示。

(21) 使用同样的方法，分配其他资源，效果如图 15-21 所示。

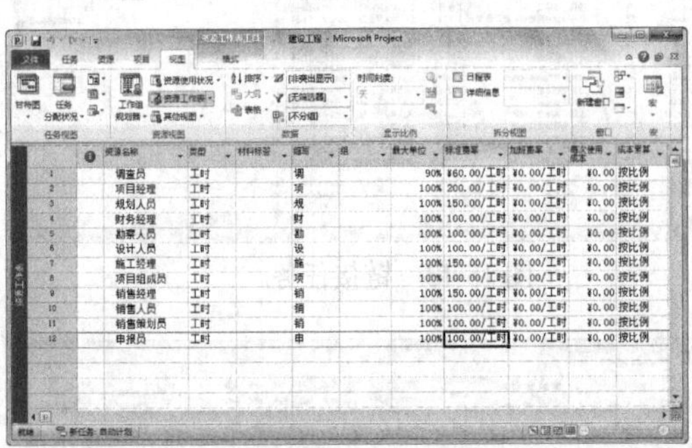

图 15-18　设置最大单位、标准费率

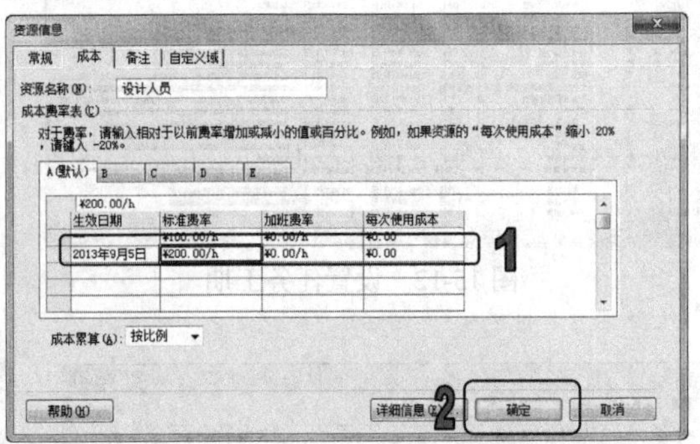

图 15-19　【资源信息】对话框

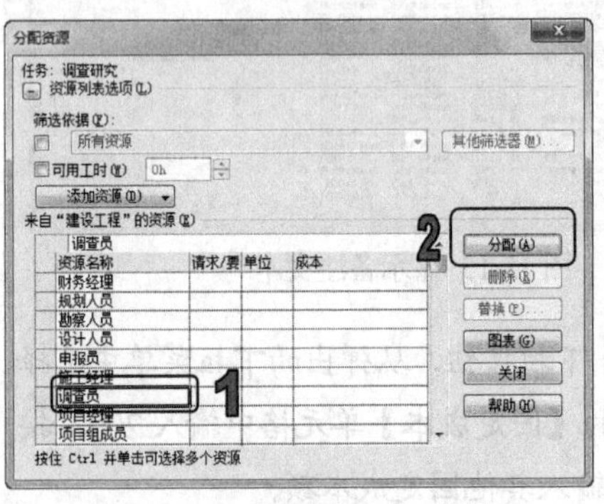

图 15-20　【分配资源】对话框

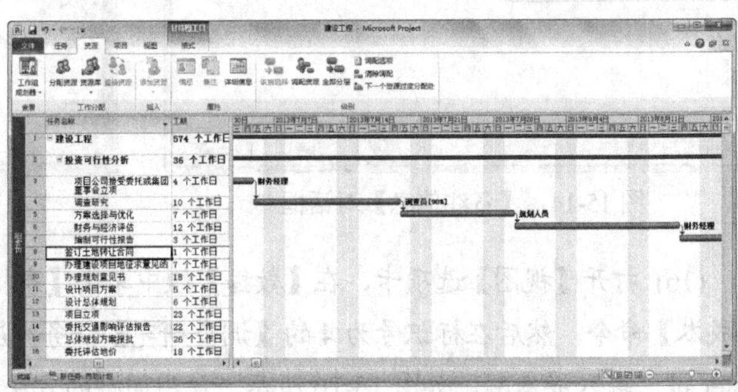

图 15-21　分配资源

(22) 打开【视图】选项卡，在【任务视图】组中单击【任务分配状况】按钮，切换至【任务分配状况】视图，双击标识号为 4 的任务下的【调查员】资源，打开【工作分配信息】对话框，更改开始时间为【2013 年 7 月 9 日】，单击【确定】按钮，如图 15-22 所示。

(23) 双击【财务与经济评估】任务下的【财务经理】资源，打开【工作分配信息】对话框，单击【工时分布】下拉按钮，从弹出的下拉列表中选择【先锋分布】选项，单击【确定】按钮，如图 15-23 所示。

(24) 在快速访问工具栏中单击【保存】按钮，保存【建设工程】项目文档。

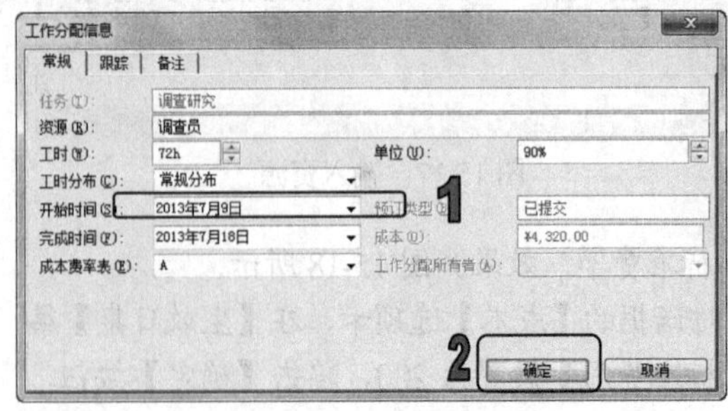

图 15-22　设置开始时间

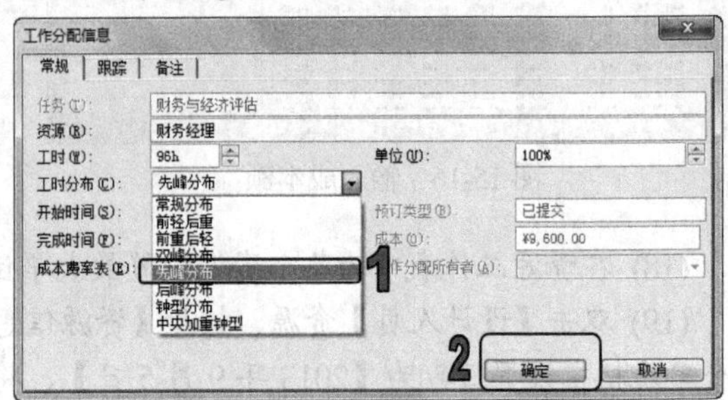

图 15-23　设置工时分布

提示

参照第 15.2 和第 15.3 节的操作步骤，创建和规划【办理用地手续】和【市政工程】项目文档，效果如图 15-24 和图 15-25 所示。

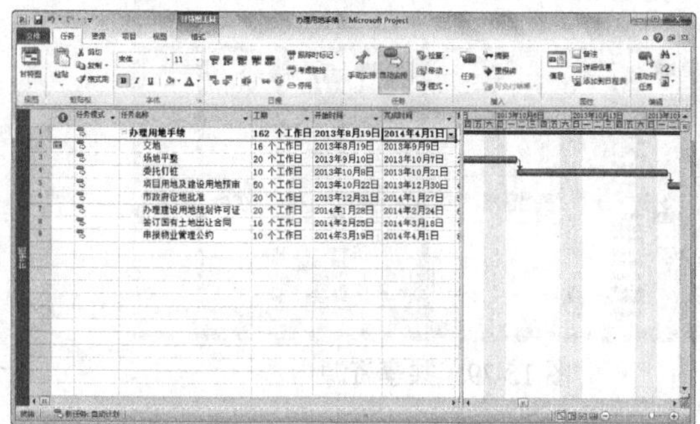

图 15-24　【办理用地手续】项目文档

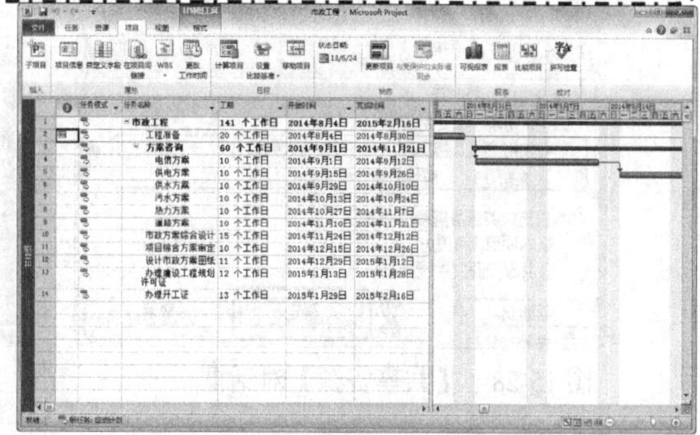

图 15-25　【市政工程】项目文档

15.4　合并项目

为了便于跟踪与控制项目，需要将所有的项目合并为一个主项目。本案例中，将【建设工程】项目文档作为主项目，将【办理用地手续】和【市政工程】项目文档作为子项目。合并项目主要包括创建资源库、插入项目、添加【项目】域、创建链接与调配资源等操作。具体操作步骤如下所述。

(1) 启动 Project 2010 应用程序，打开【建设工程】、【办理用地手续】和【市政工程】项目文档。然后新建一个名为“房地产开发资源”项目文档，如图 15-26 所示。

(2) 将所有的项目文档切换至【资源工作表】视图，打开【视图】选项卡，在【窗口】组中单击【全部重排】按钮，在一个窗口中显示所有的项目文档，效果如图 15-27 所示。

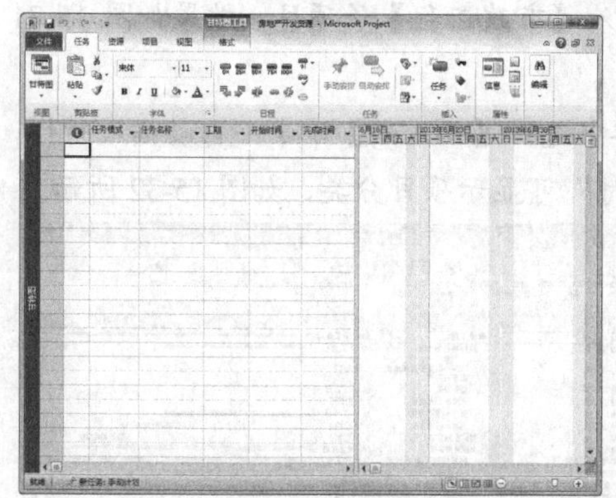

图 15-26　“房地产开发资源”项目文档

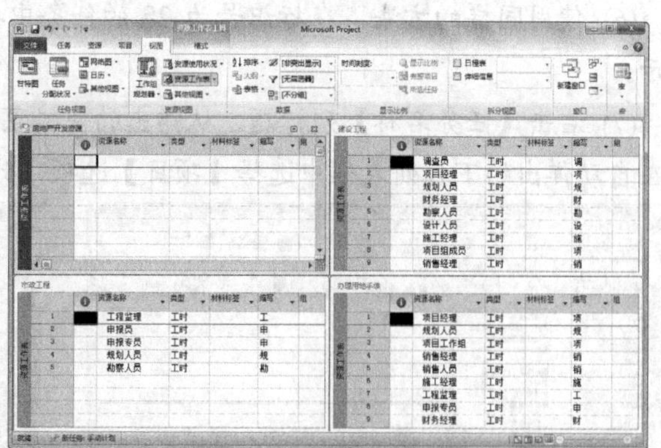

图 15-27　重排项目文档

(3) 切换到【建设工程】项目文档，打开【资源】选项卡，在【工作分配】组中单击【资源库】下拉按钮，从弹出的下拉菜单中选择【资源共享】命令，打开【资源共享】对话框，选中【使用资源】单选按钮，在来自下拉列表中选择【房地产开发资源】选项，单击【确定】按钮，如图 15-28 所示。

(4) 使用同样的方法，共享其他子项目资源，效果如图 15-29 所示。

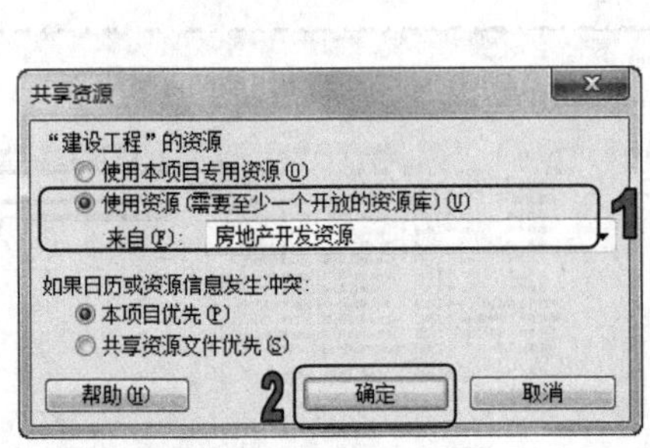

图 15-28 【共享资源】对话框

图 15-29 共享资源

(5) 最大化【建设工程】项目文档窗口，并切换至【甘特图】视图，选择标识号为 9 的任务，打开【项目】选项卡，在【插入】组中单击【子项目】按钮，打开【插入项目】对话框，选择【办理用地手续】选项，单击【插入】按钮，即可插入【办理用地手续】子项目，如图 15-30 所示。

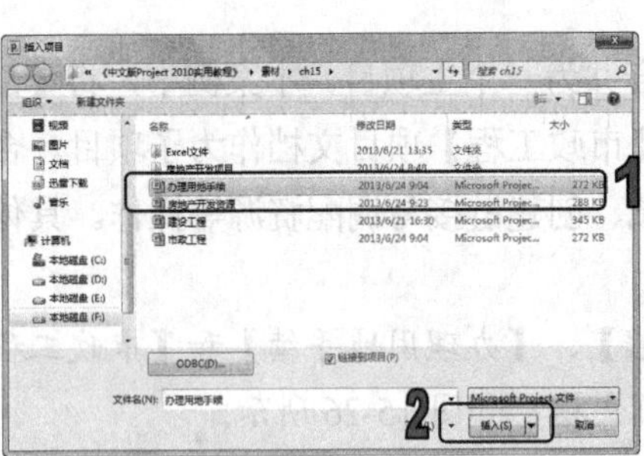

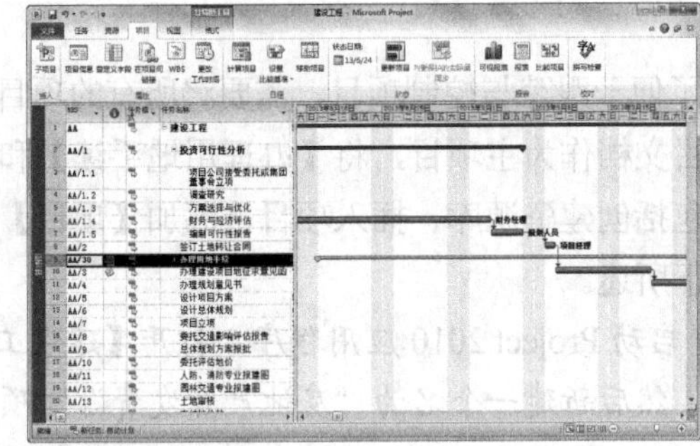

图 15-30 插入【办理用地手续】项目

(6) 使用同样的方法，在标识号为 28 的任务中插入【市政工程】子项目，效果如图 15-31 所示。

(7) 右击【任务名称】列标题，从弹出的快捷菜单中选择【插入列】命令，自动插入新列，并在自动弹出的下拉列表框中选择【项目】选项，此时即可显示项目分类，如图 15-32 所示。

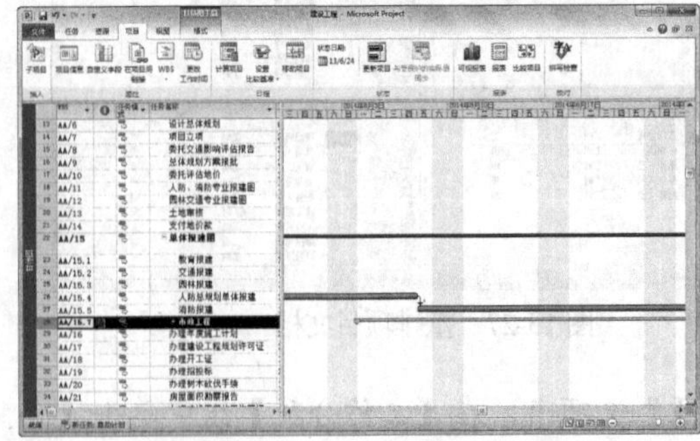

图 15-31 插入【市政工程】子项目

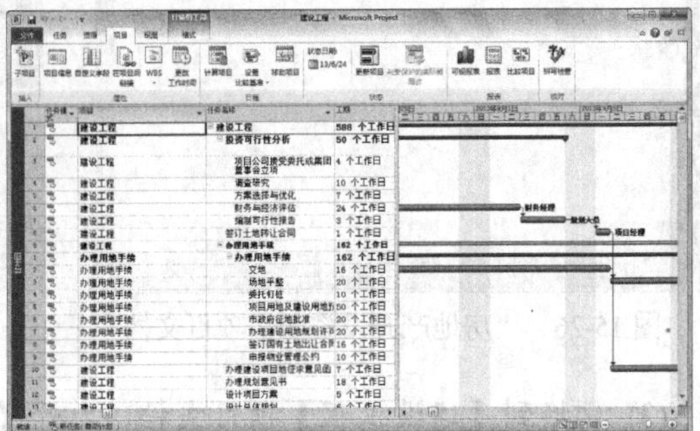

图 15-32 插入【项目】域

(8) 同时选中标识号为 8~10 的任务，打开【任务】选项卡，在【日程】选项卡中单击【取消链接任务】按钮，取消任务链接，然后选择任务 8 和 10，在【日程】选项卡中单击【链接任务】按钮，重新链接任务。

(9) 选择任务 10 与【办理用地手续】子项目中的任务【交地】，在【日程】选项卡中单击【链接任务】按钮，然后双击【交地】任务，打开【任务信息】对话框的【前置任务】选项卡，设置类型为【开始-开始】，如图 15-33 所示。

(10) 单击【确定】按钮，完成任务的链接操作，此时效果如图 15-34 所示。

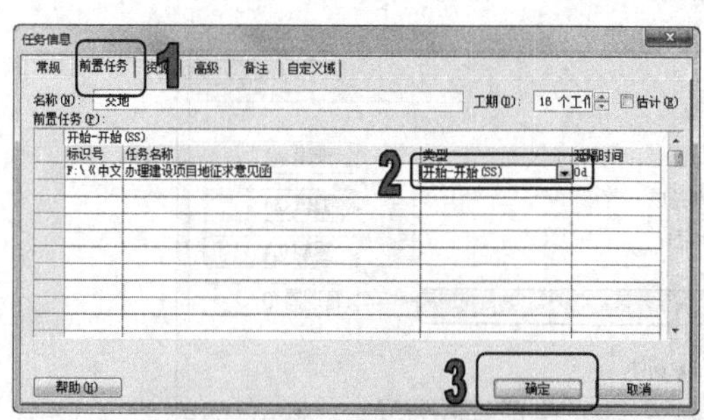

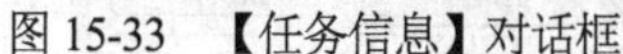

图 15-33　【任务信息】对话框

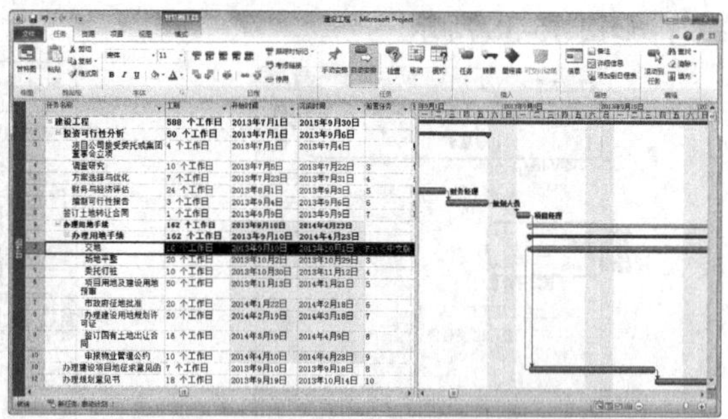

图 15-34　重新链接办理用地手续任务

(11) 使用同样的方法更改主项目与【市政工程】子项目的任务链接关系，最终效果如图 15-35 所示。

(12) 单击【文件】按钮，从弹出的【文件】菜单中选择【选项】命令，打开【Project 选项】对话框的【高级】选项卡，在【该项目的计算选项】选项区域中选中【计算多重关键路径】复选框，单击【确定】按钮，如图 15-36 所示。

(13) 打开【视图】选项卡，在【数据】组单击筛选器右侧的下拉按钮，从弹出的下拉列表中选择【关键】命令，即可查看关键任务。

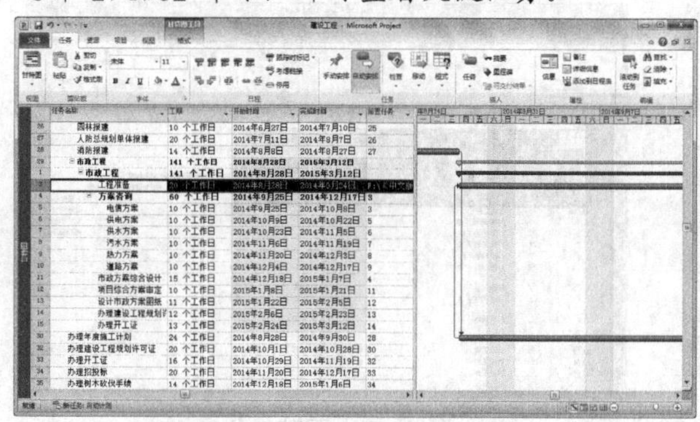

图 15-35　重新链接市政工程任务

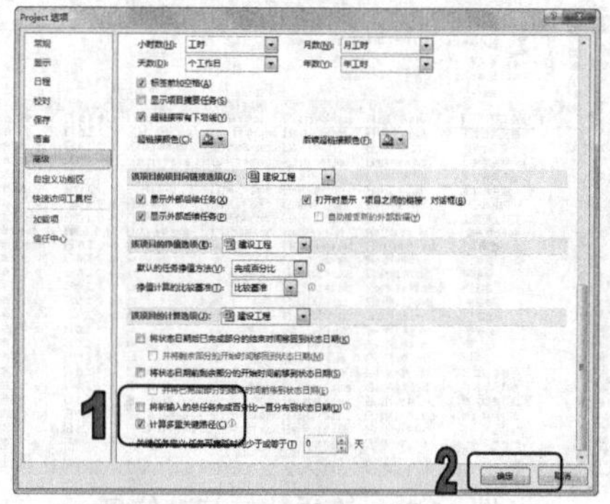

图 15-36　设置计算方式

15.5　跟踪项目

对于整理项目而言，可以使用 Project 2010 的跟踪功能来跟踪项目的实际执行情况。具体

操作步骤如下所述。

(1) 在【建设工程】项目文档中，打开【项目】选项卡，在【日程】组中单击【设置比较基准】下拉按钮，从弹出的下拉菜单中选择【设置比较基准】命令，打开【设置比较基准】对话框。

(2) 选中【设置比较基准】和【完整项目】单选按钮，单击【确定】按钮，如图 15-37 所示。

(3) 打开【视图】选项卡，在【任务视图】组中单击【其他视图】按钮，从弹出的菜单中选择【其他视图】命令，打开【其他视图】对话框，选择【任务工作表】选项，单击【应用】按钮，如图 15-38 所示。

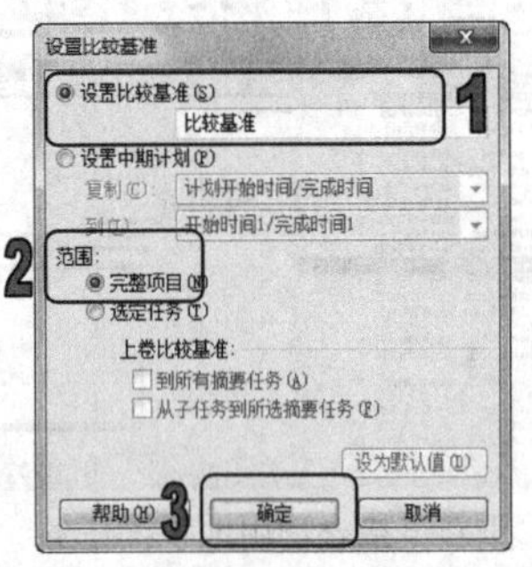

图 15-37　【设置比较基准】对话框

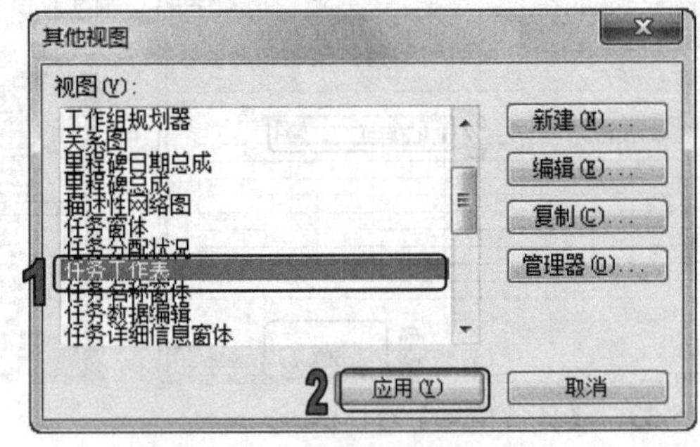

图 15-38　【其他视图】对话框

(4) 在【任务工作表】视图中，打开【视图】选项卡，在【数据】组中单击【表格】按钮，从弹出的菜单中选择【差异】命令，切换至对应的视图，查看比较基准开始时间、比较基准完成时间等信息，如图 15-39 所示。

(5) 在任务栏中单击【甘特图】按钮，切换至【甘特图】视图，选中标识号为 3~8 的任务，打开【任务】选项卡，在【日程】组中单击【完全完成】按钮，即可完成跟踪任务操作，此时项目效果如图 15-40 所示。

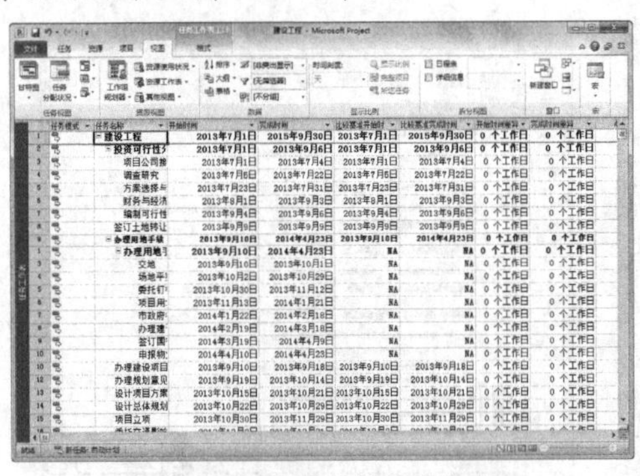

图 15-39　查看比较基准信息

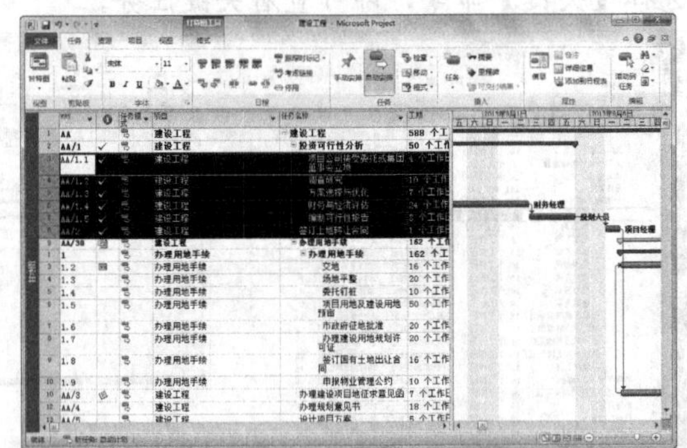

图 15-40　跟踪任务

(6) 打开【项目】选项卡，在【状态】组中单击【更新项目】按钮，打开【更新项目】对话框，设置【将任务更新为在此日期完成】中的日期为【2013 年 10 月 28 日】，单击【确定】按钮，如图 15-41 所示，完成任务的更新操作。

(7) 打开【视图】选项卡，在【数据】组中单击【表格】按钮，从弹出的菜单中选择【工时】命令，切换至对应的视图。

(8) 将标识号为 8 的任务对应的【实际】工时更改为 6(原来为 8 工时)，按 Enter 键，系统会自动计算剩余的工时值，如图 15-42 所示。

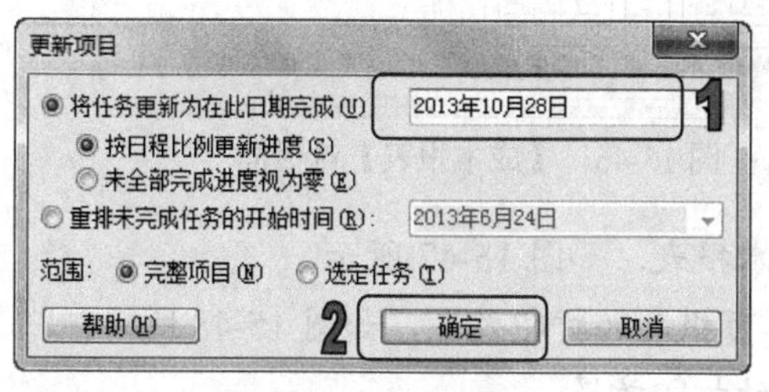

图 15-41　更新项目

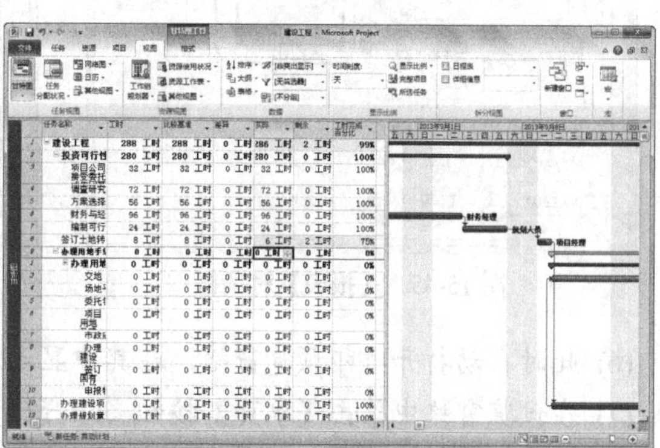

图 15-42　修改实际工时值

15.6　结束项目

在项目结束时，需要将项目视图、数据等信息输出到纸张中。同时，为了便于更好地分析项目数据，还可以将项目数据以可视报表或报表的形式输出。具体操作步骤如下所述。

(1) 在【建设工程】项目文档中，切换至【甘特图】视图，打开【甘特图工具】的【格式】选项卡，在【条形图样式】组中单击【格式】下拉按钮，从弹出的下拉菜单中选择【条形图样式】命令，打开【条形图样式】对话框。

(2) 打开【条形图】选项卡，在【头部】和【尾部】的【形状】下拉列表中选择◉形状，设置【颜色】为【紫色】；在【中部】的【颜色】下拉列表中选择【深蓝】色块，如图 15-43 所示。

(3) 单击【确定】按钮，完成条形图的设置，其效果如图 15-44 所示。

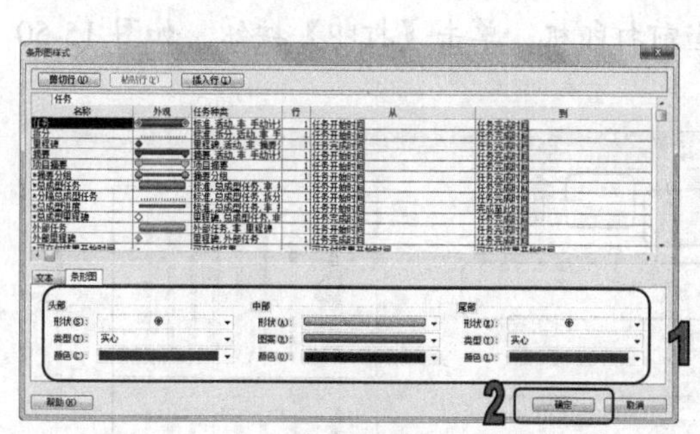

图 15-43　【条形图样式】对话框

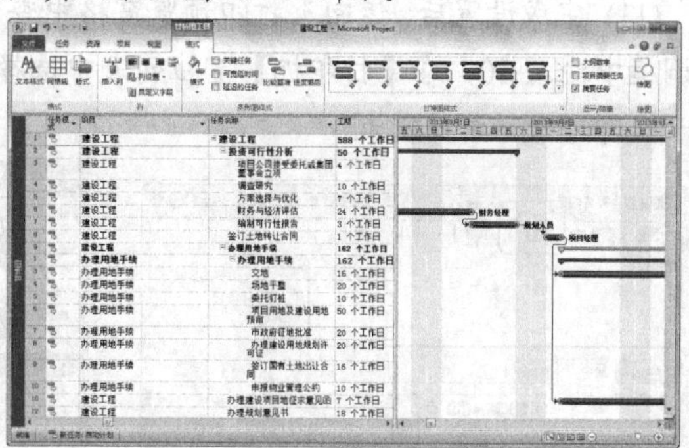

图 15-44　显示条形图格式

(4) 打开【项目】选项卡，在【报表】组中单击【报表】按钮，打开【报表】对话框，选择【成本】选项，单击【选定】按钮，如图 15-45 所示。

(5) 打开【成本报表】对话框，选择【预算】选项，单击【选定】按钮，如图 15-46 所示。

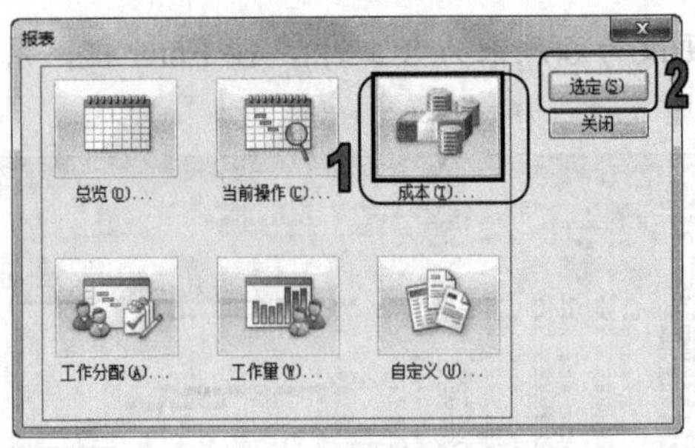
图 15-45 【报表】对话框

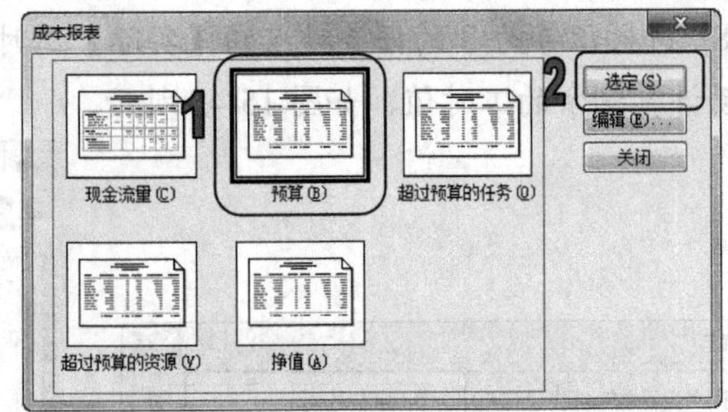
图 15-46 【成本报表】对话框

(6) 此时自动打开打印预览窗格，在其中显示成本报表，如图 15-47 所示。

(7) 在预览窗格中单击【单页】按钮，预览单页报表的打印效果，如图 15-48 所示。

(8) 单击【下一页】按钮，查看下一页报表的打印效果。

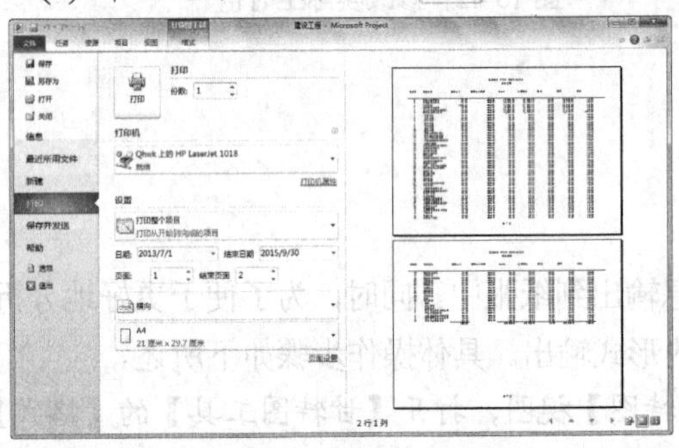
图 15-47 预览整个报表

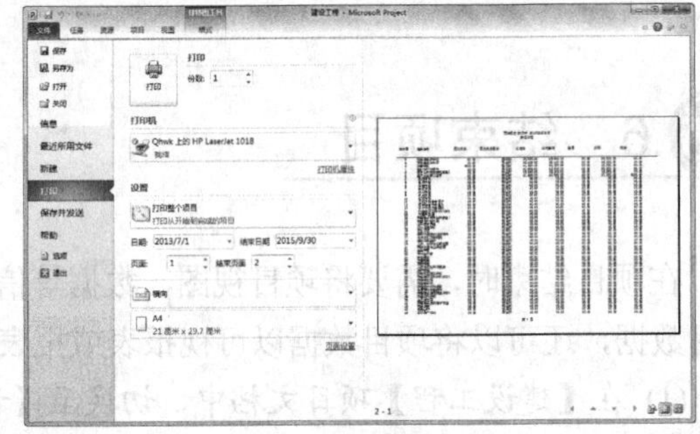
图 15-48 预览单页报表

(9) 在中间的打印设置窗格中，单击【页面设置】链接，打开【页面设置-预算报表】对话框。

(10) 打开【页脚】选项卡，在【居中】文本框的开始处单击，然后单击【插入总页数】按钮，单击【确定】按钮，如图 15-49 所示，插入总页数标记。

(11) 完成设置后，返回至打印预览窗格中查看打印效果，在中间的打印设置窗格的【份数】微调框中输入 10，在【打印机】下拉列表中选择当前打印机，单击【打印】按钮，如图 15-50 所示，即可开始打印报表。

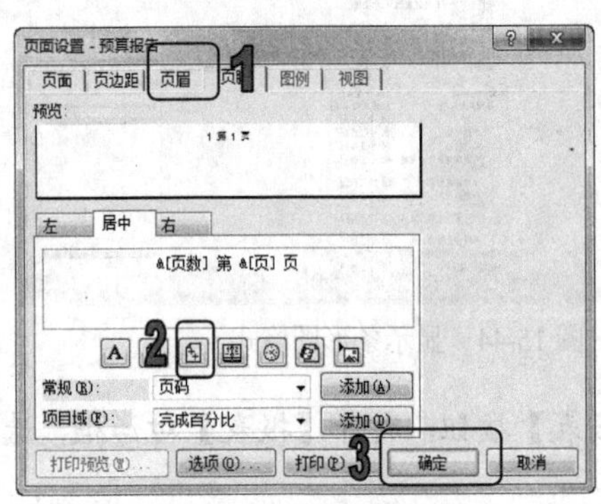
图 15-49 设置页脚

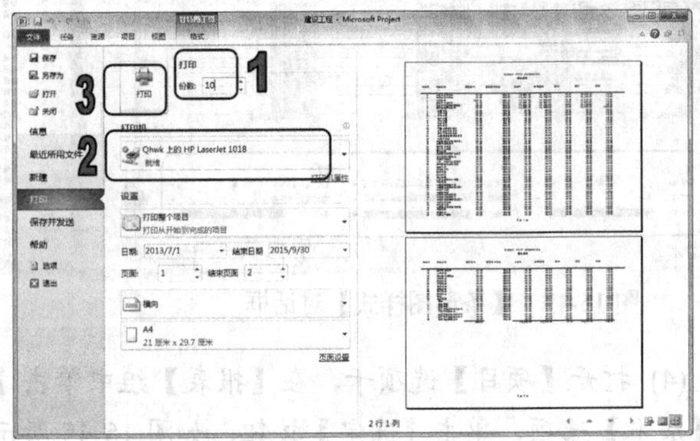
图 15-50 预览打印效果并打印报表